Matthias Fritz, Michael Meier-Brügger
Indogermanische Sprachwissenschaft

Matthias Fritz, Michael Meier-Brügger

Indogermanische Sprachwissenschaft

10., völlig neu bearbeitete Auflage

DE GRUYTER

ISBN 978-3-11-059832-2
e-ISBN (PDF) 978-3-11-066176-7
e-ISBN (EPUB) 978-3-11-066368-6

Library of Congress Control Number: 2020946342

Bibliografische Information der Deutschen Nationalbibliothek
Die Deutsche Nationalbibliothek verzeichnet diese Publikation in der Deutschen Nationalbibliografie; detaillierte bibliografische Daten sind im Internet über http://dnb.dnb.de abrufbar.

Druck und Bindung: CPI books GmbH, Leck

www.degruyter.com

Vorwort zur 10. Auflage

Seit der letzten Auflage sind inzwischen zehn Jahre ins Land gegangen. In dieser Dekade ist dankenswerterweise wieder viel indogermanistische Literatur publiziert worden, die unser Wissen um das Indogermanische erweitert. Dem soll nun mit der 10. Auflage dieser Einführung in die Vergleichende Indogermanische Sprachwissenschaft Rechnung getragen werden.

Michael Meier-Brügger hat sich weitgehend aus der Wissenschaft zurückgezogen und mir die Bearbeitung des Studienbuches, das zum größten Teil sein Werk ist, anvertraut.

Der Text des Buches wurde für die 10. Auflage vollständig durchgesehen, überarbeitet und hie und da, wo nötig, verbessert und erweitert.

Einige Änderungen haben sich gegenüber der letzten Auflage ergeben:

Die aktualisierte Bibliographie ist nun am Ende des Buches; auch wurde sie relativ zum Inhalt im Umfang reduziert, da ältere bibliographische Zusatzangaben bei Bedarf nach wie vor in der 9. Auflage nachgeschlagen werden können und Rezensionen heute bei der Suche nach Sekundärliteratur im Recherchesystem der Bibliotheken leicht zu finden sind. Ferner ist zwischenzeitlich das monumentale *Handbook of Comparative and Historical Indo-European Linguistics* von Klein / Joseph / Fritz (2017/2018) erschienen, auf das hier zum Auffinden weiterer aktueller und spezifischer Sekundärliteratur verwiesen werden kann. Für eine immer wieder auf den neuesten Stand gebrachte Ergänzung der Bibliographie sei die Blogbibliographie von Tomoki Kitazumi empfohlen.

Aus gegebenem Anlass wurde ein Abschnitt über die Verbindungen zwischen Indogermanistik und Nationalsozialismus eingefügt. Bei einem Empfang einer wissenschaftlichen Einrichtung in diesem Jahr sagte mir ein Vertreter des Bundesministeriums für Bildung und Forschung (BMBF), es habe schon seinen guten Grund, warum es immer weniger Professuren für Indogermanistik gebe – wir wüssten ja schließlich alle, wohin das geführt hätte.

Wissenschaft ist keine Glaubenssache, und das mantrahafte Nachbeten der Worte eines vermeintlichen Gurus durch indoktrinierte, intolerante Epigonen einer langen Schultradition setzt über kurz oder lang auch einer großen Disziplin ein Ende.

Wissenschaft lebt von der Meinungsvielfalt, und so freue ich mich auf die mannigfachen fachlichen Meinungsäußerungen einer kundigen Leserschaft.

https://doi.org/10.1515/9783110661767-202

Bedanken möchte ich mich bei den Verlagsmitarbeitern Carolin Eckardt, Daniel Gietz, Simone Hausmann und Albina Töws für die hilfreiche und geduldige Betreuung.

Mein großer Dank gilt schließlich Michael Meier-Brügger für die stets gediegene und gedeihliche Zusammenarbeit und für die langjährige Freundschaft.

Berlin-Dahlem, August 2020
Matthias Fritz

Inhalt

Vorwort zur 10. Auflage — V

Terminologie, Symbole, Abbreviaturen — 1
Terminologie — **1**
Symbole, Schreibweisen, Zitierweisen — **2**
Symbole — **2**
Schreibweisen — **4**
Zitierweisen — **5**
Abbreviaturen — **5**

1 Generelles — 11
1.1 Zum Fach und zu seinem Studium — **11**
1.2 Die Indogermanistik mit Computer und Internet — **14**
1.3 Zur Geschichte der Indogermanistik — **15**
1.4 Übersicht über die idg. Sprachen und ihre Quellen — **26**
1.4.1 Allgemeines — **26**
1.4.2 Die einzelnen idg. Sprachzweige und ihre Quellen — **28**
1.5 Zur Rekonstruktion der idg. Grundsprache — **58**
1.5.1 Rekonstruktionsbeispiele — **58**
1.5.2 Grundsätzliches zur Rekonstruktion — **71**
1.5.3 Zu Zeit, Ort und Kultur der uridg. Sprachgemeinschaft — **78**

2 Zur Phonologie des Urindogermanischen — 85
2.1 Allgemeines — **85**
2.2 Zu den Vokalsystemen — **89**
2.2.1 Die Vokale — **89**
2.2.2 Die Halbvokale — **96**
2.2.3 Diphthonge — **102**
2.3 Zu den Konsonantensystemen — **106**
2.3.1 Die Liquiden und Nasale — **106**
2.3.2 Die Dauerlaute *s* (und *þ*?) — **112**
2.3.3 Die Laryngale — **116**
2.3.4 Die Okklusive — **134**
2.3.5 Die Dentale — **136**
2.3.6 Die Labiale — **138**
2.3.7 Die Tektale — **139**
2.3.8 Assimilationen und Dissimilationen — **145**

2.4 Zu den größeren lautlichen Einheiten — 148
2.4.1 Wort, Satz, Text — 148
2.4.2 Wortakzent; Wortauslaut, -anlaut; Satzsandhiphänomene — 149
2.4.3 Die Silbe(n) — 150
2.4.4 Der Ablaut — 152
2.4.5 Der Akzent — 160

3 Zur Morphologie des Urindogermanischen — 167
3.1 Allgemeines — 167
3.2 Zum Verbum — 170
3.2.1 Allgemeines — 170
3.2.2 Zur Bildung der Verbalstämme — 172
3.2.3 Zu den verbalen Endungssätzen — 184
3.2.4 Zum Augment — 188
3.2.5 Zum Verbalakzent — 189
3.2.6 Zu den infiniten Verbalformen — 190
3.2.7 Periphrastische Konstruktionen — 193
3.3 Zum Nomen und zum Adjektiv — 194
3.3.1 Allgemeines — 194
3.3.2 Zur Bildung der Nominalstämme — 199
3.3.3 Zu den nominalen Endungssätzen — 201
3.3.4 Zu den Flexionsparadigmen und ihren Ablautklassen — 207
3.3.5 Zu den formalen Besonderheiten der Adjektive — 224
3.4 Zum Pronomen — 230
3.4.1 Allgemeines — 230
3.4.2 Zu den Personalpronomina und Possessiva — 231
3.4.3 Zu den Fragepronomina (Interrogativa) und Indefinita — 234
3.4.4 Zu den Relativa, Demonstrativa und Pronominaladjektiva — 235
3.4.5 Zu den korrelativen Reihen — 237
3.5 Zum Zahlwort — 238
3.5.1 Allgemeines — 238
3.5.2 Zu den Kardinalzahlen — 238
3.5.3 Zu den Ordinalzahlen — 241
3.5.4 Zu den Zahladverbien — 242

4 Zur Syntax des Urindogermanischen — 243
4.1 Allgemeines — 243
4.2 Zur Satzsyntax — 247
4.2.1 Allgemeines — 247

4.2.2 Zu Parataxe und Hypotaxe — **248**
4.2.3 Zu Verbal- und Nominalsatz — **251**
4.3 Zur Morphosyntax des Verbums — **255**
4.3.1 Allgemeines — **255**
4.3.2 Die Dimensionen Person und Numerus — **255**
4.3.3 Die Dimensionen Tempus-Aspekt und Modus — **256**
4.3.4 Die Dimension Diathese — **263**
4.4 Zur nominalen Morphosyntax — **265**
4.4.1 Die nominalen Dimensionen — **265**
4.4.2 Kasus (S 401 – S 414) — **265**
4.4.3 Numerus — **277**
4.4.4 Genus — **278**

5 Zum Lexikon des Urindogermanischen — 280
5.1 Allgemeines — **280**
5.2 Zur Wortbildung — **283**
5.2.1 Allgemeines — **283**
5.2.2 Wortbildung mit Suffixen; Suffixsysteme — **284**
5.2.3 Wortbildung durch Komposition — **293**
5.3 Zum Namensschatz — **297**
5.3.1 Allgemeines — **297**
5.3.2 Zu den Personen- und Götternamen — **297**
5.3.3 Zur Bildung der Ortsnamen — **301**

Bibliographie — 303

Sachregister mit Wortregister — 355

Terminologie, Symbole, Abbreviaturen

Terminologie

Die im Studienbuch verwendete Terminologie folgt derjenigen der üblichen indogermanistischen Handbücher. In Einzelfällen wird a.O. dazu Genaueres gesagt, so bei den Termini für die Ablaut- und Flexionsmuster der Nomina (s.u. M 315 Abs. 3–4).

Eine zusätzliche Orientierung bietet das am Ende des Studienbuches beigefügte Sachregister. Es verweist auf die relevanten Paragraphen. Bleibt eine Frage offen, etwa im Bereich der hier nicht weiter behandelten Allgemeinen Sprachwissenschaft, dann stehen kompetente und informative Lexika und Wörterbücher mit weiteren Hinweisen zur Verfügung: → Bußmann 2008; Glück / Rödel 2016; Lewandowski 1994. Bei speziellen terminologischen Einzelheiten in der idg. Lautlehre: → Sachregister bei Mayrhofer (1986: 182–185). Bei terminologischen Einzelheiten in der Formenlehre des uridg. Verbums: → Vorwort von Rix / Kümmel (2001: 1ff.). Bei Fragen bezüglich der Nominalbildung, des Wortschatzes und seiner Probleme: → Einführung in die Terminologie bei Kluge / Seebold 2011: XII–XXXIV. Sehr nützlich sind ferner die Register der Zeitschrift *Historische Sprachforschung* (s.u. in der Bibliographie s.v. *HS*) und des *Handbook of Comparative and Historical Indo-European Linguistics* von Klein / Joseph / Fritz (2018: 2293–2411).

Die Terminologie stammt im wesentlichen von den Griechen. Sprachtheoretische Erörterungen sind spätestens seit dem 5. Jh. v. Chr. nachzuweisen. Einen guten Einblick in den grammatischen Wissensstand der hellenistischen Zeit bietet Dionysios Thrax: → Dionysios Thrax. Im Laufe des 2. Jh. v. Chr. werden die gr. Termini von den römischen Gelehrten übernommen und mehr oder weniger latinisiert: → Wackernagel (1926: 13ff.).

Die Benennungsmotive für die Termini sind für uns Moderne oft auf den ersten Blick nicht mehr einsichtig, vgl. unter vielen den t.t. gr. πτῶσις, der als lat. *cāsus* und als dt. *Fall* bis heute gebräuchlich ist. Ausgangspunkt für diesen Fachausdruck (t.t. = Terminus technicus) ist vermutlich die Vorstellung, dass sich jedes Nomen in der nominativischen Zitierform einem Stift vergleichbar in senkrechter, gerader Position (= casus rectus) befindet. Die Verwendungen als Akkusativ, als Genetiv usw. weichen von der geraden Lage ab, sind also ungerade (= casus obliquus) und können im verwendeten Bild mit verschieden tiefem Herabsinken (πτῶσις) des Stiftes beschrieben werden: → Wackernagel (1926: 15). Statt eines Stiftes liegt nach einer anderen Tradition das Bild des Falls eines Würfels („Knöchels") zugrunde: → F. Murru. *MSS* 39 (1980: 73ff.). — Als

https://doi.org/10.1515/9783110661767-001

weiteres Beispiel vgl. den t.t. gr. οὐδέτερον, lat. *neutrum*, dt. *sächliches Geschlecht*. Dahinter steckt nicht primär die Idee des „Weder-Noch" („keines der beiden Genera maskulin und feminin"), sondern vermutlich die Idee eines neben maskulin und feminin eigenständigen weiteren natürlichen „Mannweibergenus": → K. Strunk: Neutrum: Zum antiken Benennungsmotiv eines grammatischen Terminus. *FS Untermann* (1993: 455ff.).

Die Geschichte der einzelnen sprachwissenschaftlichen Fachwörter verdient immer Beachtung. Auch neuere sprachwissenschaftliche Ansätze fußen gewöhnlich auf der sog. traditionellen Grammatik und können sich in ihren modernen Konzepten nicht restlos von ihr lösen. Ihre originäre Systematik hat die traditionelle Grammatik in Auseinandersetzung mit dem klass. Latein erhalten. Doch ist die unmittelbare Anwendung dieser grammatischen Systematik auf andere Sprachen als Latein nicht unproblematisch, da jede Sprache in sich autonom ist. Ferner darf nicht außer acht gelassen werden, dass gerade in der modernen Linguistik ein und derselbe Terminus je nach Theorie verschieden Verwendung finden und zum beliebten Objekt ausführlicher Diskussionen werden kann.

Symbole, Schreibweisen, Zitierweisen

Symbole

In der Regel sprechen die verwendeten Symbole und Zeichen für sich. Nicht von vornherein selbstverständlich sind die sog. Cover-Symbole:

——

H = beliebiger Laryngal (h_1, h_2 oder h_3 stehen dagegen für die eigentlichen Laryngale), s.u. P 314

K = beliebiger Konsonant (*d*, d^h, *t* usw. stehen dagegen für die eigentlichen Konsonanten)

R = beliebiger Sonant (*l*, *r* usw. stehen dagegen für die eigentlichen Sonanten)

T = beliebiger stimmloser Konsonant

V = beliebiger Vokal (*e*, *o* usw. stehen dagegen für die eigentlichen Vokale)

V̄̆ = langer oder kurzer Vokal *a* usw.

ẹ̄̆ = geschlossener langer oder kurzer Vokal *e*

ę̄̆ = offener langer oder kurzer Vokal *e*

——

= Wortanfang oder Wortende

= Satzanfang oder Satzende

——

*mon-u̯o-, *$k^{u̯}$i- usw. = - markiert die morphologische Segmentierung

*mon.u̯o-, *ra.í- usw. = . markiert die syllabische Segmentierung

——

Ø oder *z* = Null(zéro)-Stufe, -Suffix, -Endung

° = Schwachvokal, s.u. P 203

W = Wurzel

S = Suffix

E = Endung

W(*e*) = *e*-Vollstufe der Wurzel

W(*ē*) = -*ē*-Dehnstufe der Wurzel

W(*o*) = -*o*-Vollstufe der Wurzel

W(*ō*) = -*ō*-Dehnstufe der Wurzel

W(Ø) = Schwundstufe der Wurzel

W(°) = Reduktionsstufe der Wurzel mit Schwachvokal, s.u. P 203

entsprechend:

S(*e*) = -*e*-Vollstufe des Suffixes, usw.

E(*e*) = -*e*-Vollstufe der Endung, usw.

——

* = rekonstruierte, nicht belegte Form (wenn bekannt, wird die vermutete Zeit der rekonstruierten Form mit urgr., uridg., voruridg. usw. angegeben)

——

< = entsteht lautgesetzlich aus

> = wird lautgesetzlich zu

= = entspricht, s.u. G 507 Abs. 5

> / < = ersetzt durch / aus (je nach Darstellung)

+ z.B. Hom.+ = Homer und später

→ der Pfeil verweist auf weiterführende Literatur außerhalb des Studienbuches (interne Querverweise werden mit s.o. oder s.u. angegeben)

——

/*k*/ die Schrägstriche verweisen auf den entsprechenden phonologischen Wert

[*k*] die eckigen Klammern verweisen auf den entsprechenden phonetischen Wert

<*k*> die spitzen Klammern markieren Grapheme (Schriftzeichen)

Schreibweisen

Zur Notation des Urindogermanischen s.u. P 100f.

Bei den idg. Einzelsprachen werden die in den Handbüchern üblichen Schreibweisen verwendet. Auf ein paar Einzelheiten sei extra aufmerksam gemacht:

Im Lateinischen ist <*c*> immer als /*k*/ zu verstehen, <*qu*> dagegen als /$k^{u̯}$/, ungeachtet dessen, ob es ein altes /*ku̯*/ darstellt oder aus einem /$k^{u̯}$/ entstanden ist, s.u. G 506 Abs. 3. Zu beachten ist ferner, daß ein Wort wie <*maius*> als /*mai̯i̯us*/ und ein <*conicio*> als /*kon-i̯iki̯ō*/ zu lesen ist: → Leumann (1977: 127f.).

Bei den Beispielen aus dem mykenischen Gr. folgt in der Regel der Beleg zuerst so, wie ihn die myk. Linear-B-Schrift festhält (die Lautwerte der Silbenzeichen werden in lat. Schrift wiedergegeben). Danach wird die vermutliche phonologische Interpretation ebenfalls in lat. (nicht in gr.!) Schrift beigefügt (graphemisch ausgedrückte phonetische Übergangslaute werden ebenfalls berücksichtigt, ferner erfolgt oft gleich eine moderne morphologische Segmentierung), vgl. (die Symbole < > und / / werden der Einfachheit halber i.d.R. nicht geschrieben) *i-je-ro-wo-ko* i.e. *hi̯iero-u̯orgos* 'Priester'. — Wo eine Aspiration zu vermuten ist, wird sie durch *h* markiert (ein Beispiel soeben). — Je nach der etymologischen Herkunft wird bei der Interpretation der *z*-Reihe ein k^{j}, ein g^{j}, ein t^{j} oder ein d^{j} eingesetzt, vgl. *to-pe-za* i.e. *torped*^{j}*a* 'Tisch' < *($k^{u̯}$)*tr̥-ped-i̯a* '*Vierfüßler'. — Die Belegstellen der zitierten Formen sind nicht beigefügt, sie lassen sich aber leicht bei Aura Jorro (1985/1993) ausfindig machen. — Beispiele aus gr. Dialektinschriften werden ohne Akzent geschrieben.

Beim Altindischen (Vedischen) ist Mayrhofer (1991/1996) Vorbild. Wie in den meisten sprachwissenschaftlichen Darstellungen üblich, werden hier die ved. und ai. Nominalformen i.d.R. als Stamm ohne Endung zitiert (also z.B. als ved. *ávi-* 'Schaf'). Ältere Handbücher setzen dafür gern den Nom.Sg. in der absoluten Auslautform (Pausa) mit *-ḥ* (sog. Visarga), vgl. einen Verweis wie lat. *ovis* 'Schaf' = ved. *áviḥ*. Weiteres s.u. P 309 Abs. 3. — Bei ved. und ai. Verbalformen ist die 3.Pers.Sg. die Zitierform (vgl. ved. *bhárati* 'trägt'), z.T. auch die vollstufige Verbalwurzel (vgl. ved. *bhar-* 'tragen'). Akzente werden bei finiten Verbalformen nur gesetzt, wenn sie textlich belegbar sind.

Zum Avestischen: → Hoffmann / Forssman 2004.

Beim Anatolischen (Hethitischen) sollte *ḫ* sowohl bei der Umschrift aus der Keilschrift als auch der phonologischen Interpretation geschrieben werden, beim *š* nur in der Umschrift, nicht aber bei der Interpretation, vgl. z.B. *pa-aḫ-ḫu-e-na-aš* i.e. *paḫḫu̯enas*. Das in der Umschrift eingebürgerte *z* wird als t^{s} wiedergegeben. Ferner, angeblich betonte Silbenzeichen wie *ták* in *ták-na-a-aš* weisen damit nicht auf den Sitz des Akzents. Mit dem markierten *á* wird nach den Gepflogenheiten der Altorientalistik lediglich angedeutet, dass neben der üblichen Form *tak* (= *tak* Nr. eins) eine zweite Zeichenform (= *tak* Nr. zwei) in Verwendung ist.

Zum Gotischen: → Binnig 1999.

Zitierweisen

Es ist zu beachten, dass die Zitierpraxis nicht bei allen altidg. Sprachen gleich gehandhabt wird, vgl. bei den Verbalformen das lat. und das gr. System, wo die 1.Sg. Nennform ist; im Ved. aber wird traditionell die 3.Sg. zitiert, s.o. Abs. b.

Bei Mayrhofer (1956-1980) werden die Verbalformen unter der 3.Sg. aufgelistet, bei Mayrhofer (1991/1996) stehen sie aber unter der vollstufigen Verbalwurzel verzeichnet, vgl. zu ersterem Mayrhofer 1976: 562f. den Eintrag *svárati* ‘gibt einen Ton von sich, tönt, erschallt, singt, besingt’, zu letzterem Mayrhofer (1996: 792f.) den entsprechenden Eintrag unter *SVAR* ‘einen Ton von sich geben, tönen, schnauben, erschallen, singen’. Auch bei den Nomina ändert sich die Zitierweise von Mayrhofer (1991/1996: Stamm, z.B. *svargá-*) gegenüber der von Mayrhofer (1956–1980: Nom.Sg., z.B. *svargáḥ*).

Abbreviaturen

Wo allein der Ausgang *-isch* weggelassen ist, wird auf die Auflistung der Abkürzung verzichtet. Im allgemeinen werden die üblichen Abkürzungen verwendet oder sie sind aus dem Zusammenhang verständlich. Die Abkürzungen von Zeitschriften finden sich in der Bibliographie.

a.a.O.	am angegebenen Ort
aav.	altavestisch
Abl.	Ablativ
Abs.	Absatz
Abstr.	Abstraktum
Adj.	Adjektiv
Adv.	Adverb
aengl.	altenglisch
aheth.	althethitisch
ahd.	althochdeutsch
ai.	altindisch
air.	altirisch
Akk.	Akkusativ
aksl.	altkirchenslavisch
akt.	aktiv
Akt.	Aktiv
alb.	albanisch
an.	altnordisch
Anm.	Anmerkung
a.O.	am Ort

Aor.	Aorist
Aor.St.	Aoriststamm
ap.	altpersisch
ark.	arkadisch
arm.	armenisch
aruss.	altrussisch
as.	Altsächsisch
ass.	assimiliert
Ass.	Assimilation
athem.	athematisch
av.	avestisch
AT	Arbeitstagung
AV	Atharvaveda
Bd.	Band
bzw.	beziehungsweise
c.	(Genus) commune
D	Dehnstufe
dass.	dasselbe
Dat.	Dativ
dens.	denselben
Desid.	Desiderativ
d.h.	das heißt
dial.	dialektal
Diath.	Diathese
dies.	dieselbe
Diss.	Dissertation
dt.	deutsch
Du.	Dual
dur.	durativ
E	Endung
enkl.	enklitisch
et al.	et ali(b)i
ev.	eventuell
ed.	edidit / ediderunt
f.	(Genus) femininum
f(f).	und folgende
FS	Festschrift
FT	Fachtagung
Fut.	Futurum
FW	Fremdwort
Gen.	Genetiv
germ.	germanisch
GN	Göttername
gr.	griechisch
gramm.	grammat.
GS	Gedenkschrift
GW	Gegenwart
H	beliebiger Laryngal, weiteres s.u. P 314
Habil.	Habilitationsschrift
hell.	hellenistisch
Hes.	Hesiod
heth.	hethitisch
HG	Hinterglied
hom.	homerisch
Hom.	Homer
hrsg.	herausgegeben
HS	Hauptsatz
id.	idem
idg.	indogermanisch
i.d.R.	in der Regel
i.e.	d.h.
iir.	indoiranisch
Iir.	Indoiranisch

Ind.	Indikativ
Inf.	Infinitiv
Inj.	Injunktiv
inkl.	inklusiv
Instr.	Instrumental
intr.	intransitiv
Ipf.	Imperfekt
Ipt.	Imperativ
i.S.v.	im Sinn von
jav.	jungavestisch
Jh.	Jahrhundert
jheth.	junghethitisch
Jt.	Jahrtausend
K	beliebiger Konsonant
Kaus.	Kausativ
kluw.	keilschrift-luwisch
KN	Knossos
Koll.	Kollektiv
Konj.	Konjunktiv
kons.	konsonantisch
Kons.	Konsonant
KP	Kompositum
KS	Kleine Schriften
lat.	lateinisch
lit.	litauisch
Lit.	Literatur
Lok.	Lokativ
lt.	laut
LW	Lehnwort
m.	(Genus) masculinum
m.E.	meines Erachtens
med.	medial
Med.	Medium
mhd.	mittelhochdeutsch
mir.	mittelirisch
mp.	mittelpersisch
MY	Mykene
myk.	mykenisch
n.	(Genus) neutrum
nb.	neben
N.B.	nota bene!
nengl.	neuenglisch
N.F.	Neue Folge
ngr.	neugriechisch
nhd.	neuhochdeutsch
Nom.	Nominativ
Nom.act.	Nomen actionis
Nom.ag.	Nomen agentis
nPK	Privativkompositum
NS	Nebensatz
N.S.	Neue Serie
Ntr.	Neutrum
Num.	Numerus
o.ä.	oder ähnlich
ON	Ortsname
Opt.	Optativ
p.	Seite (pagina)
P.	Person
pal.	palaisch
Pass.	Passiv
Perf.	Perfekt
Perf.St.	Perfektstamm
Pers.	Person
PK	Possessivkompositum
Pl.	Plural
Plt.	Plautus
Plpf.	Plusquamperfekt
PN	Personenname

poss.	possessiv
PPA	Partizip Perfekt Aktiv
PPP	Partizip Perfekt Passiv
Präs.	Präsens
Präs.St.	Präsensstamm
prim.	primär
Pron.	Pronomen
Ptz.	Partizip
PY	Pylos
R	beliebiger Sonant
redupl.	redupliziert
Redupl.	Reduplikation
refl.	reflexiv
Refl.Pron.	Reflexivpronomen
rel.	relativ
Rez.	Rezension
RS	Relativsatz
RV	Ṛgveda
s.	siehe
S	Suffix
SA	Satzanfang
ŚB	Śatapatha Brahmana
sc.	scilicet
schw.	schwach
SE	Satzende
sek.	sekundär
Sek.	Sekundär-
sem.	semitisch
Sg.	Singular
s.o.	siehe oben
sog.	sogenannt
Sp.	Spalte
St.	Stamm
st.St.	starker Stamm
sth.	stimmhaft
stl.	stimmlos
s.u.	siehe unten
Subst.	Substantiv
südgr.	südgriechisch
Suff.	Suffix
s.v.	sub voce
T	beliebiger stl. Konsonant
TB	Taittiriya Brahmana
TH	Theben
them.	thematisch
thess.	thessalisch
toch.	tocharisch
TS	Taittiriya Samhita
tr.	transitiv
t.t.	Terminus technicus / Termini technici
u.	und
u.a.	und andere(s)
u.a.m.	und andere(s) mehr
u.a.O.	und andere Orte
urgerm.	urgermanisch
urgr.	urgriechisch
uridg.	urindogermanisch
usw.	und so weiter
V	beliebiger Vokal
V	Vollstufe
v.a.	vor allem
VA	Versanfang
VE	Versende
VG	Vergangenheit
VG	(bei KP) Vorderglied
vgl.	vergleiche
VN	Völkername
Vok.	Vokativ

vs.	versus
WA	Wortanfang
WE	Wortende
Wn.	Wurzelnomen
Wz.	Wurzel
Wz.Aor.	Wurzelaorist
Wz.Präs.	Wurzelpräsens
Y	Yasna
z.B.	zum Beispiel
z.St.	zur Stelle
z.T.	zum Teil
z.Z.	zur Zeit

1 Generelles

1.1 Zum Fach und zu seinem Studium

G 100. Das Fach Vergleichende Indogermanische Sprachwissenschaft, kurz Indogermanistik, ist an den deutschsprachigen Universitäten unter leicht variierenden Bezeichnungen als Institution (Lehrstuhl, Professur) etabliert: Vergleichende und Indogermanische Sprachwissenschaft (Freie Universität Berlin, Ludwig-Maximilians-Universität München), Vergleichende Indogermanische Sprachwissenschaft (Friedrich-Alexander-Universität Erlangen), Indogermanische Sprachwissenschaft (Westfälische Wilhelms-Universität Münster), Indogermanistik (Friedrich-Schiller-Universität Jena), Historisch-Vergleichende Sprachwissenschaft (Universität zu Köln, Humboldt-Universität zu Berlin), Vergleichende Sprachwissenschaft (Goethe-Universität Frankfurt am Main, Philipps-Universität Marburg, Julius-Maximilians-Universität Würzburg, Universität Zürich), Sprachwissenschaft (Universität Wien). Das sind die Suchergebnisse im Internet, wenn man am Computer als Suchwort Indogermanistik und den jeweiligen Ortsnamen eingibt. Das Studienfach selbst kann unter verschiedenen anderen Bezeichnungen aufgeführt werden, auch unterschieden nach BA- und MA-Studium. Ein PhD-Studium in Vergleichender Indogermanischer Sprachwissenschaft, also eine Promotion, kann man an deutschen Universitäten übrigens immer dann durchführen, wenn es an der betreffenden Universität eine in Vergleichender Indogermanischer Sprachwissenschaft habilitierte Person gibt, unabhängig von der Existenz einer indogermanistischen Institution, an der ein BA- oder MA-Studium möglich ist. Beispielsweise kann man an der Freien Universität Berlin weiter in Vergleichender und Indogermanischer Sprachwissenschaft promovieren, obwohl das Seminar für Vergleichende und Indogermanische Sprachwissenschaft seit 2013 geschlossen ist.

Auch außerhalb des deutschsprachigen Raums kann man Indogermanistik studieren: Indogermanistik ist eine internationale Disziplin, und so wird das Fach schon immer auch in vielen verschiedenen Ländern vertreten, im englischsprachigen Raum etwa im Vereinigten Königreich an den Universitäten in Oxford und Cambridge, in den Vereinigten Staaten an den Universitäten von Kalifornien in Los Angeles und von Texas in Austin sowie in Harvard und Cornell, um nur einige zu nennen. Aber beispielsweise auch in Frankreich (Paris), den Niederlanden (Leiden), Dänemark (Kopenhagen) und Russland (Moskau, St. Petersburg) wird Indogermanistik unterrichtet.

Aktuelle Daten zu den Möglichkeiten für ein Studium der Indogermanistik bietet die Website der Indogermanischen Gesellschaft (→ indogermanistik.org),

https://doi.org/10.1515/9783110661767-002

aber auch der Thesaurus Indogermanischer Text- und Sprachmaterialien (TITUS) von Jost Gippert an der Goethe-Universität Frankfurt (→ titus.uni-frankfurt.de). Interessante Informationen zum Studium der Indogermanistik finden sich auch auf der Website Hochschulkompass (→ hochschulkompass.de) der Hochschulrektorenkonferenz (HRK).

Die Indogermanische Gesellschaft vertritt als Fachverband das Fach Indogermanistik nach außen, s.u. G 201 Abs. 2. Sie organisiert etwa alle vier Jahre eine große Fachtagung (= *FT*), s.u. in der Bibliographie s.v. FT. Hinzu kommen kleinere Kolloquien und Arbeitstagungen (= *AT*), s.u. in der Bibliographie s.v. *AT*, *FT* und *Kolloquium*.

Zur aktuellen Situation der Disziplin Indogermanistik als sog. Kleines Fach gibt es ferner Informationen auf der Website Portal Kleine Fächer (→ kleinefaecher.de) der an der Johannes-Gutenberg-Universität Mainz angesiedelten, von Mechthild Dreyer und Uwe Schmidt geleiteten, Arbeitsstelle Kleine Fächer, die die Arbeit der seinerzeit an der Universität Potsdam eingerichteten Arbeitsstelle Kleine Fächer unter der Leitung von Norbert Franz fortführt, deren knapp 300 Seiten umfassender Abschlussbericht des Projekts Kartierung der sog Kleinen Fächer (Stand 2012) unter derselben Internetadresse eingesehen werden kann ebenso wie der aktuelle Kartierungsbericht von 2019. Die Arbeitsstelle Kleine Fächer ist eine Forschungseinrichtung, die vom Bundesministerium für Bildung und Forschung (BMBF) finanziert wird.

Die Indogermanistik als eines der sog. Kleinen Fächer ist schon seit der Zeit des Wirtschaftswunders in einem andauernden Rückzugsgefecht gegenüber der modernen Linguistik einerseits und den modernen Philologien andererseits. Das schlagende Argument gegen die Indogermanistik ist in beiden Fällen der wirtschaftliche Nutzen: Moderne Sprachwissenschaft und moderne Sprachen sind anwendungsbezogen, Indogermanistik und alte Sprachen braucht niemand. Die ewig gestellte Frage an Schüler und Schülerinnen Humanistischer Gymnasien, die Latein und Griechisch lernen und diese altehrwürdigen Sprachen auch an der Universität studieren wollen, ist: „Und was machst du später damit?"

G 101. Es gibt seit geraumer Zeit eine ganze Reihe von Standortbestimmungen zu Wesen und Aufgaben der Indogermanistik: → Arbeitsausschuß der Idg. Gesellschaft. *Kratylos* 13 (1968: 222f.) (= *Linguistische Berichte* 9, 1970: 78–80); Karl Hoffmann: Wozu die „Kleinen" Fächer? Z.B. Vergleichende Indogermanische Sprachwissenschaft und Indoiranische Philologie. *Uni-Kurier: Zeitschrift der Friedrich-Alexander-Universität Erlangen-Nürnberg* 22 (1978: 33f.); Oswald Szemerényi (1990: 32–36); Rosemarie Lühr: Indogermanistik am Wendepunkt? Thesen zur zukunftsorientierten Ausrichtung einer Disziplin. *Gießener Universi-*

tätsblätter 25 (1992: 77–90); George Dunkel: Zürcher Indogermanistik zwischen Vergangenheit und Zukunft. *Informationsblatt der Universität Zürich* 6 (1990: 10–12); Günter Neumann: Zur Interdisziplinarität der Geisteswissenschaften. Ein Beispiel: Die Vergleichende Sprachwissenschaft. *Gießener Universitätsblätter* 29 (1996: 61–67).

An erster Stelle lohnt es sich in diesem Zusammenhang, die heutigen Fachbeschreibungen anzusehen, die auf den Internetpräsenzen der indogermanistischen Einrichtungen an den jeweiligen Universitäten angeboten werden.

G 102. Es gibt nichts Spannenderes und Kreativeres als historisch-vergleichende Sprachwissenschaft.

Eine Warnung aber gleich vorweg: Der Weg zu einer akademischen Anstellung im Bereich der Sprachwissenschaft ist steinig und dornenvoll. Wer dazu aufbricht, kann gewinnen, aber auch verlieren. Wer viel Geld auf seinem Konto haben will, muss andere Wege gehen. Gegenüber 2010 ist die finanzielle Lage und berufliche Situation in der Indogermanistik im Jahre 2020 noch um ein Vielfaches schwieriger geworden.

Grundvoraussetzung für ein erfolgversprechendes Studium ist nach wie vor ein persönliches lebhaftes Interesse an Sprache und Sprachen. Eine Vorliebe für die rückwärtsgewandte erklärende historische Perspektive muss dazukommen. Mit der allgemeinen Hochschulreife sollten Kenntnisse des Lateinischen und Griechischen am besten gleich von der Schule mitgebracht werden. Wo die heutigen Schulpläne dies nicht mehr haben realisieren lassen, können die notwendigen Lateinkenntnisse (Latinum) sowie Griechischkenntnisse natürlich auch im Laufe des Grundstudiums erworben werden. Kenntnisse des Englischen und Französischen sind für die Lektüre der Fachliteratur unerlässlich; auch Spanisch-, Italienisch- und Russischkenntnisse sind hilfreich.

Latein, Griechisch und Altindisch (Vedisch) gehören zu den tragenden Säulen der Indogermanistik, schon allein deswegen, weil sich die Fachdiskussion seit ihren Anfängen immer wieder auf Probleme dieser Sprachen bezieht. Nur die entsprechenden Sprachkenntnisse ermöglichen eine eigenständige Beurteilung.

Neben der Beschäftigung mit den drei genannten Sprachen ist es ratsames sich, sich im Laufe des Studiums gute Kenntnisse des anatolischen Hethitischen sowie Kenntnisse einer germanischen Sprache (Gotisch, Althochdeutsch oder Altniederfränkisch) und einer Sprache der balto-slavischen Gruppe (z.B. Altbulgarisch oder Litauisch) anzueignen.

Es geht nichts über die eigene Lektüre von Originaltexten. Ein persönlicher Gewinn ist es auch, klassisch gewordene indogermanistische Arbeiten und Aufsätze richtig von A–Z zu lesen und nicht nur bei Bedarf nachzuschlagen.

Es lohnt sich, hohe eigene Maßstäbe zu setzen und sich auch umzusehen, wie andere Sprachwissenschaftler zu dem geworden sind, was sie sind: → *FS Wandruszka* (1991); Sebeok (1966).

Wie jedes Fach kennt auch die Indogermanistik ungeschriebene Gesetze der Zunft. So sollte es die Pflicht eines jeden sein, neue Schritte nur „im Gespräch" mit der bereits in der Fachliteratur zugänglichen Forschung zu gehen und dem bereits Geleisteten die Ehre des Zitats zuteil werden zu lassen. Problematisch ist aber die immer größer werdende Menge von Daten, die zu diesem Zwecke zu meistern ist. Der Umgang mit und die Ehrfurcht vor dem Bisher darf einem aber nicht die Einsicht zum Neuen blockieren.

1.2 Die Indogermanistik mit Computer und Internet

G 200. Die Indogermanistik kann wie jede andere Wissenschaft auf Computer und Internet nicht mehr verzichten. Digitale Resourcenrecherche sowie computerbasierte Prozesse zum Datencheck sind in den Zeiten der sog. Digital Humanities auch in der Forschung zu den ältesten Sprachstufen nichts Neues mehr. Indogermanistik ist, da sie sich besonders mit Sprachen beschäftigt, die nicht mehr gesprochen werden, deren überlieferte Zeugnisse also geschlossene Textkorpora bilden, Korpuslinguistik par excellence. Exemplarisch für die frühe Anwendung kalkulatorischen Denkens und statistischer Methoden in der Indogermanistik ist schon das von der Systematik der Sanskrit-Grammatik inspirierte *Wörterbuch zum Rig-Veda* von Hermann Graßmann (1873), einem auch in seiner ursprünglichen Profession, Mathematik und Physik, vorausschauenden und zukunftsweisenden Forscher, der aber von seinen zeitgenössischen Kollegen lange geflissentlich ignoriert wurde und sich so dankenswerterweise dem Studium des Altindischen und speziell dem ältesten altindischen Textkorpus, nämlich dem R̥gveda widmete. Inzwischen kann innovative Computertechnologie nicht nur die formal-statistische, sondern sogar die semantisch-etymologische Forschung in der Indogermanistik erleichtern und beschleunigen, da Computerprogramme heute schon mit sehr hoher Trefferwahrscheinlichkeit verwandte Wörter in verschiedenen Sprachen identifizieren können. Zu diesem futuristischen Potential: → J.-M. List / S. Greenhill / R. Gray: The Potential of Automatic Word Comparison for Historical Linguistics. *PLoS ONE* 12(1): e0170046 (2017).

Seit der Jahrtausendwende haben sich auch die digitalen Informationsmöglichkeiten gewaltig gesteigert. Bibliotheken, Verlage, Wissenschaftliche Gesellschaften und einzelne Forscherpersönlichkeiten bieten inzwischen von einzelnen Aufsätzen bis zu ganzen Büchern Dateien online oder zum Download an.

Man sollte intensiv von diesem Angebot Gebrauch machen und lesen, lesen, lesen!

G 201. Stellvertretend wird auf zwei sich speziell der Indogermanistik widmende Institutionen und deren Informationsangebote und Datenbanken aufmerksam gemacht. Dort finden sich dann aktuelle und interessante Informationen und wegweisende Links ins World Wide Web. Klar ist, dass sich Internetpräsenzen bei jeder Aktualisierung ändern und die Institutionen auch gehalten sind, ihre Websites immer informativer und innovativer zu gestalten. Stillstände und Modifikationsmüdigkeit sind natürlich immer mal möglich: Internetadministratorinnen sind auch nur Menschen.

TITUS (= Thesaurus Indogermanischer Text- und Sprachmaterialien). Ziel dieser von J. Gippert begonnenen und in Frankfurt a. M. beheimateten Homepage ist es, alle für indogermanistische Fragestellungen relevanten Sprachmaterialien in digitaler Form bereitzustellen: → titus.uni-frankfurt.de. Über den Index mit den Stichworten „Actualia“, „Didactica“, „Textus“, „Instrumentalia“ und „TITUS“ ist eine stetig wachsende Zahl von Daten zu finden.

Indogermanische Gesellschaft: → indogermanistik.org. Die Website bietet aktuelle Mitteilungen und Nachrichten der Indogermanischen Gesellschaft und auch prinzipielle Informationen zur Disziplin Indogermanistik und zu ihren Institutionen und deren Adressen.

1.3 Zur Geschichte der Indogermanistik

G 300. Es ist durchaus für das zeitgeschichtliche Hintergrundwissen aufschlussreich und auch im allgemeinen erhellend, unter den Einträge zum Stichwort Indogermanistik in ganz gewöhnlichen Konversationslexika oder Enzyklopädien (z.B. Brockhaus, Meyer u.a.) nachzuschlagen; die Autoren der Texte sind zwar i.d.R. Spezialisten, bleiben aber anonym.

1) *Der große Knaur: Lexikon in vier Bänden* (München / Zürich 1967: s.v.) beispielsweise bietet eine erstaunlich kompetente und informative Darstellung (sie wird hier ohne Veränderung wiedergegeben; die in diesem Paragraphen vorkommenden Verweise beziehen sich auf das zitierte Lexikon; zu einzelnen Forschern finden sich auch in unserem Sachregister weitere Hinweise): „Indogermanistik, Wissenschaft, die der Erforschung der → indogerm. Sprachen dient. Nachdem schon im 18. Jh. (W. Jones, 1786) die Verwandtschaft des → Sanskrit mit den europ. Sprachen erkannt worden war, begründeten R. Rask (1814), F. Bopp (1816) und J. Grimm (1819) die I[ndogermanistik]. Rask und bes. Grimm (‘Dt. Gramm.’, 1819 ff.) erforschten vorbildl. die hist. Stufen der → germ. Sprachen (→ Lautverschiebung). Während Bopp (‘Vergleichende Grammatik’,

1833 ff.) Formen verglich und analysierte, fundierte A. F. Pott durch genauen Vergleich der lautl. Entsprechungen die → Etymologie ('Etymolog. Forschungen', 1833–36). Über feste Regeln der Lautentwicklung versuchte als erster A. Schleicher zu einer indogerm. Ursprache vorzudringen ('Compendium der vergleichenden Gramm. der indogerm. Sprachen', 1861/62); er berücksichtigte auch als erster das Slawische und bes. das Litauische. Man präzisierte nun die Methoden und die → Lautgesetze: 1863 H. G. Grassmanns Gesetz (Hauchdissimilation), 1877 K. Verners Gesetz (→ grammatischer Wechsel), 1876–78 Ausnahmslosigkeit der Lautgesetze (A. Leskien, H. Osthoff und F. K. Brugmann; → Junggrammatiker). Amelung und Brugmann, H. Collitz, F. de Saussure, J. Schmidt klärten in den 70er Jahren des 19. Jh. das Problem des ind. '*a*' (europ. *a*, *e*, *o*); G. I. Ascoli entdeckte die zwei indogerm. Gutturalreihen, Brugmann ('Nasalis sonans in der indogerm. Grundsprache', 1876) die silbischen *m* und *n*; de Saussure ('Mémoire sur le système primitif des voyelles dans les langues indoeuropéennes', 1878/79) formte die Vokaltheorie des Indogermanischen aus durch systemat. Darstellung der Ablautstufen von Kurz- und Langvokalen, Entdeckung des *ə* und der zweisilbigen → Wurzeln. H. Paul ('Prinzipien der Sprachgeschichte', 1880) brachte die Theorie der Analogie, deren Wirkung Brugmann und Osthoff in ihren 'Morpholog. Untersuchungen' (1878 ff.) darstellten. H. Hübschmann erkannte die → armenische Sprache als eigene Sprachgruppe. B. G. G. Delbrück lieferte zu Brugmanns 'Grundriß der vergleichenden Grammatik der indogermanischen Sprachen' (1886 ff.) die Syntax (1893–1900).

Bedeutende Untersuchungen zu den Einzelphilologien lieferten Ch. Bartholomae (Indo-Iranisch), J. Wackernagel, W. Schulze, später P. Kretschmer (Griechisch), Fr. Kluge, H. Paul, E. Sievers, später W. Streitberg (Germanisch), R. Thurneysen (Keltisch); H. Hirt zu → Akzent (1895) und → Ablaut (1900) sowie zur Urheimat und Ursprache der Indogermanen ('Die Indogermanen', 1905–07; 'Indogerm. Gramm.', 1921–37). Anf. des 20. Jh. wurden das Tocharische und Hethitische entdeckt; bearbeitet von W. Schulze, E. Sieg, W. Siegling, W. Krause (Tocharisch), bzw. F. Hrozný, F. Sommer, J. Friedrich (Hethitisch), H. Pedersen (beide). Mit dem Hethitischen kamen auch Luwisch und Palaisch zutage, auch das Phrygische, Lykische und Lydische wurden erforscht. Krahe erschloß die Reste der → illyr. Sprache. Die I. ging nun mehr und mehr in Detailfragen und Einzelphilologien auf. Seit de Saussures Forderung nach einer 'synchronischen', systembezogenen Sprachwissenschaft ('Cours de la linguistique générale, 1916) wurde die hist. ('diachronisch') ausgerichtete I. bes. im Ausland (Genf, Prag, Kopenhagen, USA) von versch. Richtungen der modernen → Sprachwissenschaft abgelöst."

2) Eine vergleichbare Übersicht bietet auch *Meyers Enzyklopädisches Lexikon* (Mannheim / Wien / Zürich ^{9}1974: s.v.). Enttäuschend, aber wohl doch zeittypisch, ist dagegen ein modern konzipiertes Nachschlagewerk wie *Harenberg Kompaktlexikon in 3 Bänden* (Dortmund 1996); das Fach Indogermanistik findet keine Erwähnung mehr, man verweist nur noch ganz knapp und summarisch auf die „Indoeuropäische Sprachfamilie" und auf die „Indogermanen". Allerdings gibt es inzwischen auch als neuzeitlichen Lichtblick die Internetenzyklopädie Wikipedia mit dem Stichwort „Indogermanistik".

3) Eine erschöpfende Darstellung der Geschichte des Faches Indogermanistik von seinen Anfängen bis zum heutigen Tag muss erst noch geschrieben werden.

Weiterführende Literatur: — a) Zur Geschichte der Indogermanistik mit besonderem Blick auf die Anfänge und zur Geschichte der Sprachwissenschaft im allgemeinen: → Benfey (1869); Delbrück (1904); Windisch (1917/1920/1921); Sebeok (1966); Neumann (1967); Einhauser (1989); Koerner (1989); Szemerényi (1990: 1ff.); Bartschat (1996); Morpurgo Davies (1996); P. Swiggers: Intuition, exploration, and assertion of the Indo-European language relationship. Klein / Joseph / Fritz (2017a: 138–170); P. Swiggers: Indo-European linguistics in the 19th and 20th centuries: beginnings, establishment, remodeling, refinement, and extension(s). Klein / Joseph / Fritz (2017a: 171–210). — b) Speziell 20. Jh. (bis 1960) : → Szemerényi (1982); J. Jasanoff: The impact of Hittite and Tocharian: Rethinking Indo-European in the 20th century and beyond. Klein / Joseph / Fritz (2017a: 220–238). — c) Zu den enzyklopädischen Darstellungen der idg. Grammatik und des idg. Lexikons: → J.-C. Muller: Encyclopedic works on Indo-European linguistics. Klein / Joseph / Fritz (2017a: 210–219).

4) Im folgenden werden ein paar wichtige Entwicklungsschritte von Abs. 1 verdeutlicht.

G 301. Ähnlichkeiten und Verwandtschaften im Wortschatz zwischen europäischen Sprachen wie Latein und Griechisch und dem Sanskrit sind verstärkt seit dem 18. Jh. n. Chr. beobachtet worden: → Thumb / Hauschild (1958: 168ff., zum Studium des Sanskrit in Europa). Zu Sir W. Jones: → Thumb / Hauschild (1958 : 173f.); Sebeok (1966a: 1–57); Mayrhofer (1983); R. Robins / M. MacMahon. Stammerjohann (2009: 765a–766b).

Die als verwandt erkannte Sprachgruppe zwischen Indien und Europa wird im deutschsprachigen Werk *Asia polyglotta* von Julius Klaproth (1823: 42ff.) ganz geläufig als indo(-)germanisch bezeichnet. Die Bezeichnung ist aber offensichtlich nicht die Erfindung von Klaproth, sondern ein zu der Zeit bereits bekannter Begriff, der gleichbedeutend mit indo(-)europäisch ist. Vor Klaproth hat nachweislich der dänische Geograph Conrad Malte-Brun den Begriff 'langues indo-germaniques' verwendet: → Thumb / Hauschild (1958: 42f.); F. Shapiro: On the Origin of the term 'Indo-Germanic'. *HL* 8 (1981: 165–170); K. Koerner: Observations of the Sources, Transmission, and Meaning of 'Indo-European' and Related Terms in the Development of Linguistics. *IF* 86 (1982 p.1–29) = Koerner (1989: 149–177); Szemerényi (1990: 12f. Anm. 1); G. Bolognesi: Sul termine „indo-germanisch". *FS Belardi* (1994: 327–338); F. Bader. Bader (1994: 23).

Während sich die Bezeichnung indo(-)europäisch im Englischen und in den romanischen Sprachen etabliert hat (vgl. engl. Indo-European; franz. indo-européen usw.), ist indogermanisch im deutschsprachigen Raum üblich geworden: → Arbeitsausschuß der Indogermanischen Gesellschaft in *Kratylos* 27 (1982 [1983]: 221f., Stellungnahme zum teilweisen Nebeneinander von 'indogermanisch' und 'indoeuropäisch': „Eine Abkehr von dem eingebürgerten wissenschaftlichen Terminus 'indogermanisch' ist also nicht geboten"). In der DDR galt mit einer bewusst antiwestdeutschen Spitze indoeuropäisch: → E. Seidel. *Wissenschaftliche Zeitschrift der Humboldt-Universität zu Berlin, Gesellschafts- und Sprachwissenschaftliche Reihe* XVIII (1969: 297: „Ich sehe keinen Grund, in indirektem Eingehen auf vereinzelte westdeutsche Diener des Imperialismus den Terminus „indogermanische Sprachwissenschaft" zu vermeiden ... Immerhin folge ich dem Wunsche der Redaktion, hier „indoeuropäisch" zu sagen"). In der Tat hat der Terminus 'indogermanisch' seine inhaltliche Berechtigung, da er sich auf die indischen Sprachen im Osten und die germanischen Sprachen im Westen bezieht und so – als Kopulativkompositum im Sine eines Klammerkompositum – auch alle geographisch zwischen diesen beiden Extremen liegenden, nicht explizit genannten indogermanischen Sprachen umfasst. Der Terminus 'indoeuropäisch' ist demgegenüber irreführend, da die nach heutiger Kenntnis ursprünglich europäische Sprache, das Baskische, gerade keine indogermanische Sprache ist.

G 302. Die eigentliche Geschichte der Indogermanistik beginnt mit Franz Bopp (1791–1867). Er hat die Verwandtschaft der indogermanischen Sprachen 1816 wissenschaftlich nachgewiesen. Das Vorwort zu seinem grundlegenden Werk *Über das Conjugationssystem der Sanskritsprache in Vergleichung mit jenem der griechischen, lateinischen, persischen und germanischen Sprache* (Frankfurt a. M. 1816) stammt aus der Feder von Karl Windischmann und ist auf den 16. Mai datiert. Bopp hat später diesen Tag immer als Geburtsstunde der Indogermanistik gefeiert. Während vorher Vermutungen nur durch einzelne Wortvergleiche gestützt waren, erfolgte Bopps Nachweis der Verwandtschaft über den Vergleich der Grammatik. Die Beschäftigung mit dem Indischen war bei Bopp ursprünglich durch Friedrich Schlegels Buch *Ueber die Sprache und Weis-*

heit der Indier (Heidelberg 1808) veranlasst worden. Zu Bopp: → B. Schlerath. Erbe (1989: 55–72); Szemerényi (1990: 6f.).

Neben Bopp ist für die Geschichte der Indogermanistik Jacob Grimm (1785–1863) von großer Bedeutung. Er hat mit seiner Deutschen Grammatik (1819ff.) erstmals die historische Dimension in die Sprachforschung eingeführt: Sprachvergleich und Sprachgeschichte sind zusammen die Grundlage der Indogermanistik: → Szemerényi (1971: 13ff.).

G 303. Mit der im Jahre 1821 von Wilhelm von Humboldt empfohlenen Berufung Bopps an die noch junge Berliner Universität beginnt die universitäre Institutionalisierung des Faches. Bopp erhält die neu eingerichtete Professur für „Orientalische Litteratur und Allgemeine Sprachkunde".

Das Fach ist in den ersten Jahrzehnten noch fest mit der Sanskritistik verbunden, da ja die Bekanntschaft mit dem Sanskrit erst die Entdeckung der indogermanischen Sprachfamilie ermöglichte. Durch diese enge Verknüpfung mit der Sanskritistik steht die Indogermanistik anfangs der Orientalistik am nächsten, so dass die indogermanistischen Professuren zu dieser Zeit meist auch die Bezeichnungen „Sanskrit" oder „orientalisch" in ihrer Fachbeschreibung enthalten. Doch ist damit ebensowenig Indologie und Orientalistik im heutigen Sinne gemeint, wie mit „Allgemeiner Sprachkunde" in der Beschreibung von Bopps Professur Allgemeine Sprachwissenschaft oder Linguistik nach heutigem Verständnis gemeint ist. So wurde der Verfasser der ersten Sanskrit-Grammatik in Deutschland (auf Lateinisch), Othmar Frank, 1821 in Würzburg Professor für Philosophie „zum Vortrag der oriental., insbesonder indischen und persischen Sprachen" (E. Brucker. Brückner / Steiner 2012: 229). Die erste Professur für „Indologie" erhielt August Wilhelm Schlegel 1818 in Bonn. Zur Geschichte der Sanskritstudien: → Windisch (1917/1920/1921); zu Othmar Frank: → E. Brucker: Die Universität Würzburg und die Sanskritphilologie. Othmar Frank und die erste Sanskritgrammatik Deutschlands. Brückner / Steiner (2012: 225–230).

Professuren für Indogermanistik ohne besondere Festlegung auf Sanskrit werden erst seit den siebziger Jahren des 19. Jh. vermehrt eingerichtet. So ist etwa Karl Brugmanns Leipziger Professur 1887 geschaffen worden durch eine Umwidmung der Professur für Klassische Philologie seines Lehrers Georg Curtius, der in Berlin auch Bopps Schüler war.

G 304. Bopps Schülerkreis war sehr groß. Über die Indogermanistik hinaus bedeutend ist Friedrich Rückert, der in Erlangen eine orientalistische Professur innehatte und zeitweilig neben Bopp in Berlin lehrte. Zu Bopps Schülerkreis zählen ferner auch Wilhelm von Humboldt und August Wilhelm Schlegel und viele spätere Vertreter von Indogermanistik und Indologie wie August Friedrich

Pott, Theodor Aufrecht, Otto von Böhtlingk, Adalbert Kuhn, Adolf Friedrich Stenzler und Albrecht Weber, der Bopps Nachfolger wurde.

Die erste Berliner Professur für Vergleichende Sprachwissenschaft erhielt 1872 Hermann Ebel. Sein Nachfolger wurde 1876 August Schleichers Schüler Johannes Schmidt. Er begründete die „Berliner Schule" der philologischen Indogermanistik – im Gegensatz zur „Leipziger Schule" der systematischen „Junggrammatiker".

G 305. Mit den Namen Potts, Schleichers und Schmidts ist die Einführung verschiedener neuer Methoden und Modelle verbunden, so mit dem Hallenser August Friedrich Pott die Etymologie unter strenger Beachtung des Lautwandels (*Etymologische Forschungen auf dem Gebiete der Indo-Germanischen Sprachen mit besonderem Bezug auf die Lautumwandlung im Sanskrit, Griechischen, Lateinischen, Littauischen und Gothischen.* Lemgo 1833/1836), mit dem Jenaer August Schleicher die Rekonstruktion und die Stammbaumtheorie (*Compendium der vergleichenden Grammatik der indogermanischen Sprachen.* Weimar 1861/1862) und mit dem Berliner Johannes Schmidt die Wellentheorie (*Die Verwantschaftsverhältnisse der indogermanischen Sprachen.* Weimar 1872). Der Name Adalbert Kuhns steht einerseits für indogermanische Mythologie und andererseits für die Begründung einer Fachzeitschrift der Indogermanistik, die von 1852 bis heute erscheint, bei geringfügigen Veränderungen im Titel in jüngerer Zeit (*Zeitschrift für Vergleichende Sprachforschung* = *ZVS*; *Historische Sprachforschung* = *HS*), und noch immer als „Kuhns Zeitschrift" (= *KZ*) bezeichnet wird, s.o. Bibliographie s.v.

G 306. Zu den sog. Junggrammatikern gehörten Vertreter verschiedener philologischer Disziplinen, so der Slavist August Leskien und der Germanist Hermann Paul. Literatur: → Einhauser (1989).

Der Grundsatz der Ausnahmslosigkeit der Lautgesetze (er macht den Lautwandel erst zum Lautgesetz) geht auf die Junggrammatiker zurück. Zahlreiche Lautgesetze von Bestand wurden von Forschern aus diesem Kreis entdeckt: Jacob Grimms Gesetz (Germanische Lautverschiebung, s.u. P 336 Abs. 4); Karl Verners Gesetz (s.u. P 421); Karl Brugman(n)s Gesetz (s.u. P 412; zu seiner Entdeckung der Nasalis sonans s.u. P 305); Hermann Osthoffs Gesetz (Langdiphthong vor Konsonant wird zu Kurzdiphthong); Hermann Graßmanns Hauchdissimilationsgesetz (s.u. P 348); Christian Bartholomaes Aspiratengesetz (s.u. P 347 Abs. 2).

Zum Lautgesetz als solchem und den Lautgesetzen im einzelnen: → Schneider (1973); Strunk (1976); Collinge (1985); N. Collinge. *JIES* 27 (1999: 355–377); M. Mayrhofer: Zu Collinges „Laws of Indo-European": Ergänzendes und Kritisches. *Sprache* 45 (2005 [2007]: 110–133); Goldstein (2015).

G 307. Eine entscheidende Stellung kommt Ferdinand de Saussure (1857–1913) zu. Er hat nicht nur die uridg. Lautlehre durch die Entdeckung der Laryngale bereichert, sondern auch die moderne synchrone Sprachwissenschaft begründet (bekannte Schlagwörter: synchron vs. diachron; langue vs. parole; signifiant vs. signifié): → Szemerényi (1971: 19–52); weitere Hinweise s.o. in der Bibliographie unter Saussure (1916) und Saussure (1879); ferner s.u. P 315.

Die synchrone Sprachwissenschaft wird i.d.R. als Allgemeine Sprachwissenschaft bezeichnet. Sie hat seit Ferdinand de Saussure einen enormen Aufschwung genommen und hat sich breit gefächert: → Szemerényi (1982).

An manchen Universitäten hat die Allgemeine Sprachwissenschaft die Indogermanistik überflügelt. Dies gilt genauso bei den großen Philologien wie Germanistik, Romanistik oder Anglistik, wo die historisch interessierten Linguisten gegenüber den Linguisten mit synchronen Interessen in der Minderheit sind und einsame Rufer in der Wüste zu werden drohen. Mit ihren ungleich höheren Studentenzahlen hat die Allgemeine Sprachwissenschaft eine Trumpfkarte, die nicht leicht ausgestochen werden kann. Aber auch die Allgemeine Sprachwissenschaft bedarf der historischen Dimension. Nur ein Nebeneinander von Allgemeiner und Historisch-Vergleichender Sprachwissenschaft ist angemessen.

G 308. Die Forschungslage der Indogermanistik hat sich im Laufe der Zeit durch das Einbringen von neuen Ideen und durch das Dazukommen von neuem Sprachmaterial immer wieder gewandelt: → Szemerényi (1982: 107ff.). Die einzelnen idg. Sprachen in der Reihenfolge ihrer Eingruppierung in das „Weltbild" der Indogermania: — Im 19. Jh.: Albanisch (→ Bopp 1855); Armenisch (Heinrich Hübschmann 1875, s.u. G 424). — Im 20. Jh.: Tocharisch (Emil Sieg, Wilhelm Siegling und Wilhelm Schulze 1908, s.u. G 408); Hethitisch (Bedřich Hrozný 1915, s.u. G 410); Mykenisch / Linear B (Michael Ventris und John Chadwick 1953, s.u. G 418); Keltiberisch (Fund der ersten Botorrita-Inschrift 1970, s.u. G 431 Abs. 1c); Karisch (s.u. G 415, zur Forschungsgeschichte: → Adiego 1993: 101ff.).

G 309. Die Erkenntnis der Verwandtschaft der indogermanischen Sprachen bezog sich ursprünglich nur auf die sprachliche Ebene. Bald jedoch wurde der sprachwissenschaftlich durch den Sprachvergleich gewonnene Verwandtschaftsbegriff auf eine angenommene Sprachgemeinschaft übertragen, und diese Sprachgemeinschaft wurde in einer zusätzlichen allmählichen Erweiterung des Begriffs mit Volk, Rasse und Nation gleichgesetzt. Dieses ständige Ausdehnen von Begriffen und ihr Anwenden auf wesensmäßig andersgeartete Einheiten ist aus wissenschaftlicher Sicht selbstverständlich kein zulässiges Verfahren, und so wurde die missbräuchliche Verwendung sprachwissenschaftlich berechtigter Bezeichnungen von wissenschaftlicher Seite beständig und beharrlich kritisiert und moniert. Trotz allem haben aber gerade die politisch missbräuchlich verwendeten Inhalte solcher Bezeichnungen wie *arisch* und *Rasse* Eingang in das kollektive Gedächtnis der deutschen Sprachgemeinschaft gefunden und nicht die wissenschaftlich gebräuchlichen, korrekt gebrauchten. Beginn und Fortgang dieser allmählichen Entwicklung vom 19. bis zum 20. Jh. hat der Franzose Maurice Olender in seinem Buch *Les langues du Paradis: Aryens et sémites – un couple providentiel* deutlich aufgezeigt (Olender 1989), das erst im Jahr 2013 auch auf deutsch veröffentlicht wurde. Olender sieht den deutschen Indologen Max Müller (32, 127–141) und vor allem den französischen Linguisten Ernest Renan (37, 87–123) in der Verantwortung für die Konfusion der linguistischen und ethnischen Konzepte, die mit *arisch* und *indogermanisch* bezeichnet werden, im Kontext von Mythologie und Religion, wo auch die Bezeichnung *Rasse* verwendet wird. Ein differenzierteres Bild der Person Renans zeichnet D. Trimbur. Benz (2009b: 681f.).

G 310. In der Zeit des Nationalsozialismus wurde die Fiktion der arischen Rasse in Deutschland schließlich juristisch kodifiziert, um deutsche Bürger und Bürgerinnen als sog. Nicht-Arier bzw. Juden in menschenverachtender Weise zu stigmatisieren, zu entrechten, zu enteignen, durch Zwangsarbeit zu verschleißen und schließlich zu vernichten und auch noch deren Leichname zu verwerten. Dies geschah nach dem politischen Willen der zeitgenössischen Machthaber, die sich auf total willkürliche Weise die Instrumente des Staatsapparats zu eigen und mit verbrecherischem Vorsatz zu nutze machten. Ein zentrales Instrument des Staatsapparats war das Beamtentum, und ein Teil von diesem – mit Blick auf Wissenschaft, Lehre und Forschung – alle Professoren und verbeamteten Dozenten. Der Nationalsozialismus wollte eine nationalsozialistische Wissenschaft. Auch die Sprachwissenschaft wurde in den Dienst des Nationalsozialismus gestellt, und neben der Germanistik, Anglistik, Slawistik, Keltologie usw. auch die Indologie und die Indogermanistik. Die Wörter *arisch* und *indogermanisch* wurden im politischen Kontext z.T. synonym verwendet und das Wort *arisch* ähnlich wie die Svastika, ein Symbol der indoarischen Religion, für den Nationalsozialismus vereinnahmt; dieser sanskritozentrische Aspekt der Ursprünglichkeit alles Indischen vom Anfang des 19. Jh. war zu jener Zeit in der Sprachwissenschaft längst überholt (s.u. P 206). Der NS-Karrierist und Leiter der SS-Forschungseinrichtung Ahnenerbe, Indologie-Professor und Rektor der Münchener Universität Walther Wüst veröffentlichte eine Sammlung von nationalsozialistisch-rassistischen Vorträgen für die allgemeingebildete Öffentlichkeit unter dem Titel „Indogermanisches Bekenntnis" (Berlin 1942) und Paul Schmidt, später

Pressechef unter Außenminister von Ribbentrop, promovierte 1936 an der Universität Kiel im Fach Psychologie mit einer Inaugural-Dissertation mit dem Titel „Beiträge zur Lehre von der Bedeutungsbildung in den indogemanischen Sprachen: Eine strukturpsychologische Untersuchung unter besonderer Berücksichtigung der Ganzheitsbedeutungen" (Leipzig 1939). Trotz allem wurde selbst in einem allgemein zugänglichen und weit verbreiteten, einbändigen Nachschlagewerk wie dem *Volks-Brockhaus* aus dem Jahre 1937 exakt differenziert zwischen der Bedeutung der Bezeichnung *Arier* im Sinne von Rassenkunde und derjenigen im Sinne von Sprachwissenschaft, i.e. „Name der indogermanischen Bewohner Irans und Vorderindiens" (*Brockhaus* 1937: 29a). Auch wurde von dem Münchener Klassischen Philologen Hans Siegert im Jahre 1941 rätselhafterweise gerade in der von Walther Wüst herausgegebenen wissenschaftlichen Zeitschrift *Wörter und Sachen* die fälschliche Verwendung der Bezeichnung *Arier* und *arisch* richtiggestellt: → H. Siegert: Zur Geschichte der Begriffe „Arier" und „arisch". *Wörter und Sachen* 22 (1941–42: 73–99); vgl. auch C. Curio. Benz / Graml / Weiss (2007: 414b).

Dass die Indogermanistik als sprachwissenschaftliches Fach nicht geeignet ist, die Gedankenwelt des Nationalsozialismus zu stützen, lässt sich gerade an der Bedeutung der Bezeichnung *Arier* im Sinne von Rassenkunde zeigen, die in dem gerade erwähnten Nachschlagewerk genannt wird: „die Angehörigen der seit langer Zeit in Europa einheimischen Rassen (...) besonders im Gegensatz zur vorderasiatischen und orientalischen Rasse". Wie wohl auch jeder allgemeingebildete, in Erdkunde unterrichtete, Zeitgenosse feststellen konnte, stammen just die Sprecher der im sprachwissenschaftlichen Sinne arischen Sprachen, des Iranischen und Indischen, aus dem Orient, und dass die Sprachen der seit langer Zeit in Europa einheimischen Sinti und Roma die einzigen im sprachwissenschaftlichen Sinne arischen Sprachen in Deutschland sind, wusste man in Deutschland spätestens dank der eingehenden Erforschung der sog. Zigeunersprachen durch die Indogermanistik seit dem 19. Jh., an erster Stelle durch den Indogermanisten August Friedrich Pott (→ Pott 1844/45). Dass sich die Zugehörigkeit der slavischen Sprachen zur indogermanischen Sprachfamilie gerade nicht als rationales Argument für die nationalsozialistische Politik des sog. Lebensraums im Osten verwenden ließ, muss ebenfalls jedem nationalsozialistischen Entscheidungsträger bewusst gewesen sein. Zum Romani: → C. Smith: The dialectology of Indic. Klein / Joseph / Fritz (2017a: 441ff.).

Außer dem Namen des Indologen Walther Wüst finden sich in der immer gründlicher werdenden Sekundärliteratur zur nationalsozialistischen Wissenschaft auch immer wieder und immer mehr Namen von Sprachwissenschaftlern, Philologen und Indogermanisten, z.B. Richard von Kienle und Walter Porzig, die auch als Funktionäre aktiv in der nationalsozialistischen Wissenschaft waren, aber etwa auch die Namen von Indologen, die als Wehrmachtsangehörige Mitglieder der sog. Indischen Legion wurden, wie z.B. Paul Thieme, Karl Hoffmann (Wüsts Schüler) und die Studenten Gustav Roth und Wilhelm Rau. Über den Indologen Jakob Wilhelm Hauer gibt es im *Handbuch des Antisemitismus* einen einschlägigen Eintrag von A. Gerlach. Benz (2009a: 337f.), im selben Sammelband allerdings auch einen über die Gebrüder Grimm von R. Ehret. (Benz (2009a: 270f.). Zur allgemeinen Situation der Universitäten im Nationalsozialismus: → M. Grüttner: Die deutschen Universitäten unter dem Hakenkreuz. Connelly / Grüttner (2003: 67–100); Bayer / Sparing / Woelk (2004); zur allgemeinen Situation der Sprachwissenschaft im Nationalsozialismus: → Maas (2016); zur Keltologie im Nationalsozialismus: Lerchenmüller (1997); zu Walther Wüst: → Lerchenmüller / Simon (1997: 63–65); Ellinger (2006: 248–250 u. passim); Kater (2006 passim); Schreiber (2008); H. Junginger. Fahlbusch / Haar / Pinwinkler (2017a: 925–933); zu Richard von Kienle: → R. Wachter: Allgemeine und vergleichende Sprachwissenschaft. Eckart / Sellin / Wolgast (2006: 371–389); M. Fritz: Indogermanistik an der Freien Universität Berlin. Kubicki / Lönnendonker (2015: 52–54); zu Walter Porzig: → Lerchenmüller (1997: 262f.); Lerchenmüller / Simon (1997: 82); Klee (2005: 470b); zu Jakob Wilhelm Hauer: → Lerchenmüller / Simon (1997: 68–70); Klee (2005: 232); Kater (2006 passim); H. Junginger. Fahlbusch / Haar / Pinwinkler (2017a: 274–279); zu Indologen in der Indischen Legion: → B. Roy: Völkisch Indology. Fahlbusch / Haar / Pinwinkler (2017b: 1190–1197); zu Karl Hoffmann: → Schreiber (2008: 133f.; 212; 357), aber auch B. Forssman, *Kratylos* 42 (1997: 214–218); K. Strunk. *JbBADW* (1997: 238–243), M. Witzel. *IIJ* 40 (1997: 245–253) und N. Oettinger. Stammerjohann (2009: 668b–669a); selbst die Bemerkungen von J. Jasanoff. Klein / Joseph / Fritz (2017a: 222) zum Themenkomplex Laryngaltheorie, 'Nazi period' und Karl Hoffmann erscheinen da in einem anderen Licht.

G 311. In der Nachkriegszeit entstanden in Deutschland, Österreich und der Schweiz in der deutschsprachigen Indogermanistik verschiedene wissenschaftliche Schulen, die sich mit speziellen linguistischen Themen innerhalb der Indogermanistik beschäftigten.

Die Krahe-Schule war besonders, aber nicht nur, im Bereich Onomastik, insbesondere Hydronomie, aktiv und beschäftigte sich vornehmlich mit den europäischen Sprachen der Indogermania; zu Hans Krahes (1898–1965) Schülern sind etwa Helmut Rix (1926–2004), Jürgen Untermann (1928–2013), Wolfgang P. Schmid (1929–2010), Wolfgang Meid (1929) und Elmar Seebold (1934) zu rechnen.

Die Erlanger Schule um Karl Hoffmann (1915–1996) und Johanna Narten (1930–2019), die schon in Saarbrücken Hoffmanns Studentin war, widmete sich vor allem der durch Textstudium auf philologischer Basis möglichst genauen Beschreibung und Erklärung grammatischer Formen und Funktionen, untersuchte vorwiegend die orientalischen indogermanischen Sprachen, einschließlich der anatolischen, und führte die Laryngaltheorie in die Indogermanistik ein; zur Erlanger Schule zählen neben den eigentlichen Hoffmann-Schülern wie Bernhard Forssman (1934), Gert Klingenschmitt (1940), Heiner Eichner (1942), Michael Witzel (1943), Rosemarie Lühr (1946), Toshifumi Gotō (1948), Norbert Oettinger (1949), Eva Tichy (1951) und der Narten-Schülerin Almut Hintze (1957) im weiteren Sinne – wegen ihrer Erlanger Post-Doc-Phasen – auch Indogermanisten wie Helmut Rix, Klaus Strunk (1930–2018; Schüler von Carl Karstien in Köln) und José Luis García-Ramón (1949; Schüler von Martín Ruipérez Sánchez in Madrid).

Besonders einflussreich war auch die Schule um die Österreicher Heinz Kronasser (1913–1968), Manfred Mayrhofer (1926–2011), Hermann Mittelberger (1935–2004) und Jochem Schindler (1944–1994), die in Würzburg ihren Ausgang nahm und als Wiener Schule mit Martin Peters (1951) in der Indogermanistik weitreichende Wirksamkeit entfaltete.

Von Schweizer Seite wurde die Indogermanistik maßgeblich beeinflusst durch die Zürcher Schule von Ernst Risch (1911–1988), der Indogermanisten wie Annemarie Etter (1939), Alex Leukart (1939), Michael Meier-Brügger (1948), Rudolf Wachter (1954) und Ivo Hajnal entstammen (1961).

Außer den genannten Schulen gab es in der Nachkriegsindogermanistik selbstverständlich auch viele individuelle Indogermanisten, die auf den Fortschritt der Indogermanistik großen Einfluss ausgeübt haben und deren Namen sich in der Bibliographie finden. Lit: → M. Mayrhofer. *AlmÖAW* 139, (1988/89: 369–75); N. Oettinger. Stammerjohann (2009: 668b–669a); V. Sadovski. Stammerjohann (2009: 1341b–1343a).

G 312. Wie sich die Indogermanistik in Zukunft weiterentwickelt, wird sich weisen.

Die Genauigkeit sowohl der Dokumentation als auch der Argumentation war jedenfalls noch nie so gut wie heute. Es gilt, auf diesem Wege weiterzufahren und unsere sprachliche Vergangenheit immer noch präziser und adäquater zu erfassen. Offenheit gegenüber neuen Fragestellungen ist Pflicht.

Und es gilt ganz klar der gesellschaftliche Auftrag, die historische Dimension bei allen Diskussionen über Sprache und Sprachen zu Gehör zu bringen und nicht außer acht zu lassen. Dies gilt heute um so mehr, als die Kenntnis der Kultursprachen Latein und Griechisch von der Politik im gymnasialen Schulalltag und im gesellschaftlichen Bildungskanon mehr und mehr marginalisiert werden.

Die Indogermanistik hat sich der sprachlichen Vergangenheit verpflichtet und macht damit die Zukunft verständlich (Motto: „Ohne Vergangenheit keine Zukunft!"). Die Indogermanistik und jegliche Sprachwissenschaft allgemein dürfen aber nie – und das gilt genauso für alle anderen wissenschaftlichen Fächer, sei es Jura, Medizin, oder Theologie, Geographie, Kunstgeschichte oder Sportwissenschaft – für politische Zwecke missbraucht werden! Das lehrt die Geschichte.

G 313. Unabdingbar für die Zukunft der Disziplin ist die Finanzierung von mehr indogermanistischen Professuren durch die Universitäten. Im jetzigen Zeitalter der Kosten-Nutzen-Rechnung werden sog. Kleine Fächer wie die Indogermanistik trotz der bei hohem Nutzen geringen Kosten gern mit der Frage nach ihrem gesellschaftlichen Nutzen und nach ihrer ökonomischen Relevanz konfrontiert und in Frage gestellt. Zuständige Fachbereiche oder Fakultäten und Universitätsverwaltungen sind oft sogar einfach aufgrund mangelnder Kenntnis bereit, auf eine Neuberufung im Fach Indogermanistik zugunsten zeitgeistgemäßer Fächer zu verzichten, in denen man sich vermutlich hohe Studierendenzahlen verspricht. Sowie die wenigen heutigen Fachvertreter und Fachvertreterinnen in den Ruhestand gehen, werden sich wahrscheinlich weitere Universitäten wie jüngst die in Freiburg und Göttingen, zwei ehemaligen Hochburgen der Indogermanistik, diesem kulturellen Kahlschlag anschließen.

1.4 Übersicht über die idg. Sprachen und ihre Quellen

1.4.1 Allgemeines

G 400. Bezeugung und Umfang der Dokumentation der indogermanischen Sprachen sind von Sprache zu Sprache verschieden. Dies hängt zunächst einmal davon ab, wann die einzelnen Sprachgemeinschaften den Weg von der natürlicherweise primären Mündlichkeit zur sekundären Schriftlichkeit gefunden haben, und dann hängt es ebenso davon ab, wie viele der schriftlichen Zeugnisse erhalten geblieben sind und bis in die Gegenwart bewahrt wurden.

In aller Regel fand der Übergang bei der Kontaktnahme mit bereits bestehenden Schriftkulturen statt, vgl. die anatolischen Hethiter, die sich der mesopotamischen Verwendung der Keilschrift anschlossen (s.u. G 410), vgl. die mykenischen Griechen, die ihre Linearschrift B dem kretischen Schriftkreis entlehnten (s.u. G 418), vgl. die Kelten, die, von der Region abhängig, ihre Inschriften im gr., lat., etrusk. oder sogar iberischen Alphabet schrieben (s.u.

G 431 Abs. 1), vgl. die Tocharer, die über ihre Teilhabe am buddhistisch geprägten Leben des 6. Jh. n. Chr. im Tarimbecken zu eigenen Sprachdenkmälern in ind. Schrift kommen (s.u. G 408).

Bei den frühesten Zeugnissen mancher Sprachzweige handelt es sich um Übersetzungsliteratur christlichen Inhalts: vgl. Gotisch, Altbulgarisch, Armenisch.

Eine Tabelle mit den Eintrittsdaten der Einzelsprachen in die Welt der Schriftlichkeit bietet z.B. Benveniste (1969b) im Vorspann zur „Note bibliographique"; zu den zur Verschriftlichung der idg. Sprachen verwendeten verschiedenen Schriften: → P. Daniels: The writing systems of Indo-European. Klein / Joseph / Fritz (2017a: 26–61).

Im besten Fall stimmt das Alter der Sprache mit dem der Sprachträger überein, so bei den zeitgenössischen Inschriften. In anderen Fällen stammen die Sprachträger aus viel späterer Zeit, so i.d.R. bei Handschriften. Dann liegt zwischen der bezeugten Sprachstufe und dem Datierungszeitpunkt des Sprachträgers ein Zeitraum der mündlichen Überlieferung oder auch der schriftlichen Überlieferung, deren Zeugnisse verlorengegangen sind.

Manche Sprachen sind uns erst seit dem vergangenen Jahrhundert bekannt, sei es, dass sie erst ganz neu entdeckt wurden oder dass ihre schon früher gefundenen Schriftzeugnisse erst später entziffert werden konnten.

Die Erschließung der fraglichen Sprachen ist unterschiedlich und hängt u.a. davon ab, wie groß das überlieferte Korpus ist, wieweit es zeitlich zurückreicht, ob es heute noch eine Fortsetzersprache gibt oder nicht, und selbstverständlich davon, wie eingehend sich die Forschung mit den betreffenden Sprachen beschäftigt.

G 401. Allgemeine Einführungen und Übersichten zum Indogermanischen, seinen Sprachzweigen und Einzelsprachen: → Delbrück (1919); Meillet (1937); Lockwood (1979); Lockwood (1982); Vineis (1983); Cowgill (1986: 17ff.); Bader (1994); Adrados / Bernabé / Mendoza (1995/1996/1998); Beekes (2011); Ramat / Ramat (1998); H. Hoenigswald / R. Woodard / J. Clackson. Woodard (2004: 534–550); Mallory / Adams (2006); Clackson (2007); Wiese (2007); Tichy (2009); Fortson (2010); Kausen (2012); Euler (2016); Comrie (2018: 23–495); George (2020). — Zu einem Überblick über Einführungen in die Indogermanistik: → Mayrhofer (2009).

1.4.2 Die einzelnen idg. Sprachzweige und ihre Quellen

G 402. Eine erste kurze Aufzählung erfolgt hier nach der frühesten Bezeugung der Einzelsprachen. Genannt wird jeweils das früheste Zeugnis (bei erschlossenem Alter wird die reale Bezeugung miterwähnt, ferner kommt der Hinweis auf eine bestehende indirekte Überlieferung dazu, wenn sie aufgrund höheren Alters oder größeren Textumfangs für die Einzelsprache maßgeblich ist). Einzelheiten zu den Daten folgen ab G 404.

Die aktuelle Reihenfolge lautet: — Anatolisch (altheth. Originaldokumente aus dem 16. Jh. v. Chr., enthalten z.T. Abschriften von Texten des 17. Jh. v. Chr.); — Griechisch (myk. Originaldokumente aus dem 17. und 14. / 13. Jh. v. Chr.); — Indisch (die Überlieferung des Rigveda muss bis in das 2. Jt. n. Chr. rein mündlich erfolgt sein, die Abfassung einzelner Verse und einzelnes inhaltliche Gedankengut reicht im Kern aber vermutlich ins 13. Jh. v. Chr. zurück; ferner: die Nebenüberlieferung führt für ein paar Götternamen und Termini bis in das hurritische Mitanni-Reich des 16. / 14. Jh. v. Chr.); — Iranisch (der Kern des altavestischen Textkorpus geht auf den Religionsstifter Zarathustra und damit ins 10. Jh. v. Chr. zurück; die uns erhaltenen Texte sind aber erst nach einer langen mündlichen Tradition in mittelpersischer Zeit aufgezeichnet worden); — Italisch (die sog. Fibula Praenestina [zur Frage der Echtheit: → Wachter 1987: 55–65] stammt wohl noch aus der 1. Hälfte des 7. Jh. v. Chr.; andere latinische Denkmäler wie die sog. Duenos-Inschrift gehören dagegen erst ins 6. Jh. v. Chr.); — Keltisch (kontinentalkeltische Inschriften seit dem 2. Jh. v. Chr.); — Germanisch (Wulfilas Bibelübersetzung ins Gotische datiert um 350 n. Chr.; germ. Namen auf Münzen und in Nebenüberlieferung sind aber bei Caesar für das 1. Jh. v. Chr. belegt); — Armenisch (5. Jh. n. Chr.); — Tocharisch (6. Jh. n. Chr.); — Slawisch (9. Jh. n. Chr.); — Baltisch (14. Jh. n. Chr.); — Albanisch (15. Jh. n. Chr.).

Die Überlieferung altidg. Sprachen ist von Schriftzeugnissen abhängig, was den Übergang von der Mündlichkeit zur Schriftlichkeit in den betreffenden Sprachgemeinschaften voraussetzt. Die altidg. Sprachgemeinschaften haben ganz verschiedene Schriften eingeführt; manche haben Schriften von anderen Sprachgemeinschafen übernommen (wie z.B. die Lateinschrift), auch von nicht-idg. (wie z.B. die Keilschrift), und an ihre eigenen phonetischen Verhältnisse mehr oder weniger genau angepasst, manche haben eigenständig neuartige Schriften erfunden (wie z.B. das armenische Alphabet). Zu den von idg. Sprachgemeinschaften gebrauchten Schriften: → Daniels: The writing systems of Indo-European. Klein / Joseph / Fritz (2017a: 26–61). Die frühesten Zeugnisse von als Zahlzeichen gebrauchten alphabetischen Lautzeichen um die Mitte des 6. Jh. stammen von den Griechen: → Kunitzsch (2005: 4).

G 403. Die folgende etwas ausführlichere Aufzählung folgt im Groben den geographischen Arealen von Ost nach West, hält sich aber innerhalb der Regionen an die Erstbelegungen. Die Hinweise auf weiterführende Literatur sind ganz knapp gehalten.

1) Region Indien und Chinesisch-Turkestan: Indoiranisch mit Indisch und dem westlich anschließenden Iranisch; Tocharisch.

2) Region Kleinasien, Griechenland und Balkan: — Seit dem 2. Jt. v. Chr. Anatolisch im Osten, Griechisch im Westen. — Seit dem 1. Jt. v. Chr. Phrygisch in Kleinasien. — Seit christlicher Zeit Armenisch im Osten und Albanisch auf dem Balkan.

3) Region der italischen Halbinsel: Italisch. Region Europa nördlich der Alpen: Keltisch, Germanisch, Balto-Slavisch.

G 404. Das Indoarische (Indische) und das Iranische gehören in ihren Vorstufen sprachlich und kulturell eng zusammen. Ausdruck der engen indoiranischen Vernetzung ist allein schon die beiden Sprachzweigen gemeinsame Volksbezeichnung *ar̯ia-* (s.u. L 304). Für eine gute Übersicht zum Indoiranischen: → M. Mayrhofer. Bader (1994: 101–120); *AT Erlangen 1997* (2000).

1) Das Indoarische, meist kurz Indisch (oder Sanskrit) genannt, ist am frühesten (16. / 14. Jh. v. Chr.) in der Nebenüberlieferung bezeugt, und zwar in Form von Lehnwörtern und Eigennamen im Hurritischen des Königreichs von Mitanni („Mitanni-Indisch"): → Mayrhofer (1966); Kammenhuber (1968); Mayrhofer (1974); M. Mayrhofer: Welches Material aus dem Indo-Arischen von Mitanni verbleibt für eine selektive Darstellung? *KS Mayrhofer* II (1996: 304–322, Aufsatz von 1982); O. Carruba: Zur Überlieferung einiger Namen und Appellativa der Arier von Mitanni: „a Luwian look?" *AT Erlangen 1997* (2000: 51–67); M. Mayrhofer: Eine Nachlese zu den indo-arischen Sprachresten des Mittanni-Bereiches. *AnzÖAW* 141,2 (2006: 83–101); Lipp (2009a: 265ff.). Zum Hurritischen selbst: → Neu (1988); G. Wilhelm: Hurrian. Woodard (2004: 95–118); J. Hazenbos: Hurritisch und Urartäisch. Streck (2007: 135–158); Wegner (2007).

2) Die älteste Sprachschicht des Altindischen, das sich kontinuierlich bis heute in Indien fortentwickelt hat, ist mit dem Vedischen des Rigveda greifbar; dieses wird auf die Mitte des 13. Jh. v. Chr. datiert und repräsentiert das Indische des Punjab-Gebietes im Nord-Westen Indiens. Die Datierung betrifft aber nur die Sprache. Die schriftliche Überlieferung der vedischen Texte setzt nämlich erst zwei Jahrtausende später ein. Da es sich bei den ältesten vedischen Texten aber um metrische Ritualliteratur handelt, eine Textgattung, bei der genaue Einhaltung und Bewahrung des Wortlautes höchste Priorität besitzt, geht man von äußerster Zuverlässigkeit der mündlichen Überlieferung aus. Innerhalb des vedischen Indisch lassen sich verschiedene Sprachstufen unterscheiden, die

mit den unterschiedlichen Texten verbunden sind (Rigveda, Samaveda, Yajurveda, Atharvaveda, Brahmanas, Upanischaden, Aranyakas). Auch innerhalb des Rigveda sind die dort versammelten Hymnen nicht alle gleich alt; am archaischsten sind durchgehend die der Bücher 2 bis 7, der sog. Familienbücher. Ferner lassen sich im Vedischen verschiedene Dialekte unterscheiden.

Lit.: — a) allgemein: → Thumb / Hauschild (1958/1959); Wackernagel / Debrunner (1930/1954/1957); S. Jamison. Woodard (2004: 673–699); Tikkanen / Hettrich (2006); G. Cardona: Sanskrit Morphology. Kaye (2007: 775–824); Klein / Joseph / Fritz (2017a: 309–470, mit folgenden Beiträgen: G. Cardona – Überlieferung; M. Kobayashi – Phonologie; T. Gotō – Morphologie; L. Kulikov – Syntax; M. Malzahn – Lexikon; C. Smith – Dialektologie; Th. Oberlies – Weiterentwicklung). — b) speziell Vedisch: → MacDonell (1910); Aufrecht (1877); Geldner (1951–1957); Graßmann (1873); Mayrhofer (1991/1996); Lubotsky (1997); Hoffmann (1967); Narten (1964); Gotō (1987); Hettrich (1988); Gotō (1990–1997); Zehnder (1999); M. Witzel: Tracing the Vedic Dialects. Caillat (1989: 97–265); M. Witzel: Die sprachliche Situation Nordindiens in vedischer Zeit. *AT Erlangen 1997* (2000: 543–579); Witzel / Gotō (2007); Amano (2009); Kim (2010); Oberlies (2012); Witzel / Gotō / Scarlata (2013).

3) Das früheste direkt überlieferte indische Sprachzeugnis sind die Inschriften des buddhistischen indischen Kaisers Aśoka von 250 v. Chr., die in verschiedenen mittelindischen Prākrit-Dialekten abgefasst sind. Die Entwicklung des Prākrits beginnt um 500 v. Chr. Zum Prākrit gehört auch das Pāli, die kanonische Sprache des südlichen Buddhismus: → Geiger (1916); Mayrhofer (1951); von Hinüber (1986); S. Jamison. Woodard (2004: 700–716); Oberlies (2019).

4) Erst nach dem Mittelindischen entsteht in der 2. Hälfte des 1. Jahrtausends v. Chr. unter dem Einfluss des Grammatikers Pāṇini (ca. 400 v. Chr.) und anderer Grammatiker das klassische Sanskrit, das als Literatur- und Gelehrtensprache bis heute in Gebrauch ist: → Mayrhofer (1978a).

5) Von den neuindischen Sprachen sind speziell Hindī und Urdū zu nennen. Zur jetzigen sprachlichen Situation: → P. Gaeffke und H. Bechert. Bechert / von Simson (1993: 32–38).

G 405. Das Altiranische teilt sich von seiner frühesten Bezeugung an in einen östlichen und einen westlichen Zweig. Das Ostiranische wird durch das Avestische vertreten, das Westiranische durch das Altpersische. Für Avestisch und Altpersisch wurde jeweils eine eigene Schrift geschaffen: Das Avestische ist in einem linksläufigen, auf der kursiven Buch-Pahlavi-Schrift beruhenden Alphabet wohl aus dem 4. Jh. n. Chr. wiedergegeben, das aufgrund seines großen Zeichenumfangs auch feine lautliche Unterschiede berücksichtigen kann. Das

Altpersische hingegen ist mit einer eigens um 520 v. Chr. entwickelten einfachen Keilschrift verschriftlicht worden.

Wegen der umfangreichen Überlieferung verdient das Mitteliranische besondere Berücksichtigung, mit den Sprachen Mittelpersisch (s.u. G 407), Parthisch, Sogdisch, Khotan-Sakisch und Baktrisch.

Lit.: → Schmitt (1989, mit Beiträgen zu allen Belangen des Iranischen vom Altiranischen über das Mitteliranischen zum Neuiranischen); Schmitt (2000); M. Mayrhofer. Bader (1994: 101–120); Bartholomae (1904 / 1979); K. Hoffmann: Altiranisch. *KS Hoffmann* I (1975: 58–76, Beitrag von 1958; vgl. auch sonst die *KS Hoffmann* I–III mit zentralen Arbeiten zum Altiranischen); R. Beekes: Historical Phonology of Iranian. *JIES* 25 (1997: 1–26); D. Testen: Old Persian and Avestan Phonology. Kaye (1997: 569–600); P. Skjærvø: Avestan and Old Persian Morphology. Kaye (2007: 853–940); Paul (2013); Klein / Joseph / Fritz (2017a: 471–624, mit folgenden Beiträgen: P. Skjærvø – Überlieferung; A. Cantera – Phonologie; P. Skærvø – Morphologie; Th. Jügel – Syntax; V. Sadovski – Lexikon; Ph. Huyse – Dialektologie; A. Korn – Weiterentwicklung).

G 406. Die ältesten Zeugnisse des Avestischen sind die sog. Gathas des Zarathustra („Gathaavestisch"); es sind dies Hymnen an die Gottheit Ahura Mazda; diese bilden, zusammen mit dem Yasna Haptaŋhāiti, einem rituellen Prosatext, die Sprachzeugnisse des Altavestischen, das in die Zeit des 10. Jh. v. Chr. datiert wird. — Das Jungavestische wird in die Zeit des 6. und 5. Jh. v. Chr. datiert. Die älteste erhaltene Handschrift stammt aus dem Jahr 1288 n. Chr.

Lit.: → Beekes (1988); J. Kellens. Schmitt (1989: 32–55); Kellens / Pirart (1988–1991); de Vaan (2003); M. Hale. Woodard (2004: 742–763); Hoffmann / Forssman (2004).

G 407. Das Altpersische ist erstmals zur Zeit der Schaffung der altpersischen Keilschrift bezeugt, also um 520 v. Chr.; bereits die Inschriften aus dem 4. Jh. v. Chr. aber enthalten sprachliche Fehler, die darauf hinweisen, dass Altpersisch schon nicht mehr Gegenwartssprache war. Zum Teil enthält das Altpersische auch Medismen. Das gesamte Textmaterial des Altpersischen umfasst lediglich ein Kleinkorpus an Inschriften: → Brandenstein / Mayrhofer (1964); Mayrhofer (1978b); R. Schmitt. Schmitt (1989: 56–85); Schmitt (1990); Schmitt (1991); Schmitt (1999); R. Schmitt. Woodard (2004: 717–741); Schmitt (2009); M. de Vaan / A. Lubotsky: Altpersisch. Gzella (2012: 160–174); M. Mayrhofer: Über die Verschriftung des Altpersischen. *KS Mayrhofer* II (1996: 387–399, Aufsatz von 1989).

Aufgrund der lückenhaften Bezeugung des Altpersischen kommt der nächstjüngeren Sprachstufe des Iranischen, dem Mitteliranischen, besondere Bedeutung zu. Zum Reich der Parther unter den Arsakiden (247 v. Chr. – 224 n.

Chr.): → R. Schmitt: Parthische Sprach- und Namenüberlieferung aus arsakidischer Zeit. Wiesenhöfer (1998: 163–204). Die älteste Pahlavi-Inschrift stammt vom Gründer der Sassanidendynastie Artaxsatr (224–241 n. Chr.) = Ardaschir Papakan: → Überblicke bei Schmitt (1989: 95ff.); D. Weber: Pahlavi Phonology. Kaye (1997: 601–636); G. Klingenschmitt: Mittelpersisch. *AT Erlangen 1997* (2000: 191–229); M. Hale. Woodard (2004: 764–776); D. Weber: Pahlavi Morphology. Kaye (2007: 941–974).

G 408. Beim Tocharischen sind zwei Sprachen zu unterscheiden: Osttocharisch oder Tocharisch A und Westtocharisch oder Tocharisch B. Beide waren in Ost-Turkestan seit dem 2. Jh. v. Chr. in Gebrauch. Die frühesten Sprachzeugnisse sind aus dem 6. Jh. n. Chr. überliefert, die jüngsten aus dem 8. Jh. — Bei Tocharisch A handelt es sich um eine reine Schriftsprache. Tocharisch B hingegen war Verkehrssprache in Turfan, Qarasahr, Sorcuq und Kuca. Die literarischen Zeugnisse haben Dichtung, Religion und Wissenschaft zum Inhalt. Die erhaltenen religiösen, buddhistischen, Texte sind meist, auch freie, Übersetzungen aus dem Sanskrit, wovon vor allem einige Bilinguen zeugen, aber auch andere tocharische Übersetzungstexte mit bekanntem Sanskritoriginal. — Daneben gibt es in Tocharisch B Klosterberichte, Karawanenpässe, einen Brief und Beschriftungen von Wandmalereien. Als Schrift wird eine modifizierte nordindische Brahmi-Schrift verwendet. — Ab 1902 führten vier sog. Turfan-Expeditionen des preußischen Königreiches in die chinesische Provinz Xinjiang (zeitgenössische Schreibung Sinkiang). Im Jahre 1904 entdeckten die beiden deutschen Forscher Albert von Le Coq und Albert Grünwedel in Handschriften aus Ost-Turkestan das Tocharische als eigenständige Sprache. Näher bestimmt wurde das Tocharische in der Nachfolge von den beiden deutschen Indologen Emil Sieg und Wilhelm Siegling: → W. Siegling: Tocharisch, die Sprache der Indoskythen. *Sitzungsberichte der Berliner Akademie* (1908: 915–932). Der erste Hinweis auf den idg. Charakter des Tocharischen kam allerdings schon 1892 von dem russischen Indologen Sergei Oldenburg: → E. Tyomkin. *TIES* 7 (1997: 205ff.). Die Existenz einer dritten tocharischen Varietät, Tocharisch C oder Kroränisch (Th. Burrow) oder Lolanisch (K. T. Schmidt), mit Erhalt des uridg. Labiovelars $*k^u$ wird in der Forschung aktuell wieder diskutiert.

Lit.: → A. Meillet: Le Tokharien. *Idg. Jb.* 1 (1913: 1–19); Sieg / Siegling / Schulze (1931); Burrow (1937); Pedersen (1949); Krause (1952); Thomas (1957); Schwentner (1959); Krause / Thomas (1960/1964); Schmidt (1974); G. Klingenschmitt: Tocharisch und Urindogermanisch. *FT Regensburg 1973* (1975: 148–163); Thomas (1983); Thomas (1985); Adams (1988); Pinault (1989); D. Ringe: Evidence for the position of Tocharian in the Indo-European family. *Sprache* 34 (1990: 59–123); Stumpf (1990); Hilmarsson (1991); G. Klingenschmitt: Das

Tocharische in indogermanistischer Sicht. *FT Berlin 1990* (1994: 310ff.); Hilmarsson (1996); *Kolloquium Saarbrücken 1995* (1997); Hackstein (1995); Ringe (1996); Carling (2000); Saito (2006); Malzahn (2007); Peyrot (2008); Pinault (2008); Carling (2009); Malzahn (2010); Adams (2013); Hartmann (2013); Peyrot (2013); Klein / Joseph / Fritz (2017b: 1298–1395, mit folgenden Beiträgen: J. Penney – Überlieferung; O. Hackstein – Phonologie; G.-J. Pinault – Morphologie; G. Carling – Syntax; D. Adams – Lexikon; P. Widmer – Dialektologie); Schmidt (2018).

G 409. Die ältesten indogermanischen Sprachzeugnisse bietet der anatolische Sprachzweig mit althethitischen Keilschrifttexten aus dem 17. Jh. v. Chr. Acht anatolische Sprachen sind bezeugt: Hethitisch, Luwisch, Palaisch, Lykisch, Lydisch, Karisch, Pisidisch und Sidetisch. — Die anatolischen Sprachen sind in drei verschiedenen Schriftsystemen abgefasst: Keilschrift (Hethitisch, Palaisch, Luwisch), Hieroglyphen (Luwisch), Alphabet (Lykisch, Lydisch, Karisch, Pisidisch, Sidetisch).

Lit.: → C. Melchert: Anatolian. Bader (1994: 121ff.); N. Oettinger: Die Gliederung des anatolischen Sprachgebiets. *ZVS* 92 (1978 [1979]: 74–92).

G 410. 1906 wurde ein Tontafelarchiv mit Keilschrifttafeln in Hattuša / Bogažköy (150 km östlich von Ankara) entdeckt. Aufgrund des Sprachmaterials der Arzawabriefe aus der Amarnakorrespondenz, die 1887/88 in Mittelägypten gefunden worden war, äußerte Jørgen Alexander Knudtzon 1902 die Vermutung, dass es sich um eine idg. Sprache handele. Die eigentliche Entzifferung wurde 1915 durch Bedřich Hrozný geleistet.

Das Hethitische, die Verwaltungssprache des Hethiterreiches, bietet von den anatolischen Sprachen das meiste Textmaterial; so können die hethitischen Texte chronologisch geordnet und verschiedenen Sprachstufen zugewiesen werden: Drei Sprachstufen lassen sich unterscheiden: Althethitisch (1570–1450), Mittelhethitisch (1450–1380) und Junghethitisch (1380–1220), wobei die absolute Chronologie in der Forschung unterschiedlich ist. In der zweieinhalb Jahrhunderte älteren assyrischen Nebenüberlieferung sind zwei hethitische Lehnwörter (*išpatalu* 'Nacht-quartier', *išḫiuli* 'Lohnvertrag') belegt. Die jüngsten hethitischen Sprachzeugnisse stammen aus dem 13. Jh. v. Chr. Die hethitischen Texte sind in Keilschrift abgefasst, die ihren Ursprung in der assyrisch-babylonischen Keilschrift hat; die hethitischen Texte befinden sich, abgesehen von einer erhaltenen Bronzetafel, auf gebrannten Tontäfelchen. Der Großteil der Funde stammt aus Zentralanatolien.

Lit.: — a) allgemein: → Pedersen (1938); Sommer (1947); Bittel (1970); Bittel (1976); Neve (1996); Bryce (2006); O. Masson. Boardman / Edwards / Sollberger (1992: 669–676); C. Melchert: Anatolian. Bader (1994: 121–136); Benveniste

(1962); *KS Kammenhuber* (1993); *Kolloquium Pavia 1998* (2001); Wilhelm (2001); Hajnal (2003); C. Watkins. Woodard (2004: 551–575); Oettinger (2007); E. Rieken: Hethitisch. Streck (2007: 80–127); Popko (2008); *InL* 32 (2009: ‘L'ittitologia cent'anni dopo’); Marek (2010); Klein / Joseph / Fritz (2017a: 239–308, mit folgenden Beiträgen: Ch. Zinko – Überlieferung; S. Kimball – Phonologie; N. Oettinger – Morphologie; S. Luraghi – Syntax; S. Zeilfelder – Lexikon; E. Rieken – Dialektologie). — b) Schrift / Texte: → Rüster / Neu (1989); Neu (1980a); Neu (1983); Souček / Siegelová (1996a: 275ff.). — c) Grammatik, Lexikon: → Friedrich (1960); Mittelberger (1969); Friedrich / Kammenhuber (1975–2017); Oettinger (1979/2002); Güterbock / Hoffner (1980–2019); Tischler (1983–2016); Weitenberg (1984); Carruba (1992); Luraghi (1997); C. Melchert: Hittite Phonology. Kaye (1997: 555–567) Rieken (1999); C. Melchert: Hittite Morphology. Kaye (2007: 755–774); Hoffner / Melchert (2008); Kloekhorst (2008); Tischler (2008); Souček / Siegelová (1996b: 11ff.); Becker (2014).

G 411. Das Palaische ist nur sehr bruchstückhaft vom 16. Jh. v. Chr. an überliefert; es ist im 13. Jh. v. Chr. ausgestorben. Es handelt sich dabei um ein in Pala, einem Land nordwestlich des hethitischen Kernlandes, gesprochenes Idiom: → Carruba (1970); Carruba (1972); Th. van den Hout: Pala, Palaer, Palaisch. *RlA* 10 (2003–2005: 191–192); C. Melchert. Woodard (2004: 585–590).

G 412. Das Luwische, eine Sprache aus dem südlichen und südwestlichen Anatolien, ist in zwei Dialekten bezeugt: der eine ist in Keilschrift (14. / 13. Jh. v. Chr.), der andere in Hieroglyphen (15.–8. Jh. v. Chr.) überliefert. Viele der keilschriftluwischen Texte weichen inhaltlich nur wenig voneinander ab, so dass der überlieferte Wortschatz sehr begrenzt ist. Weitere luwische Vokabeln finden sich als Lehn- und Fremdwörter in hethitischen Texten. Die hieroglyphenluwischen Texte stammen zum Großteil aus der Zeit nach dem Fall des Hethiterreiches. Bei den meisten hieroglyphenluwischen Texten handelt es sich um Steininschriften. Die Steininschriften wurden zumeist im Gebiet von Südanatolien und Nordsyrien gefunden. Fortsetzer der luw. Sprachgruppe sind auch im 1. Jt. v. Chr. im Südwesten Anatoliens weitergesprochen worden. Dazu zählen das Lykische (s.u. G 413) und das Karische (s.u. G 415).

Lit.: — a) Allgemein: → Melchert (2003); C. Melchert. Woodard (2004: 576–584); Yakubovich (2010). — b) Speziell Keilschriftluwisch: → Laroche (1959); Melchert (1993a); Starke (1985); Starke (1990). — c) speziell Hieroglyphenluwisch: → Laroche (1960); Marazzi (1990); Hawkins (1999/2000); M. Marazzi: Il geroglifico anatolico: stato delle ricerche. Ofitsch / Zinko (2000: 317–326); Bauer (2014). — d) Luwisches im 1. Jt. v. Chr.: → Neumann (1961); Houwink ten Cate (1965).

G 413. Das Lykische ist die Sprache der Landschaft Lykien. Neben dem breiter belegten Normallykischen (oder Lyk. A) ist ein zweiter Dialekt (Lyk. B oder „Milyisch") mit nur wenigen Textzeugnissen belegt. Die Steininschriften, die den größten Teil der lykischen Zeugnisse darstellen, stammen aus der Zeit des 5. und 4. Jh. v. Chr; außer Grabinschriften sind darunter die berühmte „Stele von Xanthos" und die 1973 entdeckte lykisch-griechisch-aramäische Trilingue vom Letoon in Xanthos. Das lykische Alphabet gehört zur Gruppe der sog. kleinasiatischen Alphabete.

Lit.: → *KS Neumann* (1994: 109–223, mit den ausgewählten Schriften zum Lykischen); Hajnal (1995: 3ff., Einleitung mit einer Bestandsaufnahme der lyk. Inschriften und einem Überblick über die Forschungsgeschichte); Giorgieri (1999); Melchert (2004); C. Melchert. Woodard (2004: 591–600); Neumann (2004); Neumann (2007).

G 414. Das Lydische, die Sprache des Königreichs Lydien in Westanatolien, ist am frühesten durch Münzaufschriften aus dem 8. Jh. v. Chr. belegt. Die Steininschriften stammen aus dem 5. und 4. Jh. v. Chr., darunter befinden sich einige lydisch-aramäische Bilinguen. Das lydische Alphabet gehört wie das lyk. zur gleichen Alphabetgruppe, es ist aber eigenständig.

Lit.: → Gusmani (1964); Gusmani (1986); H. Eichner: Die Akzentuation des Lydischen. *Sprache* 32 (1986: 7–21); C. Melchert. Woodard (2004: 601–608); Gérard (2005); R. Gérard: Un bref aperçu de la langue lydienne. *Res Antiquae* 6 (2009: 327–336).

G 415. Das Karische gehört sprachlich in die Nähe des Lykischen. Die Sprachdenkmäler stammen zum einen aus Ägypten (6. Jh. v. Chr.), zum andern aus dem karischen Kernland (5.–4. Jh. v. Chr.). Graffiti wie die aus Iasos stammen bereits aus dem 7. Jh. v. Chr., die kar.-gr. Bilingue aus Athen stammt aus dem Ende des 6. Jh. v. Chr. Das Alphabet ist von kleinasiatischem Typ, aber eine eigenständige Schöpfung. Die richtige Zuordnung der Lautwerte ist erst vor kurzem geglückt. Sie konnte durch den Fund einer kar.-gr. Bilingue aus Kaunos bestätigt werden.

Lit.: → Adiego (1993); Giannotta / Gusmani / Innocente et al. 1994; Blümel / Frei / Marek 1998; I. Hajnal. *Kadmos* 36 (1997: 141–166); I. Hajnal. *Kadmos* 37 (1998: 80–108); C. Melchert. Woodard (2004: 609–613); Adiego (2007); Rumscheid (2009).

G 416. In der südanatolischen Landschaft Pisidien und im Gebiet der Stadt Side sind ebenfalls nachweislich luw. Nachfolgesprachen gesprochen worden. Wir kennen eine ganze Reihe von Namen, ferner ein paar Inschriften aus Side.

Literatur: → *KS Neumann* (1994: 227ff., zum Sidetischen Nr. 33, 39, 43, 48, 49); S. Pérez Orozco: La Lengua Sidética – Ensayo de síntesis. *Kadmos* 46 (2007: 125–142).

G 417. Das Griechische ist eine Sprache, die über einen Zeitraum von 4000 Jahren direkt dokumentiert werden kann. — Die ältesten Dokumente sind die Tontafeln in Linear-B-Schrift, s.u. G 418. Griechische Inschriften in Alphabetschrift gibt es seit dem 8. Jh. v. Chr. Mit Ausnahme des Kyprischen, das eine ins 2. Jt. v. Chr. zurückreichende Silbenschrift verwendet, ähnlich derjenigen des Mykenischen, sind die griechischen Texte in Alphabetschrift abgefasst; das griechische Alphabet ist eine vermutlich um 800 v. Chr. adaptierte Form eines nordwestsemitischen Alphabets. — Im folgenden wird zuerst auf die wichtigsten Handbücher verwiesen. Für das mykenische Griechisch (s.u. G 418), für Homer (s.u. G 419) und die Dialekte (s.u. G 420) wird extra ein Paragraph eingerichtet. Zum vorgriechischen Substrat, dem sog. Pelasgischen: → Beekes (2014); R. Beekes: Pelasgian. Klein / Joseph / Fritz (2018: 1873f.).

Lit.: — a) Allgemein: → Schwyzer (1939); Schwyzer / Debrunner (1950); Palmer (1980); Meier-Brügger (1992); K. Strunk: Vom Mykenischen bis zum klassischen Griechisch. Nesselrath (1997: 135ff.); Meillet (1975); Hiersche (1970); *KS Risch* (1981); *KS Ruijgh* I/II (1991/1996); R. Woodard. Woodard (2004: 614–649); Christidēs (2006); Colvin (2007); Fischer (2010); Horrocks (2010); A. Willi: Griechisch. Gzella (2012: 175–204); Passa / Tribulato (2019); Klein / Joseph / Fritz (2017a: 625–732, mit folgenden Beiträgen: G. Nagy – Überlieferung; V. Bubenik – Phonologie; J. García Ramón – Morphologie; B. Jacquinod – Syntax; M. Meier-Brügger – Lexikon; W. Sowa – Dialektologie; G. Horrocks – Weiterentwicklung). — b) Laut- und Formenlehre: → Lejeune (1972); Allen (1987); Zinsmeister (1954); Bornemann / Risch (1978); Rix (1992). — c) Syntax: → Delaunois (1988); *Kolloquium Amsterdam 1986* (1988). — d) Wortschatz: → Frisk (1960–1972); Chantraine (1968–1980); Beekes (2009).

G 418. Die frühesten Zeugnisse des Griechischen, das bis heute fortlebt, sind Inschriften in Silbenschrift („Linear-B-Schrift"). Das älteste heute bekannte Dokument stammt aus der Nähe von Olympia, enthält vermutlich den PN *K^{h}arok$^{u̯}$(o)s* (vgl. hom. Χάροψ) und datiert um 1650 v. Chr.: → P. Arapogianni, J. Rambach, L. Godard. Deger-Jalkotzy / Hiller / Panagl (1999a: 39–43). Ein Teil der Tontäfelchen aus Knossos stammt aus dem 14. Jh. v. Chr., alle jüngeren datieren um 1200 v. Chr. Weitere Fundorte sind neben dem kretischen Knossos (KN) die festländischen Paläste in Pylos (PY), Mykene (MY), Tiryns (TI) und (bereits in Böotien) in Theben (TH). Die Sprache der Inschriften wird als mykenisches Griechisch oder Mykenisch bezeichnet. Diese frühe Sprachstufe des Griechischen trat erst 1952 ins Blickfeld der Forschung, nach der Entzifferung der Linear-B-Schrift durch Michael Ventris und John Chadwick. Es ist zu beachten, dass die griech. Sprachwissenschaft erst seit den sechziger Jahren das myk. Material in die Argumentation hat einbauen können. Ein Handbuch wie das von Schwyzer (1939) kann durchaus Einzelheiten vertreten, die damals denkbar, aus heutiger Sicht aber nicht mehr haltbar sind, vgl. die früher übliche Analyse von ἕνεκα 'wegen' < **en-u̯eka* 'in Rücksicht auf den Willen', die wegen myk. *e-ne-ka* i.e. *eneka* aufzugeben ist (bei **enu̯eka* wäre **<e-ne-we-ka>* zu erwarten!). Das fragliche ἕνεκα muss deshalb als erstarrtes Wn. ***h_1*nek̂-m̥* im Akk.Sg. 'zum Erreichen von (mit Gen.)' beurteilt werden: → Meier-Brügger (1992a: 88f.).

Lit.: → Lejeune (1958/1971/1972/1997); Chadwick (1973); Risch / Mühlestein (1979); Hooker (1980); Heubeck / Neumann (1983); Aura Jorro (1985/1993); Hiller / Panagl (1986); Ilievski / Crepajac (1987); Meier-Brügger (1992a: 43ff.); Olivier (1992); Plath (1994); Deger-Jalkotzy / Hiller / Panagl (1999); Bartoněk (2003); Bernabé / Luján (2007); Duhoux / Morpurgo Davies 2008; Bichlmeier (2014).

G 419. Die ersten altgr. literarischen Texte sind die beiden Epen Homers, Ilias und Odyssee, deren Abfassung wohl mit Recht in den Anfang des 7. Jh. v. Chr. datiert wird. Die ältesten Zeugnisse der schriftlichen Überlieferung sind Papyri aus Ägypten aus dem 3. Jh. v. Chr. Davor gab es vermutlich ein paar Editionen, der normale Grieche kannte aber bis weit in hellenist. Zeit hinein seinen Homertext noch immer aus der mündlichen Tradition.

Lit.: → Wackernagel (1916); Latacz (1989); Latacz (2001); Kirk / Hainsworth / Janko (1985–1993); Latacz / Bierl (2000ff.); Latacz (2009); Heubeck / West / Hainsworth (1988–1992); Snell / Voigt / Meier-Brügger (1979–2010); Chantraine (1953/1958); Risch (1974); Latacz (1991); Crielaard (1995); Hackstein (2002); Fritz (2005); Meier-Brügger (2012); Forssman (2019).

G 420. Altgr. Dialekte-Gruppen sind Ionisch-Attisch, Dorisch-Nordwest-Griechisch, Äolisch (Boiotisch, Thessalisch, Lesbisch), Arkadisch-Kyprisch-Pamphylisch; daneben gibt es die Einteilung in Ionisch, Dorisch und Achäisch, wobei Achäisch noch in Nordachäisch (= Äolisch) und Südachäisch (= Arkadisch-Kyprisch-Pamphylisch) unterteilt wird. Besonderheiten der griechischen Dialektologie sind die frühe inschriftliche Bezeugung der dialektalen Gliederung und die gattungsspezifische literarische Verwendung der verschiedenen Dialekte (z.B. ionische Wissenschaftsprosa, äolische Lyrik, dorische Chorpassagen in der attischen Tragödie). Im Laufe der Zeit werden die einzelnen Dialekte durch die sog. Koine abgelöst. Zur Dialektologie des Gr. allgemein: → Bechtel (1921–1924); Thumb / Kieckers (1932); Buck (1955); Thumb / Scherer (1959); Nagy (1970); Schmitt (1977); Meier-Brügger (1992a: 76ff.); Cassio (1999); M. Fritz: Altgriechisch. Roelcke (2003: 798–822); R. Woodard. Woodard (2004: 650–672); Hajnal (2007). — b) einzelne Monographien: → Wathelet (1970); Masson (1983);

Méndez Dosuna (1985); Karageorghis / Masson 1988; Egetmeyer (1992); Egetmeyer (2010); Brixhe (1976); Threatte (1980/1996); Blümel (1982); Dubois (1986); Bile (1988); Hodot (1990); Vottéro (1998); Dobias-Lalou (2000); Willi (2003); Hinge (2006); Willi (2008). — c) Zur Koine: → Brixhe (1993–2004).

G 421. Das Makedonische des antiken nordgr. Königreichs ist vermutlich nichts anderes als ein nordgr. dor. Dialekt: → C. Brixhe / A. Panayotou Le macédonien. Bader (1994: 205–220); C. Brixhe. Cassio (1999: 41ff.); C. Brixhe: Macedonian. Klein / Joseph / Fritz (2018: 1862–1867).

Das im heutigen Staat Nordmazedonien mit der Hauptstadt Skopje gesprochene sog. Mazedonische ist eine südslavische, dem Bulgarischen ähnliche Sprache gesprochen, s.u. G 433.

G 422. Das Illyrische und Thrakische sind Sprachen des südlichen Balkanraums. Ob Beziehungen zum Messapischen bestehen, wird diskutiert.

Das Illyrische hat keine Schriftsprache erhalten, es spiegelt sich aber vermutlich im Namensschatz der Region. Dessen Interpretation ist schwierig: → Krahe (1955); H. Kronasser: Illyrier und Illyricum. *Sprache* 11 (1965: 155–183, Kritisches zu Krahe); Katičić (1976); Eichner: Illyrisch – die unbekannte Sprache. Lippert / Lauermann (2004: 92–117); C. de Simone: Illyrian. Klein / Joseph / Fritz (2018: 1867–1872).

Dank einiger inschriftlicher Neufunde erhält das Thrakische jetzt ein eigenes Gesicht: → C. Brixhe / A. Panayotou: Le thrace. Bader (1994: 179–203); C. Brixhe: Zônê et Samothrace: Lueurs sur la langue thrace et nouveau chapitre de la grammaire comparée? *CRAI* (2006: 121–146); C. Brixhe: Thracian. Klein / Joseph / Fritz (2018: 1850–1854).

Das Messapische wurde nach Ausweis der Inschriftenfunde in Süditalien in der Region von Brindisi und Lecce gesprochen. Es steht seit Krahe zur Diskussion, ob es sprachlich mit dem südwestlichen Balkanraum zu verbinden ist: → C. de Simone und J. Untermann. Krahe (1964); O. Parlangeli und C. Santoro. Prosdocimi (1978: 913ff.); C. de Simone: Iscrizione messapiche della grotta della Poesia. *ASNP* Ser. III Vol. XVIII / 2 (1988: 325–415); de Simone / Marchesini (2002); C. de Simone. *FT Krakau 2004* (2009: 100ff.); C. de Simone: Messapic. Klein / Joseph / Fritz (2018: 1839–1850).

G 423. Das Phrygische ist eine Sprache, die in der heutigen Zentraltürkei gesprochen wurde. Die Hauptstadt der Phryger, Gordion, lag 120 Meilen südwestlich von Ankara. Das Phrygische ist in ungefähr 200 Inschriften in griechischem Alphabet bezeugt, und zwar in zwei Epochen: Altphrygisch (8.–4. Jh. v. Chr.) und Spätphrygisch (2./3. Jh. n. Chr.).

Lit.: → O. Masson. Boardman / Edwards / Sollberger (1992: 666–669); C. Brixhe: Le phrygien. Bader (1994: 165–178); Brixhe / Lejeune (1984); Neumann

(1988); Gusmani / Salvini / Vannicelli (1997); Brixhe: Prolégomènes au corpus néo-phrygien. *BSL* 94,1 (1999: 285–316); Brixhe: Corpus des inscriptions paléo-phrygiennes. Supplément I. *Kadmos* 41 (2002: 1–102); C. Brixhe. Woodard (2004 : 777–788); Brixhe: Corpus des inscriptions paléo-phrygiennes. Supplément II. *Kadmos* 43 (2004: 1–130); Brixhe: Nouvelle chronologie anatolienne et date d'élaboration des alphabets grec et phrygien. *CRAI*. Paris (2004: 271–289); Brixhe: Zônê et Samothrace: Lueurs sur la Langue Thrace et Nouveau Chapitre de la Grammaire Comparée? *CRAI*. Paris (2006: 121–146); Sowa (2008); O. Ligorio / A. Lubotsky: Phrygian. Klein / Joseph / Fritz (2018: 1816–1831).

G 424. Die Bezeugung des Armenischen beginnt mit dem 5. Jh. n. Chr., wohl schon kurz nach Schaffung der armenischen Schrift im Jahr 407 durch den Missionar Mesrop († 441) zur schriftlichen Niederlegung einer Bibelübersetzung im Jahr 410. Aus der Zeit davor sind nur einige wenige armenische Namen in aramäischen, griechischen und syrischen Texten bezeugt. — Die altarmenische Sprache bis 460 n. Chr. wird auch als Klassisches Armenisch bezeichnet; im 6. und 7. Jh. n. Chr. folgt die nachklassische Epoche des Altarmenischen, und vom 8. bis zum 11. Jh. n. Chr. dauert die vormittelarmenische Epoche. Das Mittelarmenische (u.a. Kilikisch-Armenisch) setzt im 12. Jh. n. Chr. ein. Die frühesten erhaltenen Inschriften stammen vom Ende des 5. Jh. n. Chr. Die älteste erhaltene Handschrift wird in das Jahr 887 n. Chr. datiert, während sich eine größere Anzahl von Handschriften erst ab dem Ende des 12. Jh. n. Chr. erhalten hat. Der Großteil der ältesten armenischen Literatur sind Übersetzungen aus dem Griechischen und aus dem Syrischen; bei den meisten altarmenischen Werken handelt es sich um christliche Literatur oder Historiographie. Bis heute ist Altarmenisch die offizielle Sprache der armenischen Kirche bzw. Liturgiesprache geblieben. — Die Sprache des heutigen Staates Armenien ist Ostarmenisch. — Westarmenisch hat sich auf der Grundlage westarmenischer Dialekte im 18. und 19. Jahrhundert in Van und Konstantinopel zur Literatursprache entwickelt. Mit dem Völkermord von 1915 starben die meisten Träger dieses Sprachzweiges. Heute wird Westarmenisch vor allem in der Diaspora im Nahen Osten, in Frankreich sowie in den USA gepflegt. — Den Nachweis, dass das Armenische einen eigenen indogermanischen Sprachzweig darstellt, führte Heinrich Hübschmann 1875, nachdem es zuvor für iranisch gehalten wurde: → Ueber die stellung des armenischen im kreise der indogermanischen sprachen. *KZ* 23 (1875: 5–49) = *KS Hübschmann* (1976: 1–45). — Eine Besonderheit des Armenischen ist, dass es bei den Verschlusslauten, ähnlich wie das Germanische, eine Lautverschiebung durchgeführt hat. Der Wortschatz enthält viele Lehnwörter, v.a. aus dem Persischen, dem Griechischen und dem Syrischen; doch lassen sich noch viele, auch erst in jüngeren Sprachstufen bezeugte Wörter des Armenischen als Erbwortschatz nachweisen: → M. Fritz: Zum etymologischen Wörterbuch des armenischen Erbwortschatzes. Drost-Abgarjan / Goltz (2005: 27–35); M. Fritz: Silvae armeniacae I: Zur Etymologie von armenisch քոր „Juckreiz". *ZDMG* 162 (2012: 457–459); M. Fritz: Zur Etymologie von armenisch սուրճ „Kaffee" (Silvae armeniacae III). *FS Tischler* (2016: 75–79).

Lit.: → Lamberterie (1992, sehr gute Einführung); Schmitt: Forschungsbericht: Die Erforschung des Klassisch-Armenischen seit Meillet (1936). *Kratylos* 17 (1972 [1974]: 1–68); Meillet (1936); Jensen (1959); Godel (1975); Ritter (1996); Leroy / Mawet (1986); Klingenschmitt (1982); Solta (1960); Clackson (1994); J. Greppin: Armenian Phonology. Kaye (1997: 777–793); Olsen (1999); Kortlandt (2003); J. Clackson. Woodard (2004: 922–942); Matzinger (2005); Schmitt (2007); J. Klein: Classical Armenian Morphology. Kaye (2007: 1051–1086); Martirosyan (2009); Klein / Joseph / Fritz (2017b: 1028–1167, mit folgenden Beiträgen: A. Orengo – Überlieferung; M. Macak – Phonologie; B. Olsen – Morphologie; J. Klein – Syntax; J. Clackson – Lexikon; J. Weitenberg – Dialektologie; O. Sayee / B. Vaux – Weiterentwicklung); Kölligan (2019).

G 425. Die frühesten Zeugnisse des Albanischen stammen aus dem 15. Jh. n. Chr; eines davon ist die Taufformel des Erzbischofs von Durazzo, Paolo Angelo, aus dem Jahr 1462. Das älteste erhaltene gedruckte albanische Buch ist Gjon Buzukus Missale. Es ist im Jahre 1555 entstanden. Albanisch scheint aber schon im 14. Jh. geschrieben worden zu sein. Das Albanische lässt sich in zwei Dialekte einteilen: Gegisch im Norden und Toskisch im Süden.

Lit.: → Bopp (1855); B. Demiraj (1997); S. Demiraj (1993); G. Klingenschmitt: Albanisch und Urindogermanisch. *MSS* 40 (1981: 93–131); G. Klingenschmitt: Das Albanische als Glied der indogermanischen Sprachfamilie (Tischvorlage). *Kolloquium Kopenhagen 1993* (1994: 221–233); J. Matzinger. *Sprache* 40 1998: 102–132 (Rez. von V. Orel: *A Concise Historical Grammar of the Albanian Language*. Leiden et al. 2000); Bonnet (2004); Fiedler (2004); J. Matzinger: Messapisch und Albanisch. *IJDL* 2 (2005: 29–54); Matzinger (2006); B. Demiraj (2007); Klein / Joseph / Fritz (2018: 1716–1815, mit folgenden Beiträgen: A. Rusakov – Überlieferung; M. de Vaan – Phonologie; J. Matzinger / S. Schumacher – Morphologie; B. Joseph – Syntax; J. Matzinger – Lexikon; M. Curtis – Dialektologie; B. Demiraj – Weiterentwicklung).

G 426. Die altitalischen Völkerschaften bieten eine große Vielfalt auf kleinem Raum: → Carratelli 1990 (darin: La civiltà dei Veneti, Reti, Liguri, Celti, Piceni, Umbri, Latini, Campani e Iapigi); Carratelli 1991 (darin: La civiltà degli Enotri, Choni, Ausoni, Sanniti, Lucani, Brettii, Sicani, Siculi, Elimi).

1) Der italische Sprachzweig des Indogermanischen wird durch den latino-faliskischen und den sabellischen gebildet. Vor der Ausgliederung des Latino-

Falisk. und des Sabell. hat sich vermutlich das Venetische abgespalten. – Konkrete Hypothese von H. Rix. *InL* 17 (1994: 24f.): Die Italiker waren zunächst Teil der Nordwestindogermanen (s.u. G 435 Abs. 4), haben sich dann aber als eigenständige uritalische Sprechergruppe im Raum Pannonien (oberes Savetal bis zur mittleren Drau) niedergelassen. Von dort sind sie in mehreren zeitlich voneinander getrennten Schüben nach Italien abgewandert. Reihenfolge: „Proto-Veneter" (zum Venetischen s.u. G 430), „Proto-Sabeller" (zum Sabellischen s.u. G 429), „Proto-Latiner" (zum Latino-Faliskischen s.u. G 427 und 428). Sabeller und Latino-Falisker haben sich nach einer Zeit der Trennung in der mittelitalischen Koine des 7.–5. Jh. v. Chr. wieder als Nachbarn gefunden, s.u. Abs. 3A.

Lit.: – a) Zum Problem des Uritalischen: → H. Rix: Latein und Sabellisch, Stammbaum und/oder Sprachbund? *InL* 17 (1994: 13–29); J. Untermann: 'Urverwandtschaft' und historische Nachbarschaft im Wortschatz der italischen Sprachen. *InL* 16 (1993: 93–101); P. de Bernardo Stempel: Kernitalisch, Latein, Venetisch: ein Etappenmodell. Ofitsch / Zinko (2000: 47–70); H. Rix: Ausgliederung und Aufgliederung der italischen Sprachen. Bammesberger / Vennemann (2003: 147–172). – b) Zum Italischen: → Weiss (1993); Klein / Joseph / Fritz (2017b: 733–874, mit folgenden Beiträgen: P. Poccetti – Überlieferung; G. Meiser – Phonologie; B. Vine – Morphologie; Ph. Baldi – Syntax; Th. Lindner – Lexikon; B. Fortson – Dialektologie; G. Bossong – Weiterentwicklung). – c) Zum Sikulischen: → V. Martzloff: Variation linguistique et exégèse paléo-italique: L'idiome sicule de Montagna di Marzo. Gilles van Heems (2011: 93–129); M. Hartmann: Siculian. Klein / Joseph / Fritz (2018: 1854–1857). – d) Zum Lusitanischen: → Witczak (2005); D. Stifter: Lusitanian. Klein / Joseph / Fritz (2018: 1857–1862).

2) Neben den indogermanischen Sprachen der italischen Sprachfamilie sind weitere indogermanische Sprachen in Altitalien gesprochen worden: Im Süden das Griechische (gr. Kolonien in ganz Unteritalien und Sizilien), im Norden das keltische Lepontisch (s.u. G 431 Abs. 1c). Zum Messapischen s.o. G 422.

3) Nichtindogermanische Sprachen Altitaliens sind das Etruskische (A) und das Punische (B).

A) Zum Etruskischen: Die Etrusker haben sich, vermutlich über das Meer von Osten kommend, in Etrurien niedergelassen. Die Latino-Falis-ker und Sabeller müssen damals bereits vor Ort gewesen sein. Die Etrusker haben die altital. Sprachlandschaft mitgeprägt. Ihr Einfluss auf das Lateinische wurde früher aber überschätzt. Um 650 – 450 v. Chr. bestand in Mittelitalien eine kulturelle Koine von Etruskern, Latino-Faliskern und Sabellern, die in Bereichen wie Alphabet, Zahlsystem, Gentilnamensystem und religiösen Gebräuchen und Namen völkerübergreifend gewirkt hat. Lit.: – a) Allgemein zu den Etruskern: → H. Rix: Schrift und Sprache. Christofani (1985: 210–238); Rix (1991); H. Rix. Woodard (2004: 943–966). — b) Zur Wechselbeziehung Rom – Etrurien: → Colonna (1981). — c) Zur Beziehung Etruskisch – Rätisch – Lemnisch (Urtyrsenisch): → H. Rix: Eine morpho-syntaktische Übereinstimmung zwischen Etruskisch und Lemnisch: die Datierungsformel. *GS Brandenstein* (1968: 213–222); Rix (1998); Steinbauer (1999); Schumacher (2004b); Wallace (2008).

B) Zum Punischen: Punisch ist eine Form des Phönizischen. Es ist die Sprache Karthagos, der großen Gegenspielerin Roms bis zur Zerstörung im Jahre 146 v. Chr. Die pun.-etrusk. Bilingue aus Pyrgi / Cerveteri (nördlich von Rom) stammt aus dem 5. Jh. v. Chr.: → W. Fischer / H. Rix. *GGA* 220 (1968: 64–94). — Von Plautus stammt die Komödie Poenulus. — Weitere Lit. zum Pun.: → M. Guzzo Amadasi. Prosdocimi (1978: 1013ff.); J. Hackett. Woodard (2004: 365–385).

G 427. Weitaus am besten bezeugt ist unter den idg. Sprachen Altitaliens das Lateinische.

1) Latein war zunächst der latinische Dialekt der Stadt Rom und stand in engster Beziehung zur Landschaft Latium: → Kolb (1995).

2) Das früheste Zeugnis sind stadtrömische Inschriften aus dem 6. Jh. v. Chr. Die Sprache vom 5. bis zum 1. Jh. v. Chr. bezeichnet man als Altlatein. Die Masse der lateinischen Sprachzeugnisse stammt aus der Zeit vom 1. Jh. v. Chr. bis zum 1. Jh. n. Chr. Mit klassischem Latein ist im engeren Sinn nur die Sprache der publizierten Prosaschriften Ciceros und Caesars gemeint; diese stammen aus dem 1. Jh. v. Chr.

3) Zu den altlat. Inschriften: → Ernout (1947); Diehl (1965); Warmington (1940); Degrassi (1965/1972); Degrassi (1965); Schumacher (1988); Petersmann (1991); Meyer (1973); Blümel (1972); Radke (1981); Wachter (1987); Vine (1993); Hartmann (2005).

4) Erste literarische Texte sind erst ab dem 3. Jh. v. Chr. bezeugt: → H. Rix: Schrift und Schriftgebrauch im vorliterarischen Mittelitalien. *GS Hoffmann* (1997: 27–42); Warmington (1935/1936/1938).

Lit. zum Lateinischen: — a) Geschichte der lat. Sprache: → Meillet (1928); Devoto (1940); Leumann / Hofmann / Szantyr (1965: 10*–50*); Solta (1974); Solta (1980); Giacomelli (1993); J. Kramer: Geschichte der lateinischen Sprache. Graf (1996: 115–162); M. Meier-Brügger. *RGA* 18 (2001 s.v. Latein). — b) Lat. allgemein: → Leumann / Hofmann / Szantyr (1965); *Kolloquium Salzburg 1986* (1992); Baldi (1999); J. Clackson. Woodard (2004: 789–811); Clackson / Horrocks 2008; Sommer (1948a); Sommer / Pfister (1977); Leumann (1977); Meiser (1998); Schrijver (1991); Benedetti (1988); Lindner (2002); Kruschwitz (2004); Fortson (2008); Weiss (2009a). — c) Zur Sprachlandschaft des Kaiserreichs: → Neumann / Untermann (1980).

5) Von besonderer Bedeutung ist auch das sog. Vulgärlatein, die gesprochene Sprache, aus der in den verschiedenen römischen Provinzen die einzelnen romanischen Sprachen Rumänisch, Rätoromanisch, Sardisch, Französisch, Dalmatinisch, Italienisch, Provenzalisch, Spanisch, Katalanisch, Portugiesisch entstanden sind. In einzigartiger Weise ist hier das Verhältnis von Muttersprache und Tochtersprachen zu beobachten und zu belegen. Zum Vulgärlatein: → Väänänen (1981).

G 428. Die ältesten Zeugnisse des Faliskischen, der Sprache von Falerii und Umgebung, sind Inschriften aus dem 6. Jh. v. Chr.; die jüngsten faliskischen Inschriften entstammen dem 2. Jh. v. Chr. Außer den spärlichen Inschriften gibt es keine Zeugnisse des Faliskischen. Literatur: → Vetter (1953: 277ff.); Giacomelli (1963); G. Giacomelli. Prosdocimi (1978: 505ff.).

G 429. Zum sog. sabellischen Sprachzweig gehören das sog. Südpikenische, das Oskische, das Umbrische und ein paar weitere nur schwach bezeugte Sprachen wie das Volskische. Die ältesten südpikenischen Zeugnisse stammen aus dem 6. Jh. v. Chr. Bei der Abfassung der osk. Inschriften kamen drei verschiedene Alphabete zur Anwendung, ein eigenständiges Nationalalphabet, das griechische und das lateinische Alphabet. Die ältesten Inschriften stammen aus dem 3. Jh. v. Chr. Die sog. Iguvinischen Tafeln sind die Hauptquelle für das Umbrische und stammen aus dem 3.–2. Jh. v. Chr.

Lit.: → Meiser (1986); G. Meiser: Pälignisch, Latein und Südpikenisch. *Glotta* 65 (1987: 104–125); H. Rix: Umbro e Proto-Osco-Umbro. Vineis (1983); Marinetti (1985); G. Meiser u. H. Rix. del Tutto Palma (1996: 187ff. u. 243ff.); H. Rix: Südpikenisch *kduiú*. *HS* 107 (1994: 105–122); Schirmer (1998); Untermann (2000); Rix (2002); R. Wallace. Woodard (2004: 812–839); Wallace (2007); Weiss (2009b); Dupraz (2011); Zair (2016).

G 430. Eine eigene italische Sprache in der heutigen Landschaft Venetien stellt das Venetische (Inschriften 6.–2. Jh. v. Chr.): → Pellegrini / Prosdocimi (1967); Lejeune (1974); A. Prosdocimi. Prosdocimi (1978: 257ff.); A. Prosdocimi. Vineis (1983: 153ff.); R. Wallace. Woodard (2004: 840–856); R. Wallace: Venetic. Klein / Joseph / Fritz (2018: 1832–1839).

G 431. Grob kann das Keltische in Festlandkeltisch (europäischer Kontinent) und Inselkeltisch (Britische Inseln [und von da durch Auswanderungen sprachlich verknüpft die Bretagne mit dem Bretonischen]) eingeteilt werden; dabei liefert das Festlandkeltische die ältesten Zeugnisse des Keltischen, das Inselkeltische dafür die bei weitem größere Menge.

Lit. allgemein: → Pedersen (1909/1913); *Kolloquium Bonn 1976* (1977); K. H. Schmidt: Celtic Movements in the First Millennium B.C. *JIES* 20 (1992: 145–178); K. McCone: Relative Chronologie: Keltisch. *FT Leiden 1987* (1992: 11–39); Rockel / Zimmer (1993); Schrijver (1995); Birkhan (1997); Schrijver (1997); Zimmer / Ködderitzsch / Wigger (1999); Koch (2006); Sims-Williams (2006); Isaac (2007); Karl / Stifter (2007); Matasović (2008); Zimmer (2009); Zair (2012); Maier (2015); Klein / Joseph / Fritz (2017b: 1168–1297, mit folgenden Beiträgen: B. Vath / S. Ziegler – Überlieferung; D. Stifter – Phonologie; K. Stüber – Morphologie; J. Eska – Syntax; D. Wodtko – Lexikon; J. Eska – Dialektologie; P. Russell – Weiterentwicklung).

1) Abgesehen von der Nebenüberlieferung stammen die ältesten Zeugen des Keltischen aus dem 3. Jh. v. Chr.; es handelt sich dabei um festlandkeltische Inschriften vor allem aus Gallien, aber auch aus Spanien (Botorrita) und aus Italien (südlicher Alpenrand). Die jüngsten davon sind ins 3. Jh. n. Chr. zu datieren. Literatur: — a) Allgemein → J. Eska / D. Evans: Continental Celtic. Macaulay (1992: 26–63); K. H. Schmidt: Grundlagen einer festlandkeltischen Grammatik. Vineis (1983: 65ff.); W. Meid: Forschungsbericht Altkeltische Sprachen. *Kratylos* 43 (1998: 1–31), 44 (1999: 1–19), 45 (2000: 1–28); J. Eska. Woodard (2004: 857–880). — b) Gallisch: → *RGA* 10 (1998 s.v. Gallien); Lambert (1977); Duval 1985–2003; Meid (1992); Meid / Anreiter (1996: 11ff.); Lambert / Pinault 2007; Falileyev 2008. — c) Lepontisch: Lejeune (1971); J. Uhlich: Zur sprachlichen Einordnung des Lepontischen. Zimmer / Ködderitzsch / Wigger (1999: 277–304). — d) Keltiberisch: → Untermann (1997: 349ff.); Meid (1993); Meid / Anreiter (1996: 124ff.); Villar (1995); Villar: The Celtiberian language. *ZCP* 49–50 (1997: 898–947); W. Meid. *Kratylos* 45 (2000: 1–28); F. Villar u. C. Jordan. *Kratylos* 46 (2001: 166–181).

2) Das Inselkeltische wiederum ist geschieden in Goidelisch und Britannisch. Die früheste Bezeugung des Inselkeltischen liegt in den goidelischen Ogam-Inschriften vom 4. Jh. n. Chr. bis zum 7. Jh. n. Chr. vor. Für das Altirische wird der darauffolgende Zeitraum vom 7. Jh. n. Chr. bis zum 10. Jh. n. Chr. angesetzt; altirische Glossen in größerer Anzahl befinden sich in einer Handschrift der Paulus-Briefe, die aus der Mitte des 8. Jh. n. Chr. stammt; nach dem Aufbewahrungsort der Handschrift heißen sie „Würzburger Glossen". Die Sprachstufe vor dem Altirischen der Würzburger Glossen, die durch einige wenige weitere Glossen und durch archaische Gesetzestexte in mittel- und neuirischen Handschriften vertreten ist, wird als archaisches Irisch bezeichnet. Das Britannische, wofür es in der ältesten Zeit nur ganz spärliche Zeugnisse gibt, ist dreigeteilt: Altkymrisch in Wales ist ab dem späten 8. Jh. n. Chr. bezeugt (Mittelkymrisch beginnt Mitte des 12. Jh. n. Chr.); Zeugnisse des Altkornischen in Cornwall gibt es vom späten 9. Jh. n. Chr. bis in das erste Viertel des 12. Jh. n. Chr. hinein; ebenso reicht das Altbretonische in der Bretagne vom 9. Jh. n. Chr. bis ins erste

Viertel des 12. Jh. n. Chr. Neben dem Goidelischen und dem Britannischen steht noch das Piktische, wovon allerdings nur Namen als Zeugnisse vorhanden sind.

Lit.: → Thurneysen (1946); Macaulay (1992); K. McCone. *FS Ó Fiannachta* (1994: 61–219); Ziegler (1994); McCone / Simms (1996); McCone (1991); *ZCP* 49–50 (1997); Schulze-Thulin (2001); Busse (2002); Sims-Williams (2003); McCone (2006); Stifter (2006); Kortlandt (2007); Lewis (2008); Stüber (2009); Rieken (2012).

G 432. Das Germanische ist durch drei Sprachzweige vertreten: Ost-, Nord- und Westgermanisch. Die Vorstufe der beiden letzteren wird als Nordwestgermanisch bezeichnet. Die frühesten Spuren des Germanischen finden sich im 1. Jh. v. Chr. als Eigennamen in Münzaufschriften und in der lateinischen Nebenüberlieferung bei Caesar. Seit dem 3. Jh. n. Chr. gibt es erste nordgermanische Runeninschriften. Aus dem 4. Jh. n. Chr. stammt das erste größere Textzeugnis einer germanischen Sprache, die Bibelübersetzung des Bischofs Wulfila († 383) ins Gotische, eine ostgermanische Sprache. Als eine Besonderheit gegenüber den anderen indogermanischen Sprachzweigen außer dem Armenischen hat das Germanische bei den Verschlusslauten eine Lautverschiebung durchgeführt, s.u. P 336 Abs. 4. Als Alphabet wird für die germanischen Sprachen, abgesehen von den Runeninschriften, das lateinische verwendet.

Lit.: — a) Allgemein (Urgerm.; Germ. allgemein): → Beck (1986); E. Seebold: Die Konstituierung des Germanischen in sprachlicher Sicht. Beck (1986: 168ff.); *RGA* 11 (1998, s.v. Germanen, Germania, Germanische Altertumskunde); Kluge (1913); Kluge (1926); Krahe / Meid (1967/1969); Streitberg (1896); Bammesberger (1986); Bammesberger (1990); Heidermanns (1993); Schaffner (2001); Fritz / Wischer (2004); Müller (2007); Neumann (2008); Kroonen (2013); Schrijver (2014); Klein / Joseph / Fritz (2017b: 875–1027, mit folgenden Beiträgen: R. Nedoma – Überlieferung; P. Stiles – Phonologie; J. Harđarson – Morphologie; R. Lühr – Syntax; E. Seebold – Lexikon; L. Rübekeil – Dialektologie; J. Salmons – Weiterentwicklung). — b) Runen: → R. Nedoma: Neueres zu älteren Runeninschriften. *Sprache* 37 (1997: 105–115); H. Rix: Thesen zum Ursprung der Runenschrift. Aigner-Foresti (1992: 411ff.); H. Rix: Germanische Runen und venetische Phonetik. *FS Werner* (1997: 231–248); E. Seebold: Fuþark, Beith-Luis-Nion, He-Lamedh, Abjad und Alphabet: Über die Systematik der Zeichenaufzählung bei Buchstaben-Schriften. *FS Untermann* (1993: 411–444); Bammesberger (1991); Looijenga / Quak (1996); A. Bammesberger: Frisian and Anglo-Saxon Runes: From the Linguistic Angle. Looijenga / Quak (1996: 14–23); Bammesberger (1999); A. Griffiths. *IF* 104 (1999: 164–210); Düwel (2001); Bammesberger (2006).

1) Zum ostgermanischen Sprachzweig gehört als Hauptvertreter das Gotische. Einerseits gibt es als frühestes Zeugnis im 4. Jh. n. Chr. die genannte Bi-

belübersetzung, andererseits in Italien einige Geschäftsurkunden aus dem 6. Jh. n. Chr. Angeblich konnte von dem Gesandten des Heiligen Römischen Reiches, Ogier Ghislain de Busbecq, während seines Aufenthaltes in Konstantinopel 1554–1556 eine Liste mit 86 gotischen Wörtern erstellt werden („Krimgotisch"). Vom Vandalischen und Burgundischen sind leider nur kleine Bruchstücke überliefert.

Lit.: — a) Gotisch: → Krause (1968); Feist (1939); Scardigli (1973); Binnig (1998); Streitberg / Scardigli 2000; *KS Ebbinghaus* (2003); Neri (2003); Braune / Heidermanns (2004); J. Jasanoff. Woodard (2004: 881–906); Casaretto (2004). Zum Lautsystem s.u. K. Dietz in P 222 Abs. 5. — b) Krimgotisch: → R. Schmitt / A. Schwarcz / I. Ioniţă: Krimgoten. *RGA* 17 (2002: 373–377); M. Korobov / A. Vinogradov: Gotische Graffito-Inschriften aus der Bergkrim. *Zeitschrift für deutsches Altertum und Literatur* 145 (2016: 141–157).

2) Zum Nordgermanischen oder Skandinavischen („Altnordisch"), das zuerst durch Runeninschriften seit dem 3. Jh. n. Chr. bezeugt ist („Früh-nordisch"; irreführend ist die Bezeichnung „Urnordisch" für eine bezeugte Sprache), werden das Altisländische, Altnorwegische, das Altschwedische und Altdänische gerechnet, die sich bereits bei Beginn der handschriftlichen Überlieferung im 12. Jh. n. Chr. unterscheiden lassen; Altisländisch und Altnorwegisch fasst man als Altwestnordisch zusammen, Altschwedisch und Altdänisch als Altostnordisch. Literarisch am besten bezeugt ist, seit dem 9. Jh. n. Chr., das Altwestnordische und davon das Altisländische; zitiert wird daher traditionell immer die altisländische Form.

Lit.: → Noreen (1904); Noreen (1923); de Vries (1962); Lühr (2000); Forssman (2002); Bandle (2002/2005); J. Faarlund. Woodard (2004: 907–921); Nedoma (2006). — Moderne skandinav. Sprachen: → Braunmüller (2007).

3) Das Westgermanische, wovon es nur wenige Runeninschriften gibt, bilden Altenglisch, Altfriesisch, Altsächsisch (= Altniederdeutsch) und Altniederfränkisch (= Altniederländisch) auf der einen Seite und Althochdeutsch mit durchgeführter Zweiter Lautverschiebung auf der anderen Seite. Altenglisch, Altfriesisch und Altsächsisch fasst man auch unter den Oberbegriffen Nordseegermanisch oder Ingvaeonisch zusammen. Altenglisch ist ab dem frühen 8. Jh. n. Chr. bezeugt, Althochdeutsch seit dem späten 8. Jh. n. Chr., Altsächsisch ab dem 9. Jh. n. Chr., Altniederfränkisch seit dem 10. Jh. n. Chr. und Altfriesisch seit dem 13. Jh. n. Chr.

Lit.: — a) Aengl., Afries. u. As.: → Brunner (1965); Krogh (1996); Viereck / Ramisch 2002; Boutkan / Siebinga (2005); Ringe (2006); Ringe / Taylor (2014). — b) Ahd. u. Dt.: → Sonderegger (1979); Lühr (1982); Seebold (1981: 73ff.); Riecke (1996); Besch / Betten / Reichmann / Sonderegger (1998–2004); Schwerdt

(2000); Seebold (2001); Eichner / Nedoma (2002/2003); Sonderegger (2003); König (2007); Seebold (2008); Braune / Heidermanns (2018).

G 433. Die slavische Sprachgruppe ist in drei Untergruppen zu unterteilen: Südslavisch mit Bulgarisch, Mazedonisch, Serbisch, Kroatisch, Slovenisch; Ostslavisch mit Russisch und Ruthenisch mit Ukrainisch und Weißrussisch; Westslavisch mit Polnisch, Obersorbisch, Niedersorbisch (vom Aussterben bedroht), Tschechisch, Slovakisch sowie Polabisch (im 18. Jh. ausgestorben, sog. Draväno-Polabisch des Lüneburger Wendlandes ab dem 17. Jh. aufgezeichnet), Pomoranisch an der pommerschen Ostseeküste mit Kaschubisch (vorwiegend mündlich in Verwendung) in der Gegend von Danzig und Slovinzisch in Nordostpommern (Anfang des 20. Jh. ausgestorben). Zur besonderen Bedeutung der Ortsnamenkunde für die Erforschung ausgestorbener und nicht-überlieferter westslavischer Varietäten: → Eichler / Greuel / Janka / Schuh (2001/2006); Mühlner (2008).

Die älteste kirchenslavische Überlieferung ist einerseits nicht in einer einheitlichen Sprachform abgefasst, sondern einzelsprachlich (bulgarisch, serbisch, russisch) geprägt, stellt aber andererseits auch nie eine genaue Wiedergabe der betreffenden slavischen Sprache dar.

Südslavisch: Die älteste bezeugte slavische Sprache (2. Hälfte 9. Jh. n. Chr.) ist das bei der Slavenmission in Mähren zur Übersetzung griechischer christlicher Texte eingesetzte Altkirchenslavische, das auf dem Dialekt von Saloniki beruht und wegen der überwiegend bulgarischen Dialekteigenschaften auch Altbulgarisch genannt wird. Zur Verschriftlichung wurde von dem griechischen Slavenapostel Konstantin / Kyrill auf der Grundlage der griechischen Minuskelschrift als eigene Schrift das glagolitische Alphabet geschaffen, das um 900 n. Chr. durch das auf der griechischen Majuskelschrift beruhende kyrillische Alphabet ersetzt wurde. Die frühesten Inschriften und Handschriften stammen aus dem 10. und 11. Jh. n. Chr. — Im 12. Jh. n. Chr. beginnt das Mittelbulgarische. — Das Serbokroatische ist seit dem 12. Jh. n. Chr. überliefert in kirchenslavischen Texten mit serbokroatischen Merkmalen. Zwei verschiedene Schriften kommen zur Anwendung und zwar in den serbischen Texten der orthodoxen Kirche die kyrillische Schrift und in den kroatischen Texten der römischen Kirche die lateinische. — Das Slovenische ist seit dem 15. Jh. n. Chr. durchgehend bezeugt; die ältesten slovenischen Sprachzeugnisse liegen in den Freisinger Denkmälern, den ältesten slavischen Texten in lateinischer Schrift, um 1000 n. Chr. vor.

Ostslavisch: Die Überlieferung des Russischen beginnt Mitte des 11. Jh. n. Chr mit kirchenslavischen Texten, die Merkmale des Ostslavischen aufweisen. Im Russischen wird als eigene Schrift das kyrillische Alphabet verwendet. — Weißrussisch und Ukrainisch sind beide seit dem 12. Jahrhundert überliefert, in altrussischen Sprachdenkmälern, die jeweils dialektale Besonderheiten aufweisen.

Westslavisch: Das Polnische ist seit dem 12. Jh. n. Chr. überliefert, Tschechisch seit dem 13. Jh., das Sorbische seit dem 16. Jh.

Lit.: — a) allgemein: → Bräuer (1961–1969); Kortlandt (1975); Panzer (1991); Pohl: Le balte et le slave. Bader (1994: 233–250); Derksen (2007); Rehder (2012); Kempgen / Kosta / Berger / Gutschmidt (2009/2014); ; Ackermann (2014); Olander (2015); Klein / Joseph / Fritz (2018: 1397–1621, mit folgenden Beiträgen: K. Langston – Überlieferung; D. Collins – Phonologie; K. Langston – Morphologie; K. Migdalski – Syntax; S. Sakhno – Lexikon; O. Poljakov – Dialektologie; J. Nichols – Weiterentwicklung). — b) Aksl. u. Aruss.: → Aitzetmüller (1978); Večerka (1989–1996); Koch (1990, Bd. 1, 17f. eine gute Skizze der Geschichte des Aksl.); Leskien (1990); Feuvre (2007). — c) Russ. Etymologie: → Vasmer (1953/1955/1958); Sakhno (2001).

G 434. Die baltische Sprachgruppe wird von drei Sprachen gebildet: Litauisch, Lettisch (Ostbaltisch) und Altpreußisch (Westbaltisch) (andere baltische Sprachen sind nur durch Lehnwörter im Litauischen und Lettischen zu erschließen: u.a. Jatwingisch, Kurisch).

Das älteste baltische Sprachzeugnis ist das Elbinger Vokabular vom Anfang des 14. Jh. n. Chr. Es enthält 802 Eintragungen altpreußischer Entsprechungen zu ostmitteldeutschen Wörtern. Der älteste baltische Text ist ebenfalls altpreußisch; er stammt aus der Mitte des 14. Jh. n. Chr. und umfasst nur elf Wörter. Das altpreußische Textmaterial ist auch sonst sehr beschränkt. Die Sprache ist im 17. Jh. n. Chr. ausgestorben.

Die ersten altlitauischen und altlettischen Texte entstammen dem 16. Jh. n. Chr. und erscheinen bereits in Buchform. Beim ältesten litauischen Buch von 1547 handelt es sich um einen ins Litauische übersetzten Katechismus. Der früheste lettische Text ist eine Übersetzung des Vaterunsers aus der ersten Hälfte des 16. Jh. n. Chr.

Beim Litauischen kann man zwei Hauptdialekte unterscheiden, das Niederlitauische (Žemaitisch) im Nordwesten des litauischen Sprachgebiets und das Hochlitauische (Aukštaitisch); beide Dialekte sind wiederum in verschiedene Mundarten gegliedert.

Lit.: — a) Balt. allgemein: → Schmid (1963); Stang (1966/1975); Eckert / Bukevičiūtė / Hinze (1994); Pohl: Le balte et le slave. Bader (1994: 233–250); Bammesberger (1998); Klein / Joseph / Fritz (2018: 1622–1715, mit folgenden Beiträgen: L. Larsson / K. Bukelskytė-Čepelė – Überlieferung; D. Petit – Phonologie; S. Ambrazas / W. Schmalstieg – Morphologie; A. Holvoet – Syntax; J. Larsson – Lexikon; J. Gelumbeckaitė – Dialektologie; J. Gelumbeckaitė – Weiterentwicklung). – b) Balt. Einzelsprachen: → Senn (1957/1966); Fraenkel (1962–1965); Bammesberger (1973); Petit (1999); Forssman (2001); Forssman (2003); Petit (2004); Smoczyński (2005); Kortlandt (2009); Petit (2010).

G 435. Innerhalb der idg. Einzelsprachen gehören einzelne aufgrund spezieller Gemeinsamkeiten in Phonologie, Morphologie, Syntax oder Lexikon enger zusammen. Ursachen für solche Gemeinsamkeiten kann es viele geben, z.B. können die verschiedenen Sprachgemeinschaften in vorhistorischer Zeit oder in historischer Zeit in räumlicher Nachbarschaft gelebt haben (im engsten Fall in einem sog. Sprachbund) und auf dem Weg des regionalen Sprachkontakts Lehnbeziehungen entstanden sein; derselbe Effekt kann auch bei Sprachgemeinschaften auftreten, die in regionaler Distanz zueinander existieren, wenn eine Sprache als überregionale Verkehrssprache (sog. Lingua franca) fungiert. Welche die gebende und welche die nehmende Sprache ist, lässt sich im Einzelfall i.d.R. eindeutig bestimmen: → z.B. lat. *pār* (adj.) 'gleich', (subst., n.) 'das Paar' → mhd. *pār*; auch wenn das Wort in der zeitgenössischen Ausgangssprache nicht mit derselben Bedeutung überliefert ist (sog. Nebenüberlieferung): → z.B. gr. πρόπολις → lat. *propolis* 'Propolis' (Varro). In seltenen Sonderfällen lassen die sprachlichen Verhältnisse aber auch verschiedene Erklärungsmöglichkeiten der Entlehnungsbeziehungen zu: → M. Fritz: Eine anatolisch-armenische Entlehnungsbeziehung (Silvae armeniacae II). *FS Nowicki* (2014: 61ff.). Zu Entlehnungsbeziehungen zwischen Anatolisch und Griechisch: → I. Hajnal: Graeco-Anatolian contacts in the Mycenaean period. Klein / Joseph / Fritz (2018: 2037–2055).

Später eigenständig existierende Sprachgemeinschaften können aber auch genealogisch eine gemeinsame Vorstufe durchlaufen haben und so auf eine sog. Zwischengrundsprache zurückgeführt werden. Eine solche Zwischengrundsprache ist beispielsweise im Falle des Lateinischen, als der Zwischengrundsprache zwischen den romanischen Sprachen und der indogermanischen Grundsprache, sogar historisch bezeugt. In der Mehrzahl der Fälle können Zwischengrundsprachen lediglich rekonstruiert werden: Das unangefochtene Musterbeispiel für eine rekonstruierbare Zwischengrundsprache ist das Indoiranische. Andere angenommene Zwischengrundsprachen wie das Graeco-armenische, das Italokeltische oder das Baltoslavische sind immer wieder Objekt der wissenschaftlichen Diskussion.

Lit.: → Klein / Joseph / Fritz (2018: 1960–2029, mit folgenden Beiträgen: A. Lubotsky – Phonologie; M. Kümmel – Morphologie; M. Hale – Syntax; R. Schmitt – Lexikon).

In diesem Zusammenhang ist auch die Stellung von Sprachzweigen wie Anatolisch und Tocharisch zum Gesamtstammbaum des Idg. zu sehen. So stellt sich beim Anatolischen die Frage, ob es als erster, und beim Tocharischen, ob es als zweiter Sprachzweig aus dem Uridg. ausgeschieden ist und inwieweit sie deshalb gemeinsame Neuerungen der verbleibenden uridg. Sprachgruppe nicht mehr mitgemacht haben, s.u. Abs. 5.

Lit.: — a) Zu den Entlehnungsbeziehungen: → Güterbock (1882); Betz (1936); Feulner (2001); Brust (2005); Tribulato (2012). — b) Zu den Verwandtschaftsverhältnissen: → Porzig (1954); Birnbaum / Puhvel (1966); E. Seebold. *RGA* 11 (1998: 289ff.); G. Klingenschmitt: Die Verwandtschaftsverhältnisse der indogermanischen Sprachen. *Kolloquium Kopenhagen 1993* (1994: 235ff.); W. Hock: Balto-Slavisch, Indo-Iranisch, Italo-Keltisch: Kriterien für die Annahme von Sprachgemeinschaften in der Indogermania. Range (2000: 119–145); Euler (2016); H. Hock: Language contact and Indo-European linguistics. Klein / Joseph / Fritz (2017a: 7–14); D. Ringe: Indo-European dialectology. Klein / Joseph / Fritz (2017a: 62–75).

1) Zu den gr.-armen.-phryg. Gemeinsamkeiten (sie stammen wohl aus der gemeinsamen vorhistorischen räumlichen Nähe im Balkan): → Neumann (1988); Clackson (1994); I. Hajnal: Methodische Vorbemerkungen zu einer Palaeolinguistik des Balkanraumes. Bammesberger / Vennemann (2003: 117–145); M. Fritz: Das älteste armenische Appellativum im Griechischen: Das Terpentin der Pistacia terebinthus (Silvae armeniacae VI). *FS Meier-Brügger* (2020: 58–61).

2) Das in der früheren Forschung gern betonte Italokeltisch ist zu modifizieren, eine gemeinsame italokelt. Vorstufe gab es aller Wahrscheinlichkeit nach nicht. Vielmehr sind die Kontakte des Kelt. zur östl. Indogermania alt, vgl. u.a. das Relativpronomen, wo das Kelt. im Gegensatz zum ital. **k$^{u̯}$o-* / **k$^{u̯}$i-* mit **Hi̯o-* vertreten ist, ein Charakteristikum, das es mit dem Gr., Phryg., Iir. und Slav. teilt. Die Kontakte des Kelt. zum Ital. sind erst jüngeren Datums: → C. Watkins: Italo-Celtic Revisited. Birnbaum / Puhvel (1966, 29–50) = *KS Watkins* I (1994: 105–126); K. H. Schmidt: Latein und Keltisch. *Kolloquium Salzburg 1986* (1992: 29–51); Schmidt (1996); N. Zair: The shared features of Italic and Celtic. Klein / Joseph / Fritz (2018: 2030–2037).

3) Zum Baltoslavischen: → Eckert / Bukevičiūtė / Hinze (1994: 36ff., Forschungsbericht); Andersen (1996); Hock (2004–2006); Kortlandt (2009); Olander (2009); Jasanoff (2017); Klein / Joseph / Fritz (2018: 1875–1959, mit folgenden Beiträgen: D. Petit – Balto-Slavisch; R. Kim – Phonologie; B. Darden – Morphologie; A. Holvoet – Syntax; P. Dini – Lexikon).

4) Zum Nordwestindogermanischen: → N. Oettinger: Grundsätzliche Überlegungen zum Nordwest-Indogermanischen. *InL* 20 (1997: 93–111, zur gemeinsamen Vorstufe von Kelt., Ital., Germ. und Baltoslav.); N. Oettinger: Zum nordwestindogermanischen Lexikon. *FS Meid* (1999: 261–267); M. E. Huld. Jones-

Bley / Huld (1996: 109–125); N. Oettinger: Neuerungen in Lexikon und Wortbildung des Nordwest-Indogermanischen. Bammesberger / Vennemann (2003: 183–193).

5) Zur Stellung des Anatolischen und Hethitischen innerhalb der Indogermania (Stichwort u.a. 'Indo-Hittite', was als t.t. übrigens unpassend ist): → Oettinger (1986); A. Lehrman: Indo-Hittite Revisited. *IF* 101 (1996: 73–88); Zeilfelder (2001). Ferner s.u. M 207 Abs. 3 und M 303 Abs. 2. – Zentral ist die Stellungnahme von C. Melchert: The Dialectal Position of Anatolian within IE. Bergen / Plauché / Bailey (1998: 24ff.); doch ist Melcherts Modell I.D. zu modifizieren, da sich das Anatolische aus der idg. Sprachfamilie ausgliedert, die zuvor auf dem Weg ihrer Geschichte schon ein großes Stück zurückgelegt hat und deren zuvor existierende gemeinsame idg. Grundsprache rekonstruiert werden kann (einschließlich der im Anatolischen abgebauten grammatischen Kategorien):

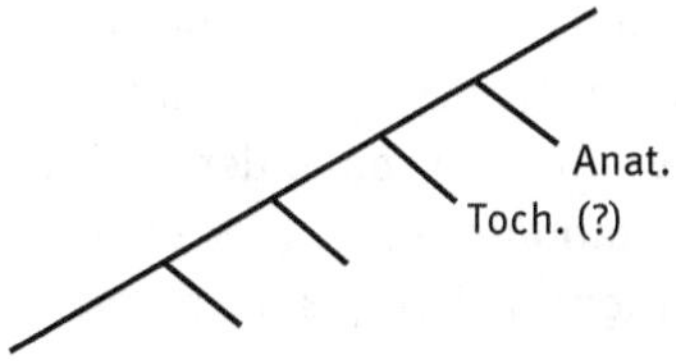

G 436. Die idg. Sprachen haben in der historisch dokumentierten Zeit nicht nur untereinander Kontakt gehalten, sondern immer auch zu nicht-idg. Sprachen Kontakt gehabt: → H. Hübschmann: Die semitischen Lehnwörter im Altarmenischen. *ZDMG* 46 (1892: 226–268); Lokotsch (1927); Hinderling (1981); Kontzi (1982); Bai (2009); Rosół (2013). Ebenso können die idg. Sprachen und auch die uridg. Grundsprache in vorhistorischer Zeit Kontakt zu anderen Sprachgemeinschaften gehabt haben. Zwischen den uralischen Sprachen (speziell den finnougrischen) und einzelnen indogermanischen Sprachgruppen (Germanen, Iraner, Balten, Russen) sind alte Sprachkontakte bekannt. Fremd- und Lehnwörter idg. Herkunft im Uralischen bieten eine interessante Nebenüberlieferung. Alle Vorschläge müssen aber kritisch gesichtet werden: → Joki (1973); Katz (1985); Rédei (1986); Koivulehtu (1991) und Koivulehtu: Frühe Kontakte zwischen Uralisch und Indogermanisch im nordwestindogermanischen Raum in Languages. Bammesberger / Vennemann (2003: 279–317); wie R.-P. Ritter. *PFU* 1 (1994/1995: 3–8) und *GS Katz* (2001: 223–227) eindrücklich zeigt, ist aber bei den angeblichen Zeugen für laryngalhaltige Wörter größte Vorsicht am Platz).

G 437. Die Hypothese, dass die idg. Sprachfamilie Verwandtschaftsbeziehungen zu den ural.-altaischen, afroasiat. und kartwel. Sprachen aufweist, läuft unter dem nicht immer gleicherweise definierten Oberbegriff Nostratisch. Sie ist weder zu verifizieren noch zu falsifizieren.

Lit.: → J. Reinhart: Holzwege der nostratischen Sprachwissenschaft. Zinko (1988: 75–285); B. Vine: Indo-European and Nostratic. *IF* 96 (1991: 9–35); D. Ringe: 'Nostratic' and the Factor of Change. *Diachronica* 12 (1995: 55–74); K. H. Schmidt. *Kratylos* 40 (1995: 81 ff.) und J.-P. Levet. *BSL* 93,2 (1998: 111–116); G. Doerfer: The Recent Development of Nostratism. *IF* 100 (1995: 252–267); A. Manaster Ramer: Nostratic from a Typological Point of View. *JIES* 25 (1997: 79ff.); A. R. Bomhard. *Diachronica* 14 (1997: 131–136); J. Gippert: Die Glottaltheorie und die Frage urindogermanisch-kaukasischer Sprachkontakte. *Kolloquium Kopenhagen 1993* (1994: 107–123).

G 438. Eine eigene Dynamik entfaltet Th. Vennemann. Er bezieht Baskisch und Hamito-Semitisch in seine Theorien zur sprachlichen Vorgeschichte Europas mit ein und rechnet mit einem alten Nebeneinander von vaskonischen, atlantischen und indogermanischen Sprachen. Seine Hypothesen sind allesamt reich an nicht beweisbarer Phantasie. Eine Entgegnung von seiten der Indogermanistik steht aus. Von seinen zahlreichen Publikationen seien hier folgende genannt: → Linguistic Reconstruction in the Context of European Prehistory. *TPS* 92 (1994: 215–284); Basken, Semiten, Indogermanen: Urheimatfragen in linguistischer und anthropologischer Sicht. *FT Innsbruck 1996* (1998: 119ff.); Bammesberger / Vennemann (2003: 319ff.).

G 439. Es sei erlaubt, hier im Anschluss ein paar allgemeine treffende Bemerkungen Michael Meier-Brüggers zur historischen Sprachwissenschaft und ihren Grenzen als Zitat aus der 9. Auflage (E 439) anzufügen.

„(1) Theo Vennemann kommt das große Verdienst zu, mit seinen zahlreichen Publikationen und publikumswirksamen Vorträgen die Frage nach der sprachlichen Vorgeschichte Europas ins Bewußtsein einer interessierten Öffentlichkeit gerückt zu haben. Diese Frage ist gegenüber philologischen Arbeiten, die präzise Kenntnisse der Materie voraussetzten, gut zu vermitteln und wird von Presse und Laien gern aufgenommen. Sie berührt ganz zentral auch das Fachgebiet der historisch-vergleichenden Sprachwissenschaft der indogermanischen Sprachen.

(2) Obwohl Vennemann seit rund zwanzig Jahren auf seiner Suche nach der sprachlichen Vergangenheit Europas ist und seine eigenständigen Ansichten immer stärker verfestigt, fehlt das Korrektiv durch die indogermanistische Fachschaft. Die Indogermanistik beschränkt sich in traditioneller Zurückhaltung in der Regel auf die diachrone Erforschung des Sprachsystems der Indo-

germania. Die Geschichte der Sprachträger ist selbstverständlich ebenfalls von zentraler Bedeutung für das Verständnis, ihre Erhellung hängt aber zunächst allein von den Erkenntnissen der Historiker und der Archäologen ab. Wenn etwa die Einwanderungen der nachmaligen Griechen nach Griechenland heute von den prähistorischen Archäologen eher um 2500 v. Chr. als um 2000 v.Chr. angesetzt wird, so muß der Sprachwissenschaftler dies zur Kenntnis nehmen, er hat aber keinen Einfluß auf die Festsetzung. Die ur- und frühgeschichtlichen Befunde sind in der Regel mit den sprachlichen Fakten aber nicht deckungsgleich, s.u. E 512 Abs. 1.

(3) Das Mouton de Gruyter-Buch „Europa Vasconica – Europa Semitica“ (Berlin und New York 2003) faßt in verdienstvoller Weise alle einschlägigen Publikationen Vennemanns zusammen, die zwischen 1984 und 2000 erschienen sind. Es sind sechsundzwanzig Nummern, ergänzt um einen Beitrag (er trägt die Nummer 17), der 1996 zum Gedenken an Johannes Hubschmid 1996 in Heidelberg vorgetragen wurde, dann aber nicht zum Druck kam. Frau Patrizia Noel Aziz Hanna hat den Sammelband gestaltet. Sie hat eine Einleitung (xiii–xxii) beigesteuert, jedem Kapitel ein Resümee („Abstract“) vorangestellt und den Inhalt durch Indizes, Bibliographie („References“) und Abkürzungslisten erschlossen. Deutsche Texte wechseln in bunter Mischung problemlos mit englischen. Im folgenden verweise ich in Klammern auf den Band und nenne allein die Seitenzahl.

(4) Die Beiträge des Sammelbandes sind in sich geschlossene Einheiten, sie bieten jeweils alle notwendigen Informationen über die gebotenen Hypothesen. Wiederholungen sind die unmittelbare Folge der Organisation im Sammelband: „Since the articles ... had each been composed so as to be complete in themselves ... the book as a whole unfortunately contains many repetitions“ (viii). Wiederholungen sind an sich nichts Schlimmes, sie bergen aber eine Gefahr, vor der in unserem Zusammenhang sehr zu warnen ist: „Factoids – a word coined by Norman Mailer in his introduction to *Marilyn* – are mere speculations or guesses which have been repeated so often that they are eventually taken for hard facts. There is something decidedly unbiological about such factoids: the tendency to get stronger the longer they live is one of their most insidious qualities. Factoids occur in all branches of scholarship ... The process by which mere hypotheses attain the apparent rank of established fact, without ever having been proved, presents a linguistic and a psychological aspect. Linguistically, words or particles indicating the hypothetical character of a statement are dropped one by one in a process of constant repetition. The subjunctive is exchanged for the indicative, and in the end the factoid is formulated as a straightforward factual sentence.“ (so F. G. Maier, Factoids in ancient history, JHS 105,

1985, 32–39; auf den Text aufmerksam wurde ich bei der Lektüre von O. Szemerényi, An den Quellen des lateinischen Wortschatzes, Innsbruck 1989, 87 Anm. 143). Und tatsächlich sind factoisierende Tendenzen bei Vennemann ganz deutlich auszumachen. In seinen früheren Arbeiten unterscheidet er noch ganz klar zwischen Fakten und Spekulationen und signalisiert dies seinem Zuhörer und Leser auch deutlich: „Bis hierher habe ich mich als Sprachwissenschaftler geäußert. Ich könnte und sollte hier enden ... Diese Frage kann für diese vorgeschichtlichen Vorgänge kein Linguist, kann nur ein Vorgeschichtler mit Bezug auf die Archäologie und – für eine spätere Phase – eventuelle antike Zeugnisse beantworten. Alles, was ich also jetzt noch sage, sage ich ohne fachliche Qualifikation. Das gibt mir den Vorteil einer gewissen Narrenfreiheit und erlaubt mir Spekulationen, die dem Fachmann vermutlich sein wissenschaftliches Ethos verbieten würde. ... Dies sind Spekulationen, durch harten linguistischen Zugzwang wachgerufen in einem weichen vorgeschichtlichen Raum“ (17f. im ersten Beitrag von 1984). „Alles, was ich in diesem Abschnitt sage, ist im höchsten Grade spekulativ ... im Folgenden ... äußere ich mich als Laie, noch dazu über Probleme, über die sich die Fachleute so uneins sind wie über sonst nichts“ (22 in einem Beitrag von 1988). „Dieser Aufsatz ist ein spekulativer Beitrag zu einer Theorie“ (371 in einem Beitrag von 1997). Ich will hier nicht vertiefend weiterfahren, es läßt sich aber schön zeigen, daß in den jüngeren Beiträgen die Tendenz sich immer stärker verfestigt, die früheren Spekulationen als etablierte Fakten zu sehen. Die Gefahr wird um so verführerischer, je mehr Vennemann die Möglichkeit bekommt, auf seine immer zahlreicher werdenden Publikationen idiosynkratisch zu verweisen.

(5) Vennemanns Beiträge zum Sprachwissenschaftlichen ankern meist im Bereich der Germania und beziehen Baskisches und Semitisches mit ein. Wenn nötig, wird aber auch auf die klassischen Sprachen Latein und Griechisch Bezug genommen. Die sprachlichen Ausführungen überborden an Ideen, an Verknüpfungen und Vorschlägen. Im Gemenge findet sich immer und immer wieder solches, das spekulativ ist und einer genauen Prüfung nicht standhält. Ich wähle zwei Kostproben. Beide sollen die Schwächen von Argumentationsnestern verdeutlichen, die Schwächen von ganzen Szenarien sind hier nicht im Visier.

(6) „Finally there is the notorious problem of ἄνθρωπος ‘human being, man', also ‘woman’ (usually contemptuous). Despite repeated attempts no explanation has been found for this word ... Therefore a new proposal may be welcome“ (352). Vennemann verbindet den vorderen Wortteil mit angeblichem vaskonischen ⁺*andera* ‘woman’ und sieht im hinteren Teil ein (verkürztes) *-p-* Suffix im Sinn von ‘descendant of, relative of'. „If this is correct, then the original meaning ... wold be ‘descendant of a woman’, which would be a fine paral-

lel ... in a matrilinear pre-Greek society“ (352). In Anm. 30 (366f.) erinnert Vennemann zu recht an die mykenische Form *a-to-ro-qo* = /*ant^h^rōk^w^o-*/ (das alphabetgriechische /*-ōpo-*/ ist daraus lautgesetzlich entwickelt), zieht aber nicht die daraus für die Analyse von ἄνθρωπος resultierende Konsequenz, die Interpretation als ‘descendant of a woman’ zu verwerfen. Der hintere Wortteil hatte offensichtlich im zweiten Jahrtausend in mykenischer Zeit noch die Form -*ōk^w^o-* und muß zum Wort für ‘Auge, Blick’ gestellt werden. Von ‘descendant’ kann dann in keinster Weise mehr die Rede sein, der Hinweis auf eine matrilineare Gesellschaft ist schlicht falsch. Im Umkreis von Vasconic ^+^*andera* ‘woman’ und griechisch ἀνήρ, ἀνδρός ‘man’ werden weitere griechische Namen angetippt (351): „‘Ανδρομαχη may be a compound ‘Ανδρο + μαχη which owes ist specific form to the popular etymological reinterpretation as „men's fight“. I analyze it ... as Vasc. ^+^*Andera-mak-E* „blissful woman”, where E was some adjectival termination, perhaps *–ar* ... may reflect ... may be the same ...”. Nur schon dieser einzige Abschnitt strotzt von munter daher gesponnenen Vermutungen und Klingklang-Assoziationen. Bei μαχη gr. μάκαρ und lat. *macte* beizuziehen, ist falsch: Griechisches k^h und griechisch-lateinisches *k* gehen nicht zusammen! Die adäquate griechische Sachlage ist so simpel: ‘Ανδρομαχη ist ein typisch griechischer Frauenname, der vom Männernamen ‘Ανδρόμαχος im Sinn von ‘einer, der mit Männern kämpft’ aus gebildet ist. Mehr ist nicht.

(7) Beim zweiten Beispiel geht es um den Erstsilbenakzent, der in Abweichung vom üblichen freien Akzent das Italische, das Keltische und das Germanische charakterisiert. „Die drei indogermanischen Initialakzentsprachen waren in vorgeschichtlicher Zeit Nachbarsprachen ... Dies legt es nahe, ein areales Phänomen zu vermuten, also eine Sprachkontakterscheinung, ein Sprachbundphänomen.“ (528ff.) Vennemann steht in diesem Fall in der Forschung nicht allein. Es wird aber vergessen, daß auch hier die Sachlage komplexer ist. Ich gehe nur auf das Italische ein. Im Lateinischen ist die sogenannte Vokalschwächung in Mittelsilben die unmittelbare Konsequenz des Initialakzentes. Die ältesten lateinischen Inschriften sind davon aber noch nicht betroffen und so wird das Aufkommen der Vokalschwäche ins 6. bzw. 5. Jh. v. Chr. datiert. Das benachbarte Etruskische und das benachbarte Sabellische zeigen ähnliche Phänomene. Es ist unstrittig, daß hier areale Phänomene vorliegen. Es läßt sich die Existenz einer mittelitalischen Koine nachweisen, die in Bereichen wie Alphabet, Zahlzeichen, Gentilnamensystem und religiösen Gebräuchen und Namen stammübergreifend gewirkt hat. Diese Koine ist aber nicht so alt, daß man sie dem Einfluß des Vaskonischen anlasten kann. Kurz, die postulierte Wirkungsmacht des Vaskonischen ist hier alles andere als gesichert.

(8) Greift man zum Versuch eines Szenarios der sprachlichen Vorgeschichte Europas, so bleibt notgedrungen nur der Griff zu Spekulationen. Nach Vennemann durchlief Old Europe nördlich der Alpen die folgenden sprachrelevanten Phasen:

I) „Nach der letzten Eiszeit vor ca. zehntausend Jahren ist das menschenleere Europa nördlich der Gebirge von seiner südlichsten Region aus in Besitz genommen worden. Dies war Südfrankreich, und Südfrankreich war vaskonisch" (846). Vennemann definiert vaskonische Sprachen als „frühe, noch in vor- oder frühgeschichtlicher Zeit ausgestorbene Verwandte des heutigen Baskisch" (454). Die meisten west- und mitteleuropäischen Gewässernamen gingen auf deren Kosten. Von daher das Schlagwort „Europa Vasconica".

II) Das frühe Vorhandensein von Sprechern des Afro-Asiatischen (Atlantischen) (206), „frühe, ebenfalls noch in vor- oder frühgeschichtlicher Zeit ausgestorbene Verwandte der geschichtlichen und der heutigen hamito-semitischen Sprachen" (454). So sollen in Nordwesteuropa Atlantiker die inselkeltischen Sprachen beeinflußt haben. Von daher das Schlagwort „Europa Semitica".

III) Die „Erste" Ausbreitung der Indogermanen, die agrarische Expansion „nach Europa hinein" (848). Das Urgermanische soll unter Einfluß des vaskonischen Substrats und des atlantischen Superstrats entstanden sein.

IV) „Die spätere „Zweite" Ausbreitung der Indogermanen, die militärische Expansion „aus Europa heraus" (848).

(9) Vennemanns Szenario ist eine interessante Hypothese (Theorie),die weder verifiziert noch falsifiziert werden kann. Wenn I mit II und III mit IV zusammengelegt werden und im ersten Fall statt von Vaskonisch und Altlantisch vorsichtiger von einem noch genauer zu bestimmenden Vorurindogermanisch gesprochen wird, im zweiten Fall von der Ankunft und Ausdehnung der Indogermanen, dann könnte man sicher zustimmen. Die von Vennemann vorgenommene Differenzierung ist aber diskutabel. Bei I ist das Vaskonische Kind seiner Forschungen. Bei II spielen unindogermanisch anmutende keltische Besonderheiten eine wichtige Rolle, die auch andere Forscher beobachtet und beschrieben haben. III bezieht sich auf Forschungen, die einen Zusammenhang zwischen dem Vordringen des Ackerbaus und der Ausbreitung indogermanischer Sprachen für schlüssig halten. Vennemann betont mit Nachdruck deren Friedfertigkeit (so 22f.). Bei IV handelt es sich um die bekannten Einwanderungen von Indogermanen, wie sie in Italien oder in Griechenland zu verzeichnen sind. Hier soll die Phase unter militärischen Vorzeichen gestanden haben, vgl. „Militärischer Druck" (24), „Militarisierung Europas" (31, Anm. 2), „indem die Indogermanen später ... sich dort militärisch zu einer Oberschicht aufwarfen" (456). Meist beginnt das Referat mit linguistischen Aussagen, dann wird die

Argumentation in nichtlinguistische Bereiche weitergeführt. Vennemann zeichnet sein Szenario mit weitem Horizont. Man möchte ihm oft gern folgen. Leider geben aber die uns zur Verfügung stehenden Materialien und Informationen die Bestätigung nicht her. Wir historisch-vergleichenden Sprachwissenschaftler bauen alle an der Erhellung der sprachlichen Vorgeschichte Europas. Ziel ist es, alle Daten zu sammeln, verfügbar zu machen und adäquat dem tatsächlichen historischen Ablauf entsprechen zu deuten und zu verstehen. Jede beteiligte Disziplin erbringt im Rahmen ihrer Grenzen einzelne Erkenntnisse, ein Gesamtbild gelingt aber – wenn überhaupt – nur im Dialog von Sprachwissenschaft, Archäologie, Historie, Genetik u.a.m. Und die Wissenschaft muß notfalls auch dazu stehen, daß interessierende Fragen mit dem uns zur Verfügung stehenden sprachlichen und archäologischen Material nicht oder nur ansatzweise beantwortbar sind. Vennemanns Arbeiten reiten nach dem Echo zu schließen auf der Welle eines größeren Publikumsinteresses. Sie beruhen aber, wenn man genauer hinschaut und sich auf die Einzelheiten einläßt, zu stark auf idiosynkratischen Pfaden.

(10) Ein Verdienst bleibt. Vennemann fordert die Indogermanistik heraus und rüttelt sie auf. Er hat dies 1996 an der Fachtagung der indogermanischen Gesellschaft in Innsbruck direkt formuliert (463–465). Das Gemeinsame der indogermanischen Sprachen stehe zurecht im Blick. Es fehle aber ein ausgeprägtes Interesse auch für die Verschiedenheiten. „Diese ... zu erklären gehört ebenfalls in den Aufgabenbereich der Indogermanistik; es ist ihre andere Hälfte“ (464). „Gerade bei den west-indogermanischen Sprachen ... kann von einer ernsthaften Bemühung der Indogermanistik um eine Erschließung der vor-indogermanischen Substrate und weiterer vor-indogermanischen Kontaktsprachen kaum die Rede sein“ (464f.) Die Materie ist aber zugegeben schwierig und schwer zu handhaben. Und deshalb die Zurückhaltung der Indogermanistik. Wo wegen der Materiallage nicht viel gesagt werden kann, kann eben nicht viel gesagt werden, auch wenn wir alle, die Presse und das interessierte Publikum das noch so gerne hätten. Die eigenen, offen als Spekulationen bezeichneten Szenarien dennoch publikumswirksam und populärwissenschaftlich zu vermarkten, ist eine Versuchung, der man nicht erliegen sollte. Man leistet so schlußendlich den ernsthaften Versuchen, die sprachliche Vorgeschichte Europas zu erhellen, nur einen Bärendienst.“

1.5 Zur Rekonstruktion der idg. Grundsprache

1.5.1 Rekonstruktionsbeispiele

G 500. Um die verschiedenen Probleme der Rekonstruktion deutlich werden zu lassen, werden hier nun drei Beispiele vorgeführt, eines aus dem Gebiet der Lautlehre (G 501), eines aus dem Gebiet der Formenlehre des Verbums (G 502–505) und eines aus dem Gebiet des Wortschatzes (G 506).

G 501. Das erste Beispiel zielt auf die Lautlehre und wird gern im akademischen Unterricht verwendet: → M. Mayrhofer. *AnzÖAW* 117 (1980: 364).

1) Die lat. Verbalwurzel für ‘schneien’ ist im Ausgang nicht einheitlich, vgl. einerseits *nigu-* im verbalen *ni-n-gu-it* ‘es schneit’ (der Präsensstamm stellt ein sogenanntens *-n*-Infix-Präsens dar, s.u. M 203 (1) LIV-Typ 1k), andererseits *nik-* und *niv-* im verbalen Abstraktum (*nik-* im Nom.Sg. *nix* mit <*x*> i.e. *ks*; *niv-* dagegen im Gen.Sg. *nivis*). Der Vergleich der drei Formen lässt hier exemplarisch für viele andere Beispiele eine Erkenntnismethode einbringen, die schon der altindischen und der byzantinischen Grammatik bekannt war: die interne Rekonstruktion (d.h. das Schließen aus den Gegebenheiten einer einzigen Sprache). Sie geht von der Überzeugung aus, dass die drei Formen *nigu-*, *nik-* und *niv-* auf eine einheitliche Wurzel zurückgehen müssen. Nimmt man in einem ersten Versuch *nik-* als Ausgangsform an, so ist dann nicht einsichtig, warum ihr nicht strukturgerechte lateinische Formen wie Gen.Sg. **nik-is* *<*nicis*> und **nin-k-it* *<*ni-n-c-it*> entsprechen. Zweiter Versuch: Ist *niv-* primär, so ist als Nominativ **nips* und als Verbum **ninvit* zu erwarten. Dritter Versuch: Die Rechnung geht dann auf, wenn die im Präs.St. *ni-n-gu-it* vorliegende Wurzel **nig*$^{u̯}$*-* <*ni-gu-*> als primär angesehen wird. Man muss dann annehmen, dass beim Nom.Sg. **nig*$^{u̯}$*-s* das vor *-s* stehende *-g*$^{u̯}$*-* in phonetisch plausibler Weise zuerst das labiale Element $^{u̯}$ und dann den Stimmton verloren hat. Ebenso ist die Veränderung von **nig*$^{u̯}$*is* zu *nivis* glaubhaft. Aus dem Lat. wird also in interner Rekonstruktion zunächst für die fragliche Wurzel die Ausgangsform **nig*$^{u̯}$*-* erschlossen.

2) Die vergleichende sog. externe Rekonstruktion, welche die Aussagen aller verwandten Sprachen mit einbringt, bestätigt das intern gewonnene Resultat, indem sie es ergänzt. Aus gr. Akk.Sg. νίφ-α (1x Hesiod) ‘fallender Schnee’ geht hervor, dass der Labiovelar behaucht war, also statt **nig*$^{u̯}$*-* genauer ein **nig*$^{u̯h}$*-* anzunehmen ist (zum Lautwandel von gr. $p^{h} < g^{u̯h}$ s.u. P 345 Abs. 1). Aus lit. *sniẽgas*, aksl. *sněgъ* ‘Schnee’, dt. *Schnee* u.a. wird erkennbar, dass im Lat. und Gr. das anlautende *n-* auf **sn-* zurückgehen. Die gleiche Botschaft vermittelt indirekt gr.-episch ἀγά-ννιφος ‘viel Schnee habend’, wo die Geminata *-nn-* auf *-sn-* zurückführbar ist. Die vergleichende Rekonstruktion ergänzt den Ansatz also schlussendlich zu uridg. **snig*$^{u̯h}$*-* (vollstufig uridg. **snei̯g*$^{u̯h}$*-*).

3) Eine inhaltliche Präzisierung für den uridg. Ansatz kann schließlich eventuell noch ved. *snih-* 'klebrig sein' erzwingen und neben 'Schnee', 'schneien' die Annahme einer weiteren Bedeutungskomponente 'klebrig sein' nötig machen: → *KS Hoffmann* II (1976: 453f. – in einem Aufsatz von 1965 – „der 'Schnee' ist das, was an Pflanzen, Lebewesen usw. 'kleben bleibt' bzw. auf der Erde 'liegen' bleibt"); Mayrhofer (1996: 772); Rix / Kümmel (2001: 573); A. Feulner. *FT Krakau 2004* (2009: 119ff.).

G 502. Das zweite Rekonstruktionsbeispiel stammt aus dem Bereich der Verbalmorphologie und beschäftigt sich mit dem Paradigma von uridg. **$h_1$es-* 'existieren, da sein'. In einem ersten Schritt wird mit dem vedischen Sprachmaterial versucht, im sprachinternen Vergleich erste sprachhistorische Einsichten zu bekommen.

1) Die relevanten Teile des Paradigmas des Ind. Präs. Akt. des ved. Präs.St. *as-* 'sein' lassen sich in tabellarischer Form gut überblicken (eine Zusammenstellung aller ved. Formen von *as-*: → T. Gotō. *BNME* 15,4 (1990: 987–1012, Nr. 3 s.v.):

	Formen	Analyse
1.Sg.	*ásmi*	*ás-m-i*
2.Sg.	*ási*	*á-s-i*
3.Sg.	*ásti*	*ás-t-i*
1.Pl.	*smás*	*s-más*
2.Pl.	*sthá*	*s-thá*
3.Pl.	*sánti*	*s-ánt-i*

2) Die Verbalformen bestehen wie alle Verben und Nomina aus dem lexikalisch aussagekräftigen Stamm (dem sog. Lexem) und der syntaktisch aussagekräftigen Endung (dem sog. Morphem). Der Verbalstamm *as-* (zum *a-* der 2.Sg. s.u. Abs. 3) kann nicht weiter untergliedert werden, sondern besteht allein aus der Verbalwurzel. Die Verbalwurzel zeigt zwischen Sg. und Pl. einen Wechsel von *as-* : *s-* (den sog. Ablaut): Im Sg. ist die Wurzel vollstufig und akzentuiert (= *ás-*), im Pl. schwundstufig und unakzentuiert (= *s-*). Der Ablaut *as-* : *s-* lässt sich als direkte Konsequenz des Akzents verstehen: Im Sg. ist die Verbalwurzel betont und daher vollstufig, im Pl. ist die Verbalwurzel unbetont und daher schwundstufig.

3) Ein Wort zur 2.Sg. *ási*: Sie fällt gegenüber den übrigen Präs.-Formen aus dem Rahmen. Man erwartet ohne Zweifel als Ausgangspunkt ein **ás-si* und muss dann das einfache *-s-* im Wortinnern als vermutlich schon sehr früh (wohl

bereits in uridg. Zeit) vollzogene Vereinfachung eines älteren *-s.s-* verstehen, s.u. P 312.

4) Der hier beschriebene Aufbau des Paradigmas von *as-* ist nicht singulär, sondern ein Charakteristikum der gut belegten Gruppe der sog. athematischen Wurzelpräsentien (s.u. M 203 Typ 1a): Diese zeigen den charakteristischen Aufbau mit einer ablautenden Verbalwurzel, an die athematisch, d.h. ohne Einschub des sog. Themavokals *-e/o-* (wie er in uridg. **bhér-e-ti* ‘er trägt’ deutlich erkennbar ist), unmittelbar die Endung angefügt wird.

5) Ein durchsichtiges Parallelbeispiel zu ved. *as-* ist ved. *ay-* ‘gehen’ (zu den Formen: → T. Gotō. *BNME* 15,4 (1990: 987–1012, Nr. 2 s.v.). Die Rekonstruktionen in der zweiten Spalte werden mit * markiert. Die *e*-Formen des Sg. sind auf **ai̯-* zurückführbar, s.u. Abs. 6.

	Formen	Rekonstruktion
1.Sg.	*émi*	**ái̯-m-i*
2.Sg.	*éṣi*	**ái̯-s-i*
3.Sg.	*éti*	**ái̯-t-i*
1.Pl.	*imás*	**i-más*
2.Pl.	*ithá*	**i-thá*
3.Pl.	*yánti*	**i̯-ánt-i*

6) Im Sg. liegt vollstufiges, akzentuiertes *é-* vor. Dieses mono-phthongische *e-* entstammt nachweislich einem diphthongischen *ai̯-* (es wird genauso wie das aus *au̯* entstandene *o* traditionellerweise ohne Längezeichen wiedergegeben): Seit ved. Zeit ist es nämlich üblich, dass die Diphthonge *ai̯* und *au̯* vor folgendem Vokal zwar als <*ay*> und <*av*> erhalten bleiben, aber vor folgendem Konsonanten zu *ē* <*e*> und *ō* <*o*> monophthongiert werden, vgl. für den ersten Fall die vollstufigen ved. Konjunktivformen 2.Sg. *áy-as* und 3.Sg. *áy-at*, für den zweiten Fall 3.Sg. *é-ti*, s.u. P 220 Abs. 3. Ein weiterer Hinweis auf ursprüngliches *ai̯* liefert die 2.Sg. *éṣi*. Im Ved. wird nämlich *s* nach *r*, *r̥*, *u*, *k* oder *i* zu cerebralem *ṣ* (sog. *ruki*-Regel), s.u. P 309 Abs. 3. Das cerebrale *ṣ* in der 2. Sg. wird dann verständlich, wenn wir annehmen, dass *éṣi* zu einem Zeitpunkt von der *ruki*-Regel erfasst worden ist, als es noch **ái̯si* gelautet hat.

7) Die Verbalwurzel *é-* < **ay-* zeigt im Pl. unbetontes, schwundstufiges *i-*. Vor der vokalisch anlautenden Endung der 3.Pl. erscheint statt *i-* konsonantisches *i̯-* < *y-*>.

8) Beobachtungen zu den Endungen im Paradigma von *as-* und *ay-*: Die 1.Sg. *-m-i*, die 2.Sg. *-s-i*, die 3.Sg. *-t-i* und die 3.Pl. *-ánt-i* enden auf *-i* im Gegensatz zur 1.Pl. *-más* und zur 2.Pl. *-thá*, wo kein *-i* vorhanden ist. Es ist aber hinzu-

zufügen, dass das Ved. die 1.Pl. *-mas-i* als wohl jüngere Nebenform kennt. Diese Endungen bezeichnen die GW und tragen den t.t. Primärendungen, s.u. Abs. 11.

9) Die gegenwartsbezogenen sog. Primärendungen *-mi, -si, -ti, -más, -thá, -ánti* stehen in Opposition zu den nicht gegenwartsbezogenen sog. Sekundärendungen –*(a)m, -s, -t, -ma, -ta, -an*.

10) Ein gutes Beispiel für diese Opposition liefert das ved. Verbum *bhara-* 'tragen' mit den Paradigmen von Ind. Präs. Akt. vs. Ind. Ipf. Akt.:

	Ind.Präs.Akt.	**Ind.Ipf.Akt.**
1.Sg.	*bhár-ā-m-i*	*á-bhar-a-m*
2.Sg.	*bhár-a-s-i*	*á-bhar-a-s*
3.Sg.	*bhár-a-t-i*	*á-bhar-a-t*
1.Pl.	*bhár-ā-mas(-i)*	*á-bhar-ā-ma*
2.Pl.	*bhár-a-tha*	*á-bhar-a-ta*
3.Pl.	*bhár-a-nt-i*	*á-bhar-a-n*

Die 12 Formen von *bhar-* sind zwar nicht alle ved. belegt, sie sind aber mit Sicherheit erschließbar: → Macdonell (1910: 319 ff.); zum Verbum: → Gotō (1987: 225 ff.); zum sog. Themavokal *-a-* / *-ā-* (< uridg. **-e-* / **-o-*) s.u. M 101 Abs. 4.

11) Die Opposition von GW und Nicht-GW wird mit zwei verschiedenen formalen Mitteln markiert: zum einen durch das sog. Augment, das dem Verbalstamm im VG-Tempus univerbierend vorangestellt wird (weiteres s.u. M 213), zum andern durch zwei Reihen von Endungen, einer sog. primären für die GW und einer sog. sekundären für die Nicht-GW. Bei der 1.Sg., 2.Sg., 3.Sg. und 3.Pl. leistet das Vorhandensein oder Fehlen von *-i* die Unterscheidung zwischen den beiden Reihen, in der 1. und 2.Pl. übernehmen die formal leicht voneinander abweichenden Endungen *-mas(-i)* vs. *-ma* und *-tha* vs. *-ta(na)* die entsprechende Aufgabe. In der 3.Pl. findet sich statt *-nt-i* : **-nt* jüngeres *-nti*: *-n* (mit Vereinfachung von *-nt* zu *-n* im Wortauslaut).

12) Die ved. Ipf.-Formen von *as-* (zur Beleglage: → T. Gotō. *BNME* 15,4 (1990: 987–1012, Nr. 3 s.v.); die ved. Verbalformen werden nur dann akzentuiert, wenn sie auch so belegt sind; das Verbum des Hauptsatzes trägt bekanntlich im Normalfall keinen Ton. Weiteres zu dieser Problematik s.u. M 214):

	belegt	eigentlich erwartet
1.Sg.	*ā́sam*	**á-as-m̥*
2.Sg.	*āsīs*	**á-as-s*
3.Sg.	*ās, ā́sīt*	**á-as-t*
3.Pl.	*ā́san*	**á-s-ant*

13) Der Ansatz der eigentlich erwarteten Formen von Abs. 12 stützt sich auf die Analyse von Abs. 1 in Kombination mit dem Aufbau von *á-bhar-a-m* in Abs. 10. Problemlos verständlich ist der Anlaut in der 1.Sg., wo das Augment *a-* mit dem vollstufigen *a* der Wurzelsilbe *a* durch Kontraktion direkt *ā́s-* ergibt. Ein Zusatz zur Form der Endung *-am*: Von der Form der them. 1.Sg. *-a-m* ausgehend erwartet man bei der athem. Endung nach dem konsonantisch auslautenden Verbalstamm lautgesetzlich ein **-m̥* bzw. ein daraus entstandenes **-a*. Das stattdessen belegte *-am* ist deshalb als analogisch verdeutlichte Form einzustufen.

14) Die 2.Sg. **a-as-s* und die 3.Sg. **a-as-t* führen beide auf ein **ās* mit kontrahiertem *ā* und auslautendem *-s*, weil die auslautenden Konsonantengruppen **-ss* und **-st* beide lautgesetzlich vereinfacht werden und in einfachem *-s* resultieren. Die selten belegte 3.Sg. *ās* ist also alt. Ob sie aber noch der zeitgenössischen Sprache angehört hat, ist fraglich. Die eingetretene formale Homonymie zwischen 2.Sg. und 3.Sg. muss nämlich langfristig nicht praktikabel gewesen sein und muss zu einer neuen Differenzierung geführt haben. — Die neuen Formen mit 2.Sg. *āsī-s* und 3.Sg. *ā́sī-t* tauchen bereits im RV auf. Sie haben ihr Vorbild offensichtlich in Verben wie *bravⁱ-* ‘sprechen, sagen, reden’ (< uridg. **-eu̯H-*: Weiteres zu den sog. *seṭ*-Wurzeln s.u. P 315 Abs. 1). Dort lautet z.B. die Form des Konj. Präs. Akt. 3.Sg. *bráv-a-t* < uridg. **-éu̯H-e-t*, die Form des Ind. Präs. Akt. 3.Sg. dagegen *brávī-ti* < uridg. **-eu̯H-ti* und die Form des Ind. Ipf. Akt. 3.Sg. *á-bravī-t* < uridg. **-eu̯H-t*. Bei den beiden letzten Formen steht der Laryngal zwischen Kononanten und ist damit durch *ī̆* vertreten, s.u. P 325 – P 327. In Parallele zu *bráv-at* und *abrav-īt* (es ist aus *ábravī-t* reanalysiert) konnte zum scheinbar gleich gebildeten Konj. Präs. Akt. 3.Sg. *ás-at* neu ein Ipf. Akt. 3.Sg. *ā́s-īt* gebildet werden. Zum unerwarteten *ā-* der 3.Pl. *ā́san* s. u. G 504 Abs. 10.

G 503. In einem zweiten, jetzt sprachexternen Schritt werden zur weiteren Erhellung die entsprechenden Formen des klass.-lat. Paradigmas zum Vergleich beigezogen.

1) Die relevanten Formen werden wieder in tabellarischer Form präsentiert (zu den Einzelheiten: → Leumann (1977: § 400 A):

	Formen	Rekonstruktion
1.Sg.	*sum* *inschr. esom*	< **es-mi*
2.Sg.	*es*	< **esi* < **es-si*
3.Sg.	*est*	< **es-ti*
1.Pl.	*sumus*	< **s-mos*
2.Pl.	*estis*	< **s-te-s*
3.Pl.	*sunt* *inschr. sont*	< **s-onti*

2) Die Rekonstruktion basiert auf der Analyse, wie sie sich aufgrund des ved. Paradigmas ergibt. Statt des iir. *a*-Vokalismus ist aber der lat. *e*-Vokalismus das Alte, s.u. P 206. Bei den Endungssätzen (→ Leumann 1977: 512ff.) führt *-mus* auf **-mos*, *-ti-s* auf **-te-s* und *-unt* über *-ont* auf *-onti* (erhalten vielleicht im von Festus zitierten *tremonti*: → Leumann 1977: 92). Gegenüber gr. *-énti* ist *-onti* sekundär, s.u. Abs. 11.

3) Das klass.-lat. Paradigma lässt sich am besten von der 3.Sg. *est* und der 3.Pl. *sunt* aus verständlich machen. Die Verbalwurzel zeigt bei diesen beiden Formen den vom Ved. her erwarteten Ablautwechsel von vollstufigem, singularischem *es-* zu schwundstufigem, pluralischem *s-*.

4) Im Gegensatz zum ved. Endungssatz mit 3.Sg. *-t-i* und 3.Pl. *-ánt-i* fehlen bei der lat. 3.Sg. *-t* und der 3.Pl. *-ont* die auslautenden kurzen unbetonten *i*-Vokale. Während das Ved. diese bewahrt, sind sie im Lat. beseitigt worden: → Leumann (1977: 92) und s.u. P 423 Abs. 1. Nebenbei: Der Abfall des *-i* ist chronologisch viel älter als der sog. Rhotazismus, der ein im 4. Jh. v. Chr. noch vorhandenes **esi* zu **eri* hätte werden lassen müssen, s.u. P 309 Abs. 1. — Gleiches wie für 3.Sg. und 3.Pl. gilt für die 2.Sg. *es* gegenüber postuliertem urital. **esi*.

5) Im Singularparadigma fällt im Hinblick auf den erwarteten Ablaut *sum* aus dem Rahmen. Vom Ved. aus ist zunächst ein urital. **esmi* oder zumindest ein **esum* zu erwarten. Das später entdeckte südpikenische *esom* (→ Marinetti 1985: 214) bestätigte dieses Postulat. Noch später ist sogar ein inschr. latin. *esom* aufgetaucht: → M. Cristofani. *Quaderni di Archeologia Etrusco-Italica* 25 (1996: 21). Man darf daher mit gutem Recht annehmen, dasss ein ursprünglich im Urital. vorhandes **és-mi* nach Beseitigung des auslautenden *-i* von **es-m* aus dank des Einschubs eines Schwachvokals über **es°m* zu *esom* verdeutlicht worden ist: → H. Rix. *Kolloquium Salzburg 1986* (1992: 230). Der spätere Ersatz von *esom* durch *sum* ist durch die Analogie zur 1.Pl. *sumus* erwachsen. Dort liegt reguläres schwundstufiges **s-mos* zugrunde (dabei im Wortanlaut **sm-* > **s°m-* > *sum-*).

6) Im Pluralparadigma fällt der vollstufige Anlaut *es-* der 2.Pl. *estis* aus dem Rahmen. Er kann nur in Analogie zur 3.Sg. *est* verstanden werden.

7) Die neuen analogischen Beziehungen zwischen 1.Sg. und 1.Pl. (Abs. 5) und zwischen 3.Sg. und 2.Pl. (Abs. 6) zeigen, dass der Ablautwechsel zwischen singularischem *es-* und pluralischem *s-* zum Zeitpunkt des Ersatzes von lat. *esom* durch *sum* und **ste-* durch *estis* nicht mehr als lebendiges Bildemittel in Gebrauch gewesen ist.

8) Verdunkelungen älterer Ablautstrukturen sind auch beim klass.-lat. Paradigma von *i-* 'gehen' zu beobachten (→ Leumann 1977: § 399):

	Formen	**Rekonstruktion**
1.Sg.	*eō*	< **ei̯-ō*
2.Sg.	*īs*	< **ei̯-si*
3.Sg.	*it*	< **ei̯-ti*
1.Pl.	*īmus*	< **i-mos*
2.Pl.	*ītis*	< **i-te-s*
3.Pl.	*eunt*	< **i̯-enti*

9) Vom Ved. ausgehend (s.o. G 502 Abs. 5) lassen sich für das Urital. die rechts stehenden Formen postulieren. Unter Berücksichtigung der typ. lat. Monophthongierung von *ei̯* > *ī* (s.u. P 220 Abs. 1) und unter Einbezug der bereits beobachteten Veränderung im Bereich der Endungen bei *sum* (s.o. Abs. 4) wird die 2.Sg. *īs* < **ei̯s* < **ei̯si* problemlos verständlich. Dasselbe gilt für die 3.Sg. *it* < **īt* < **ei̯t* < **ei̯ti*, zumal wenn man berücksichtigt, dass lange Vokale vor *t* im Auslaut um 200 v. Chr. gekürzt worden sind: → Leumann (1977: § 123).

10) Im Pl. sind Hinweise auf die erwartete schwundstufige Wurzelform *i-* nicht mehr nachweisbar. Der langvokalische Anlaut der 1. und 2.Pl. kann dann verständlich werden, wenn wir einen starken analogischen Druck vom vollstufigen Sg. aus annehmen. Singularisches *ei-* hätte dann wohl bereits vor dem 4. Jh. v. Chr. auch in den Pl. Einzug gehalten (mit späterer Entwicklung des neu eingeführten *ei̯-* > *ī-*). Den Ausgangspunkt für den vollstufigen Plural kann aber auch die 3.Pl. *eunt* abgegeben haben, s.u. Abs. 11.

11) Ein Problem für sich bilden die 1.Sg. *eō* und die 3.Pl. *eunt*. — Grundsätzlich: Der Wechsel zwischen 1.Sg. *-ō*, 3.Sg. *-t* und 3.Pl. *-unt* erinnert an die sog. halbthematischen *-i̯e-/-i-*Präsentien vom Typ *facere* mit them. 1.Sg. *faciō*, athem. 3.Sg. *facit* und them. 3.Pl. *faciunt*. Gaben sie das Vorbild für *eō*, *it* und *eunt* ab? Das parallele Verhältnis von athem. *es-t* : them. *s-unt* ist wohl ebenfalls hier anzusiedeln. Zu den halbthem. *-i̯e-/-i-*Präsentien: → Meiser (1998: 195f.); H. Rix. *GS Schindler* (1999: 524). Anders zu den them. Formen G. Dunkel: On the 'The-

matisation' of latin sum, volo, eo, and edo and the System of Endings in the IE Subjunctive Active. *FS Watkins* (1998: 83ff.) – Speziell zur 1.Sg.: Bei *eō* < **éi̯-ō* (zum Schwund des intervokal. *i̯* s.u. P 215) fällt auf, dass statt der von *sum* her empfohlenen Endung **-mi* (s.o. Abs. 5) das sonst überall gebräuchliche (ursprünglich them.) *-ō* eingeführt ist. Grund kann neben dem Vorbild der halbthematischen Flexion der Umstand sein, dass reguläres **éi̯mi* über **ei̯m* zu morphologisch unklarem **īm* bzw. über ein mit Schwachvokal ausgestattetem **ei̯n̥m* zu morphologisch unklarem **eum* hätte führen müssen. – Speziell zur 3.Pl.: Ging der Ersatz von erwartetem **i̯-énti* durch **éi̯-onti* über das Vorbild der halbthematischen *-i̯e-/-i-*Präsentien? Also von 3.Sg. **éi̯-ti* direkt zu **éi̯-onti*? Oder war die 1.Sg. **éi̯-ō* Vorbild ?

G 504. Drittens kommt der Vergleich mit dem klass.-att. gr. Paradigma dazu.

1) Wie immer zuerst die tabellarische Form (zur Beleglage in den Dialekten: → Kühner / Blass (1892: 220 ff.); Schwyzer (1939: 676ff. Nr. 4); Chantraine (1967: § 235 ff.); Chantraine (1968–1980: s.v.). Das Verbum substantivum ist im Gr. unter Ausnahme der 2.Sg. enklitisch: Es steht in Akzenteinheit mit dem vorangehenden Wort und ist akzentlos, s.u. M 214 Abs. 2. Der Akut auf der letzten Silbe der allein stehenden Form ist reine Konvention der Grammatik):

	Formen	Rekonstruktion
1.Sg.	εἰμί	< **és-mi*
2.Sg.	εἶ	< **ési* < ** és-si*
3.Sg.	ἐστί(ν)	< **és-ti*
1.Pl.	ἐσμέν	< **s-mén*
2.Pl.	ἐστέ	< **s-té*
3.Pl.	εἰσί(ν)	< **s-énti*

2) Der auf Grund des ved. und lat. Materials erwartete Ablautunterschied zwischen singularischem *es-* und pluralischem *s-* ist im Gr. nicht sichtbar. Die gr. Formen führen überraschenderweise alle auf einheitliches *es-*: 1.Sg. εἰμί i.e. */ẹmi/* < **ez-mi* < **és-mi*, 1.Pl. ἐσμέν < **es-mé-*, s.u. Abs. 9. Im folgenden argumentiere ich deshalb zunächst überall mit *es-*. Die bei beiden Formen auftretende Lautfolge *-sm-* wird unterschiedlich realisiert. In der 1.Pl. bleibt sie aus Analogie zur 3.Sg. und 2.Pl. mit dort lautgesetzlichem bewahrtem *s* vor *t*. In der 1.Sg. liegt dagegen das lautgesetzliche Resultat *-ẹm-* < *-ezm-* vor: → Chantraine (1961: 205).

3) Die 2.Sg. εἶ lässt sich über **éhi* auf **ési* zurückführen. Die dialektal. ep.-ion. Form εἷς basiert auf diesem εἶ mit einem (die 2. Pers. verdeutlichenden) *-s*. Sie ist im Gegensatz zu εἶ enklitisch. Das äol.-ep. ἐσσι ist dagegen am besten als

Neubildung in Analogie zur 3.Sg. *es-ti* zu beurteilen. Hackstein (2002: 103–106) denkt bei εἰς und εἶς an them. Umbildungen).

4) Die 3.Pl. εἰσί(ν) i.e. /*ẹsi*/ läßt sich über **ēnsi* < **e.ensi* (N.B.: der Punkt markiert die Silbengrenze) < *ehensi* (so myk. in *e-e-si*) bis auf **es-énsi* (mit südgr. ion.-att. *-si* statt nordgr.-dor. *-ti*; N.B.: der Strich markiert die morphologische Segmentierung) zurückführen. Die dem att. εἰσί entsprechende dor. Form ist ἐντί: *enti* < **ēnti* < **e.enti* < **ehenti* < **es-énti*: → E. Risch. *FS Neumann* (1982: 324 mit Anm. 10). — Als 3.Pl. Ipf. ist nach Ausweis des primären **es-énti* ein ursprünglich sekundäres **é es-ent* (mit betontem Augment und der dazu im Akzent abhängigen Verbalform) zu postulieren. Die lautgesetzlich daraus resultierende Form ist ἦεν. Überraschenderweise ist sie bereits frühgr. als 3.Sg. im Gebrauch. Die Umdeutung vom Pl. zum Sg. muss im Kontext der Kollektiva entstanden sein, s.u. M 304 Abs. 2. Als neue 3.Pl. Ipf. ist ἦσαν im Gebrauch, s. Abs. 5.

5) In der 3.Pl. findet sich neben ion.-att. εἰσί und dor. ἐντί ferner hom. ion. ἔᾱσι. Diese geht über **éh-ansi* auf **éh-anti* bzw. **és-anti* zurück. Geht man noch weiter zurück, steht **ésanti* statt **és-ati* < **és-n̥ti*. Man muss dann annehmen, dass die Sprecher *-ati* aus Gründen der deutlicheren Markierung durch *-anti* ersetzt haben. Diesen Ersatz zeigt ebenfalls die parallel gebildete 3.Pl. Ipf. ἦσαν < **é-es-ant* (augmentierte sekundäre Form mit verdeutlichter Form *-ant*) < **é-es-n̥t*: → E. Risch. *FS Neumann* (1982: 331). — Nebenbei: Die Endungen **-énti* und **-n̥ti* der 3.Pl. stammen letztlich von zwei verschiedenen Flexionsparadigmen, **-énti* aus einem amphidynamischen vom Typ **éi̯-mi* / **i-més i̯-énti* oder vom Typ **stistéh₂-mi* / **stisth₂-énti*, **-n̥ti* dagegen aus einem akrodynamischen vom Typ **stḗu̯-mi* / **stéu̯-n̥ti* oder vom Typ **d^héd^hoh₁-mi* / **d^héd^hh₁-n̥ti*, s.u. M 203 Abs. 1 (LIV-Typen 1a, 1b und 1g).

6) Die im Pl. bereits beobachtete Präsenz von *es-* statt schwundstufigem *s-* zeigt sich bei εἰμί auch sonst. Im Partizip und Optativ müsste man unter allen Umständen die Schwundstufe der Verbalwurzel erwarten, vgl. beim Ptz. ved. *sant-*, lat. *(ab)sent-* und beim Opt. ved. 2.Sg. *syās*, altlat. *siēs*. Das Gr. zeigt aber auch in diesem Fall (und dies bereits myk.) überall *es-*: zum Ptz. vgl. myk. Sg. *e-o* i.e. *ehōn*, Pl. *-e-o-te* i.e. *-ehontes* usw., ion. ἐών, dor. ebenfalls ἐών bzw. dann ἰών (att. ὤν ὄντος ist sekundär: → M. Meier-Brügger. Cassio (1999: 518), alle Formen < **es-ont-*; zum Opt. vgl. 2.Sg. εἴης < **ei̯i̯ē-s* < **es-i̯eh₁-s* und εἶμεν < **ehīmen* < **es-ī-men* < **es-ih₁-men*.

7) Dass beim durchgehenden *es-* von εἰμί etwas Besonderes vorliegen muss, macht das parallel gebaute Verbum εἶμι 'gehen' (Bed. gern mit Zukunftsbezug) mit seinem regulären Ablaut *ei̯-* : *i-* deutlich:

	Formen	Rekonstruktion
1.Sg.	εἶμι	= **e̯imi*
2.Sg.	εἶ	< **e̯isi*
3.Sg.	εἶσι(ν)	< **e̯iti*
1.Pl.	ἴμεν	= **i-men*
2.Pl.	ἴτε	= **i-te*
3.Pl.	ἴᾱσι	= **ii̯-anti* ⇐ **ii̯-n̥ti*

8) Im Sg. geht die 2.Sg. εἶ auf **ei̯hi* < **ei̯-si* zurück. Die 3.Sg. zeigt südgr.-ion.-att. *-si* statt nordgr.-dor. *-ti*. Die Endung der 3.Pl. auf -ᾱσι ist mit ἔᾱσι von Abs. 5 zu vergleichen.

9) Die fragliche gr. Eigentümlichkeit mit konstantem *es-* für Voll- und Schwundstufe lässt sich am einfachsten unter der Annahme erklären, dass das grundsprachliche Verbum substantivum ursprünglich im Anlaut laryngalhaltig gewesen ist, also **$h_1$es-* gelautet hat, aber sonst ganz regulär amphidynamisch flektiert worden ist. — Vollstufiges **$h_1$es-* und schwundstufiges **h_1s-* erbringen im Gr. tatsächlich beide lautgesetzlich *es-*, s.u. P 322 Abs. 1 und P 328 Abs. 1. Vollstufiges gr. **$h_1$es-* lebt nach dem Schwund des Laryngals vor Vokal als *es-* weiter, die Anfangskonsonanz des schwundstufigen gr. **h_1s-* wird dagegen mit Hilfe eines Schwachvokals über **h_1n̥s-* > **$h_1$es-* > *es-* entwickelt. — Anders im Ved. und Ital., wo vollstufiges *es-* einem deutlich sichtbaren schwundstufigen *s-* gegenübersteht: Das vollstufige **$h_1$es-* ergibt zwar parallel zum Gr. ved. *as-* (über Zwischenstufe **es-*, s.u. P 322 Abs. 1) und lat. *es-*, das schwundstufige **h_1s-* führt dagegen durch Vereinfachung der Doppelkonsonanz von **h_1s-* im Ved. und Lat. zu *s-*. Das singuläre *ā́-* der ved. partizipialen Negativbildung *ā́sat-* (mit langem Anfangsvokal RV 4,5,14 und 7,104,8; daneben mehrmals mit kurzem Anfangsvokal *ásat-*) 'nicht seiend' erweist indirekt, dass zum Zeitpunkt dieser Bildung die anlautende Doppelkonsonanz auch im Ved. noch vorhanden gewesen sein mus, denn diese allein erklärt die gedehnte Nebenform im Anlaut: uridg. **n̥-h_1s-n̥t-* > uriir. **a-Hsat-* > ved. *ā́sat-*. Das kurzvokalische *ásat-* versteht sich dagegen als jüngere Analogiebildung zu partizipialem *sat-* mit dem üblichen negierenden VG *a-* < **n̥-*.

10) Der Ansatz von uridg. **$h_1$es-* führt zu einem adäquaten Verständnis des ved. Imperfekts und bestätigt dadurch dessen Richtigkeit genauso wie *ā́sant-* von Abs. 9. Es war nämlich schon immer aufgefallen, dass im Ved. die augmentierten Formen im Sg. und Pl. gleichermaßen gelängtes *ās-* zeigen, obwohl der sprachinterne Vergleich dies zunächst nicht erwarten lässt und im Pl. eigentlich zu einem kurzen Anfangsvokal führen sollte, s.o. die Tabelle in G 502 Abs.12 mit der Analyse der 1.Sg. *ā́sam* < **á-as-m̥* und der 3.Pl. *ā́san* <**á-s-ant*, wo

das vorgelegte Rekonstrukt den langen Anfangsvokal nicht erklären kann. — Während bei einer postulierten uridg. Wurzelgestalt _*es-_ / _*s-_ mit einer ersten Stufe uridg. Sg. _*e-es-_ / Pl. _*e-s-_ bzw. uriir. Sg. _ās-_ / Pl. _*as-_ und einer analogischen Übertragung der Länge in den Pl. zu rechnen war, erbringt uridg. _*$h_1$es-_ / _*h_1s-_ direkt das bezeugte einheitliche Paradigma: uridg. Sg. _*é-$h_1$es-_ > uriir. _*á-Has-_ (N.B.: Weil die Qualität des iir. Laryngals im Gegensatz zum Uridg. nicht mehr erkennbar ist, wird er regelmäßig mit _H_ notiert) > _*á.as-_ > _ās-_ und Pl. _*e-h_1s-_ > uriir. _*a-Hs-_ > _ās-_.

11) Im Gegensatz zur heute herrschenden Lehre mit laryngalhaltigem _*$h_1$es-_ hatte die ältere Forschung mit der Annahme von einfachem laryngallosen _*es-_ /_*s-_ erhebliche argumentative Schwierigkeiten. Stellvertretend für die damalige Communis opinio nenne ich Thumb / Hauschild (1959: § 488) (und verweise auch auf Leumann 1977: 522 § 400 A. 1b). Thumb / Hauschild parallelisieren direkt ved. _sánti_ mit griech.-dor. ἐντί und führen es über _*henti_ auf _*sénti_ zurück. In Analogie zum Singular sei die erwartete Aspiration beseitigt worden. Entsprechend gehe gr.-ion.-att. εἰσί auf _*hensi_ bzw. _*sensi_ (mit südgr. _-si_ statt _-ti_) zurück. Bei der 1.Pl. _*smén_ und bei der 2.Pl. _*ste_ sei der Anlaut _e-_ analogisch eingeführt worden. Die Ausdehnung des analogischen _e-_ auf den Stamm des Optativs und des Partizips ist aber nicht zu motivieren. Ferner: Das seit 1952 bekannte myk. _-e-o-te_ i.e. _-ehontes_ erzwingt eine Vorverlegung der fraglichen Analogie ins 2. Jahrtausend v. Chr. Vollends hilflos steht man mit dieser Communis opinio vor dem myk. _e-_ der 3.Pl. _e-e-si_ i.e. _ehensi_, zumal wenn man bei den klass. Formen ion.-att εἰσί und dor. ἐντί noch mit einem _*senti_ auszukommen glaubte.

Aber trotz aller Evidenz: Auch in jüngerer Zeit gibt es noch Forscher, die weiterhin fröhlich von _*es-_ / _*s-_ ausgehen und darauf ihre eigenen Hypothesen bauen: → K. Shields: On the Origin of Dialectal Ablaut Patterns of the Present Active Indicative of IE *es 'To Be'. _HS_ 110 (1997: 176–180).

G 505. Als Resultat der ersten drei Schritte von G 502–504 lassen sich mit guter Sicherheit die beiden folgenden Paradigmen als grundsprachlich festhalten:

uridg. _*$h_1$es-_ 'existieren'	**uridg. _*$h_1$ei̯-_ 'gehen'**
_*$h_1$és-mi_	_*$h_1$éi̯-mi_
_*$h_1$ési_ < _* $h_1$és-si_	_*$h_1$éi̯-si_
_*$h_1$és-ti_	_*$h_1$éi̯-ti_
_*h_1s-mé-_	_*h_1i-mé-_
_*h_1s-té-_	_*h_1i-té-_
_*h_1s-énti_	_*h_1i̯-énti_

1) Beim Bedeutungsansatz uridg. *$h_1$es- ‘existieren, da sein’ ist anzufügen, dass dieses Verbum in uridg. Zeit noch diese kräftige Bedeutung besessen haben muss. Nominalsätze vom Typ ‘der Boden ist trocken’ wurden nämlich nicht, wie wir es vom Dt. aus erwarten würden, mit dem zum Hilfsverb, der sog. Kopula, entwickelten *ist* gebildet, sondern es genügte beispielshalber für die Aussage „die Erde ist trocken“ die einfache Reihung von uridg. *d^h*éǵ*^{h}*ōm* ‚Erde‘ mit **tr̥stéh*$_2$- ‚trocken‘, s.u. S 206 zum Nominalsatz. Uridg. *$h_1$es- fand sich gern präzisiert mit Lokalpartikeln, vgl. z.B. mit *ap(b)*- lat. *ab-sent-*, gr. myk. *a-pe-o-te* i.e. *ap-ehontes* ‘ab-wesend’.

2) Eine weitere Bemerkung zu **ei̯-*: Hier darf nicht verschwiegen werden, dass der Anlaut ursprünglich laryngalhaltig, also *$h_1$ei̯-, gewesen ist: → Rix / Kümmel (2001: 232f.). Die überraschende Tatsache, dass wie bei *as-* im Ipf. sowohl Sg. als auch Pl. trotz Ablaut **ei̯-* : **i-* gleichermaßen mit langem Vokal anlauten (vgl. 1.Sg. *ā́yam* und 3.Pl. *ā́yan*), kann dadurch plausibel gemacht werden: 1.Sg. *ā́yam* < **á-Hai̯-am* < **é-$h_1$ei̯-m̥*, 3.Pl. *ā́yan* < **á-Hi̯-ant* < **é-h_1i̯-ent*.

3) Hinweise zu anderen altidg. Sprachen: — Zum Hethitischen: → Tischler (1983: 109f.); Friedrich / Kammenhuber (1988: 93ff.); ferner s.u. P 414. — Zum Germanischen: → A. Bammesberger. Ofitsch / Zinko (2000: 11–19). — Zum Tocharischen: → Pinault (1989: 132ff.); Ch. Batke. *TIES* 8 (1999: 1ff.).

G 506. Das dritte und letzte Rekonstruktionsbeispiel gilt uridg. *(h_1)éḱu̯o- m. und f. ‘Pferd, Ross, Stute’.

1) Diesmal wird direkt mit der Entsprechungsgleichung begonnen (s.u. G 507 Abs. 5): uridg. *(h_1)éḱu̯o- = ved. *áśva-* m., *áśvā-* f. = aav. und jav. *aspā-* f., jav. *aspa-* m. = ap. *asa-* m. = gr. ἵππος (bereits myk. *i-qo* i.e. *ik^{u}k^{u}os*) m. f. = lat. *equus* = altengl. *eoh* = altnord. *jór* = lit. (nur Bretke) *ešva* ‘Stute’ (das übliche Wort für ‘Pferd’ lautet *arklỹs*!) = air. *ech* = toch. B *yakwe*, A *yuk*. Die Liste ist nicht vollständig, kann aber leicht ergänzt werden: → Mayrhofer (1991: 139f.); Chantraine (1968: 467f.); de Vries (1962: 293); Buck (1949: 167f.); Ch. de Lamberterie. *BSL* 73,1 (1978: 262ff., zur etymologischen Zugehörigkeit von arm. *ēš* [Gen.Sg. *išoy*] ‘Esel’).

2) Ved. *áśva-* läßt sich problemlos auf ein **áḱu̯a-* zurückführen (zum satemsprachl. Lautwandel *ḱ* > *ś* s.u. P 339 Abs. 3); im Ir. resultiert aus *ḱu̯* ein *śu̯* > *sp*: → Hoffmann / Forssman (2004: 86). Wird der iir. Vokalzusammenfall von *a*, *e* und *o* zu *a* (s.u. P 206) rückgängig gemacht, kommt man in Anlehnung an lat. *equus* von **áḱu̯a-* auf **éḱu̯o-* oder *(h_1)éḱu̯o-. Und dies führt problemlos zu den Formen der germ. Sprachen und zu denen des Lit., Air. und Toch.

3) Eines Kommentars bedarf der Labiovelar von lat. *equus*. — Im Lat. fällt bekanntlich der Labiovelar *k^u* mit der Lautgruppe *ku̯* zusammen. Umstritten ist, ob das mit *qu* notierte Resultat einwertiges *k^u* oder zweiwertiges *ku̯* darstellt: →

Sommer / Pfister (1977: 143, „fürs Lat. zunächst Guttural + u̯"); Meiser (1998: 52, *qu* einwertig, weil es keine Position bildet). Für *equus* bedeutet dies, dass vom Lat. aus nicht zu entscheiden ist, ob in diesem Fall *-qu-* auf **-kᵘ̯-* oder **-ḱu̯-* zurückgeht. Das Iir. macht in unserem Fall die Entscheidung für **-ḱu̯-* aber leicht. – Auf dem Weg vom Altlat. zum klass. Lat. erwartet man lautgesetzlich vor Endungen, die mit *-o-* und *-u-* beginnen, statt *equ-* den veränderten Stamm **ec-* mit Schwund des labialen Elementes, dagegen vor solchen, die mit *e*, *i* oder *a* beginnen, den unveränderten Stamm *equ-*. Das erwartete *ecus* ist zwar belegt, unter dem analogischen Druck der Kasusformen mit erhaltenem *equ-* hat sich aber *equ-* auch vor *o* und *u* als Normalform durchgesetzt, s.u. P 106 und P217 Abs. 2 (zu *novus*).

4) Am problematischsten ist gr. ἵππος. – Zum Vokalismus: Der *i*-Vokalismus versteht sich am besten als Erbe aus myk. Zeit. Damals muss *e* in bestimmter lautlicher Umgebung geschlossener gesprochen worden sein, vgl. *di-pa* i.e. *dipas* n. 'Humpen' vs. späteres δέπας (seit Homer): → *KS Risch* (1981: 455 u. 536 mit Anm. 16); O. Panagl. *FS Zaic* (1989: 129–135). Die gesamtgr. Verbreitung der *i*-Form erklärt sich daraus, dass sich das Wort als zentraler Terminus der myk. Herrschaft in der gesamten Gräzität des 2. Jt. v. Chr. verbreitet und die sicher einmal vorhanden gewesene *e*-Form komplett verdrängt hat; zu möglicherweise erhaltenem ἐπ(π) in der Onomastik: → Ch. de Lamberterie. *BSL* 97,2 (2002: 108). – Zum *-pp-*: Die ursprüngliche Doppelkonsonanz *-ku̯-* ist vermutlich bereits vormyk. durch *-kᵘ̯kᵘ̯-* ersetzt worden (daraus dann nach Beseitigung der Labiovelare neu ein *-pp-*, s.u. P 343 Abs. 4). Hinweise auf ein altes *-kᵘ̯kᵘ̯-* geben die bereits myk. Schreibung als *i-qo* (ein mögliches **i-ko-wo* kommt nicht vor) und die im alphabetischen Gr. notierte Doppelkonsonanz. – Rätselhaft bleibt die Aspiration des Wortes im Wortanlaut. Cornelis J. Ruijgh denkt vielleicht zu Recht an eine Übernahme im Ausdruck ἅρμα καὶ ἵππους 'Wagen und Pferd': → C. Ruijgh. Risch / Mühlestein (1979: 207 u. 220). Anders leitet G. Klingenschmitt. Hauska (2005: 130 Anm. 41) die gr. Form aus **síku̯o-* ab.

5) Ein Wort zur Bildung des Fem. 'Stute': – Möglich ist in altidg. Sprachen einmal die Wahl von zwei ursprungsverschiedenen Wörtern (Typ *Vater* vs. *Mutter*). – Häufiger ist die sog. Motion, die Veränderung oder Erweiterung des Ausgangs des generischen Mask. mittels Suffixen, vgl. ved. *áśvā-* f. = aav. und jav. *aspā-* f. – Eine weitere Möglichkeit zeigen die sog. Communia. „So nennt man ... solche Substantive, welche belebte, sexuell charakterisierte Wesen bezeichnen, und bei welchen sowohl das männliche als das weibliche Exemplar in der Weise bezeichnet werden kann, dass sich die Form des Substantivs nicht ändert, aber je nach dem Sexus das kongruierende Pronomen [oder Adjektiv] männliche oder weibliche Form hat" (vgl. neben ὁ bzw. ἡ ἵππος u.a. altlat. *lupus*

fēmina 'Wölfin'): → Wackernagel (1926: 23f., ferner 10 u. 315). In der Regel erweisen sich die Communia als älter als die entsprechenden Motionsfeminina. Es empfiehlt sich daher, für 'Stute' das Commune **éku̯o-* m. f. dem Uridg. zuzuweisen und die Ausbildung von fem. **éku̯eh$_2$-* = ved. *áśvā-* den altidg. Einzelsprachen. – Vgl. unten P 421 Abs. 2 zu uridg. **snusó-* f. 'Schwiegertochter'.

6) Die weitere Analyse von **(h$_1$)éḱu̯o-* ist unsicher. Es wird gern mit der Wortfamilie von uridg. **h$_1$eḱ-* 'schnell' zusammengestellt (vgl. gr. ὠκύς und ved. *āśú-*, lat. *acu-*, *ōcior* 'schnell(er)', dabei **ōḱ-* aus uridg. **h$_1$oh$_1$ḱ-?*) und dann als uridg. **h$_1$éḱu̯-o-* 'mit **h$_1$éḱu̯-* ('Schnelligkeit') versehen' analysiert: → Mayrhofer (1991: 140 u. 179f.); Rix (1994: 10) und H. Rix. *Kratylos* 41 (1996: 156, zu lat. *acu-*); I. Balles. *HS* 110 (1997: 220 Anm. 8). Ein strenger Beweis ist aber nicht zu führen. Zu den Realien (Ist zunächst das in den Wäldern lebende Wildpferd gemeint? Ferner zu Pferd und Streitwagen) s.u. G 512 Abs. 4b.

1.5.2 Grundsätzliches zur Rekonstruktion

G 507. Ausgangspunkt der vergleichenden idg. Sprachwissenschaft sind die idg. Einzelsprachen. Alle dazugehörigen Sprachen zeigen in großer Zahl Entsprechungen in allen möglichen Teilbereichen. Die Entsprechungen sind oft sehr weitreichend: Einzelne Lexeme und Morpheme der Einzelsprachen weisen i.d.R. nicht nur ähnliche oder gar gleiche Formen auf, sondern, der damit ausgedrückte Inhalt ist ebenso ähnlich oder gar identisch, vgl. ved. *ás-t-i*, gr. ἐσ-τ-ί und lat. *es-t* (oben G 502ff.), wo nicht nur die äußere Gestalt und ihr Aufbau unübersehbar ähnlich sind, sondern wo auch die Bedeutung ('sein') und die Position der Formen im Paradigma (Präs.St. 3.Sg. Akt.) gleich ist. Ved. *ásti*, gr. ἐστί und lat. *est* sind nur ein Beispiel unter unzähligen anderen. Die Entsprechungen lassen sich mit Hilfe der Lautgesetze nachweisen, sogar da, wo die zu vergleichenden einzelsprachlichen Wörter äußerlich ganz verschieden aussehen, vgl. etwa ved. *śrómata* 'Erhörung, guter Ruf' mit ahd. *hliumunt* 'Ruf, Gerücht, Leumund', wo beide nachweislich lautgesetzlich aus uridg. **ḱléu̯-mn̥t-* hervorgegangen sind: → Mayrhofer (1996: 667).

1) Das Vorhandensein von zahlreichen fest verzahnten Übereinstimmungen innerhalb der idg. Einzelsprachen erklärt sich keinesfalls dadurch, dass man sie als Universalia menschlichen Sprechens versteht. Es gibt zwar mit Sicherheit universelle Grundgegebenheiten, so z.B. die in die Zukunft gerichtete Linearität des Sprechens: Man kann auf der Zeitachse nur vorwärtsgerichtet sprechen, nicht aber zurück in die Vergangenheit. Die sprachlichen Zeichen sind aber i.d.R. gerade nicht universell, sondern sie sind, durch Konventionen geregelt,

innerhalb einer Sprachgemeinschaft willkürlich (arbiträr) zustande gekommen. Beim Verbum 'sein' lautet das Verbum existentiae in den semit. Sprachen ganz anders, vgl. hebr. *hāi̯āh* 'geschehen, werden, sein' usw.

2) Für eine Erklärung untauglich ist ferner die Annahme von Zufall. Es gibt selbstverständlich Erstaunliches, so der immer wieder beobachtete Ähnlichkeit von klass.-lat. *deus* 'Gott' und gr. θεός 'Gott'. Eine kurze Prüfung der älteren und ältesten Belege der beiden Wörter (vgl. altlat. *deivos* und myk. *t^hehós*) zeigt aber klar, dass die beiden Nomina von ihrer Genese her verschieden sind: *deivos* ist eine Ableitung von uridg. **di̯eu̯-* '(Tages)Himmel(sgott)' i.S.v. 'himmlisch(es Wesen)'; *t^hehós* < **$d^h h_1$s-ó-* ist nach allgemeiner Auffassung eine Ableitung von uridg. **d^heh_1s-* 'Gott, göttlich': → Meiser (1998: 107); Michael Meier-Brügger deutet **$d^h h_1$s-ó-* dagegen als *-ó-*Ableitung zum schwundstufigen *-es-*Neutrum **d^heh_1-es-* 'das Tun = das Opfern' i.S.v. 'Wesen, das durch Opfern charakterisiert ist': → M. Meier-Brügger. *InL* 29 (2006: 119–125). Der Gleichklang eines ved. *ás-t-i*, gr. ἐσ-τ-ί und lat. *es-t* schließt dagegen jede Zufälligkeit aus. Im Gegenteil, je älter hier die Beispiele, desto ähnlicher Ausdruck und Inhalt.

3) Für eine Erklärung nicht tragfähig ist schließlich die Annahme von Entlehnung. Es gibt diese selbstverständlich, ganz üblich im Bereich des Wortschatzes, vgl. lat. *māchina* und gr.-dor. μᾱχανά oder dt. *Kaiser* und lat. *Caesar*. In beiden Fällen sind die Entlehnungswege bekannt, im ersten Fall von den dor. Griechen Unteritaliens zu den Römern (ein ursprüngliches **mācana* wird in den lat. Wortschatz integriert, später durch die typisch lat. Vokalschwächung zu **mācina* verändert und schließlich mit der das Gr. genauer imitierenden Bezeichnung der Aspiration durch *h* als *māchina* etabliert), im zweiten Fall um 37 bis 41 n. Chr. vom röm. Alleinherrscher Caligula (er hieß offiziell *C. Caesar*) zu den Germanen, die damals seine Leibwache stellten: → H. Rix: Latein – wie wurde es ausgesprochen? Vogt-Spira (1993: 14).

4) Als Erklärung für die zahlreichen Entsprechungen im Bereich von Lautlehre, Formenlehre und Semantik taugt einzig und allein die Hypothese von der Abstammung der fraglichen Sprachzweige aus einer gemeinsamen Vorstufe. Mit anderen Worten: Ved. *ás-t-i*, gr. ἐσ-τ-ί und lat. *es-t* sind miteinander verwandt und basieren auf der rekonstruierbaren gemeinsamen Vorstufe uridg. **$h_1$ésti* (s.o. G 505). Diese Vorstufe wurde von der uridg. Sprachgemeinschaft gesprochen. Eine Schrift war dieser damals unbekannt. Von uridg. **$h_1$ésti* aus führt je ein eigener einzelsprachlicher Weg durch ein Traditionskontinuum über Generationen von Sprechern zur lat., zur gr. und zur ved. Form:

uridg. **h_1*ésti*

ved. *ásti* gr. ἐστί lat. *est*

Zur Vereinfachung der Darstellung werden i.d.R. keine Stammbäume gezeichnet, sondern es wird als eine Art Kurzformel eine schlichte Entsprechungsgleichung an deren Stelle gesetzt: uridg. **$h_1$ésti* = ved. *ás-t-i* = gr. ἐσ-τ-ί = lat. *es-t*. Man darf sich aber ja nicht täuschen lassen und daraus etwa den Schluss ziehen wollen, dass ved. *ásti* aus dem gr. ἐστί abgeleitet ist oder dass das lat. *est* aus dem Gr. stammt.

G 508. Seit Bopps Zeiten (s.o. G 302) ist die Indogermanistik eine methodisch abgesicherte und funktionsfähige Wissenschaft. Hauptmethode sind der interne und externe Vergleich innerhalb der und zwischen den idg. Einzelsprachen und der immer wieder vorzunehmende Bezug von den Einzelsprachen auf die Grundsprache und von der Grundsprache auf die Einzelsprachen. Zur Methode des Sprachvergleichs in der Sprachwissenschaft: → Meillet (1925); Palmer (1972); C. Bowern: Comparison and relationship of languages. Klein / Joseph / Fritz (2017a: 1–7); K. Krasukhin: Methods in reconstruction. Klein / Joseph / Fritz (2017a: 15–20); R. Matasović: The sources for Indo-European reconstruction. Klein / Joseph / Fritz (2017a: 20–25).

1) Das Fachwissen über alle Fragen der idg. Einzelsprachen und über die Rekonstruktion der durch den Vergleich gewonnenen Aussagen zur uridg. Grundsprache ist inzwischen sehr umfangreich und stammt aus der Arbeit mehrerer Generationen von Indogermanisten. Es ist durch den Dialog in der internationalen Forschergemeinschaft einem dauernden Kontrollprozess unterworfen. Neufunde und neue Ideen machen immer wieder deutlich, dass wir mit unserem Fachwissen auf dem richtigen Weg sind. Immer wieder können kleinere und größere Steinchen an der richtigen Stelle des der Indogermanistik zur Aufgabe gestellten Puzzles eingefügt werden. Es spricht für die Richtigkeit, wenn sich uns eine bis dahin unklare Form auf der Basis der bisherigen Daten plötzlich problemlos verstehen lässt.

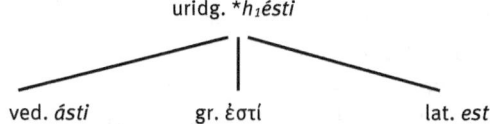

Ein kleines Beispiel aus Michael Meier-Brüggers eigener Forschung: Die ep.-hom. Verbalform ἐάφθη (in ἀσπὶς ἐάφθη N 543 u. Ξ 419) ist seit der Antike unklar und war Anlass von unhaltbaren Spekulationen: → Chantraine (1968: s.v.: „rien de clair"). In ganz anderem Zusammenhang fragte ich mich eines Tages, wie denn die formal genaue Entsprechung von dt. *singen* im Gr. lauten müsste. Bekannt war mir aus den Handbüchern das damit zu verbindende Nom.act. ὀμφή (ep.-poet. seit Homer) '(göttliche) Stimme' (< **song*^{uh}*ā́*). Das zugrunde liegende Verbum gilt im Gr. als verschollen: → Frisk (1970: 392): „das zugrundeliegende primäre Verb ist nur im Germ. erhalten“). Ein Gedankenblitz traf mich: ἐάφθη gehört doch als Aorist zu diesem verlorenen Verbum (< *e-sn̥g$^{u̯h}$-d^{h}ē). Die Bedeutung (es sind zwei Kampfszenen) passt ausgezeichnet: „(auf ihm) wurde der Schild zum Singen / Klingen gebracht“. Für die fragliche Verbalform heißt dies, dass sie von den hom. Aoidoi noch im korrekten Kontext tradiert worden ist, aber wohl schon früh nicht mehr verstanden wurde. Zu den Einzelheiten der Erklärung s.u. P 345 Abs. 1.

2) Dank der zahlreichen Entsprechungsgleichungen sind wir über die Probleme der Lautlehre am besten und genauesten unterrichtet. So ist die Gestalt der uridg. Wurzel *sneịg̑$^{u̯h}$- mit Sicherheit richtig bestimmt, s.o. G 501. Die Bestimmung der Bedeutung als ‘schneien’ ist dagegen zwar wohl fest gesichert, die Frage aber, wie die ved. Bedeutung ‘klebrig sein’ dazu-zustellen ist, kann nicht sicher beantwortet werden. Der Sicherheitsgrad der Aussagen variiert genauso wie bei semantischen Fragen auch bei der Formenlehre und noch stärker bei der Syntax, s.u. S 101. Jeder Fall muss einzeln geprüft werden, vgl. uridg. *$h_1$es- (s.o. G 505), wo bei der 3.Sg. *$h_1$ésti die rekonstruierte Form die der Ursprache sein dürfte, während bei der 1.Pl. *h_1s-mé- die Bestimmung der genauen Form der Endung des Präs. offenbleiben muss.

G 509. An der Realität des sprachlichen Traditionskontinuums von der postulierten uridg. Grundsprache zu den uns bekannten idg. Einzelsprachen der historischen Zeit ist nicht zu zweifeln. Wieweit sprachliche Verwandtschaft auch familiäre Bande und damit genetische Zusammengehörigkeit der sich trennenden Sprechergruppen impliziert, ist zu fragen. Über allfällige Hinweise auf Ort, Zeit und Kultur dieser Grundsprache und den Vorstellungen über das Wie der Entstehung der Einzelsprachen s.u. G 511ff.

1) Unsere Rekonstruktion hat aber ihre ganz klaren Grenzen. Wir sind entscheidend von der Überlieferungslage der Einzelsprachen abhängig. Diese ist sehr ungleich, s.o. G 400. Man stelle sich einmal vor, wir besäßen nur Texte des heutigen Griechisch mit ersten mittelgriech.-byzantin. Denkmälern nach dem Fall von Konstantinopel um 1453 n. Chr. Dann wüssten wir z.B. nichts von den mykenischen oder homerischen Sprachformen. Das so dokumentierte Gr. besäße eine dem Alban. vergleichbare Randstellung innerhalb der Indogermanistik, es hätte keinesfalls das Gewicht, das ihm seit langem wegen der einzigartigen Dokumentation zukommt.

2) Unsere Rekonstruktionen sind nicht für alle Zeiten fest. Je nach der Argumentation können Beurteilungen von Forscher zu Forscher differieren. Ferner: Neue Erkenntnisse und Neufunde können durchaus Korrekturen erzwingen. Korrekturen beider Art bedeuten aber nicht, dass sich dadurch die

Grundsprache geändert hat, sondern nur, dass wir unsere heutigen Kenntnisse dem neuesten Wissensstand angepasst haben.

3) Unsere Rekonstruktionen führen uns von den fraglichen einzelsprachlichen Abkömmlingen zwar direkt zurück zu demjenigen Sprachstadium, das ihnen als letztes einheitlich zugrunde gelegen hat. Der Weg vom letzten einheitlichen Stand bis zu den Einzelsprachen war aber nicht so gradlinig, wie uns dies die erhaltenen Formen zwangsläufig suggerieren, die im sprachlichen Evaluationsprozess erfolgreich geblieben sind. „(Man kann) sagen, daß die Vergleichende Rekonstruktion die Durchschnittsmenge und nicht die Vereinigungsmenge ... der betreffenden Sprachphänomene ermittelt, also nur einen Ausschnitt der Realität erfaßt“: → H. Eichner. Zinko (1988: 15). „We must not delude ourselves into believing that our retrogressive method of reconstruction matches, step by step, the real progression of linguistic history“: → E. Pulgram: Proto-Indo-European Reality and Reconstruction. *Language* 35 (1959: 423). Es muss z.B. immer wieder Formen gegeben haben, die einmal Bestandteil des Lexikons oder der Grammatik waren, dann aber im Laufe der Zeit ungebräuchlich wurden und ausschieden. Nur im günstigsten Fall haben wir noch von ihnen Kenntnis, etwa dann, wenn sie in lexikalisierter Form weitertradiert worden sind. Wir können z.B. rekonstruieren, dass es ein uridg. Wn. *$h_2$ent- ‘Stirn(seite)’ gegeben hat. Während es im Heth. noch lebendig ist, zeigen andere idg. Einzelsprachen wie das Gr. nur noch lexikalisierte Formen wie ἀντί ‘angesichts, gegenüber’ (das als Präverb und Präposition verwendete Wort findet sich auch als VG von Komposita und ist formal als erstarrter Lok.Sg. des ehemaligen Wn. zu bestimmen): → Friedrich / Kammenhuber (2007/2013: 158ff.); Weiteres zu ἀντί in P 322 Abs. 2.

Weitere Literatur zur Rekonstruktionsarbeit: → M. Mayrhofer: Über sprachliche Rekonstruktionsmethoden. *AnzÖAW* 117 (1980 [1981]: 357–366); M. Job: Zur Bewertung von Rekonstrukten. *GS Kronasser* (1982: 46–71); Zinko (1988: 7ff. Diskussionsbeiträge zur Podiumsdiskussion „Sprachwandel und Rekonstruktion“, darunter besonders ergiebig H. Eichner, 10–40); Lehmann / Hewitt (1991, darin u.a. H. Hoenigswald: Morphemic Change, Typology, and Uniformitarianism: A study in reconstruction, 17–26; E. Hamp: On Reconstructing Morphology and Syntax, 105–110). Weiteres s.u. Ende von Abs. 4.

4) Man muss sich klar darüber sein, dass Sprachwandel nicht ein geplanter Prozess ist, nach dem im Laufe der Zeit eine Sprache planmäßig aufgebaut wird. „Eine Sprache wie Deutsch, Suaheli oder Italienisch ist eine spontane Ordnung. Sie ist das nicht-intendierte Resultat menschlicher Handlungen“: → R. Keller: Sprachwandel, ein Zerrspiegel des Kulturwandels? Lönne (1995: 213); R. Keller:

Zur Erklärungskraft der Natürlichkeitstheorie. *FS Lüdtke* (1993: 109–116); Keller (2014, Untertitel: *Von der unsichtbaren Hand in der Sprache*).

Weitere Literatur zu Sprachwandel und Rekonstruktion: → Baldi (1990, darin u.a. H. Hoenigswald: Is the 'comparative' method general or family-specific?, 375–383); Kellermann / Morrissey (1992, darin u.a. A. Bammesberger: Phonology, analogy, and how languages change: Notes on the development of some grammatical categories in English, 359–375; H. Hoenigswald: Semantic change and 'regularity': A legacy of the past, 85–105); Davis / Iverson (1992, darin u.a. R. Anttila: Historical explanation and historical linguistics, 17–39; B. Joseph: Diachronic explanation: Putting speakers back into the picture, 123–144); Jones (1993, darin u.a. J. Anderson: Parameters of syntactic change: a notional view, 1ff.; B. Comrie: Typology and reconstruction, 74ff.); R. Gusmani: Ursprache, Rekonstrukt, hermeneutische Modelle. *FS Meid* (1989: 69–77, weitere Lit. in Anm. 1).

G 510. Die mit Hilfe der Rekonstruktion ins Auge gefasste uridg. Muttersprache, das sog. Urindogermanische, darf man sich nicht als eine 'primitive' Ursprache vorstellen. Es war vielmehr eine 'ganz normale' Sprache mit einer eigenen langen Vorgeschichte und wurde von einer, soweit bekannt, schriftlosen Sprachgemeinschaft gesprochen. Chronologisch steht das „klassische" Urindogermanische in der Mitte zwischen den Vorstufen (Vorurindogermanisch, Frühurindogermanisch) und den nachfolgenden altindogermanischen Einzelsprachen. Zur komplexen Struktur des rekonstruierten Uridg.: → Klein / Joseph / Fritz (2018: 2056–2279, mit folgenden Beiträgen: A. Byrd – Phonologie; J. Lundquist / A. Yates – Morphologie; G. Keydana – Syntax; D. Kölligan – Lexikon).

1) Die resultierenden Rekonstrukte des klassischen Uridg. liegen auf einer einheitlichen Linie und können notgedrungen nur ein einseitiges Bild ohne räumliche und zeitliche Perspektive liefern (s.o. G 509 Abs. 3). „Es ist das Wesen jeder Rekonstruktion, daß in ihr notwendigerweise alle diachronischen oder dialektischen oder sonst irgendwie bedingten Unterschiede aufgehoben sind": → B. Schlerath. *ZVS* 95 (1981: 180). Natürlich war das konkrete Uridg. eine lebendige Sprache mit Dialekten und einer komplexen Ausgliederung; das uns allein erreichbare rekonstruierte Uridg. kann dazu aber keine Angaben liefern. Es ist deshalb methodisch verfehlt, das rekonstruierte Uridg. mit dem konkreten Uridg. gleichzusetzen und in ein Raum/Zeit-Modell einzupassen. Dieser negative Schluss zielt auf die Diskussion, die sich rund um das 'Raum/Zeit-Modell' von W. Meid entwickelt hat und soll nicht verschweigen werden, dass die Gegenargumente von B. Schlerath überzeugen wirken: → W. Meid: Probleme der räumlichen und zeitlichen Gliederung des Indogermanischen. *FT Regensburg*

1973 (1975: 204–219); B. Schlerath: Ist ein Raum/Zeit-Modell für eine rekonstruierte Sprache möglich? *ZVS* 95 (1981: 175–202); B. Schlerath: Sprachvergleich und Rekonstruktion: Methoden und Möglichkeiten. *InL* 8 (1982–1983: 53–69); *InL* 9 (1984: 63ff.) enthält eine Debatte über die von Bernfried Schlerath in Band 8 umrissene Thematik (Autoren sind E. Campanile, F. Crevatin, M. Doria, R. Gusmani, R. Lazzeroni, E. Neu, P. Ramat, K. H. Schmidt und K. Strunk); *InL* 10 (1985: 11–18) bringt das Schlusswort von Bernfried Schlerath: Probleme der Rekonstruktion: Schlußwort und Ausblick; J. Tischler: Bemerkungen zum „Raum-Zeit-Modell". *FS Meid* (1989: 407–429); W. Lehmann: Earlier stages of Proto-Indo-European. *FS Meid* (1989: 109–131); F. Adrados: The new Image of Indo-European. *IF* 97 (1992: 1–28); E. Seebold. *RGA* 15 (2000, s.v. Indogermanische Sprache und Sprachfamilien); Serangeli / Olander (2020).

2) Das konkrete (klassische) Uridg. muss selbst das Produkt einer langen Vorgeschichte sein. Aus dem sprachinternen Vergleich des rekonstruierbaren einheitlichen Uridg. lassen sich einige Aussagen über Vorstufen des Uridg. (Voruridg., Frühuridg.) gewinnen. „Während die vergleichende Rekonstruktion von einer Gruppe von ähnlichen Formen in einer Mehrzahl von Sprachen ausgeht, nimmt die innere Rekonstruktion ihren Ausgang von Unregelmäßigkeiten oder Inhomogenitäten im System ein- und derselben Sprache. ... Die Grundannahme der inneren Rekonstruktion ist es nun, daß eine solche Unregelmäßigkeit oder Inhomogenität in der Grammatik einer Sprache das Ergebnis eines diachronen Prozesses ist, in dem eine ältere Regularität oder Homogenität von später eingeführten Regeln überlagert, aber nicht vollständig verdrängt worden ist. ... Es besteht nun kein Anlaß, darauf zu verzichten, das an Informanten- und Korpussprachen entwickelte Verfahren der inneren Rekonstruktion auch auf das erst durch vergleichende Rekonstruktion gewonnene Urindogermanische anzuwenden; 'glotto-gonische Spekulation', als welche man sie gelegentlich diffamiert, ist die innere Rekonstruktion auch beim Urindogermanischen mit Sicherheit nicht, weil sie zur Entstehung menschlicher Sprache vordringen weder kann noch will": → Rix (1986: 6f.); Rix geht von der späturidg. Phase B (= rekonstruierbares Uridg.) auf daraus ableitbare Informationen über eine frühuridg. Phase A zurück und sammelt in seiner Arbeit diesbezügliche Aussagen über das uridg. Verbalsystem.

Die Veranstalter der Fachtagung Zürich 1992 hatten vor, den Weg vom Uridg. zum Voruridg. (Frühuridg.) weiter zu erforschen, das Rahmenthema wurde aber nicht in der erhofften Weise behandelt: → G. Dunkel. *FT Zürich 1992* (1994: VIIIf.); G. Dunkel: Early, Middle, Late Indo-European: Doing it my Way. *InL* 20 (1997: 29–44).

In dieser Einleitung wird immer wieder auf voruridg. (frühuridg. Zustände) hingewiesen: Vgl. u.a. P 303 (zu voruridg. *diéu̯m u.a.m), P 312 (zu voruridg. *h₁essi), P 323 Abs. 2 (zu voruridg. *eh₂), P 323 Abs. 3 (zu voruridg. *eh₃), P 331 Abs. 1 (zu voruridg. *h₂e neben voruridg. *h₂ē u.a.m.), P 418 Abs. 2 (zum uridg. bereits versteinerten Spiel von Akzent und Ablaut vom Typ *h₁ésmi vs. *h₁smé-), M 104 (zu Akk.Pl. *-ns < voruridg. *-m + pluralisierendem s), M 203 Abs. 1 (beim LIV-Typ 1p hat die Wurzel *prek̂- / *pr̥k̂- bereits uridg. ein vereinfachtes *pr̥-sk̂e- < voruridg. *pr̥k̂-sk̂e-), M 206 Abs. 1 und 3 (voruridg. nur Aktionsarten), M 310 Abs. 3 (zum Nom.Sg. uridg. -V̄r < voruridg. *-V̆rs u.a.m.), M 310 Abs. 5 (zu Dat.Sg. uridg. *-ei̯ vs. Lok.Sg. uridg. *-i), M 311 Abs. 2 (Kon-traktion von Themavokal und Endung sicher voruridg.), M 323 (uridg. Adjektive aus voruridg. Ei-genschaftskonzepten hervorgegangen), M 401 Abs. 2 (Dissimilation im Dat.Sg. von voruridg. *me-bʰei̯ zu uridg. *me-ĝʰei̯), M 404 (Vorstufen der Relativsätze).

1.5.3 Zu Zeit, Ort und Kultur der uridg. Sprachgemeinschaft

G 511. Die Zeit der uridg. Sprachgemeinschaft kann nicht genau angegeben werden. Man kann nur soviel sagen, dass alle altidg. Sprachen, die wir bereits aus dem 2. Jt. v. Chr. kennen, seit ihren frühesten Zeugnissen typische Charakteristika ihrer jeweiligen Sprachgruppe zeigen und damit jeweils eine längere einzelsprachliche Vorgeschichte voraussetzen. Ein Beispiel unter vielen: Vgl. aus dem myk. Gr. das dort bereits übliche te-o i.e. tʰehós 'Gott' (s.o. G 507 Abs. 2). Auf Grund der indoir. und ital. Befunde muss man folgern, dass *dei̯u̯ó- eine der uridg. Bezeichnungen für 'Gottheit' darstellt (s.u. L 202 Abs. 2), dass es im Gr. aber vorhistorisch (noch im Balkan) von *dʰh₁s-ó- (woraus später tʰehós und θεός) abgelöst worden ist. Die Griechen sind vermutlich um 2500 v.Chr. in Griechenland angekommen und so muss die Balkanzeit bis gegen 3000 v. Chr. zurückdatiert werden. Die uridg. Zeit liegt notgedrungen noch weiter zurück. An möglichen Daten für die grundsprachliche Zeit werden 5000 v. Chr. bis 3000 v. Chr. genannt.

G 512. Eine eigene Problematik bieten die Versuche, die Region und die Kultur der uridg. Sprachgemeinschaft zu bestimmen. Ein entscheidendes Gewicht kommt bei beiden Fragestellungen den Aussagen der Ur- und Frühgeschichte zu. Weitere Hinweise können aus dem rekonstruierbaren uridg. Wortschatz kommen, ferner aus eventuell möglichen Rückschlüssen aus der späteren geographischen Lage der Sprachgemeinschaften der idg. Einzelsprachen: → J. Untermann: Ursprache und historische Realität. *ARhWAW* 72 (1985: 133–164, darin die Kapitel: „Die theoretischen Grundlagen der historisch-vergleichenden

Sprachwissenschaft und das Stammbaummodell"; „Indogermanistik und Vorgeschichtsforschung"; „Innersprachliche Evidenz für vorgeschichtliche Ereignisse" mit den Untertiteln „Die Kritik am Stammbaummodell", „Wortinhalte als Gegenstand der Sprachvergleichung" und „Ethnische Strukturen im Wortschatz der indogermanischen Grundsprache?"); J. Untermann. *Kratylos* 34 (1989: 48ff.): „Forderungen und Bedenken, die meines Erachtens bei der Erschließung der 'indogermanischen' Kultur, Geisteswelt oder Gesellschaft zu beachten sind", im Rahmen der Rez. von Meid (1987). Zu Grundsätzlichem ferner: → Feist (1913); Thieme (1954); A. Scherer: Hauptprobleme der indogermanischen Altertumskunde (seit 1940). *Kratylos* 1 (1956: 3–21); A. Scherer: Indogermanische Altertumskunde (seit 1956). *Kratylos* 10 (1965: 1–24); W. Dressler: Methodische Vorfragen bei der Bestimmung der 'Urheimat'. *Sprache* 11 (1965: 25–60); Zimmer (1990); S. Zimmer: Tendenzen der Indogermanischen Altertumskunde 1965–2000. *Kratylos* 47 (2002: 1–22) u. 48 (2003: 1–25); S. Zimmer: Indogermanisch und Indogermanen, Sprachwissenschaft und Archäologie. *Die Kunde: Zeitschrift für niedersächsische Archäologie* N.F. 57 (2006: 183–200); T. Gaitzsch / J. Tischler: The homeland of the speakers of Proto-Indo-European. Klein / Joseph / Fritz (2017a: 85–92).

1) Die ur- und frühgeschichtlichen Befunde sind i.d.R. mit den sprachlichen Fakten nicht deckungsgleich: → B. Hänsel. *FS Schlerath* (1994: 26f.): „Sprachentwicklung wird in logisch nachvollziehbaren, aber eben nicht ausgrabbaren Schritten ohne Zeitskala beschrieben. Der Archäologe verfolgt bestimmte Bereiche von Kulturentwicklungen, deren vielleicht vorhandene Logik ihm in der Regel verborgen bleibt oder nur in wenigen Aspekten der komplexen Kausalitäten zugänglich ist. Er verfügt dagegen über konkrete Zeitvorstellungen, so vage diese auch sein mögen, und arbeitet mit einem Kulturbegriff, der dem Indogermanisten letztlich fremd bleiben muß.

Für den Archäologen ist Kultur im Sinne einer soziologischen Definition zu verstehen, wie sie Wilhelm Emil Mühlmann formuliert hat (→ Wörterbuch der Soziologie, hrsg. von W. Bernsdorf. Stuttgart 1969.: 598f.): „die Gesamtheit der typischen Lebensformen einer Bevölkerung, einschließlich der sie tragenden Geistesverfassung, insbesondere der Wert-Einstellung, wobei die typischen Lebensformen ... auch die technischen Grundlagen des Daseins samt ihren materiellen Substraten wie Kleidung, Obdach, Werkzeuge und Gerätschaften usw. umfassen". Er hat zu den letztgenannten Bereichen direkten, zu den am Anfang des Zitates genannten indirekten Zugang. Die Definition unseres archäologischen Kulturbegriffs ist viel zu offen und in den Grenzen zu unscharf, um eine Gleichsetzung von archäologischer Kultur mit Volk oder geschlossener Sprachgemeinschaft im Sinne einer politisch gleichgerichtet handelnden Gruppe zu erlauben. Ihre Kongruenz ist bestenfalls als Idealfall denkbar, aber a priori unwahrscheinlich. — Wir Archäologen wissen von der Instabilität und Kurzlebigkeit früher Gesellschaften, wir wissen von den verschiedensten Faktoren sozialer Kohärenz, unter denen die Sprache nur einer ist – sicher ein wichtiger – aber doch nur einer aus dem Bereich der Kommunikationsebene. Wir Archäologen verfolgen stets nur Teilbereiche kultureller Entwicklungen innerhalb offener, sich wandelnder Gemeinschaften ohne klare Grenzen. — Kulturzusammenhänge, wie sie sich zum Beispiel in Heiratsgemeinschaften bestimmter Oberschichten oder im Spiegel von Bestattungssitten erfassen lassen, verfügen über ganz andere Grenzen als etwa zeitgleiche Siedlungstypen in ihrer landschaftlichen Gebundenheit. Welche dieser beiden Kulturaspekte und welche anderen sind nun für Sprachzusammenhänge relevant? Mit dem uns zur Verfügung stehenden Methodenapparat werden wir es nie herausbekommen. — Der archäologische Kulturbegriff setzt sich aus so vielen Strängen zusammen, daß er von Natur aus in den Konturen unscharf sein muß. Ganz anders ist es bei den Sprachen. Selbstverständlich gibt es Zusammenhänge, niemand kann sich kulturelle Verbindungen ganz ohne sprachliche Verständigungsmöglichkeiten vorstellen. Archäologen sind aber nahezu überfordert, wenn sie Gleichsetzungen zwischen ihrem offenen, verschiedene Bezugsebenen zusammenfassenden Kulturbegriff und der einen Ebene der Sprachgemeinschaft wagen. Denk- und Erkenntnisbereiche von Sprachforschern und Archäologen sind so grundsätzlich verschieden, daß allenfalls Berührungspunkte oder -partien erwartet werden können, nie aber Parallelismen oder Deckungsgleichheit. Der Vorteil der Sprachforschung ist die Trennschärfe zwischen Einzelsprachen und die Gesetzlichkeit von Entwicklungsverläufen. Die Stärke der Archäologie liegt in der Genauigkeit von Zeitansätzen. Was der eine kann, fehlt dem anderen. Sie könnten sich wunderschön ergänzen, wenn es nur ausreichend Berührungsflächen gäbe."

2) Zur Lokalisierung der uridg. Sprachgemeinschaft kann nichts Genaueres gesagt werden. Aus der Lage von späteren Sprachen wie Griechisch, Anatolisch und Indo-Iranisch wird gern ein Landstrich nördlich des Schwarzen Meeres in Südrussland als Heimat abstrahiert: → Scherer (1968, Stellungnahmen von verschiedenen Autoren aus den Jahren 1892–1963); J. Tischler: Bemerkungen zur Urheimatfrage. *FS Neumann* (2002: 475–487). Für die Region südlich des Kaukasus: → Gamkrelidze / Ivanov (1995a: 850f.); Th. Gamkrelidze: Neueres zum Problem der indogermanischen Ursprache und der indogermanischen Urheimat. *ZVS* 100 (1987: 366–377).

Mit der Frage nach der Urheimat hängt unmittelbar die Frage nach der Haarfarbe der Indogermanen zusammen. Dieser Frage widmete der Klassische

Philologe und Historische Geograph Wilhelm Sieglin (bekannt etwa für seinen vorbildlichen *Schulatlas zur Geschichte des Altertums* [Gotha 1899] und nicht zu verwechseln mit dem Indologen und Tocharologen Wilhelm Siegling!) schon vor 1905 eine Studie (die dreißig Jahre später als Monographie publiziert wurde = Sieglin 1935), und zwar mit dem Ziel, für die Hypothese, die Indogermanen seien ursprünglich blond gewesen, substantielle Argumente zu finden, das Textmaterial der überlieferten indogermanischen Sprachen nach der Methode der Statistik auszuwerten, also abzuzählen, wie oft Indogermanen als blond und wie oft als nicht-blond bezeichnet werden. Als Quellen nimmt Sieglin die antiken Autoren, und er nimmt in seine Kalkulation (136ff.) nicht nur historische Personen auf, sondern auch die Erwähnung von mythologischen Personen, also von Göttern, Halbgöttern usw. Deren Haare werden mehrheitlich mit Farbadjektiven beschrieben, die u.a. auch die Bedeutung 'blond' haben können, z.B. gr. ξανθός. Dass die Haarfarbe der Indogermanen nach dieser Argumentation also blond gewesen sei, wird von Sieglin für die Beantwortung der Frage nach der Urheimat der Indogermanen folgendermaßen ins Feld geführt: Da die Menschheit erfahrungsgemäß mehrheitlich nicht-blond ist und die blonde Haarfarbe bei Vermischung meist verlorengeht, müssen die Indogermanen für lange Zeit in einem von der Außenwelt abgeschlossenen Gebiet gelebt haben, auf einer Insel. Diese Insel sei „das südliche Rußland in der Eiszeit" (8) gewesen, eine Insel „(...) die im Süden vom Schwarzen Meer begrenzt war, das damals erheblich weiter nach Norden sich erstreckte und die Krim und deren Umgebung noch bedeckte. Im Norden war das Land in stark gekrümmter Ausdehnung vereist. Im Westen war die rumänische Tiefebene von Wasser bedeckt, das bis zur Südgrenze der Ukraine reichte; im Osten aber schloß das Kaspische Meer, das bis zum 55. Grad sich ausdehnte, das Land gegen Asien ab." (8f.) Für diese klimatisch bedingten geographischen Gegebenheiten beruft sich Sieglin auf den Anthropogeographen Friedrich Ratzel (*Berichte über die Verhandlungen der Königlich Sächsischen Gesellschaft der Wissenschaften zu Leipzig, Philologisch-Historische Klasse* 52 (1900: 23ff.); die Schlussfolgerung betreffend die Urheimatfrage jedoch ist Sieglins eigener Einfall (9): Er plädiert also mit dem Indogermanisten Otto Schrader – ein halbes Jahrhundert zuvor aus anderem Grund (Pferdedomestikation u.a.) – für Südrussland (15) und nicht für Norddeutschland (7). Freilich ist sich Sieglin der Schwachstellen seiner Argumentation bezüglich der blonden Haarfarbe der Indogermanen bewusst, also etwa, dass es sich beim Gros der genannten Personen um Figuren aus der Mythologie handelt (16: Da die Bezeichnung der Farbe, die Göttern und Heroen angeblich eigen war, praktisch der Willkür der Autoren, die von ihnen sprachen, überlassen blieb, so musste es natürlich wiederholt eintreten, daß derselbe Gott oder

Heros von den einen Autoren dunkel gedacht wurde, während andere ihnen helle Haare gaben.“) oder dass die Bezeichnungen bezüglich der Haarfarbe nicht eindeutig sind (49: Es stört uns nicht selten, daß dieselben Personen, deren blonde Haarfarbe über jedem Zweifel steht, von den einen als blond geschildert werden, bei anderen rothaarig erscheinen.“ Hier gilt das Diktum de Saussures von der Arbitrarität des sprachlichen Zeichens. Zur Semiotik der Haarfarben in Europa unter kulturhistorischem Aspekt: → Junkerjürgen (2009); zur Konstatierung eines Konzepts ‘Rasse’ samt korrelierenden Farben und zur Entwicklung der Erforschung von Genen und Phänotyp in den letzten zwei Jahrhunderten aus sprachwissenschaftlicher Sicht: → Hock / Joseph (2019: 474–480).

3) Der rekonstruierbare Wortschatz lässt einige Aussagen zur Kultur der uridg. Sprachgemeinschaft zu. Die uridg. Sprecher betrieben Viehzucht und Viehhaltung: Vgl. uridg. *$g^{u̯}$óu̯- ‘Rind’, uridg. * $h_2$óu̯i- ‘Schaf’, uridg. *peh$_2$- ‘hüten, auf die Weide führen’ und *poh$_2$i-mén- ‘Hirt’ (Einzelheiten zum Ansatz: → Hackstein 1995: 176f.), uridg. *k̂(u)u̯ón- ‘Hund’ u.a.m.

Eine Zusammenfassung versucht B. Forssman. Kößler (1990: 63f.; Erläuterungen mit den entsprechenden uridg. Formen von Michael Meier-Brügger im zitierten Text in eckigen Klammern): „Aus der Rinderhaltung ergaben sich Milch [vgl. gr. γ(ά)λα(κ)τ- und lat. *lact-*] und Melken [vgl. uridg. *d^{h}eu̯g^h-: → Rix / Kümmel (2001: 148f.)], aus der Schafhaltung Wolle [uridg. *h_2u̯l̥h_1-neh$_2$-: → M. Peters. *Sprache* 33 (1987: 114f.)] und Wollverarbeitung [vgl. uridg. *pek̂- ‘(Wolle oder Haare) rupfen’ und uridg. *kes- ‘Wolle kämmen’: → N. Oettinger. *MSS* 53 (1992: 149f.)] ... Wie andere Viehzüchtergesellschaften, lebten auch die Sprecher des Urindogermanischen in Großfamilien [vgl. uridg. *dem- ‘Haus(-Clan)’ und uridg. *u̯ik̂- ‘Ansiedlung(s-Clan)’: → Mayrhofer (1991: 697) u. Mayrhofer (1996: 561); vgl. auch P 217 Abs. 1]. An der Spitze der Großfamilie stand der Hausherr [uridg. *déms póti-: → Mayrhofer (1991: 699); vgl. auch M 320 Abs. 1 und L 211]; die verheirateten Söhne [uridg. *suH-i̯u- bzw. *suH-nu-: → Mayrhofer (1996: 741)] gehörten auch zur Großfamilie und waren mit ihren Angehörigen dem Hausherrn untergeordnet. ... Aber eine reine Männerherrschaft galt in den Familien sicher nicht; schon daß die Hausfrau als ‘Herrin’ [uridg. *potnih$_2$-: → Mayrhofer (1996 74f.); vgl. auch P 211 Abs. 4] bezeichnet wurde, deutet auf ihre geachtete Stellung. ... Man verehrte mehrere Götter, es war eine polytheistische Religion. Unter den Göttern waren Naturmächte wie der Vater Himmel [uridg. Vok. *d(i)i̯éu̯ p$h_2$ter: → Mayrhofer (1991: 751); vgl. auch M 318 Abs. 6a] ..., die Mutter Erde [uridg. *d^{h}éĝ^{h}om-, s.u. M 321 Abs. 1], die Morgenröte [uridg. *$h_2$éu̯s-os-: → Mayrhofer (1991: 236); vgl. auch P 310, M 321 Abs. 2, L 303]. ... Der Mensch betrachtete sich ... als Gegenstück der Götter; er nannte seinesgleichen „den Irdischen“ [vgl. uridg. **dʰĝʰóm-io-*: → Meid (1992: 22); vgl. auch gr. ἄνθρωπος „Mensch“ < **n̥dʰro-h₃kᵘ̯-ó-* „unten befindlich“: → Verweis auf G. Klingenschmitt bei I. Balles in *GS Schindler* (1999: 9 Anm. 16)] und „den Sterblichen“ [uridg. **mr̥-tó-*: → Mayrhofer (1996: 327)]. Aber der Tod [uridg. **mr̥-ti-*, s.u. M 317 Abs. 7] konnte durch unzerstörbaren Ruhm ... überwunden werden ... so glaubten offenbar unsere fernen sprachlichen Vorfahren. Der urindogermanische Ausdruck **k̂léu̯os ń̥dʰgᵘ̯ʰitom* ‘unzerstörbarer Ruhm’ läßt sich nämlich rekonstruieren. Darin bedeutet **k̂léu̯os* eigentlich die ‘gehörte Kunde’ ... In einer Gesellschaft ganz ohne Schrift ... verbreitete sich der Ruhm vor allem durch mündliches Weitergeben von seiten des dichtenden Sängers und durch hörendes Aufnehmen von seiten der anderen Menschen, etwa bei einem Götterfest. Worin bestand der Menschen Ruhm, von dem damals die Dichter ... sangen und sprachen? Sicher weitgehend in großen Kampfestaten der Männer [vgl. uridg. **u̯iH-ró-*: → Mayrhofer (1996: 569f.)]. Die urindogermanische Sprechergemeinschaft bekannte sich zum Heldentum und damit grundsätzlich auch zur Unterjochung des Schwächeren. Völker indogermanischer Sprachen haben im Laufe der Zeit große Teile der Welt erobert.“

4) Kleine Literaturauswahl zu einzelnen der genannten Themen-bereiche. — a) Zu mehreren Bereichen: → Buck (1949); Hehn (1885/1976); Schlerath (1973); Meid (1987); Mallory (1989); Scardigli (1994: 43ff.); Gamkrelidze / Ivanov (1995a: 377ff.); Mallory / Adams (1997); A. Häusler. *RGA* 15 (2000, s.v. Indogermanische Altertumskunde); S. Zimmer: Tendenzen der Indogermanischen Altertumskunde 1965–2000. *Kratylos* 47 (2002: 1–22) u. 48 (2003: 1–25); A. Häusler: Urkultur der Indogermanen und Bestattungsriten in Languages. Bammesberger / Vennemann (2003: 49ff.); Woodard (2006a); S. Zimmer: The culture of the speakers of Proto-Indo-European. Klein / Joseph / Fritz (2017a: 75–85); Hock / Joseph (2019: 451–474). — b) Speziell zu den Problemen rund um das Pferd: → *FS Schlerath* (1994); P. Raulwing: Pferd, Wagen und Indogermanen: Grundlagen, Probleme und Methoden der Streitwagenforschung. *FT Innsbruck 1996* (1998: 523ff.); Raulwing (2000); Anthony (2007). — c) Zur Sozialstruktur: → Benveniste (1969); B. Schlerath: Können wir die urindogermanische Sozialstruktur rekonstruieren? Methodologische Erwägungen. Meid (1987: 249–264); S. Zimmer: Linguistische Rekonstruktion und Geschichte. Sternemann (1994: 302–313); M. Fritz: Die indoiranische Bezeichnung für ‚heiraten‘: Rekonstruktion auf der Basis indirekter Evidenz. *AT Erlangen* 1997 (2000, 111–118); Das / Meiser (2002). — d) Zur Religion: → Ranke (1951); Thieme (1952); G. Dunkel: Vater Himmels Gattin. *Sprache* 34 (1988–1990 [1992]: 1–26) u. *Sprache* 35 (1991–1993: 1); B. Schlerath: Religion der Indogermanen. *FT Innsbruck 1996* (1998: 87ff.); Janda (2000); Janda (2005); Woodard (2006b); West (2007); Janda (2010); Janda (2015); Janda (2017). — e)

Zur Dichtersprache: → Schmitt (1967); Schmitt (1968); Watkins (1995); *Kolloquium Paris 2003* (2006); West (2007); Janda (2014).

2 Zur Phonologie des Urindogermanischen

2.1 Allgemeines

P 100. Im Vorgriff auf die einzelnen Abschnitte lassen sich für das Urindogermanische folgende Phoneme rekonstruieren:

Vokale (s.u. P 200ff.):	**i *e *a *o *u*
	**ī *ē *ā *ō *ū*
Halbvokale (s.u. P 212ff.):	**i̯ *u̯*
Diphthonge (s.u. P 219ff.):	**ei̯ *ai̯ *oi̯*
	**eu̯*au̯ *ou̯*
Liquide,	**l* [**l̥*] **r* [**r̥*]
Nasale (s.u. P 300ff.):	**m* [**m̥*] **n* [**n̥*]
Sibilianten (s.u. P 308ff.):	**s* [**z*]
Laryngale (s.u. P 314ff.):	$*h_1$ $*h_2$ $*h_3$
Dentale (s.u. P 336):	**t *d* $*d^h$
Labiale (s.u. P 337f.):	**p *b* $*b^h$
Palatale (s.u. P 339ff.):	**ḱ *ĝ** $ĝ^h$
Velare (s.u. P 339ff.):	**k *g* $*g^h$
Labiovelare (s.u. P 343ff.):	$*k^{u̯}$ $*g^{u̯}$ $*g^{u̯h}$

P 101. Die in P 100 verwendete Schreibweise (u.a. mit hochgestelltem ^{h} zur Markierung der Einphonemigkeit der aspirierten Okklusive) folgt den Empfehlungen, die B. Forssman. *Kratylos* 33 (1988: 61 mit Anm. 30) anlässlich der Rezension von Mayrhofer (1986) abgibt. Sie wird im ganzen Studienbuch eingehalten.

P 102. Der hier angesetzte uridg. Lautbestand ist bewusst phonologisch und nicht phonetisch gehalten: Dargestellt wird das abstrakte Phonemgerüst der rekonstruierten Grundsprache, nicht die konkreten Phone, die im Einzelbeispiel in der Aussprache realisiert werden. Auf der Basis der Phoneme lassen sich aber selbstverständlich ebenso zuverlässige Vermutungen über die jeweilige Aussprache anstellen. Die Aussprache wird wie bei modernen gesprochenen Sprachen in eckigen Klammern angegeben; da prinzipiell Phoneme rekonstruiert werden, unterbleibt die konventionelle Markierung der Phoneme mit Schrägstrichen. Die Priorität für die Phoneme erhöht auch die etymologische Durchsichtigkeit der Einzelbeispiele, verringert aber die Präzision bei der Kennzeichnung ihrer phonetischen Realisierung. — Beispiele: Man schreibt uridg. **ni-sd-ó-* 'Nest', aber nicht [**nizdó-*] (mit vor stimmhaftem *d* durch Assimilation entstandenem stimmhaften Allophon *z*); man schreibt uridg. $*steh_2$- 'wohin

https://doi.org/10.1515/9783110661767-003

treten, sich hinstellen', aber nicht [*_stah$_2$-_] (mit vor Laryngal 2 durch Assimilation enstandenem Allophon *_a_, s.u. P 322f.) usw.; man schreibt uridg. *_d^{h}h$_1$tó-_, aber nicht [*_d^{h}h$_1$°-tó-_] (mit Schwachvokal, s.u. P 103); man schreibt uridg. *_dems-poti-_, aber nicht [*_dens-poti-_] (s.u. L 211). Beim uridg. Akk.Pl. verfährt man aber üblicherweise inkonsequent und notiert statt *_-ms_ gerade das bereits assimilierte [*_-ns_] (s.u. M 104).

P 103. Der in der früheren Forschung rekonstruierte uridg. Frikativ 'Thorn' (stl. *_þ_ [_θ_] bzw. sth. *_ð_) wird als sekundäres Produkt betrachtet, das sich bei ursprünglichen Lautgruppen wie *_tk_ und *_d^{h}ĝ^h_ in tautosyllabischer Position einzelsprachlich herausgebildet hat: → J. Schindler. A Thorny Problem. _Die Sprache_ 23 (1977: 25–35); s.u. P 313. Zu schreiben ist also z.B. uridg. *_d^{h}ĝ^{h}em-_ 'Erde' und nicht *_ĝ^{h}ðem-_, ferner uridg. *_tk̂ei̯-_ 'wohnen, siedeln' und nicht uridg. *_kþei̯-_.

Die Laryngale werden hier als Konsonanten (Engelaute) gesehen. Ihre einzelsprachlich vorhandenen vokalischen Entsprechungen haben nach dieser Ansicht ihre Ursache in der phonotaktisch bedingten Entstehung eines nur in der Aussprache realisierten Schwachvokals ° ohne Phonemstatus in der Position nach Laryngal vor Konsonant: Der Laryngal kommt durch den nach ihm entstehenden Schwachvokal ° in antevokalische Position und schwindet lautgesetzlich, vgl. z.B. uridg. *_d^{h}h$_1$-tó-_ 'hingestellt' mit gesprochenem, aber sonst hier nicht weiter notiertem [*_d^{h}h$_1$°-tó-_] und einzelsprachlichen Fortsetzern wie lat. *_datus_ (in _conditus_ < *_con-datus_, im Simplex dafür _factus_), gr. θετός und ved. _hitá-_. Was einzelsprachlich nach dem Schwund des Laryngals bleibt, ist ein aus dem Schwachvokal entstandener Vokal mit Phonemstatus. Im Gr. trägt er je nach Laryngal unterschiedliche Qualität (also _e_, _a_ oder _o_), anderswo erhält er bei jedem der drei Laryngale dieselbe Qualität (lat. _a_, ved. _i_ usw., s.u. P 325).

Eine Glottalisierung bei den Okklusiven ist nicht wahrscheinlich, s.u. P 335 Abs. 3.

P 104. Es muss einem immer bewusst sein, dass unsere Kenntnis der altindogermanischen Sprachen einzig und allein auf schriftlichen Sprachdenkmälern beruht. Altindogermanische Sprachen sind ausschließlich schriftlich überliefert. Der Zwischenschritt vom Graphem (vom Buchstaben oder Schriftzeichen) zum durch das Graphem ungefähr dargestellte Phonem ist zu beachten. Angaben wie z. B. uridg. *_i̯-_ > gr. ζ- sind schief, weil der angedeutete Lautwandel zuerst auf der Ebene des Phonems beschrieben werden muss und erst dann auf die Ebene des Graphems übertragen werden kann. In diesem Fall sachlich richtig ist allein die Angabe uridg. *_i̯-_ > gr. _d^j-_ bzw. _dz-_. Weiteres dazu in P 213 Abs. 1. — Zur Problematik der Phonetik (Darstellung der Laute nach ihrer konkreten Artikulation) in Relation zur Phonologie (Darstellung der Laute nach ihrer abstrakten, semantisch systemrelevanten, Position): → *KS Leumann* (1959: 398–407). Zur Entstehungsgeschichte des Graphem- und Phonembegriffs (auch zur Verwechslung von Lauten und Buchstaben und zum Unterschied von geschriebener und gesprochener Sprache): → Kohrt (1985: 4ff.).

P 105. Auf allgemeine Beobachtungen zum diachronen Lautwandel – Wandelerscheinungen betreffen in unterschiedlichem Maße ja alle Bereiche der Sprache – wird hier nur kurz eingegangen.

Sprache ist stets im Wandel, vgl. z. B. altlat. *deivos* 'Gottheit' > klass. lat. *deus*, s.u. P 217 Abs. 3. Seit den Junggrammatikern (s.o. E 306) steht fest, dass Lautwandel nach bestimmten Gesetzmäßigkeiten abläuft. Dank genauerer empirischer, exploratorischer Untersuchungen (berühmt sind z. B. die Untersuchungen im Raum Uerdingen – Speyer zum sog. Rheinischen Fächer) kann man heute die Ausbreitung und Durchführung von lautlichen Neuerungen besser beschreiben und verstehen: Veränderte und unveränderte Formen stehen zunächst nebeneinander; die neue Variante ist anfangs auf wenige Wörter beschränkt; während des Prozesses der Ausbreitung der Neuerung gibt es ein hohes Maß an Unregelmäßigkeit und Variabilität; gibt es keinen sozialen Druck, der der Ausbreitung entgegenwirkt, so kann die Neuerung auf den gesamten Wortschatz und auf die gesamte Sprachgemeinschaft übergreifen. Zu weiteren Einzelheiten: → Szemerényi (1990: 14ff.); Hock / Joseph (2019: 116–131: 'Some types of sound change'; 132–139: 'Why sound change?'). Ferner s.o. G 509 Abs. 4.

P 106. Die lautgesetzliche Entwicklung kann von sog. Analogien durchkreuzt werden. Sie läuft dann nicht nach dem vorgegebenen Muster ab, sondern nimmt ein anderes in der Sprache bereits bestehendes Muster zum Vorbild. Zur Zeit der Junggrammatiker galt deshalb das Schlagwort 'Lautgesetz und Analogie'. — Vgl. z. B. lat. *equos* / *equus* 'Pferd': Lautgesetzlich zu erwarten ist im Nom. Sg. **ecus* < **ecos* < **equos*. Das klass. lat. Normalparadigma lautet nun aber nicht Nom. Sg. **ecus* vs. Gen. Sg. *equī* (die Form *equ-* ist hier lautgesetzlich), sondern *equus* vs. *equī*: Der analogische Druck der lautgesetzlich erhaltenen *equ*-Formen war offenbar so stark, dass auch der Nom. Sg. als *equos* bzw. klass. *equus* erhalten blieb, obwohl eigentlich der Laut *u̯*, dem das zweite Schriftzeichen der Schreibung <*qu*> entspricht, in nichtanlautender Position vor *o*/*u* im 3. Jh. v. Chr. i.d.R. hätte beseitigt werden müssen, s.o. G 506 Abs. 3. Zur Analogie: → Szemerényi (1990: 29f.).

P 107. Die Datierung von lautlichen (und überhaupt von allen sprachlichen) Veränderungen ist nur in den seltensten Fällen in absoluter Form möglich. Ungefähre Datenangaben in chronologisch geordneter Abfolge (sog. relative Chronologie) sind die Regel, vgl. z.B. die Formulierung von Leumann (1977:

62) zur Datierung des lat. Lautwandels von *ei* > *ī*: „Das *ī* des klassischen Lateins erscheint im Altlatein der Inschriften teils als *i* teils als *ei* geschrieben, und zwar wird bis etwa 150 v. Chr. der auf einen der *i*-Diphthonge zurückgehende Laut durch *ei* oder allenfalls durch *e* bezeichnet, das alte monophthongische *ī* nur durch *i*; nachher treten in der Schreibung Verwechslungen von *ei* und *i* auf, bis schließlich einzig die Schreibung *i* übrigbleibt. Also um 150 v. Chr. erfolgte ein lautlicher Zusammenfall der älteren *ei* und *ī* in *ī*."

Meist fehlen uns aber die notwendigen Informationen für eine genaue Datierung. Immerhin sehen wir uns ab und zu in der Lage, eine fragliche Veränderung A mit einer bestimmten Veränderung B in eine chronologische Relation zu setzen und dann A zeitlich vor B oder B zeitlich vor A einzuordnen.

Als Beispiele für eine relative Chronologie s.u. die Anmerkungen zum Palatalgesetz in P 206 Abs. 2 und die Bemerkungen zum germ. Akzent in P 421 Abs. 4.

Zur relativen Chronologie: → R. Gusmani: Marginalien zum Problem der relativen Chronologie. *FS Szemerényi* (1992a: 143–152).

P 108. Grundsätzlich ist zwischen ungestörter (kontextfreier bzw. selbständiger) und gestörter (kontextsensitiver od. stellungsbedingter) Entwicklung zu unterscheiden. Erstere stellt die von der lautlichen Umgebung unbeeinflusste Normalvertretung dar, bei letzterer führen die umgebenden Laute oder ein Akzent in kleinerem oder größerem Maß zu Abweichungen von der Norm.

Ein Beispiel aus dem Lat.: Ungestört fortgesetzt ist z.B. uridg. **e* in lat. *est* 'ist'. Stellungsbedingt verändert erscheint dagegen im Lat. ein uridg. **e* vor **u̯* als *o*, vgl. lat. *novo-* 'neu' gegenüber dem im Gr. ungestört belassenen **neu̯o-* (myk. *ne-wo* i.S.v. 'vom laufenden Jahr'). Vor **ng* dagegen wird das uridg. **e* zu lat. *i*, vgl. lat. *tingō* 'benetzen' gegenüber ungestört belassenem gr. τέγγω 'dass.'. Komplexer ist der Sachverhalt bei lat. *in* 'in, hinein' gegenüber gr. ἐν 'dass.': Nach Auskunft des Gr. lautete die uridg. Form der Lokalpartikel **en*. Wir nehmen daher an, dass eine Vorstufe des Lat. je nach dem Anlaut des folgenden Wortes sowohl unverändertes *en* als auch ein durch die lautliche Umgebung verändertes *in* besessen hat und dass in der Folgezeit diese satzphonetisch bedingte Doppelvertretung *en* / *in* zugunsten von alleinigem *in* entschieden worden ist (hier teilt übrigens das *e* des negierenden **en-* < uridg. **n̥* das gleiche Schicksal: Die ursprünglich zu fordernde lat. Doppelvertretung **en-/in-* wird zugunsten von alleinigem *in-* vereinfacht. Bei lat. *sedeō* 'sitzen' gegenüber *obsideō* 'belagern' ist *sed-* kontextfrei, *-sid-* dagegen in ursprünglicher Nebentonstelle aus *-sed-* abgeschwächt (sog. Vokalschwächung in kurzen Mittelsilben, s.u. P 204). Zu den oben aufgeführten lat. Beispielen: → Leumann (1977: 45ff.); Sommer / Pfister (1977: 53ff.).

P 109. Um die einzelsprachlichen Fortsetzer der uridg. Phoneme breit zu dokumentieren, werden hier in der Lautlehre neben den Verhältnissen im Lat., im Gr. und im Ved. i.d.R. auch die im Heth., in den altgerm. Sprachen und im Lit. und im Aksl. beigezogen. — Zur Entwicklung der Erforschung der idg. Phonologie: → Mayrhofer (2004); zur Typologie des Lautwandels im Bereich der Konsonanten: → Kümmel (2007).

2.2 Zu den Vokalsystemen

2.2.1 Die Vokale

P 200. Der methodische Vergleich der idg. Einzelsprachen ergibt für die idg. Grundsprache ein System von fünf Kurzvokalen und fünf Langvokalen:

i				*u*	*ī*				*ū*
	e		*o*			*ē*		*ō*	
		a					*ā*		

P 201. In diesem Kapitel werden im allgemeinen nur solche uridg. *a, *o, *ā und *ō behandelt, die ohne die Wirkung von Laryngalen zustande gekommen sind. Produkte wie *a < uridg. *h_2a < voruridg. *h_2e, *o < uridg. *h_3o < voruridg. *h_3e, *ā < uridg. *ah_2 < voruridg. *eh_2 und *ō < uridg. *oh_3 < voruridg. *eh_3 werden im Zusammenhang mit den Laryngalen besprochen. Desgleichen muss hier *ē < uridg. *eh_1 fehlen, s.u. P 323 Abs. 1a. — Nicht unproblematisch sind auch die Langvokale *ī und *ū. Ein Teil der Belege lässt sich ebenfalls auf *i+H* oder *u+H* zurückführen, s.u. P 211 Abs. 7.

In P 202–210 folgen kurze Kommentare zu den einzelsprachlichen Vertretungen, in P 211 folgen die Beispiele.

P 202. Schwachvokale (man findet auch die Bezeichnungen Murmelvokale, anaptyktische Vokale oder Sprossvokale) besaßen nach der hier vertretenen Ansicht im Urindogermanischen keinen phonologisch relevanten Wert. — In älteren indogermanistischen Darstellungen taucht ein Schwachvokal (meist als ə dargestellt) dort auf, wo wir heute aufgrund der einzelsprachlichen Realisierungen einen Laryngal ansetzen, vgl. lat. *pater*, gr. πατήρ, ved. *pitā́* mit dem älteren Ansatz uridg. *pətḗr* und modernerem *ph_2tḗr*. Zu Einzelheiten s.o. P 103. Weil diesem ə damals der Status eines Phonems zugesprochen wurde, bekam es die Bezeichnung Schwa indogermanicum oder Schwa primum: → Brugmann (1897: § 193); Thumb / Hauschild (1958: § 69); Schmitt-Brandt (1998: 119f.). Zur Forschungsgeschichte s.u. P 318, weiteres zu ‘Vater’ s.u. P 324 Abs. 3.

P 203. Uridg. phonologisch irrelevante Schwachvokale (sie werden hier mit ° markiert) können ferner bei schwundstufigen Ablautformen beobachtet werden. Zur Unterscheidung von der Schwundstufe spricht man dann von Reduktionsstufe. Diese Vokale tragen aus historischen Gründen (sie wurden nach dem Schwa indogermanicum an zweiter Stelle klassiert) die Bezeichnung Schwa secundum. – Zu vollstufigem uridg. *$k^{u̯}$et-* 'vier' (vgl. gr. dor. τέτορες, ved. *catvā́ras*, aksl. *četyre*) findet sich im Ablaut neben schwundstufigem *$k^{u̯}$t-* (vgl. jav. *ā-xt-ūirīm* 'viermal') auch reduktionsstufiges *$k^{u̯}$°t-*. Dieser Schwachvokal erscheint im Griech. als *-i-*, im Lat. als *-a-*, im Slav. als *-ъ-. Vgl. hom. äol. πίσυρες, lat. *quattuor*, čech. *čtyři* < **čьtyr-*. – Ein ähnliches Verhältnis findet sich zwischen vollstufigem uridg. **pet-* (vgl. gr. πετάννυμι und reduktionsstufigem uridg. **p°t-* (vgl. gr. πίτνημι 'breite aus', lat. *pat-ēre* 'offen stehen') und zwischen vollstufigem uridg. **meĝh_2-* 'groß' (vgl. gr. μέγας) und reduktionsstufigem uridg. **mn̥ĝh_2-* (vgl. lat. *mag-no-*). Das in diesem Fall eigentlich zu erwartende **m̥ĝh_2-* wird aus paradigmatischen Gründen gemieden, lässt sich aber vermutlich in lat. *ingēns* 'gewaltig' nachweisen (falls *ing-* < **eng-* < **n̥ĝ-* < **m̥ĝ-*), ebenso im gr. VG ἀγα-. Vgl. ferner gr. ναίω 'bewohnen', falls < **n°s-i̯e-*: → J. García-Ramón. *FS Narten* (2000: 67 Anm. 13). Es wäre dann anzunehmen, dass ναίω ein *-i̯e-*Präsens zu uridg. **nes-* 'davonkommen, unbeschadet heimkehren' darstellt. Die Reduktionsstufe **n°s-i̯e-* stünde statt unklar gewordenem **as-i̯e-* < **n̥s-i̯e-*. – Für Weiteres: → Mayrhofer (1986: 175ff.); B. Vine: Greek ῥίζα and 'Schwa secundum'. Ivanov / Vine (1999: 5–30).

P 204. Die Systeme der uridg. Kurzvokale und Langvokale sind im Lateinischen bei ungestörter Entwicklung ohne Veränderung bewahrt: → Leumann (1977: 44). Zu den Problemen der Kurzvokale in Binnensilben (sie werden um 450 v. Chr. von Synkope und Vokalschwächung betroffen, vgl. zur Synkope z.B. *opifex* 'Handwerker' vs. *officīna* [mit *off-* < *opif-*] 'Werkstatt' und zur Vokalschwächung z.B. *f-a-cere* 'tun, machen' vs. *conf-i-cere* [*-i-* als Resultat in offener Silbe] 'zu Ende bringen' vs. *dēf-e-ctiō* [*-e-* als Resultat in geschlossener Silbe] 'Ausgehen, Abfall'): → H. Rix: Die lateinische Synkope als historisches und phonologisches Problem. *Kratylos* 11 (1966: 156–165) = Strunk (1973: 90–102).

Das Lat. ist eine ‚a-haltige' Sprache. Auffällig ist nämlich das gehäufte Auftreten von *a* statt *e* oder *o*, vgl. *quattuor* 'vier' (mit *-a-* statt *-e-*, vgl. uridg. **$k^{u̯}$etu̯or-*) und *canis* 'Hund' (mit *-a-* statt *-o-*, vgl. uridg. **k̂u̯on-*). Die Gründe dafür sind z.T. lautlicher Natur und kontextbedingt: → Leumann (1977: § 48); Schrijver (1991: 420ff.); H. Rix. *Kratylos* 41 (1996: 162).

P 205. Auch das älteste Griechisch besaß noch die unveränderten uridg. Werte. Die Dialekte weichen z.T. aber davon ab.

Der ion.-att. Dialekt zeigt in zwei Fällen Weiterentwicklungen: – Für uridg. **ā* erscheint im Ion. in allen Positionen seit dem 8. Jh. v. Chr. *ē* <η>. Im Att. ist davon die Stellung nach *e, i, r* ausgenommen: → Meier-Brügger (1992: L 400 Abs. 1). – Für uridg. **u/ū* erscheint seit klass. Zeit ion.-att. *ü/ǖ*. Graphemisch ist dieser Wandel in der Regel nicht erkennbar. Schreiber von böot. Texten haben aber seit dem 4. Jh. v. Chr. den Unterschied von einheimischem *u/ū* <ου> gegenüber ion.-att. *ü/ǖ* <υ> festgehalten, vgl. böot. <τούχα> [*tuk*^{h}*ā*] gegenüber att. <τύχη> [*tük*^{h}*ē*]: → Lejeune (1972: § 252).

P 206. Das Vedische zeigt dagegen eine bereits in iir. Zeit erfolgte Umstrukturierung. Uridg. **e*, **o*, **a* bzw. **ē*, **ō*, **ā* werden zu einem einzigen iir. **a* bzw. **ā* dephonologisiert. Diese Erkenntnis verdanken wir Ferdinand de Saussure: → Saussure (1879). Vorher betrachtete man nämlich den iir. Einheitsvokalismus gerade als ursprüngl. uridg. und ließ z.B. den gr. und lat. Vokalismus *e, o, a* sekundär daraus hervorgehen). Zum Spezialfall uridg. **o* > ved. *ā* s.u. P 412. Dem uridg. Fünfersystem entspricht damit im Indoiranischen ein weitmaschiges Dreiersystem:

**i*		**u*		**ī*		**ū*
	**a*		bzw.		**ā*	

1) Während die Diphthonge **ai̯* und **au̯* in antevokalischer Position als *ay* bzw. *av* erhalten bleiben, werden sie in antekonsonantischer Position zu *ē* (in der sprachwiss. Sanskrittranskription traditionell als <*e*> ohne Längenstrich geschrieben) bzw. zu *ō* (traditionell als <*o*> geschrieben), s.u. P 220 Abs. 3. Das Langvokalsystem wird dadurch wieder aufgefüllt. Erst mittelind. entstehen auch neue *e* und *o* durch Kürzung von *ē* und *ō* vor Mehrkonsonanz: → Geiger (1916: 43 § 6).

2) Die uridg. Vokalvielfalt **e/ē*, **o/ō* und **a/ā* als Vorstufe von iir. *a/ā* ist aber durch das sog. Palatalgesetz gesichert. Der Unterschied im Anlaut von ved. *kád* 'was' und *ca* 'und' gegenüber lat. *quod* 'was' und *que* 'und' erfordert, dass die Entlabialisierung der iir. Labiovelare (hier von **k*$^{u̯}$*ód* zu **kód* und von **k*$^{u̯}$*e* zu **ke*) und die Palatalisierung vor Vorderzungenvokal (**kód* bleibt, **ke* wird dagegen zu **če*) dem Zusammenfall der Qualität von *o*, *e* und *a* zu *a* (mit Resultat *kád* bzw. *ca*) vorausgegangen sein müssen:

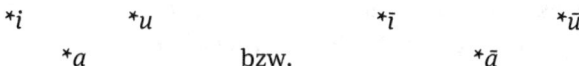

I	uridg.	**k*$^{u̯}$*ód*	**k*$^{u̯}$*e*
		↓ a)	↓ a)
II	iir. A	**kód*	**ke*
			↓ b)
III	iir. B	**kód*	**če*
		↓ c)	↓ c)
IV	ved.	*kád*	*ca*

Legende: a) = Entlabialisierung; b) = Palatalisierung; c) = Zusammenfall der Vokalqualität

3) Der Nachweis dieses Vorgangs ist in den Jahren 1875 bis 1877 sechs Gelehrten unabhängig voneinander gelungen: → Wackernagel / Debrunner (1957a: § 124); Mayrhofer (1983: 132ff., ein Exkurs 137ff.: Das Palatalgesetz und seine Entdecker; dazu auch J. Gippert. *MSS* 54 (1993 [1994]: 69ff.); Collinge (1985: 133 ff.).

P 207. Die für das Hethitische verwendete Keilschrift ist phonetisch und phonologisch weit weniger durchsichtig als die phonemgerechten Alphabetschriften, wie sie in Italien, Griechenland oder Indien eingeführt worden sind: → H. Eichner: Phonetik und Lautgesetz des Hethitischen – ein Weg zu ihrer Entschlüsselung. *FT Wien 1978* (1980: 120–165); Melchert (1994: 12ff.). — Die keilschriftlichen Wiedergaben lassen erkennen, dass die uridg. Kurzvokale **i*, **u* und **e* im Heth. ungestört bewahrt sind. Uridg. **o* ist zu heth. *a* geworden (dabei mit *a* < uridg. **a* und in *ḫa* und *aḫ* mit *a* < uridg. *h_2*e* und uridg. **e*h_2 zusammenfallend): → Melchert (1994: 105). — Bei den Langvokalen ist Analoges anzunehmen.

Zudem sind im Zusammenhang mit den Akzentverhältnissen die Vokalquantitäten neu geregelt worden, indem in offenen Silben die Vokale unter Akzent stets gelängt, in unbetonter Stellung aber gekürzt werden. Die Verhältnisse in geschlossenen Silben sind komplexer: → Melchert (1994: 107f.).

P 208. Im Germanischen sind die uridg. Kurzvokale **o* und **a* in urgerm. **a* zusammengefallen. Uridg. **i*, **u* und **e* bleiben in ungestörter Position bewahrt. Mit z.T. verschiedenen Ergebnissen in den einzelnen altgerm. Dialekten begegnen kontextsensitive Entwicklungen, so von *i* > *e* (got. vor unmittelbar folgenden *h*, *ƕ* und *r* [sog. Brechung], graphemisch mit <*ai*> festgehalten; nord- und westgerm. u.a. vor *a* in der Folgesilbe [sog. *a*-Umlaut]) und unter analogen Bedingungen von *u* zu *o* (got. <*au*>), außerdem von *e* > *i* (so got. unter Ausnahme der Brechungsposition, nord- und westgerm. vor *nK* oder *i*, *i̯* und teilweise auch vor *u* der Folgesilbe). — Bei den Langvokalen fallen uridg. **ō* und **ā* in urgerm. **ō* zusammen (ahd. in Stammsilben weiter zu *uo*, nhd. zu *ū*). Im Nordgerm. und in einem Großteil des Westgerm. wird uridg. **ē* relativ spät zu *ā*: → Krahe / Meid (1969a: 42, 51, 57ff.).

P 209. Das Litauische (dem im Kurzvokalismus die anderen balt. Sprachen entsprechen) zeigt wie das Heth., Germ. und Slav. eine Dephono-logisierung von uridg. **a* und **o* in *a*, dagegen Erhalt von uridg. **e*, **i* und **u*. – Die Langvokale uridg. **ī* (lit. <y>) und uridg. **ū* sind im Lit. bewahrt, desgleichen uridg. **ē* (lit. <ė>). Unterschiedlich ist die Entwicklung von uridg. **ō* (lit. > *uo*) gegenüber derjenigen von uridg. **ā* (lit. > *ō*, aber altpreuß. als *ā* erhalten): → Stang (1966: 22ff.).

P 210. Im Altkirchenslavischen werden uridg. **i* und uridg. **u* durch *ь* bzw. *ъ* fortgesetzt, uridg. **e* bleibt *e*, uridg. **o* und uridg. **a* werden in *o* dephonologisiert. – Die Fortsetzung von uridg. **ī* ist aksl. *i*, die von uridg. **ū* ist aksl. *y*; uridg. **ē* wurde aksl. *ě*, uridg. **ō* und uridg. **ā* ergaben beide aksl. *a*. Die Diskussion darüber, wieweit den belegten aksl. Werten ältere urslav. Vorstufen vorausgehen, ist nicht abgeschlossen. Es hat viel für sich anzunehmen, dass vor dem Zusammenfall von uridg. **o* und uridg. **a* in *o* und von uridg. **ō* und **ā* in *a* eine urslav. Zwischenstufe mit **a* und **ā* anzunehmen ist:

uridg.	**o* **a*	**ō* **ā*
	\ /	\ /
urslav.	**a*	**ā*
	↓	↓
aksl.	*o*	*a*

Zeugen für diese urslav. Zwischenstufe könnten frühe slav. Entlehnungen ins Finnische sein, vgl. u.a. finn. *akkuna* gegenüber aksl. *okъno* ‘Fenster’ < uridg. ‘*o*-haltigem’ *$h_3k^{u̯}$-: → Aitzetmüller (1991: 8ff., 19ff.); J. Udolph. *IF* 87 (1982 [1983]: 366f.); M. Trummer. *Die slawischen Sprachen* 7 (1984: 117ff.); Trummer (1985).

P 211. Es folgt eine Aufzählung von Gleichungen für die einzelnen Vokalphoneme.

1) Uridg. **i*: – Uridg. *$k^{u̯}$*i-s* ‘wer?’, uridg. *$k^{u̯}$*i-d* ‘was?’ = lat. *quis, quid*, gr. τίς, τί, heth. *ku-iš, ku-it* i.e. *ku̯is, ku̯it*; vgl. dazu ferner ved. *cit* ‘sogar, selbst’; got. *ƕi-leiks*, aengl. *hwi-lc* (engl. ‘which’) ‘welcher?’; aksl. *čь-to* ‘was?’. – Uridg. **ni-sd-ó-* m. oder n. ‘Nest’ (zur Problematik der phonetischen Realisation s.o. P 102) = lat. *nīdus* und ved. *nīḍá-* (mit *-ī-* als Ersatzdehnung aus vorlat. *-*iz-* bzw. vorved. *-*iž-*), aengl., ahd. *nest* (urgerm. **nista-* n.). – Uridg. **dik̂-* (schwundstufig zu uridg. **dei̯k̂-*) ‘anzeigen, verkünden’ = lat. *dic-āre* ‘feierlich verkünden’, gr. kret. προ-δίκ-νυτι (2. Jh. v. Chr. in einem Epigramm: → Bile 1988: Anm. 297 b) ‘zeigt’, ved. *diś-áti* ‘zeigt, legt dar’, got. *ga-taih-un* ‘sie zeigten an’ (mit Brechung, s.o. P 208), ahd. *bi-zih-t* f. ‘Beschuldigung’. – Uridg. *h_2*ó*u̯*i-* m. f. ‘Schaf’

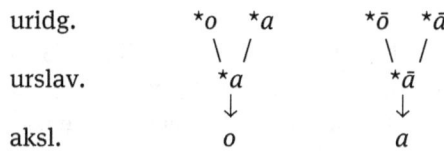

= lat. *ovis*, gr. ὄις, dial. ὀϝις, ved. *ávi-*, luw. *ḫa-a-ú-i-iš* i.e. *ḫāu̯īs* < **ḫáu̯i-*, lit. *avìs*; vgl. dazu ferner aksl. *ovьca* f. 'Schaf'; ahd. *awi-st* m. 'Schafstall'.

2) Uridg. **u*: — Uridg. **i̯ugó-* n. 'Joch' (zum Anlaut im Uridg. und Gr. s.u. P 213 Abs. 1) = lat. *iugum*, gr. ζυγόν, ved. *yugám*, heth. *i-ú-kán* i.S.v *i̯ugan*, urgerm. **i̯uka-* (vgl. got. *juk*, ahd. *joh*). — Uridg. **d*^{h}*ugh*$_{2}$*tér-* f. 'Tochter' = gr. θυγατέρ-α Akk.Sg., ved. *duhitár-*, got. *dauhtar* (zum *o* <*au*> s.o. P 208), lit. *duktė̃*, aksl. *dъšti*. Weiteres zu diesem Wort: → Mayrhofer (1991: 737f.). — Uridg. **h*$_{1}$*rud*^{h}*ró-* 'rot, blutfarben' = lat. *ruber* < urital. **ruþro-*; gr. ἐρυθρός; ved. *rudhirá-* (→ Mayrhofer 1996: 453f.); vgl. ferner lit. *rùdas* 'rötlich, rotbraun'; aengl. *rudian* 'rot sein'.

3) Uridg. **e*: — Uridg. **néb*^{h}*eleh*$_{2}$- f. und **néb*^{h}*-es-* n. 'Wolke, Gewölk' = lat. *nebula* f., gr. νεφέλη f., νέφος n., ved. *nábhas-* n., heth. *ne-pí-ši* i.e. *nepis-i* Lok. Sg. 'im Himmel' (< * 'im Gewölk'), aksl. *nebo* n. 'Himmel'; vgl. auch ahd. *nebul* m. 'Nebel', lit. *debes-es* Nom.Pl. 'Wolken'. Weiteres zu dieser Wortfamilie: → Mayrhofer (1996: 13). — Uridg. **b*^{h}*er-* 'tragen' = lat. *fer-ō*, gr. φέρω, ved. *bhárati*, got. *bairan*, ahd. *beran* (nhd. *ge-bären* i.S.v. 'austragen'). — Uridg. **g*$^{u̯h}$*en-* 'schlagen, töten' = gr. θεν-ῶ Fut. (zum Anlaut s.u. P 345 Abs. 1), ved. *hán-ti*, heth. *ku-en-zi* i.e. *ku̯en-t*^{s}*i* 'erschlägt, tötet', lit. *gen-ù* 'jage, treibe', aksl. *žen-ǫ* 'treibe, verfolge'.

4) Uridg. **o*: — Uridg. **póti-* m. 'Herr, Gatte', uridg. **pótnih*$_{2}$- f. 'Herrin, Gattin' = gr. πόσις (mit südgr. *-si-* < *-ti-*), πότνια; ved. *páti-*, *pátnī-*; got. *brūþ-faþs* 'Bräutigam'; lit. *patìs* 'Gatte', *viešpatni* 'Frau'; lat. *potis* 'vermögend, mächtig'. — Uridg. **u̯oséi̯onti* 'sie bekleiden, bedecken jemanden' (Kaus. zu uridg. **u̯es-* 'anhaben, bekleidet sein', vgl. zur Wz. auch lat. *ves-ti-* 'Gewand') = heth. *u̯a-aš-ša-an-zi* i.e. *u̯assant*^{s}*i* (zu Einzelheiten: → Melchert 1984: 31f.); vgl. dazu got. *wasjan* 'bekleiden' und s.u. P 310. — Uridg. **g*^{h}*osti-* m. 'Fremdling' = lat. *hostis* m. [und f.] 'Fremdling' (dann auch 'Kriegsfeind'), got. *gasts* m. 'Fremder', ahd. *gast* m. 'Fremdling, Gast', aksl. *gostь* m. 'Gastfreund'. Zum Anlaut s.u. P 342 Abs. 2; H. Eichner: Lateinisch *hostia, hostus, hostīre* und die stellvertretende Tiertötung der Hethiter. *FS Neumann* (2002: 101–156).

5) Uridg. **a*: Dieser Kurzvokal ist vorwiegend in Kontaktstellung mit uridg. **h*$_{2}$ nachweisbar, s.u. P 322 Abs. 2. Doch führt die Rekonstruktion auch auf Fälle von uridg. **a* hin, die nicht der Einwirkung des zweiten Laryngals zuschreibbar sind. Sie sind freilich viel weniger häufig als uridg. **e* und uridg. **o* und scheinen auf bestimmte lautliche Umgebungen beschränkt zu sein. Die Forschung ist sich uneins und tendiert dazu, die grundsprachliche Existenz von *a* zu bestreiten. Für ein uridg. *a* → Mayrhofer (1986: 169f.); H. Eichner. Bammesberger (1988: 133). Kritisch: → A. Lubotsky: Against a Proto-Indo-European Phoneme *a. Vennemann (1989: 53–66). — Die folgenden Beispiele (s. ferner unten zu *ai̯* P

221 Abs. 3 und zu *au̯* P 223 Abs. 3) können vielleicht uridg. Alter beanspruchen: — **ḱas-* 'grau', dazu **ḱas-ó-*, **ḱas-en-* 'Hase' (< *'Grau[pelz]'), vgl. lat. *cānus* 'grau, altersgrau' < vorlat. **kas-no-*, lat. *cascus* 'alt', ved. *śaśá-* m. 'Hase' < **śasá-* = khotansak. *saha-*, ahd. *hasan* 'grau', *haso* 'Hase', apreuß. *sasins*. — **ĝʰans-* 'Gans' = lat. *ānser* < **hans-*, gr. myk. TH *ka-si* i.e. *kʰansi* Dat.Lok.Pl., ion.-att. χῆνες Nom.Pl. <* *kʰans-es*, ved. *haṃsá-*, ahd. *gans*, lit. *žąsìs*. — **kap-* 'nehmen, fassen' = lat. *capiō* 'nehme', got. *hafjan* 'heben', gr. κάπτω < **kap-i̯e-* 'schnappen, schlucken'. Dazu **kápro-* Eigenschaftsbezeichung für verschiedene Tiere i.S.v. 'Schnapper', im Lat. auf die Ziege, im Gr. auf das männliche Schwein angewandt: → Meier-Brügger. *Minos* 23 (1988 [1989]: 206) = lat. *caper* 'Ziegenbock' (< **kapro-* mit altlat. *-ros* > *-er*: → Leumann 1977: § 106), altnord. *hafr*; gr. κάπρος 'Eber'; Ch. de Lamberterie. *BSL* 97,2 (2002: 108) tritt für den Ansatz von **keh₂p-* / **kh₂p-* ein. — Zu uridg. **gʰladʰ-* s.u. P 342 Abs. 2.

6) Ein Beispiel für uridg. **ī* gibt uridg. **u̯īs-* 'Gift'. Es stellt die gelängte Form des Nom.Sg. vom uridg. Wn. **u̯is-* dar, vgl. jav. *vīš*. Auf kurzvokalischem **u̯is-o-* baut ved. *viṣá-* n. 'Gift' auf: → Mayrhofer (1996: 563f.), auf langvokalischem **u̯īs-o-* dagegen gr. ἰ̃ός m., lat. *vīrus* n. (das Genus ist wohl alt und muss in einer Zeit festgelegt worden sein, als die Sprecher noch die freie Entscheidung besaßen, ein Nomen der Sach- oder Personenklasse zuzuteilen, s.u. M 303 Abs. 2). — Häufiger sind (wie bei uridg. **ū*) aber die Fälle für ein **ī*, das aus uridg. **iH* hervorgegangen ist, vgl. uridg. **gʷih₃-u̯ó-* 'lebendig' = lat. *vīvus*, ved. *jīvá-*, lit. *gývas*, aksl. *živъ* (zur uridg. Wz. **gʷi̯eh₃-* 'leben': → Rix / Kümmel 2001: 215f.).

7) Uridg. **ū* liegt in uridg. **nū(n)* 'nun, jetzt' vor, vgl. gr. νῦν, ved. *nū́* (daneben uridg. **nu* = gr. νύ, ved. *nú*); uridg. **néu̯o-* ist davon abgeleitet: → Darms (1978: 392ff.). — Ein weiteres Beispiel ist wohl uridg. **mūs-* 'Maus' = lat. *mūs*, gr. μῦς (ev. bereits myk. im PN *mu-ka-ra* i.e. *mūkárā(s)* 'Mauskopf': → Meier-Brügger. *Glotta* 67 (1989: 45), ved. *mū́ṣ-*, ahd. *mūs*, aksl. *myšь*. Ein *ū* < **uH* ist aber nicht ausgeschlossen. Analog zu uridg. **ī* gehen nämlich die meisten einzelsprachlichen *ū* nachweislich auf uridg. **uH* zurück. — Im Fall von uridg. **uh₂* belegt das Heth. sogar noch *uḫ*, vgl. uridg. **dʰuh₂-* 'hauchen, dampfen' und uridg. **dʰuh₂mó-* 'Rauch' in heth. *túḫ-ḫa-an-da-at* i.e. *tuḫḫandat* 'sie keuchten, hatten Atemnot' und in *tuḫ-ḫu-u̯a-i-* i.e. *tuḫḫuu̯ai-* 'Rauch'; dagegen mit *ū* < **uh₂* lat. *fūmus* m. 'Dampf, Rauch, Qualm', ved. *dhūmá-* m., lit. *dū́mai* m.Pl., aksl. *dymъ* m. 'Rauch', gr. θῡμός 'vitale Energie': → Meier-Brügger. *MH* 46 (1989: 243ff.); S. Zeilfelder. Ofitsch / Zinko (2000: 497–508).

8) Uridg. **ē* ist von *ē* aus **eh₁* zu trennen, s.u. P 323 Abs. 1a. Der Langvokal liegt vor allem in Dehnstufen von *e*-haltigen Morphemen vor, s.u. P 409ff. — Beispiele: — Nom.Sg. auf uridg. *-ḗr* (< voruridg. **-ers*, s.u. M 310 Abs. 3), vgl.

'Vater' mit uridg. **ph₂tḗr* = gr. πατήρ, ved. *pitā́* (neben Vollstufe im Akk.Sg. gr. πατέρ-α = ved. *pitár-am*) und 'Stern' mit uridg. **h₂stḗr* = gr. ἀστήρ usw. – Uridg. *(*H*)*i̯ḗkʷr̥*- 'Leber' = gr. ἧπαρ, jav. *yākarə* (neben Vollstufe im Gen.Sg. uridg. **Hi̯ekʷn-és* = ved. *yaknás*, vgl. lat. *iecinoris* und s.u. M 314 Abs. 6; zum Anlaut s.u. P 213). – Altes uridg. **ē* vermutet man auch in der Gleichung für 'König' mit lat. *rēx, rēg-is* = ved. *rā́j-*.

Ein Exkurs: Hier ist auf das typisch kelt. Lautgesetz *ē* > *ī* hinzuweisen. Es erklärt die gallischen Namen auf -*rīx* (*Vercingetorix* usw.; vgl. air. *rīg* 'des Königs') als genuin und erweist die im Germanischen üblichen Wörter wie nhd. *reich, Reich* und (*Fried-*)*rich*, got. (mit <*ei*> für *ī*) *reiks* m. 'Herrscher', *reiki* n. 'Reich', ahd. *rīhhi* 'mächtig', *rīhhi* n. 'Reich' auf Grund dieses lautgeschichtlichen Merkmals als Entlehnungen aus dem Keltischen: → W. Meid. Bergmann / Tiefenbach / Voetz (1987a: 10f.) und unten P 335 Abs. 3. – Zu heth.-luw. *ḫe* und *eḫ* aus uridg. **h₂ē* und **ēh₂*, in denen sich *ē* ohne Umfärbung erhalten hat, s.u. P 331.

9) Uridg. **ō* erscheint wie uridg. **ē* (s.o. Abs. 8) vorwiegend in dehnstufigen Bildungen. In den Resultaten der Einzelsprachen fällt es mit uridg. **eh₃* zusammen (s.u. P 323 Abs. 3). – Beispiele: – Uridg. **u̯édōr* n. 'Gewässer' = heth. *ú-i-da-a-ar* i.e. *u̯idā́r*, gr. ὕδωρ (zur Flexion s.u. M 314 Abs. 6). – Das uridg. Wn. **dom- / dem-* 'Haus' besaß den Akk.Sg. uridg. **dōm* (s.u. M 320 Abs. 1a), vgl. armen. *town* 'Haus' und gr. δῶμ-α n. 'Haus, Wohnung, Tempel': → Mayrhofer (1986: 172 und Anm. 312).

10) Uridg. primäres **ā* ist wie uridg. **a* selten. Es wird aber voreinzelsprachlich in mehreren idg. Sprachen durch neu entstehendes *ā* aus uridg. **ah₂* (älter voruridg. **eh₂*) aufgefüllt. Primäres uridg. **ā* hatte vielleicht das in den meisten idg. Sprachen fortgesetzte Wort für 'Mutter': lat. *māter-*; gr. myk. *ma-te* i.e. *mātēr*, dor. μᾱ́τηρ, ion.-att. μήτηρ, ved. *mātár-*; an. *mōđer*, aengl. *mōdor*; aksl. *mati* (Gen.Sg. *mater-e*); lit. *mótė* 'Ehefrau' (Gen.Sg. *móter-s*). Neben der Frage nach dem ursprünglichen Vokalismus der ersten Silbe (-*ā*- = uridg. -*ā*- oder doch < *-*eh₂*-?) sind übrigens auch die einzelsprachlichen Hinweise zur Flexion und Akzentuierung des Wortes für 'Mutter' nicht eindeutig entscheidbar, s.u. M 318 Abs. 3.

2.2.2 Die Halbvokale

P 212. Die Rekonstruktion führt auf nichtsilbische Entsprechungen der beiden hohen Vokale uridg. **i* und **u*, also auf uridg. **i̯* und **u̯* hin. Der erste Eindruck lässt uridg. **i* und **i̯* und uridg. **u* und **u̯* als Allophone jeweils eines Phonems annehmen (mit komplementärer Verteilung uridg. **i* vor Konsonant, uridg. **i̯* vor Vokal, vgl. ved. *i-más* 'wir gehen' gegenüber *y-ánti* 'sie gehen'), s.u. P 218. Ob aber der Eindruck trügt und uridg. **i* und **i̯* und uridg. **u* und **u̯* doch je einen eigenen phonemischen Status besitzen, steht zur Debatte: → bejahend Mayrhofer (1986: 160f.); kritisch B. Forssman. *Kratylos* 33 (1988: 63).

Unabhängig von diesen phonologischen Erwägungen sind aber die Ansätze uridg. **i̯* und **u̯* für die sprachvergleichende Praxis wichtig. Auch finden sich uridg. **i̯* und **u̯* als zweite Bestandteile der Diphthonge, s.u. P 221 und P 223.

P 213. Uridg. **i̯* ist i.d.R. in den hier herangezogenen Sprachen in kontextfreier Entwicklung erhalten. Graphemisch erscheint es lat. als <*i*>, im Ved. als <*y*>, germ., lit. und aksl. als <*j*>. Die heth. Keilschrift bietet die Notation *i̯a* vor *a*, sonst *i*. — In den folgenden Absätzen 1–5 wird allein die Problematik des Gr. abgehandelt.

1) Das Gr. zeigt im Anlaut seit dem 8. Jh. v. Chr. statt *i̯*- i.d.R. *h*- <῾> (vgl. ὅς gegenüber ved. *yá*-), in einer kleinen Wortgruppe aber statt des erwarteten *h*- ein *dz*- (älter *d*^{j}) <ζ>, vgl. Sg. n. ζεῦγος 'Gespann, Paar' gegenüber lat. Pl. n. *iūgera* 'ein Morgen Land' < 'was sich mit Hilfe von einem Ochsenpaar in einer bestimmten Zeit pflügen lässt' oder gr. poetisch ζείδωρος (Hom.+) 'Getreide spendend' (mit VG ζει < **d*^{j}*éu̯e*-) gegenüber ved. *yáva*- m. 'Getreide'. — Das um 1400 v. Chr. - 1200 v. Chr. bezeugte Myk. kennt bei der i.d.R. vorherrschenden *h*-Gruppe Notationen mit anlautendem *i̯*- und solche ohne, vgl. satzeinleitendes <*jo*-> neben <*o*->. Die kleine *dz*-Gruppe ist ebenfalls bereits etabliert, vgl. *ze-u-ke-si* i.e. *dzéu̯gesi* Dat.Pl. 'Ochsengespann'. — Die Ursachen für das Entstehen dieser zwei unterschiedlichen innergr. Gruppen sind nicht völlig geklärt. Einiges scheint dafür zu sprechen, dass sich in der gr. *h*-Gruppe Fortsetzer von uridg. **Hi̯*- finden, vielleicht aber auch nur von uridg. *h_1*i̯*- oder *h_2*i̯*-. Gr. *d*^{j}- bzw. *dz*- <ζ-> wäre dann im Gegenzug Fortsetzer von uridg. **i̯*- (allenfalls zusätzlich von uridg *h_3*i̯*-).

2) Auf die Genese von gr. *h*- < uridg. **Hi̯*- (= These 1) könnte ὑσμίνη f. 'Schlacht, Treffen' (mit *husmin*- < **hut*^{h}*smin*- < **i̯ud*^{h}*-smin*-) hinweisen. Die dem Nomen zugrundeliegende Verbalwurzel **i̯eu̯d*^{h}- ist nämlich nach Ausweis des Indoiranischen im Anlaut vermutlich laryngalhaltig gewesen und damit als uridg. **Hi̯eu̯d*^{h}- 'in Bewegung geraten' anzusetzen, vgl. ved. *yúdh*- f. 'Kampf' mit dem durch langen Fugenvokal charakterisierten Kompositum *amitrāyúdh*- 'Feinde bekämpfend' < **amitra-Hi̯ud*^{h}-: → Rix / Kümmel (2001: 225f. mit Anm. 1). — Ein weiteres Beispiel könnte uridg. **Hi̯eh*$_1$- 'werfen' mit gr. att. ἵημι *hī́ē-mi* 'werfe' abgeben: → Rix / Kümmel (2001: 225). — Vgl. ferner ὑγιής < *h_2*i̯u*-, s.u. P 344.

3) Die Lage ist aber widersprüchlich. Man kann nämlich auch gegenteilig argumentieren (= These 2), sich bei uridg. **i̯eu̯g-* auf gr. ζυγόν und ζεῦγος (s.o. Abs. 1) berufen, die verwandte ved. Ipf.-Form *āyunak* 'schirrte an' mit ihrem unerwartet gelängten Augmentvokal *ā* auf angebliches **a-Hi̯ug-* zurückführen und daraus folgern, dass gerade gr. *dz-* (älter *d^j*) < uridg. **Hi̯-* das Richtige treffe.

4) Literatur für These 1: → Peters (1980: 321); Hinweis auf einen Vortrag von Jochem Schindler 1987 in Leiden bei Mayrhofer (1996: 406); M. Mayrhofer *Sprache* 45 (2005 [2007]: 125) versucht die Argumentation wieder herzustellen, die Schindler wegen seines frühen und unerwarteten Todes nicht mehr veröffentlichen konnte); J. García-Ramón. *GS Schindler* (1999: 93f.). — Literatur für These 2: → B. Forssman. *FS Hoenigswald* (1987: 118). — Ohne Zuhilfenahme von Laryngalen mit soziolinguistischer Erklärung für die kleine, aus dem landwirtschaftlichen Bereich stammende *dz*-Gruppe: → C. Brixhe. *BSL* 74,1 (1979: 249ff.); Brixhe (1996: 18ff.). Ohne eine definitive Entscheidung fällen zu wollen, wird im folgenden der Frage nach uridg. **Hi̯-* / **i̯-* nicht mehr weiter nachgegangen und der Einfachheit halber, wenn nötig, bei Vorliegen von gr. *h-* ein uridg. **Hi̯-* vorausgesetzt, bei Vorliegen von gr. *dz-* bzw. *d^j-* dagegen ein uridg. **i̯-*.

P 214. Gleichungen für uridg. **Hi̯-* / **i̯-* (s.o. P 213) im Anlaut: — Uridg. **i̯es-* 'sieden' = myk. *ze-so-me-no* i.e. *d^jesoménōi̯* Ptz.Fut. Dat.Sg., gr. ζέω 'sieden', ved. *yásyati* 'siedet, wird heiß', ahd. *jesan* 'gären'. — Uridg. **i̯ūs-* (oder statt **ū* hier besser **uH?*, s.o. P 211 Abs. 7 das Beispiel von uridg. **d^huh$_2$-*) 'Brühe' = lat. *iūs* n. 'Brühe', gr. ζῡ́μη (mit *-ū-m-* < **-ūs-m-*) 'Sauerteig', ved. *yū́ṣ-* n. 'Suppe, Brühe', lit. *jū́šė* 'Fischsuppe', aksl. *jucha* 'Brühe, Suppe' (mit *-ch-* < *-s-*, s.u. P 309 Abs. 6). — Uridg. **Hi̯e/oh$_1$-r-* 'Jahr, Jahreszeit' = gr. ὥρᾱ 'Jahreszeit, Tageszeit, Stunde', jav. *yārə* n. 'Jahr', got. *jer*, nhd. *Jahr*, russ.-ksl. *jara* 'Frühling'. — Zu uridg. **i̯ugó-* und **Hi̯eu̯d^h-* s.o. P 213.

P 215. Die wichtigsten Lautgesetze der Einzelsprachen betreffen den Schwund von uridg. **i̯* zwischen Vokalen (so im Lat., Gr. und Heth., unter gewissen Bedingungen auch im Germ.) und Assimilationen von uridg. **i̯* an vorangehende Konsonanten (so im Gr.: → Lejeune 1972: §§ 68f., 93ff).

1) Beispiele von uridg. **i̯* zwischen Vokalen: — Uridg. **tréi̯-es* 'drei' mit erhaltenem *i̯* in ved. *tráyas*, aksl. *trъje*, dagegen mit geschwundenem *i̯* in lat. **tre.es* (N.B.: Der Punkt markiert die Silbengrenze!) > *trēs*, gr. kret. τρεες, lesb. τρης, ion.-att. τρεῖς, an. *þrír* < urgerm. **þrii̯iz*: → H. Eichner. Bergmann / Tiefenbach / Voetz (1987a: 190ff.) — Uridg. **ái̯es-* (bzw. **$h_2$ei̯es-* mit daraus entwickeltem **$h_2$ai̯es-*) n. 'Metall' mit erhaltenem *i̯* in ved. *áyas-* n. 'Nutzmetall, Kupfer, Eisen', aber mit beseitigtem *i̯* in lat. *aer-is* Gen.Sg. n. < **ái̯es-es* (der Nom.Sg. *aes* ist analogisch aus dem Gen. neu gebildet statt erwartetem **a.us* < **ai̯os*: → Leumann 1977: 378) und in lat. *aēnus* 'ehern, aus Bronze' < **a.ez-no-* < **ai̯es-no-*.

2) Beispiele von Assimilationen von uridg. *i̯ an vorangehende Konsonanten: — Uridg. *áli̯o- (bzw. *$h_2$eli̯o- mit daraus entwickeltem *$h_2$ali̯o-) ‘anderer’ = gr. ion.-att. ἄλλος mit li̯ > ll (vgl. auch kypr. *a-i-lo-* i.e. *ai̯lo-* < *ali̯o-). Im Lat. dagegen *alius* i.e. [*alii̯o-*] mit sekundär vokalisch realisiertem *i* + Übergangslaut *i̯*. Die davor liegende konsonantische Stufe ist lat. noch nachweisbar, vgl. *veniō* < *$g^{u̯}$eni̯ō < *$g^{u̯}$em-i̯ō < *$g^{u̯}$m̥- (die Assimilation von *-mi̯-* zu *-ni̯-* ist nur vor *i̯* erklärlich, ein *-mii̯-* wäre erhalten geblieben), s.u. L 202 Abs. 1. — Uridg. *$méd^h$i̯o- ‘mittlerer’ = urgr. *$mét^h$i̯o- > att. μέσος, dor. lesb. μέσσος, böot. kret. μέττος mit t^hi̯ > *s(s)* / *t(t)*, aber lat. *medius* i.e. [*medii̯o-*] mit sekundär vokalisch realisiertem *i* + Übergangslaut *i̯* (zu inlautendem *d* < uridg. *d^h s.u. P 336 Abs. 3). — Uridg. *pédi̯o-* ‘zum Fuß gehörig’ = ved. *pâdya-* (der gern angenommene Bezug auf gr. πεζός ‘zu Fuß’ [mit *-dz-* < *-di̯-*] ist wegen des Endakzentes aber problematisch; vielleicht gehört das gr. Wort aber gar nicht direkt dazu, sondern basiert auf dem alten verbalen Rektionskompositum *ped-(h_1)i̯-ó- ‘zu Fuß gehend’: → Schwyzer 1939: 472). Nach I. Balles. *Sprache* 39 (1997: 162) bedeutet πεζός < *pedi-ó-* ‘auf dem Fuß befindlich’ (im Gegensatz zum Reiter).

P 216. Uridg. *u̯* ist unverändert in den hier herangezogenen Sprachen fortgesetzt. Die Grapheme sind verschiedenartig: lat. <*u*/*v*>, ved. <*v*>, germ. <*w*> usw. Heth. finden sich analog zu *i̯* Notationen mit *u̯a* bzw. *u*, *ú* (selten *u̯*i_5).

Auch im ältesten Gr. ist *u̯* erhalten, myk. in der Graphie *w*-haltiger Silben erkenntlich, in mehreren nachmyk. Dialekten mit dem Zeichen <ϝ> (dem sog. Digamma) notiert. Doch ist *u̯* im Ion.-Att. bereits vor der Einführung des Alphabets und vor der Endfassung der hom. Epen geschwunden. Das ion.-att. Alphabet kennt zwar wie alle gr. Alphabete an 6. Stelle das Digamma, es wird aber nur noch für den Zahlwert 6 verwendet.

Viele hom. Vokabeln und Formulierungen setzen aber *u̯* voraus und müssen bereits zu einem Zeitpunkt der ep. Sprache angehört haben, als *u̯* noch Bestandteil des ep. Lautsystems war, vgl. unter vielen Beispielen (ein weiteres unten in P 217 Abs. 1) den regelmäßigen Hiat vor ἄναξ ‘Herr’. Dieser wird nur dann verständlich, wenn er durch Schwund des einmal vorhanden gewesenen anlautenden *u̯* verursacht ist. Und tatsächlich: Myk. lautet die Vokabel noch *wa-na-ka* i.e. *u̯anaks* ‘König’ (zur nachmyk. Bedeutungsentwicklung: → Snell / Voigt / Meier-Brügger 1991 s.v. βασιλεύς; Carlier 1984). Zum Digamma bei Homer: → B. Forssman. Latacz (1991: 283f. § 73).

P 217. Gleichungen für uridg. *u̯*:

1) Im Anlaut: — Uridg. *u̯ói̯ḱo-* m. ‘Siedlung, Wohnung’ = lat. *vīcus* ‘Dorf, Siedlung’, gr. myk. *wo-(i-)ko-de* i.e. *u̯oi̯kon-de*, arkad. thessal. ϝοικος, ion.-att. οἶκος (vgl. Hom. Ilias A 606 mit dem formelhaften ἔβαν οἶκόνδε, metrisch mit positionslangem -αν vor οἶκον, was dann erklärlich ist, wenn wir annehmen,

dass die ep. Sänger zwar nicht mehr ein muttersprachliches *u̯* kannten, in ihrer Schultradition aber gelernt hatten, οἶκος mit anlautendem Vokaleinsatz ʾ < *u̯*- positionsbildend zu verwenden, s.o. P 216); vgl. auch got. *weihs* n., aksl. *vьsь* f. 'Dorf'. — Uridg. **u̯ei̯d-* 'sehen', dazu **u̯ói̯d-e* Perf. ('er hat gesehen' >) 'weiß', vgl. lat. *vid-ēre*, lit. *veizdė́ti*, aksl. *viděti* 'sehen; gr. (ϝ)οῖδε, ved. *véda*, got. *wait* 'er weiß'. — Uridg. **u̯ét-es-* n. 'Jahr' = gr. ἔτος, ϝετος, myk. Akk.Sg. *we-to* i.e. *u̯étos*; ved. *tri-vat-s-á-* 'dreijährig' (es ist als Ableitungskompositum mit possessivischem *-á-* suffigiert: VG *tri-*, HG *vat-s-* mit schwundst. *-s-* des Suffixes *-as-*); vgl. ferner dazu lat. *vetus* 'alt'; zur Genese des Adjektivs auf der Grundlage des alten Ntr. über die Ableitung *vetus-tāt-* 'Alter': → M. Leumann. *CFS* 31 (1977 p.127–130), lit. *vẽtušas*, aksl. *vetъxъ* 'alt'. Das neben dem Ntr. **u̯ét-es-* bestehende Wn. **u̯et-* ist im Heth. noch nachzuweisen, vgl. *ú-it-ti* i.e. *u̯iti* 'dem Jahr'.

2) Zwischen Vokalen: — Uridg. **néu̯o-* 'neu' = gr. dial. νεϝος (myk. *ne-wo* 'vom laufenden Jahr'), ved. *náva-* 'neu', heth. *néu̯a-* 'frisch' (vgl. Instr.Sg. *ne-e-u-it* 'mit frischem'), aksl. *novъ*; lat. *novus* mit bereits urital. *-*ou̯*- < *-*eu̯*-, s.u. P 222 Abs. 2. — Die lat. Sachlage ist bei dieser Vokabel aber insofern noch komplexer, als die Form *novus* selbst mit ihrem innervokalischen *-v-* nicht lautgesetzlich ist. Erwartet wird eigentlich im Laufe des 3.-2. Jh. v. Chr. der Schwund von *u̯* in nichtanlautender Position vor *o*/*u*. Das *-v-* konnte sich aber in Analogie zu den Formen mit erhaltenem *-v-* vor *e*/*i*/*a* (vgl. Gen.Sg. *novī*) im ganzen Paradigma etablieren: → Leumann (1977: 137f.); ferner s.o. G 506 Abs. 3 zu *equus*.

3) Exkurs zu lat. *deus* / *dīvus*:

	Nom.Sg.		Gen.Sg.
a) altlat.	*deivos*	und	**deivī*
b) 3.Jh.v.	>**dẹ̄vos*	und	>**dẹ̄vī*
c) 3./2.Jh.v.	**dẹ̄.os* > *dĕ.us*	aber	*dīvī*

Kommentar: — Die in Abs. 2 genannten lat. Lautverhältnisse haben in Einzelfällen sogar zum Auseinanderfall von Paradigmen geführt, so bei *deus* 'Gott(heit)' vs. *dīvus* 'als Gottheit, vergöttlicht' (einige der angesetzten Formen der Tabelle sind nicht belegt; sie werden zwar mit * markiert, ihr Ansatz ist aber völlig unbestritten). — Stufe a zeigt ein einheitliches altlat. Paradigma vom Stamm *dei̯u̯o-* 'Gottheit' < 'Himmlischer' (weiteres zu diesem Wort s.u. L 202 Abs. 2). — Stufe b bringt die erste Stufe der Monophthongierung von *ei̯* > *ẹ̄* > *ī*, s.u. P 220 Abs. 1. — In Stufe c Eintritt der fraglichen divergierenden Entwicklung: im Nom.Sg. Schwund von *u̯* vor *o*/*u*, im Gen.Sg. Erhalt vor *e*/*i*/*a*. Bei **dẹ̄.os* kommt sofort die

Kürzung des Langvokals vor Vokal dazu, bei **dẹ̄vī* kommt der Abschluss der Monophthongierung zum Zug. — Vom letzten Stand c aus dann Neuaufbau von zwei selbständigen Paradigmen, einerseits *deus* mit neuem Gen.Sg. *deī* 'Gott', andererseits *dīvī* mit neuem Nom.Sg. *dīvus* 'als Gottheit; vergöttlicht'. — Vgl. genauso die klass.-lat. Wörter *oleum* 'Olivenöl' vs. *olīva* 'Olive, Olivenbaum': Ausgangsformen sind **elai̯u̯om* (woraus in einem ersten Schritt durch Vokalschwächung in Mittelsilben **olei̯u̯om*, in weiteren dann *-ẹ̄u̯om* > *-e.om* > *-eum*) und **elai̯u̯ā* (woraus in einem ersten Schritt **olei̯u̯ā*, in weiteren dann **-ẹ̄u̯a* > *-īu̯a*).

4) Auch postkonsonantisch ist *u̯* zumeist erhalten. Doch haben einige Lautgesetze des Lateinischen wichtige Gleichungen verdunkelt, vgl. die folgenden Beispiele mit **su̯e-* > *suo-* > *so-* (→ Leumann 1977: 47): — Uridg. **su̯ésor-* f. 'Schwester' (vgl. ved. *svásar-*, got. *swistar*) = lat. *soror* (zum *-r-* < *-s-* s.u. P 309 Abs.1). — Uridg. **su̯ep-n-* 'Schlaf' (→ Mayrhofer 1996: 791f., vgl. ved. *svápna-*, an. *svefn*) = lat. *somnus*. — Uridg. **su̯éḱru-h₂-* (wohl selbst < **su̯éḱu̯r̥-h₂-* [s.u. P 304 Abs. 3] zu **su̯éḱur-o-* m. 'Schwiegervater' gebildet) f. 'Schwiegermutter' (vgl. ved. *śvaśrū́-* < **svaśrū́-*, ahd. *swigar*, aksl. *svekry*; weiteres → Mayrhofer 1996: 675f.) = lat. *socrus*. — Uridg. **su̯ói̯do-* 'Schweiß' (vgl. ved. *svéda-*, nhd. *Schweiß*) = lat. *sūdor* (→ H. Rix. *FS Knobloch* 1985: 339ff.).

P 218. In Abhängigkeit von der Silbenstruktur wechseln die Halbvokale uridg. **i̯* und **u̯* allophonisch mit den ihnen entsprechenden Vollvokalen uridg. **i* und **u*, s.o. P 212. Diese Allophonie teilen uridg. **i̯* und **u̯* mit uridg. **r*, **l*, **n* und **m*, s.u. P 304 mit Weiterem. Die Allophone **i* und **u* werden mit Folgevokalen durch homorgane Glides zu **ii̯* und **uu̯* verbunden.

1) Wechselformen mit *-i̯-V-*/*-ii̯-V-* zeigen in größerem Umfang die Ableitungssuffixe mit *-i̯*-haltigen Elementen, vgl. die *-i̯o*-Adjektive, die *-i̯es*-Komparative und die *-i̯e*-Präs.Stämme. — Erste Hinweise auf die Verteilung der Wechselformen gibt die Beobachtung am germanischen Material: Einer leichten Sequenz *KV.K* (N.B.: der Punkt markiert die Silbengrenze) folgt *-i̯-*, vgl. urgerm. **χar-i̯a-* = got. *harjis* 'des Heeres', urgerm. **lag-i̯e-* = got. *us-lagjiþ* 'legt'. Einer schweren Sequenz *KVK.K* oder *KV̄.K* folgt aber *-ii̯-*, vgl. urgerm. **χerð-ii̯a-* = got. *hairdeis* 'Hirte', urgerm. **stōð-ii̯e-* = got. *ana-stodeiþ* 'hebt an'. — Dieses Phänomen ist mit gewissen Einschränkungen (*ii̯* nicht vor *KVTT.*) als uridg. anzuerkennen und unter dem Namen von Eduard Sievers (Sieverssches Gesetz) bekannt. — Lit. zum Uridg. allgemein und speziell zum Ved.: → Seebold (1972; E. Seebold. *Kratylos* 46 (2001: 138–151); J. Schindler. *Sprache* 23 (1977: 56ff.); Mayrhofer (1986: 164ff.); Collinge (1985: 159ff.); Rubio Orecilla (1995); s.u. L 202 Abs. 1. — Zum Lat.: → Meiser (1998: 89f.). — Zum Gr.: C. Ruijgh. *FT Leiden 1987* (1992: 75–99) = *KS Ruijgh* II (1996: 353–377). — Zum Kelt.: → J. Uhlich: Die Reflexe der keltischen Suffixvarianten **-i̯o-* vs. **-ii̯o-* im Altirischen. Rockel / Zimmer

(1993]: 353–370). – Zum Toch.: → D. Ringe: Laryngeals and Sievers' law in Tocharian. *MSS* 52 (1991: 137–168).

2) Wechselformen von diesem Typ gibt es auch bei Einsilblern, vgl. uridg. **ḱu̯ō* 'Hund' (= ved. *śvā́*) mit der unter bestimmten Bedingungen auftretenden Nebenform uridg. **ḱuu̯ō* (= ved. *śuvā́*, gr. κύων) und vgl. uridg. **di̯eu̯-* neben **dii̯eu̯-* (s.u. M 318 Abs. 6a). Zu dieser sog. Regel von Lindeman: → Mayrhofer (1986: 166f.); wie J. Schindler. *Sprache* 23 (1977: 56ff.) eindrücklich zeigt, ist letztlich die Regel von Lindeman nur die Sandhi-Variante des Sieversschen Gesetzes, s.u. P 405.

3) Über die Assimilation von *-u̯-* an den folgenden Nasal vom Typ voruridg. **di̯éu̯m* > uridg. **di̯ḗm* s.u. P 303.

2.2.3 Diphthonge

P 219. Die drei Vokale uridg. **e*, **o* und **a* verbinden sich mit den Halbvokalen uridg. **i̯* und **u̯* zu sog. fallenden (oder eigentlichen) Diphthongen wie uridg. **ai̯* und **au̯*, vgl. als Beispiel nhd. *Baum*. Sog. steigende (oder uneigentliche) Diphthonge wie in franz. *roi* [*ru̯á*] 'König' sind für das Uridg. nicht anzunehmen.

Die zu erwartenden und in Gleichungen reich zu belegenden Diphthonge sind:

**ei̯*		**oi̯*	**eu̯*		**ou̯*
	**ai̯*			**au̯*	

Letztlich sind auch die Verbindungen von *e*, *a* und *o* mit *r*, *l*, *m* und *n* als Diphthonge zu bewerten: → Ch. de Lamberterie. *BSL* 97,2 (2002: 108, unter Hinweis auf die Verhältnisse im Baltischen und auf das Gesetz von Osthoff).

Unter Sonderbedingungen sind vereinzelt Langdiphthonge wie uridg. **ōi̯* oder **ēu̯* anzusetzen, s.u. P 224.

P 220. Ein paar Informationen zum Schicksal der *-i̯*-Diphthonge in den idg. Einzelsprachen:

1) Die drei *-i̯*-Kurzdiphthonge sind im vorklass. Latein noch als <*ei*>, <*ai*> und <*oi*> erhalten. – Auf dem Weg zum klass. Latein wird im 2. Jh. v. Chr. *ei̯* über *ē* zu *ī* monophthongiert. – Von der lautlichen Umgebung unbehelligt wird *oi̯* zu *ū*, doch ist diphthongisches *oi̯* in der leicht veränderten Form *oe̯* <*oe*> in gewissen Positionen archaisierend bewahrt, vgl. *poena* 'Strafe' vs. *pūnīre* 'bestrafen' und *Poenus* 'Punier' vs. *Pūnicus* 'punisch'. Wichtige Gleichungen wie

lat. *vīcus* (= gr. myk. und dial. *u̯oi̯ko-*) zeigen den durch die lautliche Umgebung (hier durch *u̯-*) beeinflussten Lautwandel *u̯oi̯-* > *u̯ei̯-* > *u̯ī-*. — Für *ai̯* findet sich seit dem 2. Jh. v. Chr. <*ae*>, womit weiterhin ein Diphthong bezeichnet wird (wie oben bei *oe*). Beleg dafür ist *Caesar*. Wie das Lehnwort *Kaiser* zeigt, war die Aussprache zur Zeit der Entlehnung [*Kaësar*], vgl. oben G 507 Abs. 3. Die monophthongische Aussprache des *ae* ist eine nachklass. Entwicklung.

Zu allen Problemen der Monophthongierung im Lat.: → Leumann (1977: 60ff.); Wachter (1987: 477ff.); H. Rix: Latein - wie wurde es ausgesprochen? Vogt-Spira (1993: 11ff.); Meiser (1998: 57ff.).

2) Das klassische Griechische setzt zunächst die uridg. *-i̯*-Kurz-diphthonge als ει, αι, οι unverändert fort. Die Tendenzen zur Mono-phthongierung setzen erst nachklass. ein: → Meier-Brügger (1992b: L 400).

3) Im Indoiranischen, das uridg. **e*, **o* und **a* in einheitlichem *a* zusammenfallen ließ (s.o. P 206), ist für die drei uridg. *-i̯*-Kurzdiphthonge (und analog dazu für die uridg. *-u̯*-Kurzdiphthonge, s.u. P 222 Abs. 3) nur eine Fortsetzung *ai̯* zu erwarten. Diese ist in den altiranischen Sprachen noch erhalten und muss auch für die vorvedische Zeit angesetzt werden. Im überlieferten Altindoarischen ist es antekonsonantisch zu *ē* monophthongiert, wofür die übliche indologische Transkription <*e*> schreibt, da es im Altindoarischen kein <*ē*> gibt: → Wackernagel / Debrunner (1957a: 35ff.); Thumb / Hauschild (1958: 228f.); s. auch oben G 502 Abs. 6; vgl. antevokalisches *áy-āni* 'ich will gehen', aber antekonsonantisches *é-mi* 'ich gehe'. Ved. *ē* <*e*> geht andererseits auch auf indoiran. *az* zurück, vgl. ved. *néd-iṣṭha-* 'der nächste' gegenüber aav. jav. *nazd-išta-*; vgl. auch ved. *e-dhi* 'sei!' < **as-dhi* [*azd*^{h}*i*] gegenüber *ás-ti* 'ist': → Wackernagel / Debrunner (1957a: 37ff.).

4) Im Hethitischen ist eine Tendenz zur Monophthongierung erkennbar, wobei ursprünglich uridg. **oi̯* und **ai̯* in ein offenes *ę̄* überging, uridg. **ei̯* dagegen in ein geschlossenes *ẹ̄*. Das letztere konnte nach Velar zu *ī* werden. Wo offenes *ę̄* und geschlossenes *ẹ̄* erhalten sind, erscheinen sie, jedenfalls in der Graphie, gemeinsam als *e* fortgesetzt: → H. Eichner. *MSS* 31 (1972: 76ff.); Melchert (1994: 148f.); S. Kimball. *Sprache* 36 (1994: 1ff.).

5) Im Germanischen sind uridg. **oi̯* und **ai̯* in **ai̯* zusammengefallen (wie uridg. **o* und **a* in **a*, s.o. P 208). Für uridg. **ei̯* erscheint in allen altgermanischen Korpussprachen *ī* (got. <*ei*>, aengl. ahd. usw. <*ī*>). Belege in außergermanischen Quellen, in denen noch germ. **ei̯* < uridg. **ei̯* enthalten sein soll, sind nicht beweiskräftig genug.

6) Im Litauischen erscheinen *ai* aus uridg. **oi̯* und **ai̯*; *ei* dagegen setzt uridg. **ei̯* fort; daneben findet sich unter bestimmten Bedingungen für alle

drei -*i̯*-Kurzdiphthonge auch lit. *ie*: → Stang (1966: 52ff.). – Im Altkirchenslavischen fallen uridg. **oi̯* und **ai̯* in *ě* zusammen, uridg. **ei̯* ergibt *i*.

P 221. Es folgt eine Aufzählung von Gleichungen für die einzelnen Diphthonge:

1) Gleichungen für uridg. **ei̯*: – Uridg. **dei̯u̯ó-* 'himmlisch, Himmlischer' = altlat. *deivos* (> klass. *deus* / *dīvus*, s.o. P 217 Abs. 3), ved. *devá-* m., lit. *diẽvas* m. 'Gott', an. *tív-ar* Nom.Pl. 'Götter'. Weiteres dazu s.u. L 202 Abs. 2. – Uridg. **dei̯ḱ-* 'zeigen, weisen' (Beispiele von schwund-stufigem uridg. **diḱ-* bereits oben P 211 Abs. 1) = lat. *dīcere* 'verkünden, festsetzen, sprechen' (altlat. noch *ex-deic-endum*), gr. δείκνῡμι 'zeige', ved. *deśá-* m. 'Gegend' (< *'Richtung'), got. *ga-teihan* 'anzeigen, verkündigen', ahd. *zīhan* = nhd. *zeihen*. – Uridg. **ĝ^{h}ei̯-m-* 'Winter' = gr. χεῖμα n. 'Winter(sturm)', ved. *hé-man* Lok.Sg. 'im Winter', heth. *gimmant-* (→ Melchert 1994: 102 u. 145), lit. *žie-mà* f., aksl. *zi-ma* f. 'Winter'.

2) Gleichungen für uridg. **oi̯*: – Uridg. **(H)ói̯-no-* 'ein' = altlat. *oino(m)* m. 'den einen' (klass. *ūnus*), gr. οἴνη f. 'Würfel-Eins' (→ Chantraine 1968–1980: s.v.), got. *ains* 'ein', apreuß. *ains* 'allein, einzig', s.u. M 502 Abs. 1. – Uridg. **loi̯k^{u}-o-* 'zurückbleibend, Rest' (mit -*o*-Ablaut zu uridg. **lei̯k^{u}-*, gr. λείπω usw.) = gr. λοιπός 'übrig', lit. *ãt-laikas*, aksl. *otъ-lěkъ* 'Überbleibsel', vgl. ved. *rék-n̥as-* n. 'Erbe, Eigentum', urgerm. **lai̯χ^{u}-na-* > ahd. *lēhan* 'Lehen'. – Vgl. auch uridg. **u̯ói̯ḱo-* und **u̯ói̯de* in P 217 Abs. 1.

3) Gleichungen für uridg. **ai̯*: – Uridg. **lai̯u̯o-* 'link' = gr. λαιός, lat. *laevus*, aksl. *lěvъ* 'link'. – Uridg. **kai̯ko-* '(auf einem Auge) blind' = lat. *caecus* 'blind', got. *haihs* 'einäugig'. – Zur Problematik von uridg. *a* s.o. P 211 Abs. 5.

P 222. Einzelsprachliches zu den -*u̯*-Kurzdiphthongen:

1) Die den uridg. -*i̯*-Kurzdiphthongen analogen -*u̯*-Kurzdiphthonge, uridg. **eu̯*, **ou̯* und **au̯*, werden im Gr. als ευ, ου und αυ fortgesetzt.

2) Im Lat. ist <*au*> bis in die klassische Zeit bewahrt; uridg. **eu̯* und **ou̯* sind dagegen bereits urital. unter **ou̯* vereinigt; altlat. noch <*ou*>, vereinzelte Belege für angeblich erhaltenes *eu̯* (vgl. das in einem Salier-Lied belegte *Leucesie*) werden kontrovers beurteilt: → Leumann (1977: 71); Meiser (1998: 59 § 47 Abs. 5). Altlat. *ou* wird auf dem Weg zum klass. Latein zu *ū* monophthongiert. In der Position zwischen wortanlautendem *l* und Labial erscheint latinofalisk. *ou̯* dagegen zunächst als *oi̯* (woraus dann lautgesetzlich *ei̯* und *ī*, s.u. P 223 Abs. 1 bei uridg. **h$_{1}$léu̯d^{h}ero-*).

3) Analog zum Zusammenfall aller uridg. -*i̯*-Kurzdiphthonge im Vedischen zu *ē* (<*e*>, s.o. P 220 Abs. 3), sind die uridg. -*u̯*-Kurzdiphthonge vor Konsonant zu ved. *ō* (<*o*>) geworden, vgl. -*hav*- vor Vokal in *ju-hav-āma* 'wir wollen gießen' vs. -*ho*- vor Konsonant in *ju-ho-mi* 'ich gieße'. Daneben resultiert ved. *ō* aus *az*,

_az_, vgl. ved. _ṣó-ḍaśa_ 'sechzehn, _ṣo-ḍhā́_ 'sechsfach' vs. _ṣáṣ_ 'sechs'; vgl. ferner _dveṣo-yút-_ 'Feindschaft (_dvéṣas-_) abwendend'.

4) Im Hethischen ist, jedenfalls für uridg. *_eu̯_, Monophthongierung zu _u_ erkennbar. Ähnliches gilt für uridg. _ou̯_ und _au̯_: → Melchert (1994: 56 u. 148f.; S. Kimball. _Sprache_ 36 (1994: 1ff.).

5) Im Urgermanischen fallen uridg. *_ou̯_ und *_au̯_ in *_au̯_ zusammen (= got. <_au_>, ahd. _ou_ bzw. [vor Dentalen und germ. χ] _o_). Uridg. *_eu̯_ blieb im Urgerm. bewahrt (= got. _iu_, ahd. _eo_ / _io_ / _iu_). Zum got. <_áu_> (noch Diphthong): → K. Dietz: Die gotischen Lehnwörter mit au im Altprovenzalischen und die Rekonstruktion des gotischen Lautsystems. _Sprachwissenschaft_ 24 (1999: 129–156).

6) Uridg. *_ou̯_ und *_au̯_ erscheinen im Litauischen als _au_, für uridg. *_eu̯_ finden sich _iu_ und _au_. — Analog dazu im Altkirchenslavischen uridg. *_ou̯_ und *_au̯_ > aksl. _u_, uridg. *_eu̯_ > _ju_.; zu uridg. *_eu̯_ im Balt.: → D. Petit. _BSL_ 95,1 (2000: 119–146).

P 223. Es folgt eine Aufzählung von Gleichungen für die einzelnen Diphthonge:

1) Gleichungen für uridg. *_eu̯_: — Uridg. *_leu̯k-_ 'leuchten' = lat. _lūc-_ Wn. (Nom.Sg. _lūx_) 'Licht', gr. λευκός 'licht, weiß', ved. _rocá-_ 'leuchtend' (zum _r_ s.u. P 301 Abs. 1), got _liuhaþ_ n. 'Licht'. Der lat. PN _Lūcius_ (altlat. _Loucios_) ist von seiner Herkunft her mehrdeutig, entweder < *_leu̯kó-_ (Vr̥ddhi-Ableitung vom Wn. *_leu̯k-_) oder < *_lou̯kó-_ (Nomen agentis zu verbalem *_leu̯k-_): → Ch. de Lamberterie. _BSL_ 97,2 (2002: 108). — Uridg. *_$h_1$leu̯d^h-e-_ Präs.-St. 'steigen, wachsen' (das ved. _upā-rúh-_ f. 'Aufwuchs' verweist mit seinem _-ā-_ < *_-a-Hrudh-_ auf den laryngalhaltigen Anlaut der Wurzel; zum Gr. s.u. Abs. 2; zur Semantik: → Rix / Kümmel 2001: 248 Anm. 2) = _ródhati_ 'wächst'; nominales uridg. *_$h_1$léu̯d^{h}ero-_ 'Nachwuchs, Freie, Volksangehörige, Leute' = lat. _līberī_ 'Kinder', _līber_ 'frei' (_lībero-_ < *_lei̯bero-_ < *_loi̯bero-_ < *_loi̯fero-_ < *_lou̯fero-_ < urital. *_lou̯þero-_ < uridg. *_$h_1$léu̯d^{h}ero-_: zu dieser speziellen lautlichen Entwicklung: → Leumann 1977: 61; vgl. auch J. Klein. _Diachronica_ 23, 2006: 407), gr. ἐλεύθερος 'frei', ahd. _liuti_ 'Leute', aruss. _ljudinъ_ 'freier Mann'. — Uridg. *_téu̯teh$_2$-_ f. 'Volk' = osk. _touto_ und umbr. _tota_ 'Staat' (→ Meiser 1986: 66 u. 123), got. _þiuda_, ahd. _deot(a), diot(a)_ 'Volk', lit. _tautà_ 'Volk, Nation, Land'.

2) Gleichungen für uridg. *_ou̯_: — Uridg. *_lou̯k-ó-_ m. 'Lichtung, lichter Raum' (Nominalbildung zu uridg. *_leu̯k-_ 'leuchten', s.o. Abs.1) = lat. _lūcus_ (altlat. Akk.Sg.m. _loucom_) 'Hain, Wald' (< *'Lichtung'), ved. _loká-_ m. 'freier Raum, Welt' (wohl auch < 'Licht[ung]': → Mayrhofer 1996: 481), ahd. _lōh_ m. 'bewachsene Lichtung'), lit. _laũkas_ m. 'Feld, Acker, Land'. — Dazu zählen auch uridg. Kaus.St.-Bildungen vom Typ uridg. *_b^{h}ou̯dhéi̯e-_ 'erwecken' (zu uridg. *_b^{h}eu̯d^h-_ 'wach werden, aufmerksam werden') = ved. _bodháyati_ , aksl. _buditi_

'wecken' und uridg. **lou̯kéi̯e-* (zu uridg. **leu̯k-*, s.o. Abs.1) = altlat. *lūcēre*, heth. *lu-uk-ki-iz-zi* i.e. *luk-it*^{s}*i* 'zündet an' (Weiteres zur Beurteilung dieser beiden Formen: → Rix / Kümmel 2001: 418f.). — Dazu gehören ferner Perfektformen (Akt.Sg.) mit qualitativem *o*-Ablaut: vgl. gr. εἰλήλουθα (zu uridg. ***h_1*leu̯d*^{h}- s.o. Abs.1, zur gr. Bedeutung 'gehen, kommen': → Rix / Kümmel 2001: 248 Anm. 2; daneben gr. Futur ἐλεύσομαι mit *-eu̯s-* < **-eu̯t*^{h}*-s-*, Aorist schwundstufig ἤλυθον).

3) Gleichung für uridg. **au̯*: — Uridg. * *tau̯ro-* m. 'Stier' = gr. ταῦρος, lat. *taurus*, lit. *taũras* ('Stier, Büffel, Auerochs'), aksl. *turъ* 'Auerochs'. — Zur Problematik von uridg. *a* s.o. P 211 Abs. 5.

P 224. Vereinzelt kommen auch uridg. Langdiphthonge vor, z.B. uridg. **ōi̯* und **ēu̯*. Sie sind im Indoiranischen deutlich erkennbar (av. *āi, āu* = ved. *ai, au*, im Gegensatz zu ved. *ē, ō* aus Kurzdiphthongen, s.o. P 220 Abs. 3), im Gr. auf Grund des ion. Alphabets mit Buchstaben η und ω, vgl. Dat.Sg. *-ōi̯* <-ῳ>. Einzelsprachlich erscheinen Kürzungen um den schließenden Halbvokal (vgl. uridg. **-ōi̯* > lat. *-ō*) oder zum entsprechenden Kurzdiphthong (vgl. uridg. **-ēu̯-* > gr. -εύ- im Paradigma der *-ēu̯*-Ableitungen vom Typ Gen.Sg. βασιλέως < *-ēu̯-os* [so bereits myk.] vs. Nom.Sg. βασιλεύς).

Beispiele: — Vgl. uridg. them. Dat.Sg. *-ōi̯*, entstanden durch Kontraktion aus stammschließendem *-o-* + Dat.Sg.-Endung *-ei̯* = gr. -ῳ, lat. *-ō*, aav. *-āi*; s.u. M 311 Abs. 1. — Ein uridg. **-ēu̯-* ist vermutlich im Nom.Sg. **di̯ḗu̯s* m. 'Himmel, Himmelsgott, Tag' anzunehmen, vgl. ved. *dyáus* und (wenn wie oben gekürzt) gr. Ζεύς. Weiteres zu diesem Wort s.u. M 318 Abs. 6a. Weiteres zur Langdiphthongproblematik: → Mayrhofer (1986: 173ff.). Zu sek. νηῦς s.u. M 318 Abs. 6c.

2.3 Zu den Konsonantensystemen

2.3.1 Die Liquiden und Nasale

P 300. Die für die Grundsprache rekonstruierbaren Liquiden uridg. **l* und **r* und Nasale uridg. **m* und **n* sind den Halbvokalen uridg. **i̯* und **u̯* ähnlich, da sie, vergleichbar mit diesen, silbische (*[*l̥*], *[*r̥*], *[*m̥*], *[*n̥*]) und unsilbische (*[*l*], *[*r*], *[*m*], *[*n*]) Allophone aufweisen und mit ihren silbischen Allophonen ebenso wie Vollvokale sogar Silbengipfel bilden können. In ihrer nichtsilbischen Eigenschaft sind sie in den meisten idg. Sprachen unverändert bewahrt, z.T. auch in ihrer silbischen Eigenschaft, z.B. tschech. *vlk* [*vl̥k*] 'Wolf'.

P 301. Einzelsprachliches:

1) Das Indoiranische zeigt bei uridg. **r* und **l* das Phänomen von Dialekten, die beide Werte in *r* zusammenfallen ließen (vgl. ved. *rih-*, av. *riz-* 'lecken' gegenüber aksl. *lizati*; ved. *rocá-* gegenüber gr. λευκός, s.o. P 223 Abs. 1), ferner

von solchen, die uridg. *l bewahren (vgl. jungved. *lih-*, neupers. *lištan* 'lecken'; ved. *loká-* [s.o. P 223 Abs. 2]) und schließlich auch von solchen, die uridg. *r und uridg. *l in *l* zusammenfallen lassen (vgl. ved. *lup-* 'zerbrechen' neben ursprünglichem ved. *rup-* 'zerreißen', lat. *rumpere* 'brechen'; mittelind. [Aśoka] *lāja* 'König' gegenüber ved. *rā́jā*, lat. *rēx* 'König'). Vgl. genauso unten P 306 Abs. 3 mit uridg. *l̥ als ved. *r̥*.

2) Die myk. Linear-B-Schrift unterscheidet nicht zwischen *l* und *r*. Diese Indifferenz stammt von den nicht griechischsprachigen Schöpfern der Linearschrift: Die myk. Griechen haben diese Eigenheit bei der Aneignung der Schrift übernommen, obwohl bei ihnen selbst der Unterschied zwischen *l* und *r* fest phonologisch verankert war: → A. Heubeck. Heubeck / Neumann (1983: 163 f.).

3) Im Auslaut wird uridg. *-m im Gr., Heth. und Germ. zu *-n*. Gleiches gilt auch für das Arm. (vgl. *otn* ‚Fuß' < **podm̥*) und Balt. (im Lit. ist *-n* nach Vokal nur noch an der rein graphischen Nasalierung erkenntlich). — Auslautende uridg. *-ēr und *-ōr und uridg. *-ēn und *-ōn erscheinen in mehreren Sprachen um *-r* bzw. *-n* gekürzt, vgl. gr. πατήρ 'Vater' und θυγατήρ 'Tochter' gegenüber ved. *pitā́* 'Vater' und *duhitā́* (= lit. *duktė̃*, aksl. *dъšti* < **duktē*); vgl. gr. κύων gegenüber ved. *ś(u)vā́* 'Hund' und gr. ἄκμων 'Amboss' gegenüber lit. *akmuõ* 'Stein'.

P 302. Gleichungen:

1) Uridg. *r: — Uridg. **dóru-* n. 'Holz' (zur Flexion s.u. M 317 Abs. 8) = gr. δόρυ, ved. *dā́ru*, heth. *ta-ru-u-i* i.e. *taru̯i* Dat.Lok.Sg.; vgl. got. *triu*, aksl. *drěvo* 'Baum'. — Uridg. **tréi̯es* 'drei' (lat. *trēs* usw., s.o. P 215 Abs. 1).

2) Uridg. *l: — Uridg. **melit-* 'Honig' = lat. *mel*, gr. μέλιτ-ος Gen.Sg., heth. *mi-li-it* i.e. *milit*, got. *miliþ*. — Uridg. **leu̯k-* 'leuchten' (lat. *lūx* usw., s.o. P 223 Abs. 1).

3) Uridg. *m: — Uridg. **melh₂-* 'zerreiben, mahlen' (→ Rix / Kümmel 2001: 432f.; H. Rix. *GS Schindler* 1999: 517) = lat. *molere*, heth. *malla-*, got. *malan*, aksl. *mlěti* 'mahlen', vgl. ved. (ŚB) *mr̥ṇántas* 'mahlende'. — Uridg. **melit-*, s.o. Abs. 2. — Uridg. **méh₂ter-* 'Mutter' = lat. *māter* usw., s.o. P 211 Abs. 10. — Auslautend: uridg. **tó-m* Akk.Sg. 'diesen' = lat. *is-tum*, gr. τόν, ved. *tám*, got. *þan-a*; uridg. **kʷi-m* Akk.Sg. 'welchen' = heth. *ku̯in*; uridg. *-o*-stämmiger Akk.Sg. *-*o-m* = lat. *-om* / *-um*, gr. -ον, ved. *-am*, heth. *-an*, apreuß. *-an*, lit. *-ą* usw.

4) Uridg. *n: — Uridg. **sen-* 'alt' = lat. *senex* mit Gen.Sg. *senis*, *gr.* ἕνος, ved. *sána-*, got. *sin-ista* 'Ältester', lit. *sẽnas* 'alt'. — Uridg. **néu̯o-* 'neu' = lat. *novus* usw., s.o. P 217 Abs. 2.

P 303. In einigen morphologisch wichtigen Fällen werden Halbvokale und Laryngale an das folgende *-m*(-) assimiliert. Die sich ergebende Doppelkonsonanz wird dann bereits uridg. vereinfacht (ein vorangehender Kurzvokal wird dafür mit Ersatzdehnung gelängt). Das Phänomen dieses Lautwandels wird Stangs Gesetz oder Lex Stang genannt: → *KS Szemerényi* (1987b: 801ff., in einem Aufsatz von 1956); Ch. Stang. *FS Kuryłowicz* (1965: 292ff.) = *KS Stang* (1970: 40ff.); Mayrhofer (1986: 163f.).

Musterbeispiele: — Voruridg. **d(i)i̯éu̯m* Akk.Sg. 'Himmel, Himmelsgott, Tag' > voruridg. **d(i)i̯émm* > uridg. **d(i)i̯ḗm* = ved. *dyā́m*, gr. ep. Ζῆν (mit sekundärer Interpretation als Ζῆν' i.S.v. Ζῆνα), lat. *diem* (zur Kürzung des Langvokals: → Leumann (1977: 225). Weiteres zu diesem Wort s.u. M 318 Abs. 6a. — Voruridg. **g*^{u}*óu̯-m* Akk.Sg. 'Rind' > voruridg. **g*^{u}*ómm* > uridg. **g*^{u}*ṓm* = ved. *gā́m*, gr. ep. βῶν i.S.v. 'Schild aus Rindsleder' (der übliche Akk.Sg. βοῦν ist analogisch neu gebildet). — Der Akk.Sg. fem. der *-eh*$_2$-Stämme führt über voruridg. **-ah*$_2$*m* (s.u. P 323 Abs. 2) > voruridg. **-amm* > uridg. **-ām* (gr. -ᾱν/-ην; lat. *-am* [wie bei *diem* mit Kürzung des Langvokals vor *m*]). — Ein weiteres Problem: Im Akk.Pl. der *-eh*$_2$-Stämme führt das aus **-eh*$_2$*-m-s* (mit Umfärbung von *eh*$_2$ > *ah*$_2$ und Assimilation von *-ms* > *-ns*) entstandene voruridg. **-ah*$_2$*ns* über voruridg. **-anns* > voruridg. **-āns* und von da (→ J. Schindler. *GS Kronasser* 1982: 194 Anm. 42; zunächst als Sandhivariante?) > uridg. **-ās*, vgl. ved. *-ās*, got. *-ōs*. Der Akk.Pl. von voruridg. **g*^{u}*ou̯-m-s* führt entsprechend über voruridg. * *g*^{u}*ou̯ns* > voruridg. * *g*^{u}*onns* > voruridg. **g*^{u}*ōns* und von da wie soeben > uridg. **g*^{u}*ōs*, vgl. ved. *gā́s*, gr. dor. βῶς. Weiteres zu uridg. **g*^{u}*ou̯-* s.u. M 318 Abs. 6b. — Zu uridg. Akk.Sg. **dōm* 'Haus' < **dom-m̥* s.u. M 320 Abs. 1a.

P 304. In bestimmten Positionen, besonders zwischen Konsonanten (*KRK*) und im Auslaut nach Konsonant (*-KR#*) werden die Sonoranten uridg. **l*, **r*, **m* oder **n* als silbische Allophone *[*l̥*], *[*r̥*], *[*m̥*] oder *[*n̥*] realisiert, vgl. uridg. **b*^{h}*er-* 'tragen': das Verbaladjektiv auf *-tó-* erfordert die Schwundstufe der Wurzel, also erscheint dies phonetisch als uridg. [**b*^{h}*r̥ -tó-*]. Wie **l*, **r*, **m* oder **n* verhalten sich auch uridg. **i̯* und **u̯* mit allophonischem **i* und **u*, s.o. P 212.

1) Die Regel für die Erzeugung der silbischen Allophone wirkt iterativ (unsilbisch - silbisch - unsilbisch usw.), ferner wird in der Position *KRRK* der zweite Sonorant zuerst bedient. — Vgl. für die Iterativität uridg. **ḱun-és* (und nicht: **ḱu̯n̥-és*) Gen.Sg. 'Hund' = ved. *śúnas*: Der anlautende Vokal der Endung *-és* ist eindeutig, *-n-* ist davor unsilbisch und zieht silbisches *u* nach sich. — Vgl. für „rechts vor links" uridg. **ḱu̯n̥-b*^{h}*-* (und nicht: **ḱun-b*^{h}*-*) mit *-b*^{h}-Kasus = ved. *śvábhis*. J. Klein. *Diachronica* 23 (2006: 407) bezweifelt die genannte Grundregel („the vocalisation of *KRRK is in fact unpredictable").

2) Mehrere Ausnahmen zu Abs. 1 sind bekannt, vgl. etwa im Wortanlaut uridg. **mn-eh*$_2$*-* 'denken an' (und nicht das nach der o.g. Regel zu erwartende: **m̥n-eh*$_2$*-*), vgl. beim *-n*-Präs. uridg. **i̯ung-* 'anschirren' (und nicht das nach der o.g. Regel zu erwartende: **iu̯n̥g-*), vgl. im Paradigma von uridg. **tréi̯-es* 'drei'

den Gen.Pl. **triii̯ōm* mit silbischem **i* + Übergangslaut **i̯* (s.o. P 218; regelhaft wäre **tr̥i̯ōm* mit silbischem **r̥* und unsilbischem **i̯*). Für weitere Informationen: → J. Schindler. *Sprache* 23 (1977: 56f.). Ferner s.o. P 203 zu **m°ĝ-*.

3) Ein interessanter Sonderfall ist die Metathese von uridg. **u̯r̥* vor *K/#* > **ru*. — Vgl. das schöne Beispiel von gr. ἱδρύω 'sitzen machen, einen Kult einrichten < *einen Sitz für eine Gottheit machen' < urgr. **s°du̯r̥-i̯e-* (zu diesem Schwachvokal **°*, dem sog. Schwa secundum, s.o. P 203, zu *s-* > *h-* s.u. P 309 Abs. 2): das Verbum stellt ein faktitives *-i̯e*-Präsens zu **séd-u̯r̥* n. 'Sitz' dar; vgl. parallel gebautes att. βλίττω 'Honig gewinnen, zeideln' < **mlit-i̯e-* zu **melit-* 'Honig' (wozu oben P 302 Abs. 2). Wie trefflich die fragliche Analyse von gr. ἱδρύω ist, zeigen zweifelhafte Versuche wie „offenbar Ableitung von einem *ἵδρῦς" (Peters 1980: 98). Der Lösung nahekommend, aber ohne Kenntnis der Metathese: → C. Ruijgh. *GS Kuryłowicz* I (1995: 353 Anm. 34 mit der Bemerkung „dérivé de **séd-ru-?*"). — Weitere Beispiele: → Mayrhofer (1986: 161f.); zu uridg. **su̯éḱu̯r̥-h₂-* s. auch oben P 217 Abs. 4; zu uridg. **kʷtru-K-* < **kʷtu̯r̥-K-* 'vier' s. auch unten M 501; Ableitung von 'vier' mit Metathese ev. ferner heth. *kutruen-* 'Zeuge': → Rieken (1999: 289 Anm. 1385).

Vielleicht erklärt sich auch das Nebeneinander von uridg. **u̯l̥kʷo-* (= ved. *vŕ̥ka-* usw., s.u. P 307 Abs. 2) vs. **lukʷo-* durch den gleichen Vorgang. Zu **lukʷo-* vgl. lat. *lupus* und gr. λύκος. Im Lat. ist *lupus* vermutlich ein Lehnwort aus dem Oskischen. Die Entwicklung von *-p-* < *-kʷ-* ist nicht lat. Im Gr. ist **lukʷo-* zu *luko-* dissimiliert.

P 305. Im Gegensatz zur offensichtlichen Sachlage bei den Liquiden konnten erst durch die scharfsinnige Kombination interner und externer Vergleiche auch die silbischen Nasale *[m̥] und *[n̥] als Allophone von **m* und **n* der Grundsprache zugeordnet werden. Da dem Verhältnis von ved. *bhar-* : *bhr̥tá-* das von ved. *man-* 'denken' : *matá-* 'gedacht' völlig entsprach, ließ sich nach der Relation *bhar-* : *bhr̥-* = *man-* : *x* für *x* (= ved. *ma-*) ein **mn̥-* postulieren. Die Sprachvergleichung zeigte nun an, dass dem *-a-* von ved. *ma-(tá-)* [bzw. *matí-* f. 'Denken'] nur im Griech. ein *-a-* entsprach (vgl. das seit Homer belegte Kompositum αὐτόματος 'selbst strebend, aus eigenem Antrieb'), im Lat. jedoch *-en-* (vgl. *menti-* 'Denkkraft, Denkart, Gedanke' mit Nom.Sg. *mēns*, Gen.Sg. *mentis*: → Reichler-Béguelin 1986: 19ff.), im Germ. *-un-* (got. *ga-munds* 'Andenken'), im Lit. *-in-* (*mintìs* 'Gedanken'), im Aksl. *-ę-* (*pa-mętь* 'Gedächtnis'). Diese einzelsprachlich divergierenden Resultate führten auf eben jenes **-n̥-* als gemeinsamen Nenner hin, das zu Beginn dem ai. Material entnommen worden war. Das ai. (ved.) und gr. Resultat *a* lässt sich am besten verstehen, wenn man annimmt, dass **-n̥-* in einem ersten Schritt ein **-an-* ergeben hat, daraus in einem zweiten Schritt ein nasaliertes **-ã-*, am Schluss ein entnasaliertes *-a-*. Die

Realisierung von *-n̥- vor -*V*- als *an*- (vgl. gr. ἄν-υδρος, ved. *an-udrá*- ‚ohne Wasser' gegenüber ἄ-τιμος ‚ohne Ehre' usw.) konserviert den ersten Schritt dieses Prozesses.

Die bleibende Erkenntnis der Nasalis sonans geht auf Karl Brugmann zurück: → K. Brugmann: Nasalis sonans in der indogermanischen Grundsprache. *Studien zur griechischen und lateinischen Grammatik* 9 (1876: 285ff.). Brugmann hatte Vorgänger, darunter auch den fünfzehnjährigen Schüler Ferdinand de Saussure (1857–1913). Dieser erschloss nach seiner eigenen Erzählung gr. -α- < *-n̥- in folgender Weise: „Nous lûmes ... un texte d'Hérodote ... [qui] contenait la forme τετάχαται. La forme τετάχαται était pour moi complètement nouvelle ... A l'instant où je vis la forme τετάχαται, mon attention, extrêmement distraite en général ... fut subitement attirée d'une manière extraordinaire, car je venais de faire ce raisonnement, qui est encore présent à mon esprit à l'heure qu'il est: λεγόμεθα : τετάγμεθα, par conséquent λέγονται : τετάχΝται, et par conséquent N = α": → C. Watkins: Remarques sur la méthode de Ferdinand de Saussure comparatiste. *CFS* 32 (1978 [1979]: 61) = *KS Watkins* I (1994: 266); Kohrt (1985: 112ff.).

P 306. Die aus den Allophonen uridg. *[l̥], *[r̥], *[m̥] und *[n̥] hervorgehenden Resultate variieren in fast allen Einzelsprachen. Einzig im Alt-indischen ist das Verhältnis von *bhar*- zu *bhr̥tá*- noch klar durchsichtig. Die altindischen Grammatiker konnten deshalb ein ingeniöses Ablautsystem entwickeln, s.u. P 413 Abs. 1. Dem ved. [r̥] entspricht aber z.B. im Lat. ein -*or*- (vgl. *fors*, *for-ti*- 'Zufall' < **b^{h}r̥-ti*-), im Germ. ein -*ur*- (vgl. nhd. *Ge-bur-t*) usw.

1) Das Lateinische setzt die uridg. silbischen Liquiden *[l̥] und *[r̥] als *ol* und *or* fort, die uridg. silbischen Nasale *[m̥] und *[n̥] als *em* und *en* (z.T. sekundär als *in*, s.o. P 108).

2) Im Griechischen sind uridg. *[l̥] und *[r̥] zu λα/αλ und ρα/αρ geworden, in Dialekten auch zu λο/ολ und ρο/ορ. Zu Einzelheiten: → Lejeune (1972: § 201); *KS Risch* (1981: 266ff., in einem Aufsatz von 1966): Uridg. *[m̥] und *[n̥] ergaben α, in Dialekten auch ο. Vor Vokal, Halbvokal und Laryngal + Vokal stellen αμ und αν die Normalvertretung dar. Über **R̥H* im Gr. s.u. P 332.

3) Im Altindischen (überhaupt im Indoiranischen) sind uridg. *[l̥] und *[r̥] als silbische Liquida bewahrt, ved. als *r̥* (= av. *ərə*); die einzige ved. Wurzel mit -*l̥*- in der Schwundstufe, *kalp*- / *kl̥p*- 'fügen, rüsten', hat keine sichere Deutung (vielleicht uridg. **k$^{u̯}$erp*-, wenn zu ved. *kr̥p*- 'Gestalt' und lat. *corpus*: → Mayrhofer 1991: 324). Die silbischen Nasale uridg. *[m̥] und *[n̥] erscheinen als *a*, vor Vokal und Halbvokal als *am, an*.

4) Im Hethitischen sind uridg. *[l̥] und *[r̥] zu *al* und *ar* entwickelt. Die uridg. silbischen Nasale sind wohl durch *an* vertreten: → Melchert (1994: 125f.) mit weiteren Einzelheiten.

5) Die restlichen drei hier behandelten Sprachzweige haben gemeinsam, dass in ihnen aus uridg. *[l̥], *[r̥], *[m̥] bzw. *[n̥] Gruppen aus dem jeweils gleichen Vokal und unsilbischen *l, r, m* bzw. *n* entstanden sind, vgl. im Germanischen die Sequenz *ul, ur, um* bzw. *un* (mit einzelsprachlichen Weiterentwicklungen), im Litauischen *il, ir, im* bzw. *in* (zur Intonation s.u. P 332 Abs. 4d) und im Urslavischen **ьl*, **ьr*, **ьm* bzw. **ьn* (= aksl. [*lь/lъ*], [*rь/rъ*] bzw. *ę*).

P 307. Gleichungen:

1) Für uridg. *[r̥]: — Uridg. **k̑r̥d-* 'Herz' (vollstufiges **k̑erd-* in as. *herta*, nhd. *Herz*) = lat. *cor* (Stamm *cord-*), gr. ep. κραδίη, att. καρδία, heth. *kard-*, lit. *širdìs*, aksl. *srъdь-ce*. — Uridg. **k̑r̥-n-* 'Horn' = lat. *cornū*, ved. *śr̥ṅga-*, urgerm. **χurna-* = runisch *horna*, an. ahd. *horn* mit *o* durch *-a*-Umlaut und got. *haurn* durch Brechung, s.o. P 208. — Uridg. **mr̥-tó-* 'tot' = gr. ep. βροτός 'Sterblicher' (die Lautung -ρο- statt -ρα- < *-r̥- verrät die äol. Herkunft dieser Vokabel; die gr. Bedeutung 'sterblich' muss gegenüber 'tot' sekundär sein und ist vermutlich retrograd aus dem negierten Verbaladjektiv ἄμβροτος 'unsterblich = nicht sterblich' [< uridg. **n̥-mr̥-to-*] gewonnen: → *KS Seiler* 1977: 81 Anm. 8, in einem Aufsatz von 1952), ved. *mr̥tá-* (av. *mərəta-*) 'tot' (das ebenfalls hierhergestellte ahd. *mord* 'Mord' < **murþa-* ist vermutlich innergerm. aus einem **murþra-* abstrahiert, vgl. ahd. *murdr-eo* 'Mörder': → Bammesberger (1990: 85f. u. 182). Vgl. ferner das dazugehörige Nom.act. **mr̥-tí-* 'Tod' = lat. *mors* (Stamm *morti-*), lit. *mirtìs*, aksl. *sъ-mrьtь* 'Tod', s.u. M 317 Abs. 7. — Uridg. **str̥-tó-* 'hingestreckt' = gr. στρατός (lesb. und böot. στροτός) 'Heer' (zur Semantik: → Strunk (1967: 111 mit Anm. 109), ved. *á-str̥ta-* (av. *a-stərəta-*) 'unüberwindlich'.

2) Für uridg. *[l̥]: — Uridg. **ml̥dú-* mit fem. **ml̥du̯-íh₂-* 'weich' = lat. *mollis* < **moldu̯i-* (die Rückführung von *-ol-* < *-l̥- ist aber nicht zwingend; denkbar ist genauso die *-e*-stufige Form [mit sekundärem *-eld-* zu *-old-*], wie sie auch bei anderen lat. Adjektiven nachweisbar ist, vgl. *brevis* 'kurz' < **meg̑ʰu̯i-* 'kurz': → H. Fischer. *MSS* 52, 1991: 7), gr. βλαδύς 'schlaff', ved. *mr̥dú-* f. *mr̥dvī́-* 'weich'. — Uridg. **u̯l̥kʷo-* m. 'Wolf' = ved. *vŕ̥ka-*, urgerm. **u̯ulfa-* (= got. *wulfs*; *f/p* dabei aus *kʷ*?: → J. Klein. *Diachronica* 23, 2006: 395), lit. *vil̃kas*, aksl. *vlьkъ* (zu **lúkʷos* > gr. λύκος s.o. P 304 Abs. 3). — Uridg. **pl̥h₂-i-* 'breit' = heth. *palḫi-*; mit anderem Suffix uridg. **pl̥h₂-nó-* = lat. *plānus*, s.u. P 332 Abs. 4e.

3) Für uridg. *[m̥]: — Uridg. **dk̑m̥-tó-* bzw. **h₁k̑m̥-tó-* (zum Anlaut s.u. M 502 Abs. 13) 'hundert' = lat. *centum*, gr. ἑκατόν (arkad. ἑκοτόν), ved. *śatám* (av. *satəm*), got. *hund-* 'hundert', lit. *šim̃ta-s* 'hundert'; uridg. **dék̑m̥-to-* 'der zehnte' = gr. δέκατος (arkad. lesb. δέκοτος), got. *taihunda*, lit. *dešim̃tas*, aksl. *desętъ*.

4) für uridg. *[n̥]: — Zu uridg. *mn̥-tó-, *mn̥-tí-* (ved. *matá-*, *matí-* usw.), s.o. P 305. — Uridg. negierendes *n̥-* ‘un-, nicht-, -los’ = lat. *in-* (< *en-*, s.o. P 108) in *in-somnis* ‘schlaflos’ usw., gr. (οὐκ) ἀθεεί ‘(nicht) ohne einen Gott’, ἄν-υδρος ‘ohne Wasser’, ved. *a-pútra-* ‘ohne Sohn’, *an-udrá-* ‘ohne Wasser’, nhd. *unschön* usw. — Uridg. *b^hn̥ǵ^{h}ú-* ‘reichlich’ = gr. παχύς ‘wohlgenährt’, ved. *bahú-* (~ Vollstufe im Superlativ *báṃh-iṣṭha-* ‘dichtest’), dazu wohl heth. *pangu-* ‘Gesamtheit’, ahd. *bungo* ‘Knolle’. — Uridg. *n̥s-* ‘uns’ (vgl. lat. dehnstufiges *nōs*) = nhd. *uns*, heth. *an-za-a-aš* i.e. *ant^s-ās* ‘uns’ (zum *t^s* statt *s* s.u. P 309 Abs. 4); vgl. ferner erweitertes *n̥s-mé* in ved. *asmā́n* ‘uns’; im Gr. *n̥s-mé* > *asmé* > *ammé* = äol. hom. ἄμμε mit äol. Barytonese), im Dor. statt *ammé* mit Beseitigung der Doppelkonsonanz durch Ersatzdehnung ἀ̄μέ, im Ion.-Att. ersatzgedehntes *āmé* > ἡμέ+ας (mit sekundärer Aspiration, zusätzlicher Akk.Pl.-Endung *-n̥s* und Lautwandel *ā* > *ę̄*). Weiteres zu diesem Pronomen s.u. M 401 Abs. 2.

2.3.2 Die Dauerlaute *s* (und *þ*?)

P 308. Die idg. Grundsprache hatte einen stimmlosen dental-alveolaren Reibelaut *s*. Diesem stand kein Phonem *z* gegenüber. Wohl aber dürfte *s* in der Position vor stimmhaften Verschlusslauten als Allophon *[z]* realisiert worden sein. Obwohl die Richtigkeit des Allophons *[z]* faktisch feststeht, wird aus praktischen Gründen i.d.R. auf eine phonetisch korrekte Notation verzichtet und einer phonemischen Schreibweise der Vorzug gegeben, vgl. uridg. *h_2ó-sd-o-* ‘Ast’ statt *[h_2ó-zd-o-]*, s.o. P 102 und s.u. P 310.

P 309. Einzelsprachliche Informationen:

1) Im ältesten Latein war uridg. *s* noch in allen Positionen bewahrt. Eine einschneidende Veränderung, der sog. Rhotazismus, mit der Entwicklung von *VsV* zu *VrV*, vollzieht sich im Verlauf der belegbaren Geschichte des Lateins (wohl um 350 v. Chr.). Inschriftlichem altlat. ESED entspricht klass. *erit*. Den Gentilnamen *Papīsius* schreibt L. Papirius Crassus (Prätor 340 v. Chr.) als erster Namensträger nicht mehr mit *-s-*. Der Rhotazismus erklärt den häufigen *s*/*r*-Wechsel innerhalb von Paradigmen und Wortfamilien, vgl. *es-se* ‘sein’ mit *es-t* und *es-set* gegenüber *er-at* und *er-it*, vgl. *ges-tus* (PPP) gegenüber *ger-ō* < *ges-ō* (Präs.St.) ‘tragen, führen’, vgl. *flōs* Nom.Sg. ‘Blume, Blüte’ gegenüber Gen.Sg. *flōr-is*, vgl. *hones-tus* ‘geehrt, ehrenhaft’, *honōs* ‘Ehre’ (alter Nom.Sg., archaisierend und poetisch noch verwendet) gegenüber *honor* (aus dem Gen.Sg. *honōr-is* neu gewonnener Nom.Sg.): → Leumann (1977: § 180).

2) Im Griechischen ist uridg. **s* vor oder nach Verschlusslauten und im Auslaut erhalten. Anlautend vor Vokal wird es zu *h-* (sog. Spiritus asper, <῾->). Es unterliegt dem sog. Graßmannschen Gesetz, s.u. P 348 Abs. 2. Im Äol. und in Teilen des Ion. wird der anlautende Hauchlaut beseitigt (sog. Psilose). Diese Gewohnheit ist u.a. dafür verantwortlich, dass wir heute *Indien* und nicht **Hindien* sagen: Wir verdanken das aspirationslose Wort den ion. Griechen, die die Landschaftsbezeichnung ihrerseits zunächst als *Hindu-* [< ind. *Sind^{h}u-* 'Indusgebiet'] von den Persern kennengelernt haben. – Inlautend wird *-s-* zwischen Vokalen zu -Ø-, vgl. θεός 'Gott' < **d^{h}h$_1$s-ó-* (s.o. G 507 Abs. 2). – Weiteres zur gesamten Problematik: → Lejeune (1972: § 82ff.); Brixhe (1996: 43).

3) Im Vedischen ist uridg. **s* gemeinhin erhalten. – Nach *r* [r̥], *u*, *k*, *i* (auch nach ursprünglichem *a̯i* und *au̯*, zum Resultat *e* und *o* s.o. P 220 Abs. 3) wird es zu *ṣ* (sog. *ruki*-Regel), s.o. G 502 Abs. 6 zu *éṣi*. Lit.: → M. Hale: Postlexical RUKI and the *tisrá*-Rule. *FS Watkins* (1998: 213ff.). – Auslautendes *-s* (und *-r*) erscheinen in den ai. Texten nur in gewissen satzphonetischen Positionen als solche; in der absolut verwendeten sog. Pausaform steht dafür *ḥ* (Visarga). Bei Zitaten einzelner Formen wird in der heutigen Indogermanistik die dafür eigentlich geforderte Pausaform gemieden und zur Klarheit der reine Stamm eingesetzt, vgl. *ávi-* 'Schaf' und nicht *áviḥ* (s.o. P 211 Abs. 1). Wird die volle Form benötigt, so notiert man die Form ohne Sandhi mit dem zugrunde liegenden etymologischen *-s* oder *-r*, vgl. Vok.Sg. *bhrā́tar* und nicht *bhrā́taḥ*).

4) Im Hethitischen scheint uridg. **s* im allgemeinen bewahrt. Unter Sonderbedingungen findet sich dafür *t^s*, vgl. uridg. **-s-* mit heth. *ant^s-*, s.o. P 307 Abs. 4: → Melchert (1994: 121).

5) Im Germanischen ist uridg. **s* erhalten. Doch unterliegt es zusammen mit den germ. stimmlosen Reibelauten dem sog. Vernerschen Gesetz, wird also unter dessen Bedingungen zu *z* (= got. *z*, an. ahd. *r*), s.u. P 421 Abs. 2.

6) Im Baltischen und Slavischen ist uridg. **s* in den meisten Positionen bewahrt. Ein der ved. (= indoiran.) *ruki*-Regel von Abs. 3 vergleichbarer Prozess hat im Slav. uridg. **s* (vor Vokal) nach *i*, *u*, *r*, *k* (wohl über **š*) zu aksl. *x* werden lassen. Ein vergleichbarer Wandel *s* > *š* im Litauischen umfasst nur einen Teil der in Frage kommenden Fälle: → Stang (1966: 94ff.).

P 310. Gleichungen für uridg. **s*: – Uridg. **seĝ^h-* (schwundstufig **sĝ^h-*) 'überwältigen' = ved. *sáhate*, ahd. *sigu* m. 'Sieg', gr. schwundstufiger them. Aor. ἔ-σχ-ον zu vollstufigem them. Präs. ἔχω 'habe im Griff, besitze' (ἔχω durch Hauchdissim. [s.u. P 348 Abs. 2] < **hek^h-* < **seĝ^h-* [mit typisch gr. Wandel der sog. Mediae aspiratae zu Tenues aspiratae, s.u. P 336 Abs. 2]) und Fut. ἕξω (hier *heks-* ohne Hauchdissim. < **hek^{h}s-*: Die Konsonantengruppe *-k^{h}s-* wurde offenbar so früh als *ks* realisiert, dass sie zur Zeit der Wirksamkeit des Graßmannschen Gesetzes keine dissim. Rolle mehr spielen konnte: → Meier-Brügger (1992a: 59 E 211.4); vgl. genauso ved. _bandh-_ vs. Fut. _bhantsyati_, s.u. P 348 Abs. 3). – Uridg. _*$h_2$eu̯s-_ ‘Ohr’ = lat. _auris_ (~ _aus-cultō_ ‘lausche’), got. _auso_, ahd. _ōra_ n. ‘Ohr’ = lit. _ausìs_ f., aksl. _uxo_ n. ‘Ohr’. – Uridg. _*$h_1$és-ti_ ‘er ist’ und uridg. _*$h_1$ési_ ‘du bist’ (zur bereits voruridg. Vereinfachung von ursprünglichem _*$h_1$és-si_ s.u. P 312) = lat. _est, es_, gr. ἐστί, εἶ, ved. _ásti, ási_, heth. _ēs-t^si, ēsi_ (zur Dehnung betonter Vokale im Heth. s.o. P 207), got. _ist, is_, lit. _ẽsti, esì_. – Uridg. _*h_2ó-sd-o-_ m. ‘Ast’ (zur phonetischen Aussprache _*[ózdo-]_ s.o. P 102; zum Anlaut: → C. Melchert. _HS_ 101 (1988: 223 Anm. 16) mit dem schon von Edgar Howard Sturtevant gezogenen Vergleich mit heth. _ḫasdu̯er_ ‘Fallholz, Reisig’) = gr. ὄζος (mit <ζ> = [_zd_]), got. _asts_. – Uridg. _*ĝénh₁-os_ Nom.Sg. ‘Geschlecht’ mit Gen.Sg. _*ĝénh₁-es-os_ ‘Geschlecht’ = lat. _genus, generis_ (mit _-eri-_ < _*-ese-_), gr. ion.-ep. γένος, γένεύς (mit _-eu̯-_ < _-e.o-_ < _-eho-_ < _*-eso-_). – Uridg. _*u̯es-_ ‘anhaben, bekleidet sein’ = ved. _vás-te_, heth. _ú-e-eš-ta_ i.e. _u̯ēs-ta_ ‘hat an’, vgl. gr. ἕννυμι (Präs.St. _*u̯es-nu-_ neben Aor. ἕσ-σαι) ‘bekleide mich’, lat. _ves-ti-s_ ‘Gewand’, got. _wasjan_ ‘kleiden’ und s.o. P 211 Abs. 4. – Uridg. _*pis-tó-_ ‘zerstampft, zermalmt’ = lat. _pistus_, ved. _piṣṭá-_, vgl. aksl. _pьxati_ ‘stoßen’. – Uridg. _*steh₂-_ (bzw. _*stah₂-_, s.u. P 323 Abs. 2) ‘stehen’ = lat. _stāre_ (geht nicht [wie die Communis opinio es darstellt] direkt auf einen Wurzelaorist zurück, sondern ist aus _*steh₂-i̯e-_ kontrahiert: → Meiser 1998: 187), gr. dor. ἵστᾱμι (<_*si-stah₂-_), vgl. ved. _sthā-trá-_ n. ‘Standort’, ahd. _stān_ ‘stehen’, lit. _stóti_, aksl. _stati_ ‘sich stellen’. – Uridg. _*$h_2$eu̯s-_ (bzw. _*$h_2$au̯s-_, s.u. die Beispiele P 323 Abs. 2) ‘aufleuchten (von der Morgenröte)’, vgl. lat. _aurōra_ (< _*au̯sōs-ā_), urgr. _*au̯sōs_ > _*au̯u̯ōs_ > lesb.-äol αὔως, ion. ἠώς und att. ἕως (zu den lautlichen Entwicklungen im Gr. mit _*au̯.u̯ōs_ vs. _*au̯u̯.ōs_ > _*āu̯ōs_: → _KS Ruipérez_ 1989: 237 u. 247), ved. _uṣ-ás-_ f., lit. _auš-rà_ f. ‘Morgenröte’. – Vgl. noch nhd. _uns_, heth. _ant^s-_, s.o. P 307 Abs. 4.

P 311. In unbezweifelbaren Fällen wechselt _s-_ in altidg. Sprachen mit Ø-, oft in derselben Sprache, vgl. gr. στέγος n. (Trag., auch hell. und späte Prosa) neben τέγος (seit Od., nicht Trag.) ‘Dach’; ved. _spaś-_ (< _*spek̑-_ = lat. _speciō_, nhd. _spähen_) neben _paś-_ ‘sehen’: → Mayrhofer (1996: 107f.); nhd. _schlecken_ (< mhd. _sl-_) neben _lecken_. Man spricht hier vom Phänomen des beweglichen _s_ (= _s_ mobile). – Es ist zu überlegen, ob nicht auch _*steh₂-_ mit einem _s_-mobile gebildet war: → M. Southern. _MSS_ 60 (2000: 100ff., argumentiert für Zugehörigkeit von lat. _tabula_). – Zur Deutung dieser Erscheinung und zur Literatur über sie: → Mayrhofer (1986: 119f.); Szemerényi (1990: 98f.) und s.u. P 405.

P 312. Die uridg. Regel der Geminaten-Vereinfachung betrifft in der Praxis vor allem uridg. _*s_. – So ergab die Verbindung der Wurzel uridg. _*$h_1$es-_ ‘existieren, dasein’ mit dem Morphem der 2.Pers.Sg. voruridg. über _*$h_1$és-si_ ein bereits uridg. _*$h_1$ési_ ‘du bist’ (= gr. εἶ; in Formen wie ep.-hom. ἐσσί ist die durchsichtigere Form sek. wieder hergestellt worden). Weiteres zur Flexion bei diesem Verbum s.o. G 502–505. – Genauso muss die Vereinfachung von *-s.s-* im Dat.Lok.Pl. von **ĝénes-su* bereits voruridg. erfolgt sein. Zu den Dat.Pl.-Formen vom Typ gr. γένεσι: → A. Morpurgo Davies. *FS Palmer* (1976: 188).

P 313. In vielen Darstellungen wird ein weiterer uridg. Reibelaut, **þ* (mit einem stimmhaft-behauchten Allophon *[ð]), gelehrt. Dieses sog. Thorn soll einige unstreitige Gleichungen erklären, in denen einige idg. Sprachen *-t-*Fortsetzer, andere *-s-*Fortsetzer zeigen.

1) Musterbeispiele: – 'Bär' mit gr. ἄρκ-τ-ος gegenüber ved. *ŕ̥k-ṣ-a-*, lat. *ur-s-us* (weitere Einzelheiten zu dieser Gleichung: → Mayrhofer 1991: 247f.; s. ferner unten P 333 Abs. 2). – 'Erde' mit gr. χ-θ-ών gegenüber ved. *k-ṣ-ám-* (weitere Einzelheiten: → Mayrhofer 1991: 424f.; zur Flexion s.u. M 321 Abs. 1). – 'wohnen' mit gr. myk. *ki-ti-je-si* i.e. *ktii̯ensi* 'sie wohnen' gegenüber ved. *kṣiyánti*, lat. *situs* 'gelegen' (weitere Einzelheiten: → Mayrhofer 1991: 427; zur gleichen Wurzel wie *si-tus* auch lat. *pōnō* < **po-si-nō*: → H. Rix. *Kratylos* 38, 1993: 87).

2) Die erst im 20. Jahrhundert erschlossenen idg. Sprachen Hethitisch (s.o. G 410) und Tocharisch (s.o. G 408) bringen eine zusätzliche wichtige Aussage zu Beispielen dieser Art: Der Abfolge *k*$^{(h)}$-*t*$^{(h)}$, wie sie im Gr. bezeugt ist, entspricht dort eine umgekehrte Folge *t*$^{(h)}$-*k*$^{(h)}$. Im Heth. erscheint 'Erde' im Nom.-Akk.Sg.n. als *te-e-kân* i.e. *tēgan* (weitere Belege bei Tischler 1994: 292ff.), in Toch. A als *tkaṃ*. Der heth. Nom.Sg. *ḫar-tág-ga-aš*, wohl i.S.v. *ḫartkas*, scheint die Bedeutung 'Bär' zu haben (weitere Belege und Lit.: → Puhvel 1991: 201f.).

3) Für 'Erde' bietet sich somit statt eines uridg. **g*^{h}*ðm-* der Ansatz eines mit herkömmlichen Konsonanten gebildeten Paradigmas: heth. mit vollstufigem Nom.Sg. *tēkan* < uridg. **d*^{h}*éĝ*^{h}*ōm* und ablautenden Kasus wie Gen.Sg. *takn-* < uranat. **d*$^{h\mathrm{o}}$*g*^{h}*m-* < uridg. **d*^{h}*ĝ*^{h}*m-*. Während das Anatolische die Lautgruppe dank des Sprossvokals innerparadigmatisch hat halten können, wurde uridg. **d*^{h}*ĝ*^{h}*m-* andernorts zu **ĝ*$^{h\mathrm{o}}$*m-* vereinfacht, vgl. gr. χαμαί 'auf der Erde', lat. *humī* 'auf dem Boden' (daraus sekundär *humus* f. 'Boden': → Wackernagel 1928: 32), lit. *žẽmė*, aksl. *zemlja* 'Erde'. In einem Fall wie Lok.Sg. uridg. **d*^{h}*ĝ*^{h}*ém* wurde schließlich das tautosyllabisch stehende **d*^{h}*ĝ*^{h}*-* durch Umstellung zu einem **ĝ*^{h}*d*^{h}*-*, woraus sich sowohl ein gr. *k*^{h}*t*^{h} <χθ> als auch ein ved. *kṣ* begreifen lässt. Weiteres zur Problematik des Paradigmas s.u. M 321 Abs. 1.

4) Die gesamte Problematik ist mustergültig dargestellt von J. Schindler: A Thorny Problem. *Sprache* 23 (1977: 25–35); vgl. ferner: → *KS Mayrhofer* (1996: 255–270, in einem Bericht von 1982); Lipp (1994).

2.3.3 Die Laryngale

P 314. Der übliche gemeinsame Terminus Technicus Laryngale für die Gruppe der drei rekonstruierbaren Konsonanten $^{*}h_1$, $^{*}h_2$ und $^{*}h_3$ der idg. Grundsprache ist wissenschaftsgeschichtliches Erbe und stammt von dem dänischen Sprachwissenschaftler Hermann Möller, s.u. P 315 Abs. 1. Die gemeinschaftliche algebraistische Notierung mit dem Kleinbuchstaben *h* samt Indexziffern *1*, *2* und *3* zur Differenzierung der drei Phoneme ist ebenfalls ein Ergebnis ihrer gemeinsamen Entdeckungsgeschichte, sagt aber nichts über die phonetische Klassifizierung der drei angesetzten Laute aus. Jedoch weisen die drei Laryngale tatsächlich Gemeinsamkeiten im Lautwandel auf, und so lässt sich manchmal ein Laryngal rekonstruieren, ohne dass differenziert werden kann, welcher der drei Laryngale es ist; in dem Fall ist für die Notation der Gebrauch des Großbuchstabens *H* üblich. — Das Symbol *H* wird ferner manchmal bei Beispielen im einzelsprachlichen Bereich verwendet, wenn die Qualität des Laryngals nicht entscheidend ist, vgl. u.a. die Beispiele in P 323 Abs. 1b oder in P 334 Abs. 2.

1) Der konsonantische Charakter dieser uridg. Phoneme steht heute außer Frage, s.u. P 329. Die Annahme eines stimmlosen glottalen Frikativs [*h*] für uridg. $^{*}h_1$, eines stimmlosen velaren Frikativs [*x*] für uridg. $^{*}h_2$ und eines stimmhaften pharyngalen Frikativs [ʕ] für uridg. $^{*}h_3$ dürfte den Verhältnissen der idg. Grundsprache am ehesten entsprechen. Zur Diskussion der phonetischen Differenzierung: → Mayrhofer (1986: 121 Anm. 101; 122 Anm. 103f.); H. Rix. *HS* 104 (1991: 191 mit Anm. 27); H. Rix. *IF* 96 (1991: 271f.); J. Gippert. *Kolloquium Kopenhagen 1993* (1994: 464f.); Kümmel (2007: 327–336); ferner s.u. P 329 Abs. 1 (zu $^{*}t^{h} < {}^{*}t{+}h_2$) und Abs. 2 (zu $^{*}b < {}^{*}p{+}h_3$).

2) Die folgende Einführung in die Problematik der Laryngale ist bewusst allgemein gehalten. Auf Sonderfälle wird i.d.R. nicht eingegangen.

3) Zur verschiedenen Ansichten zu den Laryngalen: → Winter (1965, mit Forschungsbericht und Bibliographie von E. Polomé: 9–78); Beekes (1969); Rix (1992: 36–39; 68–76); Mayrhofer (1986: 121–150); Bammesberger (1988) (darin 130–135 eine gute Übersicht über den Laryngalbefund des Uridg. mit neun Punkten [Ennealogie] von Heiner Eichner); Kellens 1990; Schrijver (1991); Lindeman (1997); *Kolloquium Kopenhagen 1993* (1994, darin Round table discussion: Zur Phonetik der Laryngale mit den Beiträgen von R. Beekes, J. Gippert, J. Rasmussen und M. Job); Müller (2007); Mayrhofer (2005).

4) Die Rekonstruktion von drei grundsprachlichen Laryngalen ist in der heutigen Indogermanistik Communis opinio. Die Akzeptanz ist aber nicht einmütig. Die Annahme einer höheren Zahl von Laryngalen – der Höchstwert liegt bei zehn (Forschungsbericht bei Szemerényi 1990: 132), findet sich auch in

Standardwerken jüngerer Zeit: Puhvel (1984–2007) geht von sechs Laryngalen aus; Lindeman (1997) rechnet mit 3 stimmlosen und 3 stimmhaften Laryngalen. – Andererseits vertreten Szemerényi (1990, vgl. u.a.: 127ff. u. 147: „nur ein Laryngal anzunehmen“) und Bammesberger (1984) ein uridg. Phonemsystem mit nur einem **h* (mit älterer Notation daneben **ə*, ferner **m̥̄*, **n̥̄*, **l̥̄*, **r̥̄*.

P 315. Die Einbeziehung der drei Laryngale in das Rekonstruktionsmodell der heutigen Indogermanistik soll durch einen knappen wissenschaftsgeschichtlichen Überblick verdeutlicht werden.

1) Die Anfänge dieser Rekonstrukte liegen in dem Buch des erst einundzwanzigjährigen genialischen Ferdinand de Saussure *Mémoire sur le système primitif des voyelles dans les langues indo-européennes* (→ Saussure 1879, wieder abgedruckt in Saussure 1922: 1ff). Es ist sein Verdienst, die Einteilung der Sanskrit-Wurzeln durch die indischen Grammatiker in *aniṭ-* und *seṭ*-Wurzeln in diesem Zusammenhang für die idg. Sprachvergleichung fruchtbar gemacht zu haben. – Die Sprachgelehrten des Alten Indien hatten beobachtet, dass ein Teil der Wurzeln vor gewissen grammatischen Elementen nicht jenes *-i-* zeigte (t.t. der Sanskrit-Grammatik: *an-i-ṭ* i.e. ‘ohne *-i-*’), das andere Wurzeln (t.t. der Sanskrit-Grammatik: *seṭ* < **sa-i-ṭ* i.e. ‘zusammen mit *-i-*’) dort aufwiesen. So ist ved. *man-* ‘denken’ eine *aniṭ*-Wurzel, vgl. ved. *man-tár-* m. ‘Denker’, *mán-tra-* m. ‘Rede, Ratschlag’ ohne *-i-* vor *-tar-*, *-tra-*. Dagegen sind ved. *jan-* ‘erzeugen’ und *san-* ‘gewinnen’ *seṭ*-Wurzeln (von der modernen Indogermanistik richtiger als *jan*^{i}-, *san*^{i}- umschrieben). Sie zeigen *-i-* vor jenen Suffixen *-tar-*, *-tra-*, vgl. ved. *jani-tár-* m. ‘Erzeuger’, *janí-tra-* n. ‘Geburtsstätte’, *sani-tár-* m. ‘Gewinner’, *saní-tra-* n. ‘Gewinn, Lohn’. Die Inder unterscheiden bei ihren schwundstufigen Wurzeln ebenfalls genau zwischen solchen, die vor gewissen Suffixen *-i-*, und solchen, die dort -Ø- haben. Sie setzen die Verbalwurzel *pū-* (vollstufig *pav*^{i}-) als schwer (= *seṭ*) an, vgl. *pavi-tár-* m. ‘Reiniger’, *paví-tra-* n. ‘Sieb’. Als leicht (= *aniṭ*) wird dagegen das Verbum *śru-* (vollstufig *śrav-*) ‘hören’ eingestuft, vgl. *śrótar-* m. ‘Hörer’ und *śró-tra-* n. ‘Gehör’ (beide mit antekonsonantischem *śro-* < **śrau̯-*, s.o. P 222 Abs. 3). Vgl. ferner die leichte ved. Verbalwurzel *bhr̥-* (vollstufig *bhar-*) ‘tragen’ mit ved. *bhár-tu-m* ‘zu tragen’ und *bhar-tár-* m. ‘Träger’ gegenüber schwerem ved. vollstufigem *tar*$^{\bar{\imath}}$- ‘überwinden’ mit ved. *duṣ-ṭárī-tu-* ‘unüberwindlich’ (hier wie anderswo erscheint das *-i-* bisweilen gelängt: → Wackernagel / Debrunner (1957a: § 18); Hirt (1921: § 135).

2) Dass *seṭ*-Wurzeln wie ved. *pū-* (*pav*$^{\bar{\imath}}$-) ‘reinigen’ (vgl. Partizip *pū-tá-* ‘gereinigt’) oft mit einem Präs.St. der ai. neunten Klasse (vgl. ved. *pu-nā́-ti* ‘reinigt’, *pu-nī-tá* ‘reinigt!’) verbunden sind, war aus der ved. Grammatik allenfalls schon ablesbar. Ferdinand de Saussures große Abstraktionsleistung besteht darin, dass er diese Nasalpräsentien mit dem durchsichtigeren Präs.St.-Typ

der *-n-*infigierenden Verben der ai. siebten Klasse (mit wurzelschließendem Plosiv) verglich. Wenn dort ved. *yu-ṅ-k-tá* ‘schirrt an!’ neben dem Partizip *yuk-tá-* ‘angeschirrt’ stand, so war die Stammbildung durch infigiertes *-n-* vor dem wurzelschließenden Phonem der Wurzel *yuk-* deutlich erkennbar. Dieses Muster der nasalinfigierten Präsensbildung erkannte Ferdinand de Saussure nicht nur in den Verben der ai. fünften Klasse (mit wurzelschließendem Sonoranten *u*) wieder (ved. *śr̥-ṇ-u-tá* ‘hört!’ neben *śru-tá-* ‘gehört’ zur *aniṭ*-Wurzel *śru-*, s.o. Abs.1), sondern auch in dem Verhältnis von ved. *pu-n-ī-tá* ‘reinigt!’ zu *pū-tá-* ‘gereinigt’. Ja, es ergab sich ihm die volle Gleichung ved. *yók-tra-* ‘Anschirrwerk’ (mit *yok-* < **yau̯k-*, s.o. P 222 Abs. 3) : *yu-ṅ-k-tá* : *yuk-tá-* = *śró-tra-* (s.o. Abs. 1) : *śr̥-ṇ-u-tá* : *śru-tá-* = *paví-tra-* : *pu-nī-tá* : *pū-tá-*. War diese Gleichung richtig, dann enthielt die *seṭ*-Wurzel ursprünglich ebenfalls ein wurzelschließendes Element. Wir nennen es vorerst *X* (Ferdinand de Saussures Ansätze lauten anders). Es erschien nach Konsonanten (*-v-*, *-n-*) als *-i-* (z.T. auch gelängt, s.o. Abs. 1 bei *duṣ-ṭárī-tu-*), bei Kurzvokalen wie *-u-* verursachte es deren Dehnung. Formuliert man dementsprechend die letzte Reihe um, so ist ihre Analogie zu den erstgenannten Reihen auffällig:

pávi(tra-)	*pu-n-ī(tá)*	*pū(tá-)*
< **páu̯X(tra-)*	< **pu-n-X(tá)*	< **puX(tá-)*

3) Dass die indischen Grammatiker mit dem Ansatz des zusätzlichen *-i-* in den *seṭ*-Wurzeln einen sprachimmanenten Zug erkannt hatten, ließ sich auch an den Wurzeln mit Nasalen oder Liquiden zeigen. Hatte die *aniṭ*-Wurzel *man-* (vgl. *man-tár-*, oben Abs.1) **mn̥-* als Schwundstufe (vgl. ved. *ma-tá-*), so führten die schwundstufigen Bildungen der *seṭ*-Wurzel *jan*^{i}*-* (vgl. ved. *jani-tár-*) auf ein *-n̥-* + *-X-* hin (vgl. ved. *jātá-* ‘erzeugt’ mit *-ā-* < **-aX-* < **-n̥-X-*). Ebenso haben nur *aniṭ*-Wurzeln wie *bhar-/bhr̥-* ‘tragen’ eine Schwundstufenbildung mit *-r̥-* (vgl. *bhr̥-tá-* ‘getragen’). Zu *seṭ*-Wurzeln wie vollstufigem *tar*^{ī}*-* ‘überwinden’ oder vollstufigem *par*^{i}*-* ‘füllen’ aber ist in den Schwundstufenformen ein *-r̥-* + *-X-* bzw. *-l̥-* + *-X-* anzusetzen (mit Resultat *-īr-* bzw. *-ūr-*, vgl. ved. *tīr-thá-* ‘Furt’ bzw. *pūr-ṇá-* ‘gefüllt’).

P 316. Nimmt man das bisher Gesagte zusammen, so ist dieses *X* nur nach Konsonanten (und nichtsilbischen Sonoranten) als ved. *-ĭ̄-* (dem *i-ṭ* der Inder) erhalten, nach Vokalen sowie silbischen Nasalen und Liquiden aber hat es eine Längung bewirkt, vgl. uridg. **peu̯X-* > ved. *pav*^{i}*-* gegenüber uridg. **puX-* > ved. *pū-*; uridg. **ĝenX-* > ved. *jan*^{i}*-* gegenüber uridg. **ĝn̥X-* (= in älterer Notation **ĝn̥̄-*) > ved. *jā-*; uridg. **terX-* > ved. *tar*^{ī}*-* gegenüber uridg. **tr̥X-* (= in älterer Transkription *tr̥̄-*) > ved. *tīr-*. Wo aber dieses Element vokalisch fortgesetzt erschien (ved. *-ī̆-)*, entsprach es in den nicht-iir. Sprachen zumeist einem *-a-*. So vergleicht sich der Typ der Verben der ai. neunten Klasse mit schwundstufigen *-nī-* in *pu-nī-té* 'wird gereinigt' und vollstufigem *-nā-* in *pu-nā́-ti* 'reinigt' (s.o. P 315 Abs. 2) mit dem schwundstufigen gr. -να- in δάμ-να-ται 'wird bewältigt' bzw. dem vollstufigen ion.-att. -νη- (< **-nā-*) in δάμ-νη-σι 'bewältigt'. – Die Gleichsetzung von ved. *sthitá-* mit gr. στατός 'gestellt' zeigt weiter an, dass auch die Schwundstufe zu langvokalischen Wurzeln wie ved. *sthā-* und gr. (nicht-ion.-att.) *stā-* (in ion.-att. ἵ-στη-μι< **si-stā-*) 'stehen' jenes *X* enthielt, was den Schluss nahelegt, dass die Wurzeln des Typus *sthā-* in Wahrheit auf *-a-X-* endigten, s.u. P 417 Abs. 2. Zu ved. *bhar-* : *bhr̥-tá-* wäre dann **s*t^{h}*aX-* (= ved. *sthā-*) : **s*t^{h}*X-tá-* (= ved. *sthitá-*) in Parallele zu setzen. Die lautliche Entsprechung ved. *-i-* = gr. -α- wiederholt sich außerdem in so eindeutigen Wortgleichungen wie ved. *pitár-* = gr. πατήρ 'Vater': auch dieser wohnt also das Element *X* inne.

P 317. Ferdinand de Saussure hat nicht nur das Element, was wir bis jetzt allgemein *X* genannt haben, erkannt, sondern bereits zwei solcher Werte angenommen, die von weiteren Gelehrten bald um einen dritten Wert vermehrt wurden, vgl. die heutige Auffassung dreier verschiedener Laryngale in den Vorstufen von gr. t^{h}*ē-*, *stā-* und *dō-*: gr. t^{h}*ē-* 'stellen, legen, setzen' (vgl. τί-θη-μι < uridg. ***d^{h}*e*h_1*-*; nicht-ion.-att. *stā-* (vgl. ion.-att. ἵ-στη-μι mit *ē* < **ā*) < uridg. **ste*h_2*-*; *dō-* 'geben' (vgl. δί-δω-μι < uridg. **de*h_3*-*. Ferdinand de Saussure hatte in diesen Werten noch vokalartige Elemente ('coefficients sonantiques') gesehen.

P 318. Die damalige klassische Indogermanistik ist ihm in sehr vielem, aber nicht in allem, gefolgt. Sie hat für das *X* einen einzigen Murmelvokal *ə* als sog. Schwa indogermanicum angesetzt (gegenüber zwei bzw. drei Werten bei Ferdinand de Saussure und seinen laryngalistischen Nachfolgern). Sie hat ferner seine Erkenntnis übernommen, dass die *seṭ*-Wurzeln in die Grundsprache zurückreichten. Ein Beispiel wie ved. *jan*^{i}*-* wurde (mit der damals üblichen Notation) auf uridg. **ĝenə-* zurückgeführt. Bei der dazugehörigen Schwundstufe in *jā-tá-* wurde *jā-* auf ein (damals so notiertes) schweres uridg. **ĝn̥̄*– zurückgeführt.

Zur Geschichte der Rezeption von Ferdinand de Saussures Frühwerk: → Saussure (1978); Mayrhofer (1981: 26ff.); Gmür (1986).

P 319. Eine wichtige Korrektur an der um die Wende vom 19. zum 20. Jahrhundert allgemein angenommenen Erkenntnis, dass die Schwundstufe zu *-n-* und *-r-*haltigen *seṭ*-Wurzeln ein *-n̥̄-* bzw. ein *-r̥̄-* sei, hat Albert Cuny 1912 angebracht: → A. Cuny: Indo-européen et sémitique. *Revue de phonétique* 2 (1912: 101ff.).

1) Seine Argumentation: Wenn die Vollstufe von *seṭ*-Wurzeln tatsächlich auf vokalisches uridg. **-ə* ausginge, wie der damals übliche Ansatz von uridg. vollstufigem **ĝenə-* < ved. *jan*^{i}*-* (s.o. P 318) suggeriert, dann wäre als Schwundstufe

uridg. **ĝnə-* zu erwarten, mit vokalischem *-ə-* nach konsonantischem *-n-*. Das hätte sich als ved. **jñi-* fortsetzen müssen. Diese Form gibt es aber nicht. Vielmehr finden wir ved. *jā(-tá-)*, was über die vorhistorische Zwischenstufe **jaX-tá-* auf uridg. **ĝn̥X-tó-* zurückgeführt werden kann.

2) Aus der Darlegung von Albert Cuny ergibt sich der Hinweis auf die konsonantische Natur von *X*, wie dies für Ferdinand de Saussures 'coefficients' schon früher, in den Jahren 1879 und 1880, durch Hermann Möller angenommen worden war. Möller dachte an Laryngale, wie sie ähnlich aus den semitischen Sprachen bekannt sind: → Möller (1906, VI): „Als Ferdinand de Saussure seine glänzende Entdeckung der von ihm sogenannten 'phonèmes' *A* und *ǫ* machte (Mémoire ...), sprach ich alsbald (1879) die Vermutung aus, dass diese wurzelhaften Elemente, denen ich ein drittes hinzufügte, konsonantische und zwar Kehlkopflaute gewesen seien ... und behauptete 1880 ... 'Es waren ... wahrscheinlich Gutturale von der Art der semitischen'."

P 320. Die heutigen Ansichten zu den Laryngalen beschränken diesen Terminus auf eine in der Geschichte der Indogermanistik gewachsene Bezeichnung ohne phonetische Festlegung. Wesentlich bleibt, dass von drei konsonantischen Werten ausgegangen wird und dass der Großteil der Laryngal-Wirkungen, wie sie in dieser Einführung gelehrt werden, schon in Cunys Aufsatz von 1912 erscheint. Zu dieser Zeit war das Hethitische mit seinem Phonem *ḫ* noch nicht erschlossen.

Das wesentliche Lehrgebäude der sog. Laryngaltheorie, jener Fortführung von Ferdinand de Saussures Erkenntnissen, war schon 1912 fertig und beruhte auf der vergleichenden Analyse der Wurzelstruktur und des Ablauts, vornehmlich im Vedischen und Griechischen. Zur Frühgeschichte der Laryngaltheorie mit den entsprechenden Angaben zu Cuny, Möller und weiteren Forschern: → O. Szemerényi: La théorie des laryngales de Saussure à Kuryłowicz et à Benveniste. *BSL,1* 68 (1973: 1ff.) = *KS Szemerényi* (1987a: 191ff.).

Dass Jerzy Kuryłowicz 1927 heth. *ḫ* mit dem zweiten Laryngal Cunys gleichgesetzte, war insofern folgenreich, als die zunächst häretische, konsonantische Auffassung der de Saussureschen 'coefficients' durch Möller und Cuny dadurch mehrheitsfähig wurde. Gewiss ist es von Wichtigkeit, dass die am frühesten bezeugte idg. Sprachgruppe den konsonantischen Charakter der Laryngale bestätigt. Gleichwohl bleibt zu wiederholen, dass die Schlüsse aus dem Material der nicht-anatolischen Sprachen, die durch de Saussure und Cuny gezogen worden sind, durch die ihnen innewohnende Stringenz wohl auch dann Anerkennung gefunden hätten, wenn die anatolischen Texte niemals aus dem Boden gekommen wären: → *KS Mayrhofer* (1996: 416, in einem Aufsatz von 1987).

P 321. Die folgenden Auswirkungen von uridg. *h_1, *h_2 und *h_3 sind für die wesentlichen idg. Sprachen und ihre Vorstufen festzuhalten.

Die übliche uridg. Wurzelstruktur, wie sie etwa aus lat. und gr. Formen wie *leg-ō, fer-ō, cap-iō, clep-ō*, λείπω, κεῖμαι abzulesen ist, besteht im Eingang aus einem oder mehreren unsilbischen Phonem(en), z. B. *l-*, *kl-*, *k-*, einem mittlerem *-e-* (selten *-a-*) und schließend aus einem oder mehreren unsilbischen Phonem(en), z. B. *-g*, *-i̯*, *-i̯kᵘ̯*. — Uridg. Wurzeln, deren Anlaut (s.u. P 322 zu **He-*) oder Auslaut (s.u. P 323 zu **-eH-*) auf ein *h_1, *h_2 und *h_3 zurückgeführt werden muss, fügen sich dank ihrer unsilbischen Natur problemlos in diesen Wurzeltyp ein. Weiteres zur uridg. Wurzelstruktur: → Szemerényi (1990: 102–104); Rix / Kümmel (2001: 5ff. zu den Verbalwurzeln).

P 322. Wurzeln vom Typ **He-* mit anlautendem Laryngal:

1) Ein Beispiel für uridg. *h_1*e-*: — Uridg. *h_1*es-* ‘existieren, da sein’ = lat. *es-t* usw. Der Anlaut *h_1- ist aus Formen mit der Schwundstufe *h_1*s-* noch erweisbar, s.o. G 504 Abs. 9. In der Vollstufe uridg. *h_1*es-* scheint *h_1 in allen bisher bekannten idg. Sprachen geschwunden zu sein, *h_1*e* wird also wie uridg. **e* fortgesetzt.

2) Beispiele für uridg. *h_2*e-*: — Uridg. *h_2*ent-* ‘Angesicht’. Noch in der vor-uridg. Periode führte *h_2 zur Umfärbung von uridg. *h_2*e* zu *h_2*a*, das Lexem wurde also zu *h_2*ant-*. Aus Gründen der Klarheit wird in der Rekonstruktion die Umfärbung i.d.R. aber nicht vorgenommen, s.o. P 102. Die Ursprünglichkeit von uridg. *h_2*e* geht aber noch aus der Dehnstufe uridg. *h_2*ē* hervor, wo die Qualität des *ē* trotz des davor stehenden *h_2 bewahrt bleibt, s.u. P 331. Der gleiche Schluss kann aus dem Vorhandensein von Formen mit Ablaut *-*o*h_2- gezogen werden (vgl. unten ὄγμος): diese werden dann am besten verständlich, wenn sie auf eine Zeit zurückgehen, als noch *-*e*h_2- mit seinem *e* die Ausgangsbasis für den Ablaut *-e-* : *-o-* und *-e-* : *-ē-* abgegeben hat. Der *H*-Anlaut von *h_2*a* ist im Anatol. bewahrt, vgl. heth. *ḫant-s* ‘Gesicht, Vorderseite’. Die anderen Sprachen setzen unmittelbar **ant-* fort, vgl. uridg. Lok.Sg. *h_2*ént-i* = lat. *ant-e* (s.u. P 423 Abs. 1) ‘vor’, gr. ἀντί (der Akzent ist aus dem i.d.R. vor dem davon abhängenden Gen. proklitisch unbetont verwendeten ἀντὶ abstrahiert, ursprüngliches *ἄντι ist nicht belegt) ‘angesichts’, ved. *ánt-i* ‘davor’. — Uridg. *h_2*eĝ-* (> *h_2*aĝ-*; neben ablautendem uridg. *h_2*oĝ-*) ‘treiben, führen’ = lat. *ag-ere*, gr. ἄγ-ειν (vgl. daneben das *-o*-stufige Nomen ὄγμος ‘Reihe abgemähten Grases’), ved. *ájati* ‘treibt’.

3) Beispiel für uridg. *h_3*e-*: — Uridg. *h_3*e-kᵘ̯-* ‘sehen’, u.a. mit der primär *-e*-stufigen *-mn̥*-Bildung *h_3*ékᵘ̯-mn̥* (vom Typus wie gr. σπέρ-μα, δέρ-μα) ‘Auge’: hier führt voruridg. *h_3*e* schon uridg. zu *h_3*o*, was in allen sicheren Beispielen mit uridg. **o* zusammenfällt, vgl. den zur fraglichen Wurzel gehörenden

Wortanfang von gr. ὄμ-μα 'Auge', lat. oculus, ved. ákṣi- 'Auge'. — Zum Anatol. s.u. P 334.

P 323. Wurzeln vom Typ *-eH- mit schließendem Laryngal vor Konsonant (KVH.K) oder Vokal (KV.HV):

1) Beispiele für uridg. *-eh$_1$-: Bei *-eh$_1$- bewirkt *h$_1$ keine Umfärbung von e, ebensowenig wie in uridg. *h$_1$e- (s.o. P 322 Abs. 1).

1a) Steht *-eh$_1$- tautosyllabisch vor Konsonant, so bewirkt *h$_1$ Ersatzdehnung zu *-ē-. Der Langvokal fällt in dieser Position i.d.R. mit uridg. *-ē- zusammen. — Vgl. zu uridg. *d^{h}eh$_1$- 'setzen, errichten, machen' gr. τί-θη-μι, lat. fē-cī, ved. á-dhāt, lit. dė́-ti 'legen'. — Vgl. zu uridg. *h$_2$u̯eh$_1$- 'wehen' gr. ἄησι, ved. vā́-ti, aksl. vě-jati. — Vgl. zu uridg. *reh$_1$- 'gewähren, geben' ved. rā́-si 'du gibst, verleihst'.

1b) Steht aber *-eh$_1$- heterosyllabisch vor Vokal oder silbischem Sonoranten, behält *e vor *h$_1$ seine Qualität und wird wie uridg. *e behandelt, *h$_1$ schwindet später einzelsprachlich und hinterlässt einen Hiat. — Vgl. uridg. *h$_2$u̯éh$_1$-n̥t-o- 'Wind' > iir. *Hu̯áHata- > *u̯á.ata- > aav. jav. vāta- m. 'Wind' (ev. aav. Y 44,4 noch dreisilbig als vaᵓata- gemessen) = ved. vā́-ta-, lat. (mit *-eh$_1$nt- > -ent-) ventus (vgl. auch heth. ḫuu̯ant- 'Wind' <*ḫu-ant- < uridg. *h$_2$uh$_1$-ent-). — Vgl. uridg. *reh$_1$-í- 'Eigentum' > iir. *raH-í-> *ra.í- (vgl. ved. rayí-m Akk.Sg. mit Übergangslaut -y- und ved. re-vánt- 'reich' < *rai̯-u̯ánt- < *ra.i-u̯ánt- < *raHi-u̯ánt-); dagegen im gleichen Paradigma (nach konsonantischem i̯) uridg. *reh$_1$-i̯-és Gen.Sg. 'des Eigentums' > iir. *raHi̯-ás > ved. rāyás. Weitere Informationen zu den beiden Beispielen: → Mayrhofer (1996: 438, zu rayí-, u. 542, zu vā́ta-); zu vā́ta- ferner: → B. Vine: Rig-Vedic VÁATA- and the Analysis of Metrical Distractions. IIJ 33 (1990: 267–275).

2) Beispiele für uridg. *-eh$_2$- tautosyllabisch vor Konsonant: *h$_2$ bewirkte in *eh$_2$ (ebenso wie in *h$_2$e) bereits voruridg. Umfärbung von e zu a. Die Ursprünglichkeit von *eh$_2$ geht wie bei *eh$_1$ (s.o. Abs. 1) aus den darauf fußenden Dehnstufen mit *ēh$_2$ hervor (s.u. P 331 Abs. 1), ferner aus Beispielen mit ablautendem *oh$_2$ (vgl. unten gr. φω-νή). Noch in voruridg. Zeit wurde *eh$_2$ also zu *ah$_2$ (s.o. P 303 zum Akk.Sg. voruridg. *-eh$_2$m > *-ah$_2$m > *-amm > uridg. *-ām, wo die Umfärbung vor der ebenfalls in voruridg. Zeit vollzogenen Assimilation anzusetzen ist). Die Stufe *ah$_2$ ist in den anatolischen Sprachen erhalten. Außeranatolisch fiel *ah$_2$ vor Konsonant mit uridg. *ā zusammen. In der Rekonstruktion wird die Umfärbung aus Gründen der Klarheit nicht vorgenommen. — Vgl. zu uridg. *steh$_2$- (eigentlich *stah$_2$-) 'wohin treten, sich hinstellen' gr. ion.-att. (mit *ā > ē) ἵ-στη-μι, ved. á-sthā-t, ahd. stān 'stehen', aksl. sta-jǫ 'stelle mich'. — Vgl. zu uridg. *peh$_2$- (eigentlich *pah$_2$-) 'hüten, weiden' (zur Problematik dieser Wurzel → LIV 2001: 460) heth. paḫ-s- (zur Graphie und zur Form: → Oettinger

(1979/2002): 210) ‘schützen’, lat. *pā-scō*. — Vgl. zu uridg. *$^*b^heh_2$- (eigentlich *$^*b^hah_2$-) ‘sprechen, sagen’ gr. ion.-att. (mit **ā* > *ē*) φημί, lat. *fā-rī* ‘sprechen’, russ.-ksl. *ba-jati* ‘erzählen’. Im Ablaut zu uridg. *$^*b^heh_2$- steht *$^*b^hoh_2$- mit bewahrtem -*o*- vor -*h_2*-, vgl. gr. φω-νή ‘Stimme’.

3) Beispiele für uridg. **-eh₃-* tautosyllabisch vor Konsonant: Schon voruridg. bewirkte *$^*h_3$* Umfärbung von *$^*eh_3$* zu *$^*oh_3$*. Vor Konsonant ist **-oh_3-* dann mit **-ō-* zusammengefallen. — Vgl. zu uridg. *$^*deh_3$-* ‘geben’ gr. δί-δω-μι, lat. *dōs dō-t-* ‘Gabe, Mitgift’, ved. *á-dā-t* ‘gab’, lit. *dúo-mi* ‘gebe’, aksl. *da-mь* ‘werde geben’. Im lat. Präs.St. 2.Sg. *dās* vs. 1.Pl. *damus* (< *$^*dh_3$-mo-*) ersetzt vollstufiges *dās* ein älteres **dōs* (< *$^*deh_3$-s-*), die Vokalqualität *ā* statt *ō* ist aus dem Pl. analogisch übernommen: → Meiser (1998: 188). — Vgl. zu uridg. *$^*peh_3$-* gr. πῶ-μα ‘Trank’, lat. *pō-tus* ‘betrunken’, ved. *pā-hí* ‘trink!’, heth. *pā-s-* ‘schlucken’.

P 324. Die Schwundstufe zu vollstufigem uridg. *$^*h_1e$* oder *$^*eh_1$* ist uridg. *$^*h_1$*, zu uridg. *$^*h_2e$/$^*eh_2$* ein uridg. *$^*h_2$*, zu uridg. *$^*h_3e$/$^*eh_3$* ein uridg. *$^*h_3$*.

1) In der Position zwischen Konsonanten (*KHK*) setzen sich uridg. *$^*h_1$*, *$^*h_2$* und *$^*h_3$* meist durch einen Vokal fort (Resultat *KVK*), gelegentlich wird aber die Dreierkonsonanz unter Verdrängung des *H* zu *KK* vereinfacht. Phonetisch ist die vokalische Variante so erklärbar, dass sich zwischen *H* und dem folgenden Konsonanten ein Schwachvokal (Sprossvokal) entwickelt hat. Der in der Folge **KH°K* neu vor einem Sprossvokal stehende H schwindet lautgesetzlich. Als Spur des *H* bleibt dann nur das wegen der Sprechbarkeit der Dreierkonsonanz eingetretene vokalische ° (lat. einheitlich als *a* realisiert, ai. ved. einheitlich als *i*, gr. als Reflex der Laryngalqualität als *e*, *a* oder *o*), s.o. P 103.

2) Die soeben beschriebene Herkunft der vokalischen Realisierung der Laryngale zwischen Konsonanten ist nicht auf den ersten Blick verständlich. Sie ist der Grund dafür, dass die klassische Indogermanistik der Jahrhundertwende fälschlich auf ein spezielles Phonem *ə* (Schwa indogermanicum oder primum) geschlossen hat, s.o. in P 319 die Widerlegung dieses Ansatzes durch Albert Cuny.

3) Das Resultat *KK* < *KHK* ist nicht so häufig zu beobachten. — Vgl. den Wortanfang von uridg. *$^*ph_2tér$-* ‘Vater’, wo sich in der Indogermania beide Resultate belegen lassen: Fortsetzer wie gr. πατήρ und ved. *pitā́* zeigen durchgehende Vokalisierung und gehen auf uridg. *$^*ph_2°t$-* zurück. Einen komplexeren Zustand belegt das Av., vgl. Nom.Sg. aav. *ptā*, *tā*, jav. *ptā*, *pita* und Dat.Sg. aav. *f ᵊδrōi*, *piθrē*, jav. *piθre*. Der Dat. *f ᵊδrōi* i.e. *fθrái̯* führt auf **pt-* < uridg. *$^*ph_2t$-* zurück. Zu den Fragen der Vokalisierung (wann *$^*ph_2n̥t$-* und wann *$^*ph_2t$-*): → Kuiper (1942: 20ff.); E. Tichy. *MSS* 45 (1985: 229ff.); die Autorin argumentiert einleuchtend dafür, dass die Vokalisierung bereits grundsprachlich bei der anfangsbetonten Vok.Sg.-Form *$^*ph_2n̥ter$* eingetreten ist; der neu entstandene

Vokal hätte sich dann einzelsprachlich im Paradigma ausgebreitet; Mayrhofer (1996: 128f. mit Lit.). Anders (mit laryngallosem Ansatz **patér-*) H. Schmeja. *FS Meid* (1999: 413–423). Weiteres zum Paradigma von 'Vater' s.u. M 318 Abs. 3.

P 325. Das Resultat *KHn̥K* ist gegenüber *KK* normal. — Uridg. **h_1* ergibt in der Position **Kh_1K* im Gr. *e*, im Ved. (überhaupt im Indoiran.) *ĭ*, in den übrigen Sprachen, soweit beobachtbar, *a* oder dessen Fortsetzung. Im klass. Lat. ist wegen der sog. Vokalschwächung in kurzen Mittelsilben (s.o. P 204) meist ein *e* oder *i* an die Stelle von *a* getreten, vgl. die beiden Nomina agentis *gene-trīx* und *geni-tor*, wo beide Wortanfänge auf **gena-* bzw. **ĝenh_1-* zurückzuführen sind (s.u. M 101 Abs. 2).

Beispiele: — Zu uridg. **d^{h}eh_1-* 'stellen, legen, setzen' vgl. uridg. **d^hh_1-tó-* Ptz.Perf.Pass. 'gesetzt', einzelsprachlich fortgesetzt in gr. θετός 'gesetzt', ved. *hitá-* (< **dhi-tá-*), lat. *ab-ditus* (< **ab-dato-*) 'fortgetan, versteckt', ferner vgl. uridg. **é-d^hh_1-to* Aor. 'er hat gesetzt' mit gr. ἔ-θε-το = ved. *a-dhi-ta* (mit Ø aber uridg. **-d^hh_1-més* in ved. *da-dh-más* 'wir stellen'). — Vgl. uridg. **ĝenh_1-tor-* 'Erzeuger' = gr. γενέ-τωρ, ved. *jani-tár-*, lat. *geni-tor* (mit Vokalschwächung < **gena-tor-*). — Vgl. uridg. **h_2n̥n.h_1°.mo-* = gr. ἄνε-μος 'Wind', osk. *anamúm* 'animam' (lat. *animus* mit Vokalschwächung < **anamo-*), ved. *áni-ti* 'atmet'. — Uridg. **u̯emh_1-* = gr. ἐμέ-ω 'speie aus', lat. *vomit* 'erbricht sich' (< **u̯éma-ti* [ein -*o*-stufiges **u̯óm-* ist aber als lat. Ausgangspunkt auch nicht ausgeschlossen]. Das zunächst erwartete **u̯émati* ist vermutlich bereits urital. zu **u̯émeti* thematisiert worden: → H. Rix. *GS Schindler* (1999: 516f.), ved. *vámi-ti* 'speit aus', lit. *vém-ti* 'Erbrechen haben' (mit Vereinfachung von *-émK-* < **-emHK-*).

P 326. Uridg. **h_2* ergibt in der Position **Kh_2K* im Gr. *a*, im Ved. (überhaupt im Indoiran.) *ĭ* (wieder neben vereinzeltem *KK*), sonst **a* wie im Falle von uridg. **h_1*. — Vgl. oben P 324 mit uridg. **p$h_2$tér-* = gr. πατήρ (lat. *pater*, got. *fadar*), ved. *pitár-* (aber **ptr-* in aav. *f ^{ə}θrōi*). — Uridg. **sth_2-tó-* 'gestellt' (zu uridg. **steh_2-* bzw. **stah_2-* 'stehen' s.o. P 323 Abs. 2) = gr. στατός 'stehend', lat. *status* 'gestellt', ved. *sthitá-* 'stehend', vgl. ahd. *stat* f. 'Stätte'. — Uridg. **senh_2-* 'gewinnen' = ved. *seṭ*-Wurzel (s.o. P 315 Abs. 1) mit Nom.ag. *sani-tár-*, heth. *sanḫ-* 'suchen, beabsichtigen' (mit noch erhaltenem *ḫ* < uridg. **h_2*).

P 327. Uridg. **h_3* ergibt in der Position *Kh_3K* griech. *o*. In den anderen Sprachen wird es wie uridg. **h_1* und **h_2* fortgesetzt: ved. i.d.R. *ĭ* (selten *ø*), lat. *a* usw. — Vgl. uridg. **é-dh_3-to* 'gab', **dh_3-tó-* 'gegeben' (zur Wurzel uridg. **deh_3-* 'geben' mit bereits uridg. Entwicklung > **doh_3-*, s.o. P 323 Abs. 3) = gr. ἔ-δο-το, ved. *a-di-ta* bzw. gr. δο-τός, lat. *da-tus*, aber (mit ø) ved. *(devá-)t-ta-* '(von den Göttern) gegeben' (zum frühen Ersatz von *-tta-* durch *-dattá-* und *dātá-*: → Mayrhofer 1991: 715). — Uridg. **ph_3-tó-* 'getrunken' (Wurzel uridg. **peh_3-* bzw.

*poh$_3$-; z.T. erscheint *peh$_3$- um ein aus dem Präs.St. stammendes *-i̯- erweitert, vgl. gr. ἔ-πι-ον < *é-pih$_3$-ont mit *pih$_3$- < *ph$_3$-i- durch Metathese in Sonderkontexten) = gr. ποτόν n. 'Trank'. — Uridg. *h$_2$erh$_3$- 'pflügen' in gr. ἄρο-τρον n. 'Pflug' = lit. ár-klas 'Pflug' (mit Vereinfachung von árK- < arHK-).

P 328. Erscheinen uridg. *h$_1$, *h$_2$ oder *h$_3$ im Anlaut vor Konsonant (= #HK), so werden sie in den meisten altidg. Sprachen ausgedrängt und beseitigt (= #K — Im Griechischen erscheint aber im Normalfall uridg. *h$_1$ durch die Entwicklung eines Sprossvokals #H°K als e-, entsprechend uridg. *h$_2$- als a- und uridg. *h$_3$- als o-. Die gleiche Entwicklung zeigen auch Armen. und Altphryg. Alle drei standen einander in vorhistorischer Zeit im Balkan nahe, s.o. G 435 Abs. 1. — Im Heth. findet sich an Stelle des antekons. *h$_1$- ein a, *h$_2$- und *h$_3$- sind z.T. als ḫ- erhalten. Die Sachlage ist aber komplexer als hier dargestellt: → Melchert (1994: 66ff.) — Das Indoiranische lässt ursprüngliches #HK- noch an Dehnungen erkennen, die in der Komposition dann auftreten, wenn ein vok. auslautendes Vorderglied vor einem Hinterglied mit ursprünglichem *H-Anlaut steht, vgl. dazu sogleich in Abs. 1 ved. ā́sat- und in Abs. 2 ved. viśvā́nara-.

1) Beispiele für uridg. *h$_1$K-: — Uridg. *h$_1$s-énti 'sie sind' (Präs.Akt.3.Pl. mit Schwundstufe in der Wurzel zu uridg. *h$_1$es- 'existieren, dasein', s.o. P 322 Abs. 1) = ved. s-ánti, got. s-ind, myk. e-e-si i.e. eh-ensi = ion.-att εἰσί, heth. as-ant^{s}i. — Uridg. *h$_1$s-ont-/-n̥-t- Ptz. 'seiend' = myk. ap-eh-ontes, ion. ἐ-ών u.a.m.; ved. dagegen = sánt-/sat-. Der ursprüngliche Anlaut *h$_1$s- ist aber noch konserviert im negierten Ptz. ved. ā́sat- 'nicht seiend' mit langvok. āsat- < *a-Hsn̥t- < uridg. *n̥-h$_1$sn̥t-. Üblich ist bei den normalen Negationsbildungen kurzvok. a-K- < uridg. *n̥-K-, s.o. G 504 Abs. 9.

2) Beispiele für uridg. *h$_2$K-: — Uridg. *h$_2$nér- 'Mann' ergibt einerseits gr. ἀνήρ, arm. ayr (< *anīr), phryg. αναρ, andererseits ved. nár- 'Mann', umbr. nerum Gen.Pl. 'der Männer'. Im Indoiran. ist ursprüngliches *h$_2$nar- aber noch indirekt nachweisbar, vgl. ved. viśvā́nara- 'alle Manneskraft habend' und aav. kamnā.nar- 'wenige Mannen habend', beide mit -ānar- < *-a-Hnar-. — Uridg. *h$_2$stér- 'Stern' = gr. ἀστήρ, arm. astł; heth. ḫaster-; ved. stár-, nhd. Stern. — Uridg. *h$_2$u̯eh$_1$- 'wehen' = gr. ἄησι; heth. ḫuu̯ant-; lat. ventus, s.o. P 323 Abs. 1b.

3) Beispiel für uridg. *h$_3$K-: — Uridg. *h$_3$nei̯d- 'schmähen, tadeln' ergibt einerseits gr. ὄνειδος 'Tadel', arm. anicanem 'fluche', andererseits ved. nidānā́- 'getadelt', got. naiteins f. 'Lästerung'.

P 329. Die konsonantische Natur dieser uridg. Werte, wie sie oben P 314 kurz definiert worden sind, lässt sich ferner in Stellungen vom Typ KHV nachweisen:

1) Aus uridg. **(s)tí-sth₂-e-ti* (Wz. **steh₂-* bzw. **stah₂-*, s.o. P 323 Abs. 2) > ved. *tí-ṣṭh-a-ti* geht hervor, dass uridg. **t* durch den Einfluss des danach folgenden **h₂* im Ved. zur Tenuis aspirata *th* geworden ist: → *KS Saussure* (1922: 603, in einer Notiz von 1891). Durch Analogie ist dieses *th* ved. auch in die anderen Formen gelangt. Statt normal zu erwartendem **stā-* < uridg. **steh₂-* findet sich überall verallgemeinertes *sthā-*. — Dass uridg. **h₂* auf Grund seiner spirantischen Natur in der Position nach Verschlusslaut und vor Vokal den Verschlusslaut behauchen konnte, lässt sich noch an weiteren Beispielen demonstrieren: — Tritt bei uridg. **pleth₂-* 'breit werden' das auslautende **-th₂-* antevok. vor **-u-*, so entsteht aus uridg. **pl̥th₂ú-* im Ved. *pr̥thú-* 'weit, breit' (nebenbei: in antekons. Position erscheint dieses **-th₂-* im Gr. als -τα-, vgl. πλατα-μών 'platter Stein'). — Erscheint im Paradigma von uridg. **pént-oh₂-s* Nom.Sg. 'Pfad' ablautbedingt *h₂* direkt nach *t* (vgl. Gen.Sg. **p-t-h₂-és*), so ist als indoiranisches Resultat Nom.Sg. **pántās*, aber Gen.Sg. **pathás* zu erwarten: Av. *pantā̊*, *paθō* setzt dies getreulich fort, im Ved. ist dagegen von *pathás* aus *panth-* verallgemeinert worden und findet sich auch im Nom.Sg. *pánthās*. Zur Flexion von 'Pfad' s.u. M 321 (2). — Von uridg. **rotah₂-* 'Rad' (= lat. *rota*) existiert eine bereits uridg. Ableitung **rot-h₂-o-* '*Rädriger > Wagen' = ved. *rátha-*. — Vgl. auch das Suffix ved. *-tha-* < uridg. **-th₂-o-*, s.u. M 503. — Von solchen und weiteren durchsichtigen Beispielen aus ist die Annahme berechtigt, dass der Ursprung einiger Tenues aspiratae des Indoiranischen i.d.R. in der Folge *th₂* zu suchen ist. — Zum Material: → Hiersche (1964); zur Interpretation: → *KS Mayrhofer* (1996: 298 mit Anm.17, in einem Aufsatz von 1981).

Auch einige indoiranische Mediae aspiratae sind aus der Position von Media + **h₂* + Vokal erklärbar. — Vgl. das ablautende Paradigma von uridg. **méĝ-oh₂-* / **méĝ-h₂* 'groß' mit Formen wie Gen.Sg. **m̥ĝ-h₂-és* = ved. *mah-ás* (*mah-* dabei < **majh-*; zu *mah-* statt **ah-* s.o. P 203 zu lat. *mag-*). Die Kontaktstellung von *ĝ* mit *h₂* kann die zunächst merkwürdige ved. Aspiration erklären. In einer Form wie **méĝ-oh₂-* würde man dagegen nichtaspiriertes **maj-* erwarten. Die Analogie hat aber **maj-* durchgängig durch *mah-* ersetzt. Weiteres zur Problematik: → Mayrhofer (1986: 135ff.).

2) Das Präsens der Wurzel uridg. **peh₃-* (woraus **poh₃-*) 'trinken' (s.o. P 323 Abs. 3) muss als **pí-ph₃-e-ti* angesetzt werden. Ved. *píbati*, altir. *ibid* < **pibeti* und lat. *bibit* führen in einer ersten Stufe auf ein **píbeti*. Die beiden Formen **píbeti* und **píph₃eti* lassen sich zur Deckung bringen, wenn wir annehmen, dass uridg. **h₃* hier antevok. dem vorangehenden stimmlosen Verschlusslaut das Merkmal [+stimmhaft] verliehen hat und bereits uridg. **ph₃* zu **b* geworden ist. — Bei uridg. **h₂ép-* 'Wasser' (= ved. *áp-* RV+ 'Wasser' mit *apás apā́ ádbhis* u.a.m; gr. verbaut in εὔριπος hymn. Hom.+ 'Meeresarm', wohl bereits myk. als

e-wi-ri-po i.e. *eu̯rīpo-* < **eu̯rūpo-* < **h₁u̯ru-h₂p-o-*: → B. Forssman: Mykenisch e-wi-ri-po und εὔριπος. *MSS* 49, 1988: 5–12) findet sich die Nebenform **h₂eb-*, vgl. heth. *ḫa-ap-pa*, *ḫa-pa-a* i.e. *ḫab-ā* 'zum / am Fluß' (→ Friedrich / Kammenhuber 2007/2013: 197ff.) und kymr. *afon* 'Fluß' (lat. *amnis* 'Fluß' ist mehrdeutig: < **ap-n-* oder < **ab-n-*). Nach E. Hamp ist hier ein zu **h₂ep-* mit dem sog. Hoffmannschen Suffix (→ K. Hoffmann: Ein grundsprachliches Possessivsuffix. *MSS* 6, 1955: 35–40 = *KS Hoffmann* 1976: 378–383) hinzugebildetes uridg. **h₂ép-h₃on-* '(Fluß) mit fließendem Wasser' über die Zwischenstufe **ab-on-*/**ab-en-* als Ursache für die stimmhafte Variante **h₂eb-* auszumachen: → E. Hamp: Palaic ha-a-ap-na-aš¸ 'river'. *MSS* 30 (1972: 35–37). Wenn richtig, würden diese Fakten es erlauben, das von Hoffmann noch mit unbestimmtem Laryngal angesetzte Suffix als **-h₃on-* zu etablieren. Nach Manfred Mayrhofer schlägt die Argumentation aber nicht durch, weil es auch außerhalb des Suffixes Belege für stimmhaftes **h₂eb-* gibt: → Mayrhofer (1986: 144). Das Nebeneinander von **h₂ep-* und **h₂eb-* kann deshalb aus dem Paradigma abstrahiert sein: Ein Dat.Pl. **h₂eb-bʰi* mit seinem vor *-bʰ-* assimilierten *-b-* kann der Anlass gewesen sein, **h₂eb-* auch vor Vokal einzuführen (so im Gen.Sg. statt **h₂p-és* neu ** h₂b-és*). Wenn dem tatsächlich so ist, muss das soeben genannte Suffix nicht zwingend **-h₃on-* gewesen sein, ein **-h₁on-* ist dann ebenso denkbar. Weiteres zum Hoffmannschen Suffix s.u. L 204 Abs. 4.

3) Ähnlich wie Laryngale assimilatorisch auf benachbarte Konsonanten wirken, ist auch vorstellbar, dass sie selbst sich in distinktiven Merkmalen an Nachbarkonsonanten assimilieren, z.B. kann uridg. **h₁* vor stimmhaftem Konsonanten assimilatorisch das distinkte Merkmal Stimmhaftigkeit übernehmen und so als Frikativ aus der Gruppe der sog. Laryngale mit dem stimmhaften Vertreter dieser Gruppe, uridg. **h₃*, identifiziert werden: — Das Wort uridg. **h₁dént-* 'Zahn' wird mit Sicherheit zu Recht als Ableitung von der Verbalwurzel uridg. **h₁ed-* 'beißen' betrachtet. Die Ableitung erfolgt mit dem aus dem Verbalparadigma bekannten ablautenden Partizipialsuffix **-ent-*/*-ont-*/*-nt-*, das zur Bildung von Nomina auf verbaler Grundlage dient. Uridg. **h₁d-ént-* mit schwundstufiger Wurzel bei vollstufigem Suffix hat einwandfreie Entsprechungen in lat. *dēns* (**dent-s*) Akk.Sg. *dent-em* Gen.Sg. *dent-is* 'Zahn', ai. (ved.) *dán* Akk.Sg. *dánt-am* Gen.Sg. *dat-ás* 'Zahn'. In diesen Sprachen ist uridg. **h₁* in der Position zwischen Wortgrenze und Konsonant (#_*K*) regulär geschwunden, während im Gr. als Reflex des Laryngals 1 in dieser Position ein anlautendes ἐ- zu erwarten wäre (die uridg. **h₁* entsprechende Vokalqualität ist im Fut.St. gr. ἔδ-ομαι – allerdings ursprünglich mit im (thematischen) Konjunktiv regulär vollstufiger Wurzel uridg. **h₁ed-* gebildet – erhalten). Als zum Lat. und Ai. stimmende Bezeichnung für ‚Zahn' ist im Gr. ion. ὀδών / att. ὀδούς, G.Sg.

ὀδόντος erhalten, und das anlautende ὀ- anstelle des zu erwartenden ἐ- (vgl. allerdings äol. Nom.Pl. ἔδ-οντ-ες) ließe sich in der schwundstufigen Wurzel uridg. **h$_1$d-* bei Annahme einer grundsprachlichen Stimmtonassimilation von **h$_1$* in Kontakt mit nachfolgendem stimmhaften **d* und folglichem Wandel von **h$_1$* zu **h$_3$* erklären, da der zu erwartende Reflex von Laryngal 3 im Gr. eben o ist; o-Qualität des Vokals findet sich auch in dem thematischen Privativkompositum gr. νωδός 'zahnlos' (< **n̥-h$_3$d-ó-s* < ***n̥-h$_1$d-ó-s*). Weiteres Material und weitere Literatur: → Mayrhofer (1991: 693f.); Frisk (1970: 352f.); Walde / Hofmann (1938: 340f.). Als weiteres Beispiel für diesen Lautwandel kann gr. ὄφις 'Schlange' vs. gr. ἔχις 'Viper' angeführt werden, wenn man letzteres als Ableitung mit e-Vollstufe der Wurzel (urdig. **h$_1$éĝ^h-i-* > ved. *áhi-*; jav. *aži-*) betrachtet und ersteres als Ableitung mit Schwundstufe der Wurzel (uridg. **h$_3$g^{uh}-i-*); in dieser Ableitung wäre in einem ersten Schritt die Stimmtonassimilaton von Laryngal 1 an den folgenden stimmhaften Palatal erfolgt, der wiederum in einem zweiten Schritt durch Assimilation an den daraus entstandenen Laryngal 3 dessen phonetisches Merkmal [+ rund] übernommen hätte und so zum Labiovelar geworden wäre; mit dem Ansatz von Laryngal 3 und Schwundstufe ließe sich auch der metrisch notwendige Langvokal *ō* von Akk.Sg. ὄφιν im finalen Spondeus des Iliasverses M 208 (... αἰόλον ὄφιν 'eine sich ringelnde Schlange') nach dem Gesetz von Robert Beekes und Bernhard Forssman erklären (**-o.n̥#h$_3$C-*). Weiteres Material und weitere Literatur: → Mayrhofer (1991: 156); Frisk (1970: 453); zum Lautgesetz von Beekes-Forssman: → Mayrhofer (1986: 128 Anm. 125).

P 330. Sonderfälle: — Ein bereits von Ferdinand de Saussure beschriebener Sonderfall lässt den Laryngal in den Positionen *KoRHK* und *#HRo* schwinden, — Vgl. gr. τόλμη (nebenbei: das fem. Musterbeispiel τόλμη flektiert ion.-att. nach dem Schema Nom.Sg. τόλμα, Akk.Sg. τόλμαν, Gen.Sg. τόλμης usw., der Nom.Sg. τόλμη ist ganz selten) 'Wagemut' < **tóh$_2$-meh$_2$-* zu uridg. **telh$_2$-* 'aufheben, auf sich nehmen': → *KS Saussure* (1922: 582 Anm. 2, in einem Beitrag von 1905); A. Nussbaum: The 'Saussure Effect' in Latin and Italic. *FS Beekes* (1997: 181–203); vgl. ferner den Vorschlag von R. Lipp. Rix / Kümmel (2001: 115 Anm. 1), uridg. **dom-s* 'Haus' aus **domh$_2$-s* herzuleiten). — Ch. de Lamberterie. *BSL* 97,2 (2002: 108 f., mit weiterem Material) bringt für die Position *#HRo* das Beispiel ὀμειχω ‚urinieren, pissen' vs. μοιχός ‚Pisser' (bösartiges Schimpfwort i.S.v. ‚Verführer einer verheirateten Frau'). — Ein weiterer Sonderfall lässt sich anhand von uridg. **h$_2$énh$_1$-os-* 'Nase' demonstrieren. Es stellt nach Matthias Fritz einen fem. -*s*-Stamm vom Typ uridg. **h$_2$éu̯s-ōs* 'Morgenröte [s.u. M 321 Abs. 2] dar und ist von uridg. **h$_2$enh$_1$-* 'atmen' abgeleitet. Die Flexion ist holodynamisch (s.u. M 321) mit Nom.Sg. **h$_2$énh$_1$-ōs*, Gen.Sg. **h$_2$n̥h$_1$-s-és* usw.: → M. Fritz: Das urindogermanische Wort für 'Nase' und das grundsprachliche Lautgesetz **R̥HV* > **RV*. *HS*

109 (1996: 1–20); in Fällen wie z.B. dem Akk.Sg. *h_2n̥h_1-ós-m̥ „gerät der wurzelauslautende Laryngal in den starken Kasus in antevokalische Position nach offener Silbe ... und schwindet lautgesetzlich“ (17); ein weiteres Beispiel aus dem Kernwortschatz ist die vonn der Wurzel uridg. *dei̯h_2- ‘aufleuchten’ gebildete Bezeichnung für die Himmelsgottheit Nom.Sg. *di$h_2$éu̯s > *di̯éu̯s, Vok.Sg. *di$h_2$éu̯ > *di̯éu̯ usw. > ai. (ved.) *dyáuṣ*, gr. Ζεύς usw. (s.u. M 318 Abs. 6a): → M. Fritz: Iovis nominis etymologia & phonologia divina. *GS Mayrhofer* (2020: 133–136). Manfred Mayrhofers Urteil zu diesem Lautgesetz lautete in einem Brief vom 8. März 1996 folgendermaßen: „Zuerst wollte ich nicht glauben, daß man das Gesetz *R̥HV > *RV noch nicht gefunden habe; aber offenbar hat man wirklich noch nicht! – Mit diesem Irrtum wäre ich ja in verehrungswürdiger Gesellschaft: Wie mir mein älterer Freund Paul Thieme noch als persönliche Schilderung seines Lehrers Bruno Liebich erzählt hat, war *Johannes Schmidt* etwa 1879, nach dem Erscheinen von Saussures Mémoire, in Gegenwart von Liebich ganz davon überzeugt, das *alles* stehe schon bei *ihm* – tat es aber nicht*!*“ Zur Diskussion dieses Lautgesetzes: → N. Collinge: The Laws of Indo-European: the State of the Art (1998). *JIES* 27 (1999: 355–377); Lindeman (1997: 61 Anm. 51); Kümmel (2000: 26 Anm. 18); Kümmel (2007: 334f.); Müller (2007: 138); Th. Steer: *MSS* 66 (2012: 81–112); Zair (2012: 256f.); A. Byrd: The Phonology of Proto-Indo-European. Klein / Joseph / Fritz (2018: 2058 u. 2066). — Zur gleichen Problematik gehören Fälle wie der uridg. them. Präs.St. *ĝí-ĝn̥h_1-e-ti (zur Wz. *ĝenh_1-/ *ĝn̥h_1- ‘erzeugen’) mit lat. *gignit* ‘erzeugt’: → H. Rix: *GS Kuryłowicz* (1995a: 407): „Schwund von h_1 zwischen Resonant und Vokal in der reduplizierten Wurzel“; zur Reduplikation als nicht ausreichender Ursache für den Laryngalschwund: → M. Fritz: Keine Spuren von Laryngalen im Vedischen: Die Laryngalkürzung beim Intensivum. *FS Narten* (2000: 55–61). — Vgl. hierzu ferner Komposita vom Typ gr. νεογνός (hom. Hymnen+) ‘neugeboren’ mit HG *-gnó-* < *-ĝn̥h_1ó-. Lit.: → M. Fritz. *HS* 109 (1996: 7); I. Balles: *Sprache* 39 (1997 [2000]: 160: *-R̥HV-* > *-R̥RV-* und *-N̥HV-* > *-N̥NV-*, in der langen Wortform der Komposita Tilgung des silbischen Resonanten vor dem homorganen Gleitlaut).

P 331. Vollstufiger *-o-*Ablaut und Dehnstufen auf *-ē-* sind auch bei Wurzeln zu erwarten, deren Grundvokal *e* vor oder nach Laryngal stand. Schon sehr früh haben uridg. *h_2 und h_3 den Kurzvokal *-e-* in der Kontaktstellung umgefärbt, s.o. P 323 mit Abs. 2 und 3.

1) Dass es aber in diesen Fällen vor der Umfärbung eine Zeit mit noch bestehendem *-e-*Vokal gegeben haben muss, zeigen die zu *-e-* dazugebildeten Dehnstufen auf *-ē-*, die im Gegensatz zum Kurzvokal der Umfärbung durch uridg. *h_2 und *h_3 entgangen sind. Die erste ausführliche Behandlung dieses Problems stammt von H. Eichner: Die Etymologie von heth. mēhur. *MSS* 31

(1972: 53–107), die folgendermaßen formulierte Erscheinung „Erhaltung des Timbre von dehnstufigem *ē* in Nachbarschaft von H_2“ (72) wird unter der Bezeichnung Lex Eichner zitiert.

2) Diachron lassen sich zwei Schichten auseinanderhalten:

Stufe I (voruridg. vor Umfärbung):

a) *h$_2$e- : *h$_2$o-	und	*-eh$_2$- : *-oh$_2$-
*h$_3$e- : *h$_3$o-		*-eh$_3$- : *-oh$_3$-
b) *h$_2$e- : *h$_2$ē-	und	*-eh$_2$- : *-ēh$_2$-
*h$_3$e- : *h$_3$ē-		*-eh$_3$- : *-ēh$_3$-

Stufe II (uridg. nach Umfärbung):

a) *h$_2$a- : *h$_2$o-	und	*-ah$_2$- : *-oh$_2$-
*h$_3$o- : *h$_3$o-		*-oh$_3$- : *-oh$_3$-
b) *h$_2$a- : *h$_2$ē-	und	*-ah$_2$- : *-ēh$_2$-
*h$_3$o- : *h$_3$ē-		*-oh$_3$- : *-ēh$_3$-

3) Beispiele: — Zu heth. *mḗḫur* ‘passende, rechte Zeit’ < uridg. *mḗh$_2$ur: → H. Eichner. *MSS* 31 (1972: 53–107). — Zu uridg. *h$_2$ek̂- (bzw. *h$_2$ak̂-) ‘spitz’ und ablautendem *h$_2$ok̂- gehören gr. ἄκ-ρος ‘an der Spitze befindlich’ bzw. ὄκ-ρις ‘Spitze, scharfe Kante’, ferner heth. *ḫé-kur* i.e. *ḫēk-ur* ‘Felsgipfel’; diese von H. Eichner. *MSS* 31 (1973: 71) vorgeschlagene Interpretation ist aber nicht unumstritten: → Melchert (1994: 144); Rieken (1999: 287–289). — Neben uridg. *seh$_2$u̯el- bzw. *sah$_2$u̯el- ‘Sonne’ (> urgr. *hāu̯el-i̯o- = kret. [Hesych] ἀβέλιος, ep.-ion. ἠέλιος, att. ἥλιος) kann eventuell hinter luw. *si(ḫ)u̯al* ‘Lampe’ eine Vr̥ddhi-Ableitung *sēh$_2$u̯ol-ó- (mit luw. *ē* > *i* und Schwund des *ḫ* vor *u̯*) festgemacht werden: → Starke (1990: 342f.). — Neben uridg. *ĝneh$_3$- (bzw. *ĝnoh$_3$-) ‘erkennen’ (vgl. mit schwundstufigem *ĝn̥h$_3$- lat. [g]*nō-scō*, aksl. *zna-ti*) scheint in heth. *gnē-s-* ‘erkennt’ ein dehnstufiges *ĝnēh$_3$- vorzuliegen: → J. Jasanoff. Bammesberger (1988: 227ff.). — Bisher unverständliche Ablautverhältnisse wie das zwischen lat. *aqua* ‘Wasser’ und an. *ægir* ‘Meer’ < uridg. *ēk^{u}- erklären sich jetzt als einfacher Quantitätsablaut mit vollstufigem *h$_2$ek^{u}- (bzw. *h$_2$ak^{u}-) und dehnstufigem *h$_2$ēk^{u}-.

Weitere Beispiele und Lit.: → Mayrhofer (1986: 132ff. u. 141f.); Melchert (1994: 68); s.u. P 417 Abs. 1

P 332. Zu *seṭ*-Wurzeln wie uridg. *ĝenh$_1$- ‘erzeugen’ = ved. *jan^{i}-* und uridg. *terh$_2$- ‘überqueren’ = ved. *tar^{i}-* sind Schwundstufen mit *-n̥h$_1$- bzw. *-r̥h$_2$- (in älterer Notation *-n̥̄-, *-r̥̄-) zu erwarten, s.o. P 315 Abs. 3. Auf die Bedeutung dieser Schwundstufen für den konsonantischen Charakter von *-H- wurde oben in

P 319 Abs. 1 hingewiesen. Sie erweisen die Richtigkeit dreier Ansätze uridg. *h_1, *h_2 und *h_3:

1) Im Griechischen wird uridg. *n̥h_1 vor Konsonant zu νη, uridg. *n̥h_2 aber zu νᾱ, uridg. *n̥h_3 zu νω, dementsprechend uridg. *r̥$h_{1\text{-}3}$ vor Konsonant > gr. ρη / ρᾱ / ρω usw.

2) Daneben gibt es eine Anzahl zweisilbiger gr. Beispiele vom Typ θάνατος ‘Tod’ neben regulärem θνητός ‘sterblich’. Die Erklärung für das zweisilbige Auftreten ist umstritten. Ein möglicher Grund könnte der Akzent sein: denkbar wäre demnach etwa die Entwicklung von uridg. *-ń̥h_2- > *-°nh_2- > *-ana- usw. (mit Assimilation des Schwachvokal der aus n̥ entstehenden Folge °n an die Qualität des folgenden Laryngals): → Rix (1992: 73); Vine (1998: 12ff., mit Hinweis auf einen anderen Lösungsvorschlag); C. Rico. *IF* 105 (2000: 161–200); H. Rix. *Kratylos* 41 (1996: 158, zum Lat.).

3) Weitere hier nicht behandelte Sprachen wie Arm. und Toch. zeigen je nach der Natur des Laryngals verschiedene Entwicklungen, so beim Material von uridg. *r̥h_1 vs. uridg.*r̥h_2 und *r̥h_3. Lit.: → Mayrhofer (1986: 128).

4) Gleichungen für uridg. *m̥H, uridg. *n̥H, uridg. *l̥H und *r̥H vor Konsonant:

4a) Uridg. *-h_1 ergibt gr. *nē*. In den anderen hier vorzugsweise herangezogenen Sprachen hat uridg. *-H jeweils nur ein Resultat: lat. *nā* < *n̥H, ved. *ā* < *aH < *n̥H (zu *m̥H: → M. Mayrhofer. *Quaderni dell’Istituto di Glottologia* 6, 1994 [1995]: 197ff.), germ. *un* < *n̥H in der Position *°nHK mit intrakons. Schwund des Laryngals (zum Lit. und Slav. s.u. 4d). — Vgl. uridg. *ĝn̥h_1-tó- ‘gezeugt, geboren’ = gr. κασί-γνητος ‘Bruder’, lat. *(g)nātus*, ved. *jātá-*, got. *(airþa-)kunds* ‘von irdischer Abstammung’ (s.u. P 334 Abs. 4). — Vgl. auch ved. *ā́sat-* < uridg. *ń̥-h_1s-n̥t- oben G 504 Abs. 9.

4b) Uridg. *n̥h_2 ergibt gr. *nā* (ion.-att. > *nē*), sonstige Resultate wie in 4a (ved. *ā*, lat. *nā*, germ. *un* usw.). — Vgl. gr. ion. θνητός (mit *ē* < *ā*) ‘sterblich’. Zwei uridg. Herleitungen stehen zur Debatte: I. < uridg. *d^hn̥h_2-tó- zu *d^henh_2- „sich in Lauf setzen, sich davonmachen“ (euphemistisch „sterben“; so u.a. Rix / Kümmel 2001: 144f; so auch J. Klein. *Diachronica* 23, 2006: 408); II. < uridg. *d^hu̯-h_2-tó- zu *d^hu̯enH- „qualmen“ (älter *‘ausgehaucht’, *‘tot’; die Bedeutung ‘sterblich’ ist sekundär aus ἀθάνατος ‘unsterblich’ [< *‘keinen Tod habend’] herausgeholt, vgl. die semantischen Parallelen bei βροτός oben in P 307 Abs. 1). Diese schon seit langem vertretene Etymologie II ist aber lautlich nicht unproblematisch. Alte Spuren von u̯ sind nämlich beim hom. θάνατος (man erwartet in diesem Fall Reflexe eines *t^hu̯ánato-) nicht nachzuweisen: → J.-L. Perpillou. *RPh* 50 (1976: 50ff.).

4c) Uridg. *_n̥h$_3$_ = gr. _nō_; sonst wie in 4a (ved. _ā_, lat. _nā_, germ. _un_ usw.). – Vgl. uridg. schwundstufiges *_ĝn̥h$_3$-_ (zu uridg. *_ĝneh$_3$-_ 'erkennen') = lat. _gnā-rus_ 'kundig' (dazu auch _narrāre_ < *_gnārāre_ nach der sog. _littera_-Regel vom Typ _Iuppiter_ < _Iūpiter_: → H. Rix. _FS Watkins_ (1998: 625f.), ahd. _kun-d_ 'bekannt', lit. _pažìntinas_ 'kennenswert'; dazu wohl lautgesetzlich auch gr. γνω-τός 'bekannt' (→ Mayrhofer 1986: 144 mit Lit.). – Vgl. auch negierendes uridg. *_n̥-_ + uridg. *_h$_3$b^{h}el-_ (vgl. gr. ὄφελος n. 'Nutzen'): uridg. *_n̥-h$_3$b^h-_ > gr. _nōp^h-_ noch in myk. _no-pe-re-ha_ i.e. _nōp^{h}ele^{h}a_ Akk.Pl.n. 'nutzlos' (das gleiche Wort später mit verdeutlichter Negation als ἀνωφελής).

4d) Uridg. *_l̥h$_1$_, *_r̥h$_1$_ = gr. _lē_ / _rē_, lat. _lā_ / _rā_, ved. _īr_ (in labialer Umgebung _ūr_), germ. _ul_ / _ur_; in den balt. und slav. Sprachen unterscheidet sich *_il_ / *_ir_ / *_im_ / *_in_ aus *_l̥H_ / *_r̥H_ / *_m̥H_ / *_n̥H_ durch die Intonation (z.B. lit. _ìl_) von _il_ / _ir_ / _im_ / _in_ aus laryngallosen *_l̥_ / *_r̥_ / *_m̥_ / *_n̥_ (lit. _il̃_ usw.): → Schrijver (1991: 5ff.). – Uridg. schwundstufiges *_pl̥h$_1$-_ (zur Vollstufe *_pleh$_1$-_ 'füllen' vgl. gr. πίμ-πλη-μι; die Vollstufe *_pelh$_1$-_ ist nur in ved. _párī-ṇas-_ n. 'Fülle' und in gr. πολύς < *_polh$_1$u-_ vertreten: → Rix / Kümmel 2001: 482 Anm. 1; Weiteres zu gr. πολύς → Nussbaum (1998: 149) und unten L 206 Abs. 4, Weiteres zu den beiden Vollstufen s.u. P 417 Abs. 3) = gr. πλη-θύς f. 'Fülle', ved. _pūr-ṇá-_ 'voll', germ. *_ful-na-_ (got. _fulls_), lit. _pìlnas_ (gegenüber lit. _vil̃kas_ Wolf' < *_u̯l̥k$^u̯$o-_ = ved. _vŕ̥ka-_).

4e) Uridg. *_r̥h$_2$_ / *_l̥h$_2$_ = gr. _rā_ / _lā_, sonstige Resultate wie bei *_h$_1$_ in 4d: – Uridg. *_k̑r̥h$_2$-tó-_ 'gemischt' (Wz. uridg. *_k̑erh$_2$-_ mit gr. Aorist κεράσ-σ[σ]αι) = gr. ἄ-κρᾱτος 'ungemischt', ved. _ā́-śīrta-_ 'gemischt'. – Uridg. *_tl̥h$_2$-_ (Wurzel uridg. *_telh$_2$-_ '[er]tragen' in gr. τελα-μών 'Tragriemen') = gr. dor. τλᾱτός (> att. τλητός) 'erträglich', lat. _lātus_ < *_tlātos_ 'getragen'; uridg. *_pl̥h$_2$-nó-_ 'flach, eben' = lat. _plānus_ (neben uridg. *_pl̥h$_2$-i-_ = heth. _palḫi-_ 'breit'), s.o. P 307 Abs. 2.

4f) Uridg. *_r̥h$_3$_ = gr. _rō_; sonst analoge Resultate wie mit *_h$_1$_ in 4d: – Uridg. *_str̥h$_3$-tó-_/*_str̥h$_3$-nó-_ 'hingebreitet' (zu vollstufigem uridg. *_sterh$_3$-_ vgl. ved. _stárī-man-_ 'Ausbreitung') = gr. στρωτός, lat. _strātus_, ved. _stīrṇá-_, vgl. auch lit. _stìrta_ '(Heu-)Haufen'.

P 333. Die Dreiheit der Laryngale zeigt sich auch an der verschiedenen Fortsetzung von uridg. *_#HR̥_ vor Konsonant im Griechischen. Der Locus classicus für diese Problematik: → H. Rix: Anlautender Laryngal vor Liquida oder Nasalis sonans im Griechischen. _MSS_ 27 (1970: 79–110). Nach der sog. Lex Rix wird z.B. uridg. *_#h$_1$r̥-_ vor Konsonant (= ved. _r̥-_) im Griech. zu ἐρ-, uridg. _#h$_2$r̥-_ (= ved. _r̥-_) zu ἀρ-, uridg. *_#h$_3$r̥-_ (= ved. _r̥-_ [bzw. av. _ərə-_]) zu ὀρ-. Zu den Verhältnissen im Lat. s.u. Abs. 2.

1) Belege: – Uridg. *_h$_1$r̥sk̑e-_ 'kommen, gelangen' = gr. ἔρχεται, ved. _r̥ccháti_ 'erreicht', heth. _arski-t^{s}i_ 'kommt an'. – Uridg. *_h$_2$r̥ĝ-(r)ó-_ (neben _-i_-stämmigem [ursprünglich substantivischem]*_h$_2$r̥ĝ-i-_) 'glänzend, blitzend, weiß' = gr. ἀργός

neben ἀργί-πούς, ved. *r̥jrá-* neben PN *R̥jí-śvan-* (wer den Namen ins Gr. übersetzen will, findet die hom. Wendung κύνες ἀργοί: → *KS Schulze* 1966: 124); heth. *ḫarki-* 'weiß'. Weiteres zum Nebeneinander der Suffixe *-ro-* / *-i-* s.u. L 206. – Uridg. **h_2r̥K-* wohl auch in gr. ἄρκτος = ved. *ŕ̥kṣa-* 'Bär'. Beweis ist eventuell heth. *ḫartka-*, s.o. P 313 Abs. 2. Zu lat. *ursus* s. in Abs. 2. – Weitere Einzelheiten (auch mit Beispielen für andere Vertretungen wie uridg. **h_2r̥-*, **h_2l̥-*, **h_3r̥-* usw.): → H. Rix. *MSS* 27 (1970: 79–110).

2) Ob das Lat. etwas Vergleichbares wie das Gr. gekannt hat, wird diskutiert. Die Vertretung scheint wie im Gr. verlaufen zu sein. – Vgl. uridg. *#*h_2n̥K-* mit Beispiel *amb(i)-* 'um, herum' < **h_2n̥b^h-*. – Vgl. uridg. *#*h_3n̥K-* mit den Beispielen *umbilīcus* 'Nabel' < **h_3n̥b^{h}el-* und *unguis* 'Nagel' < **h_3n̥g^{uh}-*: → Diskussion bei Rix (1994: 14ff.); H. Rix. *Kratylos* 41 (1996: 155 mit Anm. 3). –Ein Gegenbeispiel ist lat. *ursus* < uridg. **h_2r̥tḱó-*. Man würde konsequenterweise ein **arso-* erwarten, s. Ch. de Lamberterie *BSL* 97,2 (2002: 109). Die Frage wäre, ob *urso-* gar nicht die lat. Form ist, sondern wie andere nichturbane Lexeme (vgl. oben *lupo-* in P 304 Abs. 3) als Lehnwort aus der sabellischen (oskischsprachigen) Region stammt? – Wohl nicht zu dieser Problematik zu stellen ist *ēnsis* 'Schwert' < *'Messer'; es gehört mit ved. *así-* 'Schlachtmesser' zusammen und führt auf **n̥s-i-* 'Messer'; pal. *ḫasira-* 'Dolch' ist natürlich dann davon zu trennen; zur inhaltlichen Problematik: → B. Schlerath: Metallgegenstände in vedischer Zeit. *FS Hänsel* (1997: 823ff.). Zur Vertretung im Toch.: O. Hackstein. *FT Innsbruck 1996* (1998: 220ff.).

P 334. Die Laryngale sind i.d.R. erst einzelsprachlich beseitigt worden.

1) Das Anatolische hält mit seinem *ḫ* direkte Spuren von uridg. **h_2* fest, vgl. u.a. *ḫant-* 'Gesicht' oben in P 322 Abs. 2 und *ḫaster-* 'Stern' oben in P 328 Abs. 2. Wieweit auch *h_3* durch *ḫ* vertreten ist, wird diskutiert: → Melchert (1994: 72–74).

2) Bekannt sind ferner noch direkt fassbare Spuren im Indoiranischen: – Die zunächst auffällige metrische Messung von *devī́* in der ved. Wortfolge RV 1,40,3 *devyètu* i.e. *deví # etu* als — ◡ wird dann am leichtesten verständlich, wenn wir annehmen, dass *devī́* 'Göttin' zum Zeitpunkt der Formulierung des betreffenden Verses noch die laryngalhafte Form **deu̯íH* besaß (mit **-íH* < **-ih_2*). Beim Lautstand **-íH # V-* war die Möglichkeit gegeben, dass der Laryngal im Sandhi vor Vokal (hier vor *e-* <**ai̯-*) regelgerecht ausfiel: **-íH # V-* im Sinn von **-í.HV-* > **-í.V-*. Die parallel gebauten Stämmen auf **-aH* (< **-eh_2*) zeigen dagegen im Ved. keine sicheren Hinweise auf eine Sandhivariante mit *-ă* aus **-ă.V-* < **-a.HV-* < **-aH#V-*, s. Abs. 2. – Das soeben dargestellte Material stammt von F. Kuiper. *Sprache* 7 (1961: 14ff.) = *KS Kuiper* (1997: 359ff.). Erhellend mit weiterem Material: → J. Gippert. *FS Beekes* (1997: 63–79); Ch. de Lamberterie. *BSL* 97,2 (2002: 109). Vgl. ferner P 412 zu Perf. 1.Sg. *-a* (zur Zeit der Wirksamkeit des

Brugmannschen Gesetzes hatte die Endung noch die laryngalhaltige Form *-_Ha_) und M 318 Abs. 6c zu ved. Nom.Sg. _náuṣ_ (-_áu_- ist kein Langdiphthong, sondern lange Zeit konserviertes zweisilbiges -_aü_- < *-_aHu_-).

3) Die uridg. Stämme auf *-_ah_$_2$- (<*-_eh_$_2$-) kennen neben dem einheitlich gestalteten Nom.Sg. auf -_ah_$_2$ > -_ā_ (vgl. gr. νύμφη ‘junge Frau’ und aksl. _žena_ ‘Frau’) im Gr. und Aksl. Vok.Sg.-Formen auf -_ă_ (vgl. gr. νύμφα und aksl. _ženo_). — Eine Möglichkeit ist, die Differenzierung zwischen Nom. und Vok.Sg. auf sandhibedingte Doppelformen zurückzuführen. Man müsste dann annehmen, dass diese zu einem Zeitpunkt gängig waren, als die Stämme noch aus laryngalhaltigem *-_ah_$_2$ bestanden und die Kontraktion *-_ah_$_2$- > *-_ā_- noch nicht eingetreten war. Das in der Position -_VH#K_ - stehende *-_ah_$_2$ mit später lautgesetzlichem *-_ah_$_2$._K_- > -_ā.K_- wäre dann nominativische Normalform geworden, das in der Position -_VH#V_- entstandene -_ă_ mit regelrechtem *-_ă.V_- < *-_a.h_$_2$ _V_- Vokativ. Die Existenz von solchen Sandhivarianten wird zweifelsfrei durch lat. _vīgintī_ vs. gr. εἴκοσι erwiesen: → Ch. de Lamberterie. _BSL_ 97,2 (2002: 101). Ein uridg. Ablaut mit vollstufigem *-_eh_$_2$- und schwundstufigem *-_h_$_2$- ist bei den *-_eh_$_2$-Stämmen aber auch nicht ausgeschlossen: → I. Hajnal. Deger-Jakoltzy / Hiller / Panagl (1999a: 265–276 zu eventuellen myk. Hinweisen).

4) Ein weiteres Beispiel für einzelsprachliche Individualität mit noch vorhandenem Laryngal liefert ein PPP wie uridg. *_ĝn̥h_$_1$-_tó_- ‘gezeugt, geboren’ (s.o. P 332 Abs. 4a), wo die einzelsprachlichen Realisierungen von uridg. *_n̥_ zuerst eintreten und erst danach uridg. *_h_$_1$ beseitigt wird: Im Ved. bleibt der Laryngal bis zum Abschluss der kompletten Vokalisierung von *_n̥_ > _ă_ erhalten und längt danach den entstandenen Kurzvokal zum Endresultat _jātá_-. Im Fall des Gr. wird die gleiche Grundform über ein *_ĝn°h_$_1$-_tó_- > *_gnētó_- (vgl. κασί-γνητος), im Lat. über dieselbe Zwischenstufe > (_g_)_nātus_. Genauso kommt im Germ. über ein *_ĝ°nh_$_1$_tó_- ein *_kunHda_- zustande, daraus mit Vereinfachung der Konsonantengruppe *-_nHd_- ein *_nd_-, vgl. got. _airþa-kunds_ ‘von irdischer Abstammung’.

2.3.4 Die Okklusive

P 335. Die vedische Sprache zeigt ein Viererbündel von Verschlusslauten (Okklusiven). Beispielsweise kennt sie im Bereich der Dentale die Phoneme _t_, _th_, _d_ und _dh_. Die Umschrift einfacher Zeichen der indischen Schrift durch die Digraphe _th_, _dh_ (u. dgl.) ist in der Indologie eingebürgert. Es handelt sich aber um einphonemige Werte, die sich von _t_, _d_ nur durch das Merkmal [+ behaucht] unterscheiden. Umschriften wie t^h, d^h oder _t_‘, _d_‘ wären also sachgemäßer.

1) Dieses vedische Viererbündel war in der Gründerzeit der Indogermanistik das Modell für die uridg. Ansätze. Man rekonstruierte als uridg. Vorstufen der ved. Phoneme (hier ist der Einfachheit halber zunächst nur von den Dentalen die Rede) unveränderte **t*, **t^h*, **d*, **d^h*.

2) Für die Tenuis aspirata **t^h* entfallen freilich mehrere Ansätze nach Annahme der laryngalistischen Erkenntnis, dass ved. *th* aus dem Kontakt von uridg. **t* + **h_2* entstanden sein kann, s.o. P 329 Abs. 1. – Hinweise auf echte uridg. Tenuis aspirata sind selten, vgl. eventuell uridg. **skeh₁t^h-* mit gr. ἀσκηθής 'unversehrt' und got. *skaþis* n. 'Schaden', ferner uridg. **k̑onk^{h}o-* mit gr. κόγχος und ved. *śaṅkhá-* m. 'Muschel'. Die Existenz von uridg. Tenues aspiratae (wie **t^h*, **k^h*) ist nach wie vor umstritten und so wird in der weiteren Darstellung aus Gründen der Einfachheit nur noch von der Trias Tenuis, Media und Media aspirata ausgegangen. Zu diesen nach vor unklaren Tenues aspiratae: → J. Rasmussen. Vennemann (1989: 153ff.); K.-H. Mottausch. *Kratylos* 49 (2004: 47).

3) Wegen des (weitgehenden) Ausfalls von Gleichungen für die Tenues aspiratae und aus anderen typologischen Gründen (u.a. wegen der Seltenheit von Gleichungen für uridg. **b*: → W. Meid 1989b) sind Ersatzsysteme für die uridg. Okklusiv-Reihen vorgeschlagen worden, vgl. u.a. die von Gamkrelidze / Ivanov (1995) vertretene Glottaltheorie, die anstelle der traditionellen Trias mit Media (*b, d, g*), Media aspirata (*b^h, d^h, g^h*) und Tenuis (*p, t, k*) eine solche mit glottalized (*p', t', k'*), voiced (*bh/b, dh/d, gh/g*) und voiceless (*ph/p, th/t, kh/k*) ansetzt. Neuere Stellungnahme: → Th. Gamkrelidze: A Relative Chronology of the Shifts of the Three Stop Series in Indo-European. *FS Hamp* (1997a: 67–82); Th. Gamkrelidze: Neue Wege in der Indogermanistik in der zweiten Hälfte des 20. Jahrhunderts. Ofitsch / Zinko (2000: 153–158).

Die Reaktion der Fachwelt auf die Glottaltheorie ist geteilt: → Mayrhofer (1986: 92 ff.); W. Cowgill. *Kratylos* 29 (1984 [1985]: 4–6, berichtet über Beiträge von P. Hopper, G. Dunkel und Th. Gamkrelidze: „it looks to me as if a pre-IE system **t(h)*, **t'*, **d(h)* shifted ... to a highly unstable PIE system **t*, **d*, **dh*, which everywhere was replaced before our earliest written documents by a more stable configuration"); *KS Szemerényi* (1987a: 400–410, in einem Aufsatz von 1985); Szemerényi (1990: 159–162): „Die neue Interpretation hat schon ... eine beträchtliche Anhängerschaft gefunden ..., während die Ablehnung sich vorerst ziemlich kleinlaut gibt" (160); „es wird vielleicht nützlich sein, auf einige bedenkliche Momente aufmerksam zu machen" (160f.); W. Meid Germanische oder indogermanische Lautverschiebung? Bergmann / Tiefenbach / Voetz (1987a: 3–11): „Die Erklärung eines Lehnwortes wie germ. **rīk-* im Rahmen der 'neuen' Theorie stößt sich an so vielen Problemen, daß die Angemessenheit der Theorie dadurch ernsthaft in Frage gestellt wird" (11); Weiteres zu **rīk-* s.o. in

P 211 Abs. 8); Vennemann (1989: 83ff, das gesamte Spektrum der Glottaltheorie wird von verschiedenen Forschern breit diskutiert); J. Gippert: Die Glottaltheorie und die Frage urindogermanisch-kaukasischer Sprachkontakte. *Kolloquium Kopenhagen 1993* (1994: 107–123); J. Gippert. *BNF* 33 (1998: 41–45): „schwere Bedenken“ (43): „derartige argumentatorische Schwächen“ (45); M. Job: Did Proto-Indo-European have Glottalized Stops? *Diachronica* 12 (1995: 237ff.); Lamberterie (1992: 251–255): „Le traitement du groupe **dw-* (> arm. *erk-*) ... oblige en outre à partir d’une sonore **d*, non d’une sourde glottalisée **t’*“ (255); Ch. de Lamberterie: Latin pignus et la théorie glottalique. Rosén (1996: 135–151); F. Kammerzell: *IF* 104 (1999: 234ff.); Kümmel (2007: 299ff.).

Die Zweifel an der Berechtigung des Ansatzes von Glottalen für das Uridg. sind nicht ausgeräumt. Es wird deshalb in diesem Studienbuch auf eine weitere Berücksichtigung der Glottaltheorie in der Rekonstruktion verzichtet.

4) Neben den soeben vorgestellten Dentalen gibt es ferner Labiale (s.u. P 337f.) und Tektale (s.u. P 339ff.). Letztere bestehen aus den Reihen der Palatale, Velare und Labiovelare. Das uridg. Phoneminventar der Okklusive lässt sich mit H. Eichner. *Kolloquium Salzburg* 1986 (1992: 65) folgendermaßen darstellen:

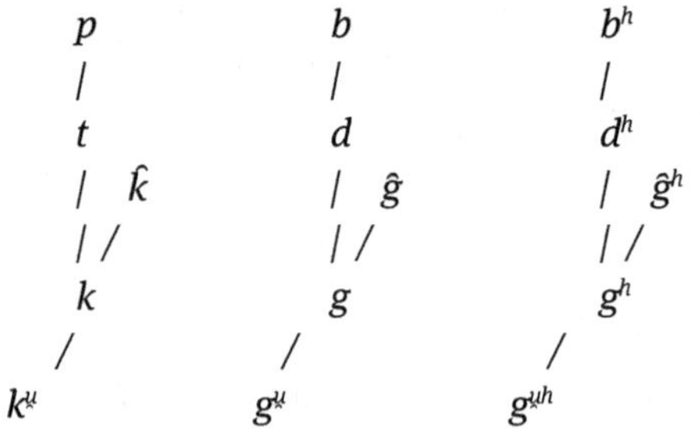

2.3.5 Die Dentale

P 336. Einzelsprachliche Informationen:

1) Die uridg. Ansätze Tenuis **t*, Media **d* und Media aspirata **d^h* sind ihrer Artikulationsart nach im Ved. nicht verändert. Im Falle der Dentale bleibt auch die Artikulationsstelle gleich (im Gegensatz zu uridg. **k̂* > ved. *ś* und uridg. **$k^{u̯}$* > ved. *k*, s.u. P 339 Abs. 2): — Vgl. uridg. **tréi̯es* ‘drei’ = ved. *tráyas*; uridg. **dék̂m̥* ‘zehn’ = ved. *dáśa-*; uridg. **d^huh$_2$mó-* ‘Rauch’ = ved. *dhūmá-*, uridg. **méd^{h}i̯o-* ‘mittlerer’ = ved. *mádhya-*, uridg. **h$_1$rud^h-ró-* ‘rot’ ~ ved. *rudh-irá-*.

2) Im Griech. ändert sich nur die Artikulationsart der uridg. Mediae aspiratae. Sie verlieren bereits vormyk. das Merkmal [+ stimmhaft]. Für uridg. **d^h*

tritt also gr. t^h <θ> ein. Vgl. zu den Beispielen in Abs. 1 τρεῖς und δέκα, aber θύμός und ἐρυθρός (bereits myk. als *e-ru-ta-ra* i.e. *eru*t^h*rā́*). Vgl. auch uridg. **méd*^{h}*i̯o-* mit gr. μέσ(σ)ος, s.o. P 215 Abs. 2.

3) Für das Lat. lässt sich nur die Erhaltung von Tenuis und Media generell feststellen (vgl. *trēs*, *decem*). Die Fortsetzungen der Media aspirata müssen in jedem Fall gesondert genannt werden. So wird uridg. **d*^{h} anlautend zu *f-* (vgl. *fūmus*), inlautend zu *-d-* (vgl. *medius*), unter Sonderbedingungen zu *-b-* (vgl. *ruber* und *līber*), u.a. nach *-u-* und in der Umgebung von *-r-*, was beides für ***h_1*rud*^{h}*ró-* zutrifft: → Leumann (1977: 163ff.). Weiteres zu *līber* s.o. P 223 Abs. 1.

4) Für das Germ. lässt sich eine prinzipielle Regel aufstellen. Sie betrifft die Änderung jeder Artikulationsart (sog. Erste Lautverschiebung oder Grimmsches Gesetz): Die Tenuis wird zum stimmlosen Reibelaut (vgl. uridg. **tréi̯es* 'drei' vs. an. *þrír* 'drei'), die Media zur Tenuis (vgl. uridg. **déḱm̥* 'zehn' vs. got. *taihun* 'zehn'), die Media aspirata zum stimmhaften Reibelaut (vgl. uridg. ***h_1*rud*^{h}*ró-* 'rot' vs. an. *rauðr* 'rot'): → Kümmel (2007: 294ff.). — Die durch diesen Vorgang entstandenen stimmlosen Reibelaute blieben jedoch, ebenso wie uridg. **s* (s.o. P 308ff.) inlautend in stimmhafter Umgebung nur erhalten, wenn ihnen der uridg. Akzent unmittelbar vorausging, andernfalls wurden sie zu stimmhaften Reibelauten weiterentwickelt (sog. Vernersches Gesetz), s.u. P 421 Abs. 1 mit dem Weiteren. — Zu den späteren Entwicklungen, speziell zur sog. Zweiten Lautverschiebung: → V. Harm. *ZDL* 69 (2002: 58–68); O. Robinson. *Kratylos* 48 (2003: 223–227); beide sichten kritisch Schwerdt (2000).

5) Im Heth. war die Opposition Tenuis : Media (Media und Media aspirata fallen zusammen) in der Sprache wohl erhalten, doch lässt die Schreibung durch Keilschriftzeichen mit Tenuis und Media nur in wenigen Fällen diesen Unterschied erkennen. Im vorliegenden Fall liegen also die gleichen *t/d*-Zeichen für uridg. **t* (vgl. *e-eš-du* neben ved. *ás-tu* 'er soll sein'), **d* (vgl. *e-it-mi* 'ich esse', *e-du-un* 'ich aß' neben lat. *edere*) und uridg. **d*^{h} vor (s.o. P 211 Abs. 7 zu *túḫ-ḫu-u̯a-i-* und ved. *dhūmá-*; ferner s.o. P 313 Abs. 3 zu uridg. **d*^{h}*eǵ*^{h}*om-* = heth. *te-e-kán*, Lok.Sg. *da-ga-an* 'Erde'). — Doch besteht eine Schreibregel (sog. Sturtevantsches Gesetz), die Tenuis vor allem zwischen Vokalen durch Doppelschreibung von der Media zu unterscheiden, vgl. *ú-it-ti* = lat. *vet-us*, s.o. P 217 Abs. 1. — Zu beachten sind ferner Lenitionsregeln: → H. Eichner. *MSS* 31 (1973: 79–83 u. 100 Anm. 56); Melchert (1994: 60f., Tenuis wird nach akzentuiertem Langvokal bereits uranatol. leniert, vgl. uridg. **d*^{h}*éh*$_1$*ti* 'stellt' > uranatol. **dḗdi* = lyk. *ta-di*). — Wichtig ist schließlich die sog. Assibilierung von t > t^s (übliche Notation als *z*) vor *i* (vgl. 3.Sg. *e-eš-zi* i.e. *ēst*^{s}*i* = ved. *ásti* 'er ist'). Bei **th*$_2$ (= ved. *th*) unterbleibt die Assibilierung vor *i*. Über heth. *tst* < uridg. **tt* s.u. P 347 Abs. 1.

6) Im Balt. und Slav. ist die Tenuis bewahrt (also uridg. **t* als *t*), Media und Media aspirata sind dagegen in der Media zusammengefallen (uridg. **d* und uridg. *d^h > *d*). Vgl. lit. *trỹs*, aksl. *trьje* 'drei'; lit. *dešimtìs*, aksl. *desętь* 'zehn'; lit. *dū́mai*, aksl. *dymъ* 'Rauch' (s.o. P 211 Abs. 7); lit. *rùdas* 'rötlich', russ. *rudyj* 'rothaarig'. Zur Möglichkeit, das die Opposition Media vs. Media aspirata im Balt. und Slav. doch nachweisbar ist (sog. Gesetz von Winter): → Mayrhofer (1986: 96 mit Anm. 21); Kümmel (2007: 306f.).

2.3.6 Die Labiale

P 337. Die Tenuis und Media der labialen Reihe, uridg. **p* und uridg. **b*, sind in den meisten idg. Einzelsprachen erhalten. — Im Germ. hat dagegen uridg. **p* zu *f* (in den Fällen der Lex Verner zu *ƀ*, s.u. P 421) und uridg. **b* zu *p* geführt. — Im Kelt. wird **p* zunächst zu **f*, erscheint dann vor *s* und *t* als *x*, sonst als *h* (mit nachfolgendem Schwund), vgl. ir. *athir* 'Vater' < uridg. **ph*$_2$*ter-*, vgl. air. *ibim* 'trinke' < uridg. **pi-ph*$_3$*-e-*, vgl. den aus Caesar bekannten Keltenfürsten *Ver-cingeto-rix*, wo das erste Element des Namens *u̯er-* auf **u(p)er-* (Weiteres zu dieser Präposition s.u. in Abs. 1) zurückgeht oder vgl. den ON *Mailand* = lat. *Mediolānum* < **Medio-(p)lānum*. — Zu gr. (bereits myk.) *pt-* neben *p-* s.u. P 405.

1) Gleichungen für uridg. **p*: — Uridg. **pod-* / **ped-* = lat. *pēs, ped-* 'Fuß', gr. ποῦς, ποδ-, ved. *pád-*, luw. *pa-da- pa-ta-* 'Fuß', lit. *pėdà* 'Fuß(sohle)', sloven. *pòd* 'Fußboden'; got. *fotus*, nhd. *Fuß*. — Uridg. **su̯ep-* / **sup-* = lat. *sopor* (< **su̯ep-*) 'Tiefschlaf', gr. ὕπνος m. (< **sup-no-*), ved. *svápna-* m. 'Schlaf', heth. *šu-up-pa-ri-i̯a-* i.e. *suparii̯a-* 'schlafen', lit. *sãpnas* 'Traum', aksl. *sъpati* 'schlafen'; an. *svefn* 'Schlaf'. Zu lat. *somnus* s.o. P 217 Abs. 4. — Uridg. **(s)uper-* in gr. ὑπέρ 'über', ved. *upári* 'über - hin', ahd. *ubir* 'über' (urgerm. **uf-´*, zum Akzent s.u. P 421 Abs. 1), kelt. **u̯er-* (s.o. vor Abs. 1).

2) Gleichungen für uridg. **b*: — Uridg. **bel-* in lat. *dē-bil-is* 'kraftlos' (dabei *-bil-* aus *-bel-* durch Vokalschwächung), gr. βελτίων 'besser' (< *'stärker'), ved. *bála-* n. 'Kraft', aksl. *bolijь* 'größer'. — Uridg. *d^h*eu̯b-* mit lit. *dubùs* 'tief, hohl', aksl. *dъbrъ* 'Schlucht', toch. A *tpär* 'hoch'; got. *diups*, nhd. *tief*. Weiteres: → Mayrhofer (1986: 99f.); Meid (1989b).

P 338. Der labialen Media aspirata uridg. *b^h entspricht, wie erwartet, ved. *bh*, gr. p^h <φ>, urgerm. **ƀ*, heth. *b* [<*p,b*>], lit. und aksl. *b*. Im Lat. entsteht anlautend *f-*, inlautend *-b-*.

Gleichungen: — Uridg. *b^h*er-* = lat. *ferō*, gr. φέρω, ved. *bhárāmi* 'trage', got. *bairan* 'tragen', aksl. *berǫ* 'sammle, nehme'. — Uridg. *b^h*réh*$_2$*ter-* bzw. *b^h*ráh*$_2$*ter-* = lat. *frāter* 'Bruder', gr. φρᾱ́τηρ 'Mitglied einer Bruderschaft', ved.

bhrā̆tar- m., got. *broþar*, aksl. *brat(r)ъ* ‘Bruder’, vgl. lit. *brôteraulis* ‘sich verbrüdern’. — Uridg. **neb*^{h}*-* = lat. *nebula* f. ‘Dunst, Nebel’, gr. νεφέλη f. ‘Wolke’, νέφος n. ‘Wolke, Gewölk’, ved. *nábhas-* n. ‘Wolke, Nebel’, heth. *ne-pí-ša-aš* ‘des Himmels’, aksl. *nebo, -ese* ‘Himmel’.

2.3.7 Die Tektale

P 339. Den Tektal-Reihen gehören Palatale, Velare und Labiovelare an.

1) Alle drei Reihen sind im Luw. weitergeführt, vgl. luw. *kar-š-* < uridg. **(s)ker-* ‘schneiden’ (→ Rix / Kümmel 2001: 556f.), *kui-* < uridg. **k*$^{u̯}$*i-* ‘wer’ und *zārt-* < *uridg. *k̂r̥d-* ‘Herz’: → Melchert (1994: 251f.). Ähnliche Hinweise liefern das Alb. und das Arm., s.u. Abs. 4; ferner s.u. P 343 Abs. 3. Eine Vereinfachung zu nur zwei Reihen ist aber die Regel.

2) In den sog. Kentumsprachen (Ital. inkl. Lat., Gr., Heth., Germ., Kelt., Toch. und Phryg.) haben Palatale und Velare gleiche Resultate. Die Tenues uridg. **k̂* (palatal) und uridg. **k* (velar) lassen somit in diesen Sprachen nur einen Fortsetzer erwarten, nämlich im Lat. *k* (<c>), im Gr. *k* (<κ>), im Heth. *k* (Notationen als *k* oder *g*) und im Urgerm. *χ* (unter den Bedingungen von Verners Gesetz dagegen *g*, s.u. P 421). Das lat. *<centum>* i.e. *kentum* < uridg. **dk̂m̥tó-* ‘hundert’ dient als Stichwort für diese Gruppe und ist deshalb auch namengebend (statt Centum- wird hier bewusst Kentum- geschrieben, damit das klass. lat. *c* nicht fälschlicherweise als Palatal missverstanden werden kann).

3) Die sog. Satemsprachen (Indoiran., Balt., Slav., Arm. und Alb.) zeigen dagegen für die beiden uridg. Phoneme **k̂* und **k* eine unterschiedliche Entwicklung. Palatales **k̂* wird zu stimmlosem Sibilanten (ved. *ś*, lit. *š*, aksl. *s*), velares *k* bleibt unverändert (ved. *k*, lit. *k*, aksl. *k*). — Die Velare führen in Satemsprachen i.d.R. zu denselben Resultaten wie die Labiovelare. — Ähnlich wie im Großteil des späteren Lat.-Roman. ein *k* vor *e* und *i* palatalisiert wurde (zwar lat. *centum* [i.e. *kentum*] > logudoresisch [Sardinien] *kentu*, aber italien. *cento*, franz. *cent* usw.), unterliegen satemsprachliche *k*-Phoneme sekundären Palatalisationen vor Vorderzungenvokalen. Zu beachten ist, dass auch im Indoiranischen ursprüngliches *ĕ̄* die Palatalisierung ihm vorangehender *k*-Phoneme bewirkt hat. Uridg. **ĕ̄* ist erst nach diesem Prozess zu **ă̄* geworden, s.o. P 206 Abs. 2. Parallel zum Stichwort *centum* wirkt hier jav. *satəm* ‘hundert’ namengebend (meist vereinfachend *satem* geschrieben).

4) Die Beurteilung der idg. Sprachen als Kentum- oder Satemsprachen wurde in der älteren Forschung zu stark betont. Die Ausgestaltung als Kentum- oder Satemsprache kann aber bei der Frage der Ausgliederung der idg. Sprachen

keine entscheidende Rolle gespielt haben, vgl. das kentumsprachliche Gr. und das satemsprachliche Arm.: Beide müssen trotz dieser Differenz als einander sehr nahestehend betrachtet werden, s.o. G 435 Abs. 1.

Forschungsüberblick: → J. Tischler: Hundert Jahre kentum-satem Theorie. *IF* 95 (1990: 63–98): „Die Kentum-Satem Isoglosse ist nicht mit einer Spaltung der Indogermania gleichzusetzen, sondern stellt nur eine Isoglosse unter vielen dar ... Formen für 'kentumhaftes Verhalten' in Satemsprachen bzw. für 'satemhaftes Verhalten' in Kentumsprachen können als Relikte des ursprünglich dreireihigen Verschlußlautsystems gewertet werden, das ansonst überall auf zwei Reihen reduziert wurde." (94). Vgl. ferner G. van Driem / S. Sharmā: In Search of Kentum Indo-Europeans in the Himalayas. *IF* 101 (1996: 107–146); ausführlich jetzt zu allen Problemen: → Lipp (2009).

P 340. Gleichungen:

1) für uridg. **ḱ*: — Uridg. **ḱerd-* / **ḱr̥d-* 'Herz', uridg. **ḱr̥-n-* 'Horn', uridg. **(d)ḱm̥tó-* 'hundert', uridg. **deḱm̥to-* 'der zehnte', s.o. P 307 Abs. 1 und 3. — Uridg. **ḱleu̯-* 'hören' mit Ptz. uridg. **ḱlu-tó-* 'berühmt' = lat. *in-clutus*, gr. κλυτός 'berühmt', urgerm. **χluđa-* (vgl. den fränk. Königsnamen *Chlodo-meris* u.a.) gegenüber ved. *śrutá-* 'gehört, genannt, berühmt', lit. *šlóvinti* 'preisen, rühmen', aksl. *sluti* 'heißen'. — Uridg. **ḱu̯on-* / **ḱun-* 'Hund' = gr. κύων, Gen.Sg. κυνός, got. *hun-d-s* 'Hund' gegenüber ved. *śvā́*, Gen.Sg. *śúnas*, lit. *šuõ*, Gen.Sg. *šuñs* (alt *šunès*) 'Hund' (zu diesem Wort s.o. P 218 Abs. 2). — Zu uridg. **ḱei̯-* 'liegen' (dazu gehört auch uridg. **ḱéi̯-u̯o-* 'lieb, vertraut', substantiviert 'Heimstätte') vgl. lat. *cīvis* (altlat. *ceivis* 'Bürger': der *-i*-Stamm ist auffällig; vielleicht ist er aus einem KP wie vorlat. **kon-kei̯u̯i-* 'der die gleiche Heimat hat' erwachsen, vgl. den Typ *biennis* 'zweijährig' < **du̯i-anni-* mit *-anni-* für *-anno-*: → Rix 1994: 78 mit Anm. 89), gr. κεῖμαι 'liege', heth. *ki-it-ta(-ri)* 'liegt', got. *heiwa-frauja* 'Hausherr' gegenüber ved. *śáye* 'liegt', *śéva-* 'lieb, vertraut', *śivá-* 'gütig, freundlich' (vgl. auch den Götternamen *Śiva*), vgl. lit. *šeimà* 'Familie', russ. *semьja* 'Familie'.

2) für uridg. **k*: — Zu uridg. **kreu̯h₂-* / **kruh₂-* 'roh, blutig, rohes Fleisch' vgl. lat. *cruor* m. 'rohes Blut', gr. κρυερός 'grausig', κρέας n. 'Fleisch', ahd. *hrō* 'roh', ved. *kravíṣ-* n. 'rohes Fleisch', *krūrá-* 'blutig, roh', lit. *kraũjas* m. 'Blut', aksl. *krъvь* f. 'Blut' (vgl. zu dieser Sippe auch unten L 206 Abs. 5). — Uridg. **leu̯k-* 'leuchten' mit uridg. **lou̯k-ó-* 'Lichtung' (s.o. P 223 Abs. 2), vgl. ved. *lok-á-*; mit sekundärer Palatalisierung ved. *róc-ate* 'leuchtet' (< **leu̯k-e-*), *rúci-* f. 'Licht', russ. *lučь* m. 'Strahl'.

P 341. Die palatale und die velare Media uridg. **ĝ* und **g* sind gemäß P 339 Abs. 2 in den sog. Kentumsprachen zusammengefallen: lat., gr., heth. *g*, germ. *k*. Die sog. Satemsprachen entwickeln uridg. **ĝ* zu ved. *j* (= av. *z*), lit. *ž*, aksl. *z*. Uridg. *g* bleibt *g*. Es unterliegt allenfalls sekundären Palatalisierungen.

1) Gleichungen für uridg. *ĝ: — Uridg. *ĝneh$_3$- /*ĝenh$_3$- 'erkennen' mit Ptz. uridg. *ĝn̥h$_3$-tó- (s.o. P 332 Abs. 4c), vgl. lat. *(g)nō-scō*, gr. γι-γνώ-σκω, ahd. *kun-d* 'bekannt'; satemprachlich ved. *(*r̥ta-)jñā́-* 'das R̥ta kennend', lit. *žén-klas* m. 'Zeichen' (mit *-én-* < *-enh$_3$-), aksl. *zna-ti* 'erkennen'. — Uridg. *ĝónu- / *ĝénu- / *ĝnu- 'Knie', vgl. lat. *genū-*, gr. γόνυ, heth. *ge-e-nu*, got. *kniu* 'Knie' gegenüber ved. *jā́nu* n. 'Knie', jav. *zānu(-drājah-)* 'Knie(länge herzeigend)'. Weiteres zu diesem Wort: → Mayrhofer (1991: 584f.).

2) Gleichungen für uridg. *g: — Uridg. *h$_2$eu̯g- bzw. *h$_2$au̯g- / *h$_2$ug- 'vermehren, wachsen', vgl. lat. *augēre* (→ Rix / Kümmel 2001: 274f. mit Anm. 3). Das in Satemsprachen erhaltene *-g-* (vgl. u.a. ved. *ug-rá-* 'kräftig') unterliegt vor folgendem (ursprünglichem) Vorderzungenvokal sekundären Palatalisierungen. Gut sichtbar ist dies im Wechsel von (velarem) *-g-* und (palatalisiertem) *-j-* als Widerspiegelung des qualitativen Ablauts (s.u. P 412) in aav. Akk.Sg. *aogō* 'die Kraft' (< uridg. *h$_2$au̯gos) gegenüber Instr.Sg. *aojaŋh-ā* 'durch Kraft' (< uridg. *h$_2$au̯ges-). In ved. *ójas-* n. 'Kraft' ist die palatalisierte Form (sie entspricht aav. *aojaŋh-*) analogisch durchgeführt worden. Uridg. velares *g mit sekundärer Palatalisation (= ved. und av. *j*) ist von uridg. palatalem *ĝ (= ved. *j*, aber av. *z*) vom Ir. aus deutlich unterscheidbar. — Uridg. *i̯ugó- n. 'Joch' (s.o. P 213 Abs. 1) mit verbalem *i̯eu̯g- 'anschirren', vgl. lat. *iungere* 'verbinden', gr. ζεύγνῡμι 'schirre an' neben ved. *yóga-* m. 'Anschirrung' (mit palatalisiertem *-j-* dagegen *yój-ana-* n. 'Gespann' und aav. *yaoj-ā* 'ich will anschirren'), lit. *jùngiu* 'ich spanne ins Joch', aksl. *igo* n. 'Joch'.

P 342. Die palatale und die velare Media aspirata uridg. *ĝ^h und *g^h lassen in den Kentumsprachen wieder nur einen Fortsetzer erwarten. Dieser ist im Griech. die Tenuis aspirata *k^h* <χ>, im Heth. *g* (Notation als *k* oder *g*), im Germ. *g. Das Lat. setzt *g^h intervokalisch und im Anlaut vor Vokal als *h*, vor und nach Konsonant als *g* fort: → Sommer / Pfister (1977: 141). — Satemsprachlich: Im Ved. wird uridg. *ĝ^h durch *h* (av. *z*) fortgesetzt, uridg. *g^h als *gh* (sekundär palatalisiert *h* [av. *j*]). Im Balt. und Slav. sind die Resultate von uridg. *ĝ^h und uridg. *g^h mit denen von uridg. *ĝ und uridg. *g identisch: lit. *ž*, aksl. *z* bzw. lit., aksl. *g*.

1) Gleichungen für uridg. *ĝ^h: — Uridg. *ĝ^{h}i̯em- / *ĝ^{h}im- (z.T. *ĝ^{h}ei̯m-) 'Winter', vgl. lat. *hiems* f., gr. χειμών m. 'Winter', heth. *gi-im-ma-an-t-* i.e. *gemmant-* 'Winterzeit', satemsprachlich ved. *himá-* m. 'Kälte' (av. *ziiam-* 'Winter'; vgl. den ai. Gebirgsnamen *Himālaya-*), lit. *žiemà*, aksl. *zima* f. 'Winter'. — Uridg. *h$_2$enĝ^h- bzw. *h$_2$anĝ^h- 'zuschnüren, einengen' (älter *h$_2$emĝ^h-: → Rix / Kümmel 2001: 264 mit Anm. 1), vgl. lat. *angor* (älter *angōs) m. 'Beklemmung', *angustus* 'eng', gr. ἄγχω 'erdrossle', nhd. *eng*; satemsprachlich ved. *áṃhas-* n. 'Angst' (av. *ązah-* n. 'Bedrängnis'), aksl. *ǫzъkъ* 'eng'.

2) Gleichungen für uridg. *g^h: — Uridg. *stei̯g^h- 'schreiten', vgl. gr. στειχω 'schreite', got. *steigan* 'steigen'; satemsprachlich ved. *pra-stigh-nuyāt* 'er möge emporsteigen', lit. *steĩgti* 'sich beeilen', aksl. *po-stig-nǫ* 'ich erreiche, treffe'. — Uridg. *g^{h}osti- 'Fremder' = lat. *hostis* m.f. 'Fremdling' (später 'Kriegsfeind'), got. *gasts* m. 'Fremder', ahd. *gast* m. 'Fremdling, Gast'; aksl. *gostь* m. 'Gastfreund'. Vgl. dazu oben P 211 Abs. 4. — Uridg. *g^{h}lad^h- 'glatt', vgl. lat. *glaber* 'glatt, unbehaart', nhd. *glatt*; lit. *glodnùs, glodùs, glõdnas* 'glatt anliegend', aksl. *gladъkъ* 'glatt, eben'. Zum Problem von uridg. *a* s.o. P 211 Abs. 5. — Uridg. *(h_3)mei̯g^h- 'Wolke, Nebel', vgl. gr. ὀμιχλη f. 'Nebel', ved. *meghá-* m. 'Wolke', *míh-* f. 'Nebel, Dunst', lit. *miglà*, aksl. *mьgla* f. 'Nebel'. Davon zu trennen ist vermutlich verbales *$h_3$mei̯ĝ^h- 'harnen' (mit palatalem *ĝ^h): → Mayrhofer (1996: 381); Rix / Kümmel 2001: 301f.). Zu dazu gehörigem gr. ὀμειχω vs. μοιχός s.o. P 330.

P 343. Labiovelare haben gegenüber den Velaren das zusätzliche Merkmal der Lippenrundung. Sie sind einphonemige Werte. Labiovelare kommen in vielen Sprachen der Erde vor. Die in der Indogermanistik übliche Notation ist *k*$^{u̯}$ (seltener *q*$^{u̯}$, *k*^{w} oder *q*^{w}), *g*$^{u̯}$ usw. Hier wird *k*$^{u̯}$, *g*$^{u̯}$ usw. bevorzugt, auch wenn bei der Schreibung von *k*$^{u̯}$ die geringe Gefahr der Verwechslung mit *ku̯* besteht: → B. Forssman: *Kratylos* 33 (1988: 61 Anm. 30.).

In diesem Paragraphen werden aus Gründen der Vereinfachung i.d.R. nur Beispiele für die labiovelaren Tenues genannt. Die labiovelaren Media und Media aspirata kommen gesondert zur Sprache, s.u. P 344ff.

1) Die idg. Folgesprachen gestatten es, die Labiovelare mit Sicherheit für die idg. Grundsprache zu rekonstruieren. Im Zahlwort für 'vier' zeigt z.B. das Lat. direkt <*qu*>, vgl. *quattuor*. Im Griechischen wechselt bei 'vier' der Anlaut innerhalb der Dialekte: ion. τέσσαρες, att. τέτταρες, aber lesb. (bei der Dichterin Balbilla und bei Hesych) πέσ(σ)ύρες, böot. πέτταρες 'vier' u.a. Daraus hat man bereits früh den Schluss gezogen, dass der Wechsel τ- : π- auf einem älteren, dem Lat. vergleichbaren *k$^{u̯}$- basieren muss (mit sekundärer Entwicklung von *k*$^{u̯}$ vor dunklem Vokal zum Labial und vor hellem Vokal zum Dental, s.u. Abs. 4). Nun zeigt das Myk. durch *qe-to-ro-* i.e. *k*$^{u̯}$*etro-* 'vier', dass dieser ältere Lautstand damals tatsächlich gegolten hat und dass die Beseitigung von *k*$^{u̯}$ erst nachmyk. eingetreten ist. — Eine andere Gleichung mit lat. *qu-* ist der Interrogativstamm *quo-d* 'was?', gr. πό-θεν 'woher?'. — Das Germ. zeigt die labiovelare Tenuis regelgerecht zum entsprechenden stimmlosen Reibelaut verschoben, vgl. got. *ƕa-s* 'wer?' mit <*ƕ*> i.e. *h*$^{u̯}$. Zu urgerm. **u̯ulfa-* s.o. P 307 Abs. 2. — Vgl. ferner lat. *qui-s*, gr. τίς, heth. *ku̯i-*, got. *ƕi-* (s.o P 211 Abs. 1). S. auch oben G 506 mit Abs. 3 und 4 zu uridg. *(h_1)*éḱu̯o-*.

2) Während die Kentumsprachen die Labiovelare (lat. <*qu*>, myk. k^w, heth. *ku̯*, got. <*ƕ*> usw.) oder deren Fortsetzung (gr. *p* / *t*, umbr. *p* [*petur-* 'vier'] u.a.m.) zeigen, ist es ein weiteres Charakteristikum der sog. Satemsprachen (neben der Sonderentwicklung der Palatale zu Sibilanten, s.o. P 339 Abs. 3), dass sie das labiale Merkmal der Labiovelare tilgen. Dadurch sind die satemsprachlichen Labiovelare i.d.R. mit den Velaren zusammengefallen. Dem uridg. *$k^u̯$-Anlaut von **k^u̯etu̯er-* 'vier', **k^u̯o-* 'wer?' entsprechen *k*-Anlaute (lit. *keturì* 'vier', *kàs* 'wer?', ved. *kás*, aksl. *kъto* 'wer?') oder deren einzelsprachlich palatalisierte Entsprechungen (ved. *catvā́ras* 'vier' [<**k^u̯et-*, dagegen **k^u̯t-* > **kt-* in jav. *ā-xt-ūirīm* 'viermal'], aksl. *četyre* 'vier').

3) In wenigen Fällen scheint der satemsprachlich geforderte Zusammenfall von Velaren und Labiovelaren nicht stattgefunden zu haben. Dies ist insofern von Bedeutung, als damit die gleichzeitige Existenz der drei Tektalreihen bewiesen ist, s.o. P 339 Abs. 1 zum Luwischen.

Andere Beispiele sind aber umstritten. So soll die verschiedenartige Vokalisierung von uridg. *-*r̥H(V)-* im Ved. noch darauf hinweisen, dass das *g-* in *gir-ás* 'des Preisliedes' auf velares uridg. **gr̥H-és* (vgl. gr. γῆρυς 'Stimme') zurückgeht, das *g-* in ved. *gur-ú-* 'schwer' aber auf uridg. labiovelares **g^u̯r̥H-ú-* (vgl. gr. βαρύς). Diese verschiedenartige Vokalisierung ist aber nicht als Beweis der lautlichen Verschiedenheit deutbar: Auch die Wurzel *gir-* besaß wohl doch einen Labiovelar und muss uridg. als **g^u̯erH-* (vgl. lat. *grā-t-* in Nom.Pl. *grātēs*, osk. *brā-t-* in Gen.Sg. *brateis*) angesetzt werden: → Mayrhofer (1991: 469, mit Korrektur zu Mayrhofer 1986: 104f.); H. Rix. *FS Narten* (2000: 216ff.).

4) In den meisten Dialekten des Gr. wird uridg. *$k^u̯$ vor *ŏ̄*, vor *ă̄* und vor Konsonanten als Labial durch *p*, vor *ĕ̄* und vor *ĭ̄* als Dental durch *t* vertreten, neben *ŭ̄* und neben *u̯* durch Verlust des labialen Merkmals als Tektal *k*. Im Äol. findet sich *p* auch vor Vorderzungenvokalen.

Beispiele: — Vgl. uridg. **pénk^u̯e* 'fünf' mit ion.-att. πέν-τ-ε, aber πέμ-π-τος, πεμ-π-άς, äol. πέμ-π-ε. — Uridg. **lúk^u̯o-* 'Wolf' (neben uridg. **u̯l̥k^u̯o-* mit ved. *vŕ̥ka-*, s.o. P 304 Abs. 3) > gr. λύκος (mit *k* < $k^u̯$). — Uridg. *-*k^u̯olh₁ó-* 'Hirt' (Wurzel uridg. **k^u̯elh₁-* 'eine Drehung machen, sich umdrehen, sich um-, zuwenden': → Rix / Kümmel 2001: 386–388) in αἰπόλος (**ai̯.k^u̯ólo-* < **ai̯.k^u̯oló-* [zum hier typisch gr. Rückzug des Akzents s.u. P 420 Abs. 3] < **ai̯.kk^u̯oló-* < **ai̯k-k^u̯oló-* < **ai̯g-k^u̯oló-*: → K. Strunk. *FS Szemerényi* (1992b: 77–83) '(Ziegen-)Hirt' (nach Vorderglied **g^u̯ou̯-* 'Rind' bereits myk. *qo-u-ko-ro* i.e. *g^u̯ou̯kolos* 'Rinderhirt' mit Dissimilation von *-u̯k-* < *-u̯k^u̯-*). — Ausführlicher zu den gr. Labiovelaren: → Lejeune (1972: § 26).

P 344. Vielfach analog zur Entwicklung von uridg. *$k^u̯$ (s.o. P 343) verlief die von uridg. *$g^u̯$: myk. $g^u̯$ <*q-*>, gr. <β>, <δ>, <γ>; heth. $g^u̯$ (notiert als *ku*), urgerm. *k$^{u̯}$ (got. *q*). Im Lat. ist *g$^{u̯}$- (<*gu-*>) nur nach Nasal bewahrt, in anderen Positionen ist es zu *u̯* <*v*> geworden. Die Satemsprachen zeigen entlabialisiertes *g* oder dessen Fortsetzer.

Beispiele: — Uridg. **neg*$^{u̯}$- / **nog*$^{u̯}$- ‘nackt’ mit heth. *ne-ku-ma-an-za*, got. *naqaþs*, ved. *nagná-*, lit. *núogas*, aksl. *nagъ* ‘nackt’. — Uridg. **n̥g*$^{u̯}$*-en-* ‘Geschwulst’ mit lat. *inguen* n. ‘Geschwulst in der Schamgegend, Schamteile’, gr. ἀδήν f. m. ‘Drüse’. — Uridg. **g*$^{u̯}$*ih*$_3$*-u̯ó-* ‘lebendig’ = lat. *vīvus*, got. *qiwans* Akk.Pl. ‘die Lebendigen’, lit. *gývas* ‘lebendig’; ferner ved. *jīvá-*, altpers. *jīva-* und aksl. *živъ* ‘lebendig’ (alle drei mit Palatalisierung von **g-* < **g*$^{u̯}$- vor *-*ĭ*-). — Komplexer ist gr. βίος m. ‘Leben’, wo eigentlich vor hellem Vokal ein **díos* zu erwarten ist: → Lejeune (1972: § 37). — Bei ὑ-γιής ‘gesund, unversehrt’ zeigt sich die Dissimilation *-*u-g*$^{u̯}$*i-* > *-u-gi-* < uridg. **h*$_2$*i̯u-g*$^{u̯}$*ih*$_3$*-ḗs* i.S.v. ‘kräftiges, langes Leben habend’. Statt des traditionell im VG vermuteten **h*$_1$*su-* ‘gut’ ist **h*$_2$*i̯u-* (weiteres zum nominalen **h*$_2$*ói̯u-* / **h*$_2$*éi̯u-* / **h*$_2$*i̯u-* ‘Lebenskraft, Lebensdauer’ s.u. M 317 Abs. 8) im VG der bessere Vorschlag: → M. Weiss. *MSS* 55 (1994: 150f.), der die gesamte Problematik behandelt und zeigt, dass bereits Ferdinand de Saussure diese Lösung als eine von drei Möglichkeiten erwogen hat).

P 345. Auch die Fortsetzung der labiovelaren Media aspirata uridg. **g*$^{u̯h}$ lässt sich vielfach voraussagen. Während myk. noch *k*$^{u̯h}$ <*q-*> zu postulieren ist, erwarten wir dafür in späterer Zeit Tenuis aspirata mit positionsbedingter Verteilung: <θ> (vor *ĕ̄*), <φ> (vor *ŏ̄*, *ă̄* und vor Konsonant), <χ> (neben *ŭ̄*). Im Hethitischen ist *g*$^{u̯}$ (<*ku*>), im Germ. **g*$^{u̯}$ zu erwarten. Das Lat. bietet -*g*$^{u̯}$- <*-gu-*> nach Nasal, anlautend *f-*, sonst *u̯* <*v*>. Das Ved. zeigt entlabialisiertes *gh* (oder dessen Palatalisierung zu *h* = av. *j*). Balt. und Slav. haben *g*, mit Verlust der Labialisierung und der Aspiration.

1) Gleichungen für uridg. **g*$^{u̯h}$: — Uridg. **g*$^{u̯h}$*en-* ‘schlagen’ (→ Rix / Kümmel 2001: 218f.) mit den Ablautstufen **g*$^{u̯h}$*on-* und **g*$^{u̯h}$*n-* in gr. θείνω ‘schlage’, Futurum θεν-ῶ, Nom.act. φόνος m. ‘Totschlag’, Aorist πε-φν-εῖν, Perf.Pass. πέ-φαται; heth. *ku-en-zi* i.e. *ku̯en-t*^{s}*i* ‘tötet’; ved. *hánti* ‘schlägt, tötet’ (= av. *jaiṇti*) < **j*^{h}*án-ti* < **j*^{h}*én-ti* < **g*^{h}*én-ti* < uridg. **g*$^{u̯h}$*én-ti*, dagegen *ghn-ánti* ‘sie schlagen’ direkt <**g*^{h}*n-énti* < uridg.**g*$^{u̯h}$*n-énti*; noch komplexer *jahí* ‘schlage’ (= av. *jaiδi*) <**j*^{h}*ad*^{h}*i* (mit Dissimilation von *j*^{h} vor mittelbarem *d*^{h} zu *j*; der Anlaut **j*^{h}- stammt vom singularischen, urspr. -*e*-haltigen **j*^{h}*an-ti*; regulär zu erwarten wäre im Ipt. **g*^{h}*a-d*^{h}*i* < uridg. **g*$^{u̯h}$*n̥-d*^{h}*i*); lit. *genù* und aksl. *goniti* ‘jage und treibe’ (< ‘wiederholt schlagen’). — Uridg. **h*$_1$*l̥g*$^{u̯h}$*-ú-* / **h*$_1$*l̥g*$^{u̯h}$*-ró-* > gr. ἐλαχύς ‘gering’, ved. *raghú-* ‘schnell, geschwind’, *laghú-* ‘leicht, gering’ bzw. gr. ἐλαφρός ‘flink, leicht’ = ahd. *lungar* ‘schnell’. — Uridg. **g*$^{u̯h}$*er-* ‘brennen’ mit Adj. **g*$^{u̯h}$*er-mó-* ‘warm’ und Nom.ag. **g*$^{u̯h}$*or-mó-* m. ‘Hitze’, vgl. gr. θερμός, lat. *formus* ‘warm’; ved. *gharmá-* m. ‘Hitze’ (~ *háras* n. ‘Flamme’), lit. *garė́ti* ‘brennen’, aksl. *gorěti* ‘bren-

nen', russ. *žar* m. 'Hitze, Glut'. – Vgl. ferner verbales uridg. **séng^{uh}-e-* mit Nom.act. **song^{uh}-éh$_2$-*: ersteres setzt sich in got. *siggwan* 'singen, rezitieren' fort, letzteres in gr. ὀμφή f. 'Gottesstimme, Orakel' (< **homp^{h}ā́*). Die verbale Schwundstufe **-sn̥g^{uh}-* ist vermutlich im bis heute unklar gebliebenen hom. ἀσπὶς ἐάφθη i.S.v. '(auf ihm) wurde der Schild zum Klingen gebracht' nachzuweisen: → M. Meier-Brügger. *MSS* 50 (1989: 91ff.) und s.o. G 508 Abs. 1. – Zu lat. *nix niv-is* 'Schnee' und *ninguit* 'schneit' < uridg. **snei̯g^{uh}-* s.o. G 501.

2) Im Germ. zu erwartendes **-g^u-* ist nur im Gotischen nach Nasal als *g^u* erhalten, vgl. got. *siggwan* in Abs. 1. Zu ahd. *snīwan* 'schneien' < uridg. **snei̯g^{uh}-* s.o. G 501 Abs. 2. Für anlautendes germ. **g^u-* < uridg. **g^{uh}-* sind Gleichungen vorgebracht worden, die entweder *g-* oder *w-* oder sogar *b-* als Fortsetzer erweisen (so ist beispielsweise uridg. **g^{uh}er-* 'brennen' [oben Abs. 1] mit den germ. Sippen von nhd. *gar, warm* und *brennen* verbunden worden). Nur eine dieser drei Gruppen von Gleichungen kann aber die richtige sein: → E. Seebold: Die Vertretung von anlautend idg. g^{u}h und ghu̯ im Germanischen. *FT Wien 1978* (1980: 450–484).

2.3.8 Assimilationen und Dissimilationen

P 346. Bei unmittelbarem Aufeinandertreffen von Okklusiven verschiedener Artikulationsart ergeben sich Assimilationen. So wird Tenuis vor Media zur Media und Media vor Tenuis zur Tenuis. Auch sonst finden sich Assimilationen, s.o. P 215 Abs. 2 und P 303.

Beispiele: – Die Schwundstufe von uridg. **ped-* 'Fuß', nämlich **pd-*, wird zu **-bd-*, vgl. jav. Akk.Sg. *fra-bd-əm* 'Vorderfuß', vgl. gr. ἔπι-βδ-α f. i.S.v. 'dem Fest (* auf dem Fuß) folgender Tag'. Der gr. Terminus ist ev. aber nur vordergründig eine direkte Bildung mit *-bd-* und basiert genaugenommen auf dem *-i̯a-* Femininum **epi-bd-i̯ă*. Anzunehmen wäre dann eine lautliche Sonderentwicklung von **-bdi̯-* > *-bd-*: → Schwyzer (1939: 475) und Frisk (1960: 536) – Die schwundstufige Wurzelform uridg. **nig^u-* 'waschen' (ved. *nir-ṇij-āná-* 'der reingewaschen wird', gr. νίζω 'wasche [mich]' < **nig^u-i̯ō*, altir. *nigim* 'wasche') tritt mit dem Suffix **-tó-* zu **nik^u-tó-* 'gewaschen' zusammen: ved. *niktá-* 'gewaschen', gr. ἄ-νιπτος 'ungewaschen', altir. *necht* 'rein'.

P 347. Sonderregelungen:

1) Die erste betrifft die (z.T. als Folge der Assimilationsregel zustandegekommene) Abfolge von Dentalen, uridg. **-t-t-* bzw. uridg. **-d-d$^{(h)}$-*. Sie ist wichtig angesichts mehrerer dentalanlautender Bildungsmorpheme (wie **-to-*, **-ti-*, **-tor-*) und Endungen (wie der Primärendung der 3.Sg. **-ti*, der Ipt.-Endungen

*-*d*^{h}*i*, *-*tu*). In die Folge *-*t-t-*, *-*d-d*$^{(h)}$- wurde schon in uridg. Zeit durch kurzzeitige Öffnung des Verschlusses ein *-*s*- eingeschoben. – Beispiel: – Uridg. **sed*- 'sitzen', uridg. **h*$_{1}$*ed*- 'essen' ergaben mit -*t*-Morphemen **s(e)t-s-t*- und **h*$_{1}$*(e)t-s-t*-. Im Heth. ist *-*tst*- noch erhalten, vgl. *e-ez-du* i.e. *et*^{s}*tu* 'er soll essen'. Die Lautfolge -*tst*- wurde im Gr., Balt., Slav. und Iran. zu -*st*-, im Lat., Germ. und Kelt. zu -*ss*- vereinfacht, vgl. lit. *sė́sti*, aksl. *sěsti* 'sitzen', av. *aiβi-šasta* 'aufzusitzen', lat. *sessiō* f. 'Sitzen', an. *sess* m. 'Sitz, Ruderbank', lit. *ė́sti* 'fressen'. – Im Indoar. ist -*s*- in *-*tst*- wieder ausgestoßen worden, auch im Falle von altem **s*, vgl. *ud*- + *sthā*- > **utsthā*-> *ut-thā*- 'aufstehen'). Daher gilt uridg. **u̯oi̯d-th*$_{2}$*e* 'du weißt' > **u̯oi̯tsth*$_{2}$*a* = gr. οἶσθα, aav. *vōistā*, aber ved. *vét-tha*. – Vgl. auch aus *-*d-d*^{h}- entstandenes *-*dsd*^{h}- (phonet. *[-*dzd*^{h}-]) im iir. Ipt. **da-d-dhí* 'gib!' > **dadzdhí* > jav. *dazdi*. Entsprechend dem ved. *véttha* würde man von **dadzdhi* aus ein ved. **daddhi* erwarten. Statt dessen findet sich **dazdhi* (mit Resultat *dehí* 'gib!'; zu -*e*- <*-*az*- s.o. P 220 Abs. 3), was sich erklärt, wenn wir annehmen, dass zur Zeit, als **dadzdhi* noch bestand, das *-*d*- nach **da*- und vor *-*dhí* dissimilatorisch schwand, noch bevor -*s*- bzw. [-*z*-] zwischen Dentalen ausgestoßen wurde. Dazu und zu weiteren Einzelfragen: → Mayrhofer (1986: 110f.). Vgl. ferner unten P 407.

2) Die unmittelbare Aufeinanderfolge von Media aspirata + Tenuis ergab im Vedischen Media + Media aspirata. – Beispiele: – Schwundstufiges ved. *budh*- 'erwachen' + Suffix -*tá*- ergab *buddhá*- 'erwacht, erleuchtet' (vgl. den Personennamen *Buddha*). – Vollstufiges ved. *yodh*- 'kämpfen' + Suffix -*tar*- resultiert in *(a-)yoddhár*- '(schlechter) Kämpfer'. – Vgl. auch indoir. **dhrugh*- bzw. **drugh*- 'betrügen, schädigen' (ved. *druh*- ~ *drógha*- 'trügerisch') + -*tá*- > *drugdhá*- 'betrügerisch, schädigend'.

Dieses 1882 von Christian Bartholomae dargelegte Gesetz ist mit Sicherheit indoiranisch, da es im Aav. noch widergespiegelt wird (vgl. **au̯g*^{h}- 'sagen' + Endung der 3.Sg.Medium -*ta* > **au̯gd*^{h}*a*, aav. *aogədā* 'sagte'); aber schon im Jav. ist Bartholomaes Gesetz unter Ausnahme von einigen Erbstücken (vgl. jav. *ubdaēna*- 'aus Gewebtem bestehend': **ubda*- < **ubd*^{h}*a*- < **ub*^{h}*-tá*- zu uridg. **u̯eb*^{h}- 'weben') durch analogische Wiederherstellung der Morpheme getilgt (vgl. jav. *aux-ta* 'sagte' gegen-über obigem aav. *aogədā*; vgl. jav. -*druxta*-, altpers. *duruxta*- 'erlogen' gegenüber ved. *drugdhá*-). – Wieweit dem Gesetz bereits uridg. Alter zukommt, ist schwer abzuschätzen. Zeugnisse außerhalb des Iir. sind selten, sie können aber doch als positiv gelten. So kann das uridg. Nebeneinander von Suffixen wie z.B. *-*tlo*- (in ahd. *sta-dal* 'Stadel' < urgerm. **sta-þla*-) und *-*d*^{h}*lo*- (vgl. lat. *sta-bulum* 'Standort, Stall' mit -*bul*- < -*bl*- < *-*d*^{h}*l*- oder gr. χύτλον 'Gießgefäß', dissimiliert aus älterem **k*^{h}*u-t*^{h}*lo*- bzw. vorurgr. **g*^{h}*u-d*^{h}*lo*-) dadurch erklärt werden, dass Suffixe der letzteren Art aus sog. Bartholomae-Kontexten erwachsen sind, dabei lautlich *-d^{h}lo- < *-dd^{h}lo- (zur Vereinfachung von *-dd^h.l- > *-d^h.l- s.u. P 407) < *-d^h-tlo-: mit anderen Worten kann *-d^{h}lo- als ein Suffix erklärt werden, das zunächst als *-tlo*-Ableitung zu Wurzeln mit auslautendem *d*^{h} entstanden ist und dann auch anderweitig Verwendung gefunden hat.

Lit. und Diskussion: → Mayrhofer (1986: 115ff.); H. Scharfe: Bartholomae's Law Revisited or how the R̥gveda is dialectally divided. *Studien zur Indologie und Iranistik* 20 (1996: 351–377).

P 348. Eine Dissimilationsregel, die mit dem Namen des Mathematikers, Veda-Forschers und Sprachwissenschaftlers Hermann Graßmann (1809–1877) verbunden wird, gilt für das Vedische und Griechische. Sie ist in diesen beiden Sprachen unabhängig voneinander durchgeführt worden, als ein Dissimilationsprozess, wie er ähnlich auch außerhalb der idg. Sprachfamilie nachgewiesen werden kann. Die Versuche, einen ererbten Zusammenhang zwischen der ved. und der gr. Ausprägung von Grass-manns Gesetz herzustellen, überzeugen nicht: → Mayrhofer (1986: 113ff.).

1) Zum ved. Material: Das sog. Graßmannsche Gesetz besagt, dass bei einer mittelbaren Aufeinanderfolge zweier aspirierter Verschlsslaute (bzw. *-h-*) der erste die Behauchung verliert. — Nach dem Muster von ved. *dá-dā-mi* 'ich gebe' (Wurzel *dā-* 'geben') ist zu ved. *dhā-* 'setzen, hinstellen' zunächst ein Präs.St. **dhá-dhā-mi* zu erwarten. Das Resultat ist jedoch ved. *dádhāmi* 'ich setze'. Dass **dha-dh-* die Eingabe war, zeigt die 2.Sg. Medium *dhátse*: hier hat *-dh-* vor *-s-* Aspiration und Stimmton verloren (*-*dhs-* > *-ts-*); das anlautende *dh-* konnte die Behauchung behalten, da ihm keine Aspirata mittelbar nachfolgte. — Vgl. das aus der Wurzel **dhrugh-* 'trügen, schädigen' gebildete Wurzelnomen mit Nom.Sg. *dhrúk* 'schädigend' (mit auslautendem *-g^{h}s > -k[ṣ]), aber Gen.Sg. *druh-ás* (< **drugh-ás* bzw. **dhrugh-ás*). — Vgl. ferner reguläres ved. *budh-* 'erwachen' (< **bhudh-*), aber Aor.1.Sg. *á-bhut-s-i*.

2) Eine gleichartige Regel betrifft das Griechische. Sie wirkt dort bei den erst innergr. aus den Mediae aspiratae entstandenen Tenues aspiratae (s.o. P 336 Abs. 2), was einen ursächlichen Zusammenhang mit den ved. Prozessen ausschließt. So ist nach dem Muster von δί-δω-μι 'ich gebe' bei uridg. *d^{h}eh_1- ein *d^{h}íd^{h}e$h_1$mi zu erwarten. Gr. τίθημι zeigt, dass das grundsprachliche *d^{h}íd^{h}e$h_1$mi in einem ersten Schritt unbehelligt zu *t^{h}it^{h}ēmi geworden ist und erst danach der Hauchdissimilation unterlag. Ein voreinzelsprachlich dissimiliertes *did^{h}ēmi hätte im Gr. ein *dit^{h}ēmi ergeben müssen. — Uridg. *b^{h}n̥g^{h}ú- 'reichlich' > ved. *b^{h}ag^{h}ú- und gr. *p^{h}ak^{h}ú-, danach mit einzelsprachlicher Dissimilationsregel ved. **baghú-* bzw. *bahú-* und gr. *pakhú-* (παχύς). — 'Haar' hatte den gr. Stamm *t^{h}rik^h-. Im Nom.Sg. *t^{h}rík^h-s verlor -k^h- vor *-s* die Behauchung, das auf diese

Weise entstandene *t^{h}rík-s* (θρίξ) behielt *t^h*-. Im Gen.Sg. **t^{h}rik^h-ós* entstand dagegen *trik^{h}ós* (τριχός) wegen des mittelbar folgenden *-k^h-* . — Graßmanns Gesetz betrifft auch die mittelbare Folge von gr. *h-* (meist < uridg. **s-*) und Aspirata, vgl. den Präs.St.**hék^{h}ō* (< uridg. **seĝ^h-*) > *ek^{h}ō* <ἔχω> gegenüber Fut. *héksō* <ἕξω>, s.o. P 310.

3) Nur Graßmanns Gesetz lässt die Anlautverschiedenheit von lat. *fingere* 'kneten, bilden' vs. got. *daigs* vs. nhd. *Teig* vs. gr. τεῖχος n. 'Mauer' vs. ved. *dehī́-* f. 'Damm, Wall' verstehen. Ausgangspunkt ist uridg. **d^{h}ei̯ĝ^h-* (mit nasalinfigierendem Präs.St. **d^{h}inĝ^h-e-*): lat. ohne Graßmann(s Gesetz) **d^{h}inĝ^h-e-* > **þinχe-* > *finge-*, urgr. zunächst ohne Graßmann **d^{h}ei̯g^h-* > **t^{h}ei̯k^h-*, darauf aber mit Graßmann > *tei̯k^h-* <τειχ->; ved. mit Graßmann **d^{h}ai̯j^h-* > **dai̯jh-* > *deh-*.

Graßmanns Nachweis aus dem Jahre 1862 half seinerzeit, eine scheinbare Unstimmigkeit der Germanischen Lautverschiebung zu beseitigen: → Szemerényi (1990: 20). Ein gutes Beispiel liefert uridg. **b^{h}end^h-* 'binden': Dass dem ved. *bandh-* 'binden' ein got. *bindan* und nicht ein **pindan* entspricht, erklärt sich daraus, dass die uridg. Grundform das noch nicht dissimilierte **b^{h}end^h-* ist und nicht (wie man zunächst dachte) ein dissimiliertes **bend^h-*. Von uridg. **b^{h}end^h-* aus ist urgerm. **bend-* direkt verständlich. — Im Ved. aber ergibt **bhandh-* ein dissimiliertes *bandh-*. Der Anlaut des Fut. *bhantsyati* blieb dagegen unberührt, weil die Lautgruppe **-dh-sya-* der Ausgangsform **bhandh-sya-* durch Assimilation von **-dhsya-* > **-thsya-* und durch Ausdrängung der Aspiration in der Gruppe **-ths-* sofort in aspirationslosem *-ts-* resultierte. — Im Gr. läuft die Entwicklung von **b^{h}end^h-* über **p^{h}ent^h-* zu *pent^h-*, vgl. πενθ-ερός 'Schwiegervater' (diese Verwandtschaftsbezeichnung gehört über das Bild der verwandtschaftlichen 'Anbindung' zu 'binden', vgl. genauso ved. *bándhu-* 'Verwandter').

2.4 Zu den größeren lautlichen Einheiten

2.4.1 Wort, Satz, Text

P 400. Zum Wort: Das Wort ist zwar das wichtigste Element einer Sprache, s.u. L 100. Es steht selbst aber im größeren Zusammenhang von Satz und Text und bekommt erst von dort her seine Legitimation und Definition. „Es muß die Einheit 'Wort' geben, damit sich an ihr die Signale der Satzhierarchie oder Satzperspektive ... realisieren": → *KS Seiler* (1977, in einem Beitrag von 1962: 39); vgl. H. Seiler: On defining the word. *KS Seiler* (1977: 70–73, in einem Beitrag von 1964).

Die Definitionen dessen, was Wörter eigentlich sind, sind aber noch vielschichtiger; interessant sind in diesem Zusammenhang ferner die folgenden Beiträge: → A. Morpurgo Davies: Folk-linguistics and the Greek word. *FS*

Hoenigswald (1987: 263–280, u.a. zu den Worttrennern im Myk. [„mainly determined by accentual criteria"] und zu den literarischen und grammatischen Stellungnahmen); *LALIES* 10 (1992, mit verschiedenen Beiträgen zum Thema 'Le mot' (vgl. u.a. J. Lallot: Le mot dans la tradition prégrammaticale et grammaticale en Grèce; M.-J. Reichler-Béguelin: Perception du mot graphique dans quelques systèmes syllabiques et alphabétiques; G.-J. Pinault: Le mot et l'analyse morphologique selon la grammaire indienne).

P 401. Zum Satz: Hier sind nur ein paar Verweise zu machen: Zur Ebene des Satzes und zu den Rekonstruktionsmöglichkeiten der Syntax s.u. S 102; zum Satzakzent und zur Satzanfangsstellung s.u. S 209; ferner s.u. M 214.

P 402. Zum Text: Zur Ebene des Textes und zu seiner Syntax s.u. S 200. Über den Text hinaus weist Roland Barthes. Er betont mit Recht, dass neben der zentralen Satzsyntax die Ebene des discours ihre eigene Syntax hat: „le discours lui-même (comme ensemble de phrases) est organisé ... le discours a ses unités, ses règles, sa 'grammaire' ... Cette linguistique du discours, elle a eu pendant très longtemps un nom glorieux: la Rhétorique": → Meier-Brügger (1992a: 97f.).

2.4.2 Wortakzent; Wortauslaut, -anlaut; Satzsandhiphänomene

P 403. Der Wortakzent ist ein zentrales Charakteristikum des Wortes. In diesem Fall sind Aussagen zum Uridg. möglich, s.u. P 419.

Ferner: Die idg. Einzelsprachen zeigen mehr oder weniger starke Restriktionen und Vereinfachungen im Wortauslaut: – Zum Lat.: Die Konsonantengruppen sind meist vereinfacht, vgl. Nom.Sg. n. *cor* 'Herz' < **cord* (dies noch sichtbar in Formen wie Gen.Sg. *cord-is*, wo *rd* als Konsonantengruppe im Wortinnern durchaus möglich ist): → Leumann (1977: 219ff., mit weiteren Informationen). – Zum Gr.: Im klass. Gr. werden bei den Konsonanten im Auslaut nur *-s*, *-n* und *-r* toleriert, ein *-t* z.B. ist aber nicht möglich: → Meier-Brügger (1992b: 102f.). – Wieweit bereits das Uridg. im Wortauslaut Vereinfachungen und Veränderungen vorgenommen hat, ist nicht leicht zu erhellen.

Gegenüber dem Wortauslaut ist die Freiheit im Wortanlaut größer. Aber auch da muss in jeder Sprache mit gewissen Einschränkungen gerechnet werden. Vgl. beispielhalber das klass. Gr., wo im Auslaut nur die Konsonanten *-s*, *-n* und *-r* toleriert werden: → Meier-Brügger (1992b: L 200). Im Wortanlaut sind die Möglichkeiten viel größer, ein *ts-* ist aber z.B. ausgeschlossen.

P 404. Die gegenseitige Beeinflussung von Aus- und Anlauten aufeinanderfolgender Wörter ist in der mündlichen Rede in jeder Sprache alltäglich. Wieweit dieses Phänomen des sog. Sandhi 'Vereinigung, Zusammensetzung' (den t.t. verdanken wir den alten Indern) auch in die schriftlichen Version Eingang findet oder ob in der Schrift die absolut stehende sog. Pausaform zur klaren Markierung des Einzelwortes den Vorrang hat, ist eine Frage für sich. Die idg. Einzelsprachen und ihre Schriften zeigen unterschiedliche Gewichtungen.

Allgemein: → Andersen (1986). – Zum Gr.: → Meier-Brügger (1992b: 103f.). – Zum ved. Sandhi: → J. Wackernagel. Wackernagel / Debrunner (1957a: 306ff.). – Zum av. Sandhi: → Hoffmann / Forssman (2004: 110–112).

P 405. Die Sandhiphänomene sind so geläufige Merkmale jeder gesprochenen Sprache, dass man auch dem Uridg. den Sandhi zubilligen muss. Und tatsächlich lassen sich ein paar lautliche Phänomene durch die Annahme von bereits uridg. Sandhi verständlich machen.

Erstes Beispiel ist die sog. Regel von Lindeman, die ihre Erklärung als Sandhiversion des Sieversschen Gesetzes findet. Nach dem Sieversschen Gesetz ist die Formvariante uridg. **di̯i̯ḗu̯s* vs. uridg. **di̯ḗu̯s* vom Ausgang des vorangehenden Wortes bestimmt: es heißt zwar einerseits *##...V̄#*di̯i̯ḗu̯s##* und *##...VR#*di̯i̯ḗu̯s##*, andererseits aber *##...T#*di̯ḗu̯s##*, s.o. P 218.

Ein weiteres mögliches Beispiel ist das sog. *s* mobile vom Typ uridg. **(s)teg-* 'decken, bedecken' (→ Rix / Kümmel 2001: 589), vgl. lat. *tegō* vs. gr. στέγω: → Mayrhofer (1986: 120: „in anderen Fällen kann im Sandhi *-s# #K-* → *-sK-* geführt haben") und s.o. P 311.

Auch bei Phänomenen der idg. Einzelsprachen kann gelegentlich die Annahme von vorhistor. Sandhi hilfreich sein, vgl. den divergierenden Anlaut beim gr. Pronomen μ-ιν vs. ν-ιν (s.u. M 406): → *KS Wackernagel* (1969a: 10, in einem Beitrag von 1892): „Mir scheint es ... am einfachsten, μ- und ν- aus dem Sandhi herzuleiten." – Beim Problem von anlautendem gr. *p(t)-* (vgl. πόλις / πτόλις 'Stadt', wo nach Ausweis des mit 'Stadt' gebildeten PN *po-to-ri-jo* i.e. *Ptoli̯i̯ōn* die Erscheinung bereits myk. ist) bemüht Oswald Szemerényi ebenfalls vorhistor. Sandhi (er denkt an Mustersätze wie **ḗlut^het#pólin* 'er kam in die Stadt' [mit noch erhaltenem *-t* im gr. Auslaut] und Regruppierung zu *ḗlut^he#*tpolin*, daraus dann mit Umstellung der Konsonanten *ptólin*): → *KS Szemerényi* (1987c: 1491f., in einem Beitrag von 1975 [1979]). Ob in diesem speziellen Fall die Annahme aber richtig ist, ist zu fragen.

Zu weiteren Sandhiphänomenen s.o. P 334 Abs. 2–3.

2.4.3 Die Silbe(n)

P 406. Zwischen der oberen Ebene des ganzen Wortes und der untersten Ebene der einzelnen Laute stehen die Silben. Bei Ternes (2012: 185–188) wird festgestellt: „Eine Silbe besteht aus einem obligatorischen *Silbenkern* und einem (meist fakultativen) Silbenrand. ... Der Silbenrand besteht in der Regel aus einem oder mehreren Konsonanten, die dem Silbenkern vorausgehen und / oder ihm folgen. Er ist insofern fakultativ, als ein Wort auch aus einem vokalischen Kern allein bestehen kann. ... Die Beschreibung der Silbenstruktur einer Sprache ist kaum weniger wichtig als die Ermittlung des Phonemsystems." Die Silbengrenzen und die Silbenteilung werden je nach Blickpunkt (Orthographie, Aussprache, Metrik oder Theorie) verschieden gehandhabt.

Silben gelten als offen, wenn die Silbengrenze gleich nach dem vokalischen Silbenkern zu setzen ist. Je nach kurzem oder langem vokalischem Silbenkern werden diese Silben metrisch kurz oder lang (naturlang) gemessen. Silben gelten im Wortinnern als geschlossen, wenn die Silbengrenze nach dem oder den (den Silbenrand abschließenden) Konsonanten zu setzen ist. Der vokalische Silbenkern kann wiederum lang oder kurz sein, für die Metrik zählt aber jede geschlossene Silbe als lang (positionslang).

Die Konsonantengruppe Muta (= Okklusiv) cum Liquida spielt eine besondere Rolle. Man kann zeigen, dass im Uridg. und in vorhistor. Zeit die Silbengrenze zwischen Muta und Liquida lag, dass sie dann aber im Lat. und Gr. auch davor stehen konnte und somit keine Position mehr bildete (sog. Correptio Attica), vgl. den lat. Nom.Pl. *integrī* 'unversehrt', wo in der Dichtung sowohl die Silbierung *in.te.grī* als auch die Silbierung *in.teg.rī* zu belegen ist. Das Wort *integrī* geht auf **in.tag.ro-* / **in-tag-ro-* zurück. Die Vokalschwächung von *-tag-* zu *-teg-* zeigt, dass zum Zeitpunkt ihres Wirkens *.tag.* als geschlossene Silbe zählte: wäre die Silbe damals offen gewesen, so hätte nämlich ein *.ta.* zu *.ti.* und damit zu **intigrī* führen müssen. Spuren davon sind aber nicht vorhanden.

Lit.: — Zum Lat.: → Leumann (1977: 21f.). — Zum Gr.: Verlagerungen von Silbengrenzen sind möglich, vgl. wiederum die Gruppe Muta cum Liquida, wo neben πατ.ρός auch πα.τρός belegt ist. Vgl. ferner den them. Gen.Sg. auf *-oi̯i̯o* < **-osi̯o*, wo vermutlich sowohl *-oi̯.i̯o* (= myk. *-o-jo* und äol. -οιο) als auch *-o.i̯i̯o* / *-o.i̯o* nachzuweisen ist (letzteres nach Schwund des *i̯* att.-ion. kontrahiert -ου, dor. -ω). Die Fakten sind aber nicht unumstritten. Lit.: → Meier-Brügger (1992b: 105f. u. 79f.).

P 407. Hinweise auf uridg. Silbenstrukturen lassen sich indirekt finden. So kann gr. μέτρον (Hom. +) 'Maß' dann als *-tro-*Ableitung von uridg. **med-* 'messen' (→ Rix / Kümmel 2001: 423) verstanden werden, wenn uridg. **med-tro-* bzw. assimiliert **met-tro-* i.e. **mett.ro-* (mit Vereinfachung von **mett.* zu **met.*) gegolten hat; skeptisch: → B. Forssman. *Kratylos* 33 (1988: 63). Ähnlich wird gern der ved. Ipt. *bodhi* (RV) aus uridg. **b^heu̯d-d^hi* i.e. **b^heu̯.$d^h d^h$i* hergeleitet und eine Vereinfachung von *.$d^h d^h$* zu *.d^hi* angenommen: → Gotō (1987: 218 Anm. 454).

Die Fakten sind in diesem Fall aber trügerisch. Die fragliche Form *bodhi* lässt sich besser innerved. aus *bháva* (> *bho*) +*dhi* entstanden erklären: → S. Jamison: Syntactic Constraints on Morphological Change: The Vedic Imperatives bodhí, dehí, and dhehí. Syntaxe des langues indo-iraniennes anciennes. Pirart (1997: 63–80); vgl. ferner J. Jasanoff. *FS Puhvel* (1997: 177 Anm. 11.); J. Jasanoff: The Vedic imperatives yódhi 'fight' and bodhi 'heed'. *FS Insler* (2002: 290–295).

Wenn die Erklärung beim Typ **mett.ro-* richtig ist, dann können die Silbengrenzen vom Typ *VKK.RV* und *VR.KKV* bereits uridg. Alter beanspruchen: → *KS Saussure* (1922: 420ff., in einem Aufsatz von 1889, mit weiteren Beispielen); Mayrhofer (1986: 111f.).

Weitere Informationen zu den uridg. Silbierungen lassen sich aus dem Verhalten der Wechselformen mit *-i̯-V-* und *-ii̯-V-* ableiten: → J. Schindler. *Sprache* 23 (1977: 56–65) macht dies anlässlich der Rez. von Seebold (1972) deutlich; s.o. P 218. Das Sieverssche Gesetz galt nämlich in den folgenden Kontexten: *R* > *R̥R* / #...*V̄.K_VK₀*# und #...*VR.K_VK₀*#. Andersgeartete Kontexte zeigen konstant den konsonantischen Sonanten, vgl. ved. *mát.sya-* (RV +) 'Fisch' und *ūr.dhvá-* (RV +) 'aufrecht' (< **u̯r̥H.dʰu̯ó-*). Weitere Lit.: → Szemerényi (1990: 110ff.).

Auch die von J. Schindler: A Thorny Problem. *Sprache* 23 (1977: 33f.) breit diskutierte Problematik um den angeblichen uridg. Reibelaut **þ* (s.o. P 313) bringt nebenbei weitere Aussagen zu den uridg. Silbenstrukturen (u.a. mit Diskussion von uridg. **h₂ér.tḱo-* vs. **h₂r̥t.ḱó-* 'Bär').

2.4.4 Der Ablaut

P 408. Alle archaischen idg. Sprachen lassen in zusammengehörigen Formen, z.B. in den verschiedenen Kasus eines Nomens oder in den Ableitungen aus einer gemeinsamen Wurzel, oftmals einen Vokalwechsel in qualitativer und quantitativer Hinsicht erkennen.

Ein Beispiel: Das suffixale Element -τερ- im gr. Wort für 'Vater' erscheint mit *-e-* im Akk.Sg. πα-τέρ-α, aber abgewandelt mit *-o-* im Kompositum Akk.Sg. ἀ-πά-τορ-α 'jemanden, der keinen Vater hat'. Der Vokal ist abwesend im Dat.Sg. πα-τρ-ί. Der Dat.Pl. πα-τρά-σι 'den Vorfahren' enthält die Fortsetzung von *-tr̥-* (vgl. ved. *pitŕ̥-ṣu* 'bei den Ahnen'), das vor konsonantisch anlautendem -σι zu erwartende silbische Allophon von *-*tr*-. Eine quantitative 'Vermehrung' von *-e-* zum entsprechenden Langvokal zeigt der Nom.Sg. πα-τήρ und mit der entsprechenden *-o*-Form der Nom.Sg. ἀ-πά-τωρ.

Dieser Wechsel ist offenkundig nicht erst im Griechischen entstanden, sondern erweist sich durch eine Fülle von Übereinstimmungen mit anderen idg.

Sprachen als uridg. Erbe, vgl. mit πατέρ-α, πατρί, πατήρ ved. Akk.Sg. *pi-tár-am* ‘Vater’, Dat.Sg. *pi-tr-é*, Nom.Sg. *pi-tā́* (mit *-tā́* < **-tā́r*, s.o. P 301 Abs. 3).

P 409. Wesentlich an diesem Wechsel sind also zwei Tatsachen: Er stammt bereits aus dem Uridg., und er ist auf wenige formale Möglichkeiten beschränkt, die in der Morphologie genutzt werden. Im oben genannten Fall von πατήρ und ἀπάτωρ finden sich nur der qualitative Wechsel *e*/*o* und die drei Quantitäten *e*/*o*, *ē*/*ō* und Ø.

In einer Sprache, die im Bereich der Vokal-Qualitäten und Vokal-Quantitäten so wenig verändert hat wie das Griechische, lässt sich diese Regelhaftigkeit weitgehend mit nur wenigen lautgeschichtlichen Hinweisen demonstrieren. Dieser regelhafte Wechsel der vokalischen Qualitäten und Quantitäten, als Ablaut bezeichnet, ist in einer doppelten Weise zu untergliedern: qualitativ als *e*/*o*-Wechsel; quantitativ als sog. Voll- oder Normalstufe, Dehnstufe und Schwund- oder Nullstufe.

Vgl. die folgende schematische Darstellung:

	V(ollstufe)	D(ehnstufe)	S(chwundstufe)
e	πα-τέρ-α	πα-τήρ	πα-τρ-ί
			πα-τρά-σι
o	ἀπά-τορ-α	ἀπά-τωρ	

P 410. Der Tabelle von P 409 sind fünf Stufen zu entnehmen, die nur in günstigen Fällen in einer einzigen Wortfamilie (wie bei πατέρ- / ἀπάτορ-) allesamt vertreten sind: *V(e)* = Vollstufe mit *-e-*; *V(o)* = Vollstufe mit *-o*-Abtönung; *D(ē)* = Dehnstufe mit *-ē-*; *D(ō)* = Dehnstufe mit *-ō-*; *S(Ø)* = Schwundstufe. Beispiele: — Vgl. aus dem Griechischen z.B. noch den Nachweis von vier Stufen in πέτ-ομαι ‘fliege’ = *V(e)*, ποτ-έομαι ‘fliege, flattere’ = *V(o)*, πωτ-ήεις ‘flatternd’ = *D(ō)* und πτ-έσθαι ‘auffliegen’ = *S(Ø)*; die fünfte formale Möglichkeit *D(ē)* = *πητ- ist in keiner der uns bekannten Formen genutzt worden.

Dieser Wechsel *e*/*o*, *ē*/*ō* und Ø ist in vielen weiteren Wurzeln mit innerem *-e-* zu demonstrieren, auch an solchen, die dem *-e-* z.B. ein *-i̯-* oder ein *-n-* folgen lassen oder wo dem *-e-* ein *-r-* vorangeht. — Beispiele: — Vgl. gr. λείπ-ω ‘lasse zurück’ = *V(e)*, λοιπ-ός ‘zurückbleibend’ = *V(o)*, (ἔ)-λιπ-ε ‘verließ’ = *S(Ø)*. — Vgl. τεν-ῶ ‘werde spannen’ = *V(e)*; τόν-ος m. ‘Spannung, Saite, Ton’ = *V(o)*; τά-σις f. ‘Spannung, Dehnung’ mit *ta-* < **tn̥-* = *S(Ø)* (zum *n̥* s.o. P 305). — Vgl. τρέπ-ω ‘wende, kehre’ = *V(e)*; τρόπ-ος m. ‘Wendung’ = *V(o)*; τρωπ-άω ‘drehe, wende, verändere’ = *D(ō)*; εὐ-τράπ-ελος ‘sich (leicht) drehend, beweglich’ mit *-tra-* < **-tr̥-* = *S(Ø)*.

P 411. Auch in den anderen idg. Sprachen ist der Ablaut erkennbar. Doch muss in ihnen mit stärkeren lautgesetzlichen Veränderungen gerechnet werden als im Griechischen.

Beispiele aus dem Lateinischen, wo die lautlichen Veränderungen im Bereich der Vokale und Diphthonge die ursprünglichen Ablautverhältnisse verdunkeln: — Idealfälle mit unveränderten uridg. Werten sind etwa lat. *teg-ō* 'decke, verberge' = *V(e)*, *tēg-ula* f. 'Dachziegel' = *D(ē)* und *tog-a* f. 'Kleidungsstück, Toga' = *V(o)*. Hingegen ist neben *foedus* n. 'Bündnis' (vgl. altlat. *foideratei* 'Verbündete') = *V(o)* und *fidēs* f. 'Treue' = *S(Ø)* ein **feid-* = *V(e)* nur noch in alter Sprache (vgl. inschriftliches *di[f]feidens*) zufällig nachweisbar: die normale Entwicklung hat aber um 150 v. Chr. von *ei̯* über *ẹ̄* zu *ī* und damit hier zu *fīdō* 'vertraue' geführt. Ein *fīdō* ist synchron nicht mehr als *V(e)* erkennbar. — Vgl. als weiteres Beispiel lat. *fer-ō* 'trage' = *V(e)*, *fors*, *for-ti-* f. 'Zufall, *Zutragung' = *S(Ø)* mit *-or-* < **-r̥-*; rein synchron scheint ein Ablautwechsel *fer-* / *for-* vorzuliegen; die *-ti*-Ableitungen haben aber traditionell schwundstufige Wurzeln, vgl. ved. *bhr̥-tí-* f. 'Unterhalt' und nhd. *Ge-bur-t*, und so spricht alles dafür, dass hier ein altes **-r̥-* vorliegt. Auch beim dazugehörigen Wn. *fūr* m. 'Dieb' ist die *D(ō)* nicht mehr erkennbar, weil im lautgesetzlich erwarteten **fōr* = gr. φώρ 'Dieb, *Wegträger' *ō* durch *ū* ersetzt worden ist.

Nicht von vornherein durchsichtig ist auch lat. *me-min-ī* 'bin eingedenk': Zwar belegt *mon-eō* 'ermahne' die *V(o)* in der Erstsilbe. Die in der Mittelsilbe stehende *V(o)* von **me-mon-* (vgl. gr. μέμον-α 'gedenke') ist aber durch Vokalschwächung (s.o. P 204) zu *-min-* verändert. — Nicht mehr erkennbar ist ferner der Ablautwechsel von **-en-* / **-n̥-*, weil jedes **-n̥-* zu *-en-* geworden ist: vgl. das *-ti*-Abstraktum *men-ti-* (*mēns*) f. 'Gedanke', wo nicht mehr zu entscheiden ist, ob der Stamm wie erwartet auf **mn̥-ti-* mit *S(Ø)* zurückgeht oder ob hier nicht doch ein **men-ti* mit *V(e)* zugrunde liegt, s.u. M 317 Abs. 7.

P 412. Im Ved. und seiner indoiranischen Vorstufe ist nur der quantitative Ablaut klar erkennbar, da der Unterschied von uridg. **e* und **o* sowie von uridg. **ē* und **ō* weitgehend aufgehoben wurde, s.o. P 206.

Die Sprachvergleichung kann freilich an gewissen Auswirkungen auch das Spiel des qualitativen Ablauts uridg. **ĕ̄* zu uridg. **ŏ̄* nachweisen, etwa im Wirken des Palatalgesetzes, s.o. P 206 Abs. 2. So wird der Ablaut uridg. **-ge-* / **-go-* noch in aav. *-ja-* / *-ga-* widergespiegelt, s.o. P 341 Abs. 2. Der Typus der Perfekta wie ved. 3.Sg. *ca-kār-a* 'hat getan' weist mit seinem *ca-* auf **-e-* in der Reduplikationssilbe, mit seinem *-kār-* dagegen auf **-o-* in der Wurzelsilbe, wie es gr. Perfekta wie λέ-λοιπ-ε oder δέ-δορκ-ε nahelegen.

Weiteres zu ved. *-kār-*: Hier ist offenbar uridg. **-o-* zu indoiran. *-ā-* geworden und stellt sich damit in Gegensatz zu uridg. **-e-* > iir. *-a-*. Dieses sog. Brugmannsche Gesetz erklärt den Unterschied von ved. Akk.Sg. *dā-tā́r-am* 'Spender' und Akk.Sg. *pi-tár-am* 'Vater' als Reflex des uridg. Qualitätsunterschieds **-tor-* vs. **-ter-*, vgl. gr. δώ-τορ-α gegenüber πα-τέρ-α. Die Einzelheiten sind aber komplexer. Betroffen waren nämlich i.d.R. offene Silben. Beweis ist u.a. die 1.Sg. *cakára* desselben Perfekts, wo der ursprüngliche Vokal der Mittelsilbe ebenfalls nur *-o-* gewesen sein kann. Die Endung *-a* der 1.Sg. geht aber im Gegensatz zur 3.Sg. (mit uridg. **-e*) auf ein **-Ha* < uridg. **-h₂e* zurück. Zur Zeit der Wirksamkeit des Brugmannschen Gesetzes bildete die 1.Sg. mit ihrem **-Ha* eine geschlossene Mittelsilbe, also **-kar.Ha*. Während in der 3.Sg. ein **-ka.ra* zu *-kā-ra* verändert wurde, blieb **-kar.Ha* intakt und wurde auch nicht mehr verändert, als der Laryngal *H* schwand.

Weitere Lit.: → Mayrhofer (1986: 146 ff.); Collinge (1985: 13ff.); Volkart (1994); I. Hajnal: Das Brugmannsche Gesetz in diachroner Sicht und seine Gültigkeit innerhalb der arischen a-Stämme. *HS* 107 (1994: 194–221).

P 413. Die genialen indischen Grammatiker haben den für sie allein sichtbaren quantitativen Ablaut in ein System gebracht, wobei sie von der Schwundstufe (wie *bhr̥-* 'tragen', z.B. in *bhr̥-tá-* 'getragen') als Basis ausgingen.

1) Diese schwundstufigen Grundformen erscheinen um *-a-* vermehrt in der ersten Steigerungsstufe Komparativ, im Altind. Guṇa genannt (wohl i.S.v. 'hoher Grad'), vgl. *bhár-aṇa-* n. 'Last'. Die höchste Steigerungsstufe, im Altind. Vr̥ddhi genannt (i.S.v. 'Vermehrung, Zuwachs'), fügt der Wurzel *-ā-* hinzu, vgl. *bhār-yà-* i.e. *bhār-ía-* 'zu tragen, zu pflegen'. — Weiteres Musterbeispiel: — Zu *ji-* 'siegen' (vgl. ved. *ji-tá-* 'erobert') vgl. mit Guṇa **jai̯-* (ved. vorvokalisch *jay-*, vorkonsonantisch dagegen *je-* [s.o. P 220 Abs. 3], vgl. *jay-úṣ-* 'siegreich', *je-tár-* m. 'Sieger') und Vr̥ddhi *jāi̯-* (ved. vorvokalisch *jāy-*, vorkonsonantisch *jai-*, vgl. *jāy-ú-* 'siegreich', *jái-tra-* 'siegverleihend'). — Entsprechend *śru-* 'hören' (ved. *śrutá-*) mit Guṇa **śrau̯-* (ved. vorvokalisch *śrav-*, vorkonsonantisch *śro-*, vgl. *śráv-as-* n. 'Ruhm', *śró-tar-* 'Hörer') und 'Vr̥ddhi' **śrāu̯-* (ved. vorvokalisch *śrāv-*, vorkonsonantisch *śrau-*, vgl. *śrāv-áyati* 'macht hörbar', *á-śrau-ṣīṣ* Aor. 'du hörtest').

2) Diese so scharfsinnige Beobachtung des indischen Steigerungssystems konnte mit der Auffassung der Schwundstufe als primärer Wurzelform nicht immer aufgehen. In Ansätzen wie *man-* 'denken' oder *pat-* 'fliegen' mussten die Inder Vollstufen als Wurzeln ansetzen, da ihnen die Schwundstufen in Fällen wie **mn̥-* > *ma-* (s.o. P 306 Abs. 3) oder *pt-* (im Aorist *a-pa-pt-at*) nicht erkennbar waren. Ähnliches gilt für *svap-* 'schlafen' (mit *sváp-na-* m. 'Schlaf'), wo eine auf schwundstufigem *sup-* (*sup-tá-* 'geschlafen', gr. ὕπ-νος usw.) aufbauende Steigerung in die Irre geführt hätte. Die Indogermanistik hat das indische System dahingehend korrigiert, dass sie von primären Vollstufen (wie uridg. **k̑leu̯-*,

uridg. **su̯ep-*) ausgeht, deren Schwächung (= minus *-e-*) > uridg. **k̑lu-* bzw. uridg. **sup-* keine Probleme erbringt.

P 414. Im Heth. ist das Regelwerk des quantitativen Ablauts gut sichtbar, so der Wechsel *e* vs. Ø in Verbalparadigmen, vgl. 3.Sg. *ku-en-zi* i.e. *ku̯en-tˢi* 'er tötet' vs. 3.Pl. *ku-na-an-zi* i.e. *kun-antˢi* 'sie töten' (= ved. *hán-ti* vs. *ghn-ánti*, s.o. P 345 Abs. 1). — Dabei spielen Auswirkungen von Laryngalen (s.o. P 314ff.) eine Rolle: Vgl. zu uridg. **h₁és-ti* 'er ist' (= lat. *est* usw., heth. *e-eš-zi* i.e. *ēs-tˢi* < **és-tˢi*; die Pleneschreibung erklärt sich als Dehnung unter dem Akzent) den schwundstufigen Plural **h₁s-énti* = *a-ša-an-zi* i.e. *as-antˢi* 'sie sind' = myk. *e-e-si* i.e. *ehénsi*, dagegen ved. *sánti*, nhd. *sind*, s.o. G 504 Abs. 11 und u. P 419 Abs. 3. — Über die wichtige Aussage des Heth. (Anatol.) zu dehnstufigen uridg. **h₂ē* und **ēh₂* s.o. P 331.

P 415. Als ein zentrales Ausdrucksmittel im Bereich der Morphologie ist der Ablaut im Germanischen bewahrt und ausgebaut worden. Ohne ablautende (sog. starke) Verben ist keine altgermanische Sprache vorstellbar, und in neugermanischen Sprachen wie dem heutigen Englischen sind in manchen Formreihen (vgl. etwa *sing* : *sang* : *sung* : *song* ‚Gesang') die Auswirkungen des Ablauts das einzige formale Unterscheidungsmittel zwischen diesen Vokabeln geblieben. Neben dem Bekanntwerden der indischen Steigerungslehre (s.o. P 413) war es die Beschäftigung mit dem Germanischen, die in der frühen Indogermanistik den Anstoß zum Verständnis des Ablautsystems gegeben hat.

Das einheitliche uridg. Ablautschema ist im Germanischen durch die zahlreichen lautgesetzlichen Veränderungen umgestaltet worden, die im Bereich der Vokale, Diphthonge sowie von *m̥*, *n̥*, *l̥*, *r̥* vorgefallen sind. So geht nhd. *binden* : *band* : *ge-bunden* auf uridg. **bʰendʰ-* : **bʰondʰ-* : **bʰn̥dʰ-* zurück, und das sind nach P 410 die Stufen *V(e)*, *V(o)* und *S(Ø)*.

Weitere Beispiele: — Got. *niman* 'nehmen, aufnehmen' < uridg. **nem-* = *V(e)*, got. *nam* 'nahm' < **nom-* = *V(o)*, got. *nemun* 'sie nahmen' mit <e> für *ē* = *D(ē)*, got. *in-numan* 'hergenommenes' < **nm̥-* = *S(Ø)*. — Got. *wairþan* 'werden' < uridg. **u̯ert-* = *V(e)*, *warþ* 'ward' < **u̯ort-* = *V(o)*, *waurþun* 'sie wurden' < **u̯r̥t-* = *S(Ø)* (zu got. *-or-* < urgerm. **-ur-*, s.o. P 208). — Got. *tiuhan* 'ziehen, führen' < uridg. **deu̯k-* = *V(e)*, *ga-tauhans* 'gezogen' < **duk-* = *S(Ø)* (zu got. *-oh-* < germ. **-uh-*, s.o. P 208).

Die verschiedenartige germanische Fortsetzung einheitlicher uridg. Ablauttypen wie **er* **or* **r̥* oder **eu̯* **ou̯* **u* ist der Hauptgrund für die Differenzen zwischen den ersten fünf Reihen der sog. starken Verba in den altgermanischen Sprachen.

P 416. Auch in den balt. und slav. Sprachen sind viele Fälle von ererbtem Ablaut nachweisbar. Beispiele: — Vgl. lit. *tekù*, aksl. *tekǫ* 'laufe, fließe' = *V(e)*;

lit. *tãkas* m. 'Kanal, Röhre, Tonne', aksl. *tokъ* 'Lauf, Strömung, Tonne' *V(o)*; lit. *tėkė̃* 'tiefe Stelle im Fluss', aksl. *těxъ* 'lief' < **tēk[-s-]* = *D(ē)*; russ.-ksl. *takati* 'antreiben' = *D(ō)*. — Vgl. lit. *merė́ti* 'verhungern', aksl. *mrěti* 'sterben' < uridg. **mer-* = *V(e)*; lit. *mãras* 'Seuche', aksl. *morъ* 'Pest' = *V(o)*; lit. *mirtìs*, aksl. *sъmrьtь* f. 'Tod' < **mr̥-* = *S(Ø)*. — Den Glücksfall aller fünf möglichen Ablautstufen (s.o. P 410) zeigt das Slav. in aksl. *greb-ǫ* 'grabe, scharre' = *V(e)*, *grobъ* m. 'Grab' = *V(o)*, *grěsъ* 'grub' < **grěb-s-* = *D(ē)*, *grabiti* 'rauben' = *D(ō)*, čech. *po-hřbiti* 'begraben' < urslav. **gъrb-* = *S(Ø)*; dazu lit. *grė́b-ti* 'gewaltsam ergreifen' ~ *gróbti* 'an sich reißen'. Der Ablaut hat im Balt. und Slav. nach vorgegebenen Mustern produktiv weitergewirkt: → Stang (1966: 121ff.); Arumaa (1964: 172ff.).

P 417. Im Lichte der Laryngaltheorie (s.o. P 314ff.) fügen sich weitere Ablautreihen in das Schema *e o ē ō Ø* ein, die in den meisten älteren Darstellungen noch als eine Extragruppe behandelt werden.

1) So erklärt sich der scheinbare '*a*/*o*-Ablaut' durch die Beobachtung, dass anlautendes *a-* der meisten Einzelsprachen aus uridg. **h₂e-* bzw. ** h₂a-* (heth. als *ḫa-* erhalten) entstanden ist, s.o. P 322 Abs. 2. — Ablautverhältnisse wie gr. ἄγω 'treibe, ziehe' (lat. *agō* u.a.) gegenüber gr. ὄγμος m. 'Reihe abgemähten Grases, Streifen Land' (vgl. ὄγμον ἄγειν bei Theokrit) lassen sich mit dem Ansatz uridg. **h₂eĝ-* (bzw. **h₂aĝ-*) vs. **h₂oĝ-* dem normalen Typus wie in gr. πετ- vs. ποτ- = *V(e)* vs. *V(o)* zuordnen. Zu uridg. **h₂eĝ-* (gr. ἄγω usw.) gehört ferner ved. *ī́jate* 'treibt', wenn es auf den reduplizierten Präs.St. **h₂i-h₂ĝ-e-* zurückgeführt wird: → K. Strunk: Zwei latente Fälle des verbalen Präsensstammtyps tíṣṭha-(ti) im Veda. Voigt (1977: 971–983, 976). — In gr. ἄκρις f. 'Berggipfel' neben ὄκρις m. 'Spitze, Ecke' (lat. *ocris* m. 'steiniger Berg') und heth. *ḫēkur* 'Felsgipfel' (s.o. P 331 Abs. 3) setzen sich uridg. **h₂eḱ-* (bzw. **h₂aḱ-*), **h₂oḱ-* und **h₂ēḱ-* und damit die Stufen *V(e)*, *V(o)* und *D(ē)* fort. — Vgl. noch gr. ἀγκάλη f. 'gekrümmter Arm' neben ὄγκος m. 'Haken' und heth. *ḫēnk-* 'sich beugen' (*ḫi-in-g-*) < uridg. **h₂enk-* vs. **h₂onk-* vs. **h₂ēnk-*. Nach Ch. de Lamberterie. BSL 97,2 (2002: 111) gehört dazu auch gr. ἔγκατα 'Eingeweide' < **h₂ēnk-* (im Gr. mit Vokalkürzung nach dem Osthoffschen Gesetz).

2) Durch die oben P 323 gelehrte Auffassung von Wurzeln wie gr. (τί-)θη(-μι), (ἵ-)στᾱ(-μι) und (δί-)δω(-μι) als uridg. **dʰeh₁-*, **steh₂-* und **deh₃-* entfällt auch der Ansatz eines eigenen Ablauttypus mit primären langvokalisch auslautenden Wurzeln, deren Schwundstufe -ə- sein soll, vgl. ἵ-στᾱ-μι : στα-τός (= ved. *sthi-tá-*). Es liegt vielmehr auch hier der *e*/*o*/*ē*/*ō*/Ø -Ablaut vor. — Beispiele: — Uridg. **dʰeh₁-* > gr. -θη- = *V(e)*, uridg. **dʰoh₁-* > gr. θω-ή f. 'Strafe, *Festsetzung' = *V(o)* und uridg. **dʰh₁-* > gr. ἔ-θε-το 'hat gesetzt', ved. *a-dhi-ta* = *S(Ø)* (zum Vokalismus s.o. P 325). — Uridg. **bʰeh₂-* 'sprechen' (bzw. uridg. **bʰah₂-*) = gr. myk. 3.Sg. *pa-si* i.e. *pʰāsi* 'behauptet'= *V(e)*; uridg. **bʰoh₂-* = gr. φω-

νή·'Stimme' = *V(o);* uridg. **bʰh*$_2$- = gr. ἄ-φα-τος·'unerwähnt' (vgl. lat. *fatērī)* = *S(Ø).* — Uridg. **ĝneh*$_3$- 'erkennen': uridg. **ĝn̥h*$_3$- = gr. (γι)γνώ-σκω = *S(Ø);* uridg. **ĝnēh*$_3$- = heth. *ga-ne-eš-* i.e. *gnēs-* = *D(ē),* s.o. P 331 Abs. 3.

3) Eine besondere Form von Ablaut zeigt eine Wurzel wie uridg. **pelh*$_1$- 'füllen' (vgl. ved. *párī-ṇas-* n. 'Fülle'). Zu ihr gehört nicht nur eine als „minus *-e-*" zu definierende Schwundstufe **pl̥h*$_1$- (vgl. ved. *pūr-ṇá-* = lit. *pìl-nas*), sondern auch eine zweite Vollstufe uridg. **pleh*$_1$- (vgl. gr. πί(μ-πλη-μι). Dieses Schwanken von **-e-* mit uridg. **p-e-lh*$_1$- vs. **pl-e-h*$_1$- wird als Schwebeablaut bezeichnet.

Die wahrscheinlichste Erklärung des Phänomens geht von einem voruridg. Gebilde mit zwei vollstufenfähigen Vokalen aus, hier also **peleh*$_1$-. In der voruridg. Periode der Tilgung von **-e-* in nebentoniger Stellung gab es drei Möglichkeiten: a) voruridg. **péleh*$_1$- > uridg. **pélh*$_1$- (= Vollstufe I); b) voruridg. **peléh*$_1$- > uridg. **pléh*$_1$- (= Vollstufe II); c) voruridg. **peleh*$_1$- (beide Silben unbetont) > uridg. **pl̥h*$_1$-. Vollstufe I ist altidg. häufig, Vollstufe II seltener und daher dort, wo sie auftritt, vielleicht gerade alt. Wenn also **pleh*$_1$- ursprünglich ist, dann wird verständlich, dass die Sprecher über die Schwundstufe **pl̥h*$_1$- die normale Vollstufe **pelh*$_1$- gebildet haben. — Auch die Vollstufe **ĝneh*$_3$- = lat. [*g*]*nō-vī* fügt sich in diesen Rahmen = Vollstufe II ein. Sie lässt eine normalisierte Vollstufe I **ĝenh*$_3$- erwarten und zeigt sie auch in lit. *žén-klas* m. 'Kennzeichen, Merkmal' (mit Vereinfachung der Konsonantengruppe *-énK-* < **-enh*$_3$*K-*). Die Schwundstufe **ĝn̥h*$_3$- zeigt sich in ahd. *kund* usw., s.o. P 332 Abs. 4c. Lit.: → Anttila (1969); J. Klein. *Diachronica* 23 (2006: 408f.).

P 418. Der Ablaut ist bereits in der uridg. Grundsprache ein wichtiges Mittel der Morphologie. Der Ursprung der Ablautvarianten liegt aber sicherlich, so umstritten dies im einzelnen auch sein mag, auf der phonologischen Ebene, s.o. G 502 Abs. 2. Man weist darum den Ablaut mit Recht einem Gebiet zwischen Phonologie und Morphologie, der sog. Morphonologie, zu.

Die Verwendung der im phonologischen Bereich entstandenen Ablautstufen in morphologischen Kategorien ist u.a. der nhd. Regel vergleichbar, wonach das Komparativmorphem *-er* i.d.R. sog. Umlaut bewirkt, vgl. *läng-er* zu *lang.* Das Phänomen (eigentlich eine Assimilation) ist kein generell lautlicher Prozess mehr (*-a-* vor *-er* bleibt in *langer Weg* erhalten), sondern eine auf die morphologische Erscheinung 'Komparativ' beschränkte Regel, die jedoch lautlichen Ursprung hat, vgl. ahd. *lengiro* 'länger' < **lang-iro* vs. *lang.* Nhd. *Gäste* vs. *Gast* hat ebenso eine lautgeschichtliche Ursache, vgl. ahd. *gesti* vs. *gast.* Der gewiss nicht in diese alte Periode zurückreichende Plural *Generäle* vs. *General* ist nur noch die analogische Anwendung einer Regel der Morphologie.

1) Unter den phonologischen Ursachen des Ablauts ist die Entstehung der Schwundstufe durch Verlust von **-e-* in unbetonter Silbe am wahrscheinlichs-

ten: — Vgl. gr. πατρ-ί gegenüber πατέρ-α. — Vgl. ved. *ghn-ánti* 'sie töten' und heth. *kun-antˢi* < uridg.**gʷʰn-énti* gegenüber ved. *hán-ti* 'er tötet' und heth. *ku̯en-tˢi* < uridg. **gʷʰén-ti*. — Vgl. ved. *i-más* 'wir gehen' < uridg. **h₁i-més* gegenüber *é-mi* 'ich gehe' < *uridg. *h₁éi̯-mi* oben in G 502 Abs. 5 und G 504 Abs. 7; vgl. auch ved. *ás-mi* gegenüber *s-más* oben in G 502 Abs. 2.

2) Das in Abs. 1 klar erkennbare Zusammenspiel von Akzent und Ablaut war wohl voruridg. lebendig. Im Uridg. ist es nur noch ein Archaismus. —Denn schon in der Grundsprache ist die Kombination von Schwundstufe und Unbetontheit nicht immer mehr gegeben. Ansätze wie uridg. **u̯ĺ̥kʷ-o-* m. 'Wolf' (mit *-ĺ̥-!) sind unbezweifelbar. Auch in gr. πατράσι = ved. *pitŕ̥ṣu* (s.o. P 408) sind Schwundstufe (*-r̥-) und Akzentstelle zwei einander nicht mehr ausschließbare Charakteristika einer Kasusform geworden. Sekundäre morphologische Prozesse können die Ursache solcher Irregularitäten sein, so bei **u̯ĺ̥kʷo-* vielleicht die Nominalisierung eines ursprünglichen Adjektivs **u̯l̥kʷó-*. Weiteres zu ved. *pitŕ̥ṣu* und gr. πατράσι: → M. Meier-Brügger. *FT Leiden 1987* (1992: 288). — Andererseits finden sich ererbte Kombinationen von Normalstufe und Unbetontheit, vgl. gr. λεύκός 'licht, weiß' (s.o. P 223 Abs. 1) oder vgl. uridg. **dei̯u̯ó-* (s.u. L 202 Abs. 2). Vgl. ferner unten in M 310 Abs. 5 das auch unbetont feste *-ei̯* im Dat. Sg.

3) Über die Entstehung der übrigen Ablautstufen gibt es nur Vermutungen. Die Dehnstufe kann, wenigstens in gewissen Fällen, durch Ersatzdehnung entstanden sein. So ist uridg. **ph₂tér-* 'Vater' + Nom.Sg. *-s* > **ph₂térs* > **ph₂térr* > **ph₂tḗr* (= gr. πατήρ) denkbar, s.u. M 310 Abs. 3. Vgl. ferner weitere Ersatzdehnungen in P 303.

Der qualitative Ablaut von *-*e*- zu *-*o*- findet sich in der Stammbildung des Verbums (vgl. Perfekt **mémon-* oben in P 411), bei den Nominalendungen (vgl. Gen.Sg. *-os* neben *-és*, unten in M 310 Abs. 4) und in den Ablautparadigmen (vgl. die akrodynamische Klasse in M 320 mit Typ **dóm-* /**dém-* und die holodynamische Klasse in M 321 Abs. 1 vom Typ **h₂éu̯sos-*). Dies *-o-* wird normalerweise als Abtönung von *-e-* zu *-o-* verstanden. Ihre Ursache ist nicht ganz klar: → Leumann (1977: 38 Absatz d): „Sie scheint auf einer sekundären Enttonung eines e zu beruhen“; K.-H. Mottausch: Die thematischen Nomina im Indogermanischen. *HS* 114 (2001: 2–14): „Minderbetonung bei sekundärer Wiedereinführung des Vokals“ (11); vgl. K.-H. Mottausch: Die Vorgeschichte des indogermanischen Vokalsystems. Ein Versuch. *IF* 105 (2000: 68–100, besonders 83ff., 94f.); K.-H. Mottausch: Die idg. athematische Nominalflexion und die -o-Stufe. *HS* 113 (2000: 29–52, besonders 36ff., 44ff.); K.-H. Mottausch: Das thematische Verb im Indogermanischen und seine Verwandten. *HS* 116 (2003: 1–34); K.-H. Mottausch. *Kratylos* 49 (2004: 47); J. Klein. *Diachronica* 23 (2006: 409). Zur Forschungsgeschichte des *-o-*Ablauts vgl. Szemerényi (1990: 124–127).

Davon zu trennen ist das Spiel des Themavokals bei thematischen Verben, vgl. gr. φέρ-ο-μεν, aber φέρ-ε-τε). Hier hat man den Eindruck, als wäre nachtoniges *-e-* kontextabhängig vor *r* (und *l m n*) zu *-o-* geworden, s.u. M 101 Abs. 4.

2.4.5 Der Akzent

P 419. Jedes Nomen trägt einen Akzent, vgl. gr. ἄνθρωπος und ὁδός. Einzelne Pronomina können aber in proklitischer oder enklitischer Position in einem Syntagma (in einer Sinneinheit) den Akzent verlieren und sich dem Akzent des Nomens dieser Einheit unterwerfen, vgl. ὁ ἄνθρωπος (ὁ ist proklitisch) oder κλῦθί μοι (μοι ist enklitisch).

Jede Verbalform hat ebenfalls einen Wortakzent, vgl. uridg. **h₁ésti* vs. **h₁smén*. Im Satz wird es aber als zentrales Informationsmittel dem übergeordneten Satzakzent unterworfen. Wie Hettrich (1988: 779) einleuchtend zeigt, überwog die Reihenfolge Relativsatz - Hauptsatz. Das Relativsatz-Verb stand unmittelbar vor dem Hauptsatz, also an einer Haupttonstelle der Periode, während auf dem Hauptsatzverb am Schluss der Periode die Satzintonation abfiel. Als Konsequenz war das Verbum im Relativsatz betont, das Verbum im Hauptsatz unbetont. Das ved. Verbum zeigt genau diesen Stand. Ebenso das altgr. Verbum. Es bekam dann aber bei der Einschränkung des Spielraums des gr. Akzentes auf die letzten drei Silben einen neuen Satzakzent, der im Rahmen des Gesetzes möglichst weit vom Wortende weg Richtung Wortanfang zurücklag, vgl. gr. παιδεύομαι oder δύναμαι. Beim gr. Verbum hat sich dann dieser neue Satzakzent als Normalakzent etabliert. Weiteres zum Akzent des Verbums s.u. M 214, zum Satzakzent s. auch unten S 209. — Zu den nominalen Akzentklassen s.u. M 314ff.

N.B.: Partizipien und Infinitive gehören zwar in den Umkreis der Verben, sind aber nominaler Herkunft und tragen demgemäß einen vom Satz unabhängigen Wortakzent, vgl. gr. λαβών oder πεπαιδευκέναι.

1) Diejenigen idg. Sprachen, deren schriftliche Überlieferung den Sitz des Wortakzents überhaupt angibt, zeigen eine freie, d.h. von der Struktur des Wortkörpers unabhängige Betonung. Ein gr. Wortkörper wie φορος kann den Wortakzent auf der ersten (vgl. φόρος i.S.v. ‘Tribut, Abgabe’) wie auf der letzten Silbe tragen (vgl. φορός i.S.v. ‘förderlich, einträglich’). Im Vedischen kommt die Gen.Sg.-Form *brahmaṇas* mit Betonung der ersten (vgl. *bráhmaṇas* i.S.v. ‘der Gebetsformel’) und der zweiten Silbe vor (vgl. *brahmáṇas* i.S.v. ‘des Beters, des Priesters’). Die genannten Beispiele zeigen zudem, dass das in ihnen über den

phonemischen Segmenten stehende, suprasegmentale Phänomen der Betonung das einzige Unterscheidungsmittel bei solchen Oppositionspaaren ist.

2) Für die historisch-vergleichende Betrachtung des Wortakzents ist wichtig, dass diese freien Tonstellen in mehreren Sprachen übereinstimmen. was nur als Erbe aus der gemeinsamen Vorstufe erklärt werden kann. Die Übereinstimmungen mit den von der Wortstruktur offenbar unabhängigen Tonstellen des Vedischen werden im Griechischen freilich durch einzelsprachliche Gesetze verdunkelt. Das Germanische ist durch die von Karl Verner erkannte Auswirkung der uridg. Akzentstellen auf das germanische Reibelautsystem ein weiterer wesentlicher Zeuge für den ursprünglichen Akzent, s.u. P 421. Die freien Akzentsysteme der baltischen und mehrerer slavischer Sprachen führen auf Weiterentwicklungen des ererbten Zustands zurück, s.u. P 422. Unter den Sprachen, die den uridg. Akzent gegen eindeutig sekundäre Akzentuierungsweisen eingetauscht haben, ist das Lateinische die wichtigste, s.u. P 423.

3) Zu den Versuchen, die uridg. Akzente aus lautgeschichtlichen Resultaten in den idg. Sprachen nachzuweisen, die keine gesicherte graphische Darstellung der Akzentstellen kennen, müssen ein paar Hinweise genügen. — Zum Heth. s.o. P 207. Vgl. ferner oben P 414, wo im Beispiel *e-eš-zi* i.e. *ēs-t^si* die Pleneschreibung im Singular als Resultat des unter dem Akzent stehenden **$h_1$és-* verstanden werden kann; vgl. oben P 336 Abs. 5, wo die Lenitionsregel einen davorstehenden akzentuierten Langvokal voraussetzt. Lit.: → Melchert (1994: 106f.). — Zu Rückschlüssen aus dem Av. und aus dem Paštō: → M. Mayrhofer. Schmitt (1989: 12f.).

P 420. Viele gr.-ved. Vergleichspaare zeigen volle Übereinstimmung der Wortakzentstellen.

1) Vgl. (jeweils im Akk.Sg.) die Verwandtschaftswörter gr. πατέρ-α = ved. *pitár-am* 'Vater', φρᾱ́τερ-α = ved. *bhrā́tar-am* 'Bruder', θυγατέρ-α = ved. *duhitár-am* 'Tochter', μητέρ-α = ved. *mātár-am* 'Mutter; gr. νέφος n. = ved. *nábhas-* n. 'Wolke'; gr. θῡμός m. 'Aufwallung, Mut, Zorn'= ved. *dhūmá-* m. 'Rauch'; gr. (dor.) φέροντι 'sie tragen' = ved. *bháranti*, gr. ἔφερον 'sie trugen' = ved. *ábharan*.

2) Im Griechischen wird die ererbte Freiheit des Akzentsitzes jedoch durch das sog. Dreisilbengesetz eingeengt. In seiner Folge wurde der Akzent in Wörtern, bei denen er auf der viertletzten Silbe oder noch weiter zurück stand, auf die drittletzte Silbe verschoben. Zusätzlich wurde festgelegt, dass ein Akzent nur dann auf der drittletzten Silbe bleiben kann, wenn die letzte Silbe kurzvokalisch ist. Unbetont stehende Verbalformen im Hauptsatz wurden der neuen Akzentuierung ebenfalls unterworfen, wenn sie drei oder mehr Silben aufwiesen. Diese Verbalformen bekamen neu einen Akzent auf der drittletzten (wenn

letzte Silbe kurzvokalisch) oder zweitletzten Silbe (wenn letzte Silbe nicht kurzvokalisch).

Während als Entsprechung von ved. *ábharan* das gr. ἔφερον (= ⏑́⏑⏑) möglich bleibt, können den vedischen Verbalformen *á-bharāma* 'wir trugen' und *ábharatām* 'die beiden trugen' als Resultate dieses Gesetzes im Gr. nur ἐφέρομεν (= ⏑⏑́⏑⏑) und ἐφερέτην (= ⏑⏑⏑́–) entsprechen. Weiteres s.u. M 214 Abs. 1.

3) Als eine weitere Veränderung des ererbten Akzentsitzes im Griechischen ist die sog. Daktylosregel zu nennen (nach Benjamin Ide Wheelers klassischer Beschreibung in seinem Buch „Nominalaccent" von 1885 kursiert sie auch als Wheelers Gesetz): Sie besagt, dass alle endbetonten Formen bei daktylischer Struktur der drei letzten Silben den Akzentsitz innergr. auf die vorletzte Silbe verlagern. Dies lässt sich sowohl innerhalb des Griechischen selbst demonstrieren (in der Gruppe der traditionell endbetonten verbalen Rektionskomposita vom Typ ψῡχο-πομπός 'die Totenseelen führend' sind die mit einem Daktylos endenden Beispiele auf der vorletzten Silbe betont, vgl. πατροκτόνος 'den Vater mordend') als auch im externen Vergleich: Ein dem vedischen *peśalá-* 'schön, verziert' bildungsnahes **poi̯kiló-* 'bunt' lautet im Anschluss an die Daktylosregel ποικίλος. Lit.: → Meier-Brügger (1992b: 39).

4) Weiteres zum griechischen Akzent und seinen Besonderheiten: → *KS Risch* (1981: 187ff., in einem Aufsatz von 1975); M. Meier-Brügger. *FT Leiden 1987* (1992: 283ff.).

P 421. Nach Karl Verners 1876 veröffentlichtem Gesetz beweist die Bewahrung eines inlautenden stimmlosen Reibelautes im Germanischen, dass, in einer dem Ved. und Gr. gleichen Betonung, die das älteste Germanisch noch hatte, der Tonsitz unmittelbar vor diesen Reibelauten lag: → K. Verner: Eine ausnahme der ersten lautverschiebung. *KZ* 23 (1876: 97–130). Nach einer Mitteilung von Otto Jespersen (→ Sebeok 1966a: 539) hat Karl Verner seine Entdeckung vor einem Nickerchen gefunden, als er kurz noch in der Comparative Grammar von Franz Bopp blätterte. Sein Blick soll auf *pitár-* vs. *bhrā́tar-* gefallen sein: „It struck me that it was strange that the one word had a *t* in the Germanic languages and the other a *th* ... and then I noticed the accent-marks on the Sanscrit words". Weitere Lit.: → A. Calabrese / M. Halle: Grimm's and Verner's Laws: A New Perspective. *FS Watkins* (1998: 47–62); K.-H. Mottausch. *IF* 104 (1999: 46ff.); Schaffner (2001); A. Liberman: Verner's Law. *NOWELE* 58/59 (2010: 381–425).

1) Urgerm. *f*, *þ*, *χ*, *χʷ*, *s* < uridg. *p*, *t*, *k*, *kʷ*, *s* bleiben nämlich nur erhalten, wenn ihnen der Akzent inlautend in stimmhafter Umgebung unmittelbar voranging, s.o. P 336 Abs. 4. In allen anderen Fällen wurden sie zu stimmhaften Reibelauten (*ƀ*, *đ*, *g*, *gʷ*, *z*). Erhaltenes germ. *-þ-* in got. *broþar* 'Bruder' erweist

also urgerm. **ƀrṓþer-*, dessen Tonsitz mit dem von ved. *bhrā́tar-*, gr. φράτερ- übereinstimmt. Hingegen sind got. *fadar*, an. *móðer* 'Mutter' aus urgerm. **faþér-*, **mōþér-*, entstanden, deren Tonsitz denen von ved. *pitár-* = gr. πατέρ- bzw. ved. *mātár-* = gr. μητέρ- entspricht. Weiteres zu 'Mutter' s.o. P 211 Abs. 10. — Erhaltenes germ. *-*χ*- nach unmittelbar vorangehendem Akzent zeigt sich im Wort für 'Schwiegervater': Es wurde nach Ausweis von ved. *śváśura-* als uridg. **su̯éḱuro-* betont, daher urgerm. **su̯éχura-* = ahd. *swehur*, nhd. *Schwäher*. Demgegenüber zeigt das Wort für 'Schwiegermutter' uridg. **su̯eḱrúh$_2$-* (s.o. P 304 Abs. 3) nach Ausweis von ved. *śvaśrū́-* den Tonsitz nach dem Tektal: urgerm. **su̯eχrū́-* wird somit zu **su̯egrū́-* weiterentwickelt = ahd. *swigur*, nhd. *Schwieger(mutter)*.

2) Dass sich *-*s*- im Germ. nur unmittelbar nach der Tonstelle erhielt, sonst aber zu *-*z*- wurde, zeigen nicht nur Einzelwortpaare wie ved. *áyas-* 'Edelmetall' = urgerm. **ái̯es-* > **ai̯ez-* (got. *aiz*, ahd. *ēr* 'Erz') oder ved. *snuṣā́-* = gr. νυός 'Schwiegertochter' (them. **snusó-* f. ist übrigens älter als durch Motion eindeutig als Fem. charakterisiertes **snusā́-*, s.o. G 506 Abs. 5) = urgerm. **snuzṓ* (ahd. *snora, snur*, frühnhd. *Schnur* 'Schwiegertochter'). Es lässt sich auch an einer Folgeerscheinung von Verners Gesetz demonstrieren, wonach ein in der vedischen Grammatik üblicher Akzent-(und Ablaut-)Unterschied zwischen Singular und Plural(-Dual) des Perfekts durch den Wechsel zwischen *-*s*- (< *-*s*-) und *-*z*- (< *-*s*-) widergespiegelt erscheint. Diese Auswirkung des uridg. Akzentwechsels in der germanischen grammatischen Morphologie wird als Grammatischer Wechsel bezeichnet. Wie im Veda singularisches *ju-jóṣ-a* 'er hat genossen' pluralischem *ju-juṣ-úr* 'sie haben genossen' gegenübersteht, so zeigt das urgermanische **káu̯s-e* (= ved. *-jóṣ-a*) mit erhaltenem *-s-* in ahd. *kōs* 'er wählte', aber **kuz-* (= ved. *-juṣ-úr*) in ahd. *kur-un* 'sie wählten'. Ebenso bei ursprünglichen uridg. Tenues: ahd. *ward* 'er ward' < urgerm. **wárþ-e* (= ved. [*va-*]*várt-a* 'hat sich gewendet'), aber *wurtun* 'sie wurden' < urgerm. **wurđ-* (= ved. 3.Pl. [*va-*]*vr̥t-úr*).

3) Obgleich das überlieferte Germanisch den uridg. Akzent zugunsten der Anfangsbetonung selbständiger Wörter aufgegeben hat, verlangen also die von Karl Verner erkannten Resultate noch für ausgeprägt germanische Wörter Tonstellen, mit denen sie ved. (und griech.) Entsprechungen gleichen: also urgerm. **ƀrṓþer-* = ved. *bhrā́tar-*, urgerm. **faþér-* = ved. *pitár-*, urgerm. **mōþér-* = ved. *mātár-*, urgerm. **snuzṓ* = ved. *snuṣā́-*, urgerm. **sweχrū́-* = ved. *śvaśrū́-*, urgerm. **káu̯se-* / **kus-´* = ved. *-jóṣa* / *-juṣúr* usw. Das Germanische ist durch diese Auswirkungen von Verners Gesetz der drittwichtigste Zeuge des uridg. Wortakzents nach dem Vedischen und Griechischen. Verners Entdeckung, welche Hunderte von Ausnahmen der Germanischen Lautverschiebung durch die Annahme der Existenz noch urindogermanischer Tonstellen im bereits verschobenen Germa-

nisch erklärte und damit den Weg zu einer exakteren Anwendung der Lautgesetze bahnte, war von paradigmatischer Bedeutung für die Entwicklung der diachron-vergleichenden Sprachwissenschaft.

4) Es lässt sich abschließend für das Germ. die folgende relative Chronologie festhalten: a) Die uridg. Akzentverhältnisse sind zunächst in Kraft; b) Eintritt der Germanischen Lautverschiebung; c) Wirksamkeit von Verners Gesetz; d) Veränderung des Akzentverhaltens und Eintritt der typisch germanischen Erstbetonung.

P 422. Die balt. und mehrere slav. Sprachen zeigen bewegliche (also innerhalb von Paradigmen den Standort wechselnde) und freie Akzente. Kuryłowicz (1968) schreibt: „Diese Beweglichkeit und relative Freiheit sind es, die den Komparatisten bewegen, nach einem geschichtlichen Zusammenhang [zwischen den balt.-slav. und den ved.-gr.(-germ.) Akzentstellen] zu fahnden." (III) Der uridg. Zustand hat aber etliche Umänderungen in den balt. und slav. Sprachen erfahren, über deren Ausmaß noch keine Einigkeit erreicht ist.

So wird bestritten, dass die bewegliche Betonung in lit. *duktė̃* 'Tochter', Gen.Sg. (alt) *dukterès*, Akk.Sg. *dùkterį* eine Widerspiegelung der uridg. (ved.) Tonstellen sei: mit *-tė̃* vgl. ved. *duhitā́* 'Tochter', mit *-terès* (für **duktr-ès*) vgl. die schwachen Kasus des Typs ved. Dat.Sg. *duhitr-é* und gr. Gen.Pl. θυγατρ-ῶν, mit *dùkterį* (mit regelmäßiger Tonversetzung aus **duktẽrį*) vgl. ved. *duhitár-am* und gr. θυγατέρ-α. Jedenfalls sind in den meisten Fällen Weiterentwicklungen zu erwarten, die im Prinzip auf uridg. Ausgangsformen beziehbar sind. Dabei gelten gleichgebliebene Tonstellen wie in russ. *nébo*, kroat. *nȅbo* 'Himmel' = uridg. **néb*^{h}*os* (gr. νέφος, ved. *nábhas-* 'Wolke', s.o. P 338) eher als kuriose Zufälle. Man glaubt Regeln formulieren zu können wie die, dass eine laryngalhaltige Silbe, der im Uridg. eine betonte Silbe folgte, im Balt. und Slav. den Ton auf sich zog: z.B. uridg. **d*^{h}*uh*$_2$*-mó-* (ved. *dhūmá-*, gr. θῦμός, s.o. P 211 Abs. 7) = balt. und slav. *dū́m-*, lit. *dū́mai*, russ. *dym* (Gen.Sg. *dým-a*), serbokroat. *dȉm* 'Rauch'; uridg. **g*^{u}*riH-u̯éh*$_2$*-* (ved. *grīvā́-* f. 'Nacken') lett. *grĩva* 'Flußmündung', russ. *gríva*, kroat. *grȉva* 'Mähne'. Wenn ein solches Resultat mit der Fortsetzung bereits uridg. Betonung der laryngalhaltigen Silbe zusammenfiel (vgl. uridg. **u̯ĺ̥H-nah*$_2$*-* 'Wolle' [ved. *ū́rṇā-*] > lett. *vil̃na*, russ. *vólna*, kroat. *vȕna* 'Wolle'), so relativiert dies den Wert der balt. und slav. Aussagen für die Erschließung der uridg. Akzentstellen. Die beweglichen und freien Akzente in balt. und slav. Sprachen gehen zwar von den uridg. Tonstellen aus; sie können aber höchstens die aus ved.-gr.-germ. Evidenz hervorgegangenen Ergebnisse fallweise bestätigen.

Weiteres: → Kuryłowicz (1968: 111f. u. 123); Stang (1966: 134f.); Kortlandt (1975); Illič-Svityč (1979); Collinge (1985); I. Hajnal. *HS* 109 (1996: 314–316, Rez.

von Derksen 1996); J. Jasanoff: Balto-Slavic mobility as an Indo-European problem. Sukač (2011: 52–74).

P 423. Im Lateinischen sind keine offensichtlichen Spuren der uridg. (= ved. und gr.) Tonstellen erhalten, höchstens indirekte, s. Abs. 1. Der einmal vorhandene uridg. Zustand ist in einem ersten Schritt von einem Anfangsakzent abgelöst worden, s. Abs. 3. Das klass. Lat. ist davon wieder weggekommen, s. Abs. 2.

1) Einen verdeckten Hinweis auf die ursprüngliche Existenz der uridg. Betonung kann das Schicksal von **-i* im Auslaut abgeben: Es geht in unbetonten Fällen wie *est* < uridg. **$h_1$ésti* verloren (s.o. G 503 Abs. 4), kann sich aber in Fällen wie dem endbetonten Lok.Sg. uridg. **ped-í* > *pede* halten: → H. Rix. *Kratylos* 41 (1996: 158 Anm. 7); von Fällen wie **ped-í* aus wird lokativisches *-e* verallgemeinert, auch da, wo es wie bei *ante* < **$h_2$ént-i* (s.o. P 322 Abs. 2) im Paradigma ursprünglich nicht akzentuiert war.

2) Das klassische Latein unterliegt einer von der Gestalt des Wortkörpers abhängigen Regel, wonach zweisilbige betonte Wörter den Ton auf der vorletzten Silbe (Paenultima) tragen, während ihn Wörter mit mehr als zwei Silben nur dann auf der Paenultima tragen, wenn diese natur- oder positionslang ist, sonst auf der drittletzten Silbe (Antepaenultima): *régit, régunt; regḗbat, regúntur; régitur.*

3) Dieser klass.lat. Betonungsweise muss aber ein älterer Wortakzent vorausgegangen sein, der jedoch ebenfalls nicht frei, sondern auf der Anfangssilbe der Wörter fixiert war. Das älteste Latein betonte also **fáciō, *cón-faciō, *cón-factom.* Die beiden letzteren Formen ergaben, weil nebentoniges **-a-* vor Einfachkonsonanz zu *-i-*, vor Doppelkonsonanz zu *-e-* gehoben wurde, lat. *conficiō* und *confectum.* Vgl. als weitere Beispiele *agō* : *ex-igō* (< **éx-agō*), *sedeō* : *obsideō* (**ób-sed-*, s.o. P 108), *talentum* (< **tálantom*, LW aus gr. τάλαντον), schließlich *igitur* 'also, denn' (losgelöst aus einer Frageformel wie *quid igitur* < *quíd agitur* 'worum geht es, was also?'). — Für die Sprachvergleichung ist die Kenntnis dieses vorhistorischen (und in die Zeit der Überlieferung des Lateins hineinreichenden) Anfangsakzents sowie seiner Auswirkung wichtig, da die kontextfrei zu erwartenden Resultate durch ihn oft verändert werden: aus uridg. **ĝen$h_1$tor-* (s.u. M 101 Abs. 2) ursprünglich entstandenes lat. **génator* wird infolge des Wirkens dieses Akzentes zu *genitor* (wie **éxagō* > *exigō*); dass nebentoniges lat. **-a-* vor Doppelkonsonanz nur zu *-e-* gehoben wurde (s.o.), erklärt die Feminin-Form *genetrīx* < **génatrīk-* (= ved. *jánitrī-* f. 'Gebärerin'). Dem gr. θετός entsprechendes lat. **(áb-), *(cón)-datos* (< uridg. **d^h$h_1$tó-*, s.o. P 325) erscheint dementsprechend als *ab-ditus, con-ditus.* — Überlieferte alliterierende Formeln aus religiösen und juristischen Texten sind letzte Hinweise aus klassischer Zeit

auf diese ältere Epoche mit Anfangsakzent, vgl. das Catonische *Pastores pecuaque salva servassis duisque duonam* (später *bonam*) *salutem* „(Vater Mars, dich bitte ich, dass du) Hirten und Herden heilhaltest und gutes Heil gebest" (De Agricultura 141,2).

4) Der erste Schritt vom Uridg. weg zum Anfangsakzent ist nicht ohne den Einfluss der mittelitalischen sprachübergreifenden Koine zu denken, der neben dem Lateinischen das Sabellische und das Etruskische angehört haben. Weitere Literatur: → H. Rix: Die lateinische Synkope als historisches und phonologisches Problem. *Kratylos* 11 (1966: 156–165); Leumann (1977: 235–254); Meiser (1998: 53).

3 Zur Morphologie des Urindogermanischen

3.1 Allgemeines

M 100. Zwischen den Kapiteln Phonologie (s.o. Teil 2) und Syntax (s.u. Teil 4) steht nach den Konventionen der traditionellen Grammatik die Morphologie.

1) Eine Verbalform wie lat. 3.Sg.Ind.Präs.Akt. *gignit* 'zeugt, bringt hervor' setzt sich aus dem Wortstamm (genauer: aus dem Verbalstamm oder noch genauer: aus dem Ind.Präs.St.) *gignV-* und der 3.Sg.Akt.-Endung *-t* zusammen. Eine Nominalform wie lat. Nom.Sg. *genetrīx* (*'Zeugerin' >) 'Mutter' basiert auf dem Wortstamm (genauer: auf dem Nominalstamm) *genetrīc-* und der Nom.Sg.-Endung *-s* (das Schriftzeichen <*c*> steht für den Konsonanten *k*, das Schriftzeichen <*x*> für die Doppelkonsonanz *ks*). Der vordere, feste Teil der beiden Formen, der Wortstamm, trägt die Wortbedeutung (= Lexem). Der hintere Teil, die Endung, gehört jeweils zu einem größeren, austauschbaren Set oder Paradigma (vgl. bei *gignV-* u.a. Ind.Präs.Akt. *-ō -is -it -imus -itis -unt*, vgl. bei *genetrīc-* u.a. Sg. *-s -is -ī -em -e*). Die Endungen als Morpheme differenzieren die grammatischen Kategorien des jeweiligen Wortes (= Lexem).

2) Entsprechend der Analyse von Abs. 1 ergeben sich die verschiedenen Aufgaben der Formenlehre oder Morphologie.

Mit den Wortstämmen, deren Bildung und Bedeutung beschäftigen sich die Teilgebiete Wortbildung(slehre), Etymologie und Semantik. Sie werden hier unter dem Stichwort Wortschatz (s.u. Teil V) abgehandelt.

Die hier unter III dargestellte Formenlehre im engeren Sinn (Flexionslehre, Morphologie im engeren Sinn; = franz. *morphologie*, engl. *morphology*) beschäftigt sich mit den Paradigmen und deren Endungen. Da das Verbum in seinem Aufbau verschiedene Tempusstämme miteinander kombiniert (vgl. oben Präs.St. *gi-gn-V-*, aber Perf.St. **gena-u̯-* mit klass. Lat. 1.Sg. *genuī* usw.), wird auch davon die Rede sein.

M 101. Sieht man von den reinen Wurzelstämmen ab, dann lässt sich jeder verbale oder nominale Wortstamm in der Regel weiter untergliedern.

1) Ein erstes Beispiel: Die gr. Verbalform ἐρητύσασκε (Hom., poet.) 'hemmte' enthält neben der Zero-Endung -Ø (< **-t*; sie steht hier für die 3.Sg. Aor.) die Elemente ἐρητύ-σα-σκε-: Basis ist das *-tu-*Abstraktum ἐρητύ-. An sie sind die beiden in der Verbalflexion beheimateten Suffixe *-sa-* (bezeichnet den Aor.St.) und *-ske-* (bezeichnet die iterative oder wiederholte Aktionsart) angefügt. Der Nominalstamm selbst ist weiter aufteilbar in die Verbalwurzel ἐρ (< uridg. **u̯er-* 'hemmen', vgl. ved. *vár-tave* 'aufzuhalten', *vár-tra-* 'Schutzwall') und in das komplexe Nominalsuffix -ητυ- (es gehört zur Gruppe der gr. Verbalabstrakta

https://doi.org/10.1515/9783110661767-004

auf *-tu-*; die sekundäre Form mit zusätzlichem *-ē-* bzw. *-ā-* ist mit den bekannten Nomina vom Typ ἀγορητύ- [Hom. Od.] ‘Rede’ zu vergleichen; für die von mir hier vorgeschlagene Analyse spricht das parallel gebaute hom. Nomen ἐδητύ- ’Essen’, das erkennbar auf dem Verbalstamm ἐδ- ‘essen’ < uridg. **h*$_1$*ed-* beruht).

2) Ein zweites Beispiel: Die zwei lat. Nominalstämme *gene-tr-ī-c-* f. ‘Mutter’ – älter **gena-tr-ī-c-*, vor der Vokalschwächung in kurzen Mittelsilben: → Leumann (1977: 82f.) – und *genitōr-* m. ‘Vater’ – älter **gena-tōr-* – bestehen beide aus der vollstufigen Verbalwurzel **gena-* (< uridg. **ĝenh*$_1$*-*) und dem Suffix *-t(V)r-* (bezeichnet Nomina agentis, s.u. L 205 Abs. 1). Beim Mask. ist die Suffixform ein dehnstufiges *-tōr-*, beim Fem. ein schwundstufiges *-tr-* mit daran angeschlossenem Suffix *-ī-* bzw. *-ī-c-* (<c> = *k*) zur deutlichen Markierung des Fem., dabei *-ī-* < **-ih*$_2$*-*, s.u. L 204 Abs. 1.

3) Neben den unzähligen Wortstämmen, die sich in die Wurzel (den nach Abtrennung aller Suffixe verbleibenden Wortkern) und in die an sie angefügten Suffixe gliedern lassen, gibt es auch solche, die allein aus der Wurzel bestehen, vgl. aus dem verbalen Bereich die sog. Wurzelpräsentien vom Typ ved. *ás-mi* (< uridg. **h*$_1$*és-mi*, s.o. G 502 Abs. 4) und Wurzelaoriste vom Typ gr. ἔφυν (< uridg. **é-b*^{h}*uh*$_1$*-m*), vgl. aus dem nominalen Bereich die sog. Wurzelnomina vom Typ lat. *vōc-* ‘Stimme’ (< uridg. **u̯ōk*$^{u̯}$*-* / **u̯ok*$^{u̯}$*-* zu verbalem uridg. **u̯ek*$^{u̯}$*-* ‘sagen’).

4) Innerhalb der Wortstämme steht der Gruppe der sog. athematischen Stämme die Gruppe der sog. thematischen Stämme gegenüber. Entscheidungsgrundlage für diese Einteilung ist das Vorhandensein bzw. Fehlen des sog. Themavokals *-e-* im Stammauslaut vor der Endung. Er steht im Ablaut (im regulären Wechsel) mit *-o-*. Beim Nomen herrscht *-o-* vor; *-e-*Ablaut findet sich aber im Vok.Sg. (er lautet m. und n. auf *-e*) und in einem Teil der Lok.Sg.- und Instr.Sg.-Formen (neben *-oi̯* und *-oh*$_1$ gibt es Hinweise auf *-ei̯-* und *-eh*$_1$-Formen), s.u. M 311 Abs. 1. Beim Verbum wechselt *-e-* mit *-o-*. Die lautliche Umgebung scheint hier eine Rolle zu spielen. Der *-o*-Vokal findet sich nämlich ausschließlich vor den Endungen, die mit *-m-*, *-nt-*, *-h*$_2$*-* oder *-ih*$_1$*-* beginnen, s.u. M 209 und s.o. P 418 Abs. 4. Zum Gesamtproblem: → Rasmussen (1989: 136ff.).

Zur Vereinfachung der Rekonstrukte werden thematische Nominalformen i.d.R. mit einem *-o-* versehen, thematische Verbalformen dagegen mit einem *-e-*. Ein Nominalstamm wie uridg. **u̯érĝ-o-* ‘Werk’ ist also genauso als thematisch zu bestimmen wie der Verbalstamm uridg. **b*^{h}*ér-e-*. Athematisch sind dagegen ein Nominalstamm wie uridg. **k̂(u)u̯on-* ‘Hund’ oder ein Verbalstamm wie uridg. **h*$_1$*es-* ‘existieren, da sein’. Die Anzahl der thematisch gebildeten Nomina und Verben nimmt im Laufe der einzelsprachlichen Entwicklung zu, die athematischen Nomina und Verba sind auf dem Rückzug. Die Endungssätze der thematischen Verbal- und Nominalstämme sind z.T. von denen der athematischen Bildungen verschieden, s.u. M 209 zum Verbum und M 311 zum Nomen.

M 102. Die Verbalflexion (= Konjugation) und die Nominalflexion (= Deklination) werden getrennt besprochen, das Verbum unten M 200ff., das Nomen unten M 300ff. Ein paar Charakteristika sind aber beiden Flexionen gemeinsam.

1) In Konjugation und Deklination lassen sich Paradigmen konstituieren, so etwa ein Paradigma für die lat. Präsensstämme vom Typ *gignV-* (nämlich lat. Ind.Präs.Akt. 1.Sg *-ō*, 2.Sg *-is*, 3.Sg *-it* usw.), so etwa ein maskulines Singularparadigma für die gr. *-o*-Stämme (Nom.Sg -ος, Akk.Sg -ον, Lok.Sg -οι usw.). Die aus den Schulgrammatiken allgemein bekannten Paradigmen sind keine Erfindung der Schulmeister, sie beruhen auch auf sprachimmanenten Kriterien und Strukturen: → H. Seiler: Das Paradigma in alter und neuer Sicht. *Kratylos* 11 (1966: 190–205).

2) Man ist schnell geneigt, Paradigmen als starre Größen zu betrachten, die vollständig ausgestattet sein sollten. Dies entspricht aber nicht der sprachlichen Wirklichkeit. Es müssen nämlich nicht immer alle Positionen mit Formen besetzt werden. So gibt es Nomina, die nur im Singular verwendet werden (= Singularia tantum), und solche, die nur im Plural Verwendung finden (= Pluralia tantum). Ferner: Die nominalen Paradigmen von Sg. und Pl. zeigen strukturelle Unterschiede, s.u. M 310. Unterschiedliche Bedürfnisse zeigen sich zwangsläufig bei der Verwendung von Ortsnamen, Personennamen und Sachen: Ortsnamen werden besonders oft im Lokativ verwendet, Personennamen im Vokativ, Gegenstandsbezeichnungen im Instrumental usw.: → Risch (1981: 736).

Weiteres zu Veränderungen im Nominalparadigma s.u. M 302.

M 103. In der Regel bildet eine einzige Wurzel die Basis für die gesamte Formenvielfalt eines Wortes, vgl. einerseits den lat. Präs.St. *laud-ā-i̯e-* neben dem dazu leicht variierten Perf.St. *laudā-u̯-*, vgl. andererseits lat. *dominus* m. 'Hausherr, Besitzer' (= Nominalstamm *dom-ino-*), *domina* f. 'Herrin, Ehefrau' (= Nominalstamm *dom-inā-*), *dominăre* 'Herr sein' (= Verbalstamm **domin-ā-i̯e-*), *dominātiō* f. 'Herrschaft' (= Nominalstamm *dominā-ti-ōn-*) u.a.m.

In einigen alten Beispielen ergänzen sich aber auch zwei genetisch verschiedene Stämme suppletiv, vgl. als Gegensatz zu den soeben genannten Beispielen den lat. Präs.St. *esse* (*sum*) 'sein', der mit dem Perf.St. *fuī* zusammengeht (ein Perf.St. **eruī* o.ä. ist nicht bekannt); oder vgl. gr. ἀνήρ m. 'Mann', wo das entsprechende Femininum γυνή f. 'Frau' lautet (es gibt kein *ἀνδρία). Zum Problem der sog. Suppletion: → K. Strunk: Überlegungen zu Defektivität und Suppletion im Griechischen und Indogermanischen. *Glotta* 55 (1977: 2–34).

M 104. Die Endungen der Nomina vermitteln Informationen zu den paradigmatischen Kategorien Kasus, Numerus und Genus, die der Verben solche zu

Person, Numerus, Modus, Aspekt/Tempus und Diathese. Zur Beschreibung der inhaltlichen Seite dieser Kategorien s.u. Teil IV mit Kapitel C. Zur Morphosyntax des Verbums und Kapitel D. Zur nominalen Morphosyntax.

Es ist für die indogermanischen Sprachen charakteristisch, dass nicht für jede grammatische Kategorie in analytischer (agglutinierender) Weise ein eigenes Formans zur Verfügung steht, sondern dass die einzelnen Endungen in der Regel in synthetischer (fusionierender) Weise zwei, drei oder gar mehr inhaltliche Aussagen im gleichen Formans bündeln, vgl. aus dem verbalen Bereich die lat. Endung *-tur* (in einem Beispiel wie *laudātur* 'er/man wird gelobt'), wo 3. Person + Sg. + Pass. zusammen bezeichnet sind, vgl. ferner aus dem verbalen Bereich die Endung uridg. **-ént-i* (in einem Beispiel wie uridg. **h_1s-énti* 'sie existieren', s.o. G 505) mit dem Informationspaket 3. Person + Pl. + Präs. + Akt., vgl. aus dem nominalen Bereich lat. *-us* (im Beispiel *dominus*) mit dem Informationspaket Nom. + Sg. + m.

Einen Hinweis darauf, dass im Voruridg. auch das analytische Verfahren bekannt war, bietet der Akk.Pl. **-ns*: Wenn der Vergleich mit dem uridg. Akk. Sg. **-m* nicht täuscht, ist der Akk. Pl. **-ns* aus intern rekonstruierbarem **-m-s* entstanden, i.e. aus **-m* (= Akk.) *+(e)s* (= Pl.) auf agglutinierende Weise zusammengefügt.

3.2 Zum Verbum

3.2.1 Allgemeines

M 200. Das Verbum steht im Zentrum des Verbalsatzes. Es ist an Formen und Inhalt weitaus reichhaltiger als das Nomen. Zum Syntaktischen s.u. S 300ff.

Es wird gelegentlich der Vorwurf erhoben, die grundlegende Rekonstruktion des uridg. Verbalsystems basiere einseitig auf den Fakten des Gr. und Iir. Die Kritiker des sog. graeco-arischen Rekonstruktionsmodells verweisen gern auf die Andersartigkeit des Anatolischen, Tocharischen oder Keltischen. Alternative Modelle konnten aber nie geliefert werden. Wo genaue Daten zur Verfügung stehen, wird im Gegenteil immer wieder deutlich, dass die Andersartigkeit als sekundäre Abweichung von dem Modell, wie es das Graeco-Arische bietet, verstanden werden kann. Und so scheint die Vorzugsstellung des Gr. und Iir. nicht in der Vorliebe der Forschung begründet zu sein, sondern in der geschichtlichen Entwicklungsstufe des Gr. und Iir. zu liegen: → H. Rix: Das keltische Verbalsystem auf dem Hintergrund des indo-iranisch-griechischen Rekonstruktionsmodells. *Kolloquium Bonn 1976* (1977: 132–158).

Im Folgenden werden die Probleme der Verbalbildungen aufgeteilt. Die Bildung der Verbalstämme (von Präsens, Aorist und Perfekt) kommt in M 202–207 zur Sprache. Die modalen Erweiterungen werden gleich zu Beginn mit behandelt. Die Endungen werden in M 208–212 besprochen, das Augment in M 213, der Verbalakzent in M 214. Am Schluss in M 215–218 folgen die infiniten Verbalformen (Partizip, Infinitiv) und ein Hinweis auf periphrastische Konstruktionen.

M 201. Sekundärliteratur zur Morphologie des Verbums gibt es in ungeheurer Fülle; hier kann nur ein kleiner Teil genannt werden:

a) zum Verbum allgemein: R. Stempel: Aspekt und Aktionsart, Tempus und Modus: Zur Strukturierung von Verbalsystemen. *IF* 104 (1999: 23ff).

b) zum uridg. Verbum: → Brugmann (1916); Krahe (1969: 50–89); Watkins (1969); Jasanoff (1978); Szemerényi (1990: 244–370); J. Jasanoff: Aspects of the Internal History of the PIE Verbal System. *FT Zürich 1992* (1994: 149–168); Rix / Kümmel (2001); Jasanoff (2003).

c) zum lat. Verbum: → Leumann (1977: 505–624); Meiser (1998: 178–228); Meiser (2003); Bock (2008); Vernet i Pons (2008).

d) zum gr. Verbum: → Hauri (1975); Tucker (1990); Meier-Brügger (1992b: 46–63); Rijksbaron (2002); Kölligan (2007).

e) zum ved. und indoir. Verbum: → Narten (1964); *KS Hoffmann* (1975/1976/1992); Kellens (1984); T. Gotō: Materialien zu einer Liste altindischer Verbalformen. *BNME* 15,4 (1990: 987–1012): Nr. 1–3 (1. *am*^{i}, 2. *ay/i*, 3. *as/s*); *BNME* 16,3 (1991: 681–707): Nr. 4–7 (4. *dogh/dugh/doh/duh*, 5. *sav/su*, 6. ^{1}*sav*^{i}*/sū*, 7. ^{2}*(sav*^{i}*/)sū*); *BNME* 18,1 (1993: 119–141): Nr. 8–15 (8. *ard/r̥d*, 9. *īṣ*, 10. *ukṣ*, 11. *eṣ/iṣ*, 12. *eṣ*^{i}*/iṣ*^{i}, 13. *ok/oc/uc*, 14. *kaṇ*, 15. *vakṣ/ukṣ*); *BNME* 22,4 (1997 [1998]: 1001–1059): Nr. 16–29 (16. *chad*, 17. *chand/chad*, 18. *chard/chr̥d*, 19. *dagh/dhag*, 20. *dveṣ/dviṣ*, 21. *bandh/badh*, 22. ^{1}*man*, 23. ^{2}*man*, 24. *mnā*, 25. ^{1}*yav/yu*, 26. ^{2}*yav/yu*, 27. *san*^{i}, 28. *star/str̥*, 29. *star*^{i}*/str̥*); Schaefer (1994); Kellens (1995); *KS Narten* (1995); Kümmel (1996); Werba (1997); Cheung (2006); Hill (2007); Dahl (2010).

f) zum heth. und anatol. Verbum: → Oettinger (1979/2002).

g) zum germ. Verbum: → Seebold (1970); Bammesberger (1986); R. Lühr: Reste der athematischen Konjugation in den germanischen Sprachen. *Kolloquium Freiburg 1981* (1984: 25–90). Hier sei ferner auf die Forschungen von Josef Jarosch verwiesen; seine Ansichten zum indogermanischen und germanischen Verbum, aber auch zur Rekonstruktion sind ausführlich dargelegt in seinem *Rekonstruierenden und etymonomischen Wörterbuch der germanischen starken Verben* (Weiden 1995ff.). Seine Ausführungen kreisen u.a. um die Vorstufen des im Germ. als Präsens etablierten Verbums **k*$^{u̯}$*ema-* (vgl. got. *qiman*) bzw. **kuma-* <**k*$^{u̯}$*m̥a-* (vgl. u.a. dt. *kommen*); die altidg. Einzelsprachen deuten auf eine ursprünglich aoristische Wurzel *g^uem-*, wie aber das Germanische zum Präs. kam, ist die Frage.

h) zum balto-slav. Verbum: → Koch (1990); Petit (1999: 75ff.); Smoczyński (2005).

i) zum kelt. Verbum: → H. Rix: Das keltische Verbalsystem auf dem Hintergrund des indo-iranisch-griechischen Rekonstruktionsmodells. *Kolloquium Bonn 1976* (1977: 132–158); Schumacher (2004a); McCone (2005).

k) zum arm. Verbum: → Klingenschmitt (1982); Lamberterie (1992: 269–276).

l) zum toch. Verbum: → Pinault (1989: 123–162); Hackstein (1995); Malzahn (2010).

3.2.2 Zur Bildung der Verbalstämme

M 202. Jede uridg. Verbalform lässt sich gliedern. Der erste zentrale Schnitt trennt die am Ende stehende Verbalendung von dem vor ihr stehenden Verbalstamm, s.o. M 101. — Die Verbalstämme sind von der Form her entweder athematisch gebildet (vgl. uridg. *$h_1$es-*) oder thematisch (vgl. uridg. *b^here-*) mit auslautendem *-e-* (ablautend *-o-*), s.o. M 101 Abs. 4 und unten M 203 gegen Ende im Einführungstext. In allen idg. Einzelsprachen ist zu beobachten, dass die thematischen Bildungen auf Kosten der athematischen zunehmen: → Rix / Kümmel (2001: 12f.).

1) Jeder Verbalstamm ohne Endung ist zunächst als Tempus-Modus-Stamm charakterisiert (= Sekundärstamm in der Terminologie von Helmut Rix). Nach Abtrennung der Tempus-Modus-Suffixe (Rix nennt sie entsprechend Sekundärsuffixe: Suffix -Ø- für den Indikativ, im Präs. und Aor. auch für Imperativ und Injunktiv; Suffix *-e-* für den Konj.; Suffix *-i̯eh_1-/-ih_1-* für den Opt.) bleibt der eigentliche Verbalstamm übrig (= Primärstamm bei Rix). Diese Terminologie ist z.B. in Rix (1992: 190ff.) dargelegt. Sonst ist die übliche Terminologie uneinheitlich; sie lässt sich verständlicherweise von den einzelsprachlichen Gegebenheiten leiten: Je nach dem Vorhandensein eines Aspekt- oder eines Tempussystems ist von Aspekt- oder Tempusstamm die Rede.

2) Der eigentliche Verbalstamm besteht entweder allein aus der Verbalwurzel (= sog. Wurzelpräs. oder sog. Wurzelaor.) oder er ist weiter ausgebaut, bestehend aus Verbalwurzel und Suffix(en).

Der eigentliche Verbalstamm ist als Präsens-, als Aorist- oder als Perfektstamm in Verwendung. Präsens, Aorist und Perfekt bilden zusammen den Aspekt. Dieser ist eine grammatische Dimension. Der Aoriststamm bezeichnet den perfektiven Aspekt. Der Präsensstamm bezeichnet den imperfektiven Aspekt.

Der Perfektstamm bezeichnet eine Art von resultativem Aspekt. Zu weiteren inhaltlichen Einzelheiten der Aspekte s.u. S 304 und S 306–309. Die grundsprachlich nachweisbaren Bildungstypen für Präsens-, Aorist- und Perfektstamm werden im Anschluss an Rix / Kümmel (2001: 14ff.) in M 203 dargestellt.

Neben dem Aspekt spielt auch die Aktionsart eine Rolle. Die Aktionsart ist eine lexikalische Dimension. Sie ist eine Eigenschaft der Verbalbedeutung und bezieht sich z.T. auf den Prozess des Verbalgeschehens, z.T. auf seinen Agens oder Patiens. Zu weiteren inhaltlichen Einzelheiten der Aktionsarten s.u. S 305. Die grundsprachlich nachweisbaren Aktionsarten und ihre Stammbildungen werden im Anschluss an Rix / Kümmel (2001: 22ff.) in M 204 kommentiert.

3) Der Präsens-, Aorist- oder Perfektstamm bildet die Basis für den Tempus-Modus-Stamm. Er entsteht durch das Antreten der Tempus-Modus-Suffixe:

	athem.	**them.**
Ind.-Suffix	-Ø-	*-e-+-Ø-* = *-e-* wechselt mit *-o-+-* Ø- = *-o-*
Konj.-Suffix	*-e-* wechselt mit *-o-* = sg. kurzvok. Konj.	*-e-+-e-* = *-ē-* wechselt mit *-o-+-o-* = *-ō-* = sg. langvok. Konj.
Opt.-Suffix	*-i̯eh₁-* (ablautend *-ih₁-*)	nur *-o-+-ih₁-*

Der unmarkierte Stamm mit Suffix -Ø- ist der Indikativstamm. Ihm zugeordnet und von ihm gebildet sind im Präs.- und Aor.-System auch Injunktiv und Imperativ. Der Sprecher deutet mit der Verwendung des Indikativstammes an, dass er dem Inhalt Gültigkeit zumisst, s.u. S 310. – Die mit Zusatz von *-e-* (im Wechsel mit *-o-*) markierten Stämme bezeichnen den Konjunktiv, solche mit dem Suffix *-i̯eh₁-* (ablautend *-ih₁-*) den Optativ, s.u. M 207. Der kurzvok. Konj. hat die gleichen Endungen wie der them. Ind. (s.u. M 207 Abs. 1), er wird deshalb in den altidg. Sprachen gern durch den morphologisch eindeutigen langvok. Konj. ersetzt. Weiteres zur inhaltlichen Seite der Modi s.u. S 313.

4) An den Tempus-Modus-Stamm treten die Endungen. Sie bilden zusammen mit den Akzent- und Ablautunterschieden im Verbalstamm den Ausdruck für die Kategorien von Person, Numerus und Diathese.

Die Endungen leisten aber noch mehr als dies. Zum einen helfen sie dank je eigenen Endungssätzen, das Präs.-Aor.-System, den Ipt. und das Perf.-System zu unterscheiden. Zum andern kommen beim Präs.-Aor.-System dank der Existenz von zwei Endungsreihen (den sog. Primär- und den sog. Sekundärendungen) zusätzlich die sog. Zeitstufen GW und VG (= Präteritum / Nicht-GW) ins Spiel. Die Primärendungen markieren die GW, das Hic-et-Nunc. Die Sekundärendungen sind demgegenüber in bezug auf die Zeit unmarkiert. Sie bezeichnen die zeitliche Ungebundenheit, ferner bei bewusster Opposition zur GW die eindeutige VG. Die Wahl der beiden Endungsreihen ist z.T. vom gewählten Aspekt und vom gewählten Modus abhängig. Bei den Aoriststämmen sind aus aspektuellen Gründen nur die Sekundärendungen möglich. Bei den Präsensstämmen markieren die Primärendungen die GW, die Sekundärendungen die VG (= sog. Ipf.). Während beim Konjunktiv sowohl die Primär- als auch die Sekundärendungen möglich sind, lässt der Optativ wegen seines Inhalts nur die Sekundärendungen zu.

5) Soll mit den Sekundärendungen die eindeutige VG ausgedrückt werden, so kann dies fakultativ durch den Zusatz des Temporaladverbs uridg. **h_1é* ‘damals’ unterstrichen werden. Weiteres zum sog. Augment s.u. M 213. Soll dagegen ein Geschehen erwähnt werden, ohne es zeitlich einzuordnen (sog. Injunktiv), dann gelten zwar ebenfalls die Sekundärendungen, das eben erwähnte Temporaladverb ist aber ausgeschlossen, s.u. M 213 und M 311.

6) Zur Markierung der Zukunft nutzen die altidg. Sprachen verschiedene Möglichkeiten, so *-se*-Bildungen im Gr. und *-s(i)i̯e*-Bildungen im Iir. und Balt.: → Szemerényi (1990: 307–312). Ferner kommt der Modus Konjunktiv des Aoriststammes dafür in Frage, s.u. S 306.

M 203. Dieser Paragraph bringt eine ausführliche Übersicht über die Stammbildungen von Präsens, Aorist und Perfekt. Referenzwerk ist Rix / Kümmel (2001: 14ff.) mit den Nummern 1(a-v) für Präsens, 2(a-c) für Aorist und 3(a) für Perfekt. Hinzuzuziehen ist: 711–724 die Liste der rekonstruierten Stammbildungen. Hier weiterführend sind ferner zwei Arbeiten von Helmut Rix: → H. Rix: Einige lateinische Präsensstammbildungen zu Seṭ-Wurzeln. *GS Kuryłowicz I* (1995: 399–408); H. Rix: Schwach charakterisierte lateinische Präsensstämme zu Seṭ-Wurzeln mit Vollstufe. *GS Schindler* (1999: 515–535). Mit reichhaltiger Lit.: → Szemerényi (1990: 244ff.).

Wenn die folgende Übersicht den von Rix / Kümmel (2001) gezogenen, wohldurchdachten Darstellungslinien folgt, so deshalb, weil sie dem grundsprachlichen System adäquat zu sein scheinen. Die meisten anderen Darstellungen des uridg. Verbalsystems lassen dagegen ein klares Bild vermissen. Diese grundsätzliche Zustimmung bedeutet aber nicht, dass jede jede von Rix / Kümmel 2001 vorgenommene Analyse anerkannt wird. Ein Beispiel unter vielen: Uridg. **$g^{u̯}$i̯eh_3-* ‘leben’ mit Präsens lat. *vīvō* = ved. *jī́vati* wird von Rix / Kümmel (2001: 215f.) auf einen Präsensstamm uridg. **$g^{u̯}$i̯éh_3*/**$g^{u̯}$ih_3-u-* (= Typ 1e) zurückgeführt. Ich folge in diesem Fall lieber Rix (1994: 79), wo uridg. **$g^{u̯}$íh_3-u̯e-ti* ‘lebt’ direkt mit dem von derselben Wurzel gebildeten (Verbal-)Adjektiv **$g^{u̯}$ih_3-u̯ó-* ‘lebendig’ verbunden wird. Das fragliche Verbum ist vermutlich nichts anderes als eine hocharchaische Denominativbildung mit Nullsuffix. Der nominale -u̯o-Stamm wird direkt als Basis der Verbalflexion eingesetzt, also nominal flektiert Nom.Sg. *$g^{u̯}$ih$_3$u̯ó-s*, Akk.Sg. *$g^{u̯}$ih$_3$u̯ó-m* usw., verbal flektiert dagegen Präs. 3.Sg. *$g^{u̯}$íh$_3$u̯e-ti*, 3.Pl. *$g^{u̯}$íh$_3$u̯o-nti* usw.

Bei den Stammbildungen des Präsens (Nr. 1) werden nicht alle von Rix / Kümmel (2001) aufgestellten Typen a-v gleichermaßen kommentiert. Die Informationen beschränken sich auf die gebräuchlichsten oder interessantesten Typen, und es werden erläuternde Beispiele (jeweils Ind. 3.Sg.Akt., z.T. 3.Pl.) und eventuell zusätzliche Literatur genannt. Um den Vergleich mit dem ved. und ai. Verbalsystem zu erleichtern, wird jeweils auch die entsprechende Nummer der ai. Verbalklasse erwähnt.

Unter den folgenden Bildungen ist der größte Teil deverbativ (d.h. mit verbaler Ableitungsbasis), einige sind aber auch denominativ (d.h. mit nominaler Ableitungsbasis), s.u. die Bemerkungen zu den Typen 1r und 4a. – Zu den denominativen Bildungen zählen auch die archaischen Denominativa auf *-eh$_2$-*, vgl. uridg. nominales *néu̯-o-* 'neu' mit davon abgeleitetem verbalen *néu̯-eh$_2$-ti* 'macht neu', vgl. heth. 3.Pl. *ne-wa-aḫ-ḫa-an-zi* i.e. *neu̯aḫḫ-ant^{s}i*. Ableitungsbasis ist die Kollektivbildung *néu̯-e-h$_2$-*. Sie wird nach dem bereits genannten Schema *$g^{u̯}$ih$_3$u̯ó-s* : *$g^{u̯}$íh$_3$u̯e-ti* einfach verbal flektiert. Lit.: → Rix (1986: 13); Steinbauer (1989: 85–90); C. Melchert: Denominative Verbs in Anatolian. *FS Puhvel* (1997: 131–138).

Zur Unterscheidung athem. vs. them. s.o. M 101 Abs. 4. Die athem. Verbalbildungen zeigen im Aktiv Ablaut zwischen Singular und Plural (meist singularische Vollstufe mit Akzent auf der Wurzelsilbe vs. pluralische Schwundstufe mit Akzent auf der Endung [s.o. G 505 mit dem Beispiel *h$_1$és-ti* vs. *h$_1$s-énti*], selten singularische Dehnstufe vs. pluralische Vollstufe). Das athem. Med. verwendet die Ablautform des jeweiligen Plurals. Die them. Bildungen zeigen dagegen keinen Unterschied zwischen Sg. und Pl. Der Wechsel von *-e-* mit *-o-* ist lautlich bedingt, s.o. M 101 Abs. 4.

Zur Terminologie: Zu den t.t. amphi- und akrodynamisch s.u. M 315 Abs. 4. Zu den t.t. Wurzelpräs. und Wurzelaor. s.o. M 202 Abs. 2 und M 101 Abs. 3. – Die Akzentuierung der gr. und ved. Verbalformen hat ihre eigene Problematik, s.u. M 214.

1) Die wichtigsten Stammbildungen des Präsens (Rix / Kümmel 2001: 14–25):

1a) Typ 1a = amphidynamisches athem. Wurzelpräsens (entspricht im Ai. der 2. Klasse), von Rix / Kümmel (2001) bei 152 Wurzeln angesetzt (106 Fälle sicher). – Als Musterbeispiel vgl. uridg. *$g^{u̯h}$en-* '(er)schlagen' (→ Rix / Kümmel 2001: 218f.) mit Aktiv 3.Sg. *$g^{u̯h}$én-ti* vs. 3.Pl. *$g^{u̯h}$n-énti*, s.o. P 345 Abs. 1. Bei Rix /

Kümmel (2001) werden die bildungsgemäß dazugehörigen Medialformen als schwundstufige Wurzelstative gesondert behandelt (Typ 1c).

1b) Typ 1b = akrodynamisches athem. Wurzelpräsens (sog. Narten-Präsens), von Rix / Kümmel (2001) bei 52 Wurzeln angesetzt (32 Fälle sicher). — Als Musterbeispiel vgl. uridg. **steu̯-* 'manifest sein, manifest machen, preisen' (→ Rix / Kümmel 2001: 600f.; zur Bedeutung im Gr. und Iir.: → Puhvel (1984b: 483–485 s.v. istuwa-) mit Aktiv 3.Sg. **stḗu̯-ti* vs. 3.Pl. **stéu̯-n̥ti*. — Bei Rix / Kümmel (2001) werden die bildungsgemäß dazugehörigen Medialbildungen als vollstufige Wurzelstative gesondert behandelt (Typ 1d). Als Musterbeispiel vgl. uridg. Med. 3.Sg. **stéu̯-o(-i̯)* (die Endung *-o* ist archaisch und findet sich i.d.R. durch *-to* ersetzt, s.u. bei **k̑ei̯-*, wo das Ved. auf *-o* weist, das Gr. aber nur noch *-to* oder noch jüngeres *-tai̯* kennt) 'war / ist manifest' = gr. στεῦτο / στεῦται 'war / ist offensichtlich dabei'= ved. *stáve* (< **stéu̯-o-i̯*) 'wird gepriesen'. — Vgl. uridg. Med. 3.Sg. **k̑éi̯-o-(i̯)* 'lag / liegt' (→ Rix / Kümmel 2001: 320; Mayrhofer 1996: 613f.) = gr. κεῖ-ται (statt jüngerem *-tai̯* myk. und kypr. noch *-toi̯*) = ved. *áśayat* (statt **á-śay-a* < **é-k̑ei̯-o*) und *śáy-e* (< **k̑éi̯-oi̯*). — Lit.: → J. Narten: Zum 'proterodynamischen' Wurzelpräsens. *FS Kuiper* (1969: 9–19) = *KS Narten* I (1995: 97–101); M. Kümmel: Wurzelpräsens neben Wurzelaorist im Indogermanischen. *HS* 111 (1998: 191–208).

1g) Typ 1g = *-e*-redupliziertes athem. Präsens (entspricht im Ai. der 3. Klasse), von Rix / Kümmel (2001) bei 53 Wurzeln angesetzt (24 Fälle sicher). — Als Musterbeispiel vgl. uridg. **d^{h}eh$_1$-* 'stellen, legen, setzen, herstellen, machen' (→ Rix / Kümmel 2001: 136–138) mit Akt. 3.Sg. **d^{h}é-d^{h}oh$_1$-ti* vs. 3.Pl. **d^{h}é-d^{h}h$_1$-n̥ti* = ved. *dádhāti* (→ Mayrhofer 1991: 786 mit weiteren Angaben). Das entsprechende gr. τίθημι ist sekundär an den Typ 1h angeglichen worden. Die Endung der Pl.-Form τιθέασι kann aber noch einen letzten Hinweis auf die ursprüngliche Zugehörigkeit von τίθημι zum Typ 1g abgeben, s.o. G 504 Abs. 5.

1h) Typ 1h = *-i*-redupliziertes athem. Präsens, von Rix / Kümmel (2001) bei 57 Wurzeln angesetzt (36 Fälle sicher). — Als Musterbeispiel vgl. uridg. **steh$_2$-* 'wohin treten, sich hinstellen' (→ Rix / Kümmel 2001: 590–592) mit Akt. 3.Sg. **sti-stéh$_2$-ti* vs. 3.Pl. **sti-sth$_2$-énti* = gr. 3.Sg. ἵστησι vs. 3.Pl. ἱστᾶσι. Von τίθημι entsprechend hom. 3.Sg. τίθησι (mit typ. südgr. *-si* < *-ti*) und 3.Pl. τιθεῖσι. Zur Pl.-Form τιθέασι s.o. — Lit. zum Gr.: → Giannakis (1997: 61ff.).

1i) Typ 1i = *-i*-redupliziertes them. Präsens, von Rix / Kümmel (2001) bei 10 Wurzeln angesetzt (7 Fälle sicher), offensichtlich aus Typ 1h sekundär entwickelt: — Als Musterbeispiel vgl. uridg. **ĝenh$_1$-* 'erzeugen' (→ Rix / Kümmel 2001: 163–165) mit Akt. 3.Sg. **ĝi-ĝn̥h$_1$-é-ti* = lat. *gignō* = gr. γίγνομαι (zum Lautlichen s.o. P 330). — Weitere lat. Beispiele zu Seṭ-Wurzeln: → H. Rix. *GS Kuryłowicz* I (1995: 406f.). — Zum Gr.: → Giannakis (1997: 122ff.).

1k) Typ 1k = athem. Nasal-Infix-Präsens (im Ai. zählen dazu die Klassen 5, 6, 8 und 9), von Rix / Kümmel (2001) bei 248 Wurzeln angesetzt (168 Fälle sicher): — Als Musterbeispiel vgl. uridg. **lei̯kᵘ̯-* 'zurücklassen, sich entfernen von' (→ Rix / Kümmel 2001: 406–408) mit Akt. 3.Sg. **li-né-kᵘ̯-ti* vs. 3.Pl. **li-n-kᵘ̯-énti* = ved. 3.Sg. *riṇák-ti* (→ Mayrhofer 1996: 457f.) = lat. 3.Pl. *linqu(-unt)*. — Vgl. uridg. **peu̯H-* 'reinigen, läutern' (→ LIV Rix / Kümmel: 480) mit Akt. 3.Sg. **pu-né-H-ti* = ved. *pu-nā́-ti* (s.o. P 315 Abs. 2). — Vgl. uridg. **demh₂-* 'zähmen, bändigen, gefügig machen' (→ Rix / Kümmel 2001: 116f.) mit Akt. 3.Sg. **dm̥-né-h₂-ti* (s.o. P 316). — Der von Wurzeln mit wurzelschließendem *-u-* ausgehende Typ *-néu̯-/-nu-* wird bei Rix / Kümmel (2001) unter 1l geführt (bei 52 Wurzeln angesetzt, 35 Fälle sicher), vgl. uridg. **k̂leu̯-* 'hören' mit Akt. 3.Sg. **k̂l̥-né-u̯-ti* = ved. *śr̥nóti* (älter **śr̥-nā́-u̯-ti* [mit vorved. *ś* < *k̂*, *r̥* < *l̥* und *a* < *e*], s.o. P 315 Abs. 2). — Lat. Beispiele zu Seṭ-Wurzeln: → H. Rix. *GS Kuryłowicz* I (1995: 401–406). — Die Bildung der Nasal-Infix-Präsentien (oder einzelner Teilbereiche davon) ist mehrfach (z.T. kontrovers) behandelt worden: → Kuiper (1937); Strunk (1967); K. Strunk: Anhaltspunkte für ursprüngliche Wurzelabstufung bei den indogermanischen Nasalpräsentien. *InL* 5 (1979 [1980]: 85–102); K. Strunk: Reflexions sur l'infixe nasal. Serbat (1984b: 151–160); McCone (1991); G. Meiser: Zur Funktion des Nasalpräsens im Urindogermanischen. *FS Rix* (1993: 280–313); S. Luraghi: I verbi derivati in -nu e il loro valore causativo. Carruba (1992: 153–180).

1n) Typ 1n = Präsens mit vollstufiger Wurzel und them. Suffix *-e-* (entspricht im Ai. der 1. Klasse), von Rix / Kümmel (2001) bei 426 Wurzeln angesetzt (224 Fälle sicher). — Als Musterbeispiel vgl. uridg. **bʰer-* 'tragen, bringen' (→ Rix / Kümmel 2001: 76f.) mit Akt. 3.Sg. **bʰér-e-ti* = lat. *fert* (< **fereti* mit Synkope: → Meiser (1998: 224 Abs. 3) = gr. φέρει (zur Endung *-ei̯*: → M. Kümmel: *PFU* 2/3, 1996/1997: 121f.) = ved. *bhárati*. — Lit.: → Gotō (1987); J. Jasanoff: The Thematic Conjugation Revisited. *FS Watkins* (1998: 301–316).

1o) Typ 1o = Präsens mit schwundstufiger Wurzel und them. Suffix *-é-* (entspricht im Ai. der 6. Klasse), von Rix / Kümmel (2001) bei 52 Wurzeln angesetzt (20 Fälle sicher). — Als Musterbeispiel vgl. uridg. **gᵘ̯erh₃-* 'verschlingen' (→ Rix / Kümmel 2001: 211f.) mit Akt. 3.Sg. **gᵘ̯r̥h₃-é-ti* = ved. *giráti* (→ Mayrhofer 1991: 469f.).

1p) Typ 1p = Präsens mit schwundstufiger Wurzel und betontem them. Suffix *-sk̂é-*, von Rix / Kümmel (2001) bei 74 Wurzeln angesetzt (52 Fälle sicher). — Als Musterbeispiel vgl. uridg. **gᵘ̯em-* '(wohin) gehen, kommen' (→ Rix / Kümmel 2001: 209f.) mit Akt. 3.Sg. **gᵘ̯m̥-sk̂é-ti* = gr. hom. (im Simplex nur Ipt.) βάσκε 'geh', im Kompositum παρέβασκε 'hat den Platz daneben eingenommen (sc. im Streitwagen)' = ved. *gácchati* 'sich bewegen, gehen, kommen'. — Vgl. uridg. **prek̂-* 'fragen' (→ Rix / Kümmel 2001: 490f.) mit Akt. 3.Sg. **pr̥k̂-sk̂é-ti* bzw. (bereits uridg. vereinfacht) **pr̥-sḱé-ti* = lat. *poscit* = ved. *pr̥ccháti* = germ. **forsce-* (dazu deverbal das Nomen **forsca-*, wozu in einem weiteren Schritt ein neues denominatives Verbum, vgl. ahd. *forscōn*). — Lat. Beispiele zu Seṭ-Wurzeln: → H. Rix. *GS Kuryłowicz* I (1995: 400f.). — Lit. zu den *-sḱe-* Präsentien: → Dressler (1968); Keller (1992); Rix (1986: 19, zu den ep.-ion. Iterativa auf -σκον); Haverling (2000).

1q) Typ 1q = Präsens mit schwundstufiger Wurzel und betontem them. Suffix *-i̯é-* (im Ai gehört die 4. Klasse dazu), von Rix / Kümmel (2001) bei 189 Wurzeln angesetzt (96 Fälle sicher). — Als Musterbeispiel vgl. uridg. **ĝenh₁-* 'erzeugen' (→ Rix / Kümmel 2001: 163–165) mit Med. 3.Sg. **ĝn̥h₁-i̯é-toi̯* = ved. *jā́yate* 'wird geboren'. — Vgl. auch den Kommentar zu lat. *fugiō* am Schluss von Typ 1r.

1r) Typ 1r = Präsens mit vollstufiger Wurzel und them. Suffix *-i̯e-*, von Rix / Kümmel (2001) bei 50 Wurzeln angesetzt (19 Fälle sicher). — Als Musterbeispiel vgl. uridg. **(s)peḱ-* 'schauen, ansehen, spähen' (→ Rix / Kümmel 2001: 575f.) mit Akt. 3.Sg. **spéḱ-i̯e-ti* = lat. *specit* = gr. Med. σκέπτεται (lautlich *skepte-* < **skepi̯e-* < **spek-i̯e-*) = ved. *páśyati*. — Helmut Rix hat wohl recht, wenn er diesen Typ noch genauer als Ableitung von Nomina agentis i.S.v. 'die die im Nomen genannte Tätigkeit ausüben' analysiert, hier demnach **spéḱ-i̯e-* 'ich bin als Späher tätig' neben Wurzelnomen **speḱ-* 'Späher': → Rix (1986: 13); Rix (1994: 71). Genauso wird der vorher behandelte Typ 1q verständlich, vgl. **bʰug-i̯é-* 'ich führe die Flucht durch' neben Wurzelnomen **bʰug-* 'Flucht' (zu uridg. **bʰeu̯g-* 'entfliehen, freikommen' → Rix / Kümmel 2001: 84) = lat. *fugiō*. — Zu den Problemen im Lat. mit der hier üblichen halbthem. Flexion vom Typ *capiō* vs. *capit* s.o. G 503 Abs. 11.

2) Die Stammbildungen des Aorists (→ Rix / Kümmel: 20f.).

2a) Typ 2a = athem. Wurzelaorist (einzelsprachlich z.T. thematisiert), von Rix / Kümmel (2001) bei 409 Wurzeln angesetzt (265 Fälle sicher). — Als Musterbeispiel vgl. uridg. **gu̯em-* 'kommen' (→ Rix / Kümmel 2001: 209f.) mit Akt. 3.Sg. **(é) gu̯em-t* vs. 3.Pl. **(é)-gu̯m-ent* = ved. *á-gan* (mit *-an* < **-an-t* < **-am-t*) vs. *á-gm-an* (weiteres zum Ved. und Iir.: → Mayrhofer 1991: 465f.). — Lit.: → Harđarson (1993).

2b) Typ 2b = athem. Aorist mit Suffix *-s-* (sog. sigmatischer Aor.), von Rix / Kümmel (2001) bei 177 Wurzeln angesetzt (78 Fälle sicher). — Als Musterbeispiel vgl. uridg. **preḱ-* 'fragen' (→ Rix / Kümmel 2001: 490f.) mit Akt. 3.Sg. **é prēḱ-s-t* vs. 3.Pl. **é preḱ-s-n̥t* = ved. *áprāṭ*. — Zum einzelsprachl. Schicksal der -s-Aor.: → Meiser (1998: 207f., zum Lat.); *KS Risch* (1981: 125–132 u. 762, zum Gr. mit der sek. Ausbildung als *-sa*-Aor.); Narten (1964, zum Ved.).

2c) Typ 2c = redupliziert-them. Aorist (nachgrundsprachlich z.T. athem. flektiert), von Rix / Kümmel (2001) bei 18 Wurzeln angesetzt (5 Fälle sicher). —

Als Musterbeispiel vgl. uridg. **u̯ek*ᵘ̯-'sagen' (→ Rix / Kümmel 2001: 673f.) mit Akt. 3.Sg. **é u̯e-u̯k*ᵘ̯*-e-t* = gr. εἶπε (lautlich *e-u̯ei̯k*ᵘ̯*-* < *e-u̯eu̯k*ᵘ̯*-* durch Dissimilation: → Meier-Brügger. *ZVS* 100, 1987: 314 Anm. 5) = ved. *ávocat* (dabei *o* < *au*, älter daher **á-u̯a-u̯c-at*). — Lit.: J. Harđarson: Bemerkungen zum reduplizierten Präteritum II im Tocharischen und zum Kausativaorist im Altindischen. *FS Beekes* (1997: 95–102).

3) Die Stammbildung des Perfekts (→ Rix / Kümmel 2001: 21f.).

3a) Typ 3a = redupliziertes Perfekt, von Rix / Kümmel bei 281 Wurzeln angesetzt (144 Fälle sicher). — Als Musterbeispiel vgl. uridg. **g*ᵘ̯*em-* 'kommen' mit singularischem **g*ᵘ̯*e-g*ᵘ̯*om-* vs. pluralischem **g*ᵘ̯*e-g*ᵘ̯*m-* im Akt. = ved. *ja-gā́m-a* (zu *ā* < *o* s.o. L 412) vs. *ja-gm-úr*. — Lit.: → di Giovine (1990/1996). — Zur Bildung der lat. Perf.St.: → Meiser (1998: 202–215); Meiser (2003). — Zur Bildung der gr. Perf.St.: → Meier-Brügger (1992b: 57f.). — Zur Bildung der ved. Perf.St.: → Krisch (1996); Kümmel (2000).

3b) Ein Spezialfall ist uridg. **u̯ói̯de* ‚er weiß'. Das Paradigma zeigt das erwartete Ablautverhalten, vgl. gr. 1.Sg. οἶδα vs. 1.Pl. ἴσμεν. Die Reduplikation fehlt aber (War sie nie vorhanden? Ist die Form also ein Archaismus, der in das Voruridg. zurückreicht? Wurde die Reduplikation früh beseitigt?). — Lit.: Rix / Kümmel (2001: 666f. mit Anm. 9); Jasanoff (2003: 228–233).

M 204. Neben den Stammbildungen des Präs., Aor. und Perf. sind auch grundsprachliche Stammbildungen von Aktionsarten nachzuweisen. Die Übersicht über die Stammbildungen der Aktionsarten Kausativ-Iterativ, Desiderativ, Intensiv, Fientiv und Essiv orientiert sich wieder an Rix / Kümmel (2001: 22ff.). Die Termini Fientiv und Essiv sind nicht allgemein etabliert, die Diskussion über die Beurteilung der Fientiva und Essiva ist nicht abgeschlossen.

Bei Rix / Kümmel (2001) finden sich Angaben zu jedem Typ. Hier werden nur ein paar Auszüge, einige Beispiele und eventuell zusätzliche Literatur genannt. Die Nummerierung von Rix / Kümmel (2001) wird übernommen.

4) Die Stammbildungen der Aktionsart Kausativ-Iterativs mit der Bedeutung „Veranlassung, einen Sachverhalt zu realisieren oder wiederholte Realisierung eines Sachverhaltes" (Rix / Kümmel 2001: 22f.).

4a) Typ 4a = Kausativ-Iterativ mit *-o*-stufiger Wurzel und them. Suffix *-éi̯e-*, von Rix / Kümmel (2001) bei 440 Wurzeln angesetzt (237 Fälle sicher). — Die Doppelbedeutung des Bildungstyps erklärt sich am besten, wenn wir für die Bildung denominalen Ursprung postulieren, vgl. uridg. **men-* 'einen Gedanken fassen' (→ Rix / Kümmel 2001: 435f.) mit dem Abstraktum **móno-* 'das Fassen von Gedanken'. Zu **móno-* wäre dann mit denomi-nativem *-i̯e-* die Form **moné-i̯e-ti* gebildet 'besorgt das Fassen von Gedanken' i.S.v. 'macht daran denken' = lat. *moneō* = ved. *mānáyati* 'ehrt, schätzt'. — Lit.: → Jamison (1983, die

Autorin kommt zu dem Schluss, dass im Iir. zwei verschiedene Bildungen vorliegen, ein in der Wurzel -*o*-stufiges -*éi̯e*-Kausativ mit transitiver Bedeutung und ein in der Wurzel schwundstufiges mit intransitiver).

4b) Typ 4b = Kausativ-Iterativ mit betontem, dehnstufigem *ō* in der Wurzel und them. Suffix -*i̯e*-, von Rix / Kümmel (2001) bei 24 Wurzeln angesetzt (12 Fälle sicher). – Als Musterbeispiel vgl. uridg. **su̯ep*- 'schlafen' (→ Rix / Kümmel 2001: 612f.) mit Akt. 3.Sg. **su̯ṓp-i̯e-ti* 'einschläfern' = lat. *sōpiō*. – Lit.: → G. Klingenschmitt: Zum Ablaut des indogermanischen Kausativs. *ZVS* 92 (1978: 1–13).

5) Die Stammbildungen der Aktionsart Desiderativ mit der Bedeutung „Wunsch des Subjekts, einen Sachverhalt zu realisieren" (→ Rix / Kümmel 2001: 23f.). – Das Desiderativ-Suffix beginnt bei Wurzeln auf Liquida und Nasal regelmäßig mit einem Laryngal. Ausgangspunkt sind laryngalhaltige Wurzeln wie uridg. **kʷelh₁*- 'eine Drehung machen, sich umdrehen, sich (um-, zu)wenden', **terh₂*- 'durchkommen, überqueren', **k̑emh₂*- 'müde werden, sich abmühen' oder **senh₂*- 'erlangen, erwischen'. Nach der Reanalyse von *KVRH-s*- und *KVNH-s*- als *KVR-Hs*- und *KVN-Hs*- muss das komplexe Suffix -*Hs*- bereits früh auch bei den laryngallosen Stämmen auf schließendes -*l*-, -*r*-, -*m*- und -*n*- Eingang gefunden haben.

5a) Typ 5a = Desiderativ mit Suffix -(*H*)*s*-, von Rix / Kümmel (2001) bei 77 Wurzeln angesetzt (27 Fälle sicher): – Als Musterbeispiel vgl. uridg. **u̯ei̯d*- 'erblicken' (→ Rix / Kümmel 2001: 606–608) mit **u̯ei̯d-s*- 'zu sehen wünschen' = lat. *vīsere* 'besuchen'.

5b) Typ 5b = redupliziertes Desiderativ mit them. Suffix -(*H*)*sé*-, von Rix / Kümmel (2001) bei 36 Wurzeln angesetzt (9 Fälle sicher): – Als Musterbeispiel vgl. uridg. **u̯en*- 'überwältigen, gewinnen' (→ Rix / Kümmel 2001: 680) mit **u̯i-u̯n̥-Hsé*- = ved. *vívāsati* 'möchte gewinnen'.

6) Die Stammbildungen der Aktionsart Intensiv mit der Bedeutung „wiederholte Realisierung eines Sachverhaltes" (→ Rix / Kümmel 2001: 24f.).

6a) Typ 6a = redupliziertes athem. Intensivum, von Rix / Kümmel (2001) bei 14 Wurzeln angesetzt (5 Fälle sicher). – Als Musterbeispiel vgl. uridg. **kʷer*- '(ab)schneiden, schnitzen' (→ Rix / Kümmel: 391f.) mit **kʷérkʷr̥*- = ved. Ptz. *kári-kr-at*- 'immer wieder machend'. – Lit.: → Schaefer (1994); M. Fritz: Keine Spuren von Laryngalen im Vedischen: Die Laryngalkürzung beim Intensivum. *FS Narten* (2000: 55–61).

7) Die Stammbildungen der Aktionsart Fientiv mit der Bedeutung „Eintritt des Subjekts in einen neuen Zustand" (→ Rix / Kümmel 2001: 25).

7a) Typ 7a = Fientiv mit Suffix -*éh₁*-/-*h₁*-, von Rix / Kümmel bei 58 Wurzeln angesetzt (19 Fälle sicher): – Als Musterbeispiel vgl. uridg. **men*- 'einen Gedanken fassen' (→ Rix / Kümmel 2001: 435f.) mit **mn-eh₁-* = gr. ἐμάνην 'wurde rasend'. — Lit.: → J. Harđarson. *FT Innsbruck 1996* (1998: 323ff.).

8) Die Stammbildungen der Aktionsart Essiv mit der Bedeutung „Zustand des Subjekts ... ohne Betonung des Eintretens in den Zustand" (Rix / Kümmel: 25).

8a) Typ 8a = Essiv mit them. Suffix *-h₁i̯é-*, von Rix / Kümmel (2001) bei 99 Wurzeln angesetzt (42 Fälle sicher). Das komplexe Suffix *-h₁i̯é-* basiert als *-i̯é*-Ableitung auf den Fientiven auf *-eh₁-/-h₁-*. — Als Musterbeispiel vgl. uridg. **ten-* 'sich spannen, sich dehnen' (→ Rix / Kümmel 2001: 626f.) mit **tT-h₁i̯é-* = lat. *tenēre* 'halten'. — Lit:. wie bei Typ 7a.

M 205. Die Mehrzahl der in M 203 und M 204 genannten Stammbildungen sind vom Aspekt her Präsensstämme. Will der Sprecher aber vom Präsens in den Aorist oder in das Perfekt wechseln oder vom Aorist ins Präsens oder Perfekt oder vom Perfekt in den Aorist oder ins Präsens, muss er zu den fraglichen Präs.-, Aor.- oder Perf.-Bildungen den neu gewünschten Aspektstamm extra bilden.

Der Sprecher bedient sich zu diesem Zweck entweder einer sog. regelmäßigen Stammformenreihe vom Typ gr. παιδεύω παιδεύειν (= Präs.St.) 'erziehen' vs. ἐπαίδευσα παιδεῦσαι (= Aor.St.) vs. πεπαίδευκα πεπαιδευκέναι (= Perf.St.) oder (in selteneren Fällen) einer sog. suppletiven Stammformenreihe vom Typ gr. ἔρχομαι ἔρχεσθαι (= Präs.St.) 'im Begriff sein zu gehen / zu fahren, dahinziehen, gerade unterwegs sein' vs. ἦλθον ἐλθεῖν (= Aor.St.) 'zu jem. kommen, ans Ziel kommen' vs. ἐλή-λυθα ἐληλυθέναι (= Perf.St.) 'gekommen sein', wo zwei oder drei verschiedene Stämme ähnlicher Bedeutung miteinander kombiniert sind (die hier angegebenen Bedeutungen sind hom.: → Snell / Voigt / Meier-Brügger (1991: Sp. 535f. u. Sp. 726f.). Die verbalen Stammformenreihen sind nicht mit der Sicherheit vorhersagbar, wie es bei den verbalen und nominalen Endungsparadigmen der Fall ist. Dass z.B. gr. ἔρχομαι mit ἦλθον aspektuell gekoppelt ist, muss der Sprecher einfach wissen oder aus der Verwendung im Kontext ableiten.

Die einzelsprachlichen Stammformenreihen lassen sich gut beschreiben, und es lässt sich vermuten, dass das Uridg. bereits beide Arten von Stammreihen gekannt und eingesetzt hat, vgl. einerseits uridg. **gᵘ̯em-* 'kommen' (→ Rix / Kümmel 2001: 209f.) mit Präsensstämmen **gᵘ̯m̥-sḱé-* und **gᵘ̯m̥-i̯é-* vs. Aoriststamm *gᵘ̯ém-* vs. Perfektstamm **gᵘ̯e-gᵘ̯óm-*, andererseits uridg. **h₁es-* 'dasein, sein' mit Präsensstamm **h₁es-* vs. Aoriststamm **bʰuH-* (gr. ἔφυν). Wieweit aber die konkreten Fälle bereits uridg. Datums sind, hängt von der Beurteilung des Einzelfalls ab: → Bloch (1940); K. Strunk: Überlegungen zu Defektivität und

Suppletion im Griechischen und Indogermanischen. *Glotta* 55 (1977: 2–34); Strunk (1991: 34ff.); Kölligan (2007).

M 206. Bei der Durchsicht der Stammbildungen von M 203 fällt auf, dass die Aorist- und Perfektstammbildungen nur 4 Typen stellen, die Präsensstämme aber im Extremfall 21 (→ Rix / Kümmel: 14–20). Nimmt man ferner die Stammbildungen der Aktionsarten dazu (sie sind alle präsentisch!), so ist es wohl nicht falsch, wenn man vermutet, dass das uridg. Verbalsystem zunächst aus einem reichlich ausgebauten Aktionsartensystem bestand. Die Aorist- und Perfektstammbildungen waren ursprünglich ebenfalls Aktionsarten. Erst sekundär wurden sie zu Aspektstämmen und ermöglichten damit ein Aspektsystem, bei dem einem bestimmten Präsensstamm ein darauf bezogener Aorist- oder Perfektstamm gegenübergestellt werden konnte. H. Rix (1986: 11ff.) stellt das folgende Entwicklungsmodell vor und bezieht Konjunktiv und Optativ ebenfalls mit ein:

1) In voruridg. Zeit (Sprachstadium A) gab es nur Stammbildungen für Aktionsarten. Auch die Stämme des Konjunktivs und Optativs gehörten dazu. Deren Bedeutung war dieselbe wie später: Konjunktiv i.S.v. Voluntativ-Prospektiv, Optativ i.S.v. Kupitiv-Potential.

2) Auf dem Weg vom voruridg. Sprachstadium A zum uridg. Sprachstadium B haben zwei entscheidende Neuerungen Einzug gehalten, a) die Einführung und Durchführung der Aspektopposition Präsens- vs. Aoriststamm (s. Abs. 3) und b) die Umpolung der Konjunktive und Optative zu Bildungen, die nun alle Präsens- und Aoriststämme modal präzisieren konnten (s.u. M 207).

3) Der erste Anstoß zur Bildung der Aspektopposition ging von den aktionsartneutralen Wurzelpräsentien aus, die je nach Bedeutung durativ oder punktuell waren, vgl. duratives uridg. ${}^{*}h_{1}es$- ‘existieren, dasein’ vs. punktuelles uridg. ${}^{*}g^{u}em$- ‘(wohin) gehen, kommen’. Die Durativität ließ sowohl Primär- als auch Sekundärendungen zu, die Punktualität nur die Sekundärendungen. Der entscheidende Durchbruch zum Aspektsystem kam mit der Ausweitung der Möglichkeit, zu jedem beliebigen Präs.-St. auch einen punktuellen -*s*-Stamm bilden zu können. — Lit. zur Genese der Aspektopposition: → K. Strunk: Relative Chronology and Indo-European Verb-System: The Case of Present- and Aorist-Stems. *JIES* 22 (1994: 417–434): „Some evidence will be discussed in favour of the preliminary conclusion that ‘Aktionsarten’ expressed by different types of present-stems [occurring both in Hittite and other IE languages] already existed in early PIE, whereas the category of aspects expressed by contrastive present- and aorist-stems [lacking in Hittite] did not develop before a later period of the PIE verb-system.“ (417).

4) Die meisten altidg. Einzelsprachen sind von einem Aspekt-System zu einem auf Zeitrelationen begründeten Tempus-System übergegangen: → R. Stempel: Zur Vorgeschichte und Entwicklung des lateinischen Tempus- und Modussystems. *HS* 111 (1998: 270–285); E. Tichy: Vom indogermanischen Tempus/Aspekt-System zum vedischen Zeitstufensystem. *Kolloquium Madrid 1994* (1997: 589–609); C. Melchert: Traces of a PIE Aspectual Contrast in Anatolian? *InL* 20 (1997: 83–92).

M 207. Zur Umwandlung der Aktionsartstämme Konjunktiv und Optativ in Tempus-Modus-Stämmen (s.o. M 206):

1) Das Konjunktivsuffix lautet uridg. **-e-*. Bei den athematischen Verbalstämmen lautet die Regel *-K*+Ø- = Indikativstamm, *-K*+*e*- = Konjunktivstamm; bei den thematischen entsprechend *-e*+Ø- = Indikativ, *-e*+*e*- = Konjunktivstamm, s.o. M 202 Abs. 3.

Die formale Identität des athem. Konjunktivstammes (vgl. uridg. **$h_1$és-e-*) mit dem thematischen Indikativstamm (vgl. den Typ uridg. **b^hér-e-* von M 203 Abs. 1n) ist kein Zufall. Sie lässt sich verstehen, wenn wir annehmen, dass der Konjunktiv auf *-e-* zunächst eine Aktionsart war. Die Bedeutung „voluntativ-prospektiv" wurde bei Verwendungen der (die GW und damit die Gegenwartsaktualität der Verwirklichungserwartung betonenden) Primärendungen neutralisiert und konnte den Anstoß zur Bildung von indikativischen *-e*-Stämmen geben. Andernorts hielt sich dagegen der *-e*-stämmige Voluntativ-Prospektiv sehr gut und konnte sich im Verein mit den Optativen als Modus etablieren, der bei allen Stämmen einsetzbar wurde, zuletzt sogar bei den indikativischen *-e*-Stämmen.

Einzelheiten zur hier gewählten Darstellung: → Rix (1986: 14f. mit Anm. 20). — Weitere Lit. zur Problematik: → E. Risch: Zum Problem der thematischen Konjugation. KS Risch (1981: 702–709, in einem Beitrag von 1965); B. Barschel: Zu δέρκομαι und einigen anderen thematischen Wurzelpräsentien des Griechischen. *Beiträge zur historischen und vergleichenden Sprachwissenschaft Jena* (1990: 4–8, die gr. Form als ursprünglicher Konj. des Aor.); K. Strunk: Zur diachronischen Morphosyntax des Konjunktivs. *Kolloquium Amsterdam 1986* (1988: 291–312).

2) Eine vergleichbare Herkunft wie für die Konjunktive lässt sich auch für die Optative vermuten. — Zum Formalen: Das Suffix lautet bei athem. Bildungen uridg. vollstufig **-i̯eh_1-*, schwundstufig **-ih_1-*. Vgl. von ‚sein' die Formen **h_1s-i̯éh_1-* im Sg. aktiv, **h_1s-ih_1-mé* im Plural aktiv, s. oben in G 504 Abs. 6. Daneben gab es auch nicht-ablautende Formen vom Typ **u̯élH-ih_1-*, vgl. lat. *velim velīs*. — Bei den thematischen Stämmen muss von einheitlichem uridg. **-o-ih_1-* bzw. **-o-i̯h_1-* ausgegangen werden. Nach Karl Hoffmann (→ *KS Hoffmann* 1976: 615

Anm. 12) führt eine 3.Sg. _*-o-ih_1-t_ bei Schwund des Laryngals über _*-o-īt_ > _*-oït_ bzw. _*-oi̯t_, eine 1.Sg. _*-o-ih_1-m̥_ über _*-oïa_ > _*-oïi̯a_ > _*-oi̯i̯a_. Rix (1992: 233) geht dagegen von _*-o-i̯h_1-_ aus. Mit Karl Hoffmann ist eher für _*-o-ih_1-_ zu stimmen und anzunehmen, dass ähnlich wie bei gr. θεῖμεν < _*t^hé-ī-men_ < _*d^heh_1-ih_1-me-_ (→ _KS Risch_ 1981: 193, in einem Aufsatz von 1975) zwischen _-o-_ und _-ih_1-_ ursprünglich eine Morphemgrenze lag. — Lit.: → J. Jasanoff: The Ablaut of the Root Aorist Optative in Proto-Indo-European. _MSS_ 52 (1991: 101–122); H. Eichner. Sternemann (1994: 80ff., erwägt nach Franz Bopp, den Opt. als periphrastische Bildung zu verstehen, vgl. lat. _edim_ < voruridg. _*$h_1$ed+i̯eh_1-m_ ‘ich bitte um Speise’ i.S.v. ‘ich möchte essen’).

3) Konj. und Opt. fehlen dem Heth. und dem Anatolischen allgemein. Es hat den Anschein, als ob das Anatolische vor der Umwandlung der Aktionsarten Voluntativ-Prospektiv (= Konjunktiv) und Kupitiv-Potential (= Optativ) zu Modi aus dem Verband der uridg. Sprachgemeinschaft ausgeschieden ist. Spuren der Aktionsart Kupitiv-Potential (= Optativ) sind keine zu finden, vielleicht aber solche der Aktionsart Voluntativ-Prospektiv (= Konjunktiv: → Rix 1986: 20f.).

Weitere Lit. zum Problem: → K. Strunk: Probleme der Sprachrekonstruktion und das Fehlen zweier Modi im Hethitischen. _InL_ 9 (1984 [1985]: 135–153); J. A. Harđarson: Der Verlust der Moduskategorie Optativ. _HS_ 107 (1994: 31f., stimmt für den Verlust des Opt. nicht im Status Aktionsart, sondern als bereits etablierter Modus).

3.2.3 Zu den verbalen Endungssätzen

M 208. Die folgenden Ausführungen sind bewusst kurz gehalten. Diese nennen die sicheren uridg. Fakten und begnügen sich bei den einzelsprachlichen Einzelheiten mit der Nennung von weiterführender Lit.

Lit. zu den Endungen allgemein: → E. Neu: Zum Verhältnis der grammatischen Kategorien Person und Modus im Indogermanischen. _FS Polomé_ (1988: 461–473); Szemerényi (1990: 247ff.).

Zur Unterscheidung der sog. Primär- und Sekundärendungen s.o. G 502 Abs. 11 und M 202 Abs. 4. — Die Formen des Duals kommen hier nicht zur Sprache, s.u. M 304 Abs. 1.

M 209. Die Akt.-Endungen des Präs.-Aor.-Systems:

	Sekundärendungen		Primärendungen	
	a) athem.	b) them.	a) athem.	b) them.
1.Sg.	**-m*	**-o-m*	**-m-i*	**-o-h_2* od. **-ō*
2.Sg.	**-s*	**-e-s*	**-s-i*	**-e-s-i*
3.Sg.	**-t*	**-e-t*	**-t-i*	**-e-t-i*
1.Pl.	**-me*	**-o-me*	**-mes / -mos*	**-o-me-*
2.Pl.	**-te*	**-e-te*	**-te*	**-e-te*
3.Pl.	**-n̥t / *-ént*	**-o-nt*	**-n̥t-i / -ént-i*	**-o-nt-i*

Kommentar zur Tabelle: — Die hier genannten Endungen sind in athem. und them. untergliedert. Der bekannte Unterschied besteht im Fehlen oder Vorhandensein des Themavokals.

Zur Gestalt des Themavokals: — Bei den them. Stämmen des Ind. und bei den damit formal (und genetisch, s.o. M 207 Abs. 1) identischen (von athematischen Stämmen gebildeten) Konjunktiven wechselt der Themavokal *-e-* mit *-o-* (vor **-m-*, **-nt-* und **-h_2*; bei den them. Stämmen gilt *-o-* auch vor dem optativischen **-ih_1-*).

Zu den Endungen: — Bei der 1.Sg. lautet die Sekundärendung (wie vom athem. **-m* aus vermutet) **-o-m*. Die Primärendung ist aber überraschenderweise nicht **-o-m-i*, sondern **-o-h_2*; man diskutiert auch **-ō*: → Rix (1992: 250); K. Strunk. *Kolloquium Amsterdam 1986* (1988: 304f.). Das verstärkende Suffix des Personalpronomens der 1.Sg. **eĝ-oh_2* ist damit identisch, s.u. M 401 Abs. 1. Vgl. zur gesamten Problematik ferner G. Dunkel. *Kolloquium Würzburg 1999* (2002: 89ff., stimmt für den Ansatz **-o-h_1*). — Bei der 2. Sg. lautet die athem. Sekundärendung **-s*, die 3. Sg. **-t*, bei den Primärendungen **-si* und **-ti*. Die them. Sekundärendungen lauten entsprechend **-e-s* und **-e-t*. Das Lat. und Indoir. bieten dazu parallel gebildetes primäres **-e-si* und **-e-ti*. — Immer noch rätselhaft sind aber das Gr. und Balt., wo die them. Primärendungen -εις und -ει bzw. *-i* und *-a* lauten, vgl. Ch. de Lamberterie *BSL* 97,2 (2002: 111); Hackstein (2002: 107–110, stimmt im Anschluss an Paul Kiparsky für Schwund des *t* in **-eti*). Einen interessanten Vorschlag zum Gr. macht G. Klingenschmitt. Hauska (2005: 125 Anm. 30); er vermutet, dass es neben dem sekundärem them. **-e-t* ein endungsloses **-e-Ø* bei Witterungs-impersonalia gegeben hat, so z.B. mit Sekundärendung **é-bher-e-t* ‚er trug' vs. **é-snei̯g^{uh}e* ‚es schneite', dagegen mit Primärendung **bhér-e-ti* vs. **snéi̯g^{uh}ei̯*. Nach dem frühgr. Schwund von auslautendem **-t* und dem dadurch bedingten Zusammenfall von sek. **-et* und **-e* hätten die Sprecher dann das Model mit primärem **-e* und sekundärem **-ei̯* auf alle Verbalformen übertragen. Vermutungen bietet auch H. Hoenigswald. *FS Hamp* (1997a: 93ff.). Diese Liste der Vorschläge ist aber nicht vollständig. – Bei der 1. und 2.Pl. sind die einzelsprachlichen Zeugnisse nicht einstimmig genug, um sagen zu können, wie die Differenzierung von Primärendung vs. Sekundärendung im Uridg. formal geleistet worden ist (1.Pl. primär wohl *-mes*, sek. *-me* oder *-men*?).

Lit. (kleine Aswahl): – a) Allgemein zum Uridg.: → Rix (1992: 239ff., zu den Endungen, u. 206, zum Themavokal); Szemerényi (1990: 247–252, zu den Endungen, u. 266–268, zum Themavokal); Meiser (1998: 40f.); M. Kümmel. *PFU* 2/3 (1996/1997: 120–122). – b) Speziell zum Lat.: → Leumann (1977: 512ff.); Meiser (1998: 216f.). – c) Speziell zum Gr.: Meier-Brügger (1992b: 53f.).; E. Risch: Ein Problem des griechischen Verbalparadigmas: Die verschiedenen Formen der 3. Person Plural. *FS Neumann* (1982: 321–334); F. Kortlandt: The Greek 3rd pl. endings. *MSS* 49 (1988: 63–69). – d) Speziell zum Ved. und Iir.: Hoffmann / Forssman (2004: 179f., gute tabellarische Übersicht über die Aktivendungen, u. 190ff., Aktivparadigma). – e) Speziell zum Keltischen: F. Kortlandt: Absolute and Conjunct Again. *MSS* (1994: 61–68).

M 210. Die Med.-Endungen des Präs.-Aor.-Systems:

	Sekundärendungen		**Primärendungen**	
1.Sg.	a)	b)	a)	b)
	?	**-h₂e*	**-mai̯* nb.	**-h₂e-i̯*
2.Sg.	**-so nb.*	**-th₂e-*	**-so-i̯*	?
3.Sg.	**-to nb.*	**-o*	**-to-i̯*	**-o-i̯*
1.Pl.	**-medʰh₂*		**-mesdʰh₂*	
2.Pl.	**-dʰu̯e*		**-(s)dʰu̯e*	
3.Pl.	**-nto*		**-nto-i̯*	**-re/-ro*

Kommentar zur Tabelle: – Die uridg. Endungen der Diathese Medium (z.T. sek. passivisch) sind die der Spalten a). Sie sind wohl in voruridg. Zeit von den Endungen des Aktivs her aufgebaut worden, vgl. bei den Sekundärendungen 2.Sg. *-s-o*, 3.Sg. *-t-o* und 3.Pl. *-nt-o*. Eine kühne Vermutung ist, im *-o* letztlich ein anaphorisches Pronomen zu sehen: → H. Rix: The Proto-Indo-European Middle: Content, Forms and Origin. *MSS* 49 (1988: 101–119, mit allen Einzelheiten). In einigen altidg. Sprachen (so im Ital., Kelt., Heth., Toch. und Phryg.) sind die Med.-Pass.-Endungen durch ein spezielles *-r(i)* markiert. – Die Endungen der Spalte b) (ebenso die *-r*-Formen) sind dem Medium angeschlossene Relikte der ehemaligen Diathese Stativ (das Perfekt gehört in diesen Umkreis), s.u. M 211.

Lit.: — a) allgemein: Rix (1992: 246–249); Jasanoff (1978); Szemerényi (1990: 257–259). G. Meiser: Zur Typologie des urindogermanischen Mediums. *FT Krakau 2004* (2009: 318ff.). — b) Speziell zum Lat. und Ital.: Leumann (1977: 515ff., zu den *-r*-Formen); H. Rix: Zur Entstehung des lateinischen Perfektparadigmas. *Kolloquium Salzburg 1986* (1992: 221–240); Meiser (1998: 218f.); G. Meiser: Die sabellischen Medialendungen der 3. Person. *FT Leiden 1987* (1992: 291–305); J. Jasanoff: An Italic-Celtic Isogloss: The 3 Pl. Mediopassive in *-ntro. *FS Hamp* (1997a: 146–161). — c) Speziell zum Gr.: Meier-Brügger (1992b: 54). Beim Verbum κεῖμαι 'liegen' ist die Ersetzung des älteren medialen Endungssatzes *-mai -toi* (so kypr.: → Egetmeyer 1992: 66) durch den jüngeren mit *-mai -tai* (so Homer) direkt belegbar. Weiteres zur Semantik des gr. Mediums: → Allan (2003). — d) Speziell zum Ved. und Iir.: Hoffmann / Forssman (2004: 180f., tabellarische Übersicht über die Medialendungen, u. 194ff., Medialparadigma). — e) Heth.: Neu (1968a); Neu (1968b); Yoshida (1990); G.-J. Pinault. *BSL* 86,2 (1991: 134–141, (anlässlich der Rez. von Yoshida).

M 211. Die Endungen des Perfektsystems:

1.Sg.	*-h₂e*
2.Sg.	*-th₂e*
3.Sg.	*-e*
1.Pl.	*-me*
2.Pl.	*?*
3.Pl.	*-r*

Kommentar zur Tabelle: — Die Endungen des Perfekts stellen ein eigenes System dar. Differenzierungen wie athem. vs. them., Primärendung vs. Sekundärendung und Akt. vs. Med. fehlen. Das Med. des Präs.-Aor.-Systems zeigt aber einzelne mit dem Perfekt identische Nebenformen, s.o. M 210 Spalte b. — Die folgende These – sie ist nicht die einzig mögliche: → K.-H. Mottausch. Kratylos 49 (2004: 48) – kann helfen, diese merkwürdigen Verhältnisse zu verstehen: Es gab im Uridg. neben den Diathesen Aktiv und Medium noch die Diathese Stativ. Die Verbalstämme des Perfekts wurden mit den Endungen *$*$-h₂e*, *$*$-th₂e* usw. dieser damals noch lebendigen Diathese flektiert, s.u. S 314 Abs. 3 zum Inhaltlichen. Die Diathese Stativ fand aber im Gegensatz zum Aktiv-Medium wenig Verwendung und wurde im Lauf der Zeit aufgegeben. Das Paradigma des Perfekts wurde neu als Aktiv empfunden, die vom üblichen Akt.-Endungssatz abweichenden Perfektendungen sind aber geblieben und geben so den letzten Hinweis auf die ausgeschiedene Diathese. Einzelne Stativbildungen sind ferner beim Medium eingereiht worden und sind dafür verantwortlich, dass das Paradigma des Mediums ebenfalls formale Spuren des ehemaligen Stativs aufweist, s.o. M 210 Spalte b.

Ein Spezialproblem für sich stellt das historische Verständnis der Endungen der heth. -*ḫi*-Konjugation dar: → Szemerényi (1990: 260–262); Jasanoff (2003).

Lit. zum Perfekt und zum Stativ (eine Communis opinio ist nicht in Sicht!): — a) uridg.: Rix (1992: 255–257, zum Perfekt); Szemerényi (1990: 259f., zum Perfekt); Kümmel (1996); Rix / Kümmel (2001: 22, zum Stativ). — b) Speziell zum lat. Perfekt: → Leumann (1977: 606ff.); Meiser (1998: 217f.). — c) Speziell zum gr. Perfekt: → Meier-Brügger (1992b: 54f.). — d) Speziell zum Ved. und Iir.: → Hoffmann / Forssman (2004: 179f. u. 236ff.); T. Gotō: Überlegungen zum urindogermanischen 'Stativ'. *Kolloquium Madrid 1994* (1997: 165–192); J. Jasanoff: Gathic Avestan cikōitərəš. *FS Beekes* (1997: 119–130). Zur 1. Sg. mit *-a* < *-*Ha* < *-h_2*e* s.o. P 412.

M 212. Zum Ipt.: Ausgangspunkt der uridg. Ipt.-Bildung ist der reine Verbalstamm, der bei der 2.Sg. Verwendung findet, vgl. uridg. them. **b*^{h}*ér-e* 'trage', aber athem. mit einer den Ipt. charakterisierenden Partikel uridg. *h_1*s-d*^{h}*í* 'sei'. Uridg. ist ferner eine 3.Sg. wie them. **b*^{h}*ér-e-tōd* 'er soll tragen'. Der Ausbau weiterer Formen ist aber einzelsprachlich. Zum Syntaktischen s.u. S 312.

Lit.: → B. Forssman: Der Imperativ im urindogermanischen Verbalsystem. *FT Berlin 1983* (1985: 181–197, 185 Anm. 12 Hinweis auf Theodor Benfey, der als erster den Vorschlag gemacht hat, den ved. Ipt.-Typus *neṣi* 'führe' auf Konj. Aor. 2.Sg. *neṣasi* zurückzuführen); K. Strunk. *FS Dihle* (1993: 486–472, zu gr. θές, ἕς und δός); E. Neu: Betrachtungen zum indogermanischen Imperativ. *FS Schmeja* (1998: 119–127).

3.2.4 Zum Augment

M 213. Das Gr., das Phryg., das Arm. und das Iir. kennen als Vergangenheitsmarkierung das sog. Augment *(h_1)*é*, vgl. uridg. *h_1*é-b*^{h}*eret* = gr. ἔ-φερε = ved. *á-bharat*. Das sog. Augment *h_1*é* war vermutlich ein Adv. i.S.v. 'damals' und konnte in der Grundsprache fakultativ dort eingesetzt werden, wo Ind.-Formen von Präs.- und Aor.St. mit den Sekundärendungen dazu dienen sollten, eine klare Aussage zur VG zu erbringen, s.o. M 202 Abs. 5. Die Etablierung als Norm im Ind. Aor., Ind. Ipf. und Ind. Plpf. in den genannten Sprachen ist einzelsprachlich. Die anderen idg. Sprachen wie das Lat. oder Germ. haben eigene suffixale Möglichkeiten zur Charakterisierung der Vergangenheitsformen entwickelt, vgl. lat. Präs. 3.Sg. *es-t* 'ist', aber Ipf. 3.Sg. *er-a-t* (< **es-ā-t*) 'war': → Meiser (1998: 197).

Seit Karl Brugmann werden die augmentlosen ved. Ind.-Formen mit Sekundärendungen als sog. Injunktive bezeichnet. Das Ved. hat den Injunktiv als eigenen Modus i.S. eines Memorativ etabliert.

Lit.: → K. Strunk: Der Ursprung des verbalen Augmentes – Ein Problem Franz Bopps aus heutiger Sicht. Sternemann (1994: 270–284). — Zur Problematik im Ved. (zum sog. Memorativ): → Hoffmann (1967). — Zur Problematik im Gr. (Augment im Myk. und in der Dichtersprache fakultativ, im klass. Gr. dagegen i.d.R. fest): → I. Hajnal. *MSS* 51 (1990: 50–55); Meier-Brügger (1992b: 50–52); E. Bakker: Pointing to the Past: Verbal Augment and Temporal Deixis in Homer. *FS Maronitis* (1999: 50–65). — Im Arm. findet sich das Augment nur noch als funktionsloses Element bei einsilbigen Verbalformen, das es erlaubt, deren lautlichen Umfang zu stärken, vgl. Aor. Ind. Akt. 1.Sg. *beri* 'ich trug', aber 3.Sg. *e-ber*: → *KS Wackernagel* I (1969: 148–155, in einem Beitrag von 1906, verweist u.a. auf das Phänomen von hom. ἔσχον 'hatten', wo ein *σχόν fehlt). — Vgl. ferner die Gepflogenheiten des ngr. Verbums vom Typ 3.Sg. έδεσε 'er hat gebunden' vs. 1.Pl. δέσαμε 'wir haben gebunden', wo das Augment dort erhalten bleibt, wo es betont war.

3.2.5 Zum Verbalakzent

M 214. Im Uridg. stand das finite Verbum im Hauptsatz normalerweise nach Subjekt und Objekt in der Position am Satzende, wo der Satzakzent üblicherweise sinkt. Wurde das Verbum aber im Nebensatz oder in betonter Position am Satzanfang verwendet, so trug es seinen herkömmlichen Wortakzent. Vgl. zum Allgemeinen oben P 419.

1) Die Forschung ist sich einig, dass das Ved. die grundsprachlichen Verhältnisse im wesentlichen weiterführt und deshalb das finite Verbum im Hauptsatz i.d.R. tonlos dasteht: → Wackernagel / Debrunner (1957a: 290); Klein (1992: 90); Hettrich (1988: 779).

2) Es lässt sich nachweisen, dass die genannte uridg. Regelung auch für das Gr. einmal gegolten hat. Die gr. Verhältnisse lassen sich nämlich am besten dann verstehen, wenn wir davon ausgehen, dass die finiten Verbalformen wie uridg. üblich den herkömmlichen Wortakzent besaßen, im Hauptsatz aber tonlos am Satzende standen, s.o. P 419. — Statt dauernd zwischen Wort- und Satzbetonung zu wechseln, wurde dann aber im Gr. die unbetonte Verwendung des finiten Verbums als Norm etabliert. — Eine Veränderung brachte die Einführung

der typisch gr. Limitierung aller verbalen und nominalen Wortakzente auf die drei letzten Silben. Sie erzwang, alle unbetonten finiten Verbalformen (sie waren i.d.R. drei- und mehrsilbig) neu zu akzentuieren, s.o. P 420 Abs. 2. Der Neuakzentuierung sind einzig die zweisilbigen sog. enklitischen Wurzelpräsentia εἰμί und φημί entgangen. Sie konnten nicht zuletzt wegen ihrer Kürze enklitisch stehen bleiben. — Die gr. Neuregelungen erklären u.a., warum eine gr. Verbalform wie βαίνομεν 'wir gehen' den Akzent auf der ersten Silbe trägt, obwohl die Herkunft aus uridg. **g$^{u̯}$m̥-i̯ó-mes* den verbalen Wortakzent *βαινόμεν erwarten ließe. Weitere Einzelheiten: → Meier-Brügger (1992b: 48–50).

3) Ob die in den modernen germ. Sprachen wie dem Deutschen übliche Zweitstellung des finiten Verbums im Hauptsatz von der ererbten Enklisenstellung ausgegangen oder erst sekundär zustande gekommen ist, ist umstritten: → *KS Wackernagel* I (1969: 95, in einem Aufsatz von 1892: „das deutsche Stellungsgesetz hat schon in der Grundsprache gegolten"); Th. Eythórsson: Zur Historisch-vergleichenden Syntax des Verbums im Germanischen. *FT Innsbruck 1996* (1998: 407 Anm. 16: „Hypothese ... durch den Befund nicht unterstützt").

3.2.6 Zu den infiniten Verbalformen

M 215. Neben den sog. finiten oder konjugierten Verbalformen, die dank ihrer Endungen markiert (die antiken Grammatiker sprechen von 'begrenzt') sind und ihre Position bei den verbalen Kategorien Aspekt-Aktionsart, Tempus-Modus, Person-Numerus und Diathese klarstellen, gibt es ferner sog. infinite Verbalformen, die nicht konjugiert und gegenüber den finiten Formen weniger stark markiert sind (die antiken Grammatiker sprechen von 'unbegrenzt'). Bei den infiniten Verbalformen werden z.B. keine Aussagen zur Kategorie Person gemacht. Zu den infiniten Verbalformen zählen insbesondere die sog. Infinitive und die sog. Partizipien.

M 216. Die sog. Infinitive sind verbale Nominalformen. Sie basieren auf verallgemeinerten Kasusformen von Verbalabstrakta. Die altidg. Einzelsprachen wählen dafür unterschiedliche Suffixe: Der lat. passivisch bewertete Typ *agī* 'geführt werden' ist aus Wurzelnomina abstrahiert; aktivisches lat. *agere* und gr. ἄγειν < **-ehen* < **-es-en* sind Bildungen mit dem *-es*-Suffix; im Altind. finden sich *-tu*-Bildungen. Es ist daher fraglich, ob das Uridg. bereits ein eigentliches Inf.-Suffix besessen hat. Der Einbau von Differenzierungsmöglichkeiten für Diathese und Aspekt-/ Tempusstamm ist erst recht einzelsprachlich. Zum Syntaktischen s.u. S 202.

Lit. zum Infinitiv: — a) Zum Uridg.: → H. Rix: Die umbrischen Infinitive auf -fi und die uridg. Infinitivendung – dhi̯ōi̯. _FS Palmer_ (1976: 319–331); Gippert (1978)); Disterheft (1979); H. Rix. _FS Szemerényi_ (1979b: 736ff., Liste von uridg. Verbalabstrakta); J. García-Ramón: Infinitive im Indogermanischen? Zur Typologie der Infinitivbildungen und zu ihrer Entwicklung in den älteren indogermanischen Sprachen. _InL_ 20 (1997: 45–69); zu *-_d_^{h}_i̯ōi̯_ < *-_d_^{h}_h_$_1$_-i̯ōi̯_: → M. Meier-Brügger. _FS Jasanoff_ (2007: 251f.). — b) Speziell zum Lat.: → Leumann (1977: 580–582); Risch (1984: 26f., allgemeine Charakterisierung des lat. Infinitivs); Meiser (1998: 225); zum Umbr.: → H. Rix. _FS Palmer_ (1976: 319–331). — c) Speziell zum Gr.: → Meier-Brügger (1992b: 60f.); K. Stüber. _MSS_ 60 (2000: 138f., zu them. -ειν < *-_esen_ i.e. *-_es-en_ als -_en_-Lok.-Bildung von -_es_-Neutra). — d) Speziell zum Av.: → J. Kellens: Retour à l'infinitif avestique. _MSS_ 55 (1994: 45–59).

M 217. Die sog. Partizipien sind von den antiken Grammatikern wegen ihrer Zwischenstellung zwischen Verbalform und Nominalform als 'teilhabend' bezeichnet worden. In der dt. Grammatik ist deshalb z.T. auch vom sog. Mittelwort die Rede. In einem kühnen Entwurf zählt Helmut Rix die Partizipien zur Dimension Tempus-Modus, stellt sie in die gleiche Reihe wie Konjunktiv und Optativ und definiert ihren Inhalt als „temporale oder kausale Subordination" und vermerkt, dass auf das Subjekt nicht durch die Kategorie Person, sondern mit Hilfe der Kongruenz durch nominale Kategorien verwiesen wird: → H. Rix. _Kolloquium Bonn 1976_ (1977: 139). Die Partizipien konnten vor der Entwicklung der Relativsätze als sogenannte Relativpartizipien verwendet werden, s.u. M 404.

Allgemeine Lit. zum Partizip: → Risch (1984: 6ff., allgemeine Charakterisierung des lateinischen Partizips, auch zu den sog. Partizipialkonstruktionen). Zum Syntaktischen s.u. S 202.

1) Das Suffix des Ptz. Präs. Akt. lautet uridg. *-_nt_- mit Fem. *-_nt-ih_$_2$-. — Die Flexion der athem. Partizipien scheint holodynamisch vom Typ uridg. stark *_u̯éḱont_- vs. schwach *_uḱn̥t-´_ gewesen zu sein (zur Flexion s.u. M 321 Abs. 2).

Ein Beispiel: Das Ptz. von uridg. *_h_$_1$_es_- 'existieren, dasein' lautete ursprünglich *_h_$_1$_és-ont_- / *_h_$_1$_s-n̥t_- (meist ist aber der schwundstufige Stamm verallgemeinert; angebliche Spuren von -_e_-stufigen -_ent_-Formen gibt es nicht: → A. Morpurgo Davies. _FS Lejeune_ 1978: 159: „As far as we know, there is no reason to attribute *_h_$_1$_s-ent_- to Proto-Greek") = lat. (_ab_)_sent_- (mit -_en_- < *-_n̥_-; das lat. Partizip ist genusindifferent) = gr. myk. Nom.Pl. m. (_a-p_)_e-o-te_ i.e. _ap-ehont-es_ und Nom.Pl. f. (_a-p_)_e-a-sa_ i.e. _ap-ehassai̯_ mit -_assa_- < *-_n̥t-i̯h_$_2$- = ved. _sánt_- m.n. und _sa-t-ī́_- f. mit -_a_- < *-_n̥_-. — Die them. Formen lauten *-_o-nt_-. Ob sie aber ursprünglich ebenfalls athem. als *-_ont_- / *-_n̥t_- flektierten (so im Ved.) und erst sekundär als *-_o-nt_- reinterpretiert worden sind, ist zu fragen.

Weiterführende Lit.: → Rix (1992: 233f.); Szemerényi (1990: 345–347).

2) Das Suffix des Ptz.Perf.Akt. lautet uridg. *_-u̯os-_; das Fem. dazu *_-us-ih_$_2$_-_. Das -o-stufige *_-u̯os-_ lässt wieder an eine holodynamische Flexion denken, s.u. M 321 Abs. 2. Wahrscheinlich ist *_-u̯os-_ aus Formen wie *_u̯ei̯du̯+os-_ reanalysiert. Das komplexe *_-u̯os-_ könnte dann mit dem komplexen *_-i̯os-_ < *_-i-os-_ des Komparativs vergleichen werden, s.u. M 325 Abs. 1a.

An Beispielen vgl. gr. myk. Nom.Pl. n. _a-ra-ru-wo-a_ i.e. _arar-u̯oh-a_ 'gefügt' mit _-u̯oh-_ < *_-u̯os-_ und Nom.Pl. f. _a-ra-ru-ja_ i.e. _arar-ui̯i̯a_ mit _-ui̯i̯a_ < *_-us-i̯h_$_2$_-_ und ved. _ca-kr̥-vás-_ / _ca-kr-us-_ von _kar-_ 'tun, machen, bewirken, handeln' usw. Lit.: → Szemerényi (1990: 347f.); Meier-Brügger (1992b: 62f., zum Myk. und Hom.: nachmyk. Ersatz von _-u̯oh-_ durch _-u̯ot-_); ob dieses _-u̯ot-_ ebenfalls bereits uridg. Alter beanspruchen kann, steht zur Debatte. Die Gleichung von gr. εἰδώς -δότ- „wissend" mit got. _weitwod-_ „Zeuge" spricht dafür. J. Rau. _Sprache_ 40 (1998: 158) stimmt für ein ursprüngliches Nebeneinander von *_u̯ei̯du̯+os-_ (Part.) und *_u̯ei̯du̯+ot-_ „the knowing one", beide abgeleitet vom Abstraktum *_u̯ói̯du-_ / *_u̯éi̯du-_ „act of knowing; knowledge".

Im Lat. und Ital. sind höchstens noch Restformen des Ptz.Perf.Akt. nachzuweisen (vgl. lat. _memor-_ 'sich erinnernd, eingedenk' < *_me-mn-us-_ zu Perf.St. _me-min-ī_ < *_me-mon-_ 'sich erinnern, gedenken'): → Leumann (1977: 610); H. Rix. _Kolloquium Salzburg 1986_ (1992: 229) führt den lat. Perf.St. vom Typ _laudāv-_ auf einen periphrastischen Ausdruck von Ptz.Perf.Akt. und Verbum substantivum _esse_ zurück).

3) Das Suffix des Ptz.Med. lautet uridg. athem. *_-mXno-_, them. *_-o-mXno-_ (X = _V_ oder _H_ oder gar _HV_). Die genaue Form ist nicht gesichert. G. Klingenschmitt. _FT Regensburg 1973_ (1975: 159–163) stimmt für uridg. *_-mh_$_1$_no-_. Die Fachwelt ist sich über den Vorschlag aber nicht einig: → C. Melchert: _Sprache_ 29 (1983: 24f.) tritt für _-mn-o-_ ein; Mayrhofer (1986: 130f.) hält den Vorschlag für bemerkenswert, muss aber festhalten, dass auch Anhänger des Dreilaryngalismus den Ansatz bezweifeln; Szemerényi (1990: 349f.) bleibt bei _-mn-o-_; vgl. ferner B. Forssman: _Kratylos_ 45 (2000: 69f.) zum Kommentar von Lindeman (1997) zu diesem Suffix. Im übrigen lassen sich die beiden konkurrierenden schwundstufigen Suffixvarianten *_-mh_$_1$_no-_ und *_-mno-_ über den Ansatz einer Vollstufe *_-mh_$_1$_eno-_ miteinander verbinden, wenn der Laryngal des Suffixes bei Antritt an eine Wurzel oder einen Stamm mit unsilbischem Auslaut vor Vollvokal _e_ nach dem grundsprachlichen Lautgesetz *_R̥HV_ > _RV_ regulär geschwunden ist (*_-K-m̥h_$_1$_eno-_ > *_-K-meno-_); zur laryngallosen vollstufigen Form *_-meno-_ wäre *_-mno-_ die neugebildete schwundstufige Form: Zum genannten Lautgesetz s.o. P 330. — An Beispielen vgl. gr. myk. Nom.Sg. f. _ki-ti-me-na_ i.e. _kti-men-ā_ 'kultiviert, bebaut und damit bewohnt' und ved. _kr̥ṇv-ān-á-_ zu _kar-_ 'tun, machen, bewirken, handeln' mit Präs.St. _kr̥ṇau̯-_ / _kr̥ṇu-_: Man muss zugestehen, dass der

Klingenschmittsche Ansatz für *-ān-* < **-aHn-* < **-m̥h₁n-* eine glatte Erklärung liefert; die Alternative mit *-mn-* hat hier Schwierigkeiten, vgl. Szemerényi (1990: 349): „Der Ursprung dieser Bildung steht nicht fest." — Die einzelsprachliche Differenzierung mit Perf. **-m̥h₁n-ó-* vs. Präs. **´-o-mh₁no-* geht auf den Gegensatz athem. vs. them. zurück: → Rix (1992: 236).

4) Als Ptz.Perf.Pass. fungieren einzelsprachlich die Verbaladjektive **-to-* oder **-no-*, s.u. L 203.

3.2.7 Periphrastische Konstruktionen

M 218. Aus der Sicht der Indogermanistik gelten die sog. periphrastischen Konstruktionen altidg. Einzelsprachen vom Typ lat. *quid futūrum est* 'was soll das werden' oder *quod habeō tollere* 'was ich zu nehmen beabsichtige' traditionell als jung. Bereits das Heth. des 2.Jt. v. Chr. kennt aber solche Formen, vgl. die *ḫark*-Konstruktionen für das Perfekt (und Plusquamperfekt). Und wenn das lat. Perfekt vom Typ *portāvī* tatsächlich mit Helmut Rix auf die Periphrase **portāu̯osis esom* (mit Ptz.Perf.Akt. auf *-u̯os-* [s.o. M 217 Abs. 2] + Verbum substantivum) zurückgeht, so muss sie ein vorhistorisches Alter haben: → H. Rix: Zur Entstehung des lateinischen Perfektparadigmas. *Kolloquium Salzburg 1986* (1992: 221–240).

Wie I. Balles. Hinrichs (2004: 37ff.)deutlich macht, muss man heute die ganze Problematik neu überdenken und fragen, „welche synthetischen Formationen der bezeugten Einzelsprachen ... sich plausibel auf indogermanische analytische Konstruktionen zurückführen (lassen)" (39).

Beispiele: — In den Umkreis der Periphrasen gehören Fälle wie lat. *vēndere* < *vēnum* **dide-* 'zum Verkauf stellen' i.S.v. 'verkaufen' vs. *vēnīre* < *vēnum īre* 'zum Verkauf gehen' i.S.v. 'verkauft werden' (*dide-* hier zu uridg. **d^heh₁-* und nicht zu **deh₃-*! → Meiser 1998: 192). — Vgl. genauso ved. *śrad d^hā́-* und lat. *crēdere*, beide i.S.v. 'vertrauen' <*'das Herz auf etwas setzen'. Interessant ist ferner das Paar *interficere* '(vom Leben) trennen, verschwinden machen' i.S.v. 'töten' vs. *interīre* 'verschwinden gehen' i.S.v. 'untergehen'. Einzelheiten im Zusammenhang mit *inter*: → H. Hettrich. *MSS* 54 (1993: 169–172). Das verdeutlichte *-facere* (statt soeben *-dide-*) macht deutlich, dass tatsächlich altes **d^heh₁-* vorliegt. — Die hier vorliegenden Periphrasen mit **d^heh₁-* (in aktivischem Sinne) bzw. **h₁ei̯-* 'gehen' (in passivischem Sinne) dürften mit Sicherheit voreinzelsprachlich sein. Für ein beträchtliches Alter von Periphrasen mit **d^heh₁-* sprechen nämlich letztlich ebenfalls die zu **d^heh₁-* gehörigen nominalen Bildungen auf *-d^ho-* < **-d^hh₁-o-* vom Typ gr. ἀγαθός und ved. *-dhyai*: → u.a. M. Meier-

Brügger. *Kratylos* 53 (2008: 193). – Für ein weiteres (aber wohl doch problematisches) Beispiel s.o. M 207 Abs. 2 mit den Überlegungen von Heiner Eichner zum Opt.

Lit.: → Rosén (1992); Boley (1984); Cotticelli-Kurras (1991); P. Cotticelli-Kurras: The Hittite periphrastic constructions. Carruba (1992: 33–59); S. Luraghi: I verbi ausiliari in ittita. *FS Ramat* (1998: 299–322); I. Balles. Hinrichs (2004: 37ff.).

3.3 Zum Nomen und zum Adjektiv

3.3.1 Allgemeines

M 300. Die nominalen Satzglieder erweitern, ergänzen und präzisieren den Inhalt der im Satzzentrum stehenden Verbalform. Im Gegensatz zum Verbum weist das Nomen einen relativ bescheidenen Formenbestand auf. Über die mit dem Nominalstamm gekoppelte Grundbedeutung eines Wortes hinaus vermitteln die Endungen dem Hörer Informationen über Zählbarkeit (= Numerus) und Klassifikation (= Genus) des Inhalts und über die Rolle des Nomens, die ihm vom Sprecher im syntaktischen Zusammenhang eines Textes oder Satzes zugeordnet wird (S 400ff.)

M 301. Substantive und Adjektive gehören in den altidg. Sprachen eng zusammen. Die Nähe zeigt sich etwa darin, dass ein Adjektiv substantiviert werden und so den Platz eines Substantivs einnehmen kann, vgl. klass. gr. τὸ κακόν ‘das Schlechte’ und lat. *lūna* ‘Mond’ (< urital. **lou̯k-snā* ‘die leuchtende [sc. Himmelserscheinung]’). Substantiv und Adjektiv sind im Nominalsatz austauschbar.

Das Adjektiv qualifiziert Substantive und nutzt i.d.R. die Kongruenz in Genus, Numerus und Kasus, um formal seine Zugehörigkeit zu einem Substantiv zu markieren. Insbesondere ist beim Adjektiv die Dimension Genus variabel; es besteht im Unterschied zum Substantiv keine feste Bindung an ein bestimmtes Genus, s.u. S 400. – Lit.: → J. Untermann L’aggettivo, forma e funzione. *Quaderni Patavini di Linguistica* 7 (1988: 3–21). Die formalen Besonderheiten des Adj. kommen in M 323ff. zur Sprache.

M 302. Die Besonderheiten der einzelsprachlichen Nominalparadigmen lassen sich in der Regel in die Grundsprache zurückführen. Jede indogermanische Sprachgruppe und deren Mitgliedsprachen haben aber im Lauf der Zeit eine größere oder kleinere Anzahl von für sie charakteristischen Veränderungen durchgemacht. Im Bereich des Genus lässt sich eine Geschichte des Neben- und Nacheinanders von Maskulinum, Femininum und Neutrum schreiben (s.u. M

303), im Bereich des Numerus muss speziell vom Auf- und Niedergang des Dual berichtet werden (s.u. M 304), im Bereich der Kasus werden im Laufe der Zeit einzelne Formen verändert oder ganz beseitigt (s.u. M 305).

Lit.: → E. Risch: Betrachtungen zur indogermanischen Nominalflexion. KS Risch (1981: 730–738); E. Risch: Die mykenische Nominalflexion als Problem der indogermanischen und griechischen Sprachwissenschaft. *Sprache* 32 (1986: 63–77).

M 303. Zu den Veränderungen im Genusbereich:

1) Die altindogermanischen Sprachen zeigen in der Regel eine Dreiheit von Mask., Fem. und Ntr., s.u. S 416. Zum t.t. Neutrum s.o. 1. Terminologie. Die einzelsprachlich so gut etablierte Dreiheit darf aber nicht dazu verleiten, darin eine feststehende Trias sehen zu wollen. Z.B. wurde in den romanischen Sprachen und im Litauischen unter Aufgabe der Neutra eine neue Zweiheit Mask. vs. Fem. herangebildet. Das heutige Englisch kommt bei den Nomina sogar ohne Genus aus. – Zum Weg vom Lat. zu den rom. Sprachen: → Schön (1971). – Zum Englischen: → Leisi (1995: 107–111).

2) Das Anatolische kennt ein Zweiersystem aus sog. Genus commune vs. Genus neutrum. – Ob das Fem. noch nicht entwickelt oder, ohne klare Spuren zu hinterlassen, bereits wieder beseitigt worden ist, wird in der Forschung kontrovers diskutiert. Wenn ersteres zutrifft (und einiges spricht dafür), dann bedeutet dies, dass die späteren Sprecher des Uranatolischen die uridg. Sprachgemeinschaft zu einem Zeitpunkt verlassen haben, als das altidg. Dreiersystem Mask. / Fem. / Neutr. noch nicht in der uns bekannten Form etabliert war. Als Konsequenz ist anzunehmen, dass im Uridg. vermutlich eine Zweiheit bestanden hat, wie sie im Anatolischen fortgesetzt ist. Diese bestand vermutlich auf der einen Seite aus einer Klasse A, wo eine Nom./Akk.-Differenzierung möglich war (in der Fachdiskussion taucht diese Klasse unter verschiedenartigen Stichwörtern auf: Commune, Genus animatum, Genus distinctum, Personenklasse, Lebewesen, belebt, vom Sprecher als Träger einer Verbalhandlung vorstellbar, agensfähig), auf der anderen Seite aus einer Klasse B, wo dies gerade ausgeschlossen war (weitere Stichwörter dazu: Neutrum, Genus inanimatum, Sachklasse, unbelebt, vom Sprecher als Träger einer Verbalhandlung nicht vorstellbar, nicht agensfähig), s.u. S 416.

3) Der Anstoß zum Wechsel vom uridg. System der zwei Klassen zum nachuridg. System der drei Genera erfolgte durch den Einbezug des natürlichen Sexus in der Klasse A. Beim ersten Schritt ging es wohl zunächst nur darum, einzelne natürliche Feminina eindeutig als solche zu bezeichnen, so in der Familie und bei Tieren. Erste Ansätze können durchaus noch uridg. sein. Die Eigendynamik nahm dann aber nach der Abwanderung der Proto-Anatoliker in

der verbleibenden nachuridg. Sprechergemeinschaft ihren Lauf. Am Schluss dieser Entwicklung besaßen alle Nomina der Klasse A ein fest zugewiesenes Genus, vielfach unabhängig davon, ob sich Genus des Substantivs und Sexus des Bezeichneten entsprachen oder nicht.

4) Wie ging die Sprachgemeinschaft bei der formalen Markierung des natürlichen Fem. konkret vor? — Eine erste Möglichkeit (die sog. Heteronymie; dazu und zum folgenden: → Wackernagel 1928: 9–11) zeigen Beispiele wie uridg. **p$h_2$tér-* 'Vater' vs. uridg. **méh$_2$ter-* (oder **mā́ter-*, s.o. P 211 Abs. 10) 'Mutter', wo die Unterscheidung des Genus durch den Einsatz von zwei verschiedenen Lexemen geleistet wird. — Zur zweiten Möglichkeit mit den sog. Communia vom lat. Typ *lupus fēmina* s.o. G 506 Abs. 5. — Die dritte und am häufigsten genutzte Möglichkeit ist die Veränderung oder Erweiterung des Wortausganges (sog. Motion). Als Suffix wurden **-h_2-* und die daraus weitergebildeten komplexen Suffixe **-e-h_2-* und **-i-h_2-* (letzteres im Lat. i.d.R. zusätzlich zu *-ī-k-* erweitert) verwendet, vgl. lat. **gena-tor-* 'Erzeuger = Vater' vs. **gena-tr-ī-k-* 'weiblicher Erzeuger = Mutter', s.o. M 101 Abs. 2. Dieses **-h_2-* kann nicht von den zur Klasse B gehörenden *-h_2*-Bildungen (sie bezeichnen u.a. Kollektiva) getrennt werden, s.u. M 312. Vermutlich besaß das *-h_2*-Suffix in uridg. Zeit die Funktion, Abstrakt-Kollektiv-Ableitungen zu bilden; von da aus führt die eine Linie zu den uridg. Kollektiva (sie fungieren bei den Neutra als Pluralformen vom Typ lat. Pl. *iuga* vs. Sg. *iugum* 'Joch'), die andere zu den uridg. Femininbildungen auf **-h_2-* (dazu zählen neben den eigentlichen Motionsfeminina u.a. auch die Abstrakta vom Typ lat. *fuga* 'Flucht', *iūstitia* 'Gerechtigkeit' u.a.m.). Pronominalformen wie uridg. **se-h_2-* 'diese' (Klasse A) vs. uridg. **te-h_2-* 'dies(e)' (Klasse B) müssen bei diesen Entwicklungsprozessen eine zentrale Rolle gespielt haben.

5) Ganz grob formuliert sind also die einzelsprachlichen Mask. und Fem. die Fortsetzer der uridg. Klasse A, die einzelsprachlichen Neutra die Fortsetzer der uridg. Klasse B. Während die Neutra den Gehalt der alten Klasse B noch recht deutlich durchschimmern lassen, verdunkeln die Frage nach dem Sexus und der damit verbundene Aufbau der Feminina mit dem aus B stammenden Suffix *-h_2-* den Gehalt der alten Klasse A ganz erheblich.

6) Literatur zum Problemkreis (eine Communis opinio ist nicht in Sicht!): — a) allgemein: → K. Strunk: Grammatisches und natürliches Geschlecht in sprachwissenschaftlicher Sicht. Schubert (1994: 141–164); Leisi (1995: 112–116); Neri / Schumann (2014). — b) Zum Grundsprachlichen: → E. Tichy: Kollektiva, Genus femininum und relative Chronologie. *HS* 106 (1993: 1–19); M. Fritz: Die urindogermanischen s-Stämme und die Genese des dritten Genus. *FT Innsbruck 1996* (1998]: 255–264); R. Litscher: Die Genese des dritten Genus: ein neuer Versuch. *FT Krakau 2004* (2009: 271ff.). — c) Speziell zum Anatolischen: → E. Neu:

Zum Alter der personifizierenden -ant-Bildung des Hethitischen. Ein Beitrag zur Geschichte der indogermanischen Genuskategorie. *HS* 102 (1989: 1–15); J. Harđarson: Der Verlust des Genus femininum. *HS* 107 (1994: 32–35).

M 304. Zu den Veränderungen im Numerusbereich:

1) Während Sg. und Pl. relativ feste Größen sind, erweist sich der Dual als instabil. Sein Auf und Ab kann in der Regel einzelsprachlich direkt verfolgt werden, vgl. etwa das Gr., wo der Dual im Myk. fest sitzt, dem Ion. und Lesb. aber fehlt. Auf att. Inschriften hält er sich bis zum 4. Jh. v. Chr: → Meier-Brügger (1992a: 144f.).

Zur Entwicklung des Duals im Idg. lässt sich mit Fritz (2011: 260f.) zusammenfassend folgendes festhalten: „Die extern rekonstruierbare Numeruskategorie Dual des Urindogermanischen, die sämtliche flektierbaren Wortarten erfaßt und damit im grundsprachlichen Sprachsystem fest verankert ist, hat sich im Laufe der Sprachgeschichte des Urindogermanischen erst zu einer systematischen Numeruskategorie entwickelt. Ihre Ursprünge befinden sich in zwei Wortarten: Zum einen ist das Personalpronomen ein Ausgangspunkt der Numeruskategorie Dual; zum anderen sind im nominalen Bereich die Bezeichnungen für paarweise vorhandene Körperteile für die Konstituierung der Numeruskategorie Dual von großer Wichtigkeit. Während das Personalpronomen in der 1. und 2. Person, soweit es sprachgeschichtlich zurückverfolgt werden kann, den Dual von Anfang an als grammatische Kategorie aufweist, gibt es diese grammatische Kategorie Dual beim Nomen zunächst nicht. Bei den Bezeichnungen für paarweise vorhandene Körperteile ist die Dualität lexikalisch verankert; diese Körperteilbezeichnungen werden mit einem bestimmten Wortbildungssuffix versehen, das wahrscheinlich zunächst nicht die Bedeutung Paarigkeit hat, die ja bereits zum lexikalischen Inhalt der betreffenden Körperteilbezeichnungen gehört, sondern eher eine deiktische Funktion versieht und die Inalienabilität der Körperteile zum Ausdruck bringt: Die Inalienabilität betrifft natürlich alle Körperteile; da aber die meisten Körperteile jedoch paarweise vorhanden sind, kann hier leicht eine Reinterpretation von einem Zeichen für Inalienabilität zu einem solchen für Paarigkeit stattfinden. Dieses Zeichen uridg. *-*i* wird zum Stammbildungssuffix von Körperteilbezeichnungen. Da die Bedeutung der Dualität auch in den Dualformen des Personalpronomens enthalten ist, die mit einem bestimmten Suffix, uridg. *-h_1, gekennzeichnet sind, wird dieses eindeutige Zeichen auf die Körperteilbezeichnungen übertragen, wo es zusammen mit dem schon vorhandenen Suffix oder auch allein zunächst weiterhin ein Stammbildungssuffix darstellt. Das geht vor allem daraus hervor, daß weitere Kasus von der Nominativ-Akkusativ-Form aus gebildet werden und daß einige der betreffenden Körperteilbezeichnungen das Stammbildungselement als solches bis in die Einzelsprache hinein bewahren. Vom Personalpronomen der 1. Person geht die Ausbildung von Dualformen beim Verbum aus, wo sie grundsprachlich nicht mehr vollständig durchgeführt wird, was dann auch in den verschiedenen Sprachzweigen nicht erfolgt; so lassen sich vor allem die Sekundärendungen rekonstruieren. Vom Substantiv ausgehend hat sich in Syntagmen aus einer Dualform und dem Zahlwort für 'zwei' die Dualflexion auch auf das in selbständiger Verwendung flexionslose Numerale übertragen, ähnlich wie in Syntagmen mit Pronomina oder Adjektiven."

Lit. (kleine Auswahl): — Zum Uridg.: → M. Fritz Der uridg. Dual - eine Klasse für sich? Ofitsch / Zinko (2000: 133–137); M. Malzahn: Die nominalen Flexionsendungen des idg. Duals. *HS* 112 (2000: 204–226); M. Malzahn: Die Genese des idg. Numerus Dual. Ofitsch / Zinko (2000: 291–315); Fritz (2011). — Zum Gr.: → Meier-Brügger (1992b: 68f.). — Zum Germ.: → K. Strunk: War auch das andere Horn gemeint? Horn B von Gallehus und Fragen des Duals. *PBB* 114 (1992: 179–211). — Zum Toch.: → Hilmarsson (1989); O. Hackstein: On the Prehistory of Dual Inflection in the Tocharian Verb. *Sprache* 35 (1993: 47–70); M. Malzahn. *TIES* 9 (2000: 45–52); Kim (2018).

2) Ein Wort zu Sg. und Pl.: Sg. und Pl. sind grammatische Kategorien, die Verbum und Nomen gemeinsam sind. Sie ermöglichen es, die Zugehörigkeit des Nomens zu dem durch die Verbalform angedeuteten Träger der Handlung durch Kongruenz im Numerus zu markieren. Das Verhältnis von Sg. und Pl. zu bestimmen ist Sache der Syntax. Inhaltliche Differenzierungen können sich aber auf den Formenbestand auswirken. — Bei der Pluralität kann das Augenmerk auf den distributiv-additiven Aspekt gerichtet sein (vgl. gr. hom. λαοί 'Leute, Männer, Krieger': → M. Schmidt. Snell / Voigt / Meier-Brügger (1991: Sp. 1634, 60ff.); vgl. gr. hom. μηροί 'die einzelnen Schenkelstücke'), man kann aber auch den komprehensiv-kollektiven Aspekt der Pluralität (die Vielheit als Masse) betonen und hinter dem Kollektivum eine singularische Sache sehen (vgl. den soeben genannten Beispielen entsprechend gr. hom. λαός 'Volk als kollektive Einheit' und μῆρα 'alle Schenkelstücke zusammen als einheitliche Masse'). Die distributiv-additiven Formen gehören der Klasse A an, die komprehensiv-kollektiven Formen der Klasse B, s.o. M 303 Abs. 2. Weiteres s.u. M 313.

Lit. (kleine Auswahl): → Schmidt (1889); H. Eichner: Das Problem des Ansatzes eines urindogermanischen Numerus 'Kollektiv' ('Komprehensiv'). *FT Berlin 1983* (1985: 134–169); J. Harðarson: Zum urindogermanischen Kollektiv. *MSS* 48 (1987: 71–113); E. Neu: Zum Kollektivum im Hethitischen. Carruba (1992: 197ff.); Prins (1997); C. Melchert: Tocharian Plurals in *-nt-* and Related Phenomena. *TIES* 9 (2000: 53–75).

M 305. Zu den Veränderungen im Kasusbereich:

1) Äußerliche Veränderungen können durch Veränderungen im Phonembereich verursacht sein, vgl. den auf dem Weg vom Altlat. zum klass. Lat. belegbaren Wandel der Endung Nom.Pl. von *-oi̯* > *-ei̯* > *-ẹ̄* > *-ī*.

2) Veränderungen können aber auch durch gegenseitige Beeinflussung von Formen innerhalb eines Paradigmas oder zwischen zwei Paradigmen hervorgerufen werden, vgl. den bereits vormyk. erfolgten typisch gr. Ersatz von Lok.Pl. uridg. **-su* durch *-si*. Auslöser dieser innerparadigmatischen Begradigung ist die seit alters *-i*-haltige Endung des Lok.Sg. auf *-i* im Verein mit der ebenfalls *-i*-haltigen Instr.Pl.-Endung *-p*^{h}*i*.

Formale Änderungen können ferner vor dem Hintergrund inhaltlicher Verschiebungen verstanden werden. So ist es möglich, dass ursprünglich klar geschiedene paradigmatische Kategorien zu einer einzigen vereinigt werden. Dieser sog. Kasussynkretismus (der t.t. Synkretismus stammt aus dem Gr. i.S.v. 'Zusammenmischung') führt in der Regel zuerst zu einem Überangebot von Flexionsformen, weil zur Zeit der Differenzierung für jede Kategorie eine eigene Form im Gebrauch war. Die fraglichen Formen werden in einer ersten Phase zu Allomorphen. In einer zweiten Phase setzt sich dann in der Regel eines der Allomorphe als Norm durch, das andere kommt außer Gebrauch. Es veraltet und wird schließlich von den Sprechern vergessen. – Zum Problem des Kasussynkretismus s.u. S 404. Ferner: → H. Rix: Morphologische Konsequenzen des Synkretismus. Bahner / Schildt / Viehweger 1990: 1437–1441; Rix (1992: § 121f.); Grundsätzliches bietet auch Wackernagel (1926: 302f.).

3.3.2 Zur Bildung der Nominalstämme

M 306. Der Aufbau der Nominalstämme, ferner die Geschichte der dabei verwendeten Suffixe und Suffixgruppen ist Gegenstand der Wortbildung, s.u. L 200ff.

Für das Verständnis der Nominalflexion der altidg. Einzelsprachen sind der Stammauslaut und die Gliederung in athem. und them. Stämme (s.o. M 101 Abs. 4) wichtig.

Von Belang für das Verständnis der uridg. Flexion ist dagegen etwas ganz anderes, nämlich die Zuordnung eines Nominalstammes zu einer Akzent- bzw. Ablautklasse.

M 307. Bei der Organisation und Darstellung der Nominalstämme bedienen sich die Handbücher zu den altidg. Einzelsprachen in der Regel des Stammklassenprinzips. Die Zuteilung erfolgt nach Stammauslaut, z.T. zusätzlich differenziert nach einzelnen Unterschieden im Endungssatz oder im Genus.

1) Für das klass. Lat. werden in den Handbüchern traditionellerweise 5 Deklinationen angesetzt: 1. Deklination vom Typ *capra* f. 'Ziege' (= -*ā*-Stämme), 2. Deklination vom Typ *lupus* m. 'Wolf' und *iugum* n. 'Joch' (= -*o*-Stämme), 3. Deklination vom Typ 3A *rēx* m. 'König' und *nōmen* n. 'Name' (= Stämme auf Konsonant) und Typ 3B *ignis* m. 'Feuer' und *mare* n. 'Meer' (= -*i*-Stämme), 4. Deklination vom Typ *manus* f. 'Hand, Schar' und *genu* n. 'Knie' (= -*u*-Stämme), 5. Deklination vom Typ *diēs* m. 'Tag(eslicht)' (= -*ē*-Stämme). Die 5. Deklination ist nach dem Vorbild von *diēs diem* einzelsprachlich neu aufgebaut worden. Beim Typ 3B der 3. Deklination sind sek. verschiedene ererbte Konsonantstämme eingereiht worden, vgl. u.a. lat. *cani-s* m. f. 'Hund' < uridg. **k̑u̯on-*, vgl. lat. *iuveni-s* m.f. 'jung; junger Mann, junge Frau' < uridg. **h₂i̯éu̯-h₃on-*: → Mayrhofer (1996: 413f.); H. Rix. Colonna (1981: 108); zum Suffix s.u. L 204 Abs. 4, vgl. lat. *nāvi-s* f. 'Schiff' < uridg. **néh₂u-* (s.u. M 318 Abs. 6c). — Zu Weiterem: → Leumann (1977: § 347); E. Risch: Das System der lateinischen Deklinationen. KS Risch (1981: 599ff., Publikation von 1977); Meiser (1998: 129ff.).

2) Für das klass. Gr. sind zu nennen: 1. Deklination vom Typ 1A τιμή τιμῆς f. 'Ehre' und Typ 1B τράπεζα τραπέζης f. 'Tisch', 2. Deklination vom Typ ἵππος m. 'Pferd' und ζυγόν n. 'Joch', 3. Deklination mit dem großen Rest. Ihre Untergruppen sind nicht einheitlich. Nach dem Stammauslaut ergeben sich unter anderem solche auf Okklusiv vom Typ αἰγ- f. 'Ziege', solche auf -*r*- vom Typ πατήρ πατρ- m. 'Vater', solche auf Nasal vom Typ ποιμήν m. 'Hirt', solche auf -*i*- und -*u*- vom Typ πόλις f. 'Stadt' und ἡδύς Adj. 'süß', solche auf -*ēu̯*- vom Typ βασιλεύς βασιλέως (-έως ion.-att mit Metathese für älteres -ῆος [so Homer], myk. und kypr. noch -*ēu̯-os*) m. 'König', solche auf -*s*- vom Typ γένος n. 'Geschlecht' u.a.m. — Zu Weiterem: → Rix (1992: 127ff.); Meier-Brügger (1992b: 72ff.).

3) Thumb / Hauschild (1959: 30ff.) kennt für das altindische Korpus die Deklinationen der -*a*- und -*ā*-Stamme, -*i*-, -*u*- und Diphthongstämme, -*r*- und -*n*-Stämme, ferner Stämme auf Verschluss- und Zischlaut und als besondere Gruppe die sog. Heteroklitika.

4) Zum Anatol.: → Rieken (1999). — Zum Germ. (mit Stämmen auf -*a*-, -*ō*-, -*i*-, -*u*-, -*n*-, mit Wn. und weiteren Konsonantstämmen): → Bammesberger (1990: 13ff.). — Zu den aksl. Stammklassen: → Aitzetmüller (1991: 68ff.).

M 308. In der Regel werden die Verhältnisse im Uridg. mit dem in den altidg. Einzelsprachen üblichen Stammklassenprinzip zu beschreiben versucht: → Szemerényi (1990: 173ff., mit Verschlusslautstämmen, Nasal- und Liquidastämmen, *s*-Stämmen, *i*-, *u*- und Diphthongstämmen, thematischen Stämmen).

Heute setzt sich aber immer stärker die Ansicht durch, dass vielmehr Akzent und Ablaut die beiden relevanten klassenbildenden Phänomene des Uridg. gewesen sind: → H. Eichner. *Sprache* 20 (1974: 27f. mit Anm. 1 u. 2).

In dieser Darstellung werden zuerst die allen Nomina gemeinsamen Endungssätze aufgelistet (s.u. M 309ff.), danach folgen die Informationen zu den uridg. Akzent- und Ablautklassen (s.u. M 314ff.).

3.3.3 Zu den nominalen Endungssätzen

M 309. Die Nomina bestehen i.d.R. aus dem Nominalstamm und der Endung, s.o. M 101.

Die Differenzierung zwischen them. und athem. Stämmen ist ein Problem für sich, s.o. M 101 Abs. 4. Es lässt sich zeigen, dass der Endungssatz für alle Nomina zunächst einheitlich war, auch für die them. Nominalstämme auf *-o-*, vgl. uridg. athem. Dat.Sg. *p$h_2$tr-éi̯ 'dem Vater' vs. uridg. them. Dat.Sg. *u̯érĝōi̯ 'dem Werk'. Letzteres ist am besten als Kontraktionsprodukt eines voruridg. *u̯érĝo-ei̯ zu verstehen. Im Gegensatz zu den vokalischen *-i-* und *-u-*Stämmen, wo *-i-* und *-u-* allophonisch zwischen silbischer und nichtsilbischer Natur wechseln konnten (s.o. P 212), wurde bei den them. Stämmen der Themavokal vor vokalisch anlautenden Endungen kontrahiert. Ferner: Ein Teil der *-o-*Stämme bildete qualifizierende Adjektive und stellte sich damit in die Nähe der Pronomina. Unter deren Einfluss hat sich das Paradigma der *-o-*Stämme zu einer eigenständigen Flexion entwickelt, s.u. M 311.

Jedes altidg. Nomen gehört immer einer Genuskategorie an, sei es nun Mask., Fem. oder Ntr. Genetisch gehören die Mask. und Fem. zusammen, s.o. M 303 Abs. 2. Die Neutra sind davon zu trennen, s.u. M 313.

Hier ist für das Folgende festzuhalten, dass der Vok. für sich steht, ferner dass Nom. und Akk. (beide in der Verwendung als grammatische Kasus) ein eigenes System (Subjekt vs. Objekt) bilden. Eigenständig dazu sind die übrigen eher konkreten Kasus. Von diesen stehen der Gen. und der Lok. wieder für sich. Weiteres zur nominalen Morphosyntax und zu den Kasuskategorien s.u. S 401ff.

M 310. Die uridg. athem. Nominalendungen der Nicht-Neutra ergeben das folgende tabellarische Bild:

	Sg.	Pl.	Du.
Vok.	-Ø	wie Nom	?
Nom.	*-s* / -Ø	*-es*	*-h_1*
Akk.	*-m* / *-m̥*	*-ns* / *-n̥s* < *-m* + *s*	?
Gen.	⌉ *-és* / *-os* / *-s*	*-om*	?
Abl.	⌋	⌉ *-m-*	?
Dat.	*-ei̯*	⌋	?
Instr.	*-éh_1* / *-h_1*	⌋ *-bʰ-*	?
Lok.	-Ø / *-i*	*-su*	

1) Der hier vorliegende Endungssatz ist die Norm bei Nomina mit wurzelschließendem Konsonanten. Die Nomina können vom Genus her maskulin oder feminin sein. Eine spezielle formale Markierung für diese Differenzierung ist nicht zwingend, vgl. uridg. maskulines **p$h_2$tér-* ‘Vater’ vs. uridg. feminines **mé$h_2$ter-* ‘Mutter’, s.o. M 303 Abs. 4. Die beste Möglichkeit, das Genus eines Nomens zu bestimmen, bieten Adjektive oder Pronomina dreier Endungen, die in Kongruenz zum betreffenden Nomen gestellt sind, s.o. M 301.

2) Die im Vok., Nom. und Lok. gleichermaßen auftretende Endung -Ø macht deutlich, dass sie nicht allein die Differenzierung zwischen den fraglichen Kasus getragen haben kann. Unterschiede in Akzent und Ablaut müssen hier die entscheidenden Kriterien geboten haben.

3) Während Stämme auf Vokal oder Verschlusslaut im Nom.Sg. mit der Endung *-s* charakterisiert sind, ist die Endung -Ø mit Langvokal gekoppelt und gerade bei Stämmen auf Nasal, Liquida oder *-s-* regelhaft, vgl. uridg. **ph_2tḗr* ‘Vater’ oder uridg. **k̑(u)u̯ṓn* ‘Hund’. Diese auffällige Verteilung wird am besten dann verständlich, wenn wir annehmen, dass zunächst überall die *-s*-Endung im Nom.Sg. im Gebrauch war, dass sie dann aber unter bestimmten Umständen beseitigt worden ist, vgl. bei den *-r*-Stämmen den vermutlich voruridg. Ausgangspunkt **-V̆rs*, der über die Zwischenstufe **-V̆rr* zu uridg. **-V̄r* vereinfacht worden ist: → Szemerényi (1990: 121f.); E. Hamp. *Baltistica* 31 (1996 [1998]: 139f.).

4) Die verschiedenen Endungen im Gen.Sg. und Instr.Sg. erklären sich durch das Wirken von Akzent und Ablaut, vgl. im Gen.Sg. betontes vollstufiges **-és* in uridg. **p$h_2$tr-és* ‘des Vaters’, dagegen unbetontes schwundstufiges **-s* in uridg. **mn̥t-éi̯-s* ‘des Denkens’. Neben *-és* steht ferner abgedunkeltes, nicht betontes **-os*. Das Gr. hat *-os* verallgemeinert, das Lat. *-es*. In beiden Sprachen lassen sich aber Reste der je anderen Endung nachweisen, vgl. gr. αἰές (Gen. temporis) ‚für immer‘ und altlat. inschr. Gen. Sg. *nominus*.

5) Bei einem oberflächlichen Vergleich von Dat.Sg. auf uridg. *-ei̯* und Lok.Sg. auf uridg. *-i* ist man versucht, wie bei Abs. 4 an eine alte Ablautdifferenz zu denken. Vollstufiges dativisches *-ei̯* und schwundstufiges lokativisches *-i* sind aber nach allen Hinweisen bereits im Uridg. unverrückbare Größen. Vollstufiges *-ei̯* konnte daher durchaus vor ein betontes vollstufiges Suffix gesetzt werden, vgl. uridg. Dat.Sg. **mn̥t-éi̯-ei̯* 'dem Denken'. – Zum myk. Nebeneinander von *-ei̯* und *-i*: → Hajnal (1997: 21ff., 60ff. auch zum Typ ved. *divédive* 'Tag für Tag'). – Der Lok. hatte bei den Akzent- und Ablauttypen einen eigenen Status, s.u. M 318 Abs. 6a und M 321 Abs. 1.

6) Der Akk.Sg mit uridg. **-m* / *-m̥* und der Akk. Pl. mit uridg. **-ns* / *-n̥s* zeigen Endungsvarianten, die vom vokalischen oder konsonantischen Auslaut des Nominalstamms diktiert werden: **-V-m* und **-V-ns* vs. **-K-m̥* und **-K-n̥s*. In einem Teil der Indogermania wird auslautendes **-m* zu **-n*, s.o. P 301 Abs. 3. Zu den Realisierungen von *m̥* und *n̥* s.o. L 306.

Zur Genese des Akk.Pl. s.o. am Schluss von M 104. Zum Problem der einzelsprachlichen Realisierungen des Akk.Pl. (vgl. u.a. uridg. *-u*-stämmiges **-u-ns* und seine drei einzelsprachlichen Resultate **-uns* bzw. **-ūns* bzw. **-ūs*): → H. Rix. *FS Risch* (1986: 586–590).

7) Während im Sg. die beiden Kasus Gen. und Abl. formal nicht differenziert sind und bei beiden Verwendungen unterschiedslos die Endung *-es*/*-os*/*-s* zeigen, ist im Pl. der Gen. vom Abl. formal getrennt. Er zeigt die eigenständige Endung **-om*. Der Abl. ist dagegen mit dem Dat. verbunden:

	Lat.	Gr.	Indoir.	Urgerm	Baltoslav.
Abl.	*-bus*		**-bʰi̯as*	**-m-*	**-mos*
Dat.	*-bus*		**-bʰi̯as*	**-m-*	**-mos*
Instr.		*-pʰi*		**-m-*	**-mi(s)*

8) Der Instr.Pl. ist nach Ausweis der Einzelsprachen formal mit dem Dat.Abl.Pl. verquickt. Es spricht einiges dafür, dass der Abl.Dat.Pl. ursprünglich durch **-mos*, der Instr.Pl. durch **-bʰi* markiert war: → Katz (1998: 248f.). Von da aus hätte sich dann im Ital. und Iir. *-bʰ-* als alleiniger Anfangskonsonant durchgesetzt und *-m-* verdrängt. Umgekehrt hätte sich im Baltoslav. und Germ. *-m-* durchgesetzt. Das indoiran. **-bʰi̯as* kann dann als Kreuzung aus Instr. **-bʰi* und Dat.Abl. **-mos* betrachtet werden. – Zum Problem, ob und wieweit das gr. *-pʰi* (< **bʰi*) singularische Züge kennt (vgl. hom. ἶφι 'mit Kraft' [bereits myk. als *wi-pi-* im VG von zwei PN]): → Meier-Brügger (1992b: F 302 Abs. 2). –

Neuere Lit.: → J. Matzinger: Die „m-Kasus" des Balto-Slawischen und Germanischen. *GS Katz* (2001: 183–208).

9) Weiterführende Literatur: C. Melchert / N. Oettinger: Ablativ und Instrumental im Hethitischen und Indogermanischen: Ein Beitrag zur relativen Chronologie. *InL* 32 (2009: 53ff.); J. Jasanoff: *-bhi, *-bhis, *-ōis: following the trail of the PIE instrumental plural. Rasmussen / Olander (2009: 137–149).

M 311. Die sog. thematischen oder *-o*-Stämme bilden gegenüber allen anderen Nomina eine Gruppe für sich, s.o. M 309.

1) Auf Grund der einzelsprachlichen Endungen lässt sich das folgende grundsprachliche Schema rekonstruieren:

	Sg.	**Pl.**
Vok.	**-e*	wie Nom.
Nom.	**-o-s*	**-ōs* < voruridg. **-o-es* / **-oi̯*
Akk.	**-o-m*	**-o-ns* < voruridg. **-o-m-s*
Gen.	**-o-si̯o* / Adj.	**-ōm* < voruridg. **-o-om*
Abl.	**-ōt* < voruridg. **-o-et*	**-o-mos* / **-o-b^h(i̯)os*
Dat.	**-ōi̯* < voruridg. **-o-ei̯*	wie Abl.
Instr.	**-o-h_1* / **-e-h_1*	**-ōi̯s* < voruridg. **-o-oi̯s*
Lok.	**-o-i* / **-e-i*	**-oi̯-su* < voruridg. **-oi̯s-su*?

2) Es ist evident, dass die thematischen Nomina i.d.R. die athem. Endungssätze verwenden und diese mit dem davor stehen Themavokal *-o-* kontrahiert sind. Die Kontraktionen sind vermutlich bereits in einem voruridg. Sprachstadium erfolgt, s.o. M 309.

3) Der Formenbestand zeigt enge Verbindungen zu den Pronomina. Bereits als grundsprachlich zu datierende Einflüsse zeigen sich im Gen.Sg. (pronominales **-o-si̯o* statt erwartetes **-o-s* bzw. **-o-es*; z.T. findet sich an Stelle des Gen. ein Adj. der Zugehörigkeit), im Abl.Sg. (Differenzierung von Gen. und Abl. durch Beizug von pronominalem, ablativischem *-et*), im Nom.Pl. (z.T. Ersatz von **-ōs* durch pronominales **-oi̯*), im Abl.Pl. (Einsatz von pronominalem **-oi̯s*) und im Lok.Pl. (pronominales *-oi̯*[s]- statt einfachem *-o-*). Weiteres dazu s.u. M 405.

4) Zum Gen.Sg.: — Zu **-osi̯o*: Die Lit. zum them. Gen.Sg. ist zahlreich. Aus neuerer Zeit: → H. Rix. *MSS* 49 (1988: 107, stimmt mit früheren Forschern dafür, dass **-o-s* die erwartete Form des Gen.Sg. ist und dass **-os-i̯o* bzw. **-os-o* in voruridg. Zeit aus nominalen Syntagmen wie **póds h_1éḱu̯os-i̯o* bzw. *h_1éḱu̯os-o* 'the foot, that of the horse' entstanden ist: *-(H)i̯o* bzw. *-o* wäre damit als Relativpronomen bzw. anaphorisches Demonstrativpronomen anzusprechen, das in

voruridg. Zeit enklitisch dem zu bestimmenden Nomen beigefügt werden konnte; zu den nominalen Relativsätzen s.u. S 205 Abs. 2; A. Prosdocimi. *Studi Etruschi* 57 (1991: 152ff., zu lepont. *χosiosio*); A. Nikolaev: PIE Ergativity and the Genetive in *-osyo. Jones-Bley / Huld / Della Volpe (2000: 293–309). Zum Gr. s. oben P 406 am Ende. — Statt **-osi̯o* findet sich einzelsprachlich z.T. eine Endung **-ī*. Im Kelt. herrscht sie allein vor. Im Latino-Falisk. sind zwar ein paar *-osi̯o*-Formen belegt, vgl. *Popliosio Valesiosio suodales* 'die Genossen des Publius Valerius' auf einer Inschrift aus Satricum um 500 v.Chr., ab dem 5.Jh. v. Chr. sind aber die *-ī*-Genetive die Norm (im Osk.-Umbr. findet sich stattdessen die Endung *-eis*). Zum uridg. Verständnis von **-ī*: → G. Klingenschmitt. *Kolloquium Salzburg 1986* (1992: 98–104, plädiert für eine Zugehörigkeitsbezeichnung auf uridg. **-iH-*, die ihre primäre Verwendung bei der Bezeichnung der verwandtschaftlichen Beziehungen gehabt hätte; von da aus erkläre sich die z.T. einzelsprachlich zu beobachtende Konkurrenz von **-ī* mit dem genetivischen **-os(i̯)o*). — Statt des Gen. kann ein Adjektiv zum Ausdruck der Zugehörigkeit verwendet werden. Grundlegende Darstellung: → J. Wackernagel: Genetiv und Adjektiv. *KS Wackernagel* II (1969: 1346–1373, Aufsatz von 1908). Weitere Lit.: → F. Bader : Les génitifs-adjectifs déterminés et le problème de l'article: comparaison typologique entre l'étrusque et les langues indo-européennes. *FS Rix* (1993: 12–45); I. Hajnal: Der adjektivische Genetivausdruck der luwischen Sprachen. Ofitsch / Zinko (2000: 159–184).

5) Weiteres zu den einzelsprachlichen *-o*-stämmigen Paradigmen (auch zu den Formen des Pl.): → Rix (1992: 135ff., 2. Deklination); G. Klingenschmitt. *Kolloquium Salzburg 1986* (1992: 93ff.); Sihler (1995: 256ff.). — Zu ved. *-ena*: → Hauri (1963).

M 312. Die femininen **-e-h_2*-Stämme sind ihrer Genese nach konsonantstämmig. Das komplexe Suffix **-e-h_2-* ist als *-h_2*-Ableitung von thematischen Stämmen zu verstehen, s.u. L 204 Abs. 1. Weiteres zum Verständnis von **-h_2-* und **-e-h_2-* s.o. M 303 Abs. 4. Es gehörte ursprünglich der in M 303 Abs. 2 beschriebenen uridg. Klasse B an. Dies erklärt, warum im Nom.Sg. die für die Markierung von handelnden Subjekten verwendete Endung *-s* fehlt, s.u. M 313.

Unter dem Druck der *-o*-stämmigen Adjektive, die zur Markierung der Genus-Kongruenz auch feminines *-e-h_2-* in ihren Reihen hatten, ist das eigentlich athem. Paradigma von **-e-h_2-* einzelsprachlich i.d.R. an das thematische Paradigma der mask. *-o*-Stämme angeglichen worden, zumal *-eh_2-* i.d.R. ohne Ablaut flektierte und vor vokalisch anlautenden Endungen nach Schwund des intervokalischen *-h_2-* kontrahierte und damit auch äußerlich in die Nähe der bereits Kontraktion aufweisenden *-o*-Stämme geriet. Zur Nähe der einzelsprachlichen *-ā-* und *-o*-Stämme vgl. etwa die lat. *-ā*-Stämme der sog. 1. Deklination, die in der traditionellen Grammatik mit den -*o*-Stämmen der sog. 2. Deklination zusammengesehen und von der 3. Deklination getrennt werden. Vgl. ferner etwa im Nom.Pl. zwar erhaltenes uridg. *-*ās* (< *-*e*-h_2-*es*) im Ved. (vgl. *sénās*) und Got. (vgl. *gibōs*), aber in Anlehnung an them. pronominales *-*oi̯* geneuertes fem. -*ai̯* im Lat. (vgl. *terrae*) und im Gr. (vgl. τιμαί).

Weitere Hinweise: Zum Vok.Sg. s.o. P 334 Abs. 3, zum Akk.Sg. und Akk.Pl. s.o. P 303.

Lit.: Zu den einzelsprachlichen Problemen der -*e*h_2-Stämme: → Rix (1992: 129ff.); G. Klingenschmitt. *Kolloquium Salzburg 1986* (1992: 89ff.); Sihler (1995: 266ff.); I. Hajnal: Die lykischen a-Stämme: Zum Werdegang einer Nominalklasse. *Kolloquium Kopenhagen 1993* (1994: 135–171); I. Hajnal. Deger-Jakoltzy / Hiller / Panagl (1999a: 265–276. Vgl. zu den germanischen -*ō*-Stämmen Schaffner (2007: 365ff.).

M 313. Die Neutra tragen im Bereich der konkreten Kasus (Gen., Abl., Dat., Instr., Lok.) sowohl im Sg. als auch im Pl. die gleichen Endungen wie die Maskulina. Sie verhalten sich aber im Nom.-Akk. Sg. und Pl. anders als die Maskulina.

Im grammatischen Subsystem von Nom. und Akk. weichen die Neutra von der maskulinen Opposition Sg. *-*s* vs. *-*m* bzw. Pl. *-*es* vs. *-*ns* ab: — Im Sg. zeigen Nom. und Akk. bei den athem. Nomina *-Ø, bei den them. Nomina im Nom. und Akk. *-*o*-*m*. — Im Pl. zeigen Nom. und Akk. bei den athem. Nomina *-h_2-Ø, bei den them. im Nom. und Akk. *-*e*-h_2-Ø. — Ein Beispiel: uridg. athem. Nom. und Akk.Sg. **spérmn̥*-Ø 'das Ausgesäte', Nom. und Akk.Pl. **spérmn̥*-h_2-Ø; uridg. them. Nom. und Akk.Sg. **u̯érĝo*-*m* 'das Werk', Nom. und Akk.Pl. **u̯érĝe*-h_2-Ø.

Die Nichtdifferenzierung von Nom. und Akk. Sg. bei den Neutra lässt sich aus dem Umstand erklären, dass es das Hauptcharakteristikum der uridg. Neutra und der hinter ihnen stehenden voruridg. Klasse B war, Dinge zu gruppieren, die nicht als Träger einer Verbalhandlung vorstellbar waren, s.o. M 303 Abs. 2. Die Anwendung des maskulinen Subsystems mit *-*s* für ein handelndes Subjekt kam daher in der allerältesten Sprachschicht aus semantischen Gründen nicht in Frage.

Zur Pluralität im grammatischen Kasussubsystem bei den Neutra: — Grundsätzlich besaß die Grundsprache die Möglichkeit zur Bildung einer distributiven und einer kollektiven Pluralität, s.o. M 304 Abs. 2. — Erstere gehörte zur Gruppe A (belebt, handlungsfähig). Ihr standen bei den athem. Nomina die normalen Endungen Nom. *-*es* und Akk. *-*n̥s* zur Verfügung. — Lag dagegen ein kollektives Plural-Verständnis vor, so wurde der fragliche Nominalstamm mit Hilfe des Suffixes *-h_2- in ein Kollektiv-Abstraktum verwandelt und als Sg. weiterverwendet. Kollektiva gehören zur oben genannten Klasse B (unbelebt, nicht handlungsfähig) und differenzieren daher wieder nicht zwischen Nom. und Akk.Sg. Übrigens: Das kollektive *-h_2-Suffix kann nicht vom Suffix *-h_2- getrennt werden, das Feminina bildet, s.o. M 303 Abs. 4.

Bei der Wahl der Pluralität bestand nun bei neutralen Nomina (Klasse B) keine andere Wahl als die Kollektivität. Denn nur diese war klassenkonform. – Aus dem Verständnis als Kollektiv erklärt sich die in altidg. Sprachen vereinzelt zu beobachtende Besonderheit der Verknüpfung des neutralen Plurals mit dem Singular des Verbums: → J. Harđarson. *MSS* 48 (1987: 81ff.) mit den Hinweisen auf die Praxis im att. Gr. (Mustersatz πάντα ῥεῖ 'alles fließt': → Meier-Brügger (1992a: 157), im Vedischen (im RV finden sich nur drei einzelne Belege, die aber nicht unbedingt auf Altem zu beruhen brauchen), Altav. (hier regelmäßig) und im Hethitischen (hier ausschließlich). – Weitere Lit.: → C. Melchert. *TIES* 9 (2000: 53–75, 61ff.: Collective vs. Count Plural in PIE and in Anatolian).

3.3.4 Zu den Flexionsparadigmen und ihren Ablautklassen

M 314. Wie ein kurzer Blick in die Forschungsgeschichte zeigt, hat sich erst allmählich die Erkenntnis durchgesetzt, dass die Grundorganisation der uridg. Nominalflexion vermutlich in den Akzent- bzw. in den dadurch gesteuerten Ablautklassen bestanden hat. – Die folgende Darstellung orientiert sich an der Forschungsgeschichte und bringt dem Leser erst in M 319 die heute übliche Systematik. Die Forschung ist in diesem Bereich stark im Fluss.

1) Das athem. Nominalparadigma zeigt bekanntlich ablautend einen Wechsel zwischen dem sog. starken und dem sog. schwachen Stamm, s.o. P 408. Der schwache Stamm lässt sich vom starken durch ein davon verschiedenes Akzentverhalten unterscheiden, vgl. aus dem Paradigma von 'Vater' uridg. stark *ph_2-tér-* (das Suffix ist vollstufig) vs. uridg. schwach *ph_2-tr-´* (das Suffix ist schwundstufig). Im Gr. entsprechend Nom.Sg. stark πα-τήρ, Gen.Sg. schwach πα-τρ-ός, im Ved. Nom.Sg. stark *pi-tā́* (< **pi-tā́r*), Dat.Sg. schwach *pi-tr-é*. Wie das Beispiel zeigt und wie es sich laufend bestätigen lässt, wandert der Akzent beim Wechsel vom starken zum schwachen Stamm eine Silbe weiter Richtung Wortende. – Vgl. ferner aus dem Paradigma von ved. 'Sohn' Nom.Sg. stark *sūn-ú-s* (das Suffix ist schwundstufig, der Akzent lag ursprünglich auf der Wurzel, ist aber sekundär auf das Suffix verlegt worden, s.u. Abs. 4), Gen.Sg. schwach *sūn-ó-s* < **sūn-áu̯-s* (das Suffix ist vollstufig). – Die Unterscheidung stark vs. schwach hat bereits die indische Grammatik getroffen: → Rix (1992: 121). Die Termini stark vs. schwach dürfen nicht mit der Differenzierung von

Casus rectus (= Nom.) vs. Casus obliquus (= alle übrigen Kasus unter Ausnahme des Nom.) verwechselt werden, s.o. 1. Terminologie.

2) Zu den Kasusformen mit starkem Stamm zählen mit Sicherheit im Sg. der Vok., der Nom., der Akk. und z.T. auch der Lok., im Du. der Vok., der Nom. und der Akk., im Pl. der Nom., z.T. auch der Akk. Alle übrigen Kasusformen werden vom schwachen Stamm aus gebildet.

3) Einen Markstein in der Erforschung der Nominalstämme stellt das Werk von Holger Pedersen *La cinquième déclinaison latine* dar (Pedersen 1926). Er entdeckt zwei verschiedene nominale Ablauttypen. — Wie der Autor feststellt, sind die Schlüsselbeispiele ved. Dat.Sg. schwach *pi-tr-é* und ved. Gen.Sg. schwach **sūn-áu̯-s* ablautmäßig unterschieden. Bei ersterem ist das Suffix im schwachen Stamm schwundstufig und die Endung vollstufig, bei letzterem ist das Suffix im schwachen Stamm vollstufig und die Endung schwundstufig. Pedersen (1926: 24 Anm. 1) schreibt dazu: „'Flexion forte' et 'flexion faible' de F. de Saussure" (→ Saussure 1879 = *KS Saussure* 1922: 187, 194ff., 205ff.). „Mais ces termes prêtent à la confusion avec les expressions 'stark' et 'schwach' de la grammaire des langues germaniques, et en soi ils expriment pas la vraie nature du contraste entre les deux types. En adoptant le mot δύναμις au sens de 'degré vocalique fort' on pourrait peut-être forger les termes 'flexion hystérodyname' [= Typ πατήρ bzw. *pitā́*] et 'flexion protérodyname' [= Typ *sūnú-s*]". — Mit anderen Worten, Pedersen unterscheidet einerseits einen sog. hysterodynamischen Flexionstyp mit einem starken Stamm vom Schema schwundstufig unbetonte Wurzel, vollstufig betontes Suffix und schwundstufig unbetonte Endung und einem schwachen Stamm vom Schema schwundstufig unbetonte Wurzel, schwundstufig unbetontes Suffix und vollstufig betonte Endung, andererseits einen sog. proterodynamischen Flexionstyp mit einem starkem Stamm vom Schema vollstufig betonte Wurzel, schwundstufig unbetontes Suffix und schwundstufig unbetonte Endung und einem schwachen Stamm vom Schema schwundstufig unbetonte Wurzel, vollstufig betontes Suffix und schwundstufig unbetonte Endung.

4)Pedersen macht deutlich, dass die in den Paradigmen als ursprünglich zu fordernden Kombinationen von betonter Vollstufe vs. unbetonter Schwundstufe (vgl. die schwundstufig unbetonte Wurzel, das vollstufig betonte Suffix und die schwundstufig unbetonte Endung im Beispiel **sūn-áu̯-s* und die schwundstufig unbetonte Wurzel, das schwundstufig unbetonte Suffix und die vollstufig betonte Endung im Beispiel πα-τρ-ός) einzelsprachlich nur im Glücksfall so erhalten sind. D.h. i.d.R. sind bei den uns vorliegenden einzelsprachlichen Paradigmen eine ganze Reihe von Analogien und Neuerungen durchgeführt worden. Beim Beispiel *sūnú-* stimmt im Nom.Sg. im Hinblick auf die postulierte proterodynamische Ausgangsform weder der schwundstufige Stamm noch das betonte schwundstufige Suffix. Bei der ved. Gen.Sg.-Form *pi-tur* (mit *-tur* <* *-tṛ́-s*) widersprechen sich im Hinblick auf die postulierte hysterodynamische Ausgangsform Schwundstufe und Suffixbetonung (*-tur* ist offensichtlich alt und stammt von einem Muster wie ved. *bhrā́tr-*, wo die Wurzelsilbe konstant den Akzent trägt). Beim ved. Dat.Abl.Pl. *pi-tṛ́-bhyas* entspricht zwar die schwundstufige Suffixform den Erwartungen, nicht aber die Akzentuierung (statt des unerwarteten Akzents auf dem schwundstufigen Suffix sähe man gern ein betontes **-bhyás*), im Fall von ved. Dat.Abl.Pl. *sūnú-bhyas* ist umgekehrt der suffixale Akzent zu erwarten, nicht aber die vorliegende Schwundstufe usw. usw. Pedersen (1926: 25): „Bref, on ne saurait maintenir l'hypothèse indiquée ci-dessus sur le caractère primitif du contraste entre les types πατήρ et *sūnús* qu' à condition de supposer une longue série d'actions analogiques et d'innovations".

5) Während Kuryłowicz (1935: 131ff., Remarques sur la flexion nominale) die alte Terminologie von Saussure beibehält, nimmt Kuiper (1942) direkt auf die Arbeit von Pedersen Bezug. Kuiper geht in seiner bahnbrechenden Arbeit zu den Stämmen auf *-i-* und *-u-* (1ff.) und zum ved. Typ *go-ṣā́s* 'Rinder gewinnend' (71ff.) von den beiden Grundmustern der proterodynamischen und hysterodynamischen Flexion aus (4: „The terms are a little pompous to my taste, but it will be best to retain them").

6) Die Forschungen von Kuiper sind speziell im Erlanger Seminar von Karl Hoffmann auf fruchtbaren Boden gefallen. Wie H. Rix. *MSS* 18 (1965: 86 Anm. 18) berichtet, fand 1964 ein Erlanger Kolloquium zu den *-r/n-* Heteroklitika statt; H. Rix: Lat. iecur iocineris. *MSS* 18 (1965: 79–92) behandelt in seinem wegweisenden Beitrag die formalen Probleme des Paradigmas. Die bei Cicero übliche Form *iecur iecoris* n. 'Leber' ist strukturell jünger als das seit Livius eingebürgerte *iecur iocineris*. Umstritten ist die Quelle für das *-o*-stufige *ioc-*. Rix kommt zum Schluss, dass es ererbt sei. Leider nicht aussagekräftig seien die damit verwandten Nomina gr. ἧπαρ ἥπατος n. 'Leber' (< uridg. **i̯ḗkᵘ̯-*) und ved. *yákṛt yaknás* (< uridg. **i̯ekᵘ̯-*), weil sie beide eine einzige Ablautstufe (sei es nun *-ē-* oder *-e-*) verallgemeinert hätten. Das parallel gebaute Wort für 'Wasser', nämlich uridg. n. **u̯édōr*, habe aber offensichtlich ein älteres Schema mit einer paradigmatisch verankerten *-o*-Stufe bewahrt. Rix rekonstruiert deshalb nach dem damaligen Kenntnisstand das folgende 'Wasser'-Paradigma und führt in Analogie *ioc-* auf ein lokativisches **i̯okᵘ̯-* zurück:

stark Nom.Akk.	**u̯éd-ōr*	~	**i̯ék$^{u̯}$-r̥t*
schwach	**ud-n-´*	~	**ik$^{u̯}$-n-´*
Lok.	**u̯od-én*	~	**i̯ok$^{u̯}$-én*

6a) Wie sich erst später herausstellte, ist das Paradigma des uridg. Wortes für 'Wasser' noch komplexer und muss in ein singularisches (akrodynamisches, s.u. M 320) und in ein kollektives (holodynamisches, s.u. M 321) Paradigma unterteilt werden: → J. Schindler: L'apophonie des thèmes indo-européens en -r/n. *BSL* 70,1 (1975: 1–10); J. Schindler. *Kolloquium Kopenhagen 1993* (1994: 391f.):

	singularisch	kollektiv
stark. St. Nom.Akk.	**u̯ód-r̥*	**u̯éd-ōr*
schwacher Stamm	**u̯éd-n-*	**ud-n-´*
Lok.Sg.	**ud-én(i̯)*	

7) Ferner: Uridg. **iḗk$^{u̯}$r-* besaß in Abweichung von singularischem **u̯ódr-* vielleicht den schwachen Stamm **iók$^{u̯}$r-*: → Nussbaum (1998: 150 Anm. 179). Und von daher kann lat. *ioc-* sein *-o-* bezogen haben. Aber das letzte Wort ist hier nicht gesprochen: → Meiser (1998: 142).

M 315. Mit den uridg. Akzent- und Ablautparadigmen haben sich in neuerer Zeit verschiedene Autoren befasst.

1) An erster Stelle zu nennen ist Jochem Schindler; zu seinem Lebenswerk: → R. Schmitt in *AlmÖAW* 145 (1994/1995: 584ff.). Schindlers zentralen Aufsätze: → Das indogermanische Wort für 'Erde' und die dentalen Spiranten. *Sprache* 13 (1967: 191–205); Zu hethitisch nekuz. *ZVS* 81 (1967: 290–303); L'apophonie des noms racines indo-européens. *BSL* 67,1 (1972: 31–38); Zum Ablaut der neutralen s-Stämme des Indogermanischen. *FT Regensburg 1973* (1975: 259–267, 262f. die vier uridg. Ablautklassen); L'apophonie des thèmes indo-européens en -r/n. *BSL* 70,1 (1975: 1–10); Alte und neue Fragen zum indogermanischen Nomen. *Kolloquium Kopenhagen 1993* (1994]: 397–400).

2) Aus der Fülle der weiteren Literatur seien speziell genannt: — a) H. Eichner: Die Etymologie von heth. mehur. *MSS* 31 (1973: 91, in Anm. 33 zur Terminologie, s.u. Abs. 3 und 4); H. Eichner: Zu Etymologie und Flexion von vedisch strī́ und púmān. *Sprache* 20 (1974: 26–42). — b) Rix (1992: 121ff.). — c) Beekes (1985); Beekes postuliert in einem kühnen Versuch u.a. einen hysterodynamischen Typ mit Nom.Sg. *KéK-K*, Akk.Sg. *KK-éK-m̥* und Gen.Sg. *KK-ós*; dazu verschiedene

jüngere Unterparadigmen; einen proterodynamischen Typ hätte es dagegen für die Neutra gegeben; Lubotsky (1988). — d) Verschiedenes: W. Hock: Der urindogermanische Flexionsakzent und die morphologische Akzentologiekonzeption. *MSS* 53 (1992: 177–205); N. Oettinger: Der Akzent des indogermanischen Kollektivums im Lichte des Hethitischen. *MSS* 53 (1992: 207–214); N. Oettinger: Der Ablaut von ‚Ahorn' im Indogermanischen. *HS* 107 (1994: 77–86). — e) X. Tremblay: Un nouveau type apophonique des noms athématiques suffixaux de l'indo-européen. *BSL* 91,1 (1996: 97–145); der Autor versucht, einen zusätzlichen vom ihm so genannten anakinetischen Flexionstyp mit dem Muster Nom.Sg. *Kek-ṓs* bzw. **Kek-tór-* und Gen.Sg. *Kék-s-s* bzw. *Kék-tr-* zu etablieren: Dem widerspricht aber entschieden, dass der Akzent in allen belegbaren Paradigmen beim Übergang von den starken zu den schwachen Kasus gegen das Wortende hin wandert und nie umgekehrt; bei **Kek-tór-* erzwingt der Autor übrigens die von ihm gewünschte Akzentuierung gegen die Beleglage und behauptet: „l'absence d'attestation de l'oxytonie de **-tór-* n'est pas significative" (104); vgl. auch Tremblay (2003).

3) Die Forschung hat leider noch zu keiner einheitlichen Terminologie gefunden. Es ist dabei darauf zu achten, dass zwischen Akzent- und Ablautmuster unterschieden wird. Das Akzentmuster ist primär, das Ablautmuster ist dessen unmittelbare Konsequenz.

Rix (1992: 122f.) beezieht -dynamisch ausdrücklich auf den Akzent („von δύναμις ‘Akzent'"), setzt sich damit aber in Gegensatz zur Definition von Pedersen, die oben M 314 Abs. 3 mit δύναμις i.S.v. ‘degré vocalique fort' auf den Ablaut zielt. H. Eichner. *MSS* 31 (1972: 91 Anm. 33) geht es bei seinen Vorschlägen für die Terminologie ebenfalls um die Akzentmuster, und er schlägt vor, den auf einem Element verharrenden Akzent als -statisch zu bezeichen. Bleibt der Akzent dagegen nicht stets am gleichen Ort stehen, so spricht Eichner von -kinetisch. Forscher wie Jochem Schindler (→ *FT Regensburg 1973* 1975: 262f.), Norbert Oettinger (→ *HS* 107, 1994: 83) und Wolfgang Hock (→ *MSS* 53, 1992: 177ff.) folgen Eichner; Rieken (1999: 6) folgt Rix.

4) Hier wird für die Ablautparadigmen Pedersens und Kuipers -dynamisch beibehalten. Gilt aber der Blick dem Akzent, so kommen -kinetisch und -statisch zum Zug.

Die folgende Zusammenstellung (sie gilt dem Akzent, lässt sich aber leicht auf den Ablaut umschreiben, indem eben statt -statisch und -kinetisch von -dynamisch die Rede ist) übernehme ich von Harđarson (1993: 26); ebenso: → W. Hock. *MSS* 53 (1992: 177f.).

Statischer Akzent
1. akrostatisch (konstante Wurzelbetonung)
2. mesostatisch (konstante Suffixbetoung)
3. teleutostatisch (konstante Betonung der Endung)

Mobiler Akzent
1. proterokinetisch (Akzentwechsel von der Wurzel auf das Suffix)
2. hysterokinetisch (Akzentwechsel vom Suffix auf die Endung)
3. amphikinetisch (Akzentwechsel von der Wurzel auf die Endung)
4. holokinetisch (Akzentwechsel zw. Wurzel, Suffix und Endung)

M 316. In der uridg. Nominalflexion waren zum einen die beiden Ablautklassen protero- und hysterodynamisch bestens etabliert, s.o. M 314 Abs. 3ff. Wie aus M 319 hervorgeht, sind zum andern die weiteren Muster akro- und amphi/holodynamisch dazuzunehmen.

Für die folgenden Darstellungen werden die Kürzel W (= Wurzel), S (= Suffix) und E (= Endung), ferner *z* (Schwundstufe) verwendet, *z* [= zéro] in Anlehnung an J. Schindler. *Sprache* 15 (1969: 144) statt Ø: → J. Schindler. *FT Regensburg 1973* (1975: 262ff.), *é* (betonte -*e*-Vollstufe), *ó* (betonte -*o*-Vollstufe) und *o* (unbetonte -*o*-Vollstufe). ‘Stark’ steht verkürzt für ‘starker Stamm’, ‘schwach’ verkürzt für ‘schwacher Stamm’.

Das jeweilige Akzentmuster ist primär. Das damit verbundene Ablautmuster ist ursprünglich nur das Produkt der Akzentverhältnisse nach dem Prinzip ‘betonte Silbe = -*e*-stufig’, ‘unbetonte Silbe = schwundstufig oder -*o*-stufig’.

Auf dem Weg zu den Einzelsprachen hat sich i.d.R. der Ablaut besser bewahrt als der Akzent. Innerhalb des Ablauts ist das Verhalten im Suffix und bei der Endung am stabilsten geblieben. Der Ablaut im Bereich der Wurzel wurde dagegen meist zugunsten einer einheitlichen Form aufgegeben.

M 317. Die proterokinetische (bzw. proterodynamische) Nominalklasse:

1) Das uridg. proterokinetische Akzentmuster in schematischer Form dargestellt (die unterstrichenen Elemente tragen den Akzent):

	W	S	E
stark	*W*	*S*	*E*
schwach	*W*	*S*	*E*

2) Das entsprechende uridg. proterodynamische Ablautmuster in schematischer Form dargestellt:

	W	S	E
stark	é	z	z
schwach	z	é	z

3) Als Musterbeispiel vgl. ved. 'Sohn' (s.o. M 314 Abs. 1); zu weiteren Einzelheiten: → Mayrhofer (1996: 741):

stark	Nom.Sg. ved. *sū-nú-s*	< uridg. *?-nu-s
schwach	Gen.Sg. ved. *sū-nó-s* < *sū-náu̯-s	< uridg. *suH-néu̯-s

4) Kommentar zu Abs. 3: Während der Ablautwechsel beim Suffix ved. einzelsprachlich belegt ist, fehlen solche Hinweise auf den Ablautwechsel bei der Wurzelsilbe *sū-*. Die Rekonstruktion muss deswegen in diesem Bereich unsicher bleiben. Alternativ zu vollstufigem *séu̯H- kann auch betontes schwundstufiges *súH- nicht ausgeschlossen werden. — Das Paradigma von ved. *sūnú-* zeigt durchgehend stabilen Akzent auf dem Suffix. Dieser Zustand kann aber nicht alt sein. Der Akzent ist auf dem vollstufigen Suffix des schwachen Stammes das Erwartete, nicht aber auf dem schwundstufigen Suffix des starken Stammes. Mit anderen Worten: Das Ablautverhalten des Suffixes wird nur dann verständlich, wenn dem jüngeren statischen Akzent ein älterer proterokinetischer Akzent vorausging.

5) Auf proterodynamisches Ablautverhalten lassen in ausgeprägter Weise die verschiedenen uridg. *-i-* und *-u-*Stämme schließen:

uridg. stark	Nom.Sg.	*KéK-i-s	*KéK-u-s
uridg. schwach	Gen.Sg.	*KzK-éi̯-s	*KzK-éu̯-s

6) Die einzelsprachlichen Fortsetzer haben den markanten Ablaut im Suffix i.d.R. beibehalten. Bei der Gestaltung des Wurzelablauts und bei der Akzentuierung sind aber Vereinfachungen die Regel: vom schwachen Stamm aus wurde bei der Wurzel i.d.R. die Schwundstufe verallgemeinert, beim Akzent statischer Akzent auf Wurzel oder Suffix.

7) Als Beispiele für Abs. 5 kommen hier einige Abstrakta auf *-ti-/-tei̯-* zur Sprache: — Lat.: *mors mortis* f. 'Sterben, Tod' < uridg. schwach *mr̥-téi̯- (ist *-ti-*Abstraktum von uridg. *mer- 'verschwinden, sterben') mit verallgemeinerter Schwundstufe *mor-* < *mr̥-. Zu weiteren lat. Fortsetzern von *-ti-*Abstrakta: → Leumann (1977: 344f.); Reichler-Béguelin (1986: 23). — Gr.: Hom. πόσις f. 'Trin-

ken' < uridg. schwach *ph_3-téi̯- (ist -*ti*-Abstraktum von uridg. *peh_3- 'trinken') mit Verallgemeinerung der schwundstufigen Wurzel des schwachen Stammes und des (sich auf der Wurzel befindlichen) Akzents des starken Stammes. Beim Ablaut im Suffix haben die meisten gr. Dialekte schwundstufiges -*si*- (i.e. Nom.Sg. -*si-s*, Gen.Sg. -*si-os* usw.) verallgemeinert (die assibilierte südgr. Lautform geht auf -*ti*- zurück, die Abstrakta haben sich aber dank der Dominanz der frühklass. ion. Wissenschaftssprache innerhalb ganz Griechenlands unter der -*si*-Form durchgesetzt). Das att. Paradigma bietet als Altertümlichkeit noch ein komplexeres Bild, vgl. Gen.Sg. -σεως (Hom. kennt vom parallel flektierten πόλις 'Stadt' noch das ältere πόληος ohne Quantitätenmetathese; das -*ē*- vom Gen.Sg. -*ēos* ist vermutlich vom Lok.Sg. *-*ēi̯* bezogen) und Dat.Sg. -σει < *-*téi̯-i*. Weiteres zu den -*ti*-/-*si*-Abstrakta: → Risch (1974: § 16). — Ved.: *matí*- f. 'Denken, Gedanke, Sinn' < uridg. schwach *m̥n̥-téi̯- mit Verallgemeinerung der Schwundstufe des schwachen Stammes in der Wurzel und des Akzents des schwachen Stammes auf dem Suffix. Eine Gen.Sg.-Form wie *puṣṭés* 'Gedeihen, Wachstum' < *-*tái̯-s* < uridg. *-*téi̯-s* ist das Erwartete. Formen wie Akk.Pl. *matī́s* und Instr.Pl. *matī́bhis* mit ihrem zwar schwundstufigen, aber betonten Suffix sind dagegen regelwidrig. — Bei der Durchsicht der einzelsprachlichen -*ti*-Stämme fällt auf, dass die im starken Stamm erwartete Vollstufe der Wurzel selten nachzuweisen ist, vgl. ion. ἄμπωτις 'Ebbe' (wenn < *-peh_3-*ti*-); vgl. dazu B. Vine: On PIE full grades in some zero-grade contexts: *-ti-, *-to-. Clackson / Olsen (2004: 357–379).

8) Die beiden Nomina uridg. **dóru*- n. 'Holz' und uridg. *$h_2$ói̯u- n. 'Lebenskraft, Lebensdauer' gelten wegen ihrer schwachen Formen vom Typ Gen.Sg. **dréu̯-s* und *h_2i̯éu̯-s als proterodynamisch: → Kuiper (1942: 30ff.). Sie kommen deshalb auch hier zur Sprache. Heute geht man aber davon aus, dass sie zunächst akrodynamisch flektiert worden sind (zum Typus s.u. M 320). Im Schema mit starkem Stamm **dóru*- bzw. *$h_2$ói̯u- vs. schwachem Stamm **déru*- bzw. *$h_2$éi̯u- wurden die schwachen Formen dann sekundär umstrukturiert: Statt **déru*- bzw.*$h_2$éi̯u- kam neu **dr-éu̯*- und *h_2i̯-éu̯- in Gebrauch. — Einzelheiten zu **dóru*-: Vgl. ved. Nom.Akk.Sg. n. *dā́ru* (= jav. *dāᵘru*) 'Holz' mit Gen.Sg. *dróṣ* (= jav. *draoš*) < uridg. stark **dóru*- vs. schwach **dréu̯*-. Weiteres, auch zu gr. n. δόρυ 'Baumstamm, Holz' und zu dem aus dem schwachen Stamm letzlich erwachsenen f. δρύ- 'Baum, Eiche' mit Gen.Sg. δρυ-ός und Nom.Sg. δρῦς: → K. Strunk: *GS Kuryłowicz* (1995a: 357f.); Janda (1997: 143ff.). — Einzelheiten zu uridg. *$h_2$ói̯u- 'Lebenskraft, Lebensdauer': Zum starkem Stamm *$h_2$ói̯u- vgl. ved. *ā́yu*- und aav., jav. *āiiu*; vgl. ferner W. Cowgill. *Language* 36 (1960: 347ff.), der die gr. Negationspartikel οὐ aus der negativen Formulierung **ne* … *$h_2$ói̯u- i.S.v. 'nicht eine Zeitdauer' herleitet und somit den starken Stamm auch

für das Gr. erweist. Zum schwachem Stamm *h$_2$i̯éu̯- bzw. *h$_2$i̯u̯- vgl. einerseits vollstufig aav. Gen.Sg. *yaoš* n. 'Leben' und andererseits schwundstufig gr. αἰϝ-εί und αἰ-ές. Lit.: → Kuiper (1942: § 6); Peters (1980: 76f.). Zum dazugehörigen VG von ὑγιής s.o. P 344.

9) Im Gegensatz zu Abs. 8 zeigen die neutralen *-men-* und *-r/n*-Stämme in ihrer uridg. Form ohne jeden Zweifel proterodynamisches Ablautverhalten. Das uridg. Schema lautete:

uridg. stark	Nom.Akk.Sg.	*KéK-m̥-	*KéK-r̥
uridg. schwach	Gen.Sg.	*KzK-mén-s	*KzK-én-s

10) Die Paradigmen der einzelsprachlichen *-men*-Stämme mit neutralem Genus zeigen nur noch vereinzelte Spuren des postulierten ursprünglichen Zustandes. Das Av. ist in diesem Fall am konservativsten. Es ist zu beachten, dass es neben den Neutra auch geschlechtige (belebte) *-men*-Stämme gegeben hat. Sie gehören der holodynamischen Klasse an, s.u. M 321 Abs. 2. — Lat.: Vgl. stark Nom.Akk.Sg. *sē-men* 'Same', dazu schwach Gen.Sg. *sē-min-is*: Während die Wurzel *sē-* < *seh$_1$- die Vollstufe fortsetzt, zeigt das Suffix vermutlich Ablaut mit schwundstufigem Nom.Akk. *-men* < *-m̥- und vollstufigem schwachem *-min-* < uridg. *-mén- (die Gen.Sg.-Endung *-is* < *-es* ist sekundär). — Gr.: Das Suffix zeigt im Nom. Akk.Sg. die erwartete Form *-ma* (myk. in labialer Umgebung z.T auch *-mo*). In den schwachen Formen wie im Gen.Sg. lautet dagegen die Form des Suffixes bereits myk. statt *-men- neu mit Dentalerweiterung *-ma-t-* < *-m̥-t-, vgl. Instr.Sg. *e-ka-ma-te* i.e. *hek^h-mat-ē* PY 'Halter'. Ein *-i̯e*-Präs. wie ὀνομαίνω (Hom.+) '(be)nenne' ist von der Bildung her alt und kam zustande, als die Dentalerweiterung noch nicht eingebürgert war. Weitere Hinweise zur gr. Problematik: → Risch (1974: § 21); N. Oettinger: Die Dentalerweiterung von n-Stämmen und Heteroklitika im Griechischen, Anatolischen und Altindischen. *FS Neumann* (1982: 233ff.) (kritisch dazu H. Rix. *Kratylos* 30, 1985: 70f.). — Ved:. Vgl. stark Nom.Akk.Sg. *nā́ma* 'Name', schwach Gen.Sg. *nā́mnas*. Die schwundstufige Suffixform *-mn-* statt *-man- ist einzelsprachlich nach dem Vorbild der *-mn*-Formen der nichtneutrischen holodynamischen *-men*-Stämme geneuert, s.u. M 321 Abs. 2. — Av.: Vgl. jav. stark Nom.Akk.Sg. *nąma* 'Name' < uridg. *-m̥; aav. schwach Gen.Sg. *caš-mə̨ṇg* 'Gesichtsfeld', jav. schwach Gen.Sg. *dā-mąn* 'Stätte, Geschöpf', beide mit der erwarteten Gen.Sg.-Endung < uridg. *-mén-s; Einzelheiten und weitere Formen: → Hoffmann / Forssman (2004: 143). — Weiteres zu uridg. 'Name': → I. Hajnal. *IF* 92 (1987: 83 Anm. 51, zum gr. Material; plädiert für Ansatz von *h$_1$néh$_3$-mn̥); Mayrhofer (1996: 35–37); Puhvel (2001: 51–56).

11) Zu den neutralen *-r/n*-Stämmen vgl. als Musterbeispiel ‘Feuer’ mit dem uridg. Sg.-Paradigma stark Nom.Akk. **péh$_2$-u̯r̥*, schwach Gen.Sg. **ph$_2$(u)-u̯én-s* (direkt vorausgesetzt durch heth. Nom.Akk.Sg. *pa-aḫ-ḫur*, Gen.Sg. *pa-aḫ-ḫu-e-na-aš*). Zu Einzelheiten des uridg. Paradigmas: → J. Schindler. *BSL* 70,1 (1975: 10). Zum Heth.: → Güterbock / Hoffner (1997: 12–16); Rieken (1999: 331–333).

M 318. Die hysterokinetische (bzw. hysterodynamische) Nominalklasse:

1) Das uridg. hysterokinetische Akzentmuster in schematischer Form dargestellt (die unterstrichenen Elemente tragen den Akzent):

	W	**S**	**E**
stark	*W*	$\underline{S}$	*E*
schwach	*W*	*S*	$\underline{E}$

2) Das entsprechende uridg. hysterodynamische Ablautmuster in schematischer Form dargestellt:

	W	**S**	**E**
stark	*z*	*é*	*z*
schwach	*z*	*z*	*é*

3) Als Musterbeispiel vgl. ved. ‘Vater’ (s.o. M 314 Abs. 1ff.; zum Lautlichen s.o. P 324 Abs. 3 und M 310 Abs. 3):

stark	ved. Nom.Sg.	*pi-tā́*	< uridg. **ph$_2$-tḗr* (mit **- tḗr* <* *-tér-s*)
	ved. Akk.Sg.	*pi-tár-am*	< uridg. **ph$_2$-tér-m̥*
schwach	ved. Dat.Sg.	*pi-tr-é*	< uridg. **ph$_2$-tr-éi̯*

Das parallel dazu stehende ‘Mutter’-Wort zeigt vollstufigen Wortanfang und widersprüchliche Akzentuierungen in den Einzelsprachen. Folgende Szenarien sind denkbar: — a) Wurzelbetonung alt (würde die Vollstufe erklären); uridg. **méh$_2$ter-* (oder **mā́ter-*) also ursprünglich (so noch gr. μήτηρ), sekundär dann im Akzent Anpassung an das Paradigma von **ph$_2$tér-* (so ved. *mātár-*; so auch vorausgesetzt in urgerm. **mōđér-*, wie an. *mōđer* und aengl. *mōdor* zeigen, s.u. P 421 Abs. 1). — b) Suffixbetonung alt (die Vollstufe der Anfangssilbe bleibt dann aber unerklärt); uridg. **meh$_2$tér-* (oder **mātér-*) = ved. und germ.; die gr. Anfangsbetonung im Nom. müsste dann aus dem Vok. stammen; die suffixale

Betonung außerhalb des Nom. wie in Akk.Sg. μητέρα wäre älter: → Mayrhofer (1996: 345). Vgl. ferner Ch. de Lamberterie *BSL* 97,2 (2002: 112).

4) Klassische Beispiele stellen ferner die ved. Komposita vom Typ stark Nom.Sg. *-sthā́s* < uridg. **-stéh₂-s*, schwach Gen.Sg. *-sthás* < uridg. **-sth₂-és* (mit sek. ved. Verallgemeinerung von *-sth-* auch im starken Stamm). Nach Scarlata (1999: 659) ist die Beleglage für den schwachen Stamm aber unsicher. – Komplexer sind ved. Komposita zur Wurzel *sanⁱ-* 'gewinnen, erlangen; verschaffen' < uridg. **senh₂-* 'erlangen, erwischen': stark Nom.Sg. *-sánis* < uridg. **-sénh₂-s*. Als sekundär müssen dagegen Formen wie der starke Nom.Sg. *-sā́s* und der schwache Gen.Sg. *-sás* betrachtet werden: → Kuiper (1942: 83ff.); Scarlata (1999: 586).

5) Auf ein hysterodynamisches Muster weisen ferner die geschlechtigen Nomina mit *-r-* und *-n*-Suffixen. Vgl. als Musterbeispiel uridg. 'Stern' mit starkem Nom.Sg. **h₂s-tḗr* vs. schwachen Gen.Sg. **h₂s-tr-és* = gr. hom. Nom.Sg. ἀστήρ, Dat.Pl. ἀστράσι < **h₂s-tŕ̥-si* = ved. *s-tŕ̥-bhis* und uridg. 'Jungstier' mit starkem Nom.Sg. **h₂ukᵘ̯s-ḗn* vs. schwachen Gen.Sg. **h₂ukᵘ̯s-n-és* = ved. *ukṣán-*: → Mayrhofer (1991: 210).

6) Eine eigene Gruppe bilden die drei uridg. Nomina **di̯éu̯-* 'Himmel, Himmelsgott, Tag', **gᵘ̯éu̯-* 'Rind' und **néh₂u-* 'Kahn, Nachen' (zu uridg. **réh₁i-* s.o. P 323 Abs. 1b). Diese drei werden hier genannt, weil sie in der älteren Forschung auf Grund der betonten Endungen des schwachen Stammes (vgl. z.B. Gen.Sg. **diu̯-és*) der hysterodynamischen Nominalklasse angeschlossen sind: → Kuiper (1942: 39). – Nach Ausweis der einzelsprachlichen Belege flektierte **di̯éu̯-* immer mit starkem Stamm **di̯éu̯-* vs. schwachem Stamm **diu̯-´*. Zu fragen ist aus heutiger Sicht, ob hier wirklich ein hysterodynamischer *-u*-Stamm vom Typ **di̯-éu̯-* vs. **di-u̯-´* vorliegt oder nicht eher ein amphidynamisches Wurzelnomen vom Typ *-é-* vs. *-z-*, s.u. M 320 Abs. 3. Die Argumente sprechen für ein Wurzelnomen: → Rieken (1999: 39). – Die beiden Nomina uridg. **gᵘ̯óu̯-* 'Rind' und uridg. **néh₂u-* 'Kahn, Nachen' haben sich einzelsprachlich dem Paradigma von **di̯eu̯-* formal angenähert, von ihrer Herkunft her waren sie aber von **di̯eu̯-* verschieden. Uridg. **gᵘ̯óu̯-* ist vermutlich als ein akrodynamisches Wurzelnomen vom Typ *-o-* vs. *-e-* mit starkem Stamm **gᵘ̯óu̯-* vs. schwachen Stamm **gᵘ̯éu̯-* (s.u. Abs. 6b) zu beurteilen, uridg. **néh₂u-* als ein akrodynamisches Nomen mit schwachem Stamm **néh₂u-* (s.u. die Vermutung in Abs. 6c).

6a) Zu **di̯eu̯-* 'Himmel, Himmelsgott, Tag': – Das vermutlich grundsprachliche Paradigma lautet:

st. Vok.Sg.	**d(i)i̯éu̯- (+ *ph₂ter)*	
st. Nom.Sg.	** d(i)i̯ḗu̯-s od. *di̯éu̯-s*	
st. Akk.Sg.	** d(i)i̯ḗ-m < *d(i)i̯éu̯-m*	
schw.Gen.Abl.Sg.		**diu̯-és*
schw. Dat.Sg.		**diu̯-éi̯*
schw. Instr.Sg.		**diu̯-éh_1*
Lok.Sg.	** di̯éu̯-i*	

Kommentare zu Einzelheiten: — Zur uridg. Flexion: → J. Schindler: Bemerkungen zur Herkunft der idg. Diphthongstämme und zu den Eigentümlichkeiten ihrer Kasusformen. *Sprache* 19 (1973: 148–157); Szemerényi (1990: 191–193). — Zum Anlaut **d(i)i̯-* s.o. P 218 Abs. 2. — Zum Nebeneinander von uridg. **di̯-éu̯-* und **dei̯-h_2-*: → Mayrhofer (1991: 701 s.v. *DAY*[1 2] ‘leuchten, strahlen, glänzen’ u. 752 s.v. *dyáv-* ‘Himmel, Himmelsgottheit, Vater Himmel, Tag’); F. Bader: Formes de la racine *dei- ‘briller avec rotation’. *FS Szemerényi* (1993: 3–59). — Zur Nom.Sg.-Form: → Wachter (1987: 150ff., zum Lat. und Ital). — Zur Akk.Sg.-Form s.o. P 303. — Zum Lat. und Ital.: → Leumann (1977: § 318); Wachter (1987: 150ff., plädiert für gut verankerten, voritalischen Nom.Sg. *diēs*, belegt speziell in *Diēspiter*: dieser ist am besten verständlich, wenn wir annehmen, dasss er sehr früh vom Akk.Sg. **di̯ēm* aus neugestaltet worden ist); zu prälukanischem *dipoteres*: → H. Rix. *FS Hamp* (1997b: 146–149, < **Diī pater* < **Diē pater*). — Zum gr. und myk. Paradigma (myk. *diu̯éi̯* steht übrigens parallel neben *Hērāi̯*): → Aura Jorro (1985: 180 s.v. *di-we*); E. Risch: Die mykenischen Personennamen auf -e. Ilievski / Crepajac (1987: 281–298, u.a. zum Typ *ku-ne* / *ku-ne-u*); H. Hagen: Die Diskussion um die Schreibweise von Ζῆν (’) im homerischen Epos. *Glotta* 72 (1995: 98–104); J. Martínez García: Quod licet Ioui, non licet boui, Zum griechischen Namen Ζεύς. *HS* 110 (1997: 211–214, Akzentuierung von βοῦς regulär, die von Ζεύς sekundär); zu διόσδοτος: → Snell / Voigt / Meier-Brügger (1991: s.v.) — Zum ved. Paradigma: → Mayrhofer (1991: s.v. *dyáv-*): die singulär akzentuierte Form *divám* RV 8,34,1–15 bei Aufrecht Hymnen des RV 1877 fehlerhaft für *dívam*: → Wackernagel / Debrunner (1954: 142); Oldenberg (1909/1912 z.St.) — Zum sog. Āmreḍita-Kompositum *divédive*: → W. Dressler: *GS Brandenstein* (1968: 39ff., mit gr. und arm. Parallelen); Hajnal (1997: 60ff. auch zum Typ ved. *divédive* ‘Tag für Tag’). — Zum Anatol. (*-eu̯-* anatol. erhalten oder wiederhergestellt?): → Neu (1983: 168 mit Anm. 496); Rieken (1999: 35–39).

6b) Zu **gʷóu̯-* ‘Rind’: — Uridg.: **gʷóu̯-* gehörte zunächst zu den akrodynamischen Wn. mit starkem Stamm **gʷóu̯-* vs. schwachen Stamm **gʷéu̯-*: → Mayrhofer (1991: 478–480, mit der Diskussion im kleingedruckten Text). Erst einzelsprachlich ist *_g$^{u̯}$óu̯-_ formal in die Nähe von *_di̯éu̯-_ gerückt, was der Idee dann Raum gab, *_g$^{u̯}$óu̯-_ als zweiten grundsprachlichen Diphthongstamm neben *_di̯eu̯-_ einzureihen. Der mit *_g$^{u̯}$ou̯-_ konkurrierende Ansatz *_g$^{u̯}$éh$_3$u-_ ist nicht zuletzt von *_néh$_2$u-_ aus inspiriert: → Rix (1992: 147); vgl. ferner Leukart (1994: 49 Anm. 7), der gut verbürgte, alte Akk.Sg. *_g$^{u̯}$ṓm_ widerrät ihm aber: → J. Schindler. _Sprache_ 19 (1973: 155). — Lat.: → Leumann (1977: 357). — Gr.: Das klass. Paradigma lautet βοῦς βοῦν / βοός usw. Zur Akzentuierung βοῦς vs. Ζεύς s.o. J. Martínez García. _HS_ 110 (1997: 211–214). Bei Hom. vgl. auch βῶν (1x) 'Rindsschild' und εὔβων (Hom. Hymnen) 'reich an Rindern': → Meier-Brügger (1992b: 75). Zum Myk.: → Aura Jorro (1993: 207). — Ved.: → Mayrhofer (1991: 478–480 s.v. _gáv-_).

6c) Bei uridg. *_néh$_2$u-_ 'Kahn, Nachen' wird gern ein Paradigma mit starkem Nom.Sg. *_néh$_2$u-s_, starkem Akk.Sg. *_néh$_2$u-m_ (sekundär auch *_néh$_2$u̯-m̥_) vs. schwachem Gen.Sg. *_n̥h$_2$u̯-és_ bzw. *_n°h$_2$u̯-és_ angesetzt. An ein ursrpünglich akrodynamisches Paradigma mit starkem *_nóh$_2$u-_ vs. schwachem *_néh$_2$u-_ ist aber ebenfalls zu denken: → M. Weiss. _Kratylos_ 45 (2000: 67). Der schwache Stamm *_néh$_2$u-_ (als Gen.Sg. müsste ursprünglich *_néh$_2$u-s_ erwartet werden) wäre dann sekundär mit betonten Endungen flektiert worden (Gen.Sg. neu *_neh$_2$u̯-és_). — Der grundsprachliche _-u-_Stamm verhält sich einzelsprachlich nach Schwund des Laryngals z.T. wie ein Diphthongstamm. Er hat sich deshalb teilweise mit den ersten beiden Nomina formal zusammengefunden. Die ältere Forschung argumentiert meist in Verkennung der Realität von dieser sekundären Optik aus. — Gr.: Klass. Paradigma mit Nom.Sg. ναῦς Akk. Sg. ναῦν Dat.Pl. ναύσί (alle Formen hier < *_néh$_2$u-_) vs. Gen.Sg. dor. νᾱός / ion. νηός (ep.-ion. dazu sekundär Nom.Sg. νηῦς) / att. (mit Metathese der Quantitäten) νεώς (alle Formen hier < *_néh$_2$u̯-_). Die sekundäre ion. Nom.-Form νηῦς geht aber keinesfalls - wie früher gern angenommen - auf ein *_nā́u̯s_ zurück. — Ved.: Nom.Sg. _náuṣ_ nicht < *_nā́us_, sondern < *_ná.us_ < *_náHus_ < *_néh$_2$us_; das Metrum von RV 5,59.2 empfiehlt Zweisilbigkeit: → Oldenberg (1909 z.St.); obl. Kasus (auch Akk.Sg.) vom Stamm _nāv-_ aus. Lit. zum Ved. und allgemein: → Mayrhofer (1996: 59 s.v. _náu-_).

M 319. Neben den beiden uridg. Nominalklassen mit protero- bzw. hystero-Grundmuster sind mindestens zwei weitere, nämlich eine akro- und eine amphi- bzw. holodynamische, von den Fakten der Einzelsprachen aus erschließbar, s.u. M 320–322. Der Locus classicus mit der ersten Darstellung dieser vier Klassen: → J. Schindler. _FT Regensburg 1973_ (1975: 262f.); Rix (1992: 123). Für die aktuelle Diskussion: → Rieken (1999: 5–7). Grundlage für die folgende Darstellung ist auch der Unterricht von Alan Nussbaum im Berliner Blockseminar vom März 2001. Wie sich gezeigt hat, können einzelne Fakten erst von einem nominalen

Gesamtkonzept aus adäquat beurteilt werden, vgl. oben M 317 Abs. 8 und M 318 Abs. 6. Der besondere Status des Lok. wurde erst allmählich erkannt.

Zuerst werden hier alle uridg. Klassen in schematischer Übersicht angeführt.

I) Die akrostatische (akrodynamische) Nominalklasse (s.u. M 320):

	W	**S**	**E**
stark	*ó* od. *ḗ*	*z*	*z*
schwach	*é*	*z*	*z*
Lok.	*z*	*é*	

II) Die proterokinetische (-dynamische) Nominalklasse (s.o. M 317):

	W	**S**	**E**
stark	*é*	*z*	*z*
schwach	*z*	*é*	*z*
Lok.	*z*	*ḗ*	

III) Die hysterokinetische (-dynamische) Nominalklasse (s.o. M 318):

	W	**S**	**E**
stark	*z*	*é*	*z*
schwach	*z*	*z*	*é*
Lok.	*z*	*é*	

IV) Die amphi- bzw. holokinetische (-dyn.) Nominalklasse (s.u. M 321):

	W	**S**	**E**
stark	*é*	*o*	*z*
schwach	*z*	*z*	*é*
Lok.	*z*	*é*	

M 320. Jetzt Genaueres zur akrostatischen (bzw. akrodynamischen) Nominalklasse:

Sie weist das folgende Akzentschema auf:

	W	**S**	**E**
stark	<u>W</u>	S	E
schwach	<u>W</u>	S	E

Die Differenzierung zwischen starkem und schwachem Stamm leistet der Ablaut in der Wurzelsilbe. – Normalschema ist stark *-ó-* vs. schwach *-é-*. J. Schindler. *BSL* 67,1 (1972: 32–36) hat gezeigt, dass ein Teil der Wurzelnomina zu dieser Nominalklasse gehört, nämlich der Typ mit starkem Stamm **dóm-* vs. schwachen Stamm **dém-*, s.u. Abs. 1a. Vom Inhalt her sind diese Wurzelnomina nach Schindler z.T. als „substantifs féminins à valeur résultative ou passive“ (36), z.T. als „noms d'agent (substantifs et adjectifs), souvent avec une nuance itérative“ (36) zu bestimmen. Von diesen akrostatischen Wurzelnomina sind die amphidynamischen zu trennen, s.u. Abs. 3. Beizufügen ist, dass einzelne ursprünglich akrostatische Wurzelnomina sekundär ebenfalls amphidynamisch geworden sind, vgl. uridg. **ḱu̯on-* vs. **ḱun-* 'Hund' (Einzelheiten dazu bei J. Schindler. *BSL* 67,1 (1972: 33–36). – Neben der Klasse mit Wurzelvokal *-ó-* vs. *-é-* ist eine davon verschiedene Subklasse mit dem Schema Wurzelvokal stark *-ḗ-* vs. schwach *-é-* (oder *-ó-*) auszumachen, s.u. Abs. 2.

1a) Musterbeispiel für den Typ mit *-ó-* vs. *-é-* in der Wurzelsilbe: – uridg. **dom-* 'Haus' (Einzelheiten: → Mayrhofer (1991: 697 s.v. *dám-* u. 699 s.v. *dámpati-*); R. Lipp. Rix / Kümmel (2001: 115 Anm. 1) vor, **dom-* wegen verbalem **demh*$_2$*-* 'zusammenfügen, bauen' auf **domh*$_2$*-* zurückzuführen, s.o. P 330; der Zusatz von *h*$_2$ ist aber nicht zwingend):

		uridg.	**einzelsprachliche Fortsetzer**
stark	Nom.Sg.	**dóm-s*	
	Akk.Sg.	**dóm-m̥* > **dṓm*	arm. *tun*; gr. δῶ
schwach	Gen.Sg.	**dém-s*	verbaut in gr. δεσ(πότης) und in ved. *dámpati-*
		> **dm̥-és*	arm. *Tan*
	Lok.Sg.	**dém-i*	ved. *dáme* (mit athem. *-e*?)

1b) Weiteres Beispiel für den Typ mit *-ó-* vs. *-é-* in der Wurzelsilbe: – uridg. **nóku̯-t-* ‘Nacht’; für Einzelheiten: → Rieken (1999: 128f.); das Nomen stellt ein Verbalabstraktum zu uridg. **neku̯-* ‘dämmern’ dar: → Mayrhofer (1996: 2f.):

		uridg.	einzelsprachl.
stark	Nom.Sg.	**noku̯-t- s*	*lat. nox*
	Akk.Sg.	**nóku̯-t-m̥*	
schwach	Gen.Sg.	**néku̯-t-s*	*heth. nekutˢ*
Lok.	Lok.Sg.	**néku̯-t*	

2) Eine eigene Subklasse empfiehlt uridg. stark **i̯ḗku̯-r̥* vs. schwach **i̯óku̯-n̥-* ‘Leber’, s.o. M 314 Abs. 6 und 8.

3) Neben den akrodynamischen Wurzelnomina vom Typ stark *-ó-* vs. schwach *-é-* in der Wurzelsilbe (s.o. Abs. 1) ist eine zweite Gruppe von Wurzelnomina vom Typ stark *-é-* vs. schwach *-z-* nachweisbar: → J. Schindler. *BSL* 67,1 (1972:36–38). Dieser Typ ist als amphidynamisch anzusprechen, s.u. M 321 Abs. 3. Musterbeispiel ist **di̯éu̯-* ‘Himmel, Himmelsgott, Tag’ mit starkem Stamm **di̯éu̯-* vs. schwachen Stamm **diu̯-´*, s.o. M 318 Abs. 6a. Vom Inhalt her finden sich unter diesen Wurzelnomina laut J. Schindler. *BSL* 67,1 (1972: 38) „noms d’actions“ und „noms d’agent tirés de verbes d’état“.

M 321. Jetzt Genaueres zur amphikinetischen (amphidynamischen) und holokinetischen (holodynamischen) Nominalklasse:

Das amphikinetische bzw. amphidynamische Paradigma ist charakterisiert durch den direkten Akzentwechsel von der Wurzel auf die Endung: Die vollstufige Wurzel mit schwundstufiger Endung wechselt dementsprechend direkt mit der schwundstufigen Wurzel und vollstufiger Endung. Typisch ist dieser Wechsel für einen Teil der Wurzelnomina. Kommt neben der Wurzel aber ein Suffix dazu und damit ein Lok.Sg. mit betontem vollstufigem Suffix, so ist von einem holokinetischen Akzent- bzw. holo-dynamischen Ablaut-Muster zu sprechen: → J. Schindler. *FT Regensburg 1973* (1975: 262f.). Schematische Darstellung des amphi- und des holokinetischen Akzentmusters (ersteres nur mit W+E, letzteres mit W+S+E):

	W	S	E
stark	$\underline{W}$	*S*	*E*
schwach	*W*	*S*	$\underline{E}$
Lok.Sg.	*W*	$\underline{S}$	*E*

1) Das Musterbeispiel für ein holodynamisches Ablaut-Paradigma liefert das uridg. Wort für 'Erde': → Mayrhofer (1991: 424f., mit weiteren Informationen zu Einzelheiten); zentral für alle Belange bei diesem Wort ist J. Schindler. *Sprache* 23 (1977: 31):

		uridg.	einzelspr. Fortsetzer
stark	Nom.Sg.	**dʰéĝʰōm*	heth. *te-e-kán*; gr. χθ-ών
	Akk.Sg.	**dʰéĝʰom-m > *dʰéĝʰōm (-ṓm?)*	ved. *kṣā́m*
schwach	Gen.Sg.	**dʰĝʰm-és*	
		*> *dʰᵒĝʰm-és*	heth. *ták-na-a-aš*
		*> *ĝʰm̥-és od.*	vgl. gr. χαμ-αί
		**ĝʰm-és*	ved. *jmás*
	Lok.Sg.	**dʰĝʰém*	
		*> *ĝʰðém*	ved. *kṣámi*; gr. Anlaut χθ-

2) Weitere Beispiele für diese holodynamische Klasse liefern die geschlechtigen (belebten) Simplizia vom Typ uridg. fem. **$h_2$éu̯s-os-* 'Morgenröte' mit uridg. starkem Nom.Sg. **$h_2$éu̯s-ōs* (vgl. gr. hom. ἠώς f., s.o. P 310) und schwachem Gen.Sg. **$h_2$us-s-és* (vgl. ved. *uṣás*) 'Morgenröte', ferner ebensolche *-r/n-* und *-men*-Stämme, vgl. zu ved. *áśman-* m. 'Stein, Schleuderstein' < uridg. **h_2éḱ-mon-* den archaischen schwachen Gen.Abl. Sg. *áś-n-as* 'Stein' < uridg. **h_2ḱ-mn-és* (sek. mit Vereinfachung der dreifachen Konsonanz im Wortinnern und mit stabilem Akzent auf der Anfangssilbe); Einzelheiten: → Mayrhofer (1991: 137f.). Zu den neutralen *-r/n-* und *-men*-Stämmen s.o. M 317 Abs. 10. — Zur holodynamischen Nominalklasse gehörten ferner neben dem neutralen Kollektiv-Paradigma (s.o. **u̯édōr* 'Wasser' in M 314 Abs. 6a) vermutlich auch die aktiven Präs.-Aor.-Partizipien auf *-nt-* (s.o. **u̯ékont-* vs. **uḱn̥t-´* in M 217 Abs. 1). Weitere dazu gehörige Paradigmen: **péntoh₂-* und **méĝoh₂-* in P 329 Abs. 1. Vgl. ferner **X-u̯ont-* (*X* mit *-e-*) in L 305 und die Komparative vom Typ **meĝ-i̯os-* in M 325 Abs. 1c.

3) Amphidynamisch, d.h. ohne Suffix nur aus Wurzel und Endung bestehend, sind dagegen die Wurzelnomina mit vollstufig betonter Wurzel und schwundstufig unbetonter Endung im starken Stamm vs. schwundstufig unbetonter Wurzel und betont vollstufiger Endung im schwachen Stamm, s.o. **di̯éu̯*- vs. **diu̯-´* in M 320 Abs. 3.

M 322. Die in M 319 zusammengestellten vier uridg. Nominalklassen bedürfen weiterer intensiver Forschung.

1) Ein mesostatisches Akzentparadigma bzw. mesodynamisches Ablautparadigma müsste das folgende Schema aufweisen:

	W	S	E
stark	*W*	*S̲*	*E*
schwach	*W*	*S̲*	*E*

Es ist möglich, dass die uridg. Fem. vom Typ *-*é*-*h₂*- = gr. τιμ-ή 'Ehre' = ved. (AV) *īṣ-ā́-* 'Herrschaft' auf dieses Schema zurückgehen: → Rix (1992: 123). Nicht ganz auszuschließen ist aber auch, dass diese Fem. im Suffix doch ablautend waren: → I. Hajnal. Deger-Jakoltzy / Hiller / Panagl (1999a: 265–276). Weiteres zu diesen Feminina s.o. in M 312; vgl. auch Schaffner (2001: 365ff.).

2) Eine interessante Fragestellung betrifft den Stellenwert des Wechsels eines Nomens von einer Flexionsklasse zu einer anderen, s.o. oben zu 'Wasser' in M 314 Abs. 7. Der Wechsel dient offensichtlich der sog. internen Ableitung. Diese wird im Gegensatz zur sog. externen suffixalen Ableitung ohne Veränderung des Wortkörpers allein durch den Wechsel des Akzentsitzes geleistet, vgl. gr. Adj. γλαυκός 'hellblau, funkelnd' vs. PN Γλαῦκος. — Eine interessante Gruppe stellen seit Schindler (1972) und J. Schindler. *BSL* 67,1 (1972: 31–38) die Wurzelnomina mit den beiden uridg. Akzenttypen akrostatisch und amphikinetisch (s.o. M 320): → K.-H. Mottausch. *HS* 113 (2000: 29–52). — Wichtig sind die Klassen ferner für das Verständnis des nach Willem Caland benannten Suffixsystems, s.u. L 206.

3.3.5 Zu den formalen Besonderheiten der Adjektive

M 323. Bei den altidg. Adjektiven ist die Dimension Genus mit dem Lexem nicht fest verbunden. Im Gegenteil: Die Adjektive besitzen die Fähigkeit, nebeneinander maskuline, feminine und neutrale Formen zur Markierung der Kongruenz bilden zu können, s.o. M 301. Die Adjektive sind i.d.R. mit allen drei Endungssätzen ausgestattet. Es finden sich aber einzelsprachlich auch Adjektive zweier Endungen, s.u. Abs. 3. Die Adjektive besitzen große syntaktische Freiheiten im Satz.

Diese formalen Besonderheiten der Adjektive erklären sich aus ihrer Genese: Die Adjektive sind nämlich erst im Lauf der voridg. Phase von appositiven Nomina („von unterspezifizierten Lexemen für Eigenschaftskonzepte") zu dem geworden, wie wir sie aus den altidg. Einzelsprachen kennen. Vgl. I. Balles. *FT Krakau 2004* (2009: 18): „Nun gibt es Hinweise darauf, daß ... der Unterschied zwischen den Wortarten Substantiv und Adjektiv kein lexikalischer, sondern bloß ein syntaktischer war". — Nebenbei: Dass die Adjektive erst spät ihren uns bekannten Status erhalten haben, zeigt sich auch in der Komposition, s.u. L 206 Abs. 6.

1) Die Großzahl der Adjektive (dazu zähle ich in diesem Zusammenhang auch Verbaladjektive und Komposita) ist *-o*-stämmig, vgl. uridg. **dei̯u̯-ó-* ‘zum Himmel(sgott) gehörig, himmlisch’, vgl. uridg. **k̂lu-tó-* ‘gehört, nennen gehört, berühmt’, vgl. ved. *an-udr-á-* ‘wasserlos’. Die entsprechenden Femininbildungen lauten auf uridg. **-eh*$_2$*-* (bzw. einzelsprachlich auf *-ā-*), s.o. M 312.

2) Adjektive (wieder einschließlich der Verbaladjektive und Komposita) gibt es aber auch unter den *-i-* und *-u*-Stämmen, ferner unter den Konsonantstämmen, vgl. lat. *in-ermi-s* ‚ohne Waffen‘, uridg. **su̯éh*$_2$*du-* ‘süß’ (= lat. *svāvis* < **su̯ādu̯-i-*; gr. ἡδύς; ved. *svādú-*) und uridg. ***b^h*er-o-nt-* ‘tragend’. Es ist auffällig, dass im Lat. die *-u*-stämmigen Adjektive mit einem *-i*-Stamm erweitert sind, s. soeben *svāvi-* oder *tenu-i-*. I. Balles. *FT Krakau 2004* (2009] 1ff.) macht deutlich, dass hier tatsächlich *-i*-Stämme vorliegen und nicht, wie man gern vermutet, feminine Bildungen auf *-ih*$_2$*-* den Ausgangspunkt bilden. Die Autorin zeigt, dass diese *-i*-Stämme in der Altindogermania verbreiteter gewesen sind und dass sie zunächst (als Vorstufen der späteren Adjektive) Lexeme für Eigenschaftkonzepte gebildet haben, s. oben zu Beginn des Paragraphen.

Die Feminina dieser Gruppe sind mit dem komplexen Suffix **-ih*$_2$*-* (in den schwachen Kasus **-i̯éh*$_2$*-*) gebildet. Kein Zufall: Das komplexe Suffix ist aus der *-h*$_2$-Bildung zu den oben genannten *-i*-Stämmen verallgemeinert. — Der genaue Aufbau dieser Fem. ist nicht ganz klar, vgl. sich widersprechend gr. ἡδεῖα vs. ved. *svādvī́*. I) Entweder: Das zu gr. πίων = ved. *pī́van-* ‘fett’ gehörende isolierte Fem. gr. πίειρα = ved. *pī́varī-* < **piH-u̯ér-ih*$_2$*-* kann für ein hohes Alter der gr. -εια-Form und damit für ein altes Fem. mit starkem Stamm **-éu̯-ih*$_2$ vs. schwachen Stamm **-u-i̯éh*$_2$*-* sprechen; vgl. so u.a. Schaffner (2001: 354 mit Anm. 30). Die ved. starke Form *-vī́* < **-u̯-ih*$_2$ wäre dann sekundär aus dem schwachen Stamm gewonnen. II) Oder: Wie Ch. de Lamberterie. *BSL* 97,2 (2002: 113) plädiert, spricht ein Beispiel wie der archaisch gebildete gr. Ortsnamen Πλάταια <

$p\!\!\!\!\!_l$th₂u̯-ih₂- für ein hohes Alter des Typs *svādvī́*. Der Typ ἡδεῖα müßte dementsprechend jünger sein.

3) Einzelne altidg. *-o*-stämmige Adjektive und Komposita meiden (als Archaismus) fem. **-e-h₂-* in auffälliger Weise, vgl. aus dem gr. Bereich die sog. Adjektive zweier Endungen. Für eine erste Übersicht der Beispiele (ich nenne hier stellvertretend nur πάτριος 'väterlich', das i.d.R. drei Endungen kennt, z.T. aber auch zweiendig auftritt, vgl. Euripides Helena 222 mit femininem χθόνα πάτριον): → Kühner / Blass (1890: 535ff.); weiterführend *KS Wackernagel* I (1969: 488, in einer Arbeit von 1919) und Kastner (1967, mit Darstellung der gesamten Problematik).

M 324. Adjektive bilden die Basis für modale Adverbien: Die einzelsprachlichen modalen Adverbien sind i.d.R. Formen des Instr.Sg., z.T. auch adverbiell erstarrte Formen des Akk.Sg. oder Nom.Sg.

Zum Lat.: — vgl. den Typ *ben-e* 'gut' < **du̯en-ēd*. Die weitere Vorgeschichte von **-ēd* ist aber nicht eindeutig auszumachen, weil im Urital. Abl. und Instr. synkretistisch zusammengefallen sind und die besser charakterisierte Abl.-Endung den Vorzug bekommen hat. Vom Inhaltlichen her empfiehlt sich aber für das adverbiale **-ēd* ein Verständnis als alten Instr. **-ē* (<**-eh₁*), der im Laufe des genannten urital. Synkretismus sekundär vom Abl. das zusätzliche *-d* erhalten hat. Der Typ *aliter* < **aliteros* 'anders' ist dagegen vermutlich eine erstarrte Nom.-Sg.-Form. Für Weiteres: → Leumann (1977: 499ff.); Meiser (1998: 155).

Zum Gr.: — vgl. den Typ δικαίως 'nach Sitte und Gebrauch, gebührend', der gewöhnlich als *-s*-Erweiterung zu Instr. auf *-ō* aufgefasst wird: → Risch (1974: 362); ferner: → Rix (1992: 170).

Zum Ved. (u.a. zum Typ *badhrám jī́vantas* 'glücklich lebend' mit Adv. < Akk.Sg.n.): → Delbrück (1888: 185f.); ferner: → Thumb / Hauschild (1959: 173ff.).

M 325. Die von den Adjektiven im sog. Positiv bezeichneten Eigenschaften lassen sich mit Hilfe von komparativischen und superlativischen Suffixen steigern.

Die uridg. Suffixe **-i̯os-* (z.T. ablautend mit **-is-*) bzw. **-tero-* markieren den Komparativ (= graduelle Differenz zwischen zwei miteinander verglichenen Größen). Uridg. **-i̯os-* ist Basis für die sog. primäre Komparation (s.u. Abs. 1a–1d), uridg. **-tero-* ist Basis für die sog. sekundäre Komparation (s.u. Abs. 2a–2c).

Der Superlativ markiert den höchsten Grad innerhalb von mehr als zwei miteinander verglichenen Werten. Das Uridg. kennt dafür kein eigenes Suffix. Die einzelsprachlichen Formen wie *-to-*, *-th₂o-* und *-m̥h₂o-* erinnern an die Ordinalzahlen, s.u. M 503. Sie sind erst aus ihnen entwickelt worden. Die Ordinalzahlen wurden nämlich gern zur Markierung des abschließenden wichtigsten Elements einer Reihe eingesetzt und bekamen dadurch superlativische Züge: →

Benveniste (1948: 144ff.); *KS Risch* (1981: 684ff.). – Die idg. Einzelsprachen zeigen jeweils typische formale Besonderheiten. Lit.: → Seiler (1950); Szemerényi (1990: 203–214).

1a) Bei der sog. primären Komparation ersetzt das komparativische Suffix uridg. ⋆-i̯os- (z.T. ablautend ⋆-is-) das Suffix des Positivs und tritt direkt an die i.d.R. vollstufige Wurzel des Adjektivstammes, vgl. lat. Positiv *magnus* (i.e. *mag-no-*) ‘groß’ mit Komparativ *maior* (< ⋆mag-i̯ōs; das *a* der Wurzel ist kurz, die Silbe wird aber wegen der Doppelkonsonanz lang gemessen; die Doppelkonsonanz ist orthographisch nicht notiert und daher nicht auf den ersten Blick erkennbar; einige findige Schulbuchautoren behelfen sich deshalb i.d.R. mit der historisch nicht ganz korrekten Angabe *māior*) ‘größer’ und *mag-is* ‘mehr’, gr. Positiv κακ-ό- ‘schlecht’ mit Komparativ κακ-ίων ‘schlechter’, ved. Positiv *náv-a-* ‘neu, frisch, jung’ mit Komparativ *náv-yas-* / *náv-īyas-* ‘neu, neuer, neuest, (in Kasusformen wie Akk.Sg.n., Instr. und Dat.) aufs neue’. – Formal variiert das Suffix uridg. ⋆-i̯os- mit uridg. ⋆-ii̯ō̆s (Ersatz in Formen des Nom.Sg.m.f. mit Struktur *KV̄.K-* und *KVR.K-*; bei den drei- und mehrsilbigen Formen außerhalb des Nom. ist dagegen ⋆-i̯os- das lautgesetzlich Erwartete), s.o. P 218 Abs. 1 zum Sieversschen Gesetz. – Eine Vermutung zum Suffix *-i̯os-*: Es kann sein, dass es letztlich zur Gruppe der *-es*-Ableitungen gehört, die nebeneinander mask./fem. und neutr. Formen kennen, vgl. lat. mask. *dolor* (Stamm ⋆dolh$_1$-ōs-: zur uridg. Verbalwurzel ⋆delh$_1$- ‘behauen, spalten’) ‘Schmerz’ vs. neutr. *genus* (Stamm ⋆genh$_1$-es-) ‘Geschlecht’. Das fragliche *-i̯os-* wäre dann als komplexes Suffix zu betrachten, das zunächst als *-es-*/*-os*-Ableitung zu den in M 323 genannten *-i*-Stämmen gebildet war. Wenn gr. κάλλος n. ‘Schönheit’ auf ein ⋆kali-es- zurückzuführen ist, so ist es denkbar, dass parallel dazu καλλίων ‘schöner’ ⋆kali-os- fortsetzt (man müsste dann allerdings annehmen, dass die zunächst zu erwartende komparativische Normalform ⋆kallos- den Anlass gegeben hat, den Wortanfang *kall-* auch bei der Variante ⋆kal-ii̯os- durchzuführen). – Schließlich: Von möglichen Nominalsätzen wie uridg. ⋆X *méĝi-ōs-* „X ist Größe“ aus hätte sich letztlich komparativisches „X ist größer als, X ist so groß wie“ entwickelt: → N. Berg: Einige Betrachtungen über den indogermanischen Komparationskasus. *NTS* 18 (1958: 202–230); P. Andersen. *Kolloquium Pavia 1979* (1980: 225ff.). – Im Superlativ ist schwundstufiges ⋆-is- mit den aus dem Bereich der Ordinalia stammenden Suffixen zu verschiedenen leicht variierenden komplexen Suffixen wie ⋆-is-to-, ⋆-is-th$_2$o- oder ⋆-is-m̥h$_2$o- verbunden.

1b) Lat. Musterbeispiel: – Positiv *magnus* ‘groß’ mit Komparativ *maior maiōris* und Superlativ *maximus*. – Ein paar Erläuterungen dazu:

Im Lat. ist (außer im Nom.Akk.n. mit vollstufigem *-ius* < *-i̯os*, vgl. *maius* und schwundstufigem *-is* im adv. *mag-is*) dehnstufiges *-i̯ōs-* verallgemeinert. Durch den Rhotazismus (s.o. P 309 Abs. 1) verändert das Paradigma sein Aussehen: Während der Nom.Sg. **maiōs* zunächst bleibt, wird aus Formen wie Gen.Sg.m. **maiōsis* ein *maiōris* (mit *-r-* < *-s-*). Der Nom.Sg. erhält anschließend nach dem Gen. *-ōr-is* analogisch neues *-ōr*, das um 200 v. Chr. durch Kürzung zu *-ŏr* wird: → Leumann (1977: 111).

Die Superlativbildung ist im Italischen (und Keltischen) als **-is-m̥*(*h_2*)*o-* (vgl. u.a. *maximus* < **mag-isemo-*) ausgestaltet: → Leumann (1977: 497f.); Meiser (1998: 152f.).

1c) Gr. Musterbeispiele: — Positiv γλυκύς 'süß', Komparativ γλύσσων (Xenophanes) mit *-ssōn* < *-k-i̯ōn*, andererseits γλύκ-ίων (Hom.+).·— Positiv κρατύς (so u.a. Homer; in der Prosa meist statt dessen κρατερός) 'stark' mit Komparativ ion. κρέσσων, att. κρείττων und Superlativ κράτιστος.

Ein paar Erläuterungen dazu: Die Suffixdubletten *-i̯os-* und *-ii̯os-* von γλυκύς gehen auf das Sieverssche Gesetz zurück, s.o. P 218 Abs. 1; vgl. als weiteres Beispiel myk. Nom.Pl. *ka-zo-e* i.e. *kak-^{j}oh-es* 'schlechter', andererseits aber att. κακῑ́ον-ες. Zur Länge in *-īi̯os-* (sie fehlt z.B. bei Homer, ist im Att, aber beliebt) vgl. Seiler (1950: 15ff.); vgl. ferner die ved. Formen unten in Abs. 1. Material für eine weitere Diskussion: → J.-L. Perpillou. *BSL* 69,1 (1974: 99ff.).

Ein weiteres, diesmal speziell att. Problem stellt die Längung der Wurzelsilbe im Typ att. κρείττων vs. ion. κρέσσων 'stärker', dabei ion. *-ss-* bzw. att. *-tt-* < *-ti̯-*: → *KS Risch* (1981: 506), oder att. μείζων vs. ion. μέζων 'besser'. Nach Auskunft von Formen wie ᾰ̓σσον 'näher' kann die Erscheinung aber nicht alt sein und muss erst zu einem Zeitpunkt nach Wirksamkeit des Lautwandels *ā* > *ē* regelhaft geworden sein. Risch (1974: 89) sieht in der Längung einen Ersatz für die ursprünglich übliche Vollstufe der Wurzel. Vollstufig sind noch κρέσσων < **krét-i̯ōn* (aber Superlativ κράτ-ισ-το-ς < **kr̥t-is-to-*) und ὀλείζων (inschr. att.: → Threatte 1996: 309) 'kleiner an Zahl' (< **-lei̯g-i̯ōn*: aber Positiv ὀλίγ-ο-).

Die Form des myk. Komparativs ist rein *-s*-stämmig. Das *s* ist intervokalisch aber bereits zu *-h-* verhaucht (später daraus Hiat), vgl. Nom.Pl. m.f. *me-zo-e* i.e. *meg-^{j}oh-es* 'größere'. — Das alphabet. Gr. zeigt dagegen ein mit den *-h/Ø*-Formen gemischtes *-n*-Paradigma, vgl. att. Nom.Sg.m.f. κακ-ῑ́ων, Gen.Sg.m.f. κακ-ῑ́ον-ος, Dat.Sg.m.f. κακ-ῑ́ον-ι, aber Akk.Sg. m.f. κακ-ῑ́ω < **-īi̯oh-a*; Nom.Akk.Pl. m.f. κακ-ῑ́ους (wieder *-s*-stämmig: < **-īi̯oh-es*), Gen.Pl.m.f. κακῑ́-όνων, Dat.Pl.m.f. κακ-ῑ́οσι. Diese *-osi*-Form ist sowohl als alter *-s*-Stamm (<**-os-si*) als auch als *-n*-Stamm (<**-n̥si*) deutbar, vgl. einerseits den Typ Dat.Pl. γένεσι (*-es*-Stamm mit *-esi* <**-es-si*), andererseits den Typ δαίμοσι (*-mosi* steht hier mit analogischem *-o-* statt **-masi* < **-m̥-si*). Weiteres Material zum att. Paradigma: → Threatte (1996: 311f.). — Über die Herkunft der gr. *-n*-Formen ist sich die Forschung nicht einig. Entweder (a) nachmyk. innergr. Neuerung oder (b) altes

Nebeneinander von *-i̯os-* und *-is-on-*Stämmen: für a: → Risch (1974: 89, mit Hinweis auf die Forschung von O. Szemerényi); für b: → Rix (1992: 167); M. Peters. *FS Risch* (1986: 312 Anm. 36).

Im Superlativ zeigt das Gr. *-is-to-*. Die Bildung ist bereits myk. nachweisbar, vgl. Nom.Pl.n. *me-ki-ta* i.e. *meg-ista*.

1d) Ved. Musterbeispiel: — Positiv *tavás-* 'stark, kräftig' mit Komparativ *táv-īyas-* bzw. *táv-yas-* 'kräftiger, stärker'. Für den Superlativ vgl. *yáv-iṣṭha-* 'jüngst, jüngstgeboren' zu *yúv-an-* (< uridg. **h₂i̯éu̯-h₃on-*; zu Einzelheiten: → Mayrhofer 1991: 413; zum Suffix s.u. L 204 Abs. 4) 'jung, jugendlich'. — Zum Komparativ: Das Nebeneinander von *-īyas-* und *-yas-* ist einzelsprachlich, geht aber wie im Gr. im Grundsatz auf die anfangs erwähnte grundsprachliche allomorphische Regelung zurück. Die Ursache für die Längung des *ī* ist nicht klar (Jochem Schindler hat an der Fachtagung in Leiden am 31. August 1987 als Möglichkeit die Entstehung in seṭ-Wurzeln erwogen, vgl. soeben *távīyas-* mit Längung < **táu̯Hii̯as-* < uridg. **téu̯h₂ii̯os-*). — Im Superlativ zeigt das Ved. *-iṣ-ṭha-* < **-is-th₂o-*.

2a) Sekundäre Komparation mit uridg. Suffix **-(t)ero-*. — An Musterbeispielen vgl. gr. δίκαιος 'gerecht' mit δικαιό-τερο- und δικαιό-τατο- und ved. *tavás-* 'stark, kräftig' mit *tavás-tara-* und *tavás-tama-*. Zum Lat. s.o. Abs. 1b. Das Nebeneinander von gr. -ότερο- (s.o. δικαι-) vs. -ώτερο- (vgl. σοφώτερο- statt *σοφότερο-) ist rhythmisch geregelt, s. Meier-Brügger (1992b: 84f.).

2b) Das uridg. Suffix **-(t)ero-* ist die *-o*-stämmige Adjektivierung von Adverbien auf uridg. **-(t)r̥* und **-(t)er*: → Risch (1974: 91f.); G. Pinault. Caillat (1989: 42f., zum Typ ved. *sanu-tár* 'weg, fort'). — An einzelsprachlichen Beispielen vgl. lat. *sub* (< **supV*) 'unter, unter ... hin, unterhalb', *sup-er* 'oben' und *sup-er-o-* 'oben befindlich' (dazu u.a. *superī* 'die oberen Götter, die Götter des Himmels'); gr. πρό 'vorn, voran' und πρό-τερο-ς 'vorderer, früher'; ved. *úpa* 'herzu, zu, hin, hinauf, auf u.a.m.', *upár-i* 'oben, über, oberhalb, nach oben' und *úpar-a-* 'unterer, unten gelegener, näherer, hinterer, späterer'. Die Adverbien und die davon abgeleiteten Adjektive waren geeignet, relative Kontraste (u.a. lokale Gegensätze oder die Auswahl aus einem Paar) zu markieren, vgl. gr. πότερος 'welcher (von zweien)', vgl. gr. myk, *a-te-ro* i.e. *hateron* 'das andere von zweien aus einer Einheit' (< uridg. **sm̥-ter-o-* zu uridg. **sem-* 'ein'; klass. gr. ἕτερος 'anderer' mit assimiliertem Vokal am Wortanfang; der myk. noch sichtbare Vokalismus ist bewahrt u.a. in att. ἅτερος i.e. ὁ ἅτερος: → Threatte 1996: 345f.). Man muss dann annehmen, dass einzelne lokale und temporale Bildungen den Anstoß für die Entwicklung von **-tero-* zum allgemeinen gr. und ved. Komparationssuffix gegeben haben: → Risch (1974: 94f.).

2c) Beim Superlativ der sekundären Komparation liegen wieder Bildungen aus den Reihen der Ordinalia vor, s.o. zu Beginn des Paragraphen M 325. – Zum Lat.: – Im Lat. und Kelt. gilt **-m̥(h_2)o-*. Einzelheiten: → Meiser (1998: 152f.). – Zum Gr.: – Vgl. den bereits myk. Nom.Pl. *me-sa-to* i.e. *mes-atoi̯* 'von mittlerem Maß' zu Positiv **mes(s)o-* < **med^{h}i̯o-*. Vorbild ist hier *dekato-* 'zehnter' < **déḱm̥to-*. Üblich ist aber gr. *-tato-*. – Ved.: – Vgl. ved. *madhy-amá-* 'mittlerer, mittelster'. Vorbild ist etwa *saptamá-* 'siebter'. Üblich ist aber ved. *-tama-*.

3) Während bei den Reihen von Abs. 1 und Abs. 2 i.d.R. derselbe Adjektivstamm bei allen Formen der Komparation verwendet wird, bestand daneben seit der Grundsprache die Möglichkeit, für Positiv vs. Komparativ und Superlativ oder gar für Positiv vs. Komparativ vs. Superlativ verschiedene Adjektivstämme ähnlicher Bedeutung durch Suppletion zu kombinieren. – Vgl. lat. *bonus* (altlat. *du̯enos*) vs. *melior* (daraus lexikalisiert *mulier* 'Frau' < **ml̥-i̯es-* 'bessere' [ursprünglich Bezeichnung für die Hauptgemahlin: → Meiser 1998: 64]; gr. entspricht dem *mel-* die Wortfamilie von μάλα 'sehr', μᾶλλον 'mehr, lieber', μάλιστα 'am meisten') vs. *optimus* (Wurzel *op-* 'Macht, Kraft'). – Vgl. gr. einerseits ἀγαθός vs. βελτίων / βέλτιστος, andererseits ἀγαθός vs. ἀμείνων vs. ἄριστος. Lit.: → Seiler (1950: 27ff.); W. Hock: Zur Suppletion beim Adjektiv im Altgriechischen und Germanischen. *FS Seebold* (1999: 207–223).

4) Weitere Hinweise: – Allgemein: → Andersen (1983). – Zum Germanischen: → Bammesberger (1990: 230ff.); Schaffner (2001: 347ff.). – Zum Hethitischen: → P. Cotticelli Kurras. Ofitsch / Zinko (2000: 33–45). – Zum Keltischen: → W. Cowgill. Cardona / Hoenigswald / Senn (1970: 114ff.).

3.4 Zum Pronomen

3.4.1 Allgemeines

M 400. Die Pronomina zählen zu den wichtigsten deiktischen und anaphorischen Elementen des Satzes. Sie allein teilen mit dem Verbum die grammatische Kategorie Person, s.u. S 301. Im Gegensatz zur 3. Pers. i.S.v. „celui qui est absent, la non-personne" markiert die 1. Pers. „le 'je' qui énonce" und die 2. Person „le 'tu' auquel 'je' s'adresse". Komplexer sind die entsprechenden Pl.-Formen. Während die 3. Pers. Pl. einen richtigen Plur. zulässt, gilt für die 1. Pers. Pl. „nous" entweder als „moi + vous" oder als „moi + eux"; „le 'nous' annexe au 'je' une globalité indistincte d'autres personnes" und für die 2. Pers. Pl. „'vous', qu'il s'agisse du 'vous' collectif ou du 'vous' de politesse, on reconnaît une généralisation du 'tu'": → E. Benveniste : Structure des relations de personne dans le verbe. Benveniste (1966: 225ff., Aufsatz von 1946).

1) Das Uridg. besaß nachweislich sowohl die sog. eingeschlechtigen Personalpronomina inklusive der daraus abgeleiteten Possessiva, als auch die sog. zweigeschlechtigen Frage- und Indefinitpronomina und die in den altidg. Sprachen dreigeschlechtig verwendeten Demonstrativa und Relativa. Die Erhaltung der ursprünglichen Formen in den idg. Einzelsprachen ist unterschiedlich. Den meisten Veränderungen unterliegen die Demonstrativa, die ihre hinweisende Kraft verlieren können und dann neu motiviert werden müssen.

2) Gegenüber der normalen Einordnung und Enklise in einem nominalen oder verbalen Syntagma steigerte die betonte Stellung am Satzanfang die pronominale Information. Der Unterschied von Enklise vs. Betontheit (Orthotonie) war z.T. nicht allein durch Fehlen vs. Vorhandensein des Akzents erkennbar, sondern auch formal durch einen reduzierteren Wortkörper bei den Enklitika gegenüber einem volleren Wortkörper bei den betonten Formen.

3) Die Pronomina haben bei der Ausbildung der Nominalflexion eine wichtige Rolle gespielt. Ihr Einfluss ist bei den -*o*-Stämmen unverkennbar, s.o. M 311.

4) Lit.: — a) Allgemein: Benveniste (1966: 225ff.); Wackernagel (1928: 75ff.). — b) Zum Uridg.: → Krahe (1969: 38–46); Szemerényi (1990: 215–234); R. Beekes: The origin of the Indo-European pronominal inflection. *FS Polomé* (1988: 73–87); F. Bader: Les pronoms dans les langues indo-européennes. *MSL* N.S. 1 (1990: 23–35). — c) Zum Lat.: → Leumann (1977: 460–484); Meiser (1998: 156–169). — d) Zum Gr.: → Rix (1992: 174–189); Meier-Brügger (1992b: 85–93). — e) Zum Ved.: → J. Wackernagel. Wackernagel / Debrunner (1930: 431–594). — f) Zum Anatolischen: → E. Neu: Zu einigen Pronominalformen des Hethitischen. *FS Puhvel* (1997: 139–169). — g) Zum Keltischen: → Schrijver (1997). — Weiteres unten bei den einzelnen Gruppen, speziell in M 401 Abs. 4.

3.4.2 Zu den Personalpronomina und Possessiva

M 401. Die Personalpronomina gehören wie die Verwandtschaftsbezeichnungen oder die Zahlwörter zum Erbwortschatz der idg. Einzelsprachen.

1) Die folgende Tabelle ist unvollständig, zeigt aber die wichtigsten Merkmale der uridg. Personalpronomina. Die Rekonstrukte sind die von Rix (1992: 177–179):

	1.Sg.	2.Sg.	1.Pl.	2.Pl.
Nom.Sg. nur betont	*eĝ-óh$_2$ *eĝh$_2$-óm	*túh$_2$	*u̯éi̯s	*i̯úHs
Akk.Sg. enkl.	*me	*te / *tu̯e	*nos	*u̯os
Akk. Sg. betont	*mḗ	*tḗ	* n̥s-mé	*us-mé
Gen.Dat.Sg. enkl.	*moi̯	*toi̯	?	?
Gen.Sg. betont	*méne	*téu̯e	?	?
Dat.Sg. betont	*me-ĝʰei̯ *me-ĝʰi̯-om	*te-bʰei̯ *te-bʰi̯-om	* n̥s-mé-i	*us-mé-i

Kommentar zur Tabelle: — Die Pronomina sind genusindifferent, d.h. beim 'Ich' des Sprechers und beim angesprochenen 'Du' wird nicht nach weiblichem oder männlichem Sexus unterschieden. — Der Nom. wird durch einen eigenen Pronominalstamm suppletiv von den sonstigen Kasus abgesetzt, vgl. uridg. Nom.Sg. **eĝ-óh$_2$* vs. Akk.Sg. uridg. **m-ḗ*. Weil jede finite Form des Verbums die Kategorie Person bereits bezeichnet, ist der Zusatz von pronominalen Nom.-Formen automatisch markierend (sie sind betont, orthoton). Sie sind oft mit Partikeln zusätzlich verstärkt. — Die enklitischen Formen zeigen gegenüber den betonten den minimalen Wortstamm und finden z.T. für mehrere Kasus Verwendung, vgl. einerseits Nom.Sg. uridg. **eĝ-óh$_2$* = gr. ἐγώ und lat. *ego* < *egō* (mit Kürzung des Auslauts in der iambischen Silbenstruktur), verstärkt uridg. **eĝh$_2$-óm* = ved. *ahám*, andererseits Gen. und Dat.Sg. **m-oi̯*. — Für die 3. Pers. stehen verschiedene Demonstrativpronomina zur Verfügung. Sie werden in M 405f. vorgeführt. — Hier zugehörig ist aber das Reflexivpronomen. Schon äußerlich ist nämlich beim reflexiven uridg. Akk. Sg. **se* erkennbar, dass er mit der 1.Sg. **me* und der 2.Sg. **te* in Parallele steht.

2) Weitere Einzelheiten zum Uridg.: → J. Katz. *FT Innsbruck 1996* (1998: 265–291) postuliert speziell auf Grund des keltischen Materials bei den obliquen Formen ein Wortende auf *-*me* für die 1. Person und ein Wortende auf *-*u̯e* für die 2. Person: Statt der üblicherweise rekonstruierten Formen 1.Pl. *-*s-mé* und 2.Pl. **us-mé* schlägt der Autor deshalb neu eine 1.Pl. **n̥s-mé* vs. 2.Pl. **us-u̯é* vor und hält in Konsequenz den Ausgleich zugunsten von *-*me* in der 2.Pl. für sekundär; von dieser Optik aus ist dann bei der 2.Sg. die Form **tu̯e* gerade alt (i.d.R. gilt das *u̯* von **tu̯e* als vom Nom. **tu-H-* hergeholt), ferner gilt dann **me* < **m-me*. — Lat.: → Leumann (1977: 461ff.); Meiser (1998: 156ff., da u.a. auch zur Dissimilation im Dat.Sg. von voruridg. **me-bʰei̯* zu uridg. **me-ĝʰei̯* usw.).

Einzelheiten zum Gr.: Grundsätzliches bei Rix (1992: 176ff.). Die Paradigmen der 1. und 2.Pl. basieren auf *n̥smé bzw. *usmé, vgl. direkt so erhalten in äol. ἄμμε und ὔμμε; die att. Formen sind flexivisch erweitert, vgl. ἡμεῖς <*^{h}āmées <*-smé+es (zur Behandlung von -sm- s.o. P 307 Abs. 4; die Aspiration ist sek.) usw.; das Gr. muss auch das enkl. *nos- einmal besessen haben; Zeuge ist das lexikalisierte Adv. νόσ-φι 'getrennt von' < *'weg von uns': → M. Meier-Brügger. *MSS* 48 (1987: 179ff.).

Einzelheiten zum Ved.: → J. Wackernagel. Wackernagel / Debrunner (1930: 448ff.).

3) Die Form des Reflexivpronomens lautet im Dat.Sg. uridg. *soi̯, im Akk.Sg. uridg. enkl. *se 'sich', vgl. lat. sē (der Langvokal entstammt der betonten Form), got. si-k; einzelsprachlich z.T. daneben *su̯oi̯ und *su̯e, vgl. gr. ἕ, lesb. ϝε. — Nach J. Katz. *FT Innsbruck 1996* (1998: 265–291) gilt nun gerade dies *s-u̯e als alt und *se als sek. G. Dunkel. *FT Leiden 1987* (1992: 171ff.) verbindet dagegen das nach ihm alte *soi̯ / *se mit dem demonstrativen *so. — Uridg. enkl. *s-b^{h}i > gr. *s-p^{h}i = σ-φι; dazu neues gr. Paradigma mit σφε, *sp^{h}e+es > σφεῖς usw., myk. Lok.Pl. me-ta-qe pe-i i.e. meta-k^{u}e sp^{h}ehi 'und mitten unter ihnen'. Weiteres zum gr. sp^h-: → Katz (1998: 226ff.).

4) Weitere Lit. speziell zum Personalpronomen (vgl. selbstverständlich auch die Lit. in M 400 Abs. 4): → Schmidt (1978); Seebold (1984); Howe (1996); J. Katz: Archaische keltische Personalpronomina aus indogermanischer Sicht. *FT Innsbruck 1996* (1998: 265–291); vgl. dazu E. Rieken. *FS Neumann* (2002: 407ff.); J. Matzinger: Zum Lokativ Singular des Personalpronomens der ersten Person im Altarmenischen. *MSS* 57 (1997: 65–80); J. Matzinger: Zu armenisch mek' 'wir'. *HS* 110 (1997: 83–92).

M 402. Von den Personalpronomina aus konnten bereits im Uridg. -o-stämmige Adjektive i.S.v. sog. Possessiva (Possessivpronomina, t.t. dt. besitzanzeigende Fürwörter) gebildet werden. Im Gegensatz zum banalen Suffix *-o- stammt das Suffix -tero- aus der Komparation, s.o. M 325 Abs.2.

Rekonstruierbar sind: — für die 1. Pers. Sg. uridg. *m-o- 'mein' (vgl. gr. mit dem aus dem Nom. geholten e- ἐ-μός), vielleicht aber auch zusätzlich *mei̯-o- (Ableitung vom Lok., vgl. lat. meus); — für die 2. Pers. Sg. uridg. *tu̯-o- 'dein' (vgl. gr. ion. att. σός) bzw. *teu̯-o- (vgl. lat. tuus); — für die 1. Pers. Pl. uridg. *nos-tero- 'unser' (vgl. lat. noster) bzw. *n̥s-mó- (vgl. gr. hom. ἀμός [ā]: → Snell / Voigt / Meier-Brügger (1979: Sp. 640f.) bzw. *n̥smé-tero- (vgl. gr. ἡμέτερος); — für die 2. Pers. Pl. uridg. *u̯os-tero- 'euer' (vgl. lat. vester mit ve- aus vo-) bzw. *us-mó- (vgl. gr. hom. ὑμός [ū]) bzw. *usmé-tero- (vgl. gr. ὑμέτερος [ū]); — für die 3. Pers. Sg. reflexiv uridg. *su̯o- 'sein' (vgl. gr. ὅς) bzw. *seu̯-o- (vgl. lat. suus).

Weitere Einzelheiten: → Leumann (1977: 465f.); Meiser (1998: 159); Rix (1992: 181); J. Wackernagel. Wackernagel / Debrunner (1930: 492–494); Petit (1999).

3.4.3 Zu den Fragepronomina (Interrogativa) und Indefinita

M 403. Das Uridg. kannte als substantivisches Fragepronomen **$k^{u̯}$i-* (z.T. im Ablaut mit **$k^{u̯}$ei̯-*). Für die adjektivischen Funktionen fand das *-o*-stämmige **$k^{u̯}$o-* (z.T. im Ablaut mit **$k^{u̯}$e-*) Verwendung. Zentral für das substantivische Pronomen war die Unterscheidung von ‘wer’ und ‘was’. Innerhalb von ‘wer’ fand aber keine weitere Differenzierung zwischen Mask. und Fem. statt. Diese Indifferenz ist alt und passt zum Uridg., wo das Fem. vermutlich erst in nachuridg. Zeit nach Ausscheiden des Anatolischen fest etabliert worden ist, s.o. M 303 Abs. 2.

Während die orthotonen Formen am Satzanfang Fragen i.S.v. ‘wer?’, ‘was?’, ‘von wem (abstammend)?’, ‘wessen (zugehörig)’ usw. markieren, konnten die in Enklise stehenden Formen zu Indefinita i.S.v. ‘wer auch immer’, ‘irgendwer’ usw. abgeschwächt werden.

Die einzelsprachlichen Verhältnisse variieren. Der uridg. Verwendungsbereich von **$k^{u̯}$i-* vs. **$k^{u̯}$o-* ist nur schwer zu erfassen, zumal **$k^{u̯}$i-* und **$k^{u̯}$o-* auch bei den restriktiven Relativsätzen Verwendung gefunden haben und in Konkurrenz zum appositiven **Hi̯o-* getreten sind. Zum angeblichen Verhältnis von **$k^{u̯}$o-* zur Kopula **$k^{u̯}$e* s. G. Dunkel. *FS Narten* (2000: 9–29). Weiteres s.u. M 404.

Die folgende Tabelle dient dazu, einige Punkte der Flexion des substantivischen Fragepronomens zu verdeutlichen. Die rekonstruierten Formen sind aus Rix (1992: 187) übernommen. — Wieweit die von Rix postulierte Differenzierung von m.f. **$k^{u̯}$o-* (vgl. lat. *cuius* < **$k^{u̯}$osi̯o-*) und n. **$k^{u̯}$e-* (vgl. av. *cahiiā* mit *ca-* < **če-* < **ke-* <**$k^{u̯}$e-*; zum Lautlichen s.o. P 206 Abs. 2) im Gen. und Dat. stichhaltig ist, ist hier nicht zu entscheiden. Die Gen.- und Dat.-Formen sind nicht ohne die Flexion der Demonstrativa denkbar, s.u. M 405.

	Sg. m.f.	Sg. n.	Pl. m.f.	Pl. n.
Nom.	**$k^{u̯}$i-s*	**$k^{u̯}$i-d*	**$k^{u̯}$éi̯-es*	**$k^{u̯}$i-h_2*
Akk.	**$k^{u̯}$i-m*	**$k^{u̯}$i-d*		
Gen.	**$k^{u̯}$ó-s(i̯)o*	**$k^{u̯}$é-s(i̯)o*		
Dat.	**$k^{u̯}$ó-sm-ōi̯*	**$k^{u̯}$é-sm-ōi̯*		
Instr.	**$k^{u̯}$i-h_1*			

3.4.4 Zu den Relativa, Demonstrativa und Pronominaladjektiva

M 404. Das Relativpronomen uridg *$k^{u̯}o$- (z.T. auch *$k^{u̯}i$-) stammt aus dem Bereich der Fragepronomina und Indefinitpronomina, s.o. M 403. Es zeigt zunächst restriktive (den Referenzbereich des Bezugsnomens einschränkende) Bedeutung. Ganz anderer Herkunft ist dagegen das appositive (parenthetische) **Hi̯o-*. Es ist vermutlich die thematische Weiterbildung des anaphorischen Pronomens **(H)ei-* / **(H)i-* (s.u. M 406). Zum Wortanlaut von **Hi̯o-* s.o. P 213.

Hettrich (1988: 776ff.) bringt eine einleuchtende Skizze der Entwicklung der indogermanischen Relativsätze. Diese ist angedeutet unten in S 205, ich bringe diese aber auch hier, weil sie das Neben- und Nacheinander der beiden Pronomina verständlich werden lässt. I) Es gab voruridg. zunächst keine Relativsätze. Relativpartizipien standen an deren Stelle. II) Das enklitische Anaphorikum **(H)i̯o-* (s.o.) verliert seine Selbständigkeit und schließt sich in der Form von appositiven Relativsätzen einem Nachbarsatz an. In der gleichen Phase entwickeln sich aus Sätzen, die einen indefiniten Begriff enthalten, der im Folgesatz anaphorisch aufgenommen wird, restriktive Relativsätze mit *$k^{u̯}i$-/*$k^{u̯}o$-. III) Die Entwicklungen, die die Relativsätze als grammatikalisierte Konstituenten ihres Hauptsatzes deutlicher machen, fallen überwiegend bereits in einzelsprachliche Zeit. So bleibt im Gr. *$k^{u̯}i$- /*$k^{u̯}o$- als Indefinitum erhalten, wird aber als restriktives Relativpronomen durch das appositive Relativpronomen **(H)i̯o*-ersetzt.

Lit. zu den Einzelsprachen und ihren Besonderheiten: — a) Uridg.: → Szemerényi (1990: 220–224); I. Hajnal: Definite nominale Determination im Indogermanischen. *IF* 102 (1997: 38–73); ferner s.o. M 311 Abs. 4. — b) Lat. (uridg. **Hi̯o-* im Urit. nicht nachweisbar; lat. interrogativ-indefinites *quis quae quid* < *$k^{u̯}i$- vs. relatives *quī quae quod* < *$k^{u̯}o$-): → Meiser (1998: 164–167, 164 sind vermutlich die Begriffe appositiv und restriktiv irrtümlich vertauscht). — c) Gr. (interrogatives und indefinites τίς τί < *$k^{u̯}i$- [über Akk.Sg. τίν i.S.v. τίν' = τίν-α Aufbau eines sekundären *-n*-Stammes] vs. relatives ὅς ἥ ὅ < **Hi̯o-*): → Rix (1992: 186f.); Meier-Brügger (1992b: 87, zu **Hi̯o-*, u. 89f., speziell zur Genese von τιν-); E. Risch. *MSS* 46 (1985: 173–191, zum gr. Paradigma von **Hi̯o-*). — d) Ved. (interrog.-indefinites *ka-* und *ki-* vs. relatives *ya-*): → Mayrhofer (1991: 284f. zu *ka-*, 347f. zu *ki-*, 359 zu *ku-*) und Mayrhofer (1996: 390 zu *ya-*). — e) **Hi̯o-* und *$k^{u̯}i$- in weiteren idg. Sprachen (zum Baltoslav., Heth., Luw., Lyk. und Kar.): → I. Hajnal. *IF* 102 (1997: 38–73); vgl. auch Ch. Koch. *Kolloquium Jena 1989* (1992: 45–88); vgl. ferner oben G 435 Abs. 2. Zum Neben- und Nacheinander von **Hi̯o-* und *$k^{u̯}i$- / *$k^{u̯}o$- s. ferner Hettrich (1988: 781ff.).

M 405. Innerhalb der Demonstrativa (der sog. hinweisenden Fürwörter) finden sich sowohl solche mit deiktischer als auch solche mit anaphorischer Funktion.

Trotz der einzelsprachlichen Umgestaltungen sind die uridg. Verhältnisse erkennbar: → G. Klingenschmitt: Erbe und Neuerung beim germanischen Demonstrativpronomen. Bergmann / Tiefenbach / Voetz (1987a: 169–189). Vgl. auch Georges Pinault: On the formation of the Tocharian demonstratives. *AT Marburg 2007* (2009: 221–245).

Von den Demonstrativa aus hat sich in den idg. Einzelsprachen der sog. Artikel herausgebildet, vgl. gr. klass. ὁ ἄνθρωπος, dt. *der Mensch.*

Die Lit. zur gesamten Problematik ist unüberschaubar: → Szemerényi (1990: 216–218); Lloyd / Lühr / Springer (1998: Sp. 589–599 s.v. ‘der’, stupender Materialreichtum zur gesamten Indogermania). Zum Artikel im Gr.: → Meillet (1975: 187ff.); zum Artikel im Arm.: → Ch. de Lamberterie. *Kolloquium Madrid 1994* (1997: 311ff.).

Eines der nachweislich uridg. Demonstrativpronomina ist uridg. **to-*. Es besitzt alle drei Genera. Der Stamm für das gesamte Fem. und für Neutr.Pl. ist mit -*e*-Vokalismus uridg. **té-*h_2. Auffällig ist beim Nom. das von **t-* abweichende **s-* mit Nom.Sg. m. **so* und Nom.Sg. f. **sé-*h_2. Die Markierung der Nom.-Form gegenüber den andern Kasusformen erinnert an die Verhältnisse bei den Personalpronomina, s.o. M 401 Abs. 1. Zum Problem des Genus s.o. M 303 Abs. 2 (s. besonders im 4 Abschnitt gegen Ende). Die folgende Tabelle veranschaulicht die wichtigsten Formen von m. und n.:

	Sg. m.	Sg. n.	Pl. m.	Pl. n.
Nom.	*só	*tó-d	*tó-i̯	*té-h_2
Akk.	*tó-m	*tó-d	*tó-ns	*té-h_2
Gen.	*tó-s(i̯)o		*tói̯s-om	
Dat.	*tó-smōi̯		?	
Lok.	?		*tói̯su < *tói̯s-su?	
Instr.	*tó-h_1		*tōi̯s	

Die pronominale Flexion zeigt Charakteristika, die diese von der nominalen unterscheiden: vgl. -*d* (statt -*m*) im Nom.Akk.Sg.n., vgl. -*i̯* im Nom.Pl.m. (statt -*es*), vgl. -*s*(*i̯*)*o* im Gen.Sg., vgl. -*sm*- im Dat.Sg. und vgl. Stamm *toi̯*(*s*)- im Gen. und Lok.Pl. Die nominalen -*o*-Stämme sind davon beeinflusst, s.o. M 311 Abs. 3. Zum vielerörterten Problem des Gen.Sg. -*s*(*i̯*)*o* s.o. M 311 Abs. 4. — Weitere Literatur: — Zu fraglichem invariablen, satzeinleitendem **só* (sog. „*sá-figé*“ im Ved.,

Gr. und Anatol.): → G. Dunkel. *Kolloquium Basel 1988* (1990: 100ff.); S. Jamison: Vedic „*sá-figé*“: An inherited sentence connective? *HS* 105 (1992: 213–239): J. Klein: „*sá-figé*“ and Indo-European Deixis. *HS* 109 (1996: 21–39); G. Dunkel. *IF* 102 (1997: 176f.); C. Watkins. *FS Narten* (2000: 263–281). — Zum Nebeneinander von **so* / **to-*: → K. Strunk. *Glotta* 55 (1977: 7–9).

M 406. Als weiteres Demonstrativpronomen mit uridg. Grundlage ist uridg. *(*H*)*i-* (z.T. ablautend mit *(*H*)*ei̯-*) zu nennen: vgl. lat. anaphorisch *is ea id* und *ī-dem ea-dem id-em*: → Meiser (1998: 159–161); vgl. gr. Restformen wie μ-ιν (als *min* bereits myk.) und ν-ιν: → *KS Wackernagel* I (1969: 10); vgl. ved. m. *ay-ám*, f. *iy-ám*, n. *i-d-ám*: → Mayrhofer (1991: 103). Zur Gesamtproblematik: → Szemerényi (1990: 218–220).

Uridg. Datums ist ferner das anaphorische *(h_1)*é* (unbetont *-*o*). Es fand vermutlich Verwendung als sog. Augment (s.o. M 213); ferner spielte es, wenn überhaupt richtig, beim Aufbau der Endungen der Diathese Medium eine entscheidende Rolle (so H. Rix. *MSS* 49, 1988: 101–119), ebenso beim pronominalen Gen. *-*os-o* (s.o. M 311 Abs. 4).

Die idg. Einzelsprachen haben (meist von uridg. Material aus) eine ganze Reihe von neuen Pronomina entwickelt, vgl. lat. *hic haec hoc*, *iste ista istud* und *ipse ipsa ipsum*, vgl. gr. ὅδε, οὗτος, ἐκεῖνος und αὐτός; usw.: → Meiser (1998: 162f.); Rix (1992: 184f.); Kupfer (2002).

M 407. Im Umkreis der Pronomina sind auch Pronominaladjektive wie uridg. *(h_2)*al-i̯o-* bzw. *(h_2)*an-i̯o-* ‘anderer’ anzusiedeln. Auf Grund ihrer begrifflichen Nähe erhalten sie ebenfalls die pronominale Flexion: → J. Wackernagel. Wackernagel / Debrunner (1930: 579ff., zu ved. *anyá-*, *víśva-* u.a.m.).

3.4.5 Zu den korrelativen Reihen

M 408. Im uridg. Satzgefüge muss die Aufnahme von relativem uridg. **kʷo-* bzw. *(*H*)*i̯o-* durch demonstratives **to-* sehr geläufig gewesen sein. Reflex dieser grundsprachlichen Praxis (sog. Korrelation) sind einzelsprachliche Paare wie lat. *cum* (älter *quo-m*) ‘wann, als’ vs. *tum* (älter **to-m*) ‘dann, damals’ und *qu-āli-* ‘wie geartet’ vs. *t-āli-* ‘so geartet’ – laut *KS Szemerényi* (1987c: 1164f.) gehört *-āli-* als *-*o-*h_2*l-i-* zur Verbalwurzel *h_2*el-* ‚nähren, aufziehen‘ – gr. ὅσος ‘wieviel, wie groß’ vs. τόσος ‘so viel, so groß’ (< uridg. **kʷo-ti̯o-* bzw. **Hi̯o-ti̯o-* vs. **to-ti̯o-*) usw.: → Leumann (1977: 483f.); Meiser (1998: 167).

3.5 Zum Zahlwort

3.5.1 Allgemeines

M 500. Die folgenden Ausführungen wollen und können nur Hinweise auf die reichhaltige Problematik der uridg. und idg. Zahlwörter (Numeralia) geben.

1) Eine ausgezeichnete Darstellung der Gesamtproblematik aus ai. Sicht bietet J. Wackernagel. Wackernagel / Debrunner (1930: 329ff.). Das Uridg. besaß Grundzahlwörter (sog. Kardinalia), ferner davon abgeleitete Ordnungszahlen (sog. Ordinalia) und nachweislich einige Zahladverbien (sog. Multiplikativa).

2) Zur Schreibweise der Zahlzeichen (Ziffern): → Glück / Rödel (2016: 786b–787a s.v. 'Ziffer'). — Zum Ziffernsystem der mittelitalischen Koine der Osker, Lateiner und Etrusker: → H. Rix: Buchstabe, Zahlwort und Ziffer im Alten Mittelitalien. *FS Pisani* (1969b: 845–856); H. Rix: Die Altersangabe in der oskischen Inschrift Ve. 70 und osk.-umbr. *akno-* 'Jahr'. *MSS* 37 (1978: 149–163). Wie Rix zeigen kann, ist die in der älteren Literatur verbreitete Annahme, die mittelital. Ziffern seien uminterpretierte Schriftzeichen etr.-gr. Herkunft, nicht richtig und zu korrigieren.

3) Lit.: — a) Zum Uridg.: → Krahe (1969: 46–49); Szemerényi (1960); Eichner (1982; Szemerényi (1990: 234–243); Gvozdanović (1992, enthält Darstellungen der einzelsprachlichen Verhältnisse: vgl. u.a. R. Coleman: Italic, F. Waanders: Greek, R. Emmerick: Old Indian, H. Eichner: Anatolian, A. Ross und J. Berns: Germanic); Blažek (1999); Rau (2009). — b) Speziell zum Lat.: → Leumann (1977: 484–495); Meiser (1998: 170–177). — c) Speziell zum Gr.: → Rix (1992: 171–173); Meier-Brügger (1992b: 93–98); F. Kortlandt: Greek numerals and PIE glottalic consonants. *MSS* 42 (1983: 97–104). — d) Speziell zum Ved.: → J. Wackernagel. Wackernagel / Debrunner (1930: 329–430); Thumb / Hauschild (1959: 154–166); Miyakawa (2003). — e) Speziell zum Anatolischen: → H. Eichner (1992: 29–96); O. Carruba: Betrachtungen zu den anatolischen und indogermanischen Zahlwörtern. *FT Innsbruck 1996* (1998: 505–519). — f) Speziell zu den germanischen Sprachen: → Krahe / Meid (1969b: 87–94). — g) Zum Balto-Slavischen: → B. Comrie. Gvozdanović (1992: 717–833). — h) Armenisch, Tocharisch: → F. Kortlandt: Proto-Armenian numerals. *Kolloquium Kopenhagen 1993* (1994: 253–257); W. Winter: Tocharian. Gvozdanović (1992: 97–161).

3.5.2 Zu den Kardinalzahlen

M 501. Die Kardinalzahlen gehören zum Erbwortschatz genauso wie die Personalpronomina oder etwa die Verwandtschaftsbezeichnungen vom Typ uridg.

ph_2tér- ‘Vater’. — Die Kardinalzahlen waren vermutlich zunächst Indeklinabilia, zu denen bei Mengenangaben der Gen. trat (dies gilt bis in die Einzelsprachen ab ‘fünf’, so im Aksl.). — Zur besseren syntaktischen Einordnung und zur Markierung der Kongruenz sind aber bereits uridg. im unteren Zahlbereich einzelne Nominalendungen angefügt worden. Die Paradigmen der Zahlen ‘eins’ bis ‘vier’ kannten im Uridg. vermutlich einen einzigen Endungssatz für m. + f., ferner Zusatzformen für die Neutra, nur ganz selten auch solche für die Feminina. Dieser Umgang mit den Kardinalzahlen erinnert an die Genese der Adjektive, s.o. M 323. — In der Komposition sind Zahlwörter als VG bei Possessivkomposita beliebt, vgl. den Typ gr. τρι-ποδ- ‘Dreifuß’, s.u. L 208. Sie stehen dabei i.d.R. in der Schwundstufe, vgl. uridg. **sm̥-* ‘eins’ = lat. **sem-* > *sim-* in *sim-plex* ‘einfach’, gr. ἁ- in ἅ-παξ ‘einmal’; ved. *sa-* in *sa-kŕ̥t* ‘einmal’ oder vgl. uridg. *k^u*tu̯r̥-* (mit *k^u*tru-* in der Position vor *K*, s.o. P 304 Abs. 3) in gr. hom. τρυφάλεια ‘mit vier Helmschmuckstücken versehen’. Noch stärker gekürzt erscheint *k^u*tu̯r̥-* als **tr̥* - in myk. *to-pe-za* i.e. *tor-ped-^{j}a* und in agr. τράπεζα ‘Tisch’ (eig. *‘Wesenheit mit vier Füßen’).

M 502. Es folgen Hinweise zu einzelnen Kardinalzahlwörtern. Die Angaben stehen in der Formenlehre traditionell hier, eigentlich gehören sie aber zum Wortschatz und zum Lexikon.

1) ‘eins’: — uridg. **sem-* (= myk. Instr.Sg. *e-me* i.e. *hem-ē*; agr. Gen.Sg. ἑν-ός usw.) und uridg. *(*H*)*oi̯-* mit verschiedenen Suffixen (mit *-no-* altlat. *oi-no-* = klass. lat. *ūnus*; mit *-ko-* ved. *éka-* < *ai̯-ka-* [so bereits im ‘Mitanni-Indischen’, s.o. G 404 Abs. 1] < **oi̯-ko-*; mit *-u̯o-* av. *aēuua-* < **oi̯-u̯o-*). — Weiteres zu **sem-*: → G. Darms. *MSS* 34 (1976: 13f.); zu den gr. Fortsetzern Meier-Brügger (1992a: 60). — Weiteres zu *(*H*)*oi̯-*: → Mayrhofer (1991: 262f. s.v. *éka-* ‘ein’); Lloyd / Lühr / Springer (1998: Sp. 989ff. s.v. ‘ein’).

2) ‘zwei’: — uridg. **d*(*u*)*u̯o-* = lat. *duo*; gr. δύω und δύο, vgl. auch myk. Instr.Pl. *du-wo-u-pi* i.e. *du̯ou̯-p^hi*; ved. *d*(*u*)*vā́* und *d*(*u*)*váu*; usw.: → Mayrhofer (1991: 761–763). Die Flexion von ‘zwei’ ist mit der Problematik des Du. verknüpft, s.o. M 304 Abs. 1. — Speziell zur myk. Form *du̯ou̯-p^hi* (sie hat eine Parallele im ep.-hom. Adv. ἀμφού-δίς ‘mit beiden sc. Händen’): → M. Meier-Brügger. *Glotta* 71 (1993 [1994]: 137–142). — Zu arm. *erku* mit Lautwandel von *erk-* < **du̯-* (sog. Gesetz von Meillet): → Ch. de Lamberterie. Auroux (1988 : 222ff.).

3) ‘drei’: Zu den Fortsetzern von uridg. **tréi̯-es* s.o. P 215 Abs. 1.

4) ‘vier’: — uridg. *k^u*étu̯or-* = lat. *quattuor*; gr. att. τέτταρες (< *k^u*étu̯r̥-es*) u.a.m.; ved. Nom.Pl. *catvā́r-as*, Akk.Pl. *catúr-as-* u.a.m.; usw.: → Mayrhofer (1991: 526f., 527 unten auch zu fem. *k^u*etesr-es* im Iir. und Kelt.). — Zu lat.

quattuor: → Meiser (1998: 171); ferner s.o. P 203f.— Zu 'vier' in Komposition s.o. in M 501.

5) 'fünf': – uridg. **pénk*$^{u̯}$*e* = lat. *quīnque*; gr. πέντε; ved. *páñca*; usw.: → Mayrhofer (1996: 65f.); V. Blažek. *IF* 105 (2000: 101–119). – Zu lat. *quīnque*: → H. Eichner: *Kolloquium Salzburg 1986* (1992: 70–72).

6) 'sechs': – uridg. **s(u)u̯éḱs* = lat. *sex*; gr. myk. *we-pe-za* i.e. *hu̯es-pedza* 'aus sechs Füßen bestehend' (dabei *hu̯es-p-* aus **hu̯eks-p-* vereinfacht); ved. *ṣáṣ-*; usw.: → Mayrhofer (1996: 680f.); R. Virédaz: 'Six' en indo-européen. *IF* 102 (1997: 112–150). – Zum Iir.: → A. Lubotsky. Ofitsch / Zinko (2000: 255–261). – Speziell zu arm. *vec*^{c} < **suu̯eḱs*: → G. Klingenschmitt u. J. Schindler. *FT Wien 1978* (1980]: 419 Anm. 25a).

7) 'sieben': – uridg. **septḿ̥* = lat. *septem*; gr. ἑπτά; ved. *saptá*; usw.: → Mayrhofer (1996: 700). – Zum Heth.: → E. Neu. *FS Meid* (1999: 249–254).

8) 'acht': – uridg. **oḱt-* = lat. *octō*; gr. ὀκτώ; ved. *aṣṭā́* und *aṣṭáu*; usw.: → Mayrhofer (1991: 142); Lloyd / Springer (1988 : Sp. 121ff. s.v. 'ahto'). Ob der Wortausgang mit dem Dual (vgl. 'acht' mit 'zwei') in Verbindung gebracht werden darf, wird diskutiert.

9) 'neun': – uridg. **$h_1$néu̯T*= lat. *novem* (das ursprüngliche *-n-* im Auslaut belegt das Ordinale *nōnus*); gr. ἐννέα; ved. *náva*; usw.: → Mayrhofer (1996: 24f.; M. Peters: Idg. '9' im Armenischen und Griechischen. *ZPSK* 44 (1991: 301–310); V. Blažek. *HS* 112 (2000: 188–203).

10) 'zehn': – uridg. **déḱm̥* = lat. *decem*; gr. δέκα; ved. *dáśa*; usw.: → Mayrhofer (1991: 708f.).

11) 'elf' bis 'neunzehn': – Alles deutet auf die uridg. Gepflogenheit hin, der 'Zehn' den 'Einer' ohne jegliche Kopulativpartikel voranzustellen. Zu den verschiedenen einzelsprachlichen Strategien in der Wortfolge der Zahlwörter: → *KS Wackernagel* I (1969: 236–256, in einem Aufsatz von 1935). – Zum lat. Typ *ūndēvīgintī*: → M. Lejeune: Procédures soustractives dans les numérations étrusque et latine. *BSL* 76,1 (1981: 241–248, Übernahme der etrusk. Gepflogenheit ins Lat.). – Zum Indoiranischen: → R. Schmitt: Die Zählreihe zwischen „10" und „20", zum Beispiel im Iranischen. *HS* 107 (1994: 12–29). – Zur Bildung von 'elf' und 'zwölf' im Germ.: → Lloyd / Lühr / Springer (1998: Sp. 1008ff. s.v. 'einlif').

12) 'zwanzig' bis 'neunzig': – Die Dekaden sind uridg. Kompositionsbildungen mit HG **-dḱm̥-t-* /**-dḱom-t-* (bzw. daraus entstandenem **-h_1ḱm̥t-* oder **-h_1ḱomt-*) 'Zehnheit, Dekade', vgl. für 'zwanzig' uridg. **(d)u̯i-h_1ḱm̥-ti-h_2*, für 'dreißig' uridg. **tri-h_1ḱm̥-t-h_2* usw. – Zum Lat.: → Meiser (1998: 172f.). – Zu gr. πεντήκοντα < **pente-h_1ḱomt-*: → F. Kortlandt. *MSS* 42 (1983: 98). – Zum Germ.: → R. Lühr: Die Dekaden '70–120' im Germanischen in *MSS* 36 (1977: 59–71); G.

Schuppener: Einschnitte bei den indogermanischen Zehnerzahlen. *FT Innsbruck 1996* (1998: 293–321, u.a. zum Phänomen, dass in verschiedenen germ. Dialekten nach 60 ein Bruch in der Wortbildung vorliegt).

13) ‘hundert’: – uridg. **dk̂m̥tó-* i.S.v. ‘der zehnte sc. Zehner’ (= lat. *centum*, gr. ἑκατόν, ved. *śatám*): → *KS Risch* (1981: 677–689, in einem Aufsatz von 1962. – Speziell zu gr. ἑ-κατόν: Das anlautende *e* ist vermutlich der laryngalartige Reflex des ursprünglich anlautenden *d* und geht über **h$_1$k̂m̥tó-* auf uridg. **d-k̂m̥tó-* zurück. Erst sekundär wurde *e-* als zu **sem-* gehörig interpretiert und mit der Aspiration versehen: → F. Kortlandt. *MSS* 42 (1983: 98); zustimmend H. Rix. *GS van Windekens* (1991: 225 Anm. 1).

14) ‘200’–‘900’: – uridg. Kompositionsbildungen mit HG **-dk̂m̥tó-* i.S.v. ‘100’. – Zum Lat. mit *-centī* (z.T. *-gentī*): → Meiser (1998: 173f.). – Zum gr. Typ διακόσιοι vs. dialektalem διακατιοι: → *KS Risch* (1981: 265ff., in einem Aufsatz von 1966.

15) ‘1000’: – Zu den Bildungen mit uridg. **ĝʰes-lo-* ‘eine Hand voll (Körner)’ (vgl. lat. *mīlle* und *mīlia* < **smih$_2$-ĝʰsl-ih$_2$-*, gr. χῑ́λιοι, ved. *sa-hásra-*): → H. Rix. *GS van Windekens* (1991: 225ff.); Rix (1994: 61 Anm. 16). – Zu germ. **þūsont-* und den dazugehörigen baltoslav. Formen: → R. Lühr: Zur Semantifizierung von Zahlwörtern: Das Wort ‘tausend’ - eine germanisch-baltoslavische Isoglosse? *FS Čop* (1993: 117–136).

16) ‘unzählig’: – Zu gr. μῡρίοι ‘zahllos, unermeßlich’, z.T. auch ‘zehntausend’: → M. Weiss. *HS* (109 1996: 199–204, der Autor vergleicht heth. *mūri-* ‘Traube’ und rekonstruiert eine uridg. Wurzel **meu̯H-* ‘abundant, reproductively powerful’).

3.5.3 Zu den Ordinalzahlen

M 503. Den Ordinalzahlen kam im Uridg. (und selbstverständlich auch noch später) u.a. die Aufgabe zu, den Abschluss einer Reihe anzugeben (vgl. *Wir waren neun Nächte unterwegs. In der zehnten aber ...*): → J. Wackernagel. Wackernagel / Debrunner (1930: 400ff.); *KS Risch* (1981: 684ff., in einem Aufsatz von 1962, mit zahlreichen Beispielen aus altidg. Sprachen).

Die Ordinalzahlen sind von den Kardinalzahlen mit *-o-* oder *-t(h$_2$)o-* abgeleitet. – Als Basis für die Suffixvarianten uridg. **-to-* bzw. **-th$_2$o-* kommt speziell ‘zehn’ mit dem uridg. Abstraktum **dék̂m̥-t(h$_2$)-* in Frage (das *h$_2$* gehört vermutlich primär zur Bildung des Abstraktums, ist dann aber durch Umgliederung dem Suffix zugeschlagen worden). – Neben *-t(h$_2$)o-* findet sich vereinzelt auch älteres *-o-* (z.T. wieder wechselnd mit komplexem *-h$_2$o-*), vgl. uridg. **septm̥(h$_2$)o-*

'siebter'. Hier wird deswegen mit guter Zuversicht h_2 ins Spiel gebracht, weil das aspirierte ved. Suffix *-tha-* am besten auf uridg. **-th₂-o-* zurückgeführt werden kann, s.o. P 329 Abs. 1 mit weiteren Beispielen für ved. *-th* - < uridg. **-th₂-*. Zum Verständnis als *-o*-stämmige Ableitung eines Abstraktums auf uridg. **-t(e)h₂-*: → Kuryłowicz (1935: 49).

Für 'erster' und 'zweiter' kamen auch Bildungen außerhalb der Kardinalia in Frage, vgl. lat. *prīmus* 'vorderster' i.S.v. 'erster', gr. πρῶτος und *secundus* 'folgender' i.S.v. 'zweiter'.

Die Ordinalzahlen sind Ausgangspunkt für die Superlativbildungen, s.o. M 325.

Zu den Einzelheiten im Lat.: → Leumann (1977: 491ff.); Meiser (1998: 174f.); zum Gr.: → Rix (1992: 170f.); zum Ved.: → J. Wackernagel. Wackernagel / Debrunner (1930: 400ff.). Zum Gesamten ferner: → G. Schmidt: Indogermanische Ordinalzahlen. *IF* 97 (1992: 197–235). Vgl. auch D. Stifter. *Sprache* 41 (1999: 56 ff., zum Keltiberischen; zu ‚5'; zu den Ordinalia).

3.5.4 Zu den Zahladverbien

M 504. Bei den Zahladverbien vom Typ der Multiplikativa 'einmal', 'zweimal' sind die Bildungen im untersten Zahlbereich vermutlich als bereits grundsprachlich zu bewerten, vgl. uridg. **du̯i-s* 'zweimal' (= lat. *bis* mit Lautwandel *du̯- > b-*) und uridg. **tri-s* 'dreimal' (= gr. τρίς). Für 'einmal' stand ein Kompositum mit VG **sm̥-* zur Verfügung (s.o. in M 501 die drei einzelsprachlichen Vertreter mit differierendem HG). Weiteres: → Leumann (1977: 494f.); Wackernagel / Debrunner (1930: 422f.).

4 Zur Syntax des Urindogermanischen

4.1 Allgemeines

S 100. Seit nunmehr über hundert Jahren nicht durch ein gleichwertiges Werk ersetzt und zu seiner Zeit die erstmalige umfassende und grundlegende Darstellung ist die dreibändige Vergleichende Syntax der indogermanischen Sprachen von Berthold Delbrück: → Delbrück (1893 / 1897 / 1900). Ihre herausragende Bedeutung wird auch hervorgehoben durch eine Tagung, die ihrem Verfasser anlässlich des hundertjährigen Jubiläums des Werkes gewidmet wurde: → *Kolloquium Madrid 1994* (1997, zur wissenschaftsgeschichtlichen Einordnung K. Strunk a.O.: 571ff.).

1) Anders als es seit August Schleicher (s.o. G 305) bei Phonologie und Morphologie üblich ist, wird eine Syntax der uridg. Grundsprache von Berthold Delbrück nicht rekonstruiert, sondern es werden die einzelsprachlichen Erscheinungen nur vergleichend nebeneinandergestellt. Ob dieser „vorschleichersche" Zustand in der Erforschung der Syntax bei manchen syntaktischen Fragestellungen, die größere Satzeinheiten betreffen, an sich unüberwindlich ist, wird die Zukunft weisen. Rekonstruierbar sind nur solche Satzeinheiten, die in den Einzelsprachen auf der Ausdrucks- und Inhaltsseite Vergleichbares aufweisen. Doch ist bei manchen vergleichbaren syntaktischen Erscheinungen der Einzelsprachen schwer zu entscheiden, ob diese Erscheinungen schon grundsprachlich sind oder ob die Grundsprache nur die Voraussetzungen dafür bietet, dass in den Einzelsprachen ähnliche Entwicklungen stattfanden.

2) Nach Delbrück sind an umfassenden Darstellungen der Syntax die Werke von Karl Brugmann und Hermann Hirt zu nennen: → Brugmann (1925), Brugmann (1902–1904); Brugmann (1916); Hirt (1934; 1937). Eine zeitgenössische Entsprechung zu diesen syntaktischen Handbüchern fehlt bislang, ist aber im Rahmen der Indogermanischen Grammatik von Jerzy Kuryłowicz, Manfred Mayrhofer, Alfred Bammesberger und Thomas Lindner seit langem vorgesehen. Im Jahr 1999 fand in diesem Rahmen ein Kolloquium der Indogermanischen Gesellschaft zur indogermanischen Syntax in Würzburg statt: → *Kolloquium Würzburg 1999* (2002).

3) Handliche Darstellungen, die sich aber mehr anhand der Typologie mit der syntaktischen Teilfrage nach der Wortstellung beschäftigen und, allein schon durch den geringen Umfang bedingt, keine Gesamtdarstellung bieten können, gibt es von Winfred P. Lehmann (→ Lehmann 1974) und Paul Friedrich (→ Friedrich 1975). Zur untergeordneten Bedeutung der Wortstellungsfrage für das Uridg. mit seinem Reichtum an Flexionsformen, die der Wortstellung beim

https://doi.org/10.1515/9783110661767-005

Ausdruck syntaktischer Relationen eine zweitrangige Stellung zuweisen, äußert sich eingehend Calvert Watkins: Towards Proto-Indo-European Syntax: problems and pseudo-problems. *KS Watkins* I (1994: 242–263, in einem Beitrag von 1976).

4) Die Rekonstruktion der Syntax bezieht sich auf den idealisierten Zustand einer Standardsprache des Uridg. Die Stilistik, der sich vornehmlich Oswald Panagl widmet, erfordert ein besonders feines Gespür. Als eine eigene Sprachschicht ist die Dichtersprache aufgrund ihrer tradierten Formeln für die syntaktische Rekonstruktion von besonderer Bedeutung (→ Schmitt 1967). Die Umgangssprache ist durch die Sache bedingt (originäre Mündlichkeit – schriftliche Tradition) nur schwer zugänglich; als Quelle dafür kommen vor allem Texte in Frage, in denen Dialoge vorkommen: Dramendialoge, philosophische Dialoge, Dialoglieder (→ Hofmann 1978).

5) Basisliteratur zur indogermanischen Syntax und zur Syntax indogermanischer Sprachen: → Brugmann (1902–1904); Brugmann (1911); Brugmann (1916/1925); Bühler (1934); Chantraine (1953); Delbrück (1879); Delbrück (1888); Delbrück (1893/1897/1900); Havers (1931); Hirt (1934/1937); Hofmann / Szantyr (1965); Kieckers (1911); Kieckers (1926b/1926c); Krahe (1972); Kühner / Gerth (1898/1904); Kühner / Stegmann (1955); Kuryłowicz (1964); Matthews (1981); Meier-Brügger (1992a); Miklosich (1868–1874); Monro (1891); Pinkster (1990); Scherer (1975); Schwyzer / Debrunner (1950); Sommer (1931); Speyer (1896); Wackernagel (1926/1928); Klein / Joseph / Fritz (2017a, mit folgenden Beiträgen zur Syntax: 274–191, S. Luraghi – Anatolisch; 377–409, L. Kulikov – Indisch; 549–566, Th. Jügel – Iranisch; 682–695, B. Jacquinod – Griechisch); Klein / Joseph / Fritz (2017b, mit folgenden Beiträgen zur Syntax: 804–828, Ph. Baldi – Italisch; 954–974, R. Lühr – Germanisch; 1097–1115, J. Klein – Armenisch; 1218–1249, J. Eska – Keltisch; 1352–1364, G. Carling – Tocharisch); Klein / Joseph / Fritz (2018, mit folgenden Beiträgen zur Syntax: 1557–1571, K. Migdalski – Slavisch; 1668–1681, A. Holvoet – Baltisch; 1771–1788, B. Joseph – Albanisch; 1924–1942, M. Hale – Indo-Iranisch; 2000–2011, A. Holvoet – Balto-Slavisch; 2195–2228, G. Keydana – Indogermanisch).

S 101. Die Rekonstruktion von Syntax führt gegenüber derjenigen von Phonologie und Morphologie aufgrund der Beteiligung von Ausdrucks- und Inhaltsseite ungleich stärker in den Bereich von Hypothesen und Wahrscheinlichkeiten. Die interne Rekonstruktion von Syntax geht sogar noch einen Schritt weiter, da die Feststellung der extern rekonstruierten Divergenzen bereits auf bestimmten Vorstellungen von einem syntaktischen System beruht und die „bereinigende“ Zielvorstellung durch den Vergleich mit historischen syntaktischen Systemen nur typologisch plausibel gemacht werden kann.

Die Problematik der Rekonstruktion von Syntax ist mit derjenigen der Rekonstruktion von Semantik vergleichbar, insofern als syntaktische wie semantische Bedeutungen auf der Inhaltsseite des sprachlichen Zeichens angeordnet sind: So bestehen Morpheme wie Lexeme aus Ausdrucksseite (Significans) und Inhaltsseite (Bedeutungsebene; Significatum) und werden vom Sprecher zur Bezeichnung seiner begrifflichen Vorstellung (Begriffsebene; Designatum) von der außersprachlichen Wirklichkeit verwendet. Wie bei Lexemen lassen sich bei Morphemen Grundbedeutungen feststellen, die sich nicht in Abhängigkeit von dem jeweiligen Zusammenhang verändern; diese Grundbedeutungen umfassen verschiedene Funktionen, die vom Kontext abhängen: Je nach den im Satz vorkommenden Lexemen können also die Funktionen eines Morphems variieren. Die vom Sprecher verwendeten sprachlichen Zeichen weisen unmittelbar auf seine begriffliche Vorstellung. Welche begriffliche Vorstellung ein Sprecher von der außersprachlichen Wirklichkeit hat, hängt von seiner Interpretation der realen Situation ab, so dass verschiedene Sprecher auf dieselbe reale Situation mit unterschiedlichen sprachlichen Zeichen referieren können.

Schema des sprachlichen Zeichens samt seiner Bezeichnungsbeziehung zu Begrifflichkeit und Wirklichkeit:

	Ausdrucksseite	**Significans**
Bedeutungsebene	Inhaltsseite	Significatum
Begriffsebene		Designatum
	außersprachliche Wirklichkeit	

S 102. Die Syntax ist die wissenschaftliche Beschreibung von Sätzen. Hier stellt sich von vornherein die Frage, was überhaupt ein Satz ist, was alles als Satz betrachtet werden kann. Bei der Erforschung vorgeschichtlicher Sprachzustände kommt noch die Frage hinzu, wie Sätze rekonstruiert werden können.

Die Frage, was ein Satz ist, ist schon dann nicht leicht zu beantworten, wenn von Gegenwartssprachen ausgegangen wird. Sie ist ohnehin nur dann eindeutig und endgültig zu beantworten, wenn Sätze von sich aus die Voraussetzungen zu einer solchen Antwort bieten, wenn also Sätze von vornherein bestimmte Merkmale aufweisen, die sie zu dem machen, was sie sind, und ohne die sie nicht das wären, was sie sind. Wenn Sätze diese bestimmten Merkmale nicht aufweisen, dann ist die Frage nach dem Satz Definitionssache.

Wenn dieses bestimmte Merkmal für einen Satz die Prädikation über ein Subjekt ist, so gibt es neben diesen Sätzen, die eine Prädikation über ein Subjekt enthalten (*Die Katze hat einen Vogel gefangen*), auch solche, die nichts dergleichen ausdrücken (*Hilfe!*). Letztere können natürlich so erklärt werden, dass auch hier durchaus eine Prädikation über ein Subjekt zustandekommt, was bei einer anderen Formulierung gewählt wird, die in demselben Zusammenhang geäußert werden kann (*Hilf mir!*); die Unterschiede bestehen somit lediglich auf der sprachlichen Seite.

Es könnte vorgeschlagen werden, dass Sätze, um als solche gelten zu dürfen, vollständig und sinnvoll sein müssen. Nun sind unvollständige Sätze nicht von vornherein sinnlos und vollständige Sätze nicht von vornherein sinnvoll. Beispielssätze erwecken den Anschein, dass sie mehr oder weniger sinnvoll, also aus sich heraus verständlich sind. Doch sind Beispielsätze nicht die Sprachwirklichkeit. In der natürlichen Sprachwirklichkeit steht jede Äußerung in einem größeren Zusammenhang und dient der Verständigung. Fehlleistungen, also Missverständnisse, sind bei dieser wie bei anderen menschlichen Tätigkeiten natürlich. Missverständnisse können aber bei vollständigen wie bei unvollständigen Sätzen auftreten. Andererseits können unvollständige Sätze ihren Zweck in einem größeren Zusammenhang ebensogut erfüllen wie vollständige und sind beim gewöhnlichen Sprechen gang und gäbe. Entscheidend ist dabei nur die Verständlichkeit im Zusammenhang. Verständlichkeit oder Vollständigkeit eines Einzelsatzes können also auch nicht als grundlegende und unverzichtbare Eigenschaften eines Satzes angesehen werden.

Was nun die Rekonstruktion von Syntax betrifft, so gilt als Gemeinplatz, dass sprachwirkliche Sätze nicht rekonstruiert werden können. Das ist nun aber kein Mangel der Rekonstruktion von Syntax. Denn, wie gerade gezeigt wurde, sind zusammenhanglose Einzelsätze ohnehin nicht die Sprachwirklichkeit, ebensowenig wie Einzelwörter oder Einzellaute. Was nicht rekonstruiert werden kann, ist die Sprachwirklichkeit. Was aber rekonstruiert werden kann, ist das System einer Sprache. Die Einzelbeispiele dienen in jedem Fall nur der Veranschaulichung des rekonstruierten Systems. Eine ganz andere Frage ist, ob das System einer Sprache komplett rekonstruiert werden kann. Das hängt dann weniger von der Rekonstruktionsmethode als vielmehr vom Forschungsstand ab. Davon hängt auch ab, ob rekonstruierte Sätze formuliert werden können; denn die Formulierung eines rekonstruierten Satzes, der ja ohnehin nicht den Anspruch auf Sprachwirklichkeit hat, scheitert nicht etwa daran, dass Sätze nicht rekonstruiert werden könnten, sondern daran, dass nicht sichergestellt ist, ob die rekonstruierten Elemente, die den Satz konstituieren, ein und derselben Sprachstufe angehören. Wäre die historische Gleichzeitigkeit der für die Formulierung notwendigen Elemente gewährleistet, stünde der Formulierung nichts mehr im Wege. Damit wäre allerdings nicht die Gewähr verbunden, dass der formulierte Satz jemals in dieser Form existiert hätte; doch diese Einschränkung betrifft ja jede Rekonstruktion.

Lit.: → C. Watkins: Preliminaries to the reconstruction of Indo-European sentence structure. Lunt (1964: 1035–1042); C. Watkins: Towards Proto-Indo-European Syntax: problems and pseudo-problems. *KS Watkins* I (1994: 242–263, in einem Beitrag von 1976); W. Dressler: Über die Rekonstruktion der indogermanischen Syntax. *ZVS* 85 (1971: 5–22); W. Winter: Reconstructional comparative linguistics and the reconstruction of the syntax of undocumented stages in the development of languages and language families. Fisiak (1984: 613–625); S. Jamison: Determining the Synchronic Syntax of a Dead Language. Aertsen / Jeffers (1993: 211–220).

4.2 Zur Satzsyntax

4.2.1 Allgemeines

S 200. Nicht der einzelne Satz allein, sei er nun einfach oder zusammengesetzt, ist die größte Einheit innerhalb der Syntax, sondern dazu gehören auch noch seine syntaktischen und semantischen Relationen über die eigentlichen Satzgrenzen hinaus; in diesem Fall wird in der Forschung von Textsyntax gesprochen. Bei der Entstehung der Hypotaxe aus der Parataxe von Hauptsätzen und Nebensätzen wird die unmittelbare Verbindung von Textsyntax und Satzsyntax deutlich, die durch die satzübergreifende Wirkung von Pronomina erfolgt. Im Lateinischen zeigt dies der relative Satzanschluss.

S 201. Sätze lassen sich je nachdem, ob sie in andere Sätze eingefügt sind oder nicht, in hypotaktische und parataktische Sätze einteilen; je nachdem, ob sie inhaltlich selbständig sind oder nicht, in Haupt- und Nebensätze; je nach Sprecherabsicht in Aussage-, Frage- und Befehlssätze; je nachdem, ob sie ein finites Verbum enthalten oder nicht, in Verbalsätze und Nominalsätze.

S 202. In den idg. Einzelsprachen gibt es Infinitiv- und Partizipialkonstruktionen, die sich auf die Verwendung von Verbalnomina in bestimmten Kasus im Uridg. zurückführen lassen. Zu den Verbalnomina gehören im Uridg. solche Verbalsubstantive und Verbaladjektive, die einzelsprachlich als Infinitive und Partizipien in das Verbalparadigma aufgenommen sind. Ob für das Uridg. bestimmte Infinitiv- oder Partizipialkonstruktionen anzusetzen sind, ist noch nicht gesichert. Partizipien lassen sich jedenfalls schon für die Grundsprache ansetzen. Infinitivische Konstruktionen mit dem finalen Dativ, dem Richtungsakkusativ oder dem Ziellokativ von Verbalnomina sind anzunehmen. Während Infinitive sich gerade durch die Syntax definieren, lassen Partizipien umgekehrt durch ihr Vorhandensein darauf schließen, dass es auch Partizipialkonstruktionen gibt. Nach J. García Ramón: Infinitive im Indogermanischen? Zur Typologie der Infinitivbildungen und zu ihrer Entwicklung in den älteren indogermanischen Sprachen. *InL* 20 (1997: 45–69) „läßt sich die Möglichkeit eines echten idg. Infinitivs auf *-*sén*(*i*) rechtfertigen" (67), der auf eine Lokativform zurückgeht, die sich nach K. Stüber: Zur Herkunft der altindischen Infinitive auf *-sáni*. *MSS* 60 (2000: 135–167) bei *s*-stämmigen Abstrakta durch den mit **en* gebildeten Lokativ ergibt. Auch für sogenannte absolute Konstruktionen ist im Uridg. die Möglichkeit gegeben, wobei für die Einbindung in den Satz verschiedene Kasus in Frage kommen; nach Keydana (1997: 33) findet hierfür der Lokativ im Uridg. Verwendung. Zum Formalen s.o. M 216.

Lit.: → Gippert (1978); J. Gippert: Zum „prädikativen" Infinitiv. *ZVS* 97 (1984: 205–220); J. Gippert: Ein keltischer Beitrag zur indogermanischen Morphosyntax: Das altirische Verbalnomen. *Kolloquium Madrid 1994* (1997: 143–164); H. Hettrich: Zur historischen Syntax der nomina actionis im R̥gveda: Der 'doppelte Dativ'. *MSS* 43 (1984: 55–106); H. Hettrich: Nochmals zu Gerundium und Gerundivum. *FS Rix* (1993: 190–208); Risch (1984); J. García Ramón: Zur Konkurrenz von Dativ und Akkusativ von Nomina actionis und Abstrakta im Indogermanischen. *GS Kuryłowicz* (1995: 101–113); J. García Ramón: Infinitive im Indogermanischen? Zur Typologie der Infinitivbildungen und zu ihrer Entwicklung in den älteren indogermanischen Sprachen. *InL* 20 (1997: 45–69); Keydana (1997); K. Stüber: Zur Herkunft der altindischen Infinitive auf *-sáni*. *MSS* 60 (2000: 135–167); Lowe (2011); Th. Zehnder: Zur Funktion der Infinitive im Veda. *FT Salzburg 2008* (2011: 622–631); Keydana (2013); Ruppel (2013). Zu Spuren von Ergativität in Infinitivkonstruktionen: → M. Fritz: Grammatik und Semantik der Infinitivkonstruktionen von neuhochdeutsch *lassen*. Marillier / Rozier (2005: 138–140).

4.2.2 Zu Parataxe und Hypotaxe

S 203. Unter Parataxe ist die Aneinanderreihung von Sätzen zu verstehen. Es kommen Aussagesätze, Fragesätze und Befehlssätze vor. Dabei können Aussage- und Fragesätze dieselben Bestandteile aufweisen und sich auch lediglich geringfügig durch unterschiedliche Wortstellung und Satzintonation voneinander unterscheiden, so dass sie leicht ineinander übergeführt werden können; Befehlssätze hingegen nehmen wie der Modus Imperativ selbst eine Sonderstellung ein.

1) In Aussagesätzen nimmt der Sprecher Stellung dazu, inwiefern er dem Inhalt seiner Äußerung Gültigkeit beimisst, ob er ihre Gültigkeit voraussetzt

(Injunktiv), behauptet (Indikativ) oder ob er sie für möglich (Optativ) oder zukünftig (Konjunktiv) hält. Der Indikativ könnte bei Aussagen über die Zukunft nur in Verbindung mit dem perfektiven Aspekt verwendet werden, da der perfektive Aspekt keine Aussagen über die unmittelbare Gegenwart zulässt. Allerdings wird im Uridg. der perfektive Aspekt im Indikativ Aorist in Verbindung mit Augment und Sekundärendung nur auf die Vergangenheit bezogen; ohne Augment und mit Primärendungen kommt der perfektive Aspekt nur im Konjunktiv Aorist vor, worin wohl der Ursprung der futurischen Bedeutung des Konjunktivs zu sehen ist.

2) In Fragesätzen bringt der Sprecher anders als in Aussagesätzen seine unvollständige oder unsichere Vorstellung zum Ausdruck. Dementsprechend ist bei Fragesätzen zwischen Wortfrage und Satzfrage zu unterscheiden. In Wortfragen werden die Positionen nominaler (einschließlich pronominaler) oder adverbialer Syntagmen durch Interrogativpronomina bzw. -pronominaladverbien ausgefüllt und das Fragewort thematisiert. In Satzfragen findet keine Ersetzung von Wortarten statt, sondern das gesamte Verbalgeschehen wird in Frage gestellt, was durch Abweichung von im Aussagesatz üblicher Wortstellung und Satzintonation zum Ausdruck kommen kann; eine Thematisierung des finiten Verbums lässt sich mittels des einzelsprachlichen Befundes jedoch nicht feststellen.

Zur uridg. Frageformel *$k^{ṷ}$ís $h_1$ési*? ‘Wer bist du?’ *$k^{ṷ}$ósi̯o $h_1$ési*? ‘Wessen (sc. Sohn) bist du?’: → R. Schmitt (1967: 136f.).

S 204. Neben der parataktischen Anordnung (Beiordnung) der Sätze gibt es im Uridg. die hypotaktische Anordnung (Unterordnung) von Sätzen. Darunter ist die Einfügung eines Satzes in einen anderen Satz zu verstehen. Die wesentliche Besonderheit der Hypotaxe ist dabei die Möglichkeit, einen Satz, der ein finites Verbum enthält, in einen anderen solchen Satz einzufügen, also die Integration eines Verbalsatzes in einen anderen Verbalsatz.

Mit der Einfügung eines Satzes in einen anderen gehen beim Nebensatz Abweichungen von der Gestalt einher, die er als Hauptsatz hat: Gerade dadurch sind untergeordnete Nebensätze von beigeordneten Nebensätzen oder Hauptsätzen zu unterscheiden, dass sie in ihrer Ausdrucksseite von diesen abweichen und beigeordnete Sätze in dieser Form nicht vorkommen, wobei sich der formale Unterschied allerdings auch allein auf die suprasegmentale Phonologie beschränken kann. Inhaltlich kann auch zwischen selbständigen Sätzen in Parataxe ein Verhältnis wie zwischen Haupt- und Nebensatz in Hypotaxe bestehen, indem der Nebensatz nur eine Ergänzung oder Angabe zum Hauptsatz darstellt. Jedoch erst, wenn dieses Verhältnis auch durch die formale Integration des Nebensatzes in den Hauptsatz nach Art von Adverbien, Attributen und Appositionen zum Ausdruck kommt, kann von Hypotaxe gesprochen werden. Die formalen Markierungen des Nebensatzes können einzelsprachlich ganz verschiedener Art sein. Für das Urindogermanische wird die Betonung des finiten Verbums als formale Markierung des Nebensatzes gegenüber dem Hauptsatz angenommen, in dem das finite Verbum unbetont ist, außer wenn es als Thema den Anfang des Satzes bildet.

Eine Zusammenstellung von Kriterien zur Unterscheidung von Haupt- und Nebensatz findet sich bei E. Hermann: Gab es im Indogermanischen Nebensätze? *KZ* 33 (1895: 481–535).

Delbrück (1900: 411ff.) vertritt die Ansicht, „dass ... ursprünglich alle Sätze beigeordnet neben einander standen." (411) Weiter führt Delbrück aus: „Die geschichtliche Auffassung hat, wie jetzt wohl allgemein angenommen wird, von der Hypothese auszugehen, dass es einmal eine Zeit gab, in welcher nur Hauptsätze vorhanden waren." (412) Ferner kann Delbrück für seine Zeit feststellen: „Der Satz, dass die Hypotaxis aus der Parataxis entstanden sei, ist Gemeingut der Wissenschaft geworden." (413) Zur Systematisierung der Nebensätze stellt Delbrück (1900: 413f.) die Einteilung nach dem „Gedankenverhältniss" in priorische und posteriorische vor.

S 205. Für das Uridg. lassen sich als Nebensätze solche mit Relativpronomen ansetzen, die neben der Funktion von Relativsätzen auch diejenige von Adverbialsätzen erfüllen. Eigene Konjunktionen zur Einleitung von Adverbialsätzen lassen sich aus dem Sprachvergleich für das Uridg. nicht gewinnen. Die mit Konjunktionen eingeleiteten Adverbialsätze haben ihren Ursprung in den Relativsätzen, indem Konjunktionen auf bestimmte Kasusformen von Relativpronomina zurückgehen (vgl. z. B. lat. *cum* < *quom* = Akk.Sg.m. des Relativpronomens *$k^{u}o$-). Nach der so erfolgten Entstehung der Adverbialsätze können nach dem Vorbild der aus Relativpronomina hervorgegangenen Konjunktionen auch andere Wortarten zu Konjunktionen umgedeutet werden. Mit Relativpronomina eingeleitete untergeordnete Nebensätze können also die Funktion von Subjekt, Objekt, Adverbiale, Attribut und Apposition übernehmen.

1) Das Uridg. besitzt zwei Arten von Relativsätzen, den attributiven und den appositiven. Diese unterscheiden sich formal durch das satzeinleitende Pronomen; der attributive Relativsatz wird durch das Pronomen *$k^{u}i$- / *$k^{u}o$- eingeleitet, der appositive durch das Pronomen *Hi̯o-. Semantisch besteht zwischen den beiden Arten von Relativsätzen folgender Unterschied: Der attributive Relativsatz bezeichnet eine zusätzliche Eigenschaft, der appositive Relativsatz nennt dagegen eine bekannte Eigenschaft des durch das Bezugswort Bezeichneten. Der attributive Relativsatz kann daher auch ohne Bezugswort auftreten, im Gegensatz zum appositiven Relativsatz, der nur in Verbindung mit einem Be-

zugswort Verwendung finden kann. Nachgrundsprachlich ist diese formale Markierung der beiden Arten von Relativsätzen aufgegeben worden, und die Einzelsprachen verwenden jeweils nur eines der beiden Relativpronomina weiter.

2) Nach Ch. Lehmann: Der indogermanische **kwi-/kwo*-Relativsatz im typologischen Vergleich. *Kolloquium Pavia 1979* (1980: 155–169) gibt es im Uridg. nur postnominale und vorangestellte Relativsätze, jedoch nicht pränominale und nachgestellte. Post- und pränominal bezeichnen dabei die Stellung des Relativsatzes zum Bezugswort, voran- und nachgestellt diejenige zum Hauptsatz. Der **Hi̯o*-Relativsatz kommt nach Lehmann nur postnominal vor und sei entweder aus einem mit **Hi̯o-* angeschlossenen Attribut oder aus einem mit **Hi̯o-* eingeleiteten, selbständigen Satz entstanden; **Hi̯o-* habe dabei anaphorische Funktion besessen. Der vorangestellte $k^{u̯}i$-/$k^{u̯}o$-Satz dient nach Lehmann dazu, ein Thema zu bezeichnen, auf das der nachfolgende Hauptsatz Bezug nimmt: „Der Nukleus eines restriktiven Relativsatz [sic] ist notwendig semantisch indefinit, das ihn determinierende (Relativ-)Pronomen muss also indefinit sein. So erklärt sich der Gebrauch eines dem Frage- und damit dem Indefinitpronomen nahestehenden Relativpronomens ...“ (163). Nach Hettrich (1988: 776–778) entwickeln sich im Urindogermanischen nach einer Sprachstufe mit Relativpartizipien die Relativsätze aus parataktisch nachgeordneten Sätzen mit anaphorischen Pronomina, und zwar entstehen aus Sätzen mit anaphorischem **Hi̯o*-appositiv-explikative Relativsätze und aus Sätzen mit anaphorischem *$k^{u̯}i$-/*$k^{u̯}o$-attributiv-restriktive Relativsätze. Zum Formalen s.o. M 404.

Zur Terminologie appositiv vs. attributiv: → Seiler (1960); zu appositiv vs. restriktiv: → Lehmann (1984) und Hettrich (1988). Nach Ch. Koch: Zur Vorgeschichte des relativen Attributivkonnexes im Baltischen und Slavischen. *Kolloquium Jena 1989* (1992: 45–88) ist das Relativattribut nicht schon grundsprachlich, sondern entsteht erst einzelsprachlich auf der Grundlage nominaler Relativsätze.

4.2.3 Zu Verbal- und Nominalsatz

S 206. In einem Verbalsatz sind die Aktanten bereits durch das finite Verbum vorgegeben. Diese Vorgabe ist durch Dependenzrelationen geregelt. Im Nominalsatz fehlt die Vorgabe der Aktanten durch das finite Verbum. Nominalsätze sind nicht einfach Verbalsätze ohne finites Verbum (mit sog. Ellipse der Kopula), sondern eine eigenständige Art von Sätzen; so ist das Prädikatsnomen in Nominalsätzen, anders als das verbale Prädikat in Verbalsätzen, auch stets betont. Die Bezeichnung Ellipse ist eigentlich nicht zutreffend, weil die Kopula nicht notwendig ist. Umgekehrt ist die Verwendung der Kopula eher als eine Anpassung an das übliche Muster von Verbalsätzen anzusehen, die immer eine finite Verbalform enthalten. Es handelt sich bei dieser Verwendung der Kopula um eine Art der explikativen Signifikation, indem der Inhalt der Kopula bereits durch die Verbindung der vorhandenen Satzteile mit ausgedrückt wird und diesem Inhalt durch die Kopula lediglich durch ein zur Verfügung stehendes eigenständiges sprachliches Zeichen vergleichbarer Bedeutung gesondert Ausdruck verliehen wird.

S 207. Lit. zum parataktischen Satz: → Kieckers (1911); Ammann (1922); H. Ammann: Untersuchungen zur homerischen Wortfolge und Satzstruktur. 2. Teil: Die Stellung des Verbums, im Einzelnen untersucht. *IF* 42 (1924: 149–171 u. 300–322); W. Dressler: Eine textsyntaktische Regel der idg. Wortstellung. *ZVS* 83 (1969: 1–25); R. Harweg: Zum Verhältnis von Satz, Hauptsatz und Nebensatz. *ZDL* 38 (1971: 16–46); C. Watkins: Some Indo-European verb-phrases and their transformations. *KS Watkins I* (1994: 189–209, in einem Beitrag von 1975); K. Heger: Parataxe und Hypotaxe. *Kwartalnik Neofilologiczny* 24 (1977: 279–286); A. Scherer: Rekonstruktion grundsprachlicher Satzbaupläne. *FS Szemerényi* (1979: 755–762); Andersen (1983); F. Bader: Structure de l'énoncé indo-européen. Giacalone-Ramat / Carruba / Bernini (1987: 13–34); Luraghi (1990); A. Hintze: Parataxis and Hypotaxis in the Avesta. Pirart (1997: 51–62).

S 208. Lit. zum hypotaktischen Satz: → Seiler (1960); R. Sternemann: Temporale und konditionale Nebensätze des Hethitischen. *Mitteilungen des Instituts für Orientforschung* 11 (1965: 231–274 u. 377–415); R. Schmitt-Brandt: Vergleich der indogermanischen Nebensatzkonstruktionen. *FT Bern 1969* (1973: 125–141); G. Bossong: Typologie der Hypotaxe. *FoL* 13 (1979: 33–54); H. Rix: Abstrakte Komplemente im Urindogermanischen. *FS Szemerényi* (1979: 725–747); H. Hettrich: Zur Entwicklung der Finalsätze altindogermanischer Sprachen. *ZVS* 100 (1987: 219–237); Lehmann (1984); Krisch (1986); H. Hettrich: Lateinische Konditionalsätze in sprachvergleichender Sicht. *Kolloquium Salzburg 1986* (1992: 263–284); Hettrich (1988).

S 209. Über den Satzakzent lässt sich aussagen, dass das den Satz eröffnende Wort betont ist. Die Satzanfangsstellung schließt auch die Funktion der Thematisierung mit ein: Wenn das Subjekt den Satz eröffnet, handelt es sich in einer Nominativsprache dabei um den unmarkierten Prototyp. Bei Fragesätzen wird der nominale Bestandteil, nach dem gefragt wird, thematisiert; so eröffnet bei Wortfragen das Interrogativpronomen den Satz.

Ein Enklitikon wird als zweites Wort in den Satz eingefügt, ein weiteres Enklitikon als drittes Wort (sog. [Delbrück-]Wackernagelsches Gesetz): → J.

Wackernagel: Über ein Gesetz der indogermanischen Wortstellung. *KS Wackernagel* I (1969: 1–104, in einem Beitrag von 1892); Collinge (1985: 217–219); Th. Krisch: B. Delbrücks Arbeiten zur Wortstellung aus heutiger Sicht. *Kolloquium Madrid 1994* (1997: 283–309).

S 210. Syntaktische Relationen

In Dependenzrelationen gibt es eine übergeordnete Komponente und eine untergeordnete Komponente. Die übergeordnete Komponente eröffnet für die untergeordnete Komponente eine syntaktische Leerstelle. Die untergeordnete Komponente füllt die syntaktische Leerstelle der übergeordneten Komponente aus. Die übergeordnete Komponente wird als dominant bezeichnet, die untergeordnete als dependent. Solche Satzteile, die Leerstellen des finiten Verbums ausfüllen, sind Aktanten, solche Satzteile, die keine Leerstellen des finiten Verbums ausfüllen, sind Zirkumstanten.

Lit.: → Tesnière (1959); Happ (1976); Pinkster (1990); Haudry (1977).

1) Kongruenz und Rektion haben als Gemeinsamkeit, dass sie in Dependenzrelationen auftreten. Die an Kongruenz oder Rektion beteiligten Komponenten sind also schon allein deswegen nicht gleichwertig, sondern die eine ist abhängig und die andere ist übergeordnet. Zudem sind die Komponenten auch innerhalb der Kongruenz oder der Rektion nicht gleichwertig: → Matthews (1981: 249): „(...) that government and agreement are directional relations." Allerdings richten sich Kongruenz und Rektion nicht gleichermaßen nach der Dependenzrelation: → Matthews (1981: 249): „But the direction does not always match that of dependency."

2) Mit Kongruenz ist allgemein die Übereinstimmung einer flektierten Wortform in einer Kategorie mit einer anderen Wortform gemeint: → Mat-thews (1981: 246): „Agreement (or concord) is usually described as a relation between words that share a morphosyntactic feature." Doch kann die Kongruenz auch zwischen einer lexikalischen und einer grammatischen Kategorie stattfinden, was sich dann in syntaktischer Inkongruenz ausdrückt, wenn etwa eine Bezeichnung für eine Menge als Subjekt im Singular mit einem Prädikat im Plural verbunden wird. Beispiel: Caes. B.G. 2, 6, 3 *cum tanta multitudo lapides ac tela conicerent* „als eine so große Menge Steine und Geschosse schleuderte(n)". Die syntaktische Inkongruenz ist also möglich, wenn statt der syntaktischen Kongruenz Kongruenz zwischen einer grammatischen und einer lexikalischen Kategorie eintritt. Ein ähnliches Verhältnis besteht auch zwischen den Personalpronomina und den Personalkategorien des Verbums.

3) Die Kongruenz ist nicht davon abhängig, dass morphologisch dasselbe sprachliche Zeichen zum Ausdruck der Kongruenzkategorie verwendet wird; wie Scherer (1975: 97) es ausdrückt, „(...) ist es für die Kongruenz in den alten

idg. Sprachen charakteristisch, daß die Formelemente, die sich dabei entsprechen, im allgemeinen nicht lautgleich sind (...)". Am übergeordneten Teil kann die Kongruenzkategorie auch gänzlich unausgedrückt bleiben.

4) Zwischen den verschiedenen Kongruenzkategorien lassen sich Abstufungen feststellen: → Ch. Lehmann: Kongruenz. Jacobs / Stechow / Sternefeld / Vennemann (1993: 725a): „Grundsätzlich gilt, daß eine Kategorie in einer Sprache desto wahrscheinlicher in der Kongruenz fungiert, je stärker sie grammatikalisiert ist (...) Genus und Nominalklasse kommen nur im Zusammenhang mit Kongruenz vor. Aber sie sind eben die stärker grammatikalisierten Varianten anderer Verfahren der nominalen Klassifikation wie etwa der Possessiv- oder Zahlklassifikation, die ihrerseits nicht an Kongruenz gebunden sind." Bei der internen Kongruenz (innerhalb des nominalen Syntagmas) haben beide Teile der Kongruenz denselben Referenten. Bei der externen Kongruenz kongruiert das Prädikat: → Matthews (1981: 250): „It appears that agreement follows the direction of dependency when the dependent is a modifier or a determiner (...) but is the opposite when it is a complement, or at least the complement of a predicator."

5) Zur Entstehung von Kongruenzaffixen stellt Ch. Lehmann: Kongruenz. Jacobs / Stechow / Sternefeld / Vennemann (1993: 729a) fest: „Kongruenzaffixe entstehen diachron letztlich aus Pronomina (...) In der internen Kongruenz sind Demonstrativa, in der externen Personalpronomina die Basis (...) In diachroner Perspektive ist also Referenz die primäre Funktion von Kongruenz."

6) Rektion ist eine syntaktische Relation, in der die untergeordnete Komponente einer Dependenzrelation eine semantische Leerstelle der übergeordneten Komponente ausfüllt: → Matthews (1981: 250): „Government, which is traditionally recognized only in complement constructions, follows the direction of dependency throughout." Wenn dagegen die übergeordnete Komponente die semantische Leerstelle der untergeordneten Komponente ausfüllt, dann handelt es sich um eine Modifikationsrelation. Rektion und Modifikation können in Gegenüberstellung folgendermaßen exakt definiert werden: Wenn in einem Satz ein Satzteil r_1 semantisch relational und syntaktisch dominant ist und ein anderer Satzteil r_2 semantisch absolut und syntaktisch dependent ist und die von r_1 eröffneten Leerstellen ausfüllt, so liegt Rektion vor, und r_1 regiert r_2. Wenn in einem Satz ein Satzteil m_1 semantisch relational und syntaktisch dependent ist und ein anderer Satzteil m_2 semantisch absolut und syntaktisch dominant ist und beide jeweils die vom anderen eröffnete Leerstelle ausfüllen, so liegt Modifikation vor, und m_1 modifiziert m_2.

4.3 Zur Morphosyntax des Verbums

4.3.1 Allgemeines

S 300. Das finite Verbum beinhaltet neben seiner lexikalischen Bedeutung grammatische Kategorien aus fünf Dimensionen, nämlich Person, Numerus, Modus, Tempus-Aspekt und Diathese. Zum Formalen s.o. M 200ff.

1) Die Kategorien im einzelnen sind die drei Numeri Singular, Dual und Plural, die fünf Modi Indikativ, Injunktiv, Imperativ, Konjunktiv und Optativ, die drei Tempora-Aspekte Präsens, Aorist und Perfekt und die drei Diathesen Aktiv, Medium und Stativ.

Lit.: → K. Hoffmann: Das Kategoriensystem des indogermanischen Verbums. *KS Hoffmann* (1976: 523–540, in einem Beitrag von 1970).

2) Transitivität wird an der Verbalform selbst nicht formal markiert, sondern kommt lediglich durch das Akkusativmorphem der beteiligten Ergänzung zum Ausdruck. G. Meiser: Zur Funktion des Nasalpräsens im Urindogermanischen. *FS Rix* (1993: 280–313) versucht, das Nasalinfix der Nasalpräsentien als ursprünglichen Ausdruck von Transitivität zu erweisen.

4.3.2 Die Dimensionen Person und Numerus

S 301. Das Uridg. kennt drei Kategorien innerhalb der Dimension Person, die gewöhnlich nach dem Vorbild der antiken Grammatik durchgezählt werden, ohne dass dadurch etwas über den Inhalt dieser Kategorien ausgesagt wäre. Im Singular bezeichnet die 1. Person den Sprecher, die 2. Person den Angesprochenen und die 3. Person das, worüber gesprochen wird; zumindest die 1. Person ist damit in jedem Fall die Bezeichnung eines zumeist menschlichen Lebewesens oder eines als belebt gedachten Gegenstandes, die 2. Person bezeichnet im wesentlichen ein als hörend gedachtes Lebewesen oder einen entsprechend vorgestellten Gegenstand, die 3. Person hingegen ist von vornherein weder auf Lebewesen oder Gegenstände festgelegt und kann ebenso gut das eine wie das andere bezeichnen; die Bezeichnung als Person erfolgt also lediglich aus systemimmanenten Gründen. Weiteres s.o. M 400.

Der Plural der 1. Person und der 2. Person bringt nicht zwangsläufig zum Ausdruck, dass es mehrere Sprecher bzw. Angesprochene gibt, es kann sich beim Sprecher und beim Angesprochenen auch jeweils um den Stellvertreter einer Gruppe handeln. Die Unterscheidung zwischen inklusivem (wir = Sprecher und seine Gruppe mit Einbeziehung des Angesprochenen) und exklusivem Plural (wir = Sprecher und seine Gruppe ohne Einbezug des Angesprochenen) der 1. Person lässt sich für das Uridg. nicht rekonstruieren. Was den Dual in Verbindung mit der Dimension Person betrifft, so gilt dasselbe wie für den Plural; getrennte Subkategorien inklusiver Dual (wir beide = Sprecher mit Einbezug des Angesprochenen) und exklusiver Dual (wir beide = Sprecher mit Einbezug eines Nicht-Angesprochenen) bei der 1. Person sind bislang nicht festgestellt worden.

S 302. An verbalen wie auch nominalen Numeruskategorien kennt das Uridg., wie angesprochen, den Singular, den Plural und den Dual.

Der Numerus bezieht sich beim Verbum als Kongruenzdimension auf die Zahl der Lebewesen oder Dinge, die durch das Subjekt-Nomen bezeichnet werden. Die Numeruskategorie Plural bringt nicht zum Ausdruck, dass ein Verbalgeschehen wiederholt oder andauernd stattfindet; dies wird durch die Aktionsart des Verbums ausgedrückt: → Dressler (1968).

Beim Numerus handelt es sich um die Dimension, wo im allgemeinen Kongruenz zwischen verbaler und nominaler Flexion auftritt, nämlich die Kongruenz zwischen der finiten Verbalform des Prädikats und der Nominalform des Nominativ-Subjekts. Die Dimension Person beim Verbum ist unter dem Gesichtspunkt der Kongruenz etwas anders zu beurteilen, da Person außerhalb der Wortart Verbum nicht als grammatische Kategorie auftritt, sondern als lexikalische Kategorie, die mit den sog. Personalpronomina fest verbunden ist; statt von Personalpronomen ist besser von Personale (der 1. u. 2. Person) die Rede, da das Personale (der 1. u. 2. Person) im Gegensatz zu den eigentlichen Pronomina nichts anderes ersetzt, sondern ausschließlich auf die sprechende bzw. die angesprochene Person verweist.

4.3.3 Die Dimensionen Tempus-Aspekt und Modus

S 303. Die Dimensionen Tempus-Aspekt und Modus treten funktional immer im Verbund auf, wobei Tempus- und Aspektkategorien innerhalb eines Morphems miteinander verbunden sind, also von vornherein inhaltlich miteinander verknüpft sind, wohingegen die Moduskategorien teilweise ohne eigenes Modusmorphem und nur durch unterschiedliche Endungen (Indikativ; Injunktiv; Imperativ) und teilweise durch ein eigenes Modusmorphem (Konjunktiv; Optativ) zum Ausdruck gebracht werden.

Lit.: → Mutzbauer (1893–1909); Mutzbauer (1908); P. Kiparsky: Tense and Mood in Indo-European Syntax. *FoL* 4 (1970: 30–57); Rix (1986); K. Strunk: A propos de quelques catégories marquées et non-marquées dans la grammaire du grec et de l'indo-européen. Létoublon (1992: 29–42); Tichy (2006).

S 304. Mit den Kategorien der Dimension Aspekt setzt der Sprecher das Verbalgeschehen in ein relatives zeitliches Verhältnis, indem er durch den Aspekt zum Ausdruck bringt, ob er das Verbalgeschehen als abgeschlossen (perfektiver Aspekt) betrachtet oder als nicht abgeschlossen, also im Verlauf befindlich (imperfektiver Aspekt). Wenn die Grammatik einer Sprache diese Unterscheidung beim Verbum vorsieht, handelt es sich um eine Aspektsprache. Der Aspekt ist eine grammatische Dimension.

Helmut Rix nimmt für eine frühere Sprachstufe des Uridg. eine größere Zahl der Kategorien innerhalb der Dimension Aspekt an, wobei er außerdem nicht mehr zwischen grammatikalisiertem Aspekt und lexikalisierter Aktionsart unterscheidet, sondern beide innerhalb einer Dimension Aspekt-Aktionsart vereinigt: → Rix / Kümmel (2001: 10): „Aorist, Präsens, Perfekt sowie in mehr oder weniger großer Abweichung von der communis opinio Kausativ-Iterativ, Desiderativ, Intensiv, Fientiv und Essiv.“ Weiteres s.o. M 206. Lit.: → Rix (1986).

S 305. Die Aktionsart ist anders als der Aspekt eine Eigenschaft der Verbalbedeutung, gehört also in den Bereich des Lexikons und ist somit eine lexikalische Dimension. Die Aktionsarten sind inhaltlich nicht einheitlich; zum Teil beziehen sie sich auf den Prozeß des Verbalgeschehens, zum Teil auf das Subjekt. Die prozessbezogenen Aktionsarten lassen sich in telische und atelische einteilen; die telischen Aktionsarten sind solche, bei denen das Verbalgeschehen nur einen Augenblick dauert, die atelischen solche, deren Dauer einen größeren zeitlichen Umfang hat. Telische Aktionsart kann durch das Verbalgeschehen als Ganzes bedingt sein (momentativ) oder durch seinen Anfang (anfangsterminativ) oder sein Ende (endterminativ). Atelische Aktionsart hat ein Verbalgeschehen, das länger dauert (durativ), oder ein solches, das wiederholt wird (iterativ). Die subjektbezogenen Aktionsarten können den Wunsch des Subjekts (desiderativ) betreffen, das Bewirken eines Zustands (faktitiv) oder die Veranlassung eines Geschehens (kausativ). Die Aktionsarten haben teilweise inhaltliche Ähnlichkeit zu grammatischen Kategorien, etwa die desiderative Aktionsart zum Modus Optativ, die sich inhaltlich in der 1. Person überschneiden, wo Sprecher und Subjekt zusammenfallen, oder die faktitive und die kausative Aktionsart zur Diathese Aktiv. Da sich auch Aktionsart und Aspekt inhaltlich teilweise ähnlich sind, kann das lexikalische Aktionsartsystem in das grammatische Aspektsystem übergehen und umgekehrt, wie es in der Entwicklung von der Grundsprache zu den Einzelsprachen auch zu beobachten ist. Der Übergang von Aktionsart- zu Aspektsystem ist noch an suppletiven Verbalparadigmen mit Stammformen von verschiedenen Verbalwurzeln zu erkennen (z. B. ‘tragen’, ‘bringen’: lat. Präs. *ferō* vs. Perf. *tulī*; gr. Präs. φέρω vs. Aor. ἤνεγκον).

S 306. Dem Uridg. stehen zum Ausdruck von Tempus und Aspekt drei Tempus-Aspekt-Stämme zur Verfügung, der Aoriststamm, der Präsensstamm und der Perfektstamm; das Imperfekt wird vom Präsensstamm aus gebildet. Durch die Indikative der Tempusstämme werden nur die Zeitstufen Gegenwart (Indikativ Präsens; Perfekt) und Vergangenheit (Indikativ Aorist; Imperfekt) bezeichnet; die Zeitstufe Zukunft wird durch den Modus Konjunktiv ausgedrückt.

Nachgrundsprachlich gibt es außer den Fortsetzern des Konjunktivs verschiedene andere Ausdrucksweisen für die Zeitstufe Futur, vgl. das lat. *-b-* Futur: → Leumann (1977: 577–580); Meiser (1998: 199f.); vgl. heth. *uu̯ami* („kommen") / *paimi* („gehen") + Präsens: → E. Neu: Futur im Hethitischen? *FS Strunk* (1993: 195–202); vgl. ved. *-tar-* (Nomen agentis) + Kopula: → E. Tichy: Wozu braucht das Altindische ein periphrastisches Futur? *ZDMG* 142 (1992: 334–342).

S 307. Der Präsensstamm zeigt bei der Bezeichnung der Zeitstufe Nähe einerseits zum Perfektstamm und andererseits zum Aoriststamm. Denn wie der Indikativ Präsens nimmt das Perfekt Bezug auf die Zeitstufe der Gegenwart; dabei bezeichnet das Perfekt den nach einem vorausgegangenen Verbalgeschehen erreichten Zustand am Subjekt (*die Ziege hat gefressen* = „die Ziege ist satt"), vergleichbar dem sog. Zustandspassiv im Nhd. (*die Tür ist geöffnet* = „die Tür ist offen") im Gegensatz zum sog. Vorgangspassiv (*die Tür wird geöffnet*). Dagegen hat das Imperfekt, das vom Präsensstamm gebildet wird, mit dem Indikativ Aorist den Bezug auf die Vergangenheit gemein: Imperfekt und Indikativ Aorist unterscheiden sich allein durch die Stammbildung und sind ansonsten formal gleich. Der Aorist kann indikativisch nicht Bezug auf die Gegenwart nehmen, da das Aoristparadigma im Indikativ keine Primärendungen besitzt, die auf das Hier und Jetzt des Sprechvorgangs weisen; dies ist inhaltlich durch den perfektiven Aspekt bedingt, der im Indikativ den Bezug auf die Gegenwart ausschließt und vielmehr futurische Bedeutung hätte. Im Lateinischen sind die grundsprachlichen Kategorien Aorist und Perfekt im Perfekt zusammengefallen.

S 308. Beispiele: — a) Präsens: Plt. Trin. 400 *aperiuntur aedes* „es öffnet sich das Haus"; λ 100 νόστον δίζηαι μελιηδέα „du suchst die honigsüße Heimkehr"; RV 10,107,7 *dákṣiṇā́śvaṃ dákṣiṇā gā́ṃ dadāti* „die Dakṣiṇā gibt ein Ross, die Dakṣiṇā gibt ein Rind". — b) Imperfekt: Plt. Cas. 178 *nam ego ibam ad te* „denn ich ging zu dir"; M 152 μάλα γὰρ κρατερῶς ἐμάχοντο „denn sie kämpften sehr stark". — c) Aorist: Δ 459 τόν ῥ' ἔβαλε πρῶτος „den traf er als erster"; RV 10,85,41 *rayíṃ ca putrā́ṁś cādād* „Reichtum und Söhne gab er". — d) Perfekt: Plt. Capt. 575 *servos es, liber fuisti* „Sklave bist du, frei bist du gewesen"; τ 72 κακὰ δὲ χροΐ εἵματα εἷμαι „schlechte Kleidung habe ich auf der Haut"; RV 4,16,6 *apó rireca* „er hat die Wasser losgelassen".

S 309. Die Zeitstufen außer acht gelassen, bezeichnet der Aoriststamm den perfektiven Aspekt, der Präsensstamm den imperfektiven Aspekt und der Perfektstamm eine Art resultativen Aspekt, wobei Präsens und Aorist Opposition bilden, das Perfekt aber außerhalb dieser Opposition isoliert steht; die isolierte Stellung des Perfekts kommt auch darin zum Ausdruck, dass das Perfekt – im Gegensatz zu Aorist und Präsens – außer dem Indikativ keine Modi hat, wobei gerade in den Modi außer dem Indikativ die Aspektopposition zwischen Aorist und Präsens relevant ist. Ob also beim Perfekt gleichermaßen von Aspekt gesprochen werden kann, ist fraglich. Das Perfekt steht jedenfalls außerhalb der Aspekt-Opposition von Präsens und Aorist.

H. Rix. *MSS* 49 (1988: 103) stellt allgemein die Eigenschaften des Perfekts folgendermaßen dar: „Primary affixes, as reduplication, mark, among other things modes of action in Proto-I.-E., and differences of the endings distinguish, among other things, voices. The Proto-I.-E. perfect, therefore, is to be defined as a certain mode of action that appears in a certain voice only." Zum Formalen s.o. M 211.

S 310. Im Indikativ stehen Aussagen, deren Inhalt der Sprecher Gültigkeit zumisst: Der Sprecher verleiht seiner Aussage durch Verwendung des Indikativs den Charakter einer wahren Aussage und übernimmt die Gewähr für die Richtigkeit seiner Aussage. Ob der Inhalt der Wirklichkeit tatsächlich entspricht oder nicht, ist damit natürlich nicht gesagt. Beispiele: Δ 443 ἐπὶ χθονὶ βαίνει „auf der Erde läuft sie"; RV 1,105,1 *candrámā apsv àntár ā́ suparṇó dhāvate diví* „der Mond läuft in den Wassern schöngeflügelt am Himmel heran".

S 311. Der Injunktiv dient nach Hoffmann (1967) ursprünglich dazu, ein Geschehen zu erwähnen, ohne es zeitlich einzuordnen; nach P.-A. Mumm: Verbale Definitheit und der vedische Injunktiv. *FS Strunk* (1993: 169–193) drückt der Injunktiv im Vedischen verbale Definitheit aus (190), also die vorausgesetzte Gültigkeit eines Geschehens (177). In Verbotssätzen kommt dem Injunktiv im Vedischen noch eine besondere Funktion zu, indem durch ihn in Verbindung mit der Negation *mā́* Verbote zum Ausdruck gebracht werden; mit dem Injunktiv des perfektiven Aoriststammes werden „präventive" Verbote ausgedrückt, mit dem Injunktiv des imperfektiven Präsensstammes „inhibitive" Verbote: Präventive Verbote sollen eine Handlung von vornherein verhindern, inhibitive sollen eine schon im Verlauf befindliche Handlung unterbinden. Der übliche Oberbegriff für diese Verbotssätze ist Prohibitiv; eine nützliche terminologische Differenzierung der beiden Verbotsarten wäre die Unterscheidung von prohibitiven und inhibitiven Verboten.

Beispiele: a) Prohibitiv: RV 3, 53, 2 *mā́ párā gāḥ* „geh nicht weg" — b) Inhibitiv: AV 10, 1, 26 *mā́ tiṣṭhaḥ* „bleib nicht (länger stehen)".

Lit.: → Hoffmann (1967); H. Ammann: Die ältesten Formen des Prohibitivsatzes im Griechischen und Lateinischen. *IF* 45 (1927: 328–344).

S 312. Der Imperativ, zumal der eigentliche – an den Angesprochenen gerichtete – Imperativ der 2. Person, nimmt, ähnlich wie der ebenfalls an den Angesprochenen gerichtete Vokativ im Nominalparadigma, eine Sonderstellung im Verbalparadigma ein; er hat mit ihm auch die formale Gemeinsamkeit, dass die Ausdrucksseite im Singular aus dem endungslosen Stamm besteht, einer reinen Nennform ohne Anzeichen einer Einbindung in einen Satz. Vergleichbar ist einzelsprachlich die Verwendung des Infinitivs zur Nennung des reinen Verbalgeschehens im Befehl, wo der innere Bezug des Verbalgeschehens auf die beteiligte(n) Person(en) unbezeichnet bleibt.

Beispiele: — Plt. Most. 387 *habe bonum animum* „habe guten Mut"; B 331 ἀλλ' ἄγε μίμνετε πάντες „wohlan, bleibt alle"; RV 1,16,6 *tā́m indra sáhase piba* „diese, o Indra, trink zur Stärkung".

Lit.: → B. Forssman: Der Imperativ im urindogermanischen Verbalsystem. *FT Berlin 1983* (1985: 181–197). Zum Formalen s.o. M 212.

Neben dem eigentlichen Imperativ, der eine Anweisung oder Aufforderung zum Ausdruck bringt, die eine unmittelbare Ausführung des Verbalgeschehens verlangt, entwickelt sich aus der Verbindung dieser Imperativform mit dem Ablativ des Demonstrativpronomens, uridg. **tōd*, in temporaler Funktion eine Ausdrucksweise für Anweisungen oder Aufforderungen, die zwar unmittelbar Gültigkeit besitzen, aber anders als der bloße Imperativ nicht die unmittelbare Ausführung des Verbalgeschehens nach sich ziehen.

Verbote, also negative Anweisungen oder Aufforderungen, werden anders als positive Anweisungen oder Aufforderungen nicht mit dem Imperativ ausgedrückt, sondern mit dem Injunktiv in Verbindung mit der Negation uridg. **meh₁* (s.o. S 311). Vergleichbar ist einzelsprachlich die Verwendung des Infinitivs zur Nennung des reinen Verbalgeschehens im Verbot, wobei der Injunktiv als finite Form zusätzlich nur die Dimensionen Person und Numerus ausdrückt, die den inneren Bezug des Verbalgeschehens auf die beteiligte(n) Person(en) bezeichnen.

S 313. Nach Delbrück (1888: 302), der Grundbegriffe festzustellen versucht, bringt der Konjunktiv den Willen zum Ausdruck, der Optativ demgegenüber den Wunsch. Dabei ist zu beachten, dass damit jeweils der Wille bzw. der Wunsch des Sprechers gemeint ist und nicht etwa des Subjekts, genauer gesagt desjenigen, der durch die Nominativform bezeichnet wird. Der Wunsch des Subjekts wird ursprünglich durch eine eigene derivationale Verbalbildung zum Ausdruck gebracht, nämlich durch die des Desiderativs. Für Gonda (1956) sind die kennzeichnenden Eigenschaften „visualization“ (69ff.) für den Konjunktiv und „eventuality“ (52) für den Optativ. Nach A. Scherer: Die ursprüngliche Funktion des Konjunktivs. *FT Bern 1969* (1973: 99–106) ist es so, „daß der Konjunktiv die Folgerung aus einer gegebenen Situation zieht.“ (101) „Der Konjunktiv würde dann im Behauptungssatz einen Sachverhalt bezeichnen, der *nach den Umständen* als tatsächlich angenommen werden kann (aus den Umständen als tatsächlich gefolgert wird; also: was so sein *muß*), während der Indikativ berichtet, was der Sprecher als Tatsache *weiß* (bzw. zu wissen glaubt) oder als Tatsache hinstellt, und der Optativ den Sachverhalt als bloß gedacht kennzeichnet.“ (101). Im Lateinischen sind die grundsprachlichen Kategorien Optativ und Konjunktiv im Konjunktiv zusammengefallen.

Lit.: → Delbrück (1871); Hahn (1953); Gonda 1956; K. Strunk: Zur diachronischen Morphosyntax des Konjunktivs. *Kolloquium Amsterdam 1986* (1988: 291–312); E. Crespo: Delbrück y la sintaxis de los modos. *Kolloquium Madrid 1994* (1997: 27–62). Zum Formalen s.o. M 206f.

1) Der Konjunktiv hat die Grundbedeutung „Zukunft“ und besitzt zwei Funktionen: Zum einen dient er zum Ausdruck der Zukunft (prospektiv), zum anderen bezeichnet er den Willen des Sprechers (voluntativ). Zum Ausdruck des Willens wird der Konjunktiv verwendet, wenn der Sprecher es als in seiner Macht stehend betrachtet, dass das Verbalgeschehen verwirklicht wird. Eine Willenserklärung im eigentlichen Sinn ist nur möglich, wo unmittelbarer Einfluss des Erklärenden darauf besteht, dass das Gewollte auch in die Tat umgesetzt wird; das heißt, nur in der 1. Person Singular als der Bezeichnung des Sprechers handelt es sich um eine reine Willensäußerung, in allen anderen Fällen ist es zugleich auch eine Aufforderung. Wenn der Konjunktiv in der 1. Person als eine Selbstaufforderung aufgefasst wird, ist eine Verbindung zum Konjunktiv in der 2. und 3. Person möglich, wo der Sprecher keinen unmittelbaren Einfluss auf die Verwirklichung hat und so nur eine Aufforderung möglich ist. Eine weitere Verbindung lässt sich über die 1. Person Plural herstellen, wo der Sprecher seinen eigenen Willen kundtut und zugleich eine Aufforderung an andere richtet.

2) Beispiele: — a) 1. Person Singular: Plt. Bacch. 1049 *quod perdundumst properem perdere* „was zu verlieren ist, werde/will ich mich beeilen zu verlieren“; υ 296 ἄλλ’ ἄγε οἱ καὶ ἐγὼ δῶ ξείνιον „so werde/will ich denn auch ihm ein Gastgeschenk geben“; RV 10,39,5 *purāṇā́ vāṃ vīryā̀ prá bravā jáne* „eure früheren Heldentaten werde/will ich vor allen Leuten verkünden“; RV 6,59,1 *prá nú vocā sutéṣu vām* „ich werde/will nun bei den Pressungen euer beider Heldentaten verkünden“. — b) 1. Person Plural: Ω 601 νῦν δὲ μνησώμεθα δόρπου „nun

aber werden/wollen wir an das Mahl denken"; RV 5,51,12 *svastáye vāyúm úpa bravāmahai* „zum Heile werden/wollen wir Vāyu anrufen". — c) 2. Person: Plt. Most. 388 *taceas* „du sollst schweigen"; RV 4,31,3 *abhī́ ṣú ṇaḥ sákhīnām avitā́ jaritṝṇā́m śatám bhavāsi ūtíbhiḥ* „du, o Helfer der Freunde der Sänger, wirst/sollst uns gut schützen mit hundert Hilfen". — d) 3. Person: Plt. Capt. 115 *sed uti adserventur magna diligentia* „aber sie sollen mit großer Sorgfalt bewacht werden"; H 197 οὐ γάρ τίς με βίῃ γε ἑκὼν ἀέκοντα δίηται „denn keiner wird/soll absichtlich mich gegen meinen Willen vertreiben"; H 87 καί ποτέ τις εἴπῃσι καὶ ὀψιγόνων ἀνθρώπων „und einst wird auch einer der nachgeborenen Menschen sagen"; RV 8,1,22 *sá sunvaté ca stuvaté ca rāsate* „der wird/soll sowohl dem Pressenden als auch dem Preisenden geben"; RV 10,81,7 *sá no víśvāni hávanāni joṣad* „der wird/soll freundlich alle unsere Opfer in Empfang nehmen".

3) Der Optativ hat die Grundbedeutung „Möglichkeit" und besitzt zwei Funktionen: Einerseits drückt er den Wunsch des Sprechers aus (kupitiv), andererseits wird er als Bezeichnung der Möglichkeit verwendet (potential). Wenn der Optativ zum Ausdruck des Wunsches verwendet wird, bedeutet das, dass der Sprecher die Verwirklichung des Verbalgeschehens nicht unmittelbar herbeiführen zu können meint. Insgesamt erscheint der Optativ inhaltlich einheitlicher als der Konjunktiv, da es sich bei Vorliegen der kupitiven Funktion unabhängig von der Personenkategorie in jedem Fall um einen bloßen Wunsch des Sprechers handelt, der nicht im einen Fall mehr und im anderen weniger Einfluss auf die Verwirklichung hat.

Beispiele für potentiale Funktion: — Plt. Amph. 1060 *nec me miserior femina est neque ulla videatur magis* „eine elendere Frau als mich gibt es nicht und wird wohl auch keine mehr gesehen"; Ter. Eun. 511 *roget quis* „es könnte jemand fragen"; ξ 122f. οὔ τις κεῖνον ἀνὴρ ἀλαλήμενος ἐλθὼν | ἀγγέλλων πείσειε γυναῖκά τε καὶ φίλον υἱόν „nicht ein Mann, der umherreisend kommt mit Meldung von jenem, dürfte die Frau und seinen Sohn überreden"; RV 5,50,1 *víśvo devásya netúr márto vurīta sakhyám* „jeder Sterbliche wird wohl des führenden Gottes Freundschaft wünschen".

Beispiele für kupitive Funktion: — a) 1. Person: Σ 121 νῦν δὲ κλέος ἐσθλὸν ἀροίμην „und nun möchte ich edlen Ruhm erringen"; RV 6,13,6 *víśvābhir gīrbhír abhí pūrtím aśyām* „durch alle Lieder möchte ich Erfüllung erlangen"; RV 1,4,6 *syā́méd índrasya śármaṇi* „wir möchten in Indras Schutz sein". — b) 3. Person: Ter. Eun. 302 *ut illum di deaeque senium perdant* „jenen von den Alten mögen die Götter und Göttinnen verderben"; A 18 ὑμῖν μὲν θεοὶ δοῖεν „euch zwar mögen die Götter geben"; P 416f. ἀλλ' αὐτοῦ γαῖα μέλαινα | πᾶσι χάνοι „allhier die schwarze Erde möge sich allen auftun"; RV 5,21,4 *devám̐ vo devayajyáyāgnim īḷīta mártyaḥ* „euren Gott Agni soll der Sterbliche durch Götterverehrung preisen".

4) Die inhaltliche Nähe von prospektiver Funktion des Konjunktivs und potentialer Funktion des Optativs kommt etwa im Vergleich von Z 459 καί ποτέ τις εἴπῃσιν „und einst wird einer sagen" und Z 479 καί ποτέ τις εἴποι „und einst wird wohl einer sagen" zum Ausdruck.

5) Zur kaum zu sichernden Möglichkeit einer weiteren Moduskategorie eines eigenen Prospektivs: → J. Rasmussen: Der Prospektiv – eine verkannte indogermanische Verbalkategorie. *FT Berlin 1983* (1985: 384–399).

4.3.4 Die Dimension Diathese

S 314. An Kategorien der Dimension Diathese lassen sich für das Urindogermanische zunächst drei rekonstruieren, das Aktiv, das Medium und der Stativ.

1) Formal unterscheiden sich Aktiv und Medium durch verschiedene Endungen, s.o. M 209f. Inhaltlich sind die systematisch-logischen Zuordnungen Agentivität zu Aktiv und Patientivität zu Medium allerdings bei der direkten Rekonstruktion nicht durchzuhalten: Lexeme mit aktivischem Inhalt stehen also nicht unbedingt im Aktiv, und Lexeme mit patientivischem Inhalt genausowenig notwendigerweise im Medium. Bei einigen Verben kommt nur jeweils eine Diathese vor, da ihre lexikalischen Bedeutungen nicht mit beiden Diathesen kombinierbar sind.

2) Das Medium hat ursprünglich reflexive Bedeutung, die auch die Funktion des Passivs mit einschließt. Das Medium kommt vor, wenn das Verbalgeschehen direkt oder indirekt auf das Subjekt zurückwirkt oder nicht über das Subjekt hinauswirkt. Bei einem Subjekt im Plural hat das Medium auch die Funktion, Reziprozität auszudrücken.

3) Neben Aktiv und Medium lässt sich noch eine dritte Diathesenkategorie unterscheiden, der Stativ, der Zustandsbedeutung hat. Zum Formalen s.o. M 211. Der Stativ drückt einen Zustand aus, in dem sich das als Subjekt Bezeichnete befindet. Der Stativ fällt grundsprachlich einerseits mit dem Medium zusammen, das neben seiner eigentlichen reflexiven Bedeutung zusätzlich die Zustandsbedeutung des Stativs übernimmt, andererseits bildet der Stativ die Grundlage für das Perfekt, das formal gegenüber dem Stativ durch Reduplikation gekennzeichnet ist. Dieser trifunktionale Komplex aus der Kombination der Inhalte Zustand (Stativ), Außenbezugslosigkeit (Medium) und Vorgeschehensabschluss (Perfekt) liegt vergleichbar beim sog. Zustandspassiv im Nhd. vor, z.B. in *die Tür ist geöffnet* (mit *geöffnet* „offen" = Zustand; *geöffnet* [*worden*] =

Außenbezugslosigkeit; *ist geöffnet* [*worden*] = Vorgeschehensabschluss). H. Rix: The Proto-Indo-European Middle: Content, Forms and Origin. *MSS* 49 (1988: 105) stellt die ältere Verteilung der Funktionen des späteren Mediums so dar: „It is quite obvious how to distribute the two functions of the more recent middle among these two older voices: the content of the middle was the reflexive along with the passive, and the content of the stative was the deponent.“ Rix betont, dass das Medium mehr mit dem Stativ zusammenhängt als mit dem Perfekt: „It is this voice ‘stative’ and not the mode of action ‘perfect’, that is the partner of the voice middle.“ (104)

Beispiele: — RV 4,21,4 *rāyó bṛható yá ī́śe* „der über großen Reichtum verfügt“; RV 7,101,2 *yó víśvasya jágato devá ī́śe* „welcher Gott über die ganze Welt verfügt“.

Lit.: → Neu (1968); C. Watkins. *KS Watkins* I (1994: 146–188, in einem Beitrag von 1971 [1973]); N. Oettinger: Der indogermanische Stativ. *MSS* 34 (1976: 109–149); N. Oettinger: Zur Funktion des indogermanischen Stativs. *FS Rix* (1993: 347–361); Jasanoff (1976); K. Strunk: Zum idg. Medium und konkurrierenden Kategorien. *FS Seiler* (1980: 321–337); H. Rix: The Proto-Indo-European Middle: Content, Forms and Origin in *MSS* 49 (1988: 101–119); Kümmel (1996); T. Gotō: Überlegungen zum urindogermanischen „Stativ“. *Kolloquium Madrid 1994* (1997: 165–192); R. Stempel: Stativ, Perfekt und Medium: Eine vergleichende Analyse für das Indogermanische und Semitische. *GS Kuryłowicz* (1995: 517–528).

4) Die Kategorie Passiv, die in vielen altindogermanischen Einzelsprachen erscheint, ist in der uridg. Grundsprache als grammatische Kategorie nicht vorhanden, sondern wird durch das Medium mit ausgedrückt. Als Kategorie wird das Passiv in den indogermanischen Einzelsprachen unabhängig voneinander jeweils selbständig ausgebildet. Lit.: → E. Schwyzer: Zum persönlichen Agens beim Passiv, besonders im Griechischen. *KS Schwyzer* 1983: 3–79, in einem Beitrag von 1943); Jankuhn (1969); Hettrich (1990).

5) Nach I. Mel'čuk: The inflectional category of voice: towards a more rigorous definition. Comrie / Polinsky (1993: 1–46) gibt es einen Unterschied zwischen „diathesis“ und „voice“. Um „diathesis“ handele es sich dann, wenn mit Formen desselben Verbums, die sich in der „diathesis“ unterscheiden, nicht auf dieselbe reale Situation Bezug genommen werden kann; in einem solchen Verhältnis stehen Medialformen zu entsprechenden Aktivformen. Die Möglichkeit, auf dieselbe reale Situation zu verweisen, besteht hingegen bei Passivformen im Verhältnis zu Aktivformen; in diesem Fall handele es sich um „voice“.

4.4 Zur nominalen Morphosyntax

4.4.1 Die nominalen Dimensionen

S 400. Dem Verbum mit seinem Kategoriensystem stehen alle anderen flexivischen Wortarten mit einem gemeinsamen Kategoriensystem gegenüber. Daher ist von nominalen Kategorien die Rede, auch wenn damit außer dem Nomen, das Substantiv und Adjektiv umfasst, auch das Pronomen gemeint ist. Die verbindenden Gemeinsamkeiten sind die Kasus- und die Numeruskategorien.

Bei den Adjektiven und geschlechtigen Pronomina ist die Dimension Genus anders als beim Substantiv nicht fest mit dem Lexem verbunden, s.o. M 323.

Das traditionell sog. Personalpronomen nimmt unter den Pronomina und den Nomina eine Sonderstellung ein, da es keine Genera unterscheidet, unter den Pronomina ferner deshalb, weil die sog. Personalpronomina der 1. und 2. Person anders als andere Pronomina nicht an die Stelle von Nomina treten, sondern in der Kommunikationssituation als Funktionsmarkierung ausschließlich auf die Sprechenden bzw. Angesprochenen Bezug nehmen, weshalb statt von „Personalpronomen" besser von „Personale" zu sprechen ist; im Unterschied zum Verbum ist die Dimension Person beim Personale lexikalisch. Diese Sonderstellung wird gerade im Idg. durch das Paradigma der für die Personalia reservierten Formen deutlich; zum Formalen s.o. M 401.

4.4.2 Kasus (S 401 – S 414)

S 401. Eine bestimmte Bedeutung lässt sich bei jedem Kasus immer erkennen. Natürlich kann die Bedeutung im einen oder anderen Fall von der Grundbedeutung abweichen; hier verhalten sich die Kasusbedeutungen eben nicht anders als lexikalische Bedeutungen auch, die je nach Kontext variieren. Zwei einander entgegengesetzte Bedeutungen können jedoch nicht unter einem sprachlichen Zeichen vereint sein. Insgesamt lässt sich festhalten, dass die Kasusbedeutung vom Kontext unabhängig ist, während die unterschiedlichen Funktionen durch den Kontext bedingt sind. Ein bestimmtes Verfahren zur Beschreibung von Bedeutung und Funktion der indogermanischen Kasuskategorien wird von Heinrich Hettrich vorgestellt: → H. Hettrich: Zur funktionalen Variationsbreite altindogermanischer Kasus: Der Ablativ im R̥gveda. *FS Strunk* (1993: 53–55). Im Gesamtzusammenhang eines Satzes ergeben sich bestimmte Rollen, die den verschiedenen Nominalformen, die im Satz vorkommen, zugewiesen werden können. Diese Rollen sind jedoch vom sprachlichen Zeichen unabhängig und betreffen die reale Situation, die vom Sprecher ganz unterschiedlich dargestellt werden kann. So kann dieselbe reale Situation durch einen Aktivsatz und einen Passivsatz bezeichnet werden: *Die Katze frißt die Maus. – Die Maus wird von der Katze gefressen.* Im einen Fall entspricht die Nominativform *Katze* der Rolle Agens, im anderen Fall entspricht die Nominativform *Maus* der Rolle Patiens. Agens und Patiens sind einander entgegengesetzte Rollen. Diese lassen sich nicht als Bedeutungen einem einzelnen sprachlichen Zeichen zuordnen und auch nicht als Funktionen einer einzelnen Bedeutung. Agens und Patiens sind als Rollen vom sprachlichen Zeichen des Nominativs getrennt; auch werden sie nicht durch den Nominativ bezeichnet. Der Nominativ bezeichnet hier vielmehr das, was im Vordergrund steht, also das Thema; ob es sich dabei um den Agens oder den Patiens der realen Situation handelt, spielt keine Rolle.

Lit.: → E. Tichy: Transponierte Rollen und Ergänzungen beim vedischen Kausativ. *FS Rix* (1993: 436–459).

S 402. Es wird gerne behauptet, dass die Kasusbedeutung bei Ergänzungen am schwächsten ausgeprägt ist und bei Angaben am stärksten: Nach W. Dressler: Über die Rekonstruktion der indogermanischen Syntax. *ZVS* 85 (1971: 10f.): „(...) sind Kasusformen obligatorische Ergänzungen von Verba (...) Subjekte und Objekte sind automatische Folgen der Verwendung von Verba, die jeweils in ihren Dependenzschemata die entsprechenden Leerstellen aufweisen", und: (12): „(...) bleibt die Funktion von Kasus in fakultativen Satzerweiterungen übrig. Hier hat ein Kasus syntaktischen Eigenwert"; → Haudry (1977: 14): „On peut toutefois poser en règle générale que la rection tend à priver le cas de son contenu sémantique propre; un emploi régi se définit par une fonction. Un contenu sémantique positif ne peut se manifester que dans les emplois libres"; → Pinkster (1990: 47f.): „(...) the semantic relations within a sentence are revealed by the cases only to a very limited extent, because: – within the nuclear predication the predicate determines the possibility of lexemes to occur as arguments with the predicate; the number and nature of the semantic functions are fixed for each verb; – outside the nuclear predication the lexical meaning itself determines to a high degree whether a lexeme may be used with a given semantic function.". Die genannte Behauptung lässt sich jedoch in so umfassender Gültigkeit nicht bestätigen: → H. Hettrich Rektionaler und autonomer Kasusgebrauch. *Kolloquium Basel 1988* (1990: 82–99); H. Hettrich: Semantische und syntaktische Betrachtungen zum doppelten Akkusativ. *FT Zürich 1992* (1994: 111–134). Der Nominativ etwa kommt gar nicht als Angabe vor, so dass seine Bedeutung als Ergänzung überhaupt nicht mit derjenigen als Angabe abgewogen werden könnte. Der Lokativ dagegen kann immer die räumliche Einordnung bezeichnen, gleichgültig, ob er nun Ergänzung oder Angabe ist.

Lit.: → Fraenkel (1928); E. Risch: Betrachtungen zur indogermanischen Nominalflexion. *KS Risch* (1981: 730–738); S. Luraghi: Der semantische und funktionelle Bau des althethitischen Kasussystems. *ZVS* 99 (1986: 23–42); Bichlmeier (2011).

S 403. Die Kasus sind trotz teilweise stark voneinander abweichender Inhalte zu einem Paradigma zusammengeordnet: So ist etwa der Kasus Nominativ zur Bezeichnung des grammatischen Subjekts inhaltlich völlig verschieden vom Kasus Lokativ zur Bezeichnung der lokalen Einordnung des Verbalgeschehens.

1) Die Reihenfolge der Kasus richtet sich nach der Sanskritgrammatik, wo im Paradigma diejenigen Kasus, die formal gleich sind, in jedem der drei Numeri unmittelbar aufeinander folgen. Trotzdem handelt es sich bei diesem formalen Kriterium nicht einfach um ein rein äußeres Merkmal; denn die formale Gleichheit ist im allgemeinen auch inhaltlich vertretbar, so wie der partielle formale Zusammenfall verschiedener Kasusformen innerhalb eines Paradigmas als Vorstufe zum vollständigen Kasussynkretismus zu betrachten ist.

2) Die Kasus des Uridg. lassen sich nach inhaltlichen Gesichtspunkten zu Gruppen zusammenstellen: Es gibt Kasus mit eher abstrakter Bedeutung, die innerhalb des Sprachsystems Verweise vornehmen, und solche mit eher konkreter Bedeutung, die vornehmlich auf die außersprachliche Realität verweisen. Diese Unterscheidung ist nicht neu, darf aber auch nicht als absolute Klassifizierung missverstanden werden, da sich einzelne Kasus genau in der Mitte zwischen beiden Polen befinden, also sowohl konkret als auch syntaktisch verwendet werden können.

Besondere Bedeutung kommt den Kasus bei der räumlichen Einordnung des dargestellten Geschehens zu: Lokalkasus sind die Kasus Lokativ ('wo?'), Akkusativ ('wohin?') und Ablativ ('woher?'). In einem dieser Kasus steht das Nomen, das den Ort bezeichnet, auf den das Geschehen bezogen ist und in bezug auf den das durch das Subjekt Bezeichnete bei intransitivem Verbum oder das durch das Objekt Bezeichnete bei transitivem Verbum räumlich eingeordnet wird. Was räumlich eingeordnet wird, wird als Lokatum bezeichnet, was den Bezugsort bezeichnet, als Relatum.

Lit.: → Fraenkel (1929); Starke (1977); Luraghi (1996).

S 404. Eine häufige Erscheinung in der Sprachentwicklung von der Grundsprache zu den Einzelsprachen ist der Kasussynkretismus, was bedeutet, dass Kasus, die zunächst getrennt voneinander mit eigenen Endungen bezeichnet wurden, schließlich unter ein und derselben Endung zusammengefasst sind, womit das Bedeutungsspektrum dieses Kasus entsprechend erweitert wird. Dies wiederum macht die Feststellung einer bestimmten Grundbedeutung schwierig. Zum Formalen s.o. M 305 Abs. 3.

Als eine Zwischenstufe zum völligen Zusammenfall zweier oder mehrerer Kasus kann der Sprachzustand betrachtet werden, wo je nach Numerus oder in Zusammenhang mit dem Genus oder der Stammbildung überhaupt die Anzahl der Endungen geringer ist als die der Kasus, wo also innerhalb desselben Paradigmas nicht in allen Numeri alle Kasus formal unterschieden werden und die Unterscheidung nicht mehr paradigmatisch, sondern nur noch syntagmatisch erfolgen kann. So lassen sich schon für das Uridg. nur im Singular der nichtneutralen thematischen Nominalstämme alle acht Kasus auch formal unterscheiden, für den Plural und den Dual desselben Paradigmas lassen sich aber schon nicht mehr acht verschiedene Kasusendungen rekonstruieren.

Im Lateinischen sind im Ablativ die drei Kasus Instrumental, Ablativ und Lokativ zusammengefallen. Im Griechischen (Ionisch-Attisch) sind im Dativ der Instrumental und der Lokativ und im Genitiv der Ablativ aufgegangen.

Lit.: → Delbrück (1907); H. Hettrich: Zum Kasussynkretismus im Mykenischen. *MSS* 46 (1985: 111–122); M. Meier-Brügger: Zum Verhältnis von Form und Funktion grammatischer Kategorien. *FT Berlin 1983* (1985: 271–274).

S 405. Nominativ

Der Nominativ nimmt in den indogermanischen Sprachen innerhalb des nominalen Paradigmas eine Sonderstellung ein. Das zeigt sich unter anderem darin, dass er etwa im Altindischen – außer bei den Neutra – in allen drei Numeri jeweils vom starken Stamm gebildet wird und dass sich im Griechischen der kolumnale Nominalakzent nach dem Akzentsitz im Nominativ richtet. Auch innerhalb der Syntax hat der Nominativ traditionell eine Sonderstellung, indem er als Casus rectus den Casus obliqui des ganzen restlichen Paradigmas gegenübersteht.

Der Nominativ bezeichnet das Thema des Satzes, das im nichtmarkierten Satz die Satzanfangsstellung einnimmt; andere Satzteile werden dadurch thematisiert, dass sie die im nichtmarkierten Satz dem Subjekt vorbehaltene Satzanfangsstellung besetzen.

„Der Nominativ bezeichnet im Indogermanischen nicht das Subject der Handlung im logischen Sinne, sondern denjenigen, der für den Betrachtenden als Träger und Mittelpunkt des durch das Verbum ausgedrückten Vorganges erscheint.“ (→ Delbrück 1879: 78). Das trifft jedoch nicht auf die Wortfrage zu, wo das durch das Interrogativpronomen Erfragte im Mittelpunkt steht, auch wenn es nicht die Subjektposition einnimmt und nicht den Träger des Verbalgeschehens bezeichnet. Der Begriff des Subjekts ist selbst nicht einfach zu fassen; für H.-J. Sasse: Subjektprominenz. *FS Stimm* (1982: 270) ist es „(...) eine syntaktische Beziehung mit semantischen und pragmatischen Funktionen (...) das als

Subjekt bezeichnete Satzglied hat eine doppelte Funktion, und zwar eine teils pragmatische (das Topic des Satzes zu kennzeichnen) und teils semantische (die Mitspielerrolle zu identifizieren); diese doppelte Funktion schlägt sich in seinem syntaktischen Verhalten nieder."

Lit.: → G. Serbat: Der Nominativ und seine Funktion als Subjektkasus im Lichte moderner Sprachtheorien. *Glotta* 59 (1981: 119–136).

S 406. Vokativ

Der Vokativ ist die Nominalform, die bei der Anrede zur Anwendung kommt. Eine eigene Vokativform gibt es nur im Singular, und auch da besitzen nicht alle Nominalparadigmen eine eigene Vokativform; wo der Vokativ fehlt, wird seine Funktion vom Nominativ übernommen; dasselbe geschieht auch, wenn zwei Anreden miteinander verbunden werden, indem die erste Anrede zwar im Vokativ steht, die zweite aber im Nominativ. — Beispiele: Γ 276f. ὖ Ζεῦ πάτερ ...'Ηέλιός θ' „o Vater Zeus und Helios"; RV 3,25,4 *ágna índraś ca* „o Agni und Indra".

Lit.: → Svennung (1958); Zwolanek (1970).

1) Wenn der Vokativ in einen Satz eingefügt ist, so bleibt er unbetont. — Beispiel: RV 1,184,2 *asmé ū ṣú vr̥ṣaṇā mādayethām* „Bei uns, ihr beiden Helden, erfreut euch gut."

2) Bildet der Vokativ einen eigenen Satz und steht somit am Satzanfang, so wird er betont, im Altindischen – unabhängig von seinem eigentlichen nominalen Akzent – auf der ersten Silbe, also auf der ersten Silbe des Satzes. Es handelt sich also auch hier nicht um den Wortakzent, sondern um den Satzakzent. — Beispiel: AV 19,70,1 *dévā jī́vata* „Götter! Lebt!"

S 407. Akkusativ

Der Akkusativ hat zwei scheinbar sehr unterschiedliche Funktionen als Kasus: Zum einen bezeichnet er das direkte Objekt bei transitiven Verben (Akkusativ des Objekts), zum anderen drückt er aus, dass sich das Verbalgeschehen in räumlichem Zusammenhang auf oder an etwas ausrichtet (Akkusativ der Richtung). Ferner wird der Akkusativ bei Bezeichnungen für die räumliche oder zeitliche Ausdehnung verwendet (Akkusativ der Ausdehnung). Daneben drückt er auch in nicht-räumlichem Sinn die Beziehung des Verbalgeschehens auf einen Bezugsgegenstand aus (Akkusativ der Beziehung). Schließlich wird er auch verwendet, wenn der Inhalt eines Verbums zusätzlich durch ein Nomen ausgedrückt werden soll, das dann in den Akkusativ tritt (Akkusativ des Inhalts): Beim Akkusativ des Inhalts stehen inhaltlich gleiche Substantive und

Verben nebeneinander, zum Teil sind sie sogar im Ausdruck verwandt, insofern als sie verschiedene Wortbildungen zur selben Wurzel darstellen (t.t. figura etymologica). Die Grundbedeutung des Akkusativs ist wahrscheinlich diejenige der Ausrichtung, der ursprünglich eine räumliche Vorstellung zugrunde liegt; von hier aus ergeben sich die Verwendungen des Akkusativs bei der Bezeichnung von Ausdehnung, Beziehung, Objekt und Inhalt.

1) Nach Hübschmann (1875) bezeichnet der Akkusativ die „Ergänzung oder nähere Bestimmung des Verbalbegriffs" (133), wobei Hübschmann einen notwendigen Akkusativ, den Akkusativ des Objekts und einen freiwilligen Akkusativ unterscheidet. Delbrück (1879) beschreibt die Verwendung des Akkusativs folgendermaßen: „Ursprünglich dient er weder zur Bezeichnung des Objectes, noch des Zieles, noch der Beziehung u.s.w., sondern lediglich zur Ergänzung des Verbums. In welchem Sinne diese Ergänzung zu verstehen sei, blieb dem Verständniss des Hörenden überlassen." (29), wobei es nach Delbrück „schon in indogermanischer Zeit ... verschiedene Anwendungstypen" gibt (29).

2) Als Lokalkasus steht der Akkusativ dem Lokativ nahe, der die Erreichung des Zieles einschließt, auf das sich eine Bewegung ausrichtet. Demgegenüber schließt der Akkusativ das Erreichen des Zieles zwar nicht aus, ist aber im Hinblick darauf semantisch indifferent: → J. García Ramón: Zum Akkusativ der Richtung im Vedischen und im Indogermanischen. *FS Strunk* (1995: 33–52).

Bislang nicht entschieden ist die Streitfrage, ob die lokale oder die grammatische Bedeutung des Akkusativs die ursprüngliche ist. Nach G. de Boel: The Homeric accusative of limit of motion revisited. *Kolloquium Amsterdam 1986* (1988: 53–65) ist der Akkusativ der Richtung nicht ererbt, sondern neu entstanden: „With causative motion verbs, first of all, the accumulation of accusatives is clearly caused by the addition of a secondary goal accusative to an object accusative that was already present in the construction. Similarly the accusative with intransitive motion verbs cannot be shown to reflect original use. It is restricted to a lexical subclass, in which such a use of the accusative seems likely to develop spontaneously, as happened again in Modern Greek." (64f.).

Lit.: → de Boel (1988).

3) Nicht eindeutig ist, in welchem Verhältnis ein eigener Richtungskasus Direktiv, der im Anatolischen fortgesetzt ist, zum Akkusativ der Richtung im Uridg. steht. Nach G. Dunkel: The IE Directive. *FT Zürich 1992* (1994: 17–36) bezeichnet der Direktiv allein die Richtung: „It expressed only the aim or direction of a movement." (34) Demgegenüber haben Akkusativ und Lokativ zusätzliche Bedeutungen, der Akkusativ „attainment of the goal and entering it" (34) und der Lokativ „attainment of the goal ... and ... state of rest" (34).

Lit.: → W. Schmid: Sprachwissenschaftliche Bemerkungen zum hethitischen „Direktiv". *FS Otten* (1973: 291–301); Neu (1980).

4) Im Lateinischen finden sich vom Akkusativ der Richtung in der Verwendung ohne Adposition nur einzelne Reste wie etwa *domum* „nach Hause", *rus* „aufs Land".

Beispiele: — a) Akkusativ der Richtung: A 322 ἔρχεσθον κλισίην „geht ihr beide zum Zelt"; K 195 ὅσοι κεκλήατο βουλήν „die zur Beratung gerufen waren"; TS 6,2,11,4 *yadā́ múkhaṃ gachaty, áthodáraṃ gachati* „wenn es zum Mund geht, dann geht es zum Bauch". — b) Akkusativ der Ausdehnung: Plt. Truc. 278 *noctem in stramentis pernoctare* „eine Nacht lang in der Streu nächtigen"; Ψ 529 δουρὸς ἐρωήν „einen Speerwurf weit"; λ 190 χεῖμα „im Winter"; TB 1,3,6,3 *saptádaśa pravyādhā́n ājíṃ dhāvanti* „über siebzehn Schussweiten laufen sie ein Wettrennen"; TB 1,1,3,9 *só aśvatthé saṃvatsarám atiṣṭhat* „der blieb ein Jahr im Baum". — c) Akkusativ der Beziehung: Plt. Men. 511f. *indutum ... pallam* „angezogen mit einem Kleid"; E 354 μελαίνετο δὲ χρόα καλόν „und sie war gerötet an der schönen Haut"; ŚB 14, 7, 2, 27 *nàinaṃ kr̥tākr̥té tapataḥ* „nicht schmerzen diesen Getanes und Ungetanes". — d) Akkusativ des Objekts: ŚB 14, 7, 1, 24 *jíghran vái tád ghrātávyaṃ ná jighrati* „riechend fürwahr riecht er das zu Riechende nicht". — e) Akkusativ des Inhalts: Plt. Capt. 358 *quod bonis bene fit beneficium* „welche Wohltat Guten wohl geschieht"; O 414 ἄλλοι δ' ἀμφ' ἄλλῃσι μάχην ἐμάχοντο νέεσσιν „hier und dort kämpften sie den Kampf um die Schiffe"; RV 8, 7, 4 *yád yā́maṃ yā́nti vāyúbhiḥ* „wenn sie einen Gang gehen mit den Winden".

5) Lit.: → La Roche (1861); Gaedicke (1880); Müller (1908); Jacquinod (1989); H. Hettrich: Semantische und syntaktische Betrachtungen zum doppelten Akkusativ. *FT Zürich 1992* (1994: 111–134).

S 408. Instrumental

Der Instrumental bezeichnet den Weg im konkreten und im abstrakten Sinn, also den Weg, wie man zum Ziel gelangt, oder die Art und Weise, wie man etwas tut (vgl. nengl. *via, way*): → M. Fritz: Vom Wandel zwischen den Dimensionen. *AT Erlangen 2011* (2014: 78–87). Daraus ergeben sich die einzelnen Funktionen: So bezeichnet der Instrumental bei Gegenständen das Mittel, womit die Handlung ausgeführt wird, bei Personen, dass sie die Handlung mit ausführen, und bei Orten, dass dort die Fortbewegung stattfindet; weiter bezeichnet der Instrumental die Beschaffenheit, die Begleitumstände, den Grund und im Vergleich das unterscheidende Merkmal. Die personenbezogene Funktion des Instrumentals als „Soziativ" ist für das Späturindogermanische rekonstruierbar; vermutlich hat sich diese Funktion jedoch aus einer früheren rein sachbezogenen Verwendung abgespaltet: → K. Strunk: Syntaktische Bemerkungen zum hethitischen und indogermanischen Instrumental. Klimov (1993: 81–91). Bei der Bezeichnung zeitlicher Umstände besteht eine gewisse Ähnlichkeit zum temporalen Lokativ. Im Lateinischen ist der Instrumental wie der Lokativ mit dem Ablativ zusammengefallen. Im Griechischen ist der Instrumental im Dativ aufgegangen, s.o. S 404.

Beispiele: – a) Instrumental der Begleitung: Plt. Amph. 219 *postquam utrimque exitum est maxuma copia* „nachdem beiderseits aufmarschiert worden ist mit großer Menge"; λ 160f. ἐνθάδ' ἱκάνεις | νηί τε καὶ ἑτάροισι „hierher gelangst du mit dem Schiff und den Gefährten"; RV 1,1,5 *devó devébhir ā́ gamat* „der Gott soll mit den Göttern herkommen"; RV 5,51,1 *víśvair ū́mebhir ā́ gahi* „mit allen Helfern komme her"; RV 1, 92, 7 *divá stave duhitā́ gótamebhiḥ* „des Himmels Tochter wird gepriesen durch die Gotamas". – b) Instrumental des Mittels: Plt. Truc. 526f. *neque etiam queo | pedibus mea sponte ambulare* „und ich kann noch nicht einmal mit meinen Füßen selbständig herumgehen"; Lucr. 4, 387 *vehimur navi* „wir fahren mit dem Schiff"; A 527 κεφαλῇ κατανεύσω „ich werde mit dem Haupt nicken"; M 207 πέτετο πνοιῇς ἀνέμοιο „er flog mit dem Hauch des Windes"; RV 1,128,3 *śatáṃ cákṣāṇo akṣábhiḥ* „der mit hundert Augen schauende Gott"; RV 3,32,14 *nāvéva yā́ntam* „wie den mit dem Schiff Fahrenden". – c) Instrumental des Weges: Plt. Curc. 35 *nemo ire quemquam publica prohibet via* „niemand hindert einen, auf einer öffentlichen Straße zu gehen"; Plt. Poen. 1105 *terra marique* „auf Erde und Meer"; RV 1,25,7 *antárikṣeṇa pátatām* „die in der Luft fliegen"; RV 3,58,5 *éhá yātam pathíbhir devayā́naiḥ* „hierher kommt auf Götterpfaden"; RV 5,64,3 *mitrásya yāyām pathā́* „ich würde auf Mitras Pfad gehen". – d) Instrumental der Beschaffenheit: Cato agr. 88, 1 *amphoram defracto collo* „eine Amphore mit abgebrochenem Hals"; PY Ta 641.1 *ti-ri-po e-me po-de* i.e. *tripos hemē podē* „ein Dreifuß mit einem Fuß; RV 4,7,3 *dyā́m iva stṛ̥́bhiḥ* „wie den Himmel mit den Sternen". – e) Instrumental der Begleitumstände: Λ 555 τετιηότι θυμῷ „mit bekümmertem Mut"; σ 199 φθόγγῳ ἐπερχόμεναι „mit Geräusch herankommend"; RV 4,13,1 *út sū́ryo jyótiṣā devá éti* „auf geht die göttliche Sonne mit Licht"; RV 9,97,36 *índram ā́ viśa bṛ̥hatā́ ráveṇa* „zu Indra gehe mit großem Lärm". – f) Instrumental des Grundes: Plt. Amph. 1118 *nam mihi horror membra misero percipit dictis tuis* „denn Schreck ergreift mir Armem die Glieder wegen deiner Worte"; Φ 390 γηθοσύνῃ „vor Freude"; ŚB 1,2,3,1 *sá bhīṣā́ ní lilye* „der hat sich vor Furcht versteckt". – g) Instrumental des Vergleichs: Plt. Cist. 205 *qui omnes homines supero antideo cruciabilitatibus animi* „der ich alle Menschen übertreffe, überhole an Quälereien des Herzens"; Γ 194 εὐρύτερος δ' ὤμοισιν „breiter aber hinsichtlich der Schultern";

Lit.: → W. Schulze. *KS Schulze* (1966: 652, in einem Beitrag von 1896); Winkler (1896).

S 409. Dativ

Der Dativ bringt bei Personenbezeichnungen zum Ausdruck, dass es sich dabei um den Empfänger (Geschehen; Dativ des [indirekten] Objektes) oder Besitzer (Zustand; Dativus possessivus) handelt; weiter bezeichnet der Dativ den zu seinem Vor- oder Nachteil Betroffenen (Dativus commodi/incommodi), wobei lediglich die Bezeichnung der Betroffenheit als Funktion dem Dativ zufällt, die positive oder negative Konnotation hingegen außerhalb des sprachlichen Zeichens Dativ liegt. In Verbindung mit Abstrakta drückt der Dativ aus, dass es sich dabei um den Zweck handelt (Dativus finalis); diese Funktion ist für die Bildung infinitivischer Konstruktionen wichtig.

Beispiele: — a) Dativ der Betroffenheit: Plt. Stich. 260 *nulla tibi lingua est*? „hast du keine Zunge?"; Plt. Most. 293 *tibi me exorno ut placeam* „für dich schmücke ich mich, damit ich gefalle"; Plt. Rud. 229 *quoianam vox mihi prope hic sonat*? „welche Stimme tönt mir denn hier so nah?"; Plt. Rud. 274 *nunc tibi amplectimur genua* „jetzt umfassen wir dir die Knie"; Plt. Truc. 378 *mihi quidem atque oculis meis* „für mich und meine Augen allerdings"; H 423 οἳ δ' ἤντεον ἀλλήλοισιν „und die begegneten einander"; H 101 τῷδε δ' ἐγὼν αὐτὸς θωρήξομαι „und für diesen werde ich mich selbst rüsten"; A 4 αὐτοὺς δὲ ἑλώρια τεῦχε κύνεσσιν „und sie machte er zur Beute für die Hunde"; E 249f. μηδέ μοι οὕτως | θῦνε „wüte mir nicht so"; B 142 τοῖσι δὲ θυμὸν ἐνὶ στήθεσσιν ὄρινε „und denen rührte er das Gemüt in der Brust"; Ψ 595 δαίμοσιν εἶναι ἀλιτρός „den Göttern ein Frevler sein"; RV 4,12,3 *dádhāti rátnaṃ vidhaté ... mártyāya* „er teilt Reichtum dem huldigenden Sterblichen aus"; RV 1,15,12 *devā́n devayaté yaja* „opfere den Göttern für den Götterverehrer"; RV 2,2,8 *átithiś cā́rur āyáve* „für den Āyusohn ein lieber Gast". — b) Dativ des Zwecks: Plt. Poen. 626 *ut quaestui habeant male loqui melioribus* „dass sie es zum Gewinn haben, schlecht über Bessere zu sprechen"; H 285 χάρμη προκαλέσσατο „zum Kampf rief er hervor"; RV 1,30,6 *ūrdhvás tiṣṭhā na ūtáye* „stelle dich aufrecht uns zum Beistand".

Lit.: → Havers (1911); Oertel (1941).

S 410. Ablativ

Der Ablativ bezeichnet räumlich, was der Ausgangsort des Verbalgeschehens ist. Der Ablativ kommt demgemäß bevorzugt dann vor, wenn davon die Rede ist, dass ein Lokatum von einem Relatum sich wegbewegt oder wegbewegt wird. Hieraus ergeben sich die Funktionen bei der Bezeichnung der Abstammung, was auf die räumliche Vorstellung zurückgeht, bei der Bezeichnung von Trennung, die mit der Wegbewegung einhergeht, und in der Verwendung bei Vergleichen, wo durch den Ablativ bezeichnet wird, von welchem Vergleichsgegenstand aus der Vergleich vorgenommen wird. Im Griechischen ist der Ablativ im Genitiv aufgegangen, s.o. S 404.

Beispiele: — a) Ablativ des Ausgangsortes: Cato agr. 5 *primus cubitu surgat* „als erster stehe er vom Lager auf"; Plt. Trin. 805 *cunctos exturba aedibus* „alle treibe aus dem Haus"; O 655 νεῶν μὲν ἐχώρησαν„von den Schiffen wichen sie zurück"; E 456 οὐκἂν δὴ τόνδ' ἄνδρα μάχης ἐρύσαιο „könntest du nicht diesen Mann aus dem Kampf drängen?"; RV 7,18,10 *īyúr gā́vo ná yávasād ágopāḥ* „sie gingen wie Rinder von der Weide ohne Hirten"; RV 7,5,6 *tvám̥ dásyūm̐r ókasa agna ājaḥ* „du, o Agni, triebst die Dasyus aus ihrer Heimat". — b) Ablativ der Abstammung: Plt. Capt. 277 *quo de genere natust* „von welchem Geschlecht stammt er ab"; RV 1,123,9 *śukrā́ kr̥ṣṇā́d ajaniṣṭa* „die Glänzende wurde aus der Finsternis geboren"; RV 10,72,3 *ásataḥ sád ajāyata* „aus dem Nichtseienden entstand das Seiende". — c) Ablativ der Trennung: ζ 192 οὔτ' οὖν ἐσθῆτος δευήσεαι „und nicht wirst du an Kleidung Mangel haben"; Σ 126 μηδέ μ' ἔρυκε μάχης „halte mich nicht vom Kampf zurück". — d) Ablativ des Vergleichs: Plt. Poen. 812 *levior pluma est gratia* „leichter als eine Feder ist der Dank"; Δ 400 εἶο χέρηα μάχῃ „schlechter als er im Kampf"; Σ 109 πολὺ γλυκίων μέλιτος „viel süßer als Honig"; RV 1,114,6 *svādóḥ svā́dīyo* „süßer als Süßes"; RV 10,176,4 *sáhasaś cid sáhīyān* „stärker als der Starke sogar".

S 411. Genitiv

In seiner Grundbedeutung als Partitiv drückt der Genitiv aus, dass es um einen Teilbereich des Begriffes geht, den das Nomen im Genitiv lexikalisch bezeichnet. Der Genitiv bezieht sich ursprünglich nur auf den Inhalt des Lexems, das als Nomen die Endung des Genitivs hat. Hieraus ergeben sich verschiedene Funktionen, die Bezeichnung von Beschaffenheit, Zugehörigkeit oder Beziehung. Nach G. Serbat: Zum Ursprung des indogermanischen Genitivs und seiner lateinischen Verwendung. *Kolloquium Salzburg 1986* (1992: 285–291) „(...) drängt sich uns der Sinn einer bestimmten, begrenzten Quantität auf, die kleineren Umfangs ist als der von dem Stamm bezeichnete Begriff (...) Um es anders auszudrücken, wirkt die Endung n u r auf den Stamm des Wortes. Ihre 'Incidenz', ihr Wirkungsbereich, ist ganz innerlich, auf den Umfang des Konzepts beschränkt. Dabei erfüllt die Endung k e i n e syntaktische Rolle." (288) „Daraus folgt, daß diese partitive Form nicht in die syntaktisch bedeutenden Markierungen einzureihen ist, sondern in die Formen, die keinen syntaktischen Wert haben, in die quantitativen Formen (...) Singular (Einheit), Dual, Plural." (289)

Der Genitiv kann vielfach anstelle anderer Kasus eintreten, ohne dass er deren Bedeutung ausdrückte; der Genitiv gibt einfach das Teilverhältnis an zu dem Fall, dass dasselbe Nomen in dem durch den Satzinhalt erforderlichen Kasus stünde. Nach Scherer (1975: 50) lassen sich drei Anwendungsbereiche des Genitivs unterscheiden, nämlich bei der Bezeichnung der Zugehörigkeit, der Eigenschaft und des Bezugs. Der Genitiv findet auch bei Vergleichen Verwendung zur Bezeichnung dessen, womit verglichen wird. Zur Konkurrenz zwischen Genitiv und Adjektiv s.o. M 311 Abs. 4.

Beispiele: — a) Partitiv: Plt. Cas. 538 *modius ... salis* „ein Scheffel Salz"; ι 102 λωτοῖο φαγών „vom Lotos essend"; Θ 470 ἠοῦς „des Morgens". — b) Genitiv der Beschaffenheit: Cato agr. 121 *lauri folia* „Blätter des Lorbeers"; φ 7 κώπη δ' ἐλέφαντος ἐπῆεν „und ein Griff von Elfenbein war daran". — c) Pertinentiv/Possessiv: Plt. Most. 980 *patris amicus* „der Freund des Vaters"; Soph. Ai. 172 Διὸς Ἄρτεμις; Φ 109 πατρὸς δ' εἴμ' ἀγαθοῖο „und ich bin der Sohn eines edlen Vaters". — d) Genitiv der Beziehung: Ter. Phor. 954 *monstri ... simile* „einem Wunder ähnlich"; Ψ 485 ἤ τρίποδος περιδώμεθον ἠὲ λέβητος „wir beide wetten um einen Dreifuß oder um ein Becken"; Α 512 ἥψατο γούνων „sie berührte die Knie".

Lit.: → Yoshida (1987); J. Kellens: Les fonctions du génitif en vieil-avestique. Pirart (1997: 81–90).

S 412. Lokativ

Der Lokativ dient dazu, das Verbalgeschehen in erster Linie räumlich, dann aber auch zeitlich einzuordnen, indem er zum Ausdruck bringt, dass das Verbalgeschehen in räumlicher Beziehung zu dem durch das Bezugsnomen bezeichneten Bezugsobjekt stattfindet. Inwieweit die räumliche Vorstellung zum Ausdruck kommt, hängt auch von der lexikalischen Bedeutung des Bezugsnomens ab. Wenn das Bezugsnomen etwas bezeichnet, was räumliche Ausdehnung besitzt – es sind gleichermaßen Konkreta wie Abstrakta möglich –, so kann die räumliche Vorstellung deutlich zum Vorschein kommen. Wenn das Bezugsnomen aber etwa eine Zeiteinheit bezeichnet, so zeigt sich an der Verwendung des Lokativs lediglich die dem Begriff eines Zeitverhältnisses ursprünglich zugrundeliegende räumliche Auffassung, ohne dass sie noch vorherrschend sein muss. Weiterhin lässt sich die räumliche Vorstellung auf die Bezeichnung von verschiedensten Umständen übertragen. So umfasst der Anwendungsbereich des Lokativs lokale, temporale wie modale Ausdrucksweisen. Die lokale Bedeutung des Lokativs ist nicht auf einen bestimmten Teilbereich des Bezugsobjekts eingeschränkt, sondern kann sich ebensogut auf dessen Innenraum, Oberfläche oder Umgebung beziehen; teilweise hängt dies wiederum von dem bezeichneten Objekt und von dessen Gestalt ab. Vom Verbalgeschehen hängt es wiederum ab, ob der Lokativ die Funktion hat, das Ziel einer zum Abschluss kommenden Bewegung zu bezeichnen. Im Lateinischen ist der Lokativ mit dem Ablativ zusammengefallen und finden sich nur in einzelnen Formen Relikte von ererbten Lokativen wie etwa *domi* „zu Hause" und *ruri* „auf dem Land". Im Griechischen ist der Lokativ im Dativ aufgegangen, s.o. S 404.

Beispiele: – a) Lokativ des Ortes: Plt. Amph. 568 *homo idem duobus locis ut simul sit* „dass derselbe Mensch an zwei Orten gleichzeitig sei"; Δ 166 αἰθέρι ναίων „im Himmel wohnend"; δ 844 ἔστι δέ τις νῆσος μέσσῃ ἁλί „und es gibt eine Insel mitten im Meer"; N 179 ὄρεος κορυφῇ „auf dem Gipfel des Berges"; Γ 10 εὖτ' ὄρεος κορυφῇσι Νότος κατεχεύεν ὀμίχλην „wie wenn der Südwind Nebel über die Berggipfel herabgießt"; RV 7,68,7 *mádhye ... samudré* „mitten im Meer"; RV 9,18,4 *ā́ yó víśvāni vā́ryā vásūni hástayor dadhé* „der alle wünschenswerten Schätze in seinen beiden Händen hält"; RV 1,32,2 *áhann áhim párvate śiśriyāṇám* „er erschlug den Drachen, der sich an dem Berg gelagert hatte"; RV 5,36,2 *párvatasya pr̥ṣṭhé* „auf dem Rücken des Berges"; RV 3,23,4 *sárasvatyāṃ revád agne didīhi* „an der Sarasvati leuchte schön, o Agni"; RV 7,18,18 *tásmin ní jahi vájram* „auf ihn schlage die Keule". – b) Lokativ der Zeit: Plt. Amph. 568 *tempore uno* „zu einer Zeit"; B 468 ὥρῃ „im Frühling"; Γ 189 ἤματι τῷ „an diesem Tag"; RV 3,4,2 *yáṃ devā́sas trír áhann āyájante* „den die Götter dreimal am Tag erbitten". – c) Lokativ der Umstände: RV 3,56,8 *vidáthe santu devā́ḥ* „beim Opfer sollen die Götter sein"; RV 6,52,17 *víśve devā haviṣi mādayadhvam* „ihr Götter alle ergötzt euch beim Trankopfer".

Lit.: → M. Holzman: Der sogenannte Locativ des Zieles im Rigveda und in den homerischen Gedichten. *Zeitschrift für Völkerpsychologie und Sprachwissenschaft* 10 (1878: 182–230); Neu (1980); M. Fritz: Sur l'évolution du locatif en arménien. Fruyt / Mazoyer / Pardee (2011: 173–177).

S 413. Lokalkasus und Lokalpartikeln; Kasus, Adverb und Adposition

Kasus mit lokalen Bedeutungen sind in der uridg. Grundsprache der Lokativ, der Akkusativ und der Ablativ. Diese bezeichnen ein allgemeines räumliches Verhältnis zwischen zwei Objekten, wobei mit Objekt auch Ort (was ja ein konkretes Objekt darstellt) oder Geschehen (woran ja konkrete Personen oder Objekte beteiligt sind) gemeint ist. Der Lokativ nimmt die einfache Einordnung in einen räumlichen Schauplatz vor. Bei Akkusativ und Ablativ kommt der Begriff der Richtung ins Spiel, wobei die beiden Kasus entgegengesetzte Richtungen bezeichnen: Der Akkusativ bringt zum Ausdruck, dass sich das Verbalgeschehen auf das Bezugsobjekt richtet, der Ablativ, dass das Verbalgeschehen vom Bezugsobjekt weggerichtet ist. Diese lokalen Dimensionen dienen dann – in einem, kognitiv bedingten, Übertragungsvorgang – teilweise auch zur Beschreibung zeitlicher Verhältnisse und sonstiger Umstände. Da bei Lokalkasus das räumliche Verhältnis bei intransitiven Verben zwischen dem durch das Nominativ-Subjekt bezeichneten Lokatum und dem Relatum besteht, bei transitiven Verben jedoch zwischen dem durch das Akkusativ-Objekt bezeichneten Lokatum und dem Relatum, lässt sich hierin im Vergleich mit dem Verhältnis von intransitiven und transitiven Verben zu Subjekt- und Objektbezeichnung in Ergativsprachen auch in einer solchen Bezeichnung von räumlichen Verhältnissen ein ergativischer Zug sehen: → Ch. Lehmann: Latin Preverbs and Cases in Latin Linguistics and Linguistic Theory. Pinkster (1983: 145–161).

S 414. Sowohl Adpositionen als auch Adverbien modifizieren ihr Bezugsnomen semantisch; allerdings weist nur die Adposition das Merkmal Rektion auf, das Adverb jedoch nicht: Während die Adposition durch die zusätzliche Eigenschaft der Rektion ausgezeichnet ist, fehlt beim Adverb diese syntaktische Verknüpfung mit dem Bezugsnomen, weshalb die semantische Verknüpfung durch die Modifikation in den Vordergrund rückt: → Fritz (2005: 16–18).

	Adposition	Adverb
Rektion	+	–
Modifikation	+	+

Die einzelsprachlich Adpositionen entsprechenden Adverbien sind grundsprachlich ihrem Bezugswort nachgestellt: → Benfey Vedica et Linguistica, Straßburg / London 1880: 101–114.

Lit.: → Starke (1977); G. Dunkel: Preverb repetition. *MSS* 38 (1979: 41–82); G. Dunkel: Die Grammatik der Partikeln. *FT Leiden 1987* (1992: 153–177); Horrocks (1981); Ch. Lehmann: Latin Preverbs and Cases. Pinkster (1983: 145–161); Krisch (1984); J. Boley: Hittite and Indo-European Place Word Syntax. *Sprache* 31 (1985: 229–241); Boley (1989); H. Hettrich: Syntax und Wortarten der Lokalpartikeln des R̥gveda. I: *ádhi*. *MSS* 52 (1991: 27–76); G.-J. Pinault : Le problème du préverbe en indo-européen. Rousseau (1995 : 35–59); Waanders (1997); Fritz (2005); Hewson / Bubenik (2006).

4.4.3 Numerus

S 415. Die Dimension Numerus weist im Urindogermanischen drei Kategorien auf, den Singular, den Dual und den Plural. Die Dimension Numerus ist zugleich eine verbale wie eine nominale Dimension. So kann das finite Verbum des Prädikats in der Numeruskategorie mit der Nominativform des Subjekts kongruieren.

Der Singular bezeichnet beim Nomen die Einzahl, also dass es sich um eine Einheit von dem durch das nominale Lexem Bezeichneten handelt, wobei durch das nominale Lexem gleichermaßen eine Einzelheit aus einer Menge (Singulativ) bezeichnet sein kann wie die Gesamtheit der Menge (Kollektiv). Der Dual bezeichnet demgegenüber eine Zweiheit und der Plural hinwiederum eine Vielheit. Die späturidg. grammatische Kategorie Dual geht auf eine frühuridg. lexikalische Kategorie zurück, die sich beim Personalpronomen und bei den Bezeichnungen für paarweise vorhandene Körperteile findet. Die Verbindung von Dualformen mit solchen des Singulars oder Plurals (Inkongruenz) versucht R. Lühr: Zum Gebrauch des Duals in der Indogermania. Ofitsch / Zinko (2000: 263–274) mit der unterschiedlichen Referenzialität der einzelnen Wortarten zu erklären, die beim Personalpronomen und beim Substantiv am größten ist und beim Verbum am kleinsten. Zur Annahme einer weiteren Numeruskategorie Kollektiv, bei der es sich jedoch nicht um eine Flexionskategorie handelt, sondern um eine Derivationskategorie: → H. Eichner: Das Problem des Ansatzes eines urindogermanischen Numerus 'Kollektiv' ('Komprehensiv'). *FT Berlin 1983* (1985: 134–169); J. Harđarson: Zum urindogermanischen Kollektivum. *MSS* 48 (1987: 71–115); R. Lühr: Zum Gebrauch des Duals in der Indogermania. Ofitsch / Zinko (2000: 263–274). Zum Dual: → Fritz (2011); s. ferner o. S 301 und M 304 Abs. 1.

4.4.4 Genus

S 416. Von der Dimension Genus sind in der uridg. Grundsprache drei Kategorien vorhanden: Maskulinum, Femininum und Neutrum. Diese aus der antiken Grammatik übernommene Terminologie trifft die Inhalte der Kategorien jedoch nicht genau, da sich Genus des Substantivs und Sexus des Bezeichneten nicht entsprechen müssen: Maskulina müssen nicht männliche Lebewesen bezeichnen und Feminina nicht weibliche.

1) Durch interne Rekonstruktion lässt sich dieses Dreigenussystem (Maskulinum/Femininum/Neutrum) auf ein Zweigenussystem (Commune/ Neutrum) zurückführen, wobei auch auf dieser Stufe die inhaltliche Zuordnung nicht ganz eindeutig ist. Verschiedene zugrundeliegende Verteilungen sind denkbar: Belebt vs. unbelebt, agensfähig vs. nicht-agensfähig, mit Subjektmarkierung vs. ohne Subjektmarkierung, womit auch die Breite der Skala von lexikalischem bis zu grammatischem Inhalt deutlich wird. Weiteres s.o. M 303.

Lit.: → E. Tichy: Kollektiva, Genus femininum und relative Chronologie im Indogermanischen. *HS* 106 (1993: 1–19); M. Fritz: Die urindogermanischen *s*-Stämme und die Genese des dritten Genus. *FT Innsbruck 1996* (1998: 255–264).

2) An die Frage nach dem Genus in Verbindung mit der vorhandenen (Maskulinum/Femininum) bzw. fehlenden (Neutrum) Bezeichnung des Nominativs ist die Klassifizierung einer intern rekonstruierten früheren Sprachstufe des Urindogermanischen als Ergativsprache oder als Aktivsprache geknüpft: → K. H. Schmidt: Probleme der Ergativkonstruktion. *MSS* 36 (1977: 97–116); F. Villar: Ergativity and animate/inanimate gender in Indo-European. *ZVS* 97 (1984: 167–196).

5 Zum Lexikon des Urindogermanischen

5.1 Allgemeines

L 100. Das Wort ist das wichtigste Element einer Sprache. In ihm als einer Einheit integrieren und manifestieren sich die phonetischen, phonologischen, morphologischen, syntaktischen, lexikalischen und stilistischen Ebenen einer Sprache.

Alle Wörter zusammen bilden das Lexikon einer Sprache. Alle Angehörigen einer Sprechergemeinschaft haben sich im Laufe ihres Spracherwerbs einen mehr oder minder großen Teil des Lexikons angeeignet und sind in der Lage, die Wörter in der zur ihrer Zeit üblichen Weise zu verstehen und zu verwenden. Ein Missgriff im Wortstamm ist dabei folgenreicher als ein Missgriff in der Flexion. Das erste kann eine Verständigung sofort unmöglich machen, z.B. wenn man gut und böse verwechselt.

Die meisten Wörter übernimmt i.d.R. das Kleinkind beim Spracherwerb von den Eltern. Die ihrerseits haben sie von ihren Eltern gehört usw. Aber auch durch die Geschwister und die Großeltern sowie durch die Angehörigen der entsprechenden Altersgruppen außerhalb der eigenen Familie erweitern Kinder und Jugendliche ihren Wortschatz. Über diese diversen Traditionslinien von Generation zu Generation führen die meisten Wörter weit in die Vergangenheit zurück.

Das Lexikon ist vermutlich im Gehirn nach Sachthemen, Satzmustern und Assoziationsketten geordnet, so jedenfalls stellt man sich das meistens vor. Der heute übliche Eintrag nach dem Alphabet folgt einem historisch entstandenen, willkürlich definierten Ordnungsprinzip und ist nicht sprachangemessen, aber für seine Zwecke sehr nützlich und hat sich in der alltäglichen Anwendung über lange Zeit bewährt.

Das Lexikon einer Sprache ist keine feste Größe. Es ist – wie das menschliche Leben allgemein – in dauernder Fluktuation. Es konzentriert sich nicht auf außergewöhnliche Einzelpersonen, sondern hängt vom ausgleichenden Konsens der Individuen einer Kommunikationsgemeinschaft ab. Das Lexikon steht auch jederzeit für den Ausdruck neuer Inhalte offen.

Zum einen lassen sich innersprachlich Wörter anhand von bereits vorliegenden Wortbildungsmustern und vorhandenen Elementen analogisch neu bilden. Vgl. z.B. die gr. Ableitungsreihe ἀρχή 'Herrschaft', ἀρχός 'Führer' und ἀρχεύω 'bin ἀρχός'. Unter Umgehung von ἀρχός und direkter Verknüpfung von ἀρχή mit ἀρχεύω konnten die Sprecher analog dazu zu βουλή 'Rat' ein βουλεύω 'sich beraten' bilden (ein *βουλός ist nicht bekannt). — Ferner kann

https://doi.org/10.1515/9783110661767-006

der Inhalt eines bereits vorhandenen Wortes erweitert (übertragen) oder sogar durch einen neuen ersetzt werden, vgl. lat. *ariēs* 'Widder', übertragen 'Sturmbock' (das Kriegsgerät ist in seiner Wirkung einem Widder vergleichbar) und lat. *testa* 'irdenes Geschirr, Topf, Krug, Scherbe', in den rom. Sprachen 'Kopf' (statt des vornehmen Wortes *caput* wird *testa* neu auch zur Bezeichnung des Schädels verwendet und entwickelt sich dann zur Bezeichnung des Kopfes schlechthin). Die lat. Beispiele stammen von Rix (1972: 714).

Zum andern können von außen jederzeit Fremdwörter in das eigene Lexikon inkorporiert werden. Sobald ein fremdes Wort phonetisch oder morphologisch oder orthographisch an die übernehmende Sprache angepasst ist, spricht man besser von Lehnwort. Aus dem Lat. vgl. das Lehnwort **ampora* 'zweihenkliges, enghalsiges Tongefäß, unten spitz zulaufend' < gr. Akk.Sg. ἀμφορέα (vermutlich in der Ausspracheform *-e̯á*; der Akk. bildet deswegen die Basis, weil er im wirtschaftlichen Alltag bei Aufzählungen, bei Rezepten usw. der übliche Nennkasus war; dabei Ersatz von im Lat. nicht vorhandenem p^h durch *p* und Integration in die passende lat. *-ā*-Deklination). Der Beweis für die komplette Integration des Wortes als Lehnwort ins Lat. ist die rein innerlat. Neubildung des Diminutivs *ampulla* 'Salbenfläschchen, Flasche'. Das Basiswort **ampora* ist schließlich klass.-lat. in der Form *amphora* (mit Ersatz von *p* durch *ph* in erneuter Anlehnung an das Gr.) neu als Gräzismus kenntlich gemacht worden. Vgl. ferner oben zu lat. *măchina* in G 507 Abs. 3.

Jedes Wort ist zu einem bestimmten Zeitpunkt für einen bestimmten Inhalt neu geschaffen worden. Einmal geschaffen, zeigt jedes Wort seine eigene innersprachliche Geschichte (es kann zum Alltagswort werden, es kann auf eine bestimmte Stil- oder Sprachschicht beschränkt sein, es kann im Laufe der Zeit unüblich werden und dann ganz aus dem Wortschatz ausscheiden usw.). Wortschöpfung, die zu erforschen Aufgabe der Etymologie ist, und Wortgeschichte (franz. Histoire des mots), das Zurückverfolgen der Entwicklung eines Wortes, sind nicht voneinander zu trennen: → Seebold (1981: 58). — Es ist das erklärte Ziel der sog. Etymologie, die 'wahre' erste Bedeutung (Motivation) eines Wortes zu bestimmen und daraus dann Auskünfte über das 'wahre' Wesen des so Bezeichneten zu bekommen. Dies ist aber nur naives Wunschdenken. Sprache ist immer arbiträr, und so lassen sich nie Auskünfte über das 'wahre' Wesen des betreffenden Gegenstandes bekommen, sehr wohl aber Auskünfte über die Beweggründe, die die Sprecher in jener Zeit veranlasst haben, einen Gegenstand gerade so und nicht anders zu benennen, das sog. Bezeichnungsmotiv: → Rix (1994: 9f mit Lit. in Anm. 21). In den meisten Fällen kommen wir mit der etymologischen Analyse nicht bis zum Schöpfungsakt zurück, vgl. z.B. uridg. **k̂(u)u̯ṓn* 'Hund', wo wir zwar dank der Entsprechungsgleichungen in den idg.

Einzelsprachen (s.o. G 507 Abs. 5) mit Sicherheit den Schluss ziehen können, dass das Wort bereits im Uridg. vorhanden war. Was wir aber nicht mehr mit Sicherheit in Erfahrung bringen können, ist, wie der 'Hund' zu seiner uridg. Bezeichnung gekommen ist. So vermutet E. P. Hamp einen Zusammenhang mit uridg. **péḱu-* 'Vieh' und leitet **ḱu̯ón-* aus einer Grundform **peḱu̯-on-* her; der Hund wäre dann der mit dem Vieh betraute; dagegen: → Mayrhofer (1986: 118). Andererseits ist beim Wort für 'Zahn', **h*$_1$*d-ont-*, dank der einzelsprachlichen Entsprechungen nicht nur das uridg. Alter gesichert, sondern die Existenz der Verbalwurzel uridg. **h*$_1$*ed-* 'beißen, essen' gibt uns sogar zusätzlich noch die Möglichkeit, uridg. **h*$_1$*d-ont-* als partizipiale Ableitung i.S.v. 'Beißender' zu verstehen.

Was i.d.R. auch dann bleibt, wenn Alter und/oder Motivation nicht mehr rekonstruierbar sind, ist (je nach Lage der Dokumentation) die Möglichkeit, das einzelsprachliche Schicksal der betreffenden Wörter eine mehr oder weniger lange Strecke verfolgen zu können, eben Wortgeschichte (franz. histoire des mots) zu betreiben.

Lit.: — a) Allgemein: → Hausmann / Reichmann / Wiegand / Zgusta (1989–1991); Heidermanns (2005). — b) Speziell uridg.: → Pokorny (1959); Watkins (2011). — c) Einzelne Gesichtspunkte zur Rekonstruktion des uridg. Wortschatzes: → Meid (1987); R. Wachter: Wortschatzrekonstruktion auf der Basis von Ersatzbildungen. *FT Innsbruck 1996* (1998: 199–207). — d) Zum Lat.: → J. B. Hofmann / A. Szantyr. Leumann / Hofmann / Szantyr (1965: 74*ff.); Szemerényi (1989). — e) Zum Gr.: → Meier-Brügger (1992b: 7ff). — f) Zu einer Darstellung der Etymologie nach Wortfeldern: → Lühr (2012–2018).

L 101. Während sich die altidg. Einzelsprachen je nach Dokumentationslage besser oder schlechter für synchrone semantische Untersuchungen und Wortfeldforschungen eignen, sind die Rekonstruktionsmöglichkeiten für das Uridg. gerade in diesem Bereich sehr begrenzt.

Aussagen zu Sachgruppen lassen sich aber doch machen, so zu den Verwandtschaftsbezeichnungen, zu den Körperteilbezeichnungen, zu Bezeichnungen für Dinge des alltäglichen Lebens (Wasser, Feuer, Haus und Hof, Vieh, Tageszeiten usw.), s.o. G 512 Abs. 3 mit der dort genannten Lit.

L 102. Etymologie und Wortgeschichte finden seit jeher großes Interesse. Einzelsprachliche etymologische Wörterbücher bieten immer auch Aussagen zum Uridg. Aussagen wie 'ererbt' oder 'vorgriech.' laufen bereits unter dem Stichwort Etymologie, obwohl eigentlich erst Aussagen zur Entstehung eines Wortes etymologischen Wert beanspruchen können: → A. Bammesberger: Geschichte der etymologischen Forschung seit dem Beginn des 19. Jahrhunderts. Besch / Betten / Reichmann / Sonderegger (1998: 755–786). — Zu den Einzelsprachen vgl. unter anderem: → Bammesberger (1983, mit Beiträgen zu verschiedenen idg. Sprachen); Walde / Hofmann (1938–1956); Ernout / Meillet (1959); de Vaan (2011); Frisk (1960–1972); Chantraine (1968–1980); Mayrhofer (1991/1996); Tischler (1983–2016); Puhvel (1984–2007); Güterbock / Hoffner (1980–2019); Kluge / Seebold (2011); Seebold (1981); de Vries (1962); Lloyd / Lühr / Springer (1988–2017); Vasmer (1953–1958); Derksen (2007) Fraenkel (1962–1965); Derksen (2013); Demiraj (1997). — Sehr nützlich ist die ‘Checkliste’ zur Aufstellung bzw. Beurteilung etymologischer Deutungen von K. Hoffmann und E. Tichy: → Hoffmann (1992: 761ff., Publikation von 1980).

L 103. Ob das uridg. Lexikon bereits Fremd- oder Lehnwörter besessen hat, ist nicht sicher auszumachen, es wäre aber, so wie es sich bei lebendigen Sprachen verhält, natürlich. Wenn ja, ist fraglich, wer denn hätte Geber sein können: Denkbar wären Finno-Ugrier (s.o. G 436) oder Hamito-Semiten (s.o. G 437).

5.2 Zur Wortbildung

5.2.1 Allgemeines

L 200. Die Schaffung von neuen Wörtern geschieht i.d.R. nur nach Vorbild. Im Normalfall nimmt der Sprecher bestehendes Material aus seinem Lexikon zum Modell und holt daraus auch die Grundlagen für die Abstraktion von Wortbildungsregeln, s.o. das gr. Beispiel βουλεύω in L 100.

Die Analogie kann in der Wortbildung beliebig neue Bezüge schaffen und neue Regeln etablieren. Sie ist nicht an den zuvor tatsächlich abgelaufenen Gang der Entwicklung gebunden, vgl. z.B. die lat. Stoffadjektive auf *-no-* wie *īlignus* ‘eichen’ und *aēnus* ‘aus Bronze, ehern’ (< **ai̯es-no-*, s.o. P 215 Abs. 1). Entsprechend wäre zu *terra* ‘Erde’ ein Stoffadjektiv **terrā-no-* ‘aus Erde’ zu erwarten. Das tatsächlich belegte *terr-ēnus* ‘aus Erde, erdig, irden’ zeigt, dass die Sprecher hier das bei den *-es*-Stämmen aus *-es-no-* entstandene und morphologisch falsch abgetrennte Suffix *-ēno-* verwendet haben. — Durch solche Umgliederungen konnten neue Suffixe und ganze Suffixkonglomerate entstehen, vgl. z.B. neben *-ēno-* lat. *-tōrium*: Bei regulären Ableitungsreihen wie *audīre* ‘zuhören’, *audītor* ‘Zuhörer’ und *audītōrium* ‘Zuhörrerraum’ wird neu ein direkter Bogen von *audīre* zu *audītōrium* ‘Ort, wo man zuhört’ geschlagen (sog. Gliederungsverschiebung) und darauf bauend zu *dormīre* ‘schlafen’ ein *dormītōrium* ‘Schlafraum’ gebildet, ohne Rücksicht darauf, ob das erforderliche Zwischenglied *dormītor* in diesem Fall eigentlich üblich war: → M. Leumann. Leumann / Hofmann / Szantyr (1965: 72*). — Bereits uridg. Alter beanspruchen Suffixkonglomerate wie **-ih₂-* und **-eh₂-*, s.u. L 204 Abs. 1.

L 201. Die altidg. Einzelsprachen sind wortbildungsmäßig gut erforscht. Grundsätzliche Lit. zu allen Bereichen der altidg. Wortbildung: — a) Zum Lat.: → M. Leumann: Gruppierung und Funktionen der Wortbildungssuffixe des Lateins. *KS Leumann* (1959: 84–107, in einem Aufsatz von 1944); Leumann (1977: 273ff., Stammbildung des Nomens; 383ff., Nominalkomposition). — b) Zum Gr.: → Debrunner (1917); Chantraine (1933); Schwyzer (1939: 415–544, Einführendes, Wurzelnomina, Nominalkompositum, Nominalsuffixe); Risch (1974); Martínez García (1994). — c) Zum Iir.: → Wackernagel / Debrunner (1905/1957 u. 1954); Nowicki (1976). — d) Zum Heth.: → Rieken (1999). — Weitere Lit. folgt an den betreffenden Stellen.

Im folgenden werden einzelne Suffixe und Bildungen von Nominalkomposita mit nachweislich uridg. Alter vorgestellt. Die Darstellung folgt zu diesem Zwecke der von Meier-Brügger (1992b: 20ff.) gebotenen Übersicht und beschränkt sich auf Hinweise zu den uridg. Grundlagen der Suffixe und der Typen von Komposita.

5.2.2 Wortbildung mit Suffixen; Suffixsysteme

L 202. Adjektive, von Substantiven abgeleitet:

1) Adjektive der Zugehörigkeit i.S.v. ‘zu dem und dem gehörend, zu dem und dem in Beziehung stehend’: — Das Suffix mit der weitesten Verbreitung in den altidg. Einzelsprachen ist **-io-*. Zur Diskussion steht aber, wie denn dieses **-io-* genau zu verstehen ist. Theoretisch sind mindestens drei Formen als Ausgangspunkt denkbar: I) **-i̯o-*; II) **-i(i̯)-o-*, III) **-iH-o-*. Es gibt Befürworter für eine solche Polygenese: → Peters (1980: 131 in Anm. 79); Mayrhofer (1986: 161 mit Anm. 267); A. Hardarson. *FS Rix* (1993: 164 mit Anm. 25). Die drei Autoren denken an mindestens vier verschiedene Suffixe, nämlich an ein verbales **-i̯o-* ; an ein nominales **-i̯o-* mit blasser Bedeutung (genetisch vermutlich eine Thematisierung von *-i*-Stämmen); an ein nominales **-ih₂-o-* mit spezieller Bezeichnung der Zugehörigkeit (genetisch eventuell eine *-o*-Ableitung von einem **-ih₂*-Abstraktum): → G. Klingenschmitt. *FT Regensburg 1973* (1975: 154 in Anm. 10); oder *-o*-Ableitung von *-ih₂*-Bildungen vom Typ ved. *vr̥kī́*: → Rubio Orecilla (1995: 316f.); an ein nominales lokativisches **-i(i̯)-o-* (genetisch *-o*-Ableitung von nominalen Lok.Sg.-Formen auf *-i*, vgl. den Typ ved. *dámiya-* ‘im Haus befindlich’).

Die exakte Bestimmung der Einzelheiten ist aber erschwert durch bereits grundsprachliche Wechselformen in Abhängigkeit von der vorangehenden Silbenstruktur bei den Formen vom Typ I (zum Wechsel von **-i̯o-* mit **-ii̯o-* s.o. P

218 Abs. 1 zum Sieversschen Gesetz), durch einzelsprachlichen Schwund von *H*, der beim Typ III zum Zusammenfall mit Typ II führt, schließlich durch einzelsprachliche Verallgemeinerungen von *-*i̯i̯o*- bei Typ I, so dass schlussendlich nach Schwund der Laryngale unter einem *-*ii̯o*- sowohl echte *-*ii̯o*-Formen als auch ursprüngliche *-*i̯o*- und *-*ih₂o*-Formen vereinigt sein können. — Wie komplex die Sachlage ist, zeigt das uridg. Beispiel **ph₂-tr-ii̯o*- 'dem **ph₂ter*- zugehörig, beim **ph₂ter*- befindlich, vom **ph₂ter*- kommend' = lat. *patrius* = gr. πάτριος = ved. *pítriya*- usw. Geht man in diesem Fall von ursprünglichem Suffix -*i̯o*- aus (das Ital. empfiehlt bei der Sondergruppe der Patronymika diese Grundform: → Rix (1972: 718f. mit Anm. 60), dann erwartet man lautgesetzlich eigentlich ein **ph₂tr̥-i̯o*-; die von den drei Einzelsprachen aber befürwortete Doppelkonsonanz -*tr*- statt -*tr̥*- ist dann verständlich, wenn sie bereits grundsprachlich in Analogie zur Nominalflexion vom Typ Gen.Sg. **ph₂tr-és* neu gestaltet ist; die Variante *-*ii̯o*- statt *-*i̯o*- wäre dann nur die lautliche Konsequenz von doppelkonsonantigem -*tr*-. Das einzelsprachlich empfohlene *-*ii̯o*- kann aber ebensogut auf ein uridg. *-*ih₂-o*- zurückgehen, ferner ist nicht auszuschließen, dass im Uridg. sowohl lokativische *-*i(i̯)-o*-, als auch *-*i̯o*- und *-*ih₂-o*-Ableitungen von **ph₂tr*- bestanden haben und dann miteinander zusammengefallen sind. — Vgl. ferner die Problematik von lat. *dīus* = gr. myk. *di-wi-jo* / *di-u-jo* i.e. *diu̯ii̯on* (sekundär innermyk. auch *diu̯i̯on*) 'der zu **di̯eu̯*- gehörige (sc. Bezirk)', 'Zeusheiligtum' und *di-wi-ja* / *di-u-ja* i.e. *diu̯ii̯ā* (sekundär innermyk. auch *diu̯i̯ā*) weibliche Gottheit 'zu **di̯eu̯*- gehörig', 'Tochter von **di̯eu̯*-' = ved. *div(i)yá*- (RV+) 'himmlisch, göttlich'. Vom Adjektiv zu trennen ist das Substantiv hom. δῖα = ved. *devī́*. Lit.: → Risch (1981: 580f.); Mayrhofer (1991: 727, betont mit Recht, dass die ved. Form *devī́* mit gr. δῖα nicht urverwandt sein kann); A. Hardarson. *FS Rix* (1993: 164–166); speziell zum Myk.: → Aura Jorro (1985: 178ff.); A. Leukart. *Mykenaïka* 1990 (1992: 394 Anm. 44). Zur Sondergruppe der Patronymika s.u. L 302 Abs. 3.

Einen weiteren Ansatz zur gesamten Problematik bringt I. Balles. *Sprache* 39 (1997 [2000]: 141–167); der Beitrag beruht auf einer Wiener Diplomarbeit, die die Autorin 1996 unter der Leitung von J. Schindler vorgelegt hat. Hier sind die Ergebnisse tabellarisch zusammengefasst:

		I ***-i̯o-***	II ***-i(i̯)o-***
A) *-o*-Abl. von *-i*-St.		λοῦσσον < **lóu̯ki̯-o-* τυρός (myk. *tu-rjo*) < **tuHri̯-ó-* vgl. av. *tuiri-* n. ‘Molke’	
B) *-o*-Abl. von Lok. *-i*	a) Relationsadj.	**med*^{h}*i̯-o-* > μέσ(σ)ος **ali̯-o-* > ἄλλος	*medius* *alius*
	b) Kompositions- suffix		ἐφάλιος
	c) denom. Adj.	 **sok*$^{u̯}$*h*$_{2}$*-i̯o-* > **soki̯o-* >	θαλάσσιος *socius* *tertius*
	d) Verbaladj.	ἄπειρος < **n̥-per-i̯o-* ved. *ajur-yá-* 12x (*-ia-* 1x)	ἅγιος, *inferius*, *eximius* ved. *mád-ia-* 12x (*-ya-* 1x)

Kommentar: Balles a.O.: 161f. postuliert als gemeinsamen Ausgangspunkt für die ganze Gruppe einzig die *-o*-Ableitung von Lokativen auf *-i* (B). Davon zu trennen sind die nicht sehr zahlreichen *-o*-Ableitungen von *-i*-Stämmen (A), vgl. λοῦσσον (Theophrast) ‘weißer Kern im Tannenholz’ < **lou̯ki̯-o-* ‘Weiße [**lou̯ki-*] besitzend’ (weiteres Balles a.O.: 162 Anm. 44). Von B aus sowohl Bildung der seltenen Relationsadjektive (Ba) als auch des produktiven Zugehörigkeitsadjektivs mit verschiedenen Untergruppen (Bb–Bd). In Ba wäre die Realisierung der Ableitung *-i-o*-als *-i̯-o-* das Lautgesetzliche (genauso in Bc und bei gr. ἄπειρος in Bd), i.d.R. (vgl. Bb–Bd) hätte sich aber die silbische Form *-i-o-* aus morphologischen Gründen und aus Gründen der Deutlichkeit durchgesetzt (unter Füllung des Hiats mit einem Gleitlaut neu *-ii̯o-*). Ein Spezialfall ist dagegen Bd, wo bei den ved. Verbaladj. die Form *-ii̯o-* in langen Wortformen zu *-i̯o-* gekürzt wird.

2) Eine weitere, vermutlich ebenso uridg. Bildemöglichkeit zur Markierung der Zugehörigkeit belegt uridg. **d-e-i̯u̯-ó-* ‘zum Himmel gehörig’ = altlat. (Duenos-Inschr.) *deivo-* und klass.-lat. *deus* / *dīvus* (s.o. P 217 Abs. 3) = ved. *devá-* (< **dai̯u̯á-*) ‘himmlisch; Gott’ = aav. *daēuua-* ‘Dämon’ = lit. *diẽvas* u.a.m.: → Mayrhofer (1991: 742f). Uridg. **d-e-i̯u̯-ó-* ist als sog. Vr̥ddhi-Ableitung (man hat sie schon als *-o*-Ableitung mit zusätzlicher *-e*-Infigierung beschrieben) zu uridg. **di̯eu̯-* / **diu̯-* ‘(Tages)himmel (sgott)’ zu bewerten: → Darms (1978: 376ff.) — Genauso deutbar ist uridg. **n-é-u̯-o-* ‘jetzig; neu, jung’ zum Temporaladverb uridg. **nu* ‘jetzt, nun’. Weitere Lit. zu dieser im Indoiranischen geläufigen und systematisierten Erscheinung: → Wackernagel / Debrunner (1954: § 34ff.) —

Den Locus classicus zu dieser Ableitungsform hat Wilhelm Schulze verfasst: → *KS Schulze* (1966: 60ff., in einem Aufsatz von 1907); Schulze behandelt das Beispiel uridg. **su̯ēḱuró-* (mit **su̯ēḱ-* < **su̯-e-eḱ-*) i.S.v. 'der zum Schwiegervater Gehörige' = 'Sohn des Schwiegervaters' mit urgerm. Fortsetzer **su̯ēguró-* (vgl. dt. *Schwager*) als Ableitung von uridg. **su̯éḱuro-* 'Schwiegervater' (zu uridg. **su̯éḱru-h₂* 'Schwiegermutter' s.o. P 217 Abs. 4) mit urgerm. Fortsetzer **su̯éχuro-* (vgl. nhd. *Schwäher*). Zum Lautlichen s.o. P 421 Abs. 1, vgl. ferner Kluge / Seebold (2011: 831 s.v. 'Schwager' und 'Schwäher'). — Vgl. ferner oben P 331 Abs. 3 (zu luw. *sih̯u̯al*).

3) Stoffadjektive: — Uridg. **-éi̯-o-*, vgl. lat. *aur-eus* 'golden', gr. klass. ἀργυροῦς 'silbern' (die kontrahierte Form geht auf *-éo-* bzw. *-éi̯o-* [so myk.] zurück; die hom. Akzentuierung vom Typ Nom.Sg. ἀργύρεος vs. Dat.Sg. ἀργυρέῳ sekundär nach dem Schema ἄνθρωπος vs. ἀνθρώπῳ gestaltet; das ältere Muster *ἀργυρέος vs. ἀργυρέῳ wird indirekt durch die klass.-att. kontrahierten Formen nachgewiesen), ved. *hiraṇy-áya-*. — Lit.: → I. Hajnal: Die frühgriechische Flexion der Stoffadjektive und deren ererbte Grundlagen. *FT Zürich 1992* (1994: 77–109, der Autor postuliert, nach Alfred Heubeck von den myk. Verhältnissen mit den Suffixformen *-e-(j)o*, *-(i-)jo* ausgehend, die Existenz einer uridg. Femininform **-ih₂-* neben mask. und neutr. **-éi̯-o-*). — Zum Lat.: → Leumann (1977: 286f., *-eus*; 321, *-inus*).

4) Adjektive zur Bezeichnung der Fülle i.S.v. 'reich versehen mit': Zu uridg. **-u̯ent-* s.u. L 305.

5) Kleinere Gruppen: — Zu den Zeitadjektiven: → O. Szemerényi: Latin hībernus and Greek χειμερινός: The formation of time-adjectives in the Classical languages. *KS Szemerényi* (1987c: 1141–1159, in einem Aufsatz von 1959).

L 203. Adjektive, von Verben abgeleitet:

Uridg. **-tó-*, **-nó-* und **-ló-* bilden Verbaladjektive. Sie sind z.T. einzelsprachlich als Ptz.Perf.Pass. (oder Intrans.) in das Verbalsystem eingegliedert worden. Der Einsatz der drei Suffixe ist einzelsprachlich verschieden, vgl. etwa **-lo-*, das im Slav. das Ptz.Perf.Akt. bildet, im Gr. aber nur selten Verwendung fand: → Risch (1994: 107). Beim Ptz.Perf.Pass. wechseln die Sprachen mit **-to-* und **-no-*, vgl. zu ersterem das Lat., Gr. und Ved., zu letzterem das Slav.: → Leumann (1977: 611). Weitere Lit. zu **-to-* und **-no-*: → Szemerényi (1990: 351f.).

Trotz der beschränkten Verwendung von **-no-* gibt es auch gemeinsame, dem Uridg. zuzuweisende Bildungen, vgl. uridg. **pl̥h₁-nó-* = lat. *plēnus* statt **plānos* = ved. *pūrṇá-* 'voll, gefüllt' = got. *fulls* und dt. *voll* < urgerm. **fulna-* < vorurgerm. **fulHno-* = lit. *pìlnas*: → Mayrhofer (1996: 156).

L 204. Substantive, von Substantiven oder Adjektiven abgeleitet:

1) Bezeichnung weiblicher Wesen, sog. Motionsfeminina: – Die Suffixe **-i-h₂-* und **-e-h₂* sind mit Sicherheit uridg. Datums. Sie stellen *-h₂*-Bildungen zu *-i-* und *-o*-Stämmen dar, s.o. M 323 Abs. 2 und M 312.

An Beispielen für **-e-h₂-* vgl. unter vielen uridg. **néu̯-eh₂-* '(die) neue (sc. Frau o.ä.)' = lat. *nova* = gr. νέα = ved. *návā-* usw. Manche anscheinend uridg. Bildungen sind aber erst einzelsprachlich, s.o. G 506 Abs. 5.

Die Materiallage für **-i-h₂-* ist komplexer. Das Ved. kennt zwei verschiedene Flexionstypen: I) Typ *devī́-*, II) Typ *vr̥kī́-*. – Zu I: ursprüngliche Musterflexion (→ MacDonell 1910: 274) mit Nom.Sg. *devī́*, Akk.Sg. *devī́m*; Nom.Pl. *devī́s*, Akk.Pl. *devī́n*, Instr.Pl. *devī́bhis* usw. vs. Gen.Sg. *devyā́s*, Dat.Sg. *devyā́i* und Instr.Sg. *devyā́*: → Mayrhofer (1991: 744 s.v. *devī́*. – Zu II: ursprüngliche Musterflexion (→ MacDonell 1910: 270ff. mit Kennzeichen B) mit Beispiel *rathī́-* (hier m.!) 'Wagenlenker, Wagenkämpfer': Nom.Sg. *rathī́s* (mit -s!); Dat.Pl. *rathī́bhis* usw. vs. Akk.Sg. *rathíyam* (geschrieben *rathyàm*), Gen.Sg. *rathíyas* (*-yàs*), Dat.Sg. *rathíye* (*-yè*), Instr.Sg. *rathī́*; Nom.Akk.Pl. *rathíyas* (*-yàs*). – Zu Gebrauch und Flexion von I (fast durchweg außerhalb der *-a*-Stämme zu finden) und II (bezeichnet bei *-a*-Stämmen weibliche Wesen und ist beliebt als Fem. von Possessivkomposita): → Wackernagel / Debrunner (1930: 163ff. u. 1954: 368ff.); Mayrhofer (1996: 570f. s.v. *vŕ̥ka-*); ders. Zu iranischen Reflexen des vr̥kī́-Typus: → *KS Mayrhofer* (1996: 353ff., in einem Aufsatz von 1980). – Der Typ I ist in der Indogermania i.d.R. gut vertreten. An Beispielen vgl. unter vielen die Feminina der Ptz.Präs.Akt. auf *-nt-* mit uridg. **h₁s-n̥t-ih₂-* 'existierend' = urgr. **-ehat-i̯a* > gr. myk. *-ehassa* = ved. *sat-ī́-* (zum Verbum uridg. **h₁es-* s.o. G 502ff.; weiteres zu den gr. Belegen des fem. Partizips: → Meier-Brügger 1992b: 63). – Der Typ II ist zunächst einmal vedisch. Außerind. Beispiele sind selten, vgl. zwar ved. *puruṣī́-* (RV+) 'Frau' zu *púruṣa-* (RV+) 'Mensch' und ved. *naptī́-* 'Enkelin' zu *nápāt-* 'Enkel'; aber ved. *ahī́-* 'Mutterkuh' mit Entsprechungen in aav. und jav. *azī-* und ved. *vr̥kī́-* mit der Entsprechung in altwestnord. *ylgr* 'Wölfin'. – Herkunftsmäßig ist das Flexionsparadigma von I problemlos verständlich: Nom.Sg. *dev-ī́-* / Gen.Sg. *dev-yā́-s* < uridg. **déi̯u̯-ih₂-* / **diu̯-i̯éh₂-s* (der Akzent des Nom.Sg. ist sekundär statt **dévī-*). Aus dem Gr. gehört hom. δῖα dazu (der Akzent des Nom.Sg. ist zwar bewahrt, die Stammgestalt stammt aber aus den schwachen Kasusformen). Lit.: → H. Eichner. *Sprache* 20 (1974: 28). – Weiteres zur Form des Suffixes **-ih₂-* und **-i̯éh₂-*: schwundstufiges **-ih₂-* ergibt einzelsprachlich lautlich **-ī-* (so im Ved., so im Lat. verbaut im Suffix *-tr-ī-k-*, s.o. M 101 Abs. 2), oft hat sich aber von *-i̯éh₂-* aus neu ein **-i̯h₂-* mit konsonantischem *i̯* ergeben (so im Gr. mit Normalform *-i̯a*, Restformen auf *-ī-* sind aber noch nachweisbar, vgl. Nom.Sg. * γλώχ-ῑ- 'Zunge' (dazu hom. γλώχῖς i.S.v. 'Spitze des Jochriemens'; im Sandhi ist über den

Akk.Sg. *-īn V-* i.S.v. *-īnč V-* sekundär ein *-īn*-Stamm gebildet worden; die Akzentuierung des Suffixes ist ebenfalls sekundär) vs. ion. Gen.Sg. γλασσᾶς (mit erwartetem schwundstufigem Stamm und mit *-ss-* [att. übrigens *-tt-*] < **-kʰ-i̯-*; dagegen klass. att. Gen.Sg. γλώττης mit Vollstufe der Wurzel und Akzentuierung nach dem Nom.Sg.; die normale Nom.Sg.-Form γλῶττα zeigt zwar die erwartete Vollstufe und den erwarteten Akzent, die konsonantisch anlautende Suffixform stammt aber aus dem schwachen Stamm) — Zum Typ II gibt vermutlich das altwestnord. Beispiel *ylgr* Hinweise auf seine Herkunft: → Mayrhofer (1996b: 354 mit Anm. 12). Man erwartet nämlich von der vom Ved. empfohlenen Vorform **u̯l̥kᵘí̄s* aus zunächst lautgesetzlich ein **ylfir*; die tatsächlich vorliegende Entlabialisierung von *kᵘ* zu *g* ist aber nur vor konsonantischem *i̯* verbürgt; diese lautliche Konstellation ist möglich, wenn wir erstens annehmen, dass der Typ II ursprünglich auf einem hysterodynamischen Typ mit Nom.Sg. **u̯l̥kᵘ-i̯éh₂-s* und Gen.Sg. **u̯l̥k-ih₂-és* aufgebaut war, und zweitens, dass Form und Suffix des schwachen Stammes und die Akzentuierung des starken Stammes i.d.R. verallgemeinert worden sind (so im Ved.): → Kuiper (1942: 12f.); Mayrhofer (1996b: 354 Anm. 12); R. Beekes: Le type gotique bandi. Beekes (1990: 49–58). — Zu weiteren Vermutungen über das Suffix *-ih₂-*: → Mayrhofer (1996b: 356); G. Klingenschmitt. *FT Regensburg 1973* (1975: 154 Anm. 10, **-i-h₂-* letztlich als Kollektivbildung [und, daraus entwickelt, als Femininbildung] auf *-h₂-* zu Adjektiven auf *-i-*, die die Zugehörigkeit bezeichnen; dazu dann auch die Zugehörigkeitsadjektive auf **-ih₂-o-*, s.o. L 202 Abs. 1); Leumann (1977: 283, zu den lat. Resten des Typs); R. Lühr. *FS Schmid* (1999: 299–312, zu den Kontinuanten von Typ I und II im Baltischen); P. Widmer: Der altindische *vr̥kī́*-Typus und hethitisch *nakkī-*: Der indogermanische Instrumental zwischen Syntax und Morphologie. *Sprache* 45/1–2 (2005 [2007]: 190–208).

2) Verkleinerungs- und Koseformen: — Uridg. **-ko-* und **-lo-* (bei *-o*-Stämmen *-e-lo-*). Zu ersterem: → Meier-Brügger (1992b: W 408 Abs. 2); zu letzterem: → Meier-Brügger (1992b: W 408 Abs. 3), ferner Risch (1974: 107 Anm. 93).

3) Abstrakta vom Typ **neu̯ó-teh₂t-* 'Neuheit' = lat. *novitāt-* = gr. νεότητ-: → Meier-Brügger (1992b: W 410 Abs. 3) und H. Rix. *FS Szemerényi* (1979: 737).

4) Ortsbezeichnungen: — Hierher gehört das von Karl Hoffmann entdeckte Suffix uridg. **-Hon-*: → Hoffmann (1976: 378ff., in einer Arbeit von 1955); das Suffix hat possessive Bedeutung und kann (mit uridg. **-u̯ent-* vergleichbar, s.u. L 305) Ortsnamen charakterisieren, die Verwendung ist aber breiter. E. Hamp plädiert für die Bestimmung von **-Hon-* als **-h₃on-*, s.o. die kritischen Bemerkungen in P 329 Abs. 2. Weiteres zu diesem Suffix: → N. Oettinger. *AT Erlangen*

1997 (2000: 393–400, zum ai. GN *Pūṣan-*); G.-J. Pinault. *BSL* 95,1 (2000: 61–118, zu ved. *dámūnas-*).

L 205. Substantive, von Verben abgeleitet:

1) Bezeichnung des Täters (sog. Nomina agentis): — Zu uridg. **dh_3-tér-* ‘okkasioneller Geber’ vs. **déh_3-tor-* ‘habitueller Geber’: → Tichy (1995, zum Ved). Ein lat. Beispiel oben in M 101 Abs. 2.

2) Verbalabstrakta (sog. Nomina actionis): — Eine Liste von uridg. Bildungen bietet H. Rix. *FS Szemerényi 65* (1979: 737f.): Darunter figurieren solche mit Suffixen wie **-ti-* (s.o. M 317 Abs. 7), **-tu-*; der *-o*-stämmige Typ mit Beispielen wie uridg. **róu̯d^h-o-* ‘Jammern’; Feminina vom Typ **b^hug-éh_2-* ‘Flucht’; Wurzelnomina vom Typ **néḱ-* ‘Vernichtung’ und *-t*-Bildungen vom Typ **stu-t-* ‘Lobpreisung’; ferner *-es*-Neutra vom Typ **tép-es-* ‘Hitze, Wärme’.

3) Bezeichnungen für Werkzeug, Mittel und Ort: — Zu uridg. **-tr-o-*, **-tl-o-*, **-d^hr-o-* und **-d^hl-o-* (sie haben im Grunde ihren Ausgangspunkt in *-o*-Ableitungen zu den Nomina agentis auf *-ter-* / *-tor-*, auf Grund der vorangehenden Wurzelgestalt z.T. dissimilatorisch zu **-tl-o-* oder **-d^hr-o-* oder **-d^hl-o-* verändert): → Risch (1974: 41); Olsen (1988); M. V. Southern. *MSS* 60 (2000: 89–133, zu lat. *tabula* und zum Suffix *-d^hlo-*). Ferner s.o. P 347 Abs. 2.

L 206. Suffixsysteme / Suffixverbände: — Grundsprachliches Alter zeigen mit Sicherheit Teile des nach Willem Caland benannten Phänomens.

1) Caland hat bei der Behandlung von jav. *xruu-i-drau-* ‘der eine blutige, grausige Holzwaffe führt’ darauf aufmerksam gemacht, dass die av. Adjektive auf *-ra-* und *-ma-* im Vorderglied von Komposita das *-ra-* rein deskriptiv durch ein *-i-* ersetzen, vgl. zum genannten Kompositum das Adj. *xrū-ra-* ‘blutig, grausig’ oder vgl. das jav. Adjektiv *dərəz-ra-* ‘fest, stark, tüchtig’ neben dem jav. Kompositum *dərəz-i-raϑa-* ‘der einen festen, starken Wagen hat’: → *KZ* 31 (1892: 267) und *KZ* 32 (1893: 592: „es ist mir jetzt warscheinlich, dass diese eigentümlichkeit schon in die indo-êranische periode hineinreicht“). — Jakob Wackernagel hat in einer Arbeit aus dem Jahre 1897, ΑΡΓΙΚΕΡΑΥΝΟΣ und Genossen. *KS Wackernagel I* (1969: 770), das Phänomen als uridg. erwiesen: „Die Calandsche Regel ist somit gemein-indogermanisch“. Wackernagel verweist auf gr. Beispiele wie Adjektiv ἀργ-ό-ς ‘weiß, hell, weißglänzend, schnell’ (gr. *arg-ó-* galt damals als aus **arg-ró-* dissimiliert; heute setzt sich die Ansicht aber immer mehr durch, dass es direkt uridg. **h_2r̥ĝ-ó-* fortsetzt, s.o. P 333 Abs. 1) neben Kompositum ἀργ-ι-κέραυνος ‘der den hellglänzenden Blitz hat’.

2) Um es gleich zu sagen: Das Phänomen ist synchron sicher richtig beschrieben, nur lief es historisch umgekehrt ab: Das **-i-* in der Komposition ist alt, bei der Bildung der Adjektive wurde das **-i-* aber durch Suffixe wie **-ro-* usw. ersetzt. Zur Darstellung dieser Einsicht muss ich aber weiter ausholen.

3) In der Nachfolge von Caland und Wackernagel wird heute vom **-ro-/*-mo-/*-i-*Kern ausgehend eine ganze Reihe von mehr oder weniger damit verbundenen Suffixen unter dem Namen Caland-System zusammengefasst. Sie wurden zum Teil erst einzelsprachlich in das System integriert. Neben den Adjektivbildungen auf **-ro-/*-mo-* und den dazugehörigen Kompositionsvordergliedern auf **-i-* gehören dazu u.a. die stativischen *-eh_1*-Verben, die *-es*-Neutra mitsamt den Komparativen auf **-i̯os-* und den Superlativen auf **-is-to-*: → Risch (1974: 65ff. u. 218f.); Meier-Brügger (1992b: 31f.); Jasanoff (1978: 125 mit Anm. 13, Hinweise auf Arbeiten von C. Watkins, J. Schindler und A. Nussbaum); J. Schindler. *FT Wien 1978* (1980: 390 u. 392 mit Anm. 23); T. Meissner. *FT Innsbruck 1996* (1998: 237–254, zum Gr.); Balles (2006); Rau (2009).

4) Wir verdanken die in Abs. 3 angedeuteten Erkenntnisse v.a. Jochem Schindler sowie Alan Nussbaum und ihren Schulen. Nach Nussbaum steckt hinter dem Caland-System ein seit uridg. Zeit lebendiger Prozess von internen und externen Ableitungen mit Substantiven, davon abgeleiteten possessiven Adjektiven und daraus wieder neu gebildeten Substantiven. – Die externe Ableitung definiert sich als Ableitung mittels Suffixen wie *-ro-* oder *-no-*. – Bei der internen Ableitung wird der Wortstamm nicht verändert, dafür aber der Flexionstyp. Ein mit guter Sicherheit rekonstruiertes Schlüsselbeispiel dafür ist das akrostatische Abstraktum uridg. **pólh$_1$u-* 'Fülle' mit starkem Stamm **pólh$_1$u-* und schwachem Stamm **pélh$_1$u-*. Durch Wechsel in die proterodynamische Flexion ensteht daraus das proterokinetische possessive Adjektiv **pélh$_1$u-* i.S.v. '**pólh$_1$u-* besitzend' mit starkem Stamm **pélh$_1$u-* und schwachem Stamm **pl̥h$_1$éu̯-*: → Nussbaum (1998: 147ff.). – Nebenbei: Restformen dieser internen Ableitungen zeigt letztlich auch die durch Akzentwechsel kenntlich gemachte Differenzierung zwischen Adjektiv und Personnennamen oder zwischen Adjektiv und Substantiv, vgl. das gr. Adjektiv γλαυκός 'blau' und den daraus gebildeten PN Γλαῦκος oder vgl. ein Nomen wie gr. ἄνθρωπος ‚Mensch', wo zur Substantivierung die ursprüngliche angestammte Endbetonung *-ωπό- durch einen Anfangsakzent ersetzt wurde. Vgl. auch uridg. **u̯l̥kʷó-* mit wohl bereits uridg. Rückzug des Akzents auf die erste Silbe zur Markierung des Substantivs, s.o. P 418 Abs. 2. Vgl. ferner Schaffner (2001: 328ff., zur oppositiven Akzentverschiebung bei Substantivierung eines attributiven Adjektivs mit Beispielen aus dem Germanischen).

5) Ein Beispiel von Nussbaum in tabellarischer Form:

	A. Wn.	B. Adj.	C. Abstr.	D. Adj.
uridg.	st. *$kró\underset{\frown}{u}h_2$-, schw. *$kruh_2$-´	a. *$kruh_2$-ró- b. *$kró\underset{\frown}{u}h_2$-o-	st. *$kró\underset{\frown}{u}h_2i$-, schw. *$kré\underset{\frown}{u}h_2i$-	*$kruh_2i$-nó-
später	av. *xrū-*	a. av. *xrūra-* b. dt. *roh*	av. VG *xruui-*	lit. *krùvinas*

Kommentar zur Tabelle: — Das Wn. **kró̯uh₂*- (A) = jav. *xrū-* ‘blutiges, rohes Fleisch’ steht am Anfang dieser Ableitungskette. Von ihm aus sind die beiden possessiven Adjektive *$kruh_2$*-ró-* (Ba) = aav. und jav. *xrūra-* ‘blutig, grausig’ und *$kró\underset{\frown}{u}h_2o$- (Bb) = dt. *roh* extern abgeleitet. Vom Adj. *$kró\underset{\frown}{u}h_2o$- (Bb) aus führt der externe Weg über den Ersatz von *-o-* durch *-i-* weiter zum akrostatischen Abstraktum *$kró\underset{\frown}{u}h_2i$- (C). Es tritt in der Komposition im VG von Komposita in die schwundstufige Form *$kruh_2i$- = jav. *xruui-drau-* ‘der eine blutige Holzwaffe führt’ (vgl. oben Abs. 1). Das Abstraktum auf *-i-* lässt sich indirekt in der possessiven ved. *-o-*Ableitung *kravyá-* ‘blutig’ (< *$kro\underset{\frown}{u}h_2\underset{\frown}{i}$-ó- ‘*$kró\underset{\frown}{u}h_2i$- besitzend’) nachweisen. Von ihm geht es wieder weiter zu possessivischem *$kruh_2i$-nó- (D) = lit. *krùvinas* ‘blutig’ etc. Zu Einzelheiten: → A. Nussbaum. *GS Schindler* (1999: 402).

Ein weiteres Beispiel mit Material zu C und D ist bereits in Abs. 4 angedeutet: Das akrostatische Abstraktum vom Typ *$pólh_1u$- / *$pélh_1u$- ‘Fülle’ gehört zu C, das zu D zu stellende proterokinetische, possessivische Adjektiv *$pélh_1u$- / *$p\underset{\circ}{l}h_1é\underset{\frown}{u}$- ‘Fülle besitzend, viel’ ist intern aus dem Abstraktum von C hergeleitet.

6) Zum weiteren Verständnis des Caland-Systems ist die Einsicht zentral, dass die ersten Grundmuster der Komposita zu einem Zeitpunkt gebildet worden sind, als es noch keine voll ausgebildeten Adjektive gab und an ihrer Stelle deren abstrakte Vorstufen („unterspezifizierte Lexeme für Eigenschaftskonzepte“ wie die Abstrakta auf *-i-*, s.o. M 323) vorlagen. Ein Beispiel: Das bereits mehrfach genannte Kompositum *xruui-drau-* ist zunächst i.S.v. ‘dessen (Holz)waffe durch Blut, durch Grausamkeit charakterisiert ist’ zu verstehen. Das *-i-*Abstraktum kam aber bald außer Gebrauch, dem VG wurde adjektivischer Wert beigemessen und *xruui-drau-* i.S.v. ‘der eine blutige (Holz)waffe besitzt’ gedeutet. Von der Erscheinung des gebräuchlichen Adj. *xrūra-* aus erwuchs daraus sekundär der Anschein, als ob es auch im VG (unter Ersatz von *-ra-* durch *-i-*) vorläge.

7) Drei zusätzliche Informationen zu den *-u-*stämmigen Adjektiven seien angefügt:

a) Grundmuster ist das in Abs. 5 dargestellte proterokinetische, possessivische Adjektiv *$pélh_1u$- / *$p\underset{\circ}{l}h_1é\underset{\frown}{u}$- ‘Fülle besitzend, viel’.

b) Im Gegensatz zu den *-ro*-Adjektiven wie *xrūra-* sind die Adjektive auf *-*u*- auch in der Komposition möglich, vgl. gr. hom. ὠκύ-ποδ-ες (von Pferden) ‘mit schnellen Füßen’ und ved. *āśu-ratha-* ‘einen schnellen Wagen habend’. Das Paradox erklärt sich aber leicht. Hier war bereits das zuerst als VG eingesetzte Abstraktum -*u*-stämmig. Das zum Abstraktum dazugehörige selbständige Adjektiv war dank der internen Ableitung ebenfalls -*u*-stämmig, und so entsteht von späterer Warte aus der Anschein, als ob das weiterhin produktive -*u*-Adjektiv auch im VG vertreten sei.

c) Die -*u*-Adjektive haben in den altidg. Sprachen i.d.R. in der Wurzel den schwundstufigen Stamm im ganzen Paradigma verallgemeinert, vgl. gr. βαρύς ‘schwer’ <*$g^{u̯}$*r̥*h_2*-u-*. Im Suffix ist dagegen der Wechsel vom starkem Stamm -*u*- zum schwachen -*eu̯*- lebendig geblieben, vgl. gr. Nom.Sg. βαρ-ύ-ς vs. Gen.Sg. βαρ-έ-ος (< -*éu̯-os*). Noch anders der Akzent: Er ist von den schwachen Formen ausgehend im ganzen Paradigma als Kolonnenakzent auf dem Suffix verallgemeinert worden. — Neben dem Normaltyp βαρύς mit schwundstufiger Wurzel gibt es aber auch einige interessante archaische Reste von -*e*-Stufen in der Wurzel, vgl. lat. *tenu-i-* ‘dünn’ oder dt. *viel*, got. *filu* u.a.m. < urgerm. **felu-*. Vgl. ferner oben P 307 Abs. 2 zu *mollis*. — Ganz auffällig und singulär ist die -*o*-Stufe von gr. πολύς. Sie wird dann verständlich, wenn das Adjektiv als Archaismus direkt das genannte akrostatische Abstraktum **pólh*$_1$*u-* fortsetzt (mit Erhalt des Wurzelvokalismus, aber internem Wechsel des Akzents auf das Suffix). Als Vorbild für *-*o*- sind alternativ auch die sicher häufigen Komposita mit VG ‘Vielheit’ denkbar. Man müsste dann aber annehmen, dass dort im VG statt der schwachen Form **pelh*$_1$*u-* die starke Form **pólh*$_1$*u-* im Einsatz war. Versuche, eine lautliche Herleitung von *pol-* aus **pl̥h*$_1$*-* zu erzwingen, können so jedenfalls entbehrlich werden. Vgl. die Ausführungen zu den verschiedenen -*e*- und -*o*-Stufen von Widmer (2004: 80ff.); weiterhin skeptisch Ch. de Lamberterie. *BSL* 97,2 (2002: 114).

5.2.3 Wortbildung durch Komposition

L 207. Die Möglichkeit der Bildung von Komposita ist uridg. Dabei werden i.d.R. zwei nominale Stämme miteinander verbunden. — Der zuerst eingesetzte Stamm heißt Vorderglied (= VG), der danach folgende Stamm heißt Hinterglied (= HG). Das VG besteht i.d.R. aus dem reinen Stamm, das HG ist flektierbar: Entweder wird der ererbte Stamm direkt verwendet, oder er wird durch ein Suffix (sei es nun *-*o*-, *-*i*-, *-*i̯o*- oder andere) ergänzt. Das neue Nomen erhält einen eigenen Akzent und eine neue Bedeutung. — Uridg. Alter haben die sog. Possessivkomposita (= PK, nach ai. Terminologie sog. Bahuvrīhi: der ai. t.t. ist ein Kompositum i.S.v. 'viel Reis habend' und wird u.a. als Epitheton von Landschaften verständlich) und die sog. verbalen Rektionskomposita (= VRK). Das Uridg. selbst kennt bei beiden Grundmustern bereits mehrere fest etablierte Typen.

Im Fall der PK wie gr. μελάν-ιππο- liegt ein Nominalsatz mit Dat. des Besitzers + ἵππος μέλας '(ihm ist / gehört) das schwarze Pferd' zugrunde. Das daraus gebildete Kompositum μελάν-ιππο- 'ein schwarzes Pferd habend' dient der Charakterisierung einer Person, 'die ein schwarzes Pferd besitzt / die auf einem schwarzen Pferd reitet'.

Im Fall der VRK vom Typ gr. κουρο-τρόφο- liegt ein Verbalsatz mit Nom. + κοῦρον τρέφει '(die Amme) nährt ein Kind' vor. Das neue Wort charakterisiert i.d.R. wieder eine Person: '(Person,) die mit dem Ernähren von Kindern beschäftigt ist / die Kinder ernährt'.

Die Grundmuster der hier anhand des Gr. veranschaulichten Kompositionstypen sind bereits in voruridg. Zeit entstanden: → J. Wackernagel. Wackernagel / Debrunner (1957: 289, zu den PK, u. 186, zu den VRK); E. Risch. *KS Risch* (1981: 124 Anm. 21, in einer Arbeit von 1945).

Die Terminologie zur Komposition ist nicht ganz einheitlich. Auf der einen Seite gibt es eine relativ ausführliche ai. Terminologie, die aber ganz auf die dortigen klassischen Verhältnisse abgestimmt und rein von der inhaltlichen Seite her aufgebaut ist: → J. Wackernagel. Wackernagel / Debrunner (1957: 140–142). Auf der anderen Seite hat sich innerhalb der Indogermanistik unter Fortentwicklung der ai. eine eigene Terminologie entwickelt, wie sie E. Risch seit seinen frühesten Arbeiten mit Possessivkompositum = PK, verbalem Rektionskompositum = VRK, Determinativkompositum = DK (s.u. L 211) und Präpositionalem Rektionskompositum = PrRK (s.u. L 210) verwendet: → *KS Risch* (1981: 5 u. 36, in einem Beitrag von 1944, und 112f., in einem Beitrag von 1945); Risch (1974: 182).

Eine ausführliche Darstellung der uridg. Komposition fehlt. Durch seinen allzu frühen Tod wurde Jochem Schindler leider gehindert, den geplanten Band im Rahmen der *Idg. Gr.* zu vollenden; vgl. die Skizze seines Madrider Vortrages: → J. Schindler: Zur internen Syntax der indogermanischen Nominalkomposita. *Kolloquium Madrid 1994* (1997: 537–540). Die beiden Teilbände der *Idg. Gr.* zur Komposition (4,1 u. 4,2) werden nun von Thomas Lindner verantwortet; der erste Teilband bietet einen ausführlichen Überblick über die Forschungsgeschichte, der zweite Teilband eine Darstellung der Zusammensetzungen im Idg. in der Nachfolge Jochem Schindlers: → Lindner (2011/2012/2013/2015); Lindner (2018).

Lit.: → Mikkola (1971); V. Sadovski. *AT Erlangen 1997* (2000: 455–473, zu den sog. entheos-KP und den PrRK im RV); G. Dunkel: On the origins of nominal composition in IE. *GS Schindler* (1999: 47–68); Lindner (2002); Lindner (2019).

L 208. Weiteres zu den Possessivkomposita (= PK): — Der Inhalt der altidg. PK bewegt sich im Bereich Aussehen, Besitz und Ruhm, Schönheit, Kraft. Die VG können Substantive (später auch Adjektive), Zahlwörter, aber auch Präpositionen sein, vgl. lat. *con-cord-* ‘das Herz zusammen habend’ i.S.v. ‘einmütig’, gr. τρι-ποδ- ‘drei Füße habend’ i.S.v. ‘Gefäß mit drei Füßen’ oder ved. *su-śrávas-* ‘guten, kräftigen Ruhm habend’ i.S.v. ‘ruhmreich’; usw. — Zum VG vgl. auch oben L 206 Abs. 6. Im Nhd. findet sich der Typ der PK synchron analysierbar eher im fach- oder sondersprachlichen Wortschatz, z.B. *Rotkehlchen* und *Blauschwanz* als Vogelbezeichnungen oder *Schreihals* und *Dickkopf* als pejorative Personencharakteristika, oder in ausschließlich diachron analysierbaren Beispielen, die synchron nicht als Zusammensetzung erkennbar sind, wie etwa nhd. *Schweige*, mit Haplologie < urgerm. **su̯é-u̯ai̯y-ō* ‘ein eigenes Haus habend’, als Bezeichnung für ein abseits stehendes einzelnes Gehöft (zu uridg. **u̯oi̯ḱ-ó-* ‘Haus’, gr. (ϝ)οῖκ-ος, ved. *veśá-* m.), mit entsprechendem negativen Gegenstück in dem Privativkompositum ved. *á-sva-veś-a-* ‘kein eigenes Haus habend’ (RV 7,37,7) ohne Haplologie < uridg. **n̥-su̯e-u̯oi̯ḱ-ó-*. Ein Privativkompositum (nPK) wird wie ein PK, aber mit Präfigierung der Negation gebildet, und so wie das PK das Vorhandensein einer Eigenschaft ausdrückt, drückt das nPK das Nichtvorhandensein einer Eigenschaft aus; solche nPK gibt es im Uridg. nicht nur adjektivisch, sondern auch adverbial, z.B. gr. (hom.) ἄνευ < uridg. **n̥-neu̯* ‘ohne Zustimmung’ (endungsloser Lok. des Wn. zur Wz. uridg. **neu̯-* ‘nicken, zustimmen’) in gr. (hom.) ἄνευ θεοῦ ‘ohne Zustimmung einer Gottheit’.

Lit.: → Risch (1974: 182ff.); J. Schindler: Zu den homerischen ῥοδοδάκτυλος-Komposita. *FS Risch* (1986: 393–401); M. Fritz: Griechisch ἄνευ – ein adverbiales Privativkompositum. *HS* 108 (1995: 195–204); B. Forssman: Eine besondere Gebrauchsweise der indogermanischen Privativa. *Kolloquium Madrid 1994* (1997: 85–111); J. Uhlich: Der Kompositionstyp ‘Armstrong’ in den indogermanischen Sprachen. *HS* 110 (1997: 21–46); M. Fritz: Zur Etymologie von neuhochdeutsch *Schweige*. *FS Koch* (2007: 85–87).

L 209. Weiteres zu den verbalen Rektionskomposita (= VRK): — Es sind mindestens zwei verschiedene Bildungen als uridg. einzustufen.

1) VRK mit verbalem Vorderglied vom Typ gr. ἐχέ-πωλο-ς ‘der, welcher junge Pferde hält’ und ved. *trasá-dasyu-* ‘der, der seine Feinde zum Zittern bringt’. Lit.: → Risch (1974: 190ff.).

2) VRK mit verbalem Hinterglied: — Eine archaische Gruppe stellen die sog. Wurzelkomposita vom Typ lat. *prīn-ceps* < **prīmo-cap-* ‘der, welcher den ersten

Teil od. welcher als erster nimmt' und *con-iug-* 'zusammengebunden', gr. χέρνιβ- (bereits myk. als *ke-ni-qa* i.e. *k*^{h}*err-nig*$^{\text{u̯}}$- '(Wasser), das die Hände wäscht' und ved. *havir-ád-* 'Opferspeise essend'. Das HG ist nicht, wie gemeinhin angenommen, ein Wn., sondern direkt die Verbalwurzel: → Scarlata (1999: 765f.). Lit.: → Benedetti (1988); Scarlata (1999). — Altidg. geläufig ist dagegen der Typ gr. κουροτρόφος (s.o. L 207) und ved. *puṣṭim-bhará-* 'Nahrung, Gedeihen bringend'.

L 210. Eine weitere bereits grundsprachliche Möglichkeit ist die Bildung von sog. präpositionalen Rektionskomposita (= PrRK) und Ableitungskomposita vom Typ lat. *ēgregius* 'auserlesen < *aus der Herde herausgenommen' oder lat. *suburbānus* 'nahe bei der Stadt (sc. Rom)', wo die Ausdrücke *ē grege* bzw. *sub urbe* mit Hilfe der Suffixe *-io-* bzw. *-āno-* nominalisiert sind: → Leumann (1977: 264f.). — Aus dem Gr. vgl. hom. εἰν-άλ-ιος 'im Meere befindlich' (von Meertieren) zum präpositionalen Ausdruck ἐν ἁλί 'im Meer drin': → Risch (1974: 187f.). Lit.: → E. Risch Griechische Komposita vom Typus μεσο-νύκτιος und ὁμογάστριος. *KS Risch* (1981: 112–124, in einem Aufsatz von 1945). — Zu ved. *tri-vats-á-* s.o. P 217 Abs. 1. — Zu dieser Gruppe zählen letztlich auch die sog. (Zahlwort-) Komplexivkomposita vom Typ ved. *tri-div-á-* 'der Komplex der drei Himmel': → Sommer (1948b: 46); *KS Hoffmann* II (1976: 356f., in einem Aufsatz von 1952/1956).

L 211. Die sog. Determinativkomposita (= DK) stellen gerade im Dt. den Großteil der Komposita, vgl. unter vielen *Gießkanne*, *Teekanne* und *Kaffeekanne*. Bei den DK wird das Hinterglied (meist ein nicht näher spezifiziertes Appellativum) durch das Vorderglied präzisiert (determiniert): Im Gegensatz zum Simplex *Kanne* bezeichnen Komposita wie *Gießkanne* eine Unterabteilung des Gattungsbegriffs. In den altidg. Sprachen sind solche DK auffallend selten. Man nimmt wohl mit Recht an, dass sie im Uridg. noch nicht üblich waren. — Von den echten DK zu unterscheiden sind sog. Zusammenrückungen wie **déms pot-* 'Herr über das Anwesen / über den Familienclan'. Wie ein Vergleich der gr. und ved. Formen zeigt (vgl. gr. δεσπότης und ved. *pátir dán* neben *dámpati-*), ist der Ausdruck **dems pot-* (**pot-* 'Herr über' mit Gen.) zwar uridg. Alters, die Zusammenrückung und Univerbierung aber erst einzelsprachlich. Zum archaischen Gen.Sg. uridg. **dém-s* s.o. M 320 Abs. 1a.

Lit.: → E. Risch: Griechische Determinativkomposita. *KS Risch* (1981: 1ff., in der in *IF* 59 Heft 1 1944 und *IF* 59 Heft 3 1949 publizierten Habilitationsschrift; dank des Indexes zu den Kleinen Schriften wird ein Großteil der Beispiele erstmals erschlossen); zu einem im Gr. und Germ. verdeckt erhaltenen DK grundsprachlichen Alters: → M. Fritz: Von Katzen und Griechen, Wieseln und Germanen. *FS Neumann* (2002: 169–182).

L 212. Zu den sog. Āmreḍita vom Typ ved. *divédive* 'Tag für Tag' s.o. M 310 Abs. 5 und M 318 Abs. 6a (am Schluss des Abschnittes).

5.3 Zum Namensschatz

5.3.1 Allgemeines

L 300. Gegenüber dem *Wort* als Appellativum (Nomen appellativum) hat das Wort als *Name* (Nomen proprium) einen eigenen Stellenwert. Anders kann das bei Erstbezeichnung betrachtet werden: „Each word of a language is a 'name' with regard to the act of designation": → B. Schlerath: Name and Word in Indo-European. *FS Hamp* II (1997: 164–169).

Mit Sicherheit uridg. ist das neutrale Abstraktum **h₁néh₃-mn̥-* i.S.v. 'Name, Benennung, qualification' (= lat. *nōmen*, gr. ὄνομα, ved. *nā́man-*, heth. *lāman-*, got. *namo*, aksl. *imę* usw.: → Mayrhofer (1996: 35–37) und s.o. M 317 Abs. 10.

Nach Ausweis der Einzelsprachen ist ferner der Ausdruck **h₁néh₃-men-* + **dʰeh₁-* 'jemandem einen Namen zulegen oder geben' bereits Bestandteil des Uridg. Der i.d.R. vom Vater vollzogene Akt der Namengebung wird bei der Benennung eines neugeborenen Kindes besonders deutlich und ist vermutlich am neunten Tag oder nach Ablauf von neun Tagen erfolgt: → R. Schmitt. Eichler / Hilty / Löffler / Steger / Zgusta (1995: 616).

L 301. Eigennamen nehmen im Wortschatz einer Sprache eine besondere Stellung ein. Sie bezeichnen im Gegensatz zu den Appellativa nicht die Klasse (die Gattung), sondern das Individuum.

Die Markierung des Individuums ist nicht nur unter den Menschen zentral, sondern genauso bei der Benennung von Personengruppen, bei der Bestimmung eines bestimmten Flusses oder Gebirges usw.

Die folgenden Ausführungen sind notgedrungen kurz. Zur Gesamtproblematik: → Eichler / Hilty / Löffler / Steger / Zgusta (1995/1996).

5.3.2 Zu den Personen- und Götternamen

L 302. Die heute in der westlichen Welt übliche Benennung einer Person besteht i.d.R. aus dem sog. Vornamen (Individualnamen) und dem sog. Familiennamen. Der Vorname (Rufname, engl. *first name*, franz. *prénom*) dient der Identifizierung der Person. Der Familienname (Nachname, Zuname, engl. *family name*, *surname*; franz. *nom de famille*) gibt i.d.R. die abstammungsmäßige Zugehörigkeit der betreffenden Person zu einer bestimmten Familie an.

Die Vornamen werden den Kindern von den Eltern (vom Vater) nach der Geburt gegeben und haften i.d.R. bis zum Tod an der betreffenden Person. Die Vornamenwahl der Eltern ist von verschiedenen Faktoren abhängig. Eine Rolle spielen u.a. die Tradition in der Familie (der Sohn soll den Namen des Großvaters weitertragen u.a.m.), die Vision, das Lebensprogramm der Eltern für ihr neugeborenes Kind (der Sohn soll erfolgreich sein u.a.m). Während die Vornamen frei wählbar sind, sind die Familiennamen vorgegeben und i.d.R. nicht variierbar.

Die heutige internationale Benennungspraxis mit Vornamen und Familiennamen hat sich in einem langen Entwicklungsprozess vom 12. Jh. n. Chr. an ausgebildet. Der Familienname war zunächst nur Beiname zum Vornamen einer Person, wurde dann aber erblich. Einige Lit.-Hinweis unter vielen: → Kessler (1935); Kessler (1937); Bach (1943); Eichler / Hilty / Löffler / Steger / Zgusta (1996, Kapitel XI, XII u. XIII).

1) Alles deutet darauf hin, dass in altidg. Zeit (und noch lange danach) allein der Besitz eines einzigen Individualnamen üblich gewesen ist, vgl. die gr. hom. Praxis mit Ἀχιλλεύς, Ἕκτωρ, Πατροκλῆς (mit *-ēs* < **-éu̯ēs*; statt des Vollnamens ist aber die gekürzte Namensform Πάτροκλος üblich [sie ist von der Vokativform Πάτροκλε aus gebildet; diese selbst ist die gekürzte Vokativform statt *Πάτροκλεες, vgl. bei Hom. neben häufigem Vok. Πάτροκλε die seltener verwendete vokativische Vollform Πατρόκλεις mit *-ei̯s* < **-ees*]) u.a.m., vgl. die ahd. Praxis mit *Hildebrand* und *Heribrand* im Hildebrandlied (zur Herkunft dieser Namen: → Lühr (1982a: 356ff.) usw.

2) Die altidg. Individualnamen sind i.d.R. entweder zweistämmig komponiert (vgl. oben gr. Πατρ-οκλῆς) oder einstämmig (vgl. oben gr. Ἕκτωρ) Mehrsilbige Namen werden in der Alltags- und Familiensprache gern verkürzt. Gegenüber den Vollnamen ist hier deshalb von Kurznamen zu sprechen. Ein Individualname kann ferner durch ein Suffix eine Kose-Konnotation bekommen und gilt dann als Kosename (sog. Hypokoristikon). Für Einzelheiten: → R. Schmitt: Entwicklung der Namen in älteren indogermanischen Sprachen. Eichler / Hilty / Löffler / Steger / Zgusta (1995: 616–636); R. Schmitt: Morphologie der Namen: Vollnamen und Kurznamen bzw. Kosenamen im Indogermanischen. Eichler / Hilty / Löffler / Steger / Zgusta (1995: 419–427)

3) Uridg. Datums ist ferner die Präzisierung des Individuums durch die Angabe des Vaters, syntaktisch ausgedrückt entweder durch Zusatz des im Genetiv stehenden Vatersnamen i.S.v. '(Sohn) von X' oder durch Zusatz eines vom Vatersnamen abgeleiteten Adjektivs der Zugehörigkeit (sog. Patronymikon), vgl. zu ersterem *Hadubrand Heribrandes suno*, zu letzterem gr. myk. *a-re-ku-tu-ru-wo e-te-wo-ke-re-we-i-jo* i.e. *Alektru̯ōn Eteu̯oklеu̯ehii̯os* 'Alektru̯ōn, Sohn des

Eteu̯okleu̯ēs' und russ. *Nikolaj Sergejevič*. – In Rom hat sich aus den Patronymika auf *-ios* (jünger *-ius*) das sog. Nomen gentile entwickelt. Der erste Schritt dazu ist die Vererbung des eigentlich bei jeder Person durch den Namen des Vaters festgelegten Patronymikons auch auf den Sohn der betreffenden Person. – Das System vom Typ *Gaius Iulius* (*Caesar*) mit *Gaius* = Praenomen (dies ist der alte Individualname), *Iulius* = Nomen gentile (und *Caesar* = Cognomen) ist in ganz Mittelitalien verbreitet. Ausführlich dazu: → Rix (1972, zur bereits grundsprachlichen Funktion des *-io*-Suffixes: 71). – Zu den gr. Patronymika: → Meier-Brügger (1992b: 21 Abs. 3).

4) Bei der Individualnamengebung ist in der Regel von männlichen Personen freien Standes die Rede. – Die Individualnamen von Frauen haben ihre eigene Problematik und hängen direkt mit der sozialen Stellung der Frau in den altidg. Gesellschaften zusammen. Diese zeigt sich unter anderem in den Anredeformen. Während der Mann mit dem Individualnamen angeredet wird, genügt bei der Frau i.d.R. ein einfaches 'O Frau'. „Das Weib wird mehr als Gattungswesen, der Mann als Individuum behandelt": → J. Wackernagel: Über einige antike Anredeformen. *KS Wackernagel* II (1969: 970ff., in einem Aufsatz von 1912, und einschlägig: 993: Wackernagel macht deutlich, dass die gleiche gesellschaftliche Praxis für die Anrede von Gottheiten übernommen worden ist). Dass die Urindogermanen nicht viel anders als die Römer und Griechen verfahren sind, ist wohl keine allzu gewagte Vermutung. – In Rom trugen die Frauen i.d.R. nur das Nomen gentile, vgl. *Cornelia, Iulia* usw.: → Rix (1972: 704). – Bei den Griechen sind die Frauennamen i.d.R. bloße Femininbildungen von männlichen Individualnamen, vgl. bereits myk. *a-re-ka-sa-da-ra* i.e. *Aleksandrā* (zu **Aleks-anōr* i.S.v. 'der die Männer abwehrt'), hom. Ἀνδρομάχη (zu einem Ἀνδρόμαχος i.S.v. 'der mit den Männern kämpft') usw. usw.: → Neumann (1995: 132); O. Masson: Remarques sur les noms de femmes en grec. *MH* 47 (1990: 129–138). – Zum Idg.: → Stüber / Remmer / Zehnder (2009). – Zum Indoir.: → Remmer (2006).

5) Weitere Lit.: → Solmsen (1922); R. Schmitt: Indogermanische (Personen-) Namen: nur Schall und Rauch? *FT Innsbruck 1996* (1998: 69–86); Eichler / Hilty / Löffler / Steger / Zgusta (1995, Kapitel VIII. Historische Entwicklung der Namen, mit Beiträgen zu verschiedenen altidg. Einzelsprachen: E. Seebold: Wortgeschichte/Etymologie der Namen; R. Schmitt: Entwicklung der Namen in älteren indogermanischen Sprachen / Alt- und mittelindoarische Namen / Iranische Namen / Armenische Namen; J. Tischler: Kleinasiatische Onomastik (Hethitisch); O. von Hinüber: Indische Namen in Zentralasien bi 1000 n. Chr.; Th. Lindner: Griechisch (incl. mykenische) Ortsnamen; O. Masson: Les noms propres en grec ancien; H. Rix: Römische Personennamen, J. Untermann: Die vor-

römischen Personennamen der Randzonen des alten Italien / Die vorrömischen Namen in Hispanien und Aquitanien; W. Schmid: Alteuropäische Gewässernamen; K. Schmidt: Keltische Namen); Stüber / Remmer / Zehnder (2009). – Zu den Gr. und Römern: → H. Rix. Ziegler / Sontheimer / Gärtner (1972: 657–661); Meier-Brügger (1992b: 39–44); Fraser / Matthews (1987–2014); Neumann (1995: 127–166). – Zu den Iraniern: → Mayrhofer (1977); Mayrhofer / Schmitt / Eichner / Fragner / Sadovski (1979–2018); Mayrhofer (1979); S. Zimmer: Zur sprachlichen Deutung sassanidischer Personennamen: _Altorientalische Forschungen_ 18 (1991: 109–150); Schmitt (2006). – Zu Kleinasien: → Zgusta (1964); Zehnder (2010). – Zu den Germanen: → R. Lühr: Germanische Personennamen in ihrer zeitlichen Staffelung: Zwei Aspekte der althochdeutschen und voralthochdeutschen Namenüberlieferung. _FT Leiden 1987_ (1992: 271–282). – Zu den Kelten: → Uhlich (1993).

L 303. Die Götternamen unterscheiden sich deutlich von den menschlichen Individualnamen. Auch die Götter sind zwar i.d.R. als agierende Individuen gedacht. Die Vorstellungen überdauern aber das Leben des Menschen und verleihen ihnen den Anschein von Unsterblichkeit.

Die altidg. Götternamen sind i.d.R. Personifikationen von Appellativa (konkreter und abstrakter Begriffe). Ebenso kommen unter anderem Bildungen mit dem Suffix uridg. _*-Hno-_ vor und geben dann den Herrschaftsbereich einer Gottheit an, vgl. lat. _Neptūnus_ und urgerm. _*Wōđanaz_. Man darf nicht zwischen konkreter appellativischer Bedeutung und Personifikation trennen. Ein wesensmäßiger Unterschied besteht nicht. Weiteres zu dieser Problematik: → B. Schlerath. _FT Innsbruck 1996_ (1998: 92ff.).

Uridg. Alter beansprucht mit Sicherheit der mit dem Appellativum _*d(i)i̯éu̯-_ 'Tageshimmel' zusammengehörende (gern vokativisch angerufene) _*d(i)i̯éu̯ p_h_2_ter_ 'Vater Himmel', s.o. G 512 Abs. 3 und M 318 Abs. 6a. – An weiteren bereits uridg. Appellativa mit Personifikation ist vermutlich ebenso zu nennen uridg. _*_h_2_éu̯s-os-_, schwacher Stamm _*_h_2_us-s-_: → Mayrhofer (1991: 236 und s.o. M 321 Abs. 2), 'Aufleuchten des Tageslichtes, Morgenröte' und 'Göttin Morgenröte' = lat. _Aurōra_, gr. hom. ἠώς Ἠώς, ved. _uṣás-_. Zur Onomastik mythologischer Personen: → Janda (2015); Janda (2020).

L 304. Entsprechend dem unterschiedlichen Charakter sozialer und ökonomisch bestimmter Personengruppen gibt es Stammesnamen, Völkernamen, Namen von Kriegergruppen u.a.m.

Es ist darauf zu achten, ob ein Völker- oder Stammesname die eigene Bezeichnung darstellt oder von den Nachbarn herstammt, vgl. bei den Griechen die klass.-gr. Selbstbezeichnung Ἕλληνες vs. lat. _Graecī_ (Name aus der Sicht Italiens, von wo aus der gr. Stamm der im Epirus lebenden _Graecī_ die lat. Bezeichnung für alle Gr. abgegeben hat): → Biville (1995: 178 Anm. 39 mit weiterer Lit.).

Wieweit Gruppen-, Stammes- oder Völkernamen bereits uridg. Datums sind, ist nicht eindeutig festzustellen. Alt ist z.B. die iir. Selbstbezeichnung **ar*(*i*)*i̯á*-, s.o. G 404. Zur Problematik: → Mayrhofer (1991 : 174f.); F. Bader. Bader (1994: 65ff.) — Die myk. Griechen nannten sich vermutlich *Akʰai̯u̯ó-*: → Chantraine (1968: 149); Latacz (2001: 150ff., zu den hom. Bezeichnungen *Akʰaiói*, *Danaói* und *Argéioi*).

5.3.3 Zur Bildung der Ortsnamen

L 305. Neben den Individuen und ihren Gruppierungen sind die den Menschen umgebende Landschaft und die von ihm bewohnten Orte wichtig, vor allem als Orientierungspunkte: Berge, Flüsse, Gewässer, Siedlungen und Städte u.a.m. Die Namen dieser Lokalitäten sind meist sehr stabil und werden über Generationen weitergegeben.

Während die idg. Einzelsprachen in eindeutig zu bestimmende Regionen gehören, fehlt diese Sicherheit für die Zeit des Uridg., s.o. G 512. Es ist deshalb so gut wie unmöglich, bestimmte Ortsnamen als bereits uridg. zu bestimmen.

Im Vergleich der einzelsprachlichen Gepflogenheiten der Ortsnamenbildung lässt sich aber immerhin bei mehrsprachigen Übereinstimmungen vermuten, dass bereits die Sprecher des Uridg. so verfahren haben. Zu dieser Kategorie gehört mit Sicherheit die Verwendung des uridg. Suffixes *-*u̯ent*- (mit starkem Stamm *-*u̯ent*-; z.T. holodynamisch mit -*o*-stufigem *-*u̯ont*-; der schwache Stamm lautet *-*u̯n̥t*- und das Fem. *-*u̯n̥t-ih₂*-) i.S.v. ‘reich an’ zur Charakterisierung von typischen Vorzügen eines bestimmten Ortes, vgl. den myk. ON Dat.Sg. *sa-ri-nu-wo-te* i.e. *Salin-u̯ont-ei̯* ‘(Ort,) wo Selleriegemüse reichlich wächst’ (statt *Sal-* im alphabet. Gr. Σελ-; zur Problematik: → Leukart (1994: 116f. Anm. 233); vgl. den iir. Fluß- und Regionsnamen **saras-u̯at-iH* (= ved. *sárasvatī*, jav. *haraxᵛaitī*-) i.S.v. ‘(Fluß bzw. Region,) wo viele Sümpfe vorhanden sind’; vgl. den lyk. ON *Xada-wãti-* (gräzisiert Καδύανδα) i.e. **ḫadá-u̯antī* ‘(Ort,) reich an Getreide’: → Hajnal (1995: 88). Lit.: → R. Schmitt. Eichler / Hilty / Löffler / Steger / Zgusta (1995: 633f.).

1) Die Ortsnamen stammen i.d.R. aus dem Bereich der Appellativa, vgl. den ved. Flussnamen *síndhu-* ‘der Indus’, ursprünglich ein Appellativ i.S.v. ‘Strom’: Der Indus ist in seiner Region der Strom schlechthin, genauso wie Nil oder Rhein.

2) Stammesnamen können als Ortsangaben verwendet werden, vgl. gr. Δελφοί als Stammesname mit Akk.Pl. der Richtung 'zu den Delphern' und Dat.Lok.Pl. Δελφοῖς 'bei den / unter den Delphern'. Da die Delpher eine bestimmte Region und einen bestimmten Ort bewohnen, können Akk. und Dat.Lok. direkt auch diese(n) bezeichnen: Δελφοί i.S.v. 'Stadt in Phokis am Fuß des Parnass'. Vergleichbar ai. Lok.Pl. *madréṣu* i.S.v. 'beim / unter dem *madrá*-Volk' = 'in dem Land, wo das *madrá*-Volk siedelt'. Man geht wohl nicht fehl, wenn man diese Gleichsetzungsmöglichkeit von Stammesnamen und Ortsverweis bereits dem Uridg. zuspricht.

3) Ortsnamen und Vorgeschichte: Da die Ortsnamen zu den stabilen Namen zählen und ziemlich zäh an einmal benannten Objekten haften, sind sie für die Vorgeschichte eines Ortes äußerst aufschlussreich. Neben den aus der jeweils vor Ort gesprochenen Einzelsprache heraus deutbaren Ortsnamen gibt es i.d.R. immer auch solche, die sich jeder solchen einzelsprachlichen Interpretation verweigern. Wenn sie alt sind, darf man mit gutem Recht annehmen, dass deren Bildung auf eine Zeit zurückgeht, als die Einzelsprache vor Ort noch nicht bekannt und stattdessen eine andere Sprache in Gebrauch war. Wenn weitere Dokumente von der so erschlossenen Vorsprache fehlen, ist es aber praktisch unmöglich, von den Ortsnamen aus Rückschlüsse irgendeiner Art auf sie zu ziehen. Man muss mit Anpassungen an die übernehmende Sprache u.a.m. rechnen. — Beispiel Griechenland: Vom Gr. aus unverständliche Ortsnamen wie Κόρινθος oder Ἀθῆναι sind im Gegensatz zu den verständlichen Ortsnamen wie Σελινοῦς (i.S.v. 'reich an Sellerie', s.o. zu Beginn des Paragraphen) älter als die Landnahme durch die Griechen und werden zu Recht als vorgr. eingestuft: → E. Risch: Ein Gang durch die Geschichte der griechischen Ortsnamen. *KS Risch* (1981: 145ff., in einem Aufsatz von 1965). — Beispiele europäischer Hydronymie: Flussnamen wie *Elbe* oder *Rhein* sind vom Germ. aus nicht deutbar und müssen deshalb vorgerm. Alters (ev. kelt.?) sein. Ob sie aber auf uridg. Sprachmaterial aufbauen und damit von damals in der Region lebenden uridg. Sprechern geschaffen worden sind, ist umstritten, s.o. G 513 Abs. 3.

Weiterführende Lit. zu den Ortsnamen: → Eichler / Hilty / Löffler / Steger / Zgusta (1996, Kapitel X: Namengeographie; Kapitel XV–XVII: Siedlungsnamen; Flurnamen; Gewässernamen); Tischler (1977); Udolph (1979); G. Klingenschmitt: Die iranischen Ortsnamen. Schützeichel / Tichy (1980: 19–25); Zgusta (1984); Udolph (1994).

Bibliographie

In den letzten zehn Jahren seit der 9. Auflage des Studienbuches ist die Menge der Sekundärliteratur erneut stark angewachsen. Für thematisch orientierte Bibliographien sei grundsätzlich auf das neue umfassende Handbuch Klein / Joseph / Fritz (2017/2018) verwiesen. Die im Studienbuch selbst in der Bibliographie genannten Titel sollen vor allem dem primären Interessentenkreis des Studienbuches, Studierenden der Indogermanistik, als erste bibliographische Information dienen.

Auf die für einen ersten Überblick ausgezeichneten Nachschlagewerke in Lexikonformat, die es zur Sprachwissenschaft – Bußmann (2008); Glück / Rödel (2016); Lewandowski (1994) – und zur Altertumswissenschaft – Andresen / Erbse / Gigon / Schefold / Stroheker / Zinn (1965); Ziegler / Sontheimer / Gärtner (1964–1975); Cancik / Schneider (1996–2003); Beck / Geuenich / Steuer / Müller (1973–2007) – gibt, sei an dieser Stelle grundsätzlich verwiesen. Die Lektüre der betreffenden Lexikonartikel, die i.d.R. von sehr guten Fachleuten im jeweiligen Fachgebiet verfasst sind, ist oft ein erhellender Genuss, auch wegen des optimalen Verhältnisses von Inhalt und Umfang. Auch dort findet sich immer die jeweils jüngste Sekundärliteratur genannt, was im Falle der älteren Nachschlagewerke eine wichtige Quelle zum früheren Entwicklungsgang der Forschung sein kann. Auch die Biographien der Forscherpersönlichkeiten selbst sind eine interessante Quelle für die Forschungsgeschichte: → Stammerjohann (2009).

Heute im Zeitalter des Internet sind bibliographische Recherchen sehr viel einfacher und bequemer geworden als früher. Websites von Bibliotheken und Verlagen sowie akademische Internetplatformen sind gute digitale Hilfen. Natürlich kann man sich digital über E-Mail, Social Media etc. unter Umständen auch gleich direkt mit anderen Forschenden austauschen.

Eine spezielle Gattung der Sekundärliteratur stellen in der Wissenschaft die Rezensionen oder Besprechungen von Büchern dar. Wer die neuesten Stellungnahmen zu einem Buch in einem bestimmten Fachgebiet sucht, kann hier Diskussionen oder Korrekturen singulärer Punkte durch diverse Rezensenten finden; nur selten stößt man bei der Lektüre auf die Kost von einem salbadernden Scharlatan.

Die Leserschaft wird in diesem Zusammenhang speziell auf die sprachwissenschaftliche Zeitschrift *Kratylos*, das Publikationsorgan der Indogermanischen Gesellschaft, aufmerksam gemacht; wie der Untertitel dieser Zeitschrift erkennen lässt, versteht sie sich als „Kritisches Berichts- und Rezensionsorgan für indogermanische und allgemeine Sprachwissenschaft".

Grundlage für die Siglen der sprachwissenschaftlichen Zeitschriften ist die *Bibliographie Linguistique / Linguistic Bibliography*. Einige für die Indogermanistik einschlägige Titel erscheinen extra in der Liste. Für eine regelmäßige Lektüre empfehlen sich zu indogermanistischen Themen (genannt in alphabetischer Reihenfolge) u.a.: *Diachronica*, *Glotta*, *HS* (ältere Siglen *ZVS* bzw. *KZ*), *IF*, *IJDL*, *JIES*, *MSS* und Sprache.

Die Nennung der zur Identifikation einer Publikation nötigen bibliographischen Daten folgt immer demselben einheitlichen Muster: Name, Titel, Ort, Jahr.

Die Publikationen sind nach Möglichkeit einheitlich nach den Namen der Autoren bzw. Editoren der Bücher gelistet. Editoren sind bei den bibliographischen Daten mit (ed.) gekennzeichnet. Die Titel der Bücher sind *kursiv* markiert. Hochgestellte Ziffern vor dem Erscheinungsjahr bezeichnen die Auflage. Die Kürzel *Diss.* und *Habil.* verweisen mit Nennung der

https://doi.org/10.1515/9783110661767-007

betreffenden Universität auf entsprechende, nicht als Buch veröffentlichte akademische Qualifikationsschriften.

Publikationen, die keine Bücher sind, werden im Text mit allen nötigen bibliographischen Daten einschließlich Seiten– oder Spaltenangabe genannt.

AAWL – Abhandlungen der Akademie der Wissenschaften und der Literatur in Mainz.

Ackermann 2014 – Ackermann, K.: *Die Vorgeschichte des slavischen Aoristsystems*. Leiden / Boston 2014.

Adams 1988 – Adams, D.: *Tocharian Historical Phonology and Morphology*. New Haven 1988.

Adams 2013 – Adams, D.: *A Dictionary of Tocharian B*, 2 Bde. Amsterdam / New York ²2013.

Adiego 1993 – Adiego Lajara, I.-J.: *Studia Carica: Investigaciones sobre la escritura y lengua carias*. Barcelona 1993.

Adiego 2007 – Adiego Lajara, I.-J.: *The Carian language*. Leiden 2007.

Adrados / Bernabé / Mendoza 1995/1996/1998 – Adrados, F. / Bernabé, A. / Mendoza, J.: *Manual de lingüistica indoeuropea*, 3 Bde. Madrid 1995/1996/1998.

Aertsen / Jeffers 1993 – Aertsen, H. / Jeffers, R. (ed.): *Historical Linguistics: Papers from the 9th International Conference on Historical Linguistics, New Brunswick, 14–18 August 1989*. Amsterdam / Philadelphia 1993.

Aigner-Foresti 1992 – Aigner-Foresti, L. (ed.): *Etrusker nördlich von Etrurien: Etruskische Präsenz in Norditalien und nördlich der Alpen sowie ihre Einflüsse auf die einheimischen Kulturen: Akten des Symposions von Wien – Schloß Neuwaldegg, 2.–5. Oktober 1989*. Wien 1992

Aitzetmüller 1991 – Aitzetmüller, R.: *Altbulgarische Grammatik: Als Einführung in die slavische Sprachwissenschaft*. Freiburg ²1991.

Allan 2003 – Allan, R.: *The Middle Voice in Ancient Greek*. Amsterdam 2003.

Allen 1987 – Allen, W.: *Vox Graeca: A Guide to the Pronunciation of Classical Greek*. Cambridge ³1987.

AlmÖAW – Almanach der Österreichischen Akademie der Wissenschaften.

Amano 2009 – Amano, K.: *Maitrāyaṇī Saṁhitā I–II: Übersetzung der Prosapartien mit Kommentar zur Lexik und Syntax der älteren vedischen Prosa*. Bremen 2009.

Ammann 1922 – Ammann, H.: *Untersuchungen zur homerischen Wortfolge und Satzstruktur*, Bd. 1. Leipzig 1922.

Andersen (H.) 1986 – Andersen, H. (ed.): *Sandhi Phenomena in the Languages of Europe*. Berlin / New York / Amsterdam 1986.

Andersen (H.) 1996 – Andersen, H.: *Reconstructing Prehistorical Dialects: Initial Vowels in Slavic and Baltic*. Berlin 1996.

Andersen (P.) 1983 – Andersen, P.: *Word Order Typology and Comparative Constructions*. Amsterdam / Philadelphia 1983.

Andersson 1988 – Andersson, Th. (ed.): *Probleme der Namenbildung: Rekonstruktion von Eigennamen und der ihnen zugrundeliegenden Appellative, Akten eines internationalen Symposiums in Uppsala 1.–4. September 1986*. Uppsala 1988.

Andresen / Erbse / Gigon / Schefold / Stroheker / Zinn 1965 – Andresen, C. / Erbse, H. / Gigon, O. / Schefold, K. / Stroheker, K. / Zinn, E. (ed.): *Lexikon der Alten Welt*. Zürich / Stuttgart 1965.

Anthony 2007 – Anthony, D.: *The horse, the wheel, and language: How Bronze-Age riders from the Eurasian steppes shaped the modern world*. Princeton et al. 2007.

Anttila 1969 – Anttila, R.: *Proto-Indo-European Schwebeablaut*. Berkeley / Los Angeles 1969.

AnzÖAW – *Anzeiger der philosophisch-historischen Klasse. Österreichische Akademie der Wissenschaften.*

Arens 1969a/1969b – Arens, H.: *Sprachwissenschaft: Der Gang ihrer Entwicklung von der Antike bis zur Gegenwart*, Bd. 1: Von der Antike bis zum Ausgang des 19. Jahrhunderts; Bd. 2: Das 20. Jahrhundert. Frankfurt a. M. 1969.

ARhWAW – *Abhandlungen der Rheinisch-Westfälischen Akademie der Wissenschaften.*

Arumaa 1964/1976/1985 – Arumaa, P.: *Urslavische Grammatik*. Bd. 1: Einleitung, Lautlehre mit Vokalismus und Betonung. Heidelberg 1964; Band 2: Konsonantismus. Heidelberg 1976; Band 3: Formenlehre. Heidelberg 1985.

ASNP – *Annali della Scuola Normale Superiore di Pisa: Lettere, storia e filosofia.*

AT – *Arbeitstagung.*

AT Erlangen 1997 – Forssman, B. / Plath, R. (ed.): *Indoarisch, Iranisch und die Indogermanistik: Arbeitstagung der Indogermanischen Gesellschaft vom 2. bis. 5. Oktober 1997 in Erlangen.* Wiesbaden 2000.

AT Erlangen 2011 – Oettinger, N. / Steer, Th. (ed.): *Das Nomen im Indogermanischen: Morphologie, Substantiv versus Adjektiv, Kollektivum: Akten der Arbeitstagung der Indogermanischen Gesellschaft vom 14. bis 16. September 2011 in Erlangen.* Wiesbaden 2014.

AT Freiburg 1991 – Rix, H. (ed.): *Oskisch-Umbrisch: Texte und Grammatik: Arbeitstagung der Indogermanischen Gesellschaft und der Società Italiana di Glottologia 1991 in Freiburg.* Wiesbaden 1993.

AT Freiburg 2001 – Tichy, E. (ed.): *Indogermanisches Nomen: Derivation, Flexion und Ablaut: Akten der Arbeitstagung der Indogermanischen Gesellschaft, Freiburg, 19. bis 22. September 2001.* Hempen, Bremen 2003.

AT Jena 2002 – Kozianka, M. (ed.): *Indogermanistik – Germanistik – Linguistik: Akten der Arbeitstagung der Indogermanischen Gesellschaft, Jena 18.–20.09.2002.* Hamburg 2004.

AT Marburg 2007 – Rieken, E. / Widmer, P. (ed.): *Indogermanische Gesellschaft: Pragmatische Kategorien: Form, Funktion und Diachronie: Akten der Arbeitstagung der Indogermanischen Gesellschaft vom 24. bis 26. September 2007 in Marburg.* Reichert, Wiesbaden 2009.

Aufrecht 1877 – Aufrecht, Th.: *Die Hymnen des Rigveda*, 2 Bde. ^{2}1877.

Aura Jorro 1985/1993 – Aura Jorro, F. *Diccionario micénico*, 2 Bde. Madrid 1985/1993.

Auroux 1988 – Auroux, S. (ed.): *Antoine Meillet et la linguistique de son temps. HEL* 10,2. Lille 1988.

Bach 1943 – Bach, A.: *Die deutschen Personennamen*. Berlin 1943.

Bader 1994 – Bader, F. (ed.): *Langues indo-européennes*. Paris 1994. (Nachdruck mit Ergänzungen 1997)

Bahner / Schildt / Viehweger 1990 – Bahner, W. / Schildt, J. / Viehweger, D. (ed.): *Proceedings of the Fourteenth International Congress of Linguists II*. Berlin 1990.

Bai 2009 – Bai, G.: *Semitische Lehnwörter im Altgriechischen*. Hamburg 2009.

Baldi 1990 – Baldi, Ph. (ed.): *Linguistic Change and Reconstruction Methodology*. Berlin / New York 1990.

Baldi 1999 – Baldi, Ph.: *The foundations of Latin*. Berlin / New York 1999.

Ball 1993 – Ball, M. (ed.): *The Celtic Languages*. London / New York 1993.

Balles 2006 – Balles, I.: *Die altindische Cvi-Konstruktion: Form, Funktion, Ursprung*. Bremen 2006.

Bammesberger 1973 – Bammesberger, A.: *Abstraktbildungen in den baltischen Sprachen*. Göttingen 1973.

Bammesberger 1983 – Bammesberger, A. (ed.): *Das etymologische Wörterbuch: Fragen der Konzeption und Gestaltung*. Regensburg 1983.

Bammesberger 1984 – Bammesberger, A.: *Studien zur Laryngaltheorie*. Göttingen 1984.

Bammesberger 1986 – Bammesberger, A.: *Der Aufbau des germanischen Verbalsystems*. Heidelberg 1986.

Bammesberger 1988 – Bammesberger, A. (ed.): *Die Laryngaltheorie und die Rekonstruktion des indogermanischen Laut- und Formensystems*. Heidelberg 1988.

Bammesberger 1990 – Bammesberger, A.: *Die Morphologie des urgermanischen Nomens*. Heidelberg 1990.

Bammesberger 1991 – Bammesberger, A. (ed.): *Old English Runes and their Continental Background*. Heidelberg 1991.

Bammesberger 1998 – Bammesberger, A. (ed.): *Baltistik, Aufgaben und Methoden*. Heidelberg 1998.

Bammesberger 1999 – Bammesberger, A. (ed.): *Pforzen und Bergakker: Neue Untersuchungen zu Runeninschriften*. Göttingen 1999.

Bammesberger 2006 – Bammesberger, A. (ed.): *Das Fuþark und seine einzelsprachlichen Weiterentwicklungen: Akten der Tagung in Eichstätt vom 20. bis 24. Juli 2003*. Berlin / New York 2006.

Bammesberger / Vennemann 2003 – Bammesberger, A. / Vennemann, Th. (ed.): *Languages in Prehistoric Europe*. Heidelberg 2003.

Bandle 2002/2005 – Bandle, O. et al. (ed.): *The Nordic Languages: An International Handbook of the History of the North Germanic Languages*, 2 Bde. Berlin / New York 2002/2005.

Bartholomae 1904/1979 – Bartholomae, Ch.: *Altiranisches Wörterbuch*. Straßburg 1904. (Der 2. photomechanische Nachdruck Berlin 1979 enthält sowohl die Nachträge und Verbesserungen als auch die Nacharbeiten und Vorarbeiten von 1906.)

Bartoněk 2003 – Bartoněk, A.: *Handbuch des mykenischen Griechisch*. Heidelberg 2003.

Bartschat 1996 – Bartschat, B.: *Methoden der Sprachwissenschaft: Von Hermann Paul bis Noam Chomsky*. Berlin 1996.

Bauer 2014 – Bauer, A.: *Morphosyntax of the Noun Phrase in Hieroglyphic Luwian*. Leiden / Boston 2014.

Bayer / Sparing / Woelk 2004 – Bayer, K. / Sparing, F. / Woelk, W. (ed.): *Universitäten und Hochschulen im Nationalsozialismus und in der frühen Nachkriegszeit*. Stuttgart 2004.

Bechert / von Simson 1993 – Bechert, H. / von Simson, G. (ed.): *Einführung in die Indologie: Stand, Methoden, Aufgaben*. Darmstadt ²1993.

Bechtel 1892 – Bechtel, F.: *Die Hauptprobleme der indogermanischen Lautlehre seit Schleicher*. Göttingen 1892.

Bechtel 1921–1924 – Bechtel, F.: *Die griechischen Dialekte*, 3 Bde. Berlin 1921–1924.

Beck 1986 – Beck, H. (ed.): *Germanenprobleme in heutiger Sicht*. Berlin / New York 1986.

Beck / Geuenich / Steuer / Müller 1973–2007– Beck, H. / Geuenich, D. / Steuer, H. / Müller, R. (ed.): *Reallexikon der Germanischen Altertumskunde*, 35 Bde. Berlin / New York 1973–2007.

Becker 2014 – Becker, K.: *Zur Semantik der hethitischen Relativsätze*. Hamburg 2014.

Beekes 1969 – Beekes, R.: *The Development of the Proto-Indo-European Laryngeals in Greek.* The Hague / Paris 1969.

Beekes 1985 – Beekes, R.: *The Origins of the Indo-European Nominal Inflection.* Innsbruck 1985.

Beekes 1988 – Beekes, R.: *A Grammar of Gatha-Avestan.* Leiden 1988.

Beekes 2009 – Beekes, R.: *Etymological Dictionary of Greek*, 2 Bde. Leiden 2009.

Beekes 2011 – Beekes, R.: *Comparative Indo-European Linguistics: An Introduction.* Amsterdam ²2011.

Beekes 2014 – Beekes, R.: *Pre-Greek: Phonology, Morphology, Lexicon.* Leiden 2014.

Benedetti 1988 – Benedetti, M.: *I composti radicali latini: Esame storico e comparativo.* Pisa 1988.

Benfey 1869 – Benfey, Th.: *Geschichte der Sprachwissenschaft und orientalischen Philologie in Deutschland seit dem Anfange des 19. Jahrhunderts mit einem Rückblick auf die früheren Zeiten.* München 1869.

Benveniste 1935 – Benveniste, E.: *Origines de la formation des noms en indo-européen.* Paris 1935.

Benveniste 1948 – Benveniste, E.: *Noms d'agent et noms d'action en indo-européen.* Paris 1948.

Benveniste 1962 – Benveniste, E.: *Hittite et indo-européen, Études comparatives.* Paris 1962.

Benveniste 1966/1974 – Benveniste, E.: *Problèmes de linguistique générale*, 2 Bde. Paris 1966/1974.

Benveniste (1969a/1969b) – Benveniste, E.: *Le vocabulaire des institutions indo-européennes.* 2 Bde Paris 1969. (dt. Übersetzung unter dem Titel *Indoeuropäische Institutionen* von W. Bayer, D. Hornig, K. Menke, hrsg. mit einem Nachwort von S. Zimmer. Frankfurt / New York 1993)

Benz 2009a/2009b – Benz, W. (ed.): *Handbuch des Antisemitismus: Judenfeindschaft in Geschichte und Gegenwart*, Bd. 2,1: Personen, A–K; Bd. 2,2: Personen, L–Z. Berlin 2009.

Benz / Graml / Weiß 2007 – Benz, W. / Graml, H. / Weiß, H. (ed.): *Enzyklopädie des Nationalsozialismus.* München ⁵2007.

Bergen / Plauché / Bailey 1998 – Bergen, B. / Plauché, M. / Bailey, A. (ed.): *Proceedings of the Twenty-Fourth Annual Meeting, February 14–16, 1998: Special Session on Indo-European Subgrouping and Internal Relations.* Berkeley 1998.

Bergmann / Tiefenbach / Voetz 1987 – Bergmann, R. / Tiefenbach, H. / Voetz, L. (ed.): *Althochdeutsch*, Bd. 1 Heidelberg 1987.

Bernabé / Luján 2007 – Bernabé, A. / Luján, E.: *Introduccíon al griego micénico: Gramática, selección de textos y glosario.* Zaragoza 2007.

Besch / Betten / Reichmann / Sonderegger 1998 – Besch, W. / Betten, A. / Reichmann, O. / Sonderegger, S.: *Sprachgeschichte: Ein Handbuch zur Geschichte der deutschen Sprache und ihrer Erforschung*, Bd. 1. Berlin / New York ²1998.

Betz 1936 – Betz, W.: *Der Einfluß des Lateinischen auf den althochdeutschen Sprachschatz*, Bd. 1 : Der Abrogans. Heidelberg 1936.

Bichlmeier 2011 – Bichlmeier, H.: *Ablativ, Lokativ und Instrumental im Jungavestischen: Ein Beitrag zur altiranischen Kasussyntax.* Hamburg 2011.

Bichlmeier 2014 – Bichlmeier, H.: *Studien zur Verwendung der Lokalpartikeln im Mykenischen.* Wiesbaden 2014.

Bihl 2009 – Bihl, W. : *Orientalistik an der Universität Wien: Forschungen zwiscchen Maghreb und Ost- und Südasien: Die Professoren und Dozenten.* Wien / Köln / Weimar 2009.

Bile 1988 – Bile, M.: *Le dialecte crétois ancien: Étude de la langue des inscriptions: Recueil des inscriptions postérieures aux IC.* Paris 1988.

Binnig 1999 – Binnig, W.: *Gotisches Elementarbuch.* Berlin ^{5}1999.

Birkhan 1997 – Birkhan, H.: *Kelten.* Wien 1997.

Birnbaum / Puhvel 1966 – Birnbaum, H. / Puhvel, J. (ed.): *Ancient Indo-European Dialects: Proceedings of the Conference on Indo-European Linguistics 1963 in Los Angeles.* Berkeley / Los Angeles 1966.

Bittel 1970 – Bittel, K.: *Hattusha: The Capital of the Hittites.* Oxford 1970.

Bittel 1976 – Bittel, K.: *Die Hethiter: Die Kunst Anatoliens vom Ende des 3. bis zum Anfang des 1. Jahrtausends vor Christus.* München 1976.

Biville 1990/1995 – Biville, F.: *Les emprunts du latin au grec: Approche phonétique*, Bd. 1: Introduction et consonantisme. Louvain / Paris 1990; Bd. 2: Vocalisme et conclusion. Louvain / Paris 1995.

Blažek 1999 – Blažek, V.: *Numerals: Comparative-Etymological Analyses of Numeral Systems and Their Implications.* Brno 1999.

Bloch 1940 – Bloch, A.: *Zur Geschichte einiger suppletiver Verba im Griechischen.* Basel 1940.

Blümel 1972 – Blümel, W.: *Untersuchungen zu Lautsystem und Morphologie des vorklassischen Lateins.* München 1972.

Blümel 1982 – Blümel, W.: *Die aiolischen Dialekte: Phonologie und Morphologie der inschriftlichen Texte aus generativer Sicht.* Göttingen 1982.

Blümel / Frei / Marek 1998 – Blümel, W. / Frei, P. / Marek Ch. (ed.): *Colloquium Caricum: Akten der Internationalen Tagung über die karisch-griechische Bilingue von Kaunos, 31.10.–1.11.1997 in Feusisberg bei Zürich. Kadmos* 37, Berlin 1998.

BNF – Beiträge zur Namenforschung.

BNME – Bulletin of the National Museum of Ethnology.

Boardman / Edwards / Sollberger 1992– Boardman, J. / Edwards, I. / Sollberger, E. (ed.): *The Cambridge Ancient History*, Bd. 3,2. Cambridge ^{2}1992.

Bock 2008 – Bock, B.: *Die einfach thematischen Präsentien in der dritten Konjugation des Lateinischen.* Graz 2008.

Bohl 1980 – Bohl, S.: *Ausdrucksmittel für ein Besitzverhältnis im Vedischen und Griechischen.* Louvain-la-Neuve 1980.

Boisacq 1950 – Boisacq, E.: *Dictionnaire étymologique de la langue grecque étudiée dans ses rapports avec les autres langues indo-européennes.* Heidelberg ^{4}1950.

Boley 1984 – Boley, J.: *The Hittite hark-construction.* Innsbruck 1984.

Boley 1989 – Boley, J.: *The Sentence Particles and the Place words in Old and Middle Hittite.* Innsbruck 1989

Boley 1993 – Boley, J.: *The Hittite Particle -z / -za.* Innsbruck 1993.

Bomhard 2008 – Bomhard, A.: *Reconstructing Proto-Nostratic: Comparative Phonology, Morphology, and Vocabulary*, 2 Bde. Leiden 2008.

Bonnet 2004 – Bonnet, G.: Albanais. *LALIES* 24 (2004), 109–146.

Bopp 1855 – Bopp, F.: *Über das Albanesische in seinen verwandtschaftlichen Beziehungen.* Berlin 1855.

Bopp 1816 – Bopp, F.: *Über das Conjugationssystem der Sanskritsprache in Vergleichung mit jenem der griechischen, lateinischen, persischen und germanischen Sprache: Neben Episoden des Ramajan und Mahabharat in genauen metrischen Übersetzungen aus dem Originaltext und einigen Abschnitten aus den Veda's.* Frankfurt 1816.

Bornemann / Risch 1978 – Bornemann, E. / Risch, E.: *Griechische Grammatik*. Frankfurt ²1978. (vgl. Kastner, W.: *Sprachgeschichtliche Erläuterungen zur Griechischen Grammatik*. Frankfurt 1988)

Boutkan / Siebinga 2005. – Boutkan, D. / Siebinga, S.: *Old Frisian Etymological Dictionary*. Leiden 2005.

Bräuer 1961/1969a/1969b – Bräuer, H.: *Slavische Sprachwissenschaft*, Bd.1: Einleitung, Lautlehre. Berlin 1961; Bd. 2: Formenlehre, 1. Teil. Berlin 1969; Bd. 3: Formenlehre, 2. Teil. Berlin 1969.

Brandenstein / Mayrhofer 1964 – Brandenstein, W. / Mayrhofer, M.: *Handbuch des Altpersischen*. Wiesbaden 1964.

Braunmüller 2007 – Braunmüller, K.: *Die skandinavischen Sprachen im Überblick*. Stuttgart ³2007.

Braune / Heidermanns 2004 – Braune, W. / Heidermanns, F.: *Gotische Grammatik*. Tübingen ²⁰2004.

Braune / Heidermanns 2018 – Braune, W. / Heidermanns, F.: *Althochdeutsche Grammatik*. Berlin / Boston ¹⁶2018.

Brixhe 1976 – Brixhe, C.: *Le dialecte grec de Pamphylie: Documents et grammaire*. Paris 1976.

Brixhe 1987 – Brixhe, C.: *Essai sur le grec anatolien au début de notre ère: Nouvelle édition revue et augmentée*. Nancy 1987.

Brixhe 1996 – Brixhe, C.: *Phonétique et phonologie du grec ancien*, Bd. 1 : Quelques grandes questions. Paris 1996.

Brixhe / Hodot 1993–2004 – Brixhe, C. / Hodot, R. (ed.) : *La koiné grecque antique*, 5 Bde. Nancy 1993–2004.

Brixhe / Lejeune 1984 – Brixhe, C. / Lejeune, M.: *Corpus des inscriptions paléo-phrygiennes*. 2 Bde. Paris 1984.

Brockhaus 1937 – *Der Volks-Brockhaus : Deutsches Sach- und Sprachwörterbuch für Schule und Haus*. Leipzig ⁵1937.

Brückner / Steiner 2012 – Brückner, H. / Steiner, K. (ed.) : *200 Jahre Indienforschung : Geschichte(n), Netzwerke, Diskurse*. Wiesbaden 2012.

Brugmann 1897/1906/1911/1916 – Brugmann, K.: *Grundriß der vergleichenden Grammatik der indogermanischen Sprachen*. Zweite Bearbeitung, Bd. 1: Einleitung, Lautlehre Straßburg 1897; Bd. 2, Teil 1: Allgemeines, Zusammensetzung [Komposita], Nominalstämme. Straßburg 1906; Bd. 2, Teil 2: Zahlwörter, Genera, Kasus- und Numerusbildung, Pronomina, Adjektiv, Adverbia, Präpositionen. Straßburg 1911; Bd. 2, Teil 3: Verbum finitum und infinitum, Partikeln im einfachen Satz. Straßburg 1916. (Nachdruck Berlin / New York 1967)

Brugmann 1904 – Brugmann, K.: *Kurze vergleichende Grammatik der indogermanischen Sprachen: Auf Grund des fünfbändigen „Grundrisses der vergleichenden Grammatik der indogermanischen Sprachen von K. Brugmann und B. Delbrück"*. Straßburg 1904. (Unveränderter Neudruck Berlin / Leipzig 1922 u. 1933, Nachdruck Berlin 1970)

Brugmann 1925 – Brugmann, K.: *Die Syntax des einfachen Satzes im Indogermanischen*. Berlin / Leipzig 1925.

Brugmann / Thumb 1913 – Brugmann, K. / Thumb, A.: *Griechische Grammatik*. München ⁴1913.

Brunner 1965 – Brunner, K.: *Altenglische Grammatik*. Tübingen ³1965.

Brust 2005 – Brust, M.: *Die indischen und iranischen Lehnwörter im Griechischen*. Innsbruck 2005.

Bryce 1986 – Bryce, T.: *The Lycians in Literary and Epigraphic Sources*. Kopenhagen 1986.

Bryce 2006 – Bryce, T.: *The Kingdom of the Hittites*. Oxford ²2006.

BSL - Bulletin de la société de linguistique.
Buchholz / Fiedler 1987 – Buchholz, O. / Fiedler, W.: *Albanische Grammatik.* Leipzig 1987.
Buck 1949 – Buck, C.: *A Dictionary of Selected Synonyms in the principal Indo-European Languages.* Chicago 1949.
Buck 1955 – Buck, C.: *The Greek Dialects: Grammar, Selected Inscriptions, Glossary.* Chicago ^{2}1955.
Buck 1963 – Buck, C.: *Comparative Grammar of Greek and Latin.* Chicago / London ^{9}1963.
Bühler 1934 – Bühler, K.: *Sprachtheorie: Die Darstellungsfunktion der Sprache.* Jena 1934.
Burkert 1977 – Burkert, W.: *Griechische Religion der archaischen und klassischen Epoche.* Stuttgart 1977.
Burkert 1984 – Burkert, W.: *Die orientalisierende Epoche in der griechischen Religion und Literatur.* Heidelberg 1984.
Burrow 1937 – Burrow, Th.: *The Language of the Karoṣṭhi Documents from Chinese Turkestan.* Cambridge 1937.
Busse 2002 – Busse, P.: *Cynddelw Brydydd Mawr – Archaismus und Innovation: Sprache und Metrik eines kymrischen Hofdichters des 12. Jahrhunderts.* Münster 2002.
Bußmann 2008 – Bußmann, H. (ed.): *Lexikon der Sprachwissenschaft.* ^{4}2008.
Byrd 2015 – Byrd, A.: *The Indo-European Syllable.* Leiden / Boston 2015.

Caillat 1989 – Caillat, C. (ed.): *Dialectes dans les littératures indo-aryennes.* Paris 1989.
Campanile 1990 – Campanile, E.: *La ricostruzione della cultura indoeuropea.* Pisa 1990.
Cancik / Schneider 1996–2003 – Cancik, H. / Schneider, H. (ed.): *Der Neue Pauly: Enzyklopädie der Antike*, 16 Bde. Stuttgart. 1996–2003.
Cardona 1960 – Cardona, G.: *The Indo-European Thematic Aorists.* Ann Arbor 1960.
Cardona / Hoenigswald / Senn 1970 – Cardona, G. / Hoenigswald, H. / Senn, A. (ed.): *Indo-European and Indo-Europeans.* Philadelphia 1970.
Carlier 1984 – Carlier, P.: *La royauté en Grèce avant Alexandre.* Strassbourg 1984
Carling 2000 – Carling, G.: *Die Funktionen der lokalen Kasus im Tocharischen.* Berlin / New York 2000.
Carling 2009 – Carling, G.: *Dictionary and Thesaurus of Tocharian A: A–J.* Wiesbaden 2009.
Carling 2019 – Carling, G. (ed.): *Mouton Atlas of Languages and Cultures*, Bd. 1: Europe and West; Central, and South Asia. Berlin / Boston 2019.
Carratelli 1990 – Carratelli, G. (ed.): *Italia omnium terrarum alumna: La civiltà dei Veneti, Reti, Liguri, Celti, Piceni, Umbri, Latini, Campani e Iapigi.* Mailand ^{2}1990.
Carratelli 1991 – Carratelli, G. (ed.): *Italia omnium terrarum parens: La civiltà degli Eno-tri, Choni, Ausoni, Sanniti, Lucani, Brettii, Sicani, Siculi, Elimi.* Mailand ^{2}1991.
Carruba 1970 – Carruba, O.: *Das Palaische: Texte, Grammatik, Lexikon.* Wiesbaden 1970.
Carruba 1972 – Carruba, O.: *Beiträge zum Palaischen.* Istanbul 1972.
Carruba 1992 – Carruba, O. (ed.): *Per una grammatica ittita: Towards a Hittite Grammar.* Pavia 1992.
Casaretto 2004 – Casaretto, A.: *Nominale Wortbildung der gotischen Sprache: Die Derivation der Substantive.* Heidelberg 2004.
Cassio 1999 – Cassio, A. (ed.): *Katà diálekton: Atti del III Colloquio Internationale di Dialectologia Greca, Napoli – Fiaiano d'Ischia, 25–28 settembre 1996.* Neapel 1999.
CFS – Cahiers Ferdinand de Saussure.
Chadwick 1973 – Chadwick, J.: *Documents in Mycenaean Greek.* Cambridge ^{2}1973.

Chantraine 1933 – Chantraine, P.: *La formation des noms en grec ancien*. Paris 1933.
Chantraine 1953/1958 – Chantraine, P.: *Grammaire homérique*, Bd. 1: Phonétique et Morphologie. Paris ^{3}1958 ; Bd. 2: Syntaxe. Paris 1953.
Chantraine 1961 – Chantraine, P.: *Morphologie historique du grec*. Paris ^{2}1961.
Chantraine 1968/1970/1974/1977/1980 – Chantraine, P.: *Dictionnaire étymologique de la langue grecque : Histoire des mots*, 4 Bde., Bd. 1–3 Paris 1968/1970/1974; Bd. 4,1 Paris 1977; Bd. 4,2 Paris 1980. (Neuausgabe mit Ergänzungen von A. Blanc / Ch. de Lamberterie / J.-L. Perpillou. Paris 1999; aktuelle Chronique d'étymologie grecque [CEG] von A. Blanc / Ch. de Lamberterie / J.-L. Perpillou ab *RPh* 70, 1996 [1997])
Cheung 2006 – Cheung, J.: *Etymological Dictionary of the Iranian Verb*. Leiden et al. 2006.
Christidēs 2006 – Christidēs, A.-Ph. (ed.): *A History of Ancient Greek: From the Beginnings to Late Antiquity*. Cambridge 2006.
Christofani 1985 – Christofani, M. (ed.): *Die Etrusker*. Stuttgart / Zürich 1985.
Clackson 1994 – Clackson, J.: *The Linguistic Relationship between Armenian and Greek*. Oxford / Cambridge 1994.
Clackson 2007 – Clackson, J.: *Indo-European Linguistics: An Introduction*. Cambridge 2007.
Clackson / Horrocks 2008 – Clackson, J. / Horrocks, G.: *The Blackwell history of the Latin language*. Malden 2008.
Clackson / Olsen 2004 – Clackson, J. / Olsen, B. (ed.): *Indo-European word formation: proceedings of the Conference held at the University of Copenhagen, October 20th – 22nd 2000*. Copenhagen 2004.
Collinge 1985 – Collinge, N.: *The laws of Indo-European*. Amsterdam / Philadelphia 1985.
Colonna 1981 – Colonna, G. (ed.): *Gli Etruschi e Roma: Atti dell' incontro di studio in onore di Massimo Pallottino Rom 1979*. Rom 1981.
Colvin 2007 – Colvin, S.: *A Historical Greek Reader: Mycenaean to the Koiné*. Oxford. 2007.
Comrie / Polinsky 1993 – Comrie, B. / Polinsky, M. (ed.): *Causatives and Transitivity*. Amsterdam / Philadelphia 1993.
Comrie 2018 – Comrie, B.: *The World's Major Languages*. London / New York 2018.
Connelly / Grüttner 2003 – Connelly, J. / Grüttner, M. (ed.): *Zwischen Autonomie und Anpassung: Universitäten in den Diktaturen des 20. Jahrhunderts*. Paderborn et al. 2003.
Cooper 2014 – Cooper, A.: *Reconciling Indo-European Syllabification*. Leiden / Boston 2014.
Coseriu 1974 – Coseriu, E.: *Synchronie, Diachronie und Geschichte: Das Problem des Sprachwandels*. München 1974.
Cotticelli-Kurras 1991 – Cotticelli-Kurras, P.: *Das hethitische Verbum 'sein'*. Heidelberg 1991.
Cowgill 1986 – Cowgill, W.: *Indogermanische Grammatik*, Bd. 1,1: Einleitung. Heidelberg 1986.
CRAI – Comptes rendus de l'Académie des Inscriptions et Belles-Lettres.
Crielaard 1995 – Crielaard, J. (ed.): *Homeric Questions: Essays in Philology, Ancient History and Archaeology*. Amsterdam 1995.
Crystal 1995 – Crystal, D.: *Die Cambridge-Enzyklopädie der Sprache*. Frankfurt / New York 1995. (engl. Original *The Cambridge Encyclopedia of Language*. Cambridge / New York / Melbourne 1987)

Dahl 2010 – Dahl, E.: *Time, Tense and Aspect in Early Vedic Grammar*. Leiden / Boston 2010.
Darms 1978 – Darms, G.: *Schwäher und Schwager, Hahn und Huhn: Die Vr̥ddhi-Ableitung im Germanischen*. München 1978.

Das / Meiser 2002 – Das, R. / Meiser, G. (ed.): Geregeltes Ungestüm: Bruderschaften und Jugendbünde bei indogermanischen Völkern. Bremen 2002.
Davis / Iverson 1992 – Davis, G. / Iverson, G. (ed.): *Explanation in Historical Linguistics*. Amsterdam / Philadelphia 1992.
de Boel 1988 – de Boel, G.: *Goal accusative and object accusative in Homer: A contribution to the theory of transitivity*. Brüssel 1988.
de Simone / Marchesini 2002 – de Simone, C. / Marchesini, S.: *Monumenta Linguae Messapicae*, 2 Bde. Wiesbaden 2002.
de Vaan 2003 – de Vaan, M.: *The Avestan Vowels*. Amsterdam / New York 2003.
de Vaan 2011 – de Vaan, M.: *Etymological Dictionary of Latin: And the other Italic Languages*. Leiden 2011.
de Vries 1962 – de Vries, J.: *Altnordisches etymologisches Wörterbuch*. Leiden ^{2}1962. (= ^{3}1977)
Debrunner 1917 – Debrunner, A.: *Griechische Wortbildungslehre*. Heidelberg 1917.
Deger-Jalkotzy, S. / Hiller, S. / Panagl, O. 1999 – Deger-Jalkotzy, S. / Hiller, S. / Panagl, O. (ed.): *Floreant Studia Mycenaea: Akten des X. Internationalen Mykenologischen Colloquiums in Salzburg vom 1.–5. Mai 1995*, 2 Bde. Wien 1999.
Degrassi 1965/1972 – Degrassi, A.: *Inscriptiones Latinae Liberae Rei Publicae*, 2 Bde. Florenz ^{2}1965/^{2}1972.
del Tutto Palma 1996 – del Tutto Palma, L. (ed.): *La Tavola di Agnone nel contesto italico: Convegno di Studio, Agnone, 13–15 aprile 1994*. Florenz 1996.
Delaunois 1988 – Delaunois, M.: *Essai de syntaxe grecque classique: Réflexions et recherches*. Leuven / Bruxelles 1988.
Delbrück 1867 – Delbrück, B.: *Ablativ Localis Instrumentalis*. Berlin 1867.
Delbrück 1871 – Delbrück, B.: *Der Gebrauch des Conjunktivs und Optativs im Sanskrit und Griechischen*. Halle a. d. S. 1871.
Delbrück 1879 – Delbrück, B.: *Die Grundlagen der griechischen Syntax*. Halle a. d. S. 1879.
Delbrück 1888 – Delbrück, B.: *Altindische Syntax*. Halle a. d. S. 1888 (Nachdruck Darmstadt 1968).
Delbrück 1893/1897/1900 – Delbrück, B.: *Vergleichende Syntax der indogermanischen Sprachen*, 3 Bde. Straßburg 1893/1897/1900. (in Brugmanns Grundriß als Bände 3–5 gezählt, 1967 zusammen mit Brugmanns Grundriß wieder abgedruckt)
Delbrück 1907 – Delbrück, B.: *Synkretismus: Ein Beitrag zur germanischen Kasuslehre*. Straßburg 1907.
Delbrück 1919 – Delbrück, B.: *Einleitung in das Studium der indogermanischen Sprachen: Ein Beitrag zur Geschichte und Methodik der Vergleichenden Sprachforschung*. Leipzig ^{6}1919.
Demiraj (B.) 1997 – Demiraj, B.: *Albanische Etymologien: Untersuchungen zum albanischen Erbwortschatz*. Amsterdam / Atlanta 1997.
Demiraj (B.) 2007 – Demiraj, B. (ed.): *Nach 450 Jahren Buzukus »Missale« und seine Rezeption in unserer Zeit: 2. Deutsch-Albanische kulturwissenschaftliche Tagung in München vom 14. bis 15. Oktober 2005*. Wiesbaden 2007.
Demiraj (S.) 1993 – Demiraj, S.: *Historische Grammatik der albanischen Sprache*. Wien 1993.
Denniston 1954 – Denniston, J.: *The Greek Particles*. Oxford ^{2}1954.
Derksen 1996 – Derksen, R.: *Metatony in Baltic*. Amsterdam / Atlanta 1996.
Derksen 2007 – Derksen, R.: *Etymological Dictionary of the Slavic Inherited Lexicon*. Leiden 2007.
Derksen 2013 – Derksen, R.: *Etymological Dictionary of the Baltic Inherited Lexicon*. Leiden 2013.

Devoto 1940 – Devoto, G.: *Storia della lingua di Roma*. Bologna 1940. (dt. Übersetzung von I. Opelt unter dem Titel *Geschichte der Sprache Roms*. Heidelberg 1968)

di Giovine 1990/1996a/1996b – di Giovine, P.: *Studio sul Perfetto Indoeuropeo*, 3 Bde. Rom 1990/1996.

Diehl 1965 – Diehl, E.: *Altlateinische Inschriften*. Berlin [5]1964.

Dimoudis / Kyriatsoulis 1998 – Dimoudis, N. / Kyriatsoulis, A. (ed.): *Die Geschichte der hellenischen Sprache und Schrift: Vom 2. zum 1. Jahrtausend v. Chr.: Bruch oder Kontinuität: Tagung 03.–06. Okt. 1996 Ohlstadt/Oberbayern – Deutschland*. Altenburg 1998.

Dionysios Thrax – Lallot, J. (ed.): *La grammaire de Denys le Thrace*. Paris [2]1998.

Disterheft 1979 – Disterheft, D.: *The Syntax of the Infinitive in Indo-European: Evidence from Indo-Iranian, Celtic, and Hittite*. Diss. University of California, Los Angeles 1977, Ann Arbor 1979.

Dobias-Lalou 2000 – Dobias-Lalou, C.: *Le dialecte des inscriptions grecques de Cyrène*. Paris 2000.

Dressler 1968 – Dressler, W.: *Studien zur verbalen Pluralität: Iterativum, Distributivum, Intensivum in der allgemeinen Grammatik, im Lateinischen und Hethitischen*. Wien 1968.

Drost-Abgarjan / Goltz 2005 – Drost-Abgarjan, A. / Goltz, H. (ed.): *Armenologie in Deutschland: Beiträge zum Ersten Deutschen Armenologen-Tag*. Münster 2005.

Dubois 1986 – Dubois, L.: *Recherches sur le dialecte arcadien*, 3 Bde. Louvain-La-Neuve 1986.

Dupraz 2011 – Dupraz, E. : *Sabellian Demonstratives : Forms and Functions*. Leiden / Boston 2011.

Düwel 2001 – Düwel, K.: *Runenkunde*. [3]2001.

Duhoux / Morpurgo Davies 2008 – Duhoux, Y. / Morpurgo Davies, A. (ed.): *A Companion to Linear B: Mycenaean Greek Texts and Their World*, Bd. 1. Louvain-la-Neuve / Dudley 2008.

Dunkel 2014 – Dunkel, G.: *Lexikon der indogermanischen Partikeln und Pronominalstämme*, Bd. 1: Einleitung, Terminologie, Lautgesetze, Adverbialendungen, Nominalsuffixe, Anhänge und Indices ; Bd. 2: Lexikon. Heidelberg 2014.

Duval 1985/1986/1988/1998/2003 – Duval, P.-M. (ed.): *Recueil des Inscriptions Gauloises*, 5 Bde. Paris 1985/1986/1988/1998/2003.

Eckart / Sellin / Wolgast 2006 – Eckart, W. / Sellin, V. / Wolgast, E. (ed.): *Die Universität Heidelberg im Nationalsozialismus*. Berlin 2006.

Eckert / Bukevičiūtė / Hinze 1994 – Eckert, R. / Bukevičiūtė, E.-J. / Hinze, F.: *Die baltischen Sprachen: Eine Einführung*. Leipzig et al. 1994.

Egetmeyer 1992 – Egetmeyer, M.: *Wörterbuch zu den Inschriften im kyprischen Syllabar*. Berlin / New York 1992.

Egetmeyer, 2010 – Egetmeyer, M.: *Le dialecte grec ancien de Chypre*, Bd. 1: Grammaire; Bd. 2: Répertoire des inscriptions en syllabaire chypro-grec. Berlin / New York 2010.

Eichler / Greuel / Janka / Schuh 2001/2006 – Eichler, E. / Greule, A. / Janka, W. / Schuh, R.: *Beiträge zur slavisch-deutschen Sprachkontaktforschung*, 2 Bde. Heidelberg 2001/2006

Eichler / Hilty / Löffler / Steger / Zgusta 1995/1996 – Eichler, E. / Hilty, G. / Löffler, H. / Steger, H. / Zgusta, L. (ed.): *Namenforschung: Ein internationales Handbuch zur Onomastik*, 2 Bde. Berlin / New York 1995/1996.

Eichner 1982 – Eichner, H.: *Studien zu den indogermanischen Numeralia (2–5)*. Regensburg (Habil.) 1982.

Eichner / Nedoma 2002/2003 – Eichner, H. / Nedoma, R. (ed.): *insprinc haptbandun: Referate des Kolloquiums zu den Merseburger Zaubersprüche auf der XI. Fachtagung der Indogermanischen Gesellschaft in Halle (Saale) (17.–23. September 2000)*. *Sprache* 41 (1999 [2002]: 87–228), *Sprache* 42 (2001/02 [2003]).
Einhauser 1989 – Einhauser, E.: *Die Junggrammatiker: Ein Problem für die Sprachwissenschaftsgeschichtsforschung*. Trier 1989.
Ellinger 2006 – Ellinger, E.: *Deutsche Orientalistik zur Zeit des Nationalsozialismus 1933–1945*. Mannheim 2006.
Erbe 1989 – Erbe, M. (ed.): *Berlinische Lebensbilder: Geisteswissenschaftler*. Berlin 1989.
Ernout 1947 – Ernout, A.: *Recueil de textes latins archaïques: Textes épigraphiques et littéraires*. Paris ²1947.
Ernout / Meillet 1959 – Ernout, A. / Meillet, A.: *Dictionnaire étymologique de la langue latine: Histoire des mots*. Paris ⁴1959. (aktuelle Chronique d'étymologie latine [CEL] von A. Blanc / Ch. de Lamberterie / J.-L. Perpillou ab *RPh* 77, 2003)
Etter 1985 – Etter, A.: *Die Fragesätze im R̥gveda*. Berlin / New York 1985.
Euler 1979 – Euler, W.: *Indoiranisch-griechische Gemeinsamkeiten der Nominalbildung und deren indogermanische Grundlagen*. Innsbruck 1979.
Euler 2016 – Euler, W.: *Sprachenvielfalt der Indogermania im Wandel der Geschichte: Sprachaufgliederung, Sprachwandel, Sprachbeeinflussung und Sprachkonvergenz*. Wien 2016.

Fahlbusch / Haar / Pinwinkler 2017a – Fahlbusch, M. / Haar, I. / Pinwinkler, A. (ed.): *Handbuch der völkischen Wissenschaften: Akteure, Netzwerke, Forschungsprogramme*, Bd. 1. Berlin ²2017.
Fahlbusch / Haar / Pinwinkler 2017b – Fahlbusch, M. / Haar, I. / Pinwinkler, A. (ed.): *Handbuch der völkischen Wissenschaften: Akteure, Netzwerke, Forschungsprogramme*, Bd. 2. Berlin ²2017.
Falileyev 2008 – Falileyev, A.: *Le Vieux-Gallois*. Potsdam 2008
Feist 1913 – Feist, S: *Kultur, Ausbreitung und Herkunft der Indogermanen*. Berlin 1913.
Feist 1939 – Feist, S.: *Vergleichendes Wörterbuch der gotischen Sprache*. Leiden ³1939.
Feulner 2001 – Feulner, A.: *Die griechischen Lehnwörter im Altenglischen*. Bern et al. 2001
Fiedler 2004 – Fiedler, W.: *Das albanische Verbalsystem in der Sprache des Gjon Buzuku (1555)*. Prishtinë 2004.
Fischer 2010 – Fischer, R.: *Die Aḫḫijawa-Frage: Mit einer kommentierten Bibliographie*. Wiesbaden 2010.
Fisiak 1984 – Fisiak, J. (ed.): *Historical Syntax*. Berlin et al. 1984.
FoL – *Folia Linguistica*.
Forssman (B. = Bernh.) 1966 – Forssman, B.: *Untersuchungen zur Sprache Pindars*. Wiesbaden 1966.
Forssman (B. = Bernh.) 2019 – Forssman, B.: *Die homerischen Verbalformen*. Dettelbach 2019.
Forssman (Berth.) 2001 – Forssman, B.: *Lettische Grammatik*. Dettelbach 2001.
Forssman (Berth.) 2002 – Forssman, B.: *Studien zu einer runenschwedischen Grammatik*. Hamburg 2002.
Forssman (Berth.) 2003 – Forssman, B.: *Das baltische Adverb*. Heidelberg 2003.
Fortson 2008 – Fortson, B.: *Language and Rhythm in Plautus: Synchronic and Diachronic Studies*. Berlin / New York 2008.

Fortson 2010 – Fortson, B.: *Indo-European Language and Culture: An Introduction*. Chichester 2010.

Fraenkel 1928 – Fraenkel, E.: *Syntax der litauischen Kasus*. Kaunas 1928.

Fraenkel 1929 – Fraenkel, E.: *Syntax der litauischen Postpositionen und Präpositionen*. Heidelberg 1929.

Fraenkel 1962–1965 – Fraenkel, E.: *Litauisches etymologisches Wörterbuch*. Heidelberg 1962–1965.

Fraser / Matthews 1987–2014 – Fraser, P. / Matthews, E. (ed.): *A Lexicon of Greek Personal Names*. Oxford 1987–2014. (aktuelle Liste der publizierten Bände auf der Website des *Lexicon of Greek Personal Names* unter lgpn.ox.ac.uk)

Friedrich (J.) 1932 – Friedrich, J.: *Kleinasiatische Sprachdenkmäler*. Berlin 1932.

Friedrich (J.) 1960 – Friedrich, J.: *Hethitisches Elementarbuch*, Bd. 1: Kurzgefaßte Grammatik. Heidelberg ²1960.

Friedrich (J.) / Kammenhuber 1975–2017 – Friedrich, J. / Kammenhuber, A.: *Hethitisches Wörterbuch*. Heidelberg ²1975–2017. (Publiziert sind folgende Bände: A 1984; E 1988; H 2007/2013; I 2017)

Friedrich (P.) 1975 – Friedrich, P.: *Proto-Indo-European Syntax: The Order of Meaningful Elements*. Washington 1975.

Frisk 1960/1970/1972 – Frisk, H.: *Griechisches etymologisches Wörterbuch*, 3 Bde. Heidelberg 1960/1970/1972.

Fritz 2005 – Fritz, M.: *Die trikasuellen Lokalpartikeln bei Homer*. Göttingen 2005.

Fritz 2011 – Fritz, M.: *Der Dual im Indogermanischen: Genealogischer und typologischer Vergleich einer grammatischen Kategorie im Wandel*. Heidelberg 2011.

Fritz / Wischer 2004 – Fritz, M. / Wischer I. (ed.): *Historisch-vergleichende Sprachwissenschaft und germanische Sprachen: Akten der 4. Neulandtagung der Historisch-Vergleichenden Sprachwissenschaft in Potsdam 2001*. Innsbruck 2004.

Fruyt / Mazoyer / Pardee 2011 – Fruyt, M. / Mazoyer, M. / Pardee, D. (ed.): *Variations, concurrence et evolution des cas dans divers domaines linguistiques: Grammatical case in the languages of the Middle East and Europe*. Chicago 2011.

FS – Festschrift.

FS Aura Jorro 2013 – Bernabé, A. / Lujan, E. (ed.): *Donum Mycenologicum: Mycenaean Studies in Honour of Francisco Aura Jorro*. Leuven 2013.

FS Bader 2012 – Blanc, A. / Dubois, L. / de Lamberterie, Ch. (ed.): *ΠΟΛΥΜΗΤΙΣ: Mélanges en l'honneur de Françoise Bader*. Leuven / Paris 2012.

FS Beekes 1997 – Lubotsky, A. (ed.): *Sound Law and Analogy: Papers in Honor of R. S. P. Beekes*. Amsterdam / Atlanta 1997.

FS Belardi 1994 – Cipriano, P. / di Giovine, P. / Mancini, M. (ed.): *Miscellanea di studi linguistici in onore di Walter Belardi*, Bd.1: Linguistica indoeuropea e non indoeuropea. Rom 1994.

FS Bielmeier 2008 – Huber, B. (ed.): *Chomolangma, Demawend und Kasbek: Festschrift für Roland Bielmeier zu seinem 65. Geburtstag*. Halle a. d. S. 2008.

FS Čop 1993 – *Bojan Čop septuagenario in honorem oblata. Linguistica 33*. Ljubljana 1993.

FS Dihle 1993 – Most, G. / Petersmann, H. / Ritter, A. (ed.): *Philanthropia kai Eusebeia: Festschrift für Albrecht Dihle zum 70. Geburtstag*. Göttingen 1993.

FS Eichner – Nedoma, R. / Stifter, D. (ed.): *h_2nr: Festschrift für Heiner Eichner*. Wiesbaden 2010.

FS Fiedler 2005 – Genesin, M. / Matzinger, J. (ed.): *Albanologische und balkanologische Studien*. Hamburg 2005.

FS Forssman 1999 – Habisreitinger, J. / Plath, R. / Ziegler, S. (ed.): *gering und doch von Herzen: 25 indogermanistische Beiträge B. Forssman zum 65. Geburtstag*. Wiesbaden 1999.
FS García Ramón 2017 – Hajnal, I. / Kölligan, D. / Zipser, K. (ed.): *Miscellanea Indogermanica: Festschrift für José Luis Garcá Ramón zum 65. Geburtstag*. Innsbruck 2017.
FS Gusmani 2006 – Bombi, R. et al. (ed.): *Studi linguistici in onore di Roberto Gusmani*. Alessandria 2006.
FS Hamp 1990 – Matonis, A. / Melia, D. (ed.): *Celtic Language, Celtic Culture: A Festschrift for Eric P. Hamp*. Van Nuys, California 1990.
FS Hamp 1997a/1997b – *Festschrift for Eric P. Hamp*, 2 Bde. Washington 1997.
FS Hamp 2010 – Beluscio, G. / Mendicino, A. (ed.): *Scritti in onore di Eric Pratt Hamp per il suo 90. compleanno*. Calabria 2010.
FS Hänsel 1997 – Becker, C. et al. (ed.): *Χρόνος: Beiträge zur prähistorischen Archäologie zwischen Nord- und Südosteuropa, Festschrift für Bernhard Hänsel*. Espelkamp 1997.
FS Herzenberg 2005 – Kazanskij, N. (ed.): *Hr̥dā́ Mánasā: Sbornik statej k 70-letiju so dnja roždenija professora Leonarda Georgieviča Gercen-berga*. Sankt-Peterburg 2005.
FS Hoenigswald 1987 – Cardona, G. / Zide, N. (ed.): *Festschrift for Henry M. Hoenigswald*. Tübingen 1987.
FS Humbach 1986 – Schmitt, R. (ed.): *Studia grammatica Iranica*. München 1986.
FS Insler 2002 – Brereton, J. / Jamison, S. (ed.): *Indic and Iranian Studies in Honor of Stanley Insler on his Sixty-fifth Birthday*. *Journal of the American Oriental Society* 122. Ann Arbor 2002.
FS Jamison 2016 – Gunkel, D. / Katz, J. / Vine, B. / Weiss, M. (ed.): *Sahasram Ati Srajas: Indo-European and Indo-Iranian Studies in Honor of Stephanie W. Jamison*. Ann Arbor / New York 2016.
FS Jasanoff 2007 – Nussbaum, A. (ed.): *Verba Docenti: Studies in historical and Indo-European linguistics presented to Jay Jasanoff by students, colleagues, and friends*. Ann Arbor / New York 2007.
FS Joseph 2019 – Pennington, J. / Collins, D. / Friedman, V. /Grenoble, L. (ed.): *And Thus You Are Everywhere Honored: Studies Dedicated to Brian D. Joseph*. Bloomington 2019.
FS Josephson 2006 – Carling, G. (ed.): *$^{GIŠ.ḪUR}$gul-za-at-ta-ra: A Festschrift for Folke Josephson*. Göteborg 2006.
FS Kellens 2009 – Pirart, E. / Tremblay, X. (ed.): *Zarathushtra entre l'Inde et l'Iran*. Wiesbaden 2009.
FS Klein 2016 – Byrd, A. / DeLisi, J. / Wenthe, M. (ed.): *Tavet Tat Satyam: Studies in Honor of Jared S. Klein on the Occasion of His Seventieth Birthday*. Ann Arbor / New York 2016.
FS Klingenschmitt 2005 – Schweiger, G. (ed.): *Indogermanica: Festschrift Gert Klingenschmitt; indische, iranische und indogermanische Studien dem verehrten Jubilar dargebracht zu seinem fünfundsechzigsten Geburtstag*. Taimering 2005.
FS Knobloch 1985 – Ölberg, H. / Schmidt, G. (ed.): *Sprachwissenschaftliche Forschungen: Festschrift für J. Knobloch*. Innsbruck 1985.
FS Koch 2007 – Hock, W. / Meier-Brügger, M. (ed.): *DARЪ SLOVESЬNY: Festschrift für Christoph Koch zum 65. Geburtstag*. München 2007.
FS Kortlandt 2008 – Lubotsky, A. (ed.): *Evidence and counter-evidence: essays in honour of Frederik Kortlandt*. Amsterdam / New York 2008.
FS Kuiper 1968 – Heesterman, J. / Schokker, G. / Subramoniam, V. (ed.): *Pratidānam: Indian, Iranian and Indo-European Studies Presented to Franciscus Bernardus Jacobus Kuiper on his sixtieth birthday*. Den Haag / Paris 1968.

FS de Lamberterie 2020 – Le Feuvre, C. / Petit, D. (ed.): *Ὀνομάτων ἵστωρ: Onomaton Histor: Mélanges Offerts à Charles de Lamberterie*. Louvain 2020.
FS Lejeune 1978 – *Etrennes de septantaine: Travaux de linguistique et de grammaire comparée offerts à Michel Lejeune*. Paris 1978.
FS Lüdtke 1993 – Schmidt-Radefeldt, J. / Harder, A. (ed.): *Sprachwandel und Sprachgeschichte: Festschrift für Helmut Lüdtke zum 65. Geburtstag*. Tübingen 1993.
FS Lühr 2016 – Neri, S. / Schumann, R. / Zeilfelder, S. (ed.): *„dat ich dir it nu bi huldi gibu“: Linguistische, germanistische und indogermanistische Studien Rosemarie Lühr gewidmet*. Wiesbaden 2016.
FS Lubotsky 2018 – Beek, L. / Kloekhorst, A. / Kroonen, G. / Peyrot, M. / Pronk, T. (ed.): *Farnah: Indo-Iranian and Indo-European Studies in Honor of Sasha Lubotsky*. Ann Arbor / New York 2018.
FS Maronitis 1999 – Kazazis, N. / Rengakos, A. (ed.): *Euphrosyne: Studies in Ancient Epic and its Legacy in Honor of Dimitris N. Maronitis*. Stuttgart 1999.
FS Meid 1989 – Heller, K. / Panagl, O. / Tischler, J. (ed.): *Indogermanica Europea: Festschrift für W. Meid zum 60. Geburtstag*. Graz 1989.
FS Meid 1999 – Anreiter, P. / Jerem, E. (ed.): *Studia Celtica et Indogermanica: Festschrift für W. Meid zum 70. Geburtstag*. Budapest 1999.
FS Meier-Brügger 2020 – Fritz, M. / Kitazumi, T. / Veksina, M. (ed.): *Maiores philologiae pontes: Festschrift für Michael Meier-Brügger zum 70. Geburtstag*. Ann Arbor 2020.
FS Meiser 2018 – Hackstein, O. / Opfermann, A. (ed.): *Priscis Libentius et Liberius Novis: Indogermanische und sprachwissenschaftliche Studien: Festschrift für Gerhard Meiser zum 65. Geburtstag*. Hamburg 2018.
FS Melchert 2010 – Kim, R. / Oettinger, N. / Rieken, E. / Weiss, M. (ed.): *Ex Anatolia Lux: Anatolian and Inddo-European studies in honor of H. Craig Melchert on the occasion of his sixty-fifth birthday*. Ann Arbor / New York 2010.
FS Morpurgo-Davies 2004 – Penney, J. (ed.): *Indo-European Perspectives: Studies in Honour of Anna Morpurgo Davies*. Oxford et al. 2004.
FS Narten 2000 – Hintze, A. / Tichy, E. (ed.): *Anusantatyai: Festschrift für Johanna Narten zum 70. Geburtstag*. Dettelbach 2000.
FS Neumann 1982 – Tischler, J. (ed.): *Serta Indogermanica: Festschrift für Günter Neumann zum 60. Geburtstag*. Innsbruck 1982.
FS Neumann 2002 – Fritz, M. / Zeilfelder, S. (ed.): *Novalis Indogermanica: Festschrift für Günter Neumann zum 80. Geburtstag*. Graz 2002.
FS Nowicki 2014 – Brosch, C. / Payne, A. (ed.): *Na-wa/i-VIR.ZI/A MAGNUS.SCRIBA: Festschrift für Helmut Nowicki zum 70. Geburtstag*. Wiesbaden 2014.
FS Nussbaum 2013 – Cooper, A. / Rau, J. / Weiss, M. (ed.): *Multi Nominis Grammaticus: A Festschrift for Alan J. Nussbaum*. Ann Arbor / New York 2013.
FS Ó Fiannachta 1994 – McCone, K. et al. (ed.): *Stair na Gaeilge in ómós do Pádraig Ó Fiannachta*. Maigh Nuad 1994.
FS Oettinger 2014 – Melchert, C. / Rieken, E. / Steer, Th. (ed.): *Munus Amicitiae: Norbert Oettinger a collegis et amicis dicatum*. Ann Arbor / New York 2014.
FS Olsen 2017 – Hansen, B. / Hyllested, A. / Jørgensen, A. / Kroonen, G. / Larsson, H. / Nielsen Whitehead, B. / Olander, Th. / Søborg, T. (ed.): *Usque ad Radices: Indo-European Studies in Honour of Birgit Anette Olsen*. Copenhagen 2017.
FS Otten 1973 – Neu, E. / Rüster Ch. (ed.): *Festschrift Heinrich Otten*. Wiesbaden 1973.

FS Otten 1988 – Neu, E. / Rüster Ch. (ed.): *Documentum Asiae Minoris Antiquae: Festschrift für Heinrich Otten zum 75. Geburtstag*. Wiesbaden 1988.

FS Pirart 2015 – Cantera, A. / Ferrer-Losilla, J. (ed.): *a̱tcit̠ bā nəmō haōmāi: Homenaje a Éric Pirart en su 65° aniversario*. Girona 2015.

FS Palmer 1976 – Morpurgo Davies, A. / Meid, W. (ed.): *Studies in Greek, Italic, and Indo-European Linguistics offered to Leonard R. Palmer*. Innsbruck 1976.

FS Panagl 2004 – Krisch, Th. (ed.): *Analecta homini universali dicata: Arbeiten zur Indogermanistik, Linguistik, Philologie, Politik, Musik und Dichtung: Festschrift für Oswald Panagl zum 65. Geburtstag*. Stuttgart 2004.

FS Pisani 1969a/1969b – *Studi linguistici in onore di Vittore Pisani*. 2 Bde. Brescia 1969.

FS Puhvel 1997 – Disterheft, D. / Huld, M. / Greppin, J. (ed.): *Studies in Honor of J. Puhvel*, Bd. 1: Ancient Languages and Philology. Washington 1997.

FS Ramat 1998 – Bernini, G. / Cuzzolin, P. / Molinelli, P. (ed.): *Ars Linguistica: Studi offerti a Paolo Ramat*. Rom 1998.

FS Rasmussen 2004 – Hyllested, A. (ed.): *Per aspera ad asteriscos: Studia indogermanica in honorem Jens Elmegård Rasmussen sexagenarii Idibus Martiis anno MMIV*. Innsbruck 2004.

FS Risch 1986 – Etter, A. (ed.): *o-o-pe-ro-si: Festschrift für Ernst Risch zum 75. Geburtstag*. Berlin / New York 1986.

FS Ritter 2004 – Anreiter, P. (ed.): *Artes et scientiæ: Festschrift für Ralf-Peter Ritter zum 65. Geburtstag*. Wien 2004.

FS Rix 1993 – Meiser, G. (ed.): *Indogermanica et Italica: Festschrift für Helmut Rix zum 65. Geburtstag*. Innsbruck 1993.

FS Schlerath 1994 – Hänsel, B. / Zimmer, S. (ed.): *Die Indogermanen und das Pferd: Akten des Internationalen interdisziplinären Kolloquiums an der Freien Universität Berlin, 2.–3. Juli 1992*. Budapest 1994.

FS Schmalstieg 2004 – Baldi, Ph. / Dini, P. (ed.): *Studies in Baltic and Indo-European Linguistics: In honor of William R. Schmalstieg*. Amsterdam / Philadelphia 2004.

FS Schmeja 1998 – Anreiter, P. / Ölberg, H. (ed.): *Wort – Text – Sprache und Kultur: Festschrift für Hans Schmeja zum 65. Geburtstag*. Innsbruck 1998.

FS Schmid 1999 – Eggers, E. / Becker, J. / Udolph, J. / Weber, D. (ed.): *Florilegium Linguisticum: Festschrift für Wolfgang P. Schmid*. Bern et al. 1999.

FS Schmidt 1994 – Bielmeier, R. / Stempel, R. (ed.): *Indogermanica et Caucasica: Festschrift für Karl Horst Schmidt zum 65. Geburtstag*. Berlin / New York 1994.

FS Seebold 1999 – Schindler, W. / Untermann, J. (ed.): *Grippe, Kamm und Eulenspiegel: Festschrift für Elmar Seebold zum 65. Geburtstag*. Berlin 1999.

FS Seiler 1980 – Brettschneider, G. / Lehmann, Ch. (ed.): *Wege zur Universalienforschung: Sprachwissenschaftliche Beiträge zum 60. Geburtstag von Hansjakob Seiler*. Tübingen 1980.

FS Sergent 2017 – Meurant, A. (ed.): *Traditions indo-européennes et patrimoines folkloriques: Mélanges offerts à Bernard Sergent*. Paris 2017.

FS Stimm 1982 – Heinz, S. / Wandruszka, U. (ed.): *Fakten und Theorien: Beiträge zur romanischen und allgemeinen Sprachwissenschaft: Festschrift für Helmut Stimm zum 65. Geburtstag*. Tübingen 1982.

FS Strunk 1995 – Hettrich, H. / Hock, W. / Mumm, P.-A. / Oettinger, N. (ed.): *Verba et structurae: Festschrift für Klaus Strunk zum 65. Geburtstag*. Innsbruck 1995.

FS Strunk 2016 – Mumm, P.-A. (ed.): *Disciplina Viva: Festschrift für Klaus Strunk anlässlich seines 85. Geburtstags am 22. August 2015.* München 2016.
FS Szemerényi 1979a/1979b – Brogyanyi, B. (ed.): *Studies in Diachronic, Synchronic, and Typological Linguistics: Festschrift for Oswald Szemerényi*, 2 Bde. Amsterdam 1979.
FS Szemerényi 1992a/1992b/1993 – Brogyanyi, B. (ed.): *Prehistory, History and Historiography of Language, Speech and Linguistic Theory: Papers in Honor of Oswald Szemerényi*, Bd. 1. Amsterdam / Philadelphia 1992; Brogyanyi, B. / Lipp, R. (ed.): *Historical Philology: Greek, Latin, and Romance, Papers in Honor of Oswald Szemerényi*, Bd. 2. Amsterdam / Philadelphia 1992; Brogyanyi, B. / Lipp, R. (ed.): *Comparative-Historical Linguistics: Indo-European and Finno-Ugric, Papers in Honor of Oswald Szemerényi*, Bd. 3. Amsterdam / Philadelphia 1993.
FS Thomas 1988 – Kosta, P. (ed.): *Studia Indogermanica et Slavica: Festgabe für Werner Thomas zum 65. Geburtstag*. München 1988.
FS Thordarson 2005 – Haug, D. / Welo, E. (ed.): *Haptačahaptāitiš: Festschrift for Fridrik Thordarson on the occasion of his 77th birthday*. Oslo 2005.
FS Tischler 2016 – García Trabazo, J. / Marquardt, H. / Reichmuth, S. (ed.): *Studia linguistica in honorem Johann Tischler*. Innsbruck 2016.
FS Untermann 1993 – Heidermanns, F. / Rix, H. / Seebold, E. (ed.): *Sprachen und Schriften des antiken Mittelmeerraumes: Festschrift für Jürgen Untermann*. Innsbruck 1993.
FS Vine 2018 – Gunkel, D. / Jamison, S. / Mercado, A. / Yoshida, K. (ed.): *Vina Diem Celebrent: Studies in Linguistics and Philology in Honor of Brent Vine*. Ann Arbor / New York 2018.
FS Wachter 2020 – Aberson, M. / dell'Oro, F. / de Vaan, M. / Viredaz, A. (ed.): *[vøːrtər]: Mélanges de linguistique, de philologie et d'histoire ancienne offerts à Rudolf Wachter*. Lausanne 2020.
FS Wandruszka 1991 – Gauger, H.-M. / Pöckl, W. (ed.): Wege in der Sprachwissenschaft, Vierundvierzig autobiographische Berichte, Festschrift für M. Wandruszka. Tübingen 1991.
FS Watkins 1998 – Jasanoff, J. / Melchert, C. / Oliver, L. (ed.): *Mír Curad: Studies in Honor of Calvert Watkins*. Innsbruck 1998.
FS Werner 1997 – Birkmann, Th. / Klingenberg, H. / Nübling, D. / Ronneberger-Sibold, E. (ed.): *Vergleichende germanische Philologie und Skandinavistik: Festschrift für Otmar Werner*. Tübingen 1997
FS Winter 2003 – Bauer, B. / Pinault, G.-J. (ed.): *Language in time and space: A Festschrift for Werner Winter on the occasion of his 80th birthday*. Berlin et al. 2003.
FS Zaic 1989 – Grosser, W. (ed.): *Phonophilia: Untersuchungen zu Phonetik und Phonologie: F. Zaic zum 60. Geburtstag*. Salzburg 1989.
FT – Fachtagung.
FT Berlin 1983 – Schlerath, B. (ed.): *Grammatische Kategorien: Funktion und Geschichte: Akten der VII. Fachtagung der Idg. Gesellschaft 1983 in Berlin*. Wiesbaden 1985.
FT Berlin 1990 – Schlerath, B. (ed.): *Tocharisch: Akten der Fachtagung der Idg. Gesellschaft 1990 in Berlin*. Reykjavík 1994.
FT Bern 1969 – Redard, G. (ed.): *Indogermanische und allgemeine Sprachwissenschaft: Akten der IV. Fachtagung der Idg. Gesellschaft 1969 in Bern*. Wiesbaden 1973.
FT Halle 2000 – Meiser, G. / Hackstein, O. (ed.): *Sprachkontakt und Sprachwandel: Akten der 11. Fachtagung der Indogermanischen Gesellschaft, 17.–23. September 2000, Halle an der Saale*. Wiesbaden 2005.
FT Innsbruck 1961 – Akten der II. Fachtagung der Idg. Gesellschaft 1961 in Innsbruck. Innsbruck 1962.

FT Innsbruck 1996 – Meid, W. (ed.): *Sprache und Kultur der Indogermanen: Akten der X. Fachtagung der Idg. Gesellschaft 1996 in Innsbruck*. Innsbruck 1998.
FT Krakau 2004 – Lühr, R. / Ziegler, S. (ed.): *Protolanguage and Prehistory: Akten der XII. Fachtagung der Indogermanischen Gesellschaft, Krakau, 11.–15. Oktober 2004*. Wiesbaden 2009.
FT Leiden 1987 – Beekes, R. (ed.): *Relative Chronologie: Akten der VIII. Fachtagung der Idg. Gesellschaft 1987 in Leiden*. Innsbruck 1992.
FT Regensburg 1973 – Rix, H. (ed.): *Flexion und Wortbildung: Akten der V. Fachtagung der Idg. Gesellschaft 1973 in Regensburg*. Wiesbaden 1975.
FT Salzburg 2008 – Krisch, Th. / Lindner, Th. (ed.): *Indogermanistik und Linguistik im Dialog: Akten der XIII. Fachtagung der Indogermanischen Gesellschaft vom 21. bis 27. September 2008 in Salzburg*. Wiesbaden 2011.
FT Wien 1978 – Mayrhofer, M. / Peters, M. / Pfeiffer, O. (ed.): *Lautgeschichte und Etymologie: Akten der VI. Fachtagung der Idg. Gesellschaft 1978 in Wien*. Wiesbaden 1980.
FT Zürich 1992 – Dunkel, G. / Meyer, G. / Scarlata, S. / Seidl, Ch. (ed.): *Früh-, Mittel-, Spätindogermanisch: Akten der IX. Fachtagung der Idg. Gesellschaft 1992 in Zürich*. Wiesbaden 1994.
Fulk 1986 – Fulk, R.: *The Origins of Indo-European Quantitative Ablaut*. Innsbruck 1986.

Gaedicke 1880 – Gaedicke, C.: *Der Accusativ im Veda*. Breslau 1880.
Gamkrelidze / Ivanov 1995a/1995b – Gamkrelidze, Th. / Ivanov, V.: *Indo-European and the Indo-Europeans: A Reconstruction and Historical Analysis of a Proto-Language and a Proto-Culture*, 2 Bde. Berlin / New York 1995.
Gāters 1993 – Gāters, A.: *Lettische Syntax: Die Dainas*. Frankfurt a. M. et al. 1993.
Geiger 1916 – Geiger, W.: *Pāli: Literatur und Sprache*. Straßburg 1916.
Geldner 1951–1957 – Geldner, K.: Der Rig-Veda: Aus dem Sanskrit ins Deutsche übersetzt und mit einem laufenden Kommentar versehen, 4 Bde. Leipzig 1951–1957. (Übersetzung von 1923, wegen widriger Umstände erst nach dem Zweiten Weltkrieg erschienen, vgl. das Vorwort von J. Nobel zu Band IV: V–VII)
George 2005 – George, C.: *Expressions of Agency in Ancient Greek*. Cambridge 2005.
George 2007 – George, C. et al. (ed.): *Greek and Latin from an Indo-European Perspective*. Cambridge 2007.
George 2014 – George, C.: *Expressions of Time in Ancient Greek*. Cambridge 2014.
George 2020 – George, C.: *How Dead Languages Work*. Oxford 2020.
Gérard 2005 – Gérard, R.: *Phonétique et morphologie de la langue lydienne*. Louvain-La-Neuve 2005.
GGA – *Göttingische Gelehrte Anzeigen*.
Giacalone-Ramat / Carruba / Bernini 1987 – Giacalone-Ramat, A. / Carruba, O. / Bernini, G. (ed.): *Papers from the 7th International Conference on Historical Linguistics*. Amsterdam / Philadelphia 1987.
Giacomelli (G.) 1963 – Giacomelli, G.: *La lingua falisca*. Florenz 1963.
Giacomelli (R.) 1993 – Giacomelli, R.: *Storia della lingua latina*. Rom 1993.
Giannakis 1997 – Giannakis, G.: *Studies in the Syntax and Semantics of the Reduplicated Presents of Homeric Greek and Indo-European*. Innsbruck 1997.

Giannotta, M. / Gusmani, R. / Innocente, L. et al. 1994 – Giannotta, M. / Gusmani, R. / Innocente, L. / Marcozzi, D. / Salvini, M. / Sinatra, M. / Vannicelli, P. (ed.): *La decifrazione del cario: Atti del 1° Simposio Internazionale, Roma, 3–4 maggio 1993*. Rom 1994.

Giorgieri 2003 – Giorgieri, M. (ed.): *Licia e Lidia prima dell'ellenizzazione: Atti del convegno internazionale, Roma, 11 – 12 ottobre 1999*. Rom 2003.

Gippert 1978 – Gippert, J.: *Zur Syntax der infinitivischen Bildungen in den indogermanischen Sprachen*. Frankfurt a. M. et al. 1978.

Gippert 1993 – Gippert, J.: *Iranica Armeno-Iberica: Studien zu den iranischen Lehnwörtern im Armenischen und Georgischen*, 2 Bde. Wien 1993.

Glotta – *Glotta: Zeitschrift für griechische und lateinische Sprache*. Göttingen.

Glück / Rödel 2016 – Glück, H. / Rödel, M. (ed.): *Metzler Lexikon Sprache*. Stuttgart ^{5}2016.

Gmür 1986 – Gmür, R.: *Das Schicksal von F. de Saussures „Mémoire": Eine Rezeptionsgeschichte*. Bern 1986.

Godel 1975 – Godel, R.: *An Introduction to the Study of Classical Armenian*. Wiesbaden 1975.

Goldstein 2015 – Goldstein D.: *Classical Greek Syntax: Wackernagel's Law in Herodotus*. Leiden / Boston 2015.

Gonda 1956 – Gonda., J.: *The Character of the Indo-European Moods*. Wiesbaden 1956.

Gotō 1996 – Gotō, T.: *Die „I. Präsensklasse" im Vedischen: Untersuchung der vollstufigen thematischen Wurzelpräsentia*. Wien ^{2}1996.

Graf 1996 – Graf, F. (ed.): *Einleitung in die lateinische Philologie*. Stuttgart / Leipzig 1996.

Graßmann 1873 – Graßmann, H.: *Wörterbuch zum Rig-Veda*. Leipzig 1873. (6., überarbeitete und ergänzte Auflage von M. Kozianka 1996)

GS – *Gedenkschrift*.

GS Brandenstein 1968 – Mayrhofer, M. (ed.): *Studien zur Sprachwissenschaft und Kulturkunde: Gedenkschrift für W. Brandenstein*. Innsbruck 1968.

GS Camaj 2010 – Demiraj, B. (ed.): *Wir sind die Deinen: Studien zur albanischen Sprache, Literatur und Kulturgeschichte, dem Gedenken an Martin Camaj (1925–1992) gewidmet*. Wiesbaden 2010.

GS Cowgill 1987 – Watkins, C. (ed.): *Studies in Memory of Warren Cowgill (1929–1985): Papers from the Fourth East Coast Indo-European Conference 1985*. Berlin / New York 1987.

GS Forrer 2004 – Groddek, D. (ed.): *Šarnikzel: Hethitologische Studien zum Gedenken an Emil Orgetorix Forrer (19.02.1894 – 10.01.1986)*. Dresden 2004.

GS Hoffmann 1997 – *Akademische Gedenkfeier für Professor Dr. Karl Hoffmann am 11. Juli 1996*. Erlangen 1997.

GS Katz 2001 – Eichner, H. / Mumm, P.-A. / Panagl, O. / Winkler, E. (ed.): *Fremd und Eigen: Untersuchungen zu Grammatik und Wortschatz des Uralischen und Indogermanischen in memoriam Hartmut Katz*. Wien 2001.

GS Kronasser 1982 – *Investigationes Philologicae et Comparativae: Gedenkschrift für Heinz Kronasser*. Wiesbaden 1982.

GS Kuryłowicz 1995a/1995b – Smoczyński, W. (ed.): *Kuryłowicz Memorial Volume*, Bd. 1. Krakau 1995; Bd. 2. *Linguistica Baltica* 4, 1995.

GS Lejeune 2009 – Biville, F. (ed.): *Autour de Michel Lejeune: actes des journées d'étude organisées à l'Université Lumière-Lyon 2 – Maison de l'Orient et de la Méditerranée; 2 – 3 février 2006*. Lyon 2009.

GS Mayrhofer 2020 – Schmitt, R. / Sadovski, V. / Luschützky, H. (ed.): *Iranian and Indo-European Linguistics and Onomastics: Proceedings of the Conferences in Memory of Manfred Mayrhofer (1926–2011)*. Wien 2020.

GS Polomé 2003 – Salmons, J. / Drinka, B. (ed.): *Indo-European Language and Culture: Essays in Memory of Edgar C. Polomé*. Berlin – New York 2003.

GS Schindler 1999 – Eichner, H. / Luschützky, Ch. (ed.): *Compositiones indogermanicae in memoriam Jochem Schindler*. Prag 1999.

GS Schindler 2012 – Sadovski, V. / Stifter, D. (ed.): *Iranistische und Indogermanistische Beiträge in memoriam Jochem Schindler*. Wien 2012.

GS van Windekens 1991 – Isebaert, L. (ed.): *Studia etymologica indoeuropea memoriae A. J. van Windekens (1915–1989) dicata*. Leuven 1991.

Güterbock (B.) 1882 – Güterbock, B.: *Bemerkungen über die lateinischen Lehnwörter im Irischen*. Diss. Leipzig 1882.

Güterbock (H.) / Hoffner 1980–2019 – Güterbock, H. / Hoffner, H. (ed.): *The Hittite Dictionary of the Oriental Institute of the University of Chicago (CHD)*. Chicago 1980–2019. (Publiziert sind folgende Bände: L–N 1989; P 1997; Š 2019)

Guiraud 1962 – Guiraud, Ch.: *La phrase nominale en grec*. Paris 1962.

Gunkel / Hackstein 2018 – Gunkel, D. / Hackstein, O. (ed.): *Language and Meter*. Leiden / Boston 2018.

Gusmani 1964 – Gusmani, R.: *Lydisches Wörterbuch*. Heidelberg 1964.

Gusmani 1986 – Gusmani, R.: *Lydisches Wörterbuch: Ergänzungsband*. Heidelberg 1986.

Gusmani / Salvini / Vannicelli 1997 – Gusmani, R. / Salvini, M. / Vannicelli, P. (ed.): *Frigi e Frigio: Atti del 1° Simposio Internazionale Rom 1995*. Rom 1997.

Gvozdanovič 1992 – Gvozdanovič, J. (ed.): *Indo-European Numerals.*. Berlin / New York 1992.

Gzella 2012 – Gzella, H. (ed.): *Sprachen aus der Welt des Alten Testaments*. Darmstadt ²2012.

Hackstein 1995 – Hackstein, O.: *Untersuchungen zu den sigmatischen Präsensstammbildungen des Tocharischen*. Göttingen 1995.

Hackstein 2002 – Hackstein, O.: *Die Sprachform der homerischen Epen: Faktoren morphologischer Variabilität in literarischen Frühformen: Tradition, Sprachwandel, Sprachliche Anachronismen*. Wiesbaden 2002.

Hackstein 2010 – Hackstein, O.: *Apposition and Nominal Classification in Indo-European and Beyond*. Wien 2010.

Hahn 1953 – Hahn, E.: *Subjunctive and Optative: Their origin as futures*. New York 1953.

Hajnal 1995a – Hajnal, I.: *Der lykische Vokalismus: Methode und Erkenntnisse der vergleichenden anatolischen Sprachwissenschaft, angewandt auf das Vokalsystem einer Kleincorpussprache*. Graz 1995.

Hajnal 1995b – Hajnal, I.: *Studien zum mykenischen Kasussystem*. Berlin / New York 1995.

Hajnal 1997 – Hajnal, I.: *Sprachschichten des Mykenischen Griechisch*. Salamanca 1997.

Hajnal 1998 – Hajnal, I.: *Mykenisches und homerisches Lexikon: Übereinstimmungen, Divergenzen und der Versuch einer Typologie*. Innsbruck 1998.

Hajnal 2003 – Hajnal, I.: *Troja aus sprachwissenschaftlicher Sicht: Die Struktur einer Argumentation*. Innsbruck 2003.

Hajnal 2007 – Hajnal, I. (ed.): *Die altgriechischen Dialekte: Wesen und Werden: Akten des Kolloquiums Freie Universität Berlin, 19.–22. September 2001*. Innsbruck 2007.

Happ 1976 – Happ, H.: *Grundfragen einer Dependenzgrammatik des Lateinischen*. Göttingen 1976.

Harđarson 1993 – Harđarson, J.: *Studien zum indogermanischen Wurzelaorist und dessen Vertretung im Indoiranischen und Griechischen*. Innsbruck 1993.

Hartmann 2005 – Hartmann, M.: *Die frühlateinischen Inschriften und ihre Datierung: Eine linguistisch-archäologisch-paläographische Untersuchung*. 2005.

Hartmann 2013 – Hartmann, M.: *Das Genussystem des Tocharischen*. Hamburg 2013.

Haudry 1977 – Haudry, J.: *L'emploi des cas en védique: Introduction à l'étude des cas en indo-européen*. Lyon 1977.

Hauri 1963 – Hauri, Ch.: *Zur Vorgeschichte des Ausgangs -ena des Instr. Sing. der a-Stämme des Altindischen*. Göttingen 1963.

Hauri 1975 – Hauri, H.: *Kontrahiertes und sigmatisches Futur: Einflüsse von Lautstruktur und Aktionsart auf die Bildung des griechischen Futurs*. Göttingen 1975.

Hauska 2005 – Hauska, G. (ed.): *Gene Sprachen und ihre Evolution: Wie verwandt sind die Menschen – wie verwandt sind ihre Sprachen?* Regensburg 2005.

Hausmann / Reichmann / Wiegand / Zgusta 1989/1990/1991 – Hausmann, F. / Reichmann, O. / Wiegand, H. / Zgusta, L. (ed.): *Wörterbücher: Ein internationales Handbuch zur Lexikographie*, 3 Bde. Berlin / New York 1989/1990/1991.

Haverling 2000 – Haverling, G.: *On sco-Verbs, Prefixes and Semantic Functions*. Göteborg 2000.

Havers 1911 – Havers, W.: *Untersuchungen zur Kasussyntax der indogermanischen Sprachen*. Straßburg 1911.

Havers 1931 – Havers, W: *Handbuch der erklärenden Syntax: Ein Versuch zur Erforschung der Bedingungen und Triebkräfte in Syntax und Stilistik*. Heidelberg 1931.

Hawkins 1999/2000 – Hawkins, D.: *Corpus of Hieroglyphic Luwian inscriptions*, 2 Bde. Berlin / New York.

Heenen 2006 – Heenen, F.: *Le désidératif en Vedique*. Amsterdam / New York 2006.

HEL – Histoire, Épistémologie, Langage.

Hehn 1885/1976 – Hehn, V.: *Cultivated Plants and Domesticated Animals in their Migration from Asia to Europe: Historico-linguistic studies: New edition prepared with a bio-bibliographical account of Hehn and a survey of the research in Indo-European prehistory* (ed. J. Mallory). Amsterdam 1976.

Heidermanns 1993 – Heidermanns, F.: *Etymologisches Wörterbuch der germanischen Primäradjektive*. Berlin / New York 1993.

Heidermanns 2005 – Heidermanns, F.: *Bibliographie zur indogermanischen Wortforschung: Wortbildung, Etymologie, Onomasiologie und Lehnwortschichten der alten und modernen indogermanischen Sprachen in systematischen Publikationen ab 1800*, 3 Bde. Tübingen 2005.

Hettrich 1976 – Hettrich, H.: *Kontext und Aspekt in der altgriechischen Prosa Herodots*. Göttingen 1976.

Hettrich 1988 – Hettrich, H.: *Untersuchungen zur Hypotaxe im Vedischen*. Berlin / New York 1988.

Hettrich 1990 – Hettrich, H.: *Der Agens in passivischen Sätzen altindogermanischer Sprachen*. Göttingen 1990.

Heubeck 1979 – Heubeck, A.: *Schrift*. Göttingen 1979.

Heubeck / Neumann 1983 – Heubeck, A. / Neumann, G. (ed.): *Res Mycenaeae : Akten des VII. Internationalen Mykenologischen Colloquiums in Nürnberg vom 6.–10. April 1981*. Göttingen 1983.

Heubeck / West / Hainsworth 1988–1992 – Heubeck, A. / West, S. / Hainsworth, J. / Hoekstra, A. / Russo, J. / Fernández-Galiano, M.: *A Commentary on Homer's Odyssey*. Oxford 1988–1992.

Hewson / Bubenik 1997 – Hewson, J. / Bubenik, V. (ed.): *Tense and Aspect in Indo-European: Theory, Typology, Diachrony*. Amsterdam / Philadelphia 1997.

Hewson / Bubenik 2006 – Hewson, J. / Bubenik, V.: From Case to Adposition. Amsterdam.

Hiersche 1964 – Hiersche, R.: *Untersuchungen zur Frage der Tenues aspiratae im Indogermanischen*. Wiesbaden 1964.

Hiersche 1970 – Hiersche, R.: *Grundzüge der griechischen Sprachgeschichte bis zur klassischen Zeit*. Wiesbaden 1970.

Hill 2003 – Hill, E.: *Untersuchungen zum inneren Sandhi des Indogermanischen: der Zusammenstoß von Dentalplosiven im Indoiranischen, Germanischen, Italischen und Keltischen*. Bremen 2003.

Hill 2007 – Hill, E.: *Die Aorist-Präsentien des Indo-Iranischen: Untersuchungen zur Morphologie und Semantik einer Präsensklasse*. Bremen 2007.

Hiller / Panagl 1986 – Hiller, S. / Panagl, O. (ed.): *Die frühgriechischen Texte aus mykenischer Zeit*. Darmstadt ^{2}1986.

Hilmarsson 1989 – Hilmarsson, J.: *The Dual Forms of Nouns and Pronouns in Tocharian*. Reykjavík 1989.

Hilmarsson 1991 – Hilmarsson, J.: *The Nasal Prefixes in Tocharian: A Study in Word Formation*. Reykjavík 1991.

Hilmarsson 1996 – Hilmarsson, J.: *Materials for a Tocharian Historical and Etymological Dictionary*. Reykjavík 1996.

Hinderling 1981 – Hinderling, R.: *Die deutsch-estnischen Lehnwortbeziehungen im Rahmen einer europäischen Lehnwortgeographie*. Wiesbaden 1981.

Hinge 2006 – Hinge, G.: *Die Sprache Alkmans: Textgeschichte und Sprachgeschichte*. Wiesbaden 2006.

Hinrichs 2004 – Hinrichs, U. (ed.): *Die europäischen Sprachen auf dem Wege zum analytischen Sprachtyp*. Wiesbaden 2004.

Hirt 1905/1907 – Hirt, H.: *Die Indogermanen: Ihre Verbreitung, ihre Urheimat und ihre Kultur*, 2 Bde. Straßburg 1905/1907.

Hirt 1921/1927/1928/1929/1934/1937 – Hirt, H.: *Indogermanische Grammatik*, 7 Bde, Bd. 1: Einleitung, Etymologie, Konsonantismus. Heidelberg 1927; Bd. 2: Vokalismus. Heidelberg 1921; Bd. 3: Nomen. Heidelberg 1927; B. 4: Doppelung, Zusammensetzung, Verbum. Heidelberg 1928; Bd. 5: Akzent. Heidelberg 1929; Bd. 6: Syntax I: Syntaktische Verwendung der Kasus und der Verbalformen. Heidelberg 1934; Bd. 7: Syntax II: Die Lehre vom einfachen und zusammengesetzten Satz. Heidelberg 1937.

HL – Historiographia linguistica.

Hock (H.) / Joseph 2019 – Hock, H. / Joseph, B.: *Language History, Language Change, and Language Relationship: An Introduction to Historical and Comparative Linguistics*. Berlin / Boston ^{3}2019.

Hock (W.) 2004–2006 – Hock, W.: Forschungsbericht: Baltoslavisch. *Kratylos* 49–51 (2004–2006).

Hock (W.) / Fecht / Feulner 2015 – Hock, W. / Fecht, R. / Feulner, A.: *Altlitauisches etymologisches Wörterbuch*, 3 Bde. Hamburg 2015.

Hodot 1990 – Hodot, R.: *Le dialecte éolien d'Asie: La langue des inscriptions, VIIe s. a. C. – IVe s. p. C.* Paris 1990.

Hoenigswald 1960 – Hoenigswald, H.: *Language Change and Linguistic Reconstruction*. Chicago 1960.

Hoenigswald 1973 – Hoenigswald, H.: *Studies in Formal Historical Linguistics*. Dordrecht / Boston 1973.

Hoffmann 1967 – Hoffmann, K.: *Der Injunktiv im Veda: Eine synchronische Funktionsuntersuchung*. Heidelberg 1967.

Hoffmann / Forssman 2004 – Hoffmann, K. / Forssman, B.: *Avestische Laut- und Flexionslehre*. Innsbruck ^{2}2004.

Hoffmann / Narten 1989 – Hoffmann, K. / Narten, J.: *Der Sasanidische Archetypus: Untersuchungen zu Schreibung und Lautgestalt des Avestischen*. Wiesbaden 1989.

Hoffner / Melchert 2008 – Hoffner, H. / Melchert, C.: *A grammar of the Hittite language*. Winona Lake 2008.

Hofmann 1978 – Hofmann, J. B.: *Lateinische Umgangssprache*. Heidelberg ^{4}1978.

Hofmann / Szantyr 1965 – Leumann, M. / Hofmann, J. B. / Szantyr, A.: *Lateinische Grammatik*, Bd. 2,1: Lateinische Syntax und Stilistik. München 1965.

Hooker 1980 – Hooker, J.: *Linear B: An Introduction*. Bristol 1980.

Horrocks 1981 – Horrocks, G.: *Space and Time in Homer: Prepositional and Adverbial Particles in the Greek Epic*. New York 1981.

Horrocks 2010 – Horrocks, G.: *Greek: A History of the Language and its Speakers*. Oxford ^{2}2010.

Houwink ten Cate 1965 – Houwink ten Cate, Ph.: *The Luwian Population Groups of Lycia and Cilicia Aspera during the Hellenistic Period*. Leiden 1965.

Howe 1996 – Howe, S.: *The Personal Pronouns in the Germanic Languages: A study of personal pronoun morphology and change in the Germanic languages from the first records to the present day*. Berlin / New York 1996.

HS – *Historische Sprachforschung* (vor Band 100 *ZVS* – *Zeitschrift für Vergleichende Sprachforschung*, ursprünglich *KZ* – „Kuhns Zeitschrift"); s.o. G 305.

Hübschmann 1875 – Hübschmann, H.: *Zur Casuslehre*. München 1875.

Humbach / Faiss 2010 – Humbach, H. / Faiss, K. (ed.): *Zarathushtra and his Antagonists: A Sociolinguistic Study with English and German Translation of His Gathas*. Wiesbaden 2010.

Idg. Chr. – *Indogermanische* Chronik ab *Sprache* 13 (1967), mit Zählung 13a.

Idg. Gr. – *Indogermanische Grammatik*. Begründet von Jerzy Kuryłowicz. Fortgeführt von Manfred Mayrhofer und Alfred Bammesberger. Herausgegeben von Thomas Lindner. Heidelberg 1968–2018. (zum aktuellen Editionsplan vgl. winter-verlag.de; erschienen: Kuryłowicz 1968; Watkins 1969; Cowgill 1986; Mayrhofer 1986; Lindner 2011–2015; Lindner 2018)

Idg. Jb. – *Indogermanisches Jahrbuch*.

IF – *Indogermanische Forschungen*.

IIJ – *Indo-Iranian Journal*.

IJDL – *International Journal of Diachronic Linguistics*.

Ilievski / Crepajac 1987 – Ilievski, P. / Krepajac, L. (ed.): *Tractata Mycenaea: Proceedings of the Eighth International Colloquium on Mycenaean Studies, held in Ohrid, 15–20 september 1985*. Skopje 1987.

Illič-Svityč 1979 – Illič-Svityč, V.: *Nominal Accentuation in Baltic and Slavic*. Cambridge, MA 1979.

InL – *Incontri Linguistici*.

Insler 1975 – Insler, S.: *The Gāthās of Zarathustra*. Teheran / Lüttich / Leiden 1975.
Isaac 2007 – Isaac, G.: *Studies in Celtic sound changes and their chronology*. Innsbruck 2007.
Ivanov / Vine 1999 – Ivanov, V. / Vine, B. (ed.): *UCLA Indo-European Studies*, Bd. 1. Los Angeles 1999.

Jackson 1953 – Jackson, K.: *Language and History in Early Britain: A Chronological Survey of the Brittonic Languages First to Twelfth Century a. D.* Edinburgh 1953.
Jacobs / Stechow / Sternefeld / Vennemann 1993 – Jacobs, J. / von Stechow, A. / Sternefeld, W. / Vennemann, Th. (ed.): *Syntax: Ein internationales Handbuch zeitgenössischer Forschung*, Bd. 1. Berlin / New York. 1993.
Jacquinod 1989 – Jacquinod, B.: *Le double accusatif en grec d'Homère à la fin du Ve siècle avant J.-C.* Louvain-La-Neuve 1989
Jacquinod 1994 – Jacquinod, B. (ed.): *Cas et prépositions en grec ancien: Actes du colloque international de Saint-Étienne, 4–6 juin 1993*. Saint-Étienne 1994.
Jacquinod 1999 – Jacquinod, B. (ed.): *Les complétives en grec ancien: Actes du colloque international de Saint-Étienne (3–5 septembre 1998)*. Saint-Étienne 1999.
Jamison 1983 – Jamison, S.: *Function and Form in the -áya- Formations of the Rig Veda and Atharva Veda*. Göttingen 1983.
Janda 1997 – Janda, M.: *Über „Stock und Stein": Die indogermanischen Variationen eines universalen Phraseologismus*. Dettelbach 1997.
Janda 2000 – Janda, M.: *Eleusis: Das indogermanische Erbe der Mysterien*. Innsbruck 2000.
Janda 2005 – Janda, M.: *Elysion: Entstehung und Entwicklung der griechischen Religion*. Innsbruck 2005.
Janda 2010 – Janda, M.: *Die Musik nach dem Chaos: Der Schöpfungsmythos der europäischen Vorzeit*. Innsbruck 2010.
Janda 2014 – Janda, M.: *Purpurnes Meer: Sprache und Kultur der homerischen Welt*. Innsbruck 2014.
Janda 2015 – Janda, M.: *Odysseus und Penelope: Mythos und Namen*. Innsbruck 2015.
Janda 2016 – Janda, M.: *Artemis mit der goldenen Spindel*. Innsbruck 2016.
Janda 2017 – Janda, M.: *Pegasos und die Amazonen: Ein Mythos in Antike und Vorzeit*. Innsbruck 2017.
Janda 2018 – Janda, M.: *Der Zorn des Achilleus*. Münster 2018.
Janda 2020 – Janda, M.: *Narkissos und Hyakinthos*. Münster 2020.
Jankuhn 1969 – Jankuhn, H.: *Die passive Bedeutung medialer Formen untersucht an der Sprache Homers*. Göttingen 1969.
Jasanoff 1978 – Jasanoff, J.: *Stative and Middle in Indo-European*. Innsbruck 1978.
Jasanoff 2003 – Jasanoff, J.: *Hittite and the Indo-European verb*. Oxford et al. 2003.
Jasanoff 2017 – Jasanoff, J.: *The Prehistory of Balto-Slavic Accent*. Leiden / Boston 2017.
JAOS – Journal of the American Oriental Society.
JbBADW – Jahrbuch der Bayerischen Akademie der Wissenschaften.
Jensen 1959 – Jensen, H.: *Altarmenische Grammatik*. Heidelberg 1959.
JIES – Journal of Indo-European Studies.
Joachim 1978 – Joachim, U.: *Mehrfachpräsentien im R̥gveda*. Frankfurt a. M. et al. 1978.
Joki 1973 – Joki, A.: *Uralier und Indogermanen. Die älteren Berührungen zwischen den uralischen und indogermanischen Sprachen*. Helsinki 1973.

Jokl 1923 – Jokl, N.: *Linguistisch-kulturhistorische Untersuchungen aus dem Bereiche des Albanischen*. Berlin / Leipzig 1923.

Jones 1993 – Jones, Ch. (ed.): *Historical Linguistics: Problems and Perspectives*. London / New York 1993.

Jones-Bley / Huld 1996 – Jones-Bley, K. / Huld, M. (ed.): *The Indo-Europeanization of Northern Europe: Papers Presented at the International Conference in Vilnius 1994*. Washington 1996.

Jones-Bley / Huld / Della Volpe 2000 - Jones-Bley, K. / Huld, M. / Della Volpe, A. (ed.): *Proceedings of the Eleventh Annual UCLA Indo-European Conference: Los Angeles, June 4–5, 1999*. Washington 2000.

Junkerjürgen 2009 – Junkerjürgen, R.: *Haarfarben: Eine Kulturgeschichte in Europa seit der Antike*. Köln et al. 2009.

Kadmos – *Kadmos: Zeitschrift für vor- und frühgriechische Epigraphik*.

Kammenhuber 1968 – Kammenhuber, A.: *Die Arier im Vorderen Orient*. Heidelberg 1968.

Karl / Stifter 2007 – Karl, R. / Stifter, D. (ed.): *The Celtic World: Critical Concepts in Historical Studies*. London et al. 2007.

Kastner 1967 – Kastner, W.: *Die griechischen Adjektive zweier Endungen auf -ΟΣ*. Heidelberg 1967.

Kater 2006 – Kater, M.: *Das „Ahnenerbe" der SS 1935 – 1945: Ein Beitrag zur Kulturpolitik des Dritten Reiches*. München [4]2006.

Katičić 1976 – Katičić, R.: *Ancient Languages of the Balkans* I. The Hague / Paris 1976.

Katz (H.) 2003 – Katz, H.: *Studien zu den älteren indoiranischen Lehnwörtern in den uralischen Sprachen*. Heidelberg 2003.

Katz (J.) 1998 – Katz, J.: *Topics in Indo-European Personal Pronouns*. Diss. Harvard-University 1998.

Kausen 2012 – Kausen, E.: *Die indogermanischen Sprachen: Von der Vorgeschichte bis zur Gegenwart*. Hamburg 2012.

Kaye 1997 – Kaye, A. (ed.): *Phonologies of Asia and Africa (Including the Caucasus)*, Bd. 2. Winona Lake, IN 1997.

Kaye 2007 – Kaye, A. (ed.): *Morphologies of Asia and Africa (Including the Caucasus)*, Bd. 2. Winona Lake, IN 1997.

Kellens 1974 – Kellens, J.: *Les noms-racines de l'Avesta*. Wiesbaden 1974.

Kellens 1984 – Kellens, J.: *Le verbe avestique*. Wiesbaden 1984.

Kellens 1990 – Kellens, J. (ed.): *La reconstruction des laryngales*. Liège 1990.

Kellens 1995 – Kellens, J.: *Le verbe avestique*. Wiesbaden 1995.

Kellens / Pirart (1988/1990/1991) – Kellens, J. / Pirart, E.: *Les textes vieil-avestiques*, Bd. 1: Introduction, texte et traduction. Wiesbaden 1988; Band 2: Répertoires grammaticaux et lexique. Wiesbaden 1990; Band 3: Commentaire. Wiesbaden 1991.

Keller (M.) 1992 – Keller, M.: *Les verbes latins à infectum en -sc-: Étude morphologique à partir des informations attestées dès l'époque préclassique*. Bruxelles 1992.

Keller (R.) 2014 – Keller, R.: *Sprachwandel: Von der unsichtbaren Hand in der Sprache*. Tübingen / Basel [4]2014.

Kellermann / Morrissey (1992) – Kellermann, G. / Morissey, M. (ed.): *Diachrony within Synchrony: Language History and Cognition*. Frankfurt et al. 1992.

Kempgen / Kosta / Berger / Gutschmidt 2009/2014 – Kempgen, S. / Kosta, P. / Berger, T. / Gutschmidt, K. (ed.): *Die slavischen Sprachen: Ein internationales Handbuch zu ihrer Struktur, ihrer Geschichte und ihrer Erforschung*, Bd. 1. Berlin / New York 2009; Bd. 2. Berlin / München / Boston 2014.

Kessler 1935 – Kessler, G.: *Die Familiennamen der Juden in Deutschland*. Leipzig 1935.

Kessler 1937 – Kessler, G.: *Die Familiennamen der ostpreußischen Salzburger*. Königsberg i. Pr. 1937.

Keydana 1997 – Keydana, G.: *Absolute Konstruktionen in altindogermanischen Sprachen*. Göttingen 1997.

Keydana 2013 – Keydana, G.: *Infinitive im R̥gveda: Formen, Funktion, Diachronie*. Leiden / Boston 2013.

Kieckers 1911 – Kieckers, E.: *Die Stellung des Verbs im Griechischen und in den verwandten Sprachen*, Bd. 1: Die Stellung des Verbs im einfachen Hauptsatze und im Nachsatze nach den griechischen Inschriften und der älteren griechischen Prosa, verglichen mit den verwandten Sprachen. Straßburg 1911.

Kieckers 1925/1926a/1926b/1926c – Kieckers, E.: *Historische Grammatik des Griechischen*. Bd.1: Lautlehre. Berlin / Leipzig 1925; Bd. 2: Formenlehre; Bd. 3 u. Bd. 4: Syntax. Berlin / Leipzig 1926.

Kienle 1965 – von Kienle, R.: *Historische Laut- und Formenlehre des Deutschen*. Tübingen ^{2}1965.

Kilian 1983 – Kilian, L.: *Zum Ursprung der Indogermanen: Forschungen aus Linguistik, Prähistorie und Anthropologie*. Bonn 1983.

Kim (J.-S.) 2010 – Kim, J.-S.: *Untersuchungen zu altindischen Abstrakta und Adjektiven im Rigveda und Atharvaveda: Die primären* a-*Stämme und die* ana-*Stämme*. 2010.

Kim (R.) 2018 – Kim, R.: *The Dual in Tocharian: From Typology to* Auslautgesetz. Dettelbach 2018.

Kimball 1999 – Kimball, S.: *Hittite Historical Phonology*. Innsbruck 1999.

Kirk / Hainsworth / Janko 1985–1993 – Kirk, G. / Hainsworth, B. / Janko, R. / Edwards, M. / Richardson, N.: *The Iliad: A Commentary*. Cambridge 1985–1993.

Klaproth 1823 – Klaproth, J.: *Asia polyglotta*. Paris 1823.

Klee 2005 – Klee, E.: *Das Personenlexikon zum Dritten Reich: Wer war was vor und nach 1945*. Frankfurt a. M. 2005.

Klein 1978 – Klein, J.: *The Particle u in the Rigveda: A Synchronic and Diachronic Study*. Göttingen 1978.

Klein 1985 – Klein, J.: *Toward a Discourse Grammar of the Rigveda*, Bd. 1 u. 2. Heidelberg 1985

Klein 1992 – Klein, J.: *On Verbal Accentuation in the Rigveda*. New Haven 1992.

Klein 1996 – Klein, J.: *On Personal Deixis in Classical Armenian: A Study of the Syntax and Semantics of the n-, s- and d-Demonstratives in Manuscripts E and M of the Old Armenian Gospels*. Dettelbach 1996.

Klein / Joseph / Fritz 2017a – Klein, J. / Joseph, B. / Fritz, M.: *Handbook of Comparative and Historical Indo-European Linguistics*, Bd. 1. Berlin / Boston 2017.

Klein / Joseph / Fritz 2017b – Klein, J. / Joseph, B. / Fritz, M.: *Handbook of Comparative and Historical Indo-European Linguistics*, Bd. 2. Berlin / Boston 2017.

Klein / Joseph / Fritz 2018 – Klein, J. / Joseph, B. / Fritz, M.: *Handbook of Comparative and Historical Indo-European Linguistics*, Bd. 3. Berlin / Boston 2018.

Klimov 1993 – Klimov, G. et al. (ed.): *Istoričeskaja lingvistika i tipologija*. Moskau 1993.

Klingenschmitt 1982 – Klingenschmitt, G.: *Das Altarmenische Verbum*. Wiesbaden 1982.

Kloekhorst 2008 – Kloekhorst, A.: *Etymological Dictionary of the Hittite Inherited Lexicon.* Leiden et al. 2008.
Kluge 1913 – Kluge, F.: *Urgermanisch: Vorgeschichte der altgermanischen Dialekte.* Straßburg 1913.
Kluge 1926 – Kluge, F.: *Nominale Stammbildungslehre der altgermanischen Dialekte.* Halle ^{3}1926.
Kluge / Seebold 2011 – Kluge, F. / Seebold, E.: *Etymologisches Wörterbuch der Deutschen Sprache.* Berlin / Boston ^{25}2011.
Kobayashi 2004 – Kobayashi, M.: *Historical phonology of Old Indo-Aryan consonants.* Tokio 2004.
Koch (Ch.) 1990 – Koch, Ch.: *Das morphologische System des altkirchenslavischen Verbums*, 2 Bde. München 1990.
Koch (Ch.) 2000 – Koch, Ch.: *Kommentiertes Wort- und Formenverzeichnis des altkirchenslavischen Codex Assemanianus.* Freiburg i. Br. 2000.
Koch (J.) 2006 – Koch, J. (ed.): *Celtic Culture: A Historical Encyclopedia*, 5 Bde. Santa Barbara 2006.
Kölligan 2007 – Kölligan, D.: *Suppletion und Defektivität im griechischen Verbum.* Bremen 2007.
Kölligan 2019 – Kölligan, D.: *Erkink^{c} ew erkir: Studien zur historischen Grammatik des Klassisch-Armenischen.* Hamburg.
Kölver 1965 – Kölver, B.: *Der Gebrauch der sekundären Kasus im Tocharischen.* Diss. Frankfurt a. M. 1965.
König 2007 – König, W.: *dtv-Atlas Deutsche Sprache.* München ^{19}2007.
Kößler 1990 – Kößler, H. (ed.): *Sprache: Fünf Vorträge.* Erlangen 1990.
Kohrt 1985 – Kohrt, M.: *Problemgeschichte des Graphembegriffs und des frühen Phonembegriffs.* Tübingen 1985.
Koivulehto 1991 – Koivulehto, J.: *Uralische Evidenz für die Laryngaltheorie.* Wien 1991.
Kolb 1995 – Kolb, F.: *Rom: Die Geschichte der Stadt in der Antike.* München 1995.
Kolloquium Amsterdam 1986 – Rijksbaron, A. / Mulder, H. / Wakker, G. (ed.): *In the Footsteps of Raphael Kühner: Proceedings of the International Colloquium in Commemoration of the 150th anniversary of the publication of Raphael Kühnerčs* Ausführliche Grammatik der griechischen Sprache, II. Theil: Syntaxe, *Amsterdam, 1986.* Amsterdam 1988.
Kolloquium Basel 1988 – Eichner, H. / Rix, H. (ed.): *Sprachwissenschaft und Philologie: Jacob Wackernagel und die Indogermanistik heute: Kolloquium der Indogermanischen Gesellschaft vom 13. bis 15. Oktober 1988 in Basel.* Wiesbaden 1990.
Kolloquium Bonn 1976 – Schmidt, K. H. (ed.): *Indogermanisch und Keltisch: Kolloquium der Indogermanischen Gesellschaft am 16. und 17. Februar 1976 in Bonn.* Wiesbaden 1977.
Kolloquium Freiburg 1981 – Untermann, J. / Brogyanyi (ed.): *Das Germanische und die Rekonstruktion der indogermanischen Grundsprache: Akten des Freiburger Kolloquiums der Indogermanischen Gesellschaft, Freiburg, 26.–27. Februar 1981.* Amsterdam / Philadelphia 1984.
Kolloquium Jena 1989 – Barschel, B. / Kozianka, M. / Weber, K. (ed.): *Indogermanisch, Slawisch und Baltisch: Materialien des vom 21.–22. September 1989 in Jena in Zusammenarbeit mit der Indogermanischen Gesellschaft durchgeführten Kolloquiums.* München 1992.
Kolloquium Kopenhagen 1993 – Rasmussen, J. (ed.): *In honorem Holger Pedersen: Kolloquium der Indogermanischen Gesellschaft vom 26. bis 28. März 1993 in Kopenhagen.* Wiesbaden 1994.

Kolloquium Madrid 1994 – Crespo, E. / García Ramón, J. (ed.): *Berthold Delbrück y la sintaxis indoeuropea hoy: Actas del Coloquio de la Indogermanische Gesellschaft, Madrid, 21–24 de septiembre de 1994*. Madrid / Wiesbaden 1997.

Kolloquium Pavia 1979 – Ramat, P. (ed.): *Linguistic Reconstruction and Indo-European Syntax: Proceedings of the Colloquium of the Indogermanische Gesellschaft, University of Pavia, 6–7 September 1979*. Amsterdam 1980.

Kolloquium Pavia 1998 – Carruba, O. / Meid. W. (ed.): *Anatolisch und Indogermanisch, Anatolico e indoeuropeo: Akten des Kolloqiums der Indogermanischen Gesellschaft, Pavia, 22. – 25. September 1998*. Innsbruck 2001.

Kolloquium Paris 2003 – Pinault, G.-J. / Petit, D. (ed.): *La langue poétique indo-européenne: Actes du Colloque de Travail de la Société des Études Indo-Européennes, Paris, 22 – 24 octobre 2003*. Leuven / Paris 2006.

Kolloquium Saarbrücken 1995 – *100 Jahre Tocharologie: Kolloquium der Indogermanischen Gesellschaft 1995 in Saarbrücken*. *TIES* 7, Kopenhagen 1997.

Kolloquium Salzburg 1986 – Panagl, O. / Krisch, Th. (ed.): *Latein und Indogermanisch: Akten des Kolloquiums der Indogermanischen Gesellschaft, Salzburg, 23.–26. September 1986*. Innsbruck 1992.

Kolloquium Würzburg 1999 – Hettrich, H. (ed.): *Indogermanische Syntax: Fragen und Perspektiven*. Wiesbaden 2002.

Kontzi (1982) – Kontzi, R. (ed.): *Substrate und Superstrate in den romanischen Sprachen*. Darmstadt 1982.

Kortlandt 1975 – Kortlandt, F.: *Slavic Accentuation: A Study in Relative Chronology*. Lisse / Holland 1975.

Kortlandt 2003 – Kortlandt, F.: *Armeniaca: comparative notes. With an appendix on the historical phonology of classical Armenian by Robert S. P. Beekes*. Ann Arbor 2003.

Kortlandt 2007 – Kortlandt, F.: *Italo-Celtic origins and prehistoric development of the Irish language*. Amsterdam / New York 2007.

Kortlandt 2009 – Kortlandt, F.: *Baltica & Balto-Slavica*. Amsterdam / New York 2009.

Krahe 1955/1964 – Krahe, H.: *Die Sprache der Illyrier*, Bd. 1: Die Quellen. Wiesbaden 1955; Band 2. Wiesbaden 1964. (enthält Die messapischen Inschriften von C. de Simone und Die messapischen Personennamen von J. Untermann)

Krahe 1966/1969 – Krahe, H.: *Indogermanische Sprachwissenschaft*, Bd. 1: Einleitung und Lautlehre. Berlin ^{5}1969; Bd. 2: Formenlehre. Berlin ^{5}1969.

Krahe 1972 – Krahe, H.: *Grundzüge der vergleichenden Syntax der indogermanischen Sprachen*. Innsbruck 1972.

Krahe / Meid 1967/1969a/1969b – Krahe, H. / Meid, W.: *Germanische Sprachwissenschaft*. Bd. 1: Einleitung und Lautlehre. Berlin ^{4}1969; Bd. 2: Formenlehre. Berlin ^{4}1969; Bd. 3: Wortbildungslehre. Berlin 1967.

Kratylos – *Kratylos: Kritisches Berichts- und Rezensionsorgan für indogermanische und allgemeine Sprachwissenschaft*.

Krause 1952 – Krause, W.: *Westtocharische Grammatik*, Bd. 1: Das Verbum. Heidelberg 1952.

Krause 1968 – Krause, W.: *Handbuch des Gotischen*. München ^{3}1968.

Krause / Thomas 1960/1964 – Krause, W. / Thomas, W.: Tocharisches Elementarbuch, 2 Bde. Heidelberg 1960/1964.

Kretschmer 1896 – Kretschmer, P.: *Einleitung in die Geschichte der griechischen Sprache*. Göttingen 1896.

Krisch 1984 – Krisch, Th.: *Konstruktionsmuster und Bedeutungswandel indogermanischer Verben: Anwendungsversuche von Valenztheorie und Kasusgrammatik auf Diachronie und Rekonstruktion*. Frankfurt a.M. et al. 1984.

Krisch 1986 – Krisch, Th.: *Überlegungen zur Herkunft und Entwicklung der irrealen Konditionalsätze des Altgriechischen*. Innsbruck 1986.

Krisch 1996 – Krisch, Th.: *Zur Genese und Funktion der altindischen Perfekta mit langem Reduplikationsvokal: Mit kommentierter Materialsammlung*. Innsbruck 1996.

Krisch 2006 – Krisch, Th.: *RIVELEX: Rigveda-Lexikon / A Rigvedic Lexicon*, Bd. 1. Graz 2006.

Krogh 1996 – Krogh, S.: *Die Stellung des Altsächsischen im Rahmen der germanischen Sprachen*. Göttingen 1996.

Kroonen 2013 – Kroonen, G.: *Etymological Dictionary of Proto-Germanic*. Leiden 2013.

Kruschwitz 2004 – Kruschwitz, P.: *Römische Inschriften und Wackernagels Gesetz*. Heidelberg 2004.

KS – *Kleine Schriften*.

KS Cowgill – Cowgill, W.: *The collected writings of Warren Cowgill: With contributions by other former colleagues and students* (ed. J. Klein). Ann Arbor / New York 2006.

KS Ebbinghaus 2003 – Ebbinghaus, E.: *Gotica: Kleine Schriften zur gotischen Philologie* (ed. P. Scardigli / W. Meid. Innsbruck 2003.

KS Gamkrelidze – Gamkrelidze, T.: *Selected writings: Linguistic sign, typology and language reconstruction* (ed. I. Hajnal). Innsbruck 2006.

KS Heubeck 1984 – Heubeck, A.: *Kleine Schriften zur griechischen Sprache und Literatur*. Erlangen 1984. (zu Ergänzungen vgl. B. Forssman / R. Plath. *HS* 103, 1990: 249–260)

KS Hoffmann I–III – Hoffmann, K.: *Aufsätze zur Indoiranistik*, Bd. I/II (ed. J. Narten). Wiesbaden 1975/1976; Bd. III (ed. S. Glauch / R. Plath / S. Ziegler). Wiesbaden 1992.

KS Hooker 1996 – Hooker, J.: *Scripta Minora: Selected essays on Minoan, Mycenaean, Homeric and Classical Greek subjects* (ed. F. Amory / P. Considine / S. Hooker). Amsterdam 1996.

KS Hübschmann 1976 – Hübschmann, H.: *Kleine Schriften zum Armenischen* (ed. R. Schmitt). Hildesheim / New York 1976.

KS Kammenhuber I/II – Kammenhuber, A.: *Kleine Schriften zum Altanatolischen und Indogermanischen*, 2 Bde. Heidelberg 1993.

KS Katz – Katz, H.: *Kleine Schriften* (ed. P.-A. Mumm / G. Klumpp / D. Strehle). Bremen 2007.

KS Klingenschmitt – Klingenschmitt, G.: *Aufsätze zur Indogermanistik* (ed. M. Janda / R. Lühr / J. Matzinger / S. Schaffner). Hamburg 2005.

KS Kuiper – Kuiper, F.: *Selected Writings on Indian Linguistics and Philology* (ed. A. Lubotsky / M. Oort / M. Witzel). Amsterdam 1997.

KS Kuryłowicz I/II – Kuryłowicz, J.: *Esquisses linguistiques*, Bd. I. München ^{2}1973; Bd. II. München 1975.

KS Leumann – Leumann, M.: *Kleine Schriften* (ed. H. Haffter / E. Risch / W. Rüegg). Zürich 1959.

KS Lommel – Lommel, H.: *Kleine Schriften* (ed. K. Janert). Wiesbaden 1978.

KS Mayrhofer I/II – Mayrhofer, M.: *Ausgewählte Kleine Schriften*. Bd. I (ed. S. Deger-Jalkotzy / R. Schmitt). Wiesbaden 1979; Bd. II (ed. R. Schmitt). Wiesbaden 1996.

KS Meillet I/II – Meillet, A.: *Linguistique historique et linguistique générale*, Bd. I. Paris ^{2}1926 ; Bd. II. Paris 1936.

KS Narten I – Narten, J.: *Kleine Schriften*, Bd. I (ed. M. Albino / M. Fritz). Wiesbaden 1995.

KS Neumann – Neumann, G.: *Ausgewählte kleine Schriften* (ed. E. Badalí / H. Nowicki / S. Zeilfelder). Innsbruck 1994.

KS Oldenberg – Oldenberg, H.: *Kleine Schriften* (ed. K. Janert), 2 Bde. Wiesbaden 1967.

KS Pedersen – Pedersen, H.: *Kleine Schriften zum Armenischen* (ed. R. Schmitt). Hildesheim / New York 1982.

KS Puhvel I – Puhvel, J.: *Analecta Indoeuropaea: Delectus operum minorum plerumque anglice aliquando francogallice editorum annos 1952–1977 complectens*. Innsbruck 1981.

KS Puhvel II – Puhvel, J.: *Epilecta Indoeuropea: Opuscula Selecta Annis 1978–2001 Excusa Imprimis ad Res Anatolicas Attinentia*. Innsbruck 2002.

KS Rasmussen – Rasmussen, J.: *Selected Papers on Indo-European Linguistics*, 2 Bde. Kopenhagen 1999.

KS Risch – Risch, E.: *Kleine Schriften* (ed. A. Etter / M. Looser). Berlin / New York 1981.

KS Rix – Rix, H.: *Kleine Schriften: Festgabe für Helmut Rix zum 75. Geburtstag* (ed. G. Meiser). Bremen 2001.

KS Ruijgh I/II – Ruijgh, C. : *Scripta Minora ad linguam Graecam pertinentia*, Bd. I (ed. J. Bremer / A. Rijksbaron / F. Waanders). Amsterdam 1991; Bd. II (ed. A. Rijksbaron / F. Waanders). Amsterdam 1996.

KS Ruipérez – Ruipérez, M.: *Opuscula selecta: Ausgewählte Arbeiten zur griechischen und indogermanischen Sprachwissenschaft* (ed. J. García Ramón). Innsbruck 1989.

KS Saussure – de Saussure, F.: *Recueil des publications scientifiques de Ferdinand de Saussure* (ed. Ch. Bally / L. Gautier). Genf 1922.

KS Schlerath – Schlerath, B.: *Kleine Schriften*, 2 Bde. Dettelbach 2000.

KS Schmid – Schmid, W. P.: *Linguisticae scientiae collectanea: Ausgewählte Schriften* (ed. J. Becker). Berlin / New York 1994.

KS Schulze – Schulze, W.: *Kleine Schriften* (ed. W. Wissmann). Göttingen ^{2}1966.

KS Schwyzer – Schwyzer; E.: *Kleine Schriften* (ed. R. Schmitt). Innsbruck 1983.

KS Seiler – Seiler, H.: *Sprache und Sprachen: Gesammelte Aufsätze*. München 1977.

KS Sommer – Sommer, F.: *Schriften aus dem Nachlaß*. München 1977.

KS Stang – Stang, Ch.: *Opuscula linguistica: Ausgewählte Aufsätze und Abhandlungen*. Oslo / Bergen / Tromsø 1970.

KS Strunk – Strunk, K.: *Kleine Schriften* (ed. H. Hettrich / W. Hock / P.-A. Mumm / N. Oettinger). Innsbruck 2005.

KS Szemerényi I–IV – Szemerényi, O.: *Scripta Minora: Selected Essays in Indo-European, Greek, and Latin*, Bd. I–III (ed. P. Considine / J. Hooker). Innsbruck 1987; Bd. IV (ed. P. Considine / J. Hooker). Innsbruck 1991. (vgl. B. Brogyanyi: Schriftenverzeichnis: O. Szemerényi (1913–1996). *PFU* 2–3, 1996–1997: 53–80)

KS Thieme I/II – Thieme, P.: *Kleine Schriften*, Bd. I/II (ed. R. Söhnen-Thieme). Wiesbaden 1971/1995.

KS Tichy – Tichy, E.: *Kleine Schriften* (ed. A. Metzger). Bremen 2018.

KS Wackernagel I–III – Wackernagel, J.: *Kleine Schriften*, Bd. I/II (ed. K. Latte). Göttingen ^{2}1969; Bd. III (ed. B. Forssman). Göttingen 1979.

KS Watkins I–III – Watkins, C.: *Selected Writings* (ed. L. Oliver), Bde. I/II. Innsbruck 1994; Bd. III. Innsbruck 2008.

KS Winter – Winter, W.: *Kleine Schriften/Selected Writings* (ed. O. Hackstein). Bremen 2005.

Kubicki / Lönnendonker 2015 – Kubicki, K. / Lönnendonker, S. (ed.): *Beiträge zur Wissenschaftsgeschichte der Freien Universität Berlin*, Bd. 7: Die Altertums- und Kunstwissenschaften an der Freien Universität Berlin. Göttingen 2015.

Kühner / Blass 1890/1892 – Kühner, R. / Blass, F.: *Ausführliche Grammatik der griechischen Sprache: Erster Teil: Elementar- und Formenlehre*, 2 Bde. Hannover ^{3}1890/^{3}1892.

Kühner / Gerth 1898/1904 – Kühner, R. / Gerth, B.: *Ausführliche Grammatik der griechischen Sprache: Zweiter Teil: Satzlehre*, 2 Bde. Hannover / Leipzig [3]1898/[3]1904.
Kühner / Holzweissig 1912 – Kühner, R. / Holzweissig, F.: *Ausführliche Grammatik der lateinischen Sprache. Erster Teil: Elementar-, Formen- und Wortlehre.* Hannover [2]1912.
Kühner / Stegmann / Thierfelder 1955 – Kühner, R. / Stegmann, C. / Thierfelder, A.: *Ausführliche Grammatik der lateinischen Sprache. Zweiter Teil: Satzlehre*, 2 Bde. Hannover [3]1955.
Kümmel 1996 – Kümmel, M.: *Stativ und Passivaorist im Indoiranischen.* Göttingen 1996.
Kümmel 2000 – Kümmel, M.: *Das Perfekt im Indoiranischen: Eine Untersuchung der Form und Funktion einer ererbten Kategorie des Verbums und ihrer Weiterbildung in den altindoeuropäischen Sprachen.* Wiesbaden 2000.
Kümmel 2007 – Kümmel, M.: *Konsonantenwandel: Bausteine zu einer Typologie des Lautwandels und ihre Konsequenzen für die vergleichende Rekonstruktion.* Wiesbaden 2007.
Kuiper 1937 – Kuiper, F.: *Die indogermanischen Nasalpräsentia: Ein Versuch zu einer morphologischen Analyse.* Amsterdam 1937.
Kuiper 1942 – Kuiper, F.: *Notes on Vedic Noun-Inflexion.* Amsterdam 1942.
Kunitzsch 2005 – Kunitzsch, P.: *Zur Geschichte der ‚arabischen' Ziffern.* München 2005.
Kupfer 2002 – Kupfer, K.: *Die Demonstrativpronomina im Rigveda.* Frankfurt a. M. 2002.
Kuryłowicz 1935 – Kuryłowicz, J.: *Études indo-européennes*, Bd. 1. Krakau 1935.
Kuryłowicz 1956 – Kuryłowicz, J.: *L'apophonie en indo-européen.* Wrocław 1956.
Kuryłowicz 1958 – Kuryłowicz, J.: *L'accentuation des langues indo-européennes.* Kraków [2]1958.
Kuryłowicz 1964 – Kuryłowicz, J.: *The Inflectional Categories of Indo-European.* Heidelberg 1964.
Kuryłowicz 1968 – Kuryłowicz, J.: *Indogermanische Grammatik*, Bd. 2: Akzent – Ablaut. Heidelberg 1968.
Kuz'mina 2007 - Kuz'mina, E.: *The Origins of the Indo-Iranians.* Leiden 2007.
KZ – Zeitschrift für Vergleichende Sprachforschung (Akronym für „Kuhns Zeitschrift"); s.o. *HS*; s.o. G 305.

La Roche 1861 – La Roche, J.: *Homerische Studien: Der Accusativ im Homer.* Wien 1861.
LALIES – Actes des sessions de linguistique et de littérature.
Lambert 1994 – Lambert, P.-Y.: *La langue gauloise.* Paris 1994.
Lambert / Pinault 2007 – Lambert, P.-Y. / Pinault, G.-J. (ed.): *Gaulois et celtique continental.* Genève 2007.
Lamberterie 1990 – de Lamberterie, Ch.: *Les adjectifs grecs en* -υς, 2 Bde. Louvain-la-Neuve 1990.
Lamberterie 1992 – de Lamberterie, Ch.: *Introduction à l'arménien classique. LALIES* 10 (1992), 234–289.
Lanszweert 1984 – Lanszweert, R.: *Die Rekonstruktion des baltischen Grundwortschatzes.* Frankfurt a.M. 1984.
Laroche 1959 – Laroche, E.: *Dictionnaire de la langue louvite.* Paris 1959.
Laroche 1960 – Laroche, E.: *Les hiéroglyphes hittites*, Bd. 1: L'écriture. Paris 1960.
Laroche 1980 – Laroche, E.: *Glossaire de la langue hourrite.* Paris 1980.
Latacz 1989 – Latacz, J.: *Homer: Der erste Dichter des Abendlandes.* München / Zürich [2]1989.
Latacz 1991 – Latacz, J. (ed.): *Colloquium Rauricum*, Bd. 2: Zweihundert Jahre Homer-Forschung: Rückblick und Ausblick. Stuttgart / Leipzig 1991.
Latacz 2009 – Latacz, J. (ed.): *Homers Ilias: Prolegomena.* München / Leipzig [3]2009.

Latacz 2010 – Latacz, J.: *Troia und Homer: Der Weg zur Lösung eines alten Rätsels*. München / Berlin [5]2010.

Latacz / Bierl 2000ff. – Latacz, J. / Bierl, A. (ed.): *Homers Ilias: Gesamtkommentar*. Berlin / New York 2000ff. (*Basler Homerkommentar*, fortlaufendes Vorhaben, vgl. graezistik.philhist.unibas.ch)

Lehmann (Ch.) 1984 – Lehmann, Ch.: *Der Relativsatz, Typologie seiner Strukturen, Theorie seiner Funktionen, Kompendium seiner Grammatik*. Tübingen 1984.

Lehmann (W.) 1974 – Lehmann, W.: *Proto-Indo-European Syntax*. Austin 1974.

Lehmann (W.) 1986 – Lehmann, W.: *A Gothic Etymological Dictionary: Based on the Third Edition of Vergleichendes Wörterbuch der Gotischen Sprache by Sigmund Feist*. Leiden 1986.

Lehmann (W.) 1992 – Lehmann, W.: *Die gegenwärtige Richtung der indogermanischen Forschung*. Budapest 1992.

Lehmann (W.) / Hewitt 1991 – Lehmann, W. / Hewitt, H. (ed.): *Language Typology 1988: Typological Models in the Service of Reconstruction*. Amsterdam / Philadelphia 1991.

Leisi 1995 – Leisi, E: *Streiflichter: Unzeitgemäße Essays zu Kultur, Sprache und Literatur*. Tübingen 1995.

Lejeune (1958/1971/1972/1997) – Lejeune, M.: *Mémoires de philologie mycénienne*, Bd. 1. Paris 1958; Bd. 2–4. Rom: 1971/1972/1997.

Lejeune 1971 – Lejeune, M.: *Lepontica*. Paris 1971.

Lejeune 1972 – Lejeune, M. : *Phonétique historique du mycénien et du grec ancien*. Paris [2]1972.

Lejeune 1974 – Lejeune, M.: *Manuel de la langue vénète*. Heidelberg 1974.

Lerchenmüller 1997 – Lerchenmüller, J.: *‚Keltischer Sprengstoff': Eine wissenschaftsgeschichtliche Studie über die deutsche Keltologie von 1900 bis 1945*. Tübingen 1997.

Lerchenmüller / Simon 1997 – Lerchenmüller, J. / Simon, G.: *Im Vorfeld des Völkermords: Germanistik und Nachbarfächer im 2. Weltkrieg: Eine Übersicht*. Tübingen 1997.

Leroy / Mawet 1986 – Leroy, M. / Mawet, F. (ed.): *La place de l'arménien dans les langues indo-européennes*. Louvain 1986.

Leskien 1990 – Leskien, A.: *Handbuch der altbulgarischen (altkirchenslavischen Sprache: Grammatik – Texte – Glossar*. Heidelberg [10]1990.

Létoublon 1992 – Létoublon, F. (ed.): *La langue et les textes en grec ancien: Actes du colloque P. Chantraine Grenoble 1989*. Amsterdam 1992.

Leukart 1994 – Leukart, A.: *Die frühgriechischen Nomina auf -tās und -ās: Untersuchungen zu ihrer Herkunft und Ausbreitung (unter Vergleich mit den Nomina auf -eús)*. Wien 1994.

Leumann 1977 – Leumann, M. / Hofmann, J. B. / Szantyr A.: *Lateinische Grammatik*, Bd. 1: Lateinische Laut- und Formenlehre. München 1977.

Leumann / Hofmann / Szantyr 1965 - Leumann, M. / Hofmann, J. B. / Szantyr, A.: *Lateinische Grammatik*, Bd. 2,2: Allgemeiner Teil. München 1965.

Lewandowski 1994 – Lewandowski, Th.: *Linguistisches Wörterbuch*, 3 Bde. Heidelberg / Wiesbaden [6]1994.

Lewis 2008 – Lewis, H.: *Die kymrische Sprache: Grundzüge ihrer geschichtlichen Entwicklung*. Innsbruck [2]2008.

Liberman 2008 – Liberman, A.: *An Analytic Dictionary of English Etymology: An Introduction*. Minneapolis 2008.

Liberman 2009 – Liberman, A.: *A Bibliography of English Etymology: Sources and Word List*. Minneapolis 2009.

Lindeman 1997 – Lindeman, F.: *Introduction to the "Laryngeal Theory"*. Innsbruck 1997.

Lindner 2002 – Lindner, Th.: *Lateinische Komposita: Morphologische, historische und lexikalische Studien*. Innsbruck 2002.

Lindner 2011/2012/2013/2015 – Lindner, Th.: *Indogermanische Grammatik*, Bd. 4,1: Komposition. Heidelberg 2011 / 2012 / 2013 / 2015. (Lieferung 1–4)

Lindner 2018 – Lindner, Th.: *Indogermanische Grammatik*, Bd. 4,2: Komposition im Aufriß. Heidelberg 2018.

Lindner 2019 – Lindner, Th.: *Indogermanische Kompositionslehre*. Wien 2019.

Lipp 2009 – Lipp, R.: *Die indogermanischen und einzelsprachlichen Palatale im Indoiranischen*, 2 Bde. Heidelberg 2009.

Lippert / Lauermann 2004 – Lippert, A. / Lauermann, E. (ed.): *Die Illyrer: Archäologische Funde des 1. vorchristlichen Jahrtausends aus Albanien*. Asparn a. d. Zaya 2004.

Lloyd / Lühr / Springer 1988/1998/2007/2009/2014/2017 – Lloyd, A. / Lühr, R. / Springer, O. (ed.): *Etymologisches Wörterbuch des Althochdeutschen*, 6 Bde. Göttingen / Zürich. (weitere 4 Bde. geplant).

Lockwood 1982 – Lockwood, W. B.: *Indogermanische Sprachwissenschaft*. Tübingen 1982. (engl. Original: *Indo-European Philology*. London 1969)

Lockwood 1979 – Lockwood, W. B.: *Überblick über die indogermanischen Sprachen*. Tübingen 1979. (engl. Original: *A Panorama of Indo-European languages*. London 1972)

Lönne 1995 – Lönne, K.-E. (ed.): *Kulturwandel im Spiegel des Sprachwandels: Achtes Partnerschaftskolloquium der Facoltà di Lettere e Filosofia der Università degli Studi di Napoli, Federico II, und der Philosophischen Fakultät der Heinrich-Heine-Universität Düsseldorf, vom 21.–24. Oktober 1991 in Düsseldorf*. Tübingen / Basel 1995.

Lokotsch 1927 – Lokotsch, K.: *Wörterbuch der europäischen (germanischen, romanischen und slawischen) Wörter orientalischen Ursprungs*. Heidelberg 1927.

Looijenga / Quak 1996 – Looijenga, T. / Quak, A. (ed.): *Frisian Runes and Neighbouring Traditions: Proceedings of the First International Symposium on Frisian Runes at the Fries Museum, Leeuwarden 26–29 January 1994*. Amsterdam 1996.

Lowe 2015 – Lowe, J.: *Participles in Rigvedic Sanskrit*. Oxford 2015.

Lubotsky 1988 – Lubotsky, A.: *The System of Nominal Accentuation in Sanskrit and Proto-Indo-European*. Leiden 1988.

Lubotsky 1997 – Lubotsky, A. (ed.): *A R̥gvedic Word Concordance*, 2 Bde. New Haven 1997.

Lühr 1982a/1982b – Lühr, R.: *Hildebrandlied*, Bd. 1: Herkunft und Sprache; Bd. 2: Kommentar. Frankfurt a. M. 1982.

Lühr 1988 – Lühr, R.: *Expressivität und Lautgesetz im Germanischen*. Heidelberg 1988.

Lühr 2000 – Lühr, R.: *Die Gedichte des Skalden Egill*. Dettelbach 2000.

Lühr 2008a/2008b – Lühr, R. (ed.): *Nominale Wortbildung des Indogermanischen in Grundzügen: Die Wortbildungsmuster ausgewählter indogermanischer Einzelsprachen*, Bd. 1: Latein, Altgriechisch; Bd. 2: Hethitisch, Altindisch, Altarmenisch. Hamburg 2008.

Lühr 2012/2014/2016/2018 – Lühr, R. (ed.): *Deutsche Wortfeldetymologie in europäischem Kontext*, Bd. 1: Der Mensch und sein Körper. Wiesbaden 2012; Bd. 2: Der Mensch im Alltag. Wiesbaden 2014; Bd. 3: Mensch und Mitmensch. Wiesbaden 2016; Bd. 4: Religion und Ethik. Wiesbaden 2018.

Lunt 1964 – Lunt, H. (ed.): *Proceedings of the Ninth International Congress of Linguists, Cambridge, Mass., August 27–31, 1962*. Den Haag 1964.

Luraghi 1990 – Luraghi, S.: *Old Hittite Sentence Structure*. London / New York 1990.

Luraghi 1996 – Luraghi, S.: *Studi su casi e preposizioni nel greco antico*. Pavia 1996.

Luraghi 1997 – Luraghi, S.: *Hittite*. München / New Castle 1997.

Maas 2016 – Maas, U.: *Sprachforschung in der Zeit des Nationalsozialismus: Verfolgung, Vertreibung, Politisierung und die inhaltliche Ausrichtung der Sprachwissenschaft*. Berlin / Boston 2016.

Macaulay 1992 – Macaulay, D. (e.): *The Celtic Languages*. Cambridge 1992.

MacDonell 1910 – MacDonell, A.: *A Vedic Grammar*. Straßburg 1910.

Maier 2015 – Maier, B.: *Die Kelten: Geschichte, Kultur und Sprache*. Tübingen 2015.

Mallory 1989 – Mallory, J.: *In Search of the Indo-Europeans: Language, Archaeology and Myth*. London 1989.

Mallory / Adams 1997 – Mallory, J. / Adams, D.: *Encyclopedia of Indo-European Culture*. London / Chicago 1997.

Mallory / Adams 2006 – Mallory, J. / Adams, D.: *The Oxford introduction to Proto-Indo-European and the Proto-Indo-European world*. Oxford 2006.

Malzahn 2007 – Malzahn, M. (ed.): *Instrumenta Tocharica*. Heidelberg 2007.

Malzahn 2010 – Malzahn, M.: *The Tocharian Verbal System*. Leiden / Boston 2010.

Marazzi 1990 – Marazzi, M.: *Il geroglifico anatolico: Problemi di analisi e prospettive di ricerca*. Rom 1990.

Marek 2010 – Marek, Ch.: *Geschichte Kleinasiens in der Antike*. München 2010.

Marillier / Rozier 2005 – Marillier, J.-F. / Rozier, C. (ed.): *Der Infinitiv im Deutschen*. Tübingen 2005.

Marinetti 1985 – Marinetti, A.: *Le iscrizioni sudpicene*, I: Testi. Florenz 1985.

Martínez / de Vaan 2001 – Martínez, J. / de Vaan, M.: *Introducción al Avéstico*. Madrid 2001.

Martínez García – Martínez García, J.: *Los nombres en -u del griego*. Frankfurt a. M. 1996.

Martirosyan 2009 – Martirosyan, H.: *Etymological Dictionary of the Armenian Inherited Lexicon*. Leiden 2009.

Masson 1961/1983 – Masson, O.: *Les inscriptions chypriotes syllabiques: Recueil critique et commenté*. Paris 1961. (Nachdruck mit Addenda nova 1983)

Matasović 2004 – Matasović, R.: *Gender in Indo-European*. Carl Winter, Heidelberg 2004.

Matasović 2008 – Matasović, R.: *Etymological Dictionary of Proto-Celtic*. Leiden 2009.

Matthews 1981 – Matthews, P.: *Syntax*. Cambridge et al. 1981.

Matzinger 2005 – Matzinger, J.: *Untersuchungen zum altarmenischen Nomen: Die Flexion des Substantivs*. Dettelbach 2005.

Matzinger 2006 – Matzinger, J.: *Der altalbanische Text Mbsuame e krështerë (Dottrina cristiana) des Lekë Matrënga von 1592: Eine Einführung in die albanische Sprachwissenschaft*. Dettelbach 2006.

Mayrhofer 1951 – Mayrhofer, M.: *Handbuch des Pāli*, 2 Bde. Heidelberg 1951.

Mayrhofer 1956/1963/1976/1980 – Mayrhofer, M.: *Kurzgefaßtes etymologisches Wörterbuch des Altindischen*. 4 Bde. Heidelberg 1956/1963/1976/1980.

Mayrhofer 1966 – Mayrhofer, M.: *Die Indo-Arier im Alten Vorderasien: Mit einer analytischen Bibliographie*. Wiesbaden 1966.

Mayrhofer 1974 – Mayrhofer, M.: *Die Arier im Vorderen Orient – ein Mythos?* Wien 1974.

Mayrhofer 1977 – Mayrhofer, M.: *Zum Namengut des Avesta*. Wien 1977.

Mayrhofer 1978a – Mayrhofer, M.: *Sanskrit-Grammatik mit sprachvergleichenden Erläuterungen*. Berlin / New York ^{3}1978.

Mayrhofer 1978b – Mayrhofer, M.: *Supplement zur Sammlung der altpersischen Inschriften*. Wien 1978.

Mayrhofer 1979 – Mayrhofer, M.: *Die altiranischen Namen*. Wien 1979.

Mayrhofer 1981 – Mayrhofer, M.: *Nach hundert Jahren: Ferdinand de Saussures Frühwerk und seine Rezeption durch die heutige Indogermanistik*. Heidelberg 1981.

Mayrhofer 1983 – Mayrhofer, M.: *Sanskrit und die Sprachen Alteuropas: Zwei Jahrhunderte des Widerspiels von Entdeckungen und Irrtümern*. Göttingen 1983.

Mayrhofer 1986 – Mayrhofer, M.: *Indogermanische Grammatik*, Bd. 1,2.: Lautlehre. Heidelberg 1986. (Nachdruck mit bibliographischen Ergänzungen Heidelberg 2012)

Mayrhofer 1991/1996/2001 – Mayrhofer, M.: *Etymologisches Wörterbuch des Altindoarischen*, 3 Bde. Heidelberg 1991/1996/2001.

Mayrhofer 2004 – Mayrhofer, M.: *Die Hauptprobleme der indogermanischen Lautlehre seit Bechtel*. Wien 2004.

Mayrhofer 2005 – Mayrhofer, M.: *Die Fortsetzung der indogermanischen Laryngale im Indo-Iranischen*. Wien 2005.

Mayrhofer 2006 – Mayrhofer, M.: *Einiges zu den Skythen, ihrer Sprache, ihrem Nachleben*. Wien 2006.

Mayrhofer 2009 – Mayrhofer, M.: *Indogermanistik: Über Darstellungen und Einführungen von den Anfängen bis in die Gegenwart*. Wien 2009.

Mayrhofer / Schmitt / Eichner / Fragner / Sadovski 1979–2018 – Mayrhofer, M. / Schmitt, R. / Eichner, H. / Fragner, B. / Sadovski, V. (ed.): *Iranisches Personennamenbuch*. Wien 1979–2018. (aktuelle Liste der publizierten Faszikel auf der Website der Österreichischen Akademie der Wissenschaften unter oeaw.ac.at)

McCone 1991 – McCone, K.: *The Indo-European Origins of the Old Irish Nasal Presents, Subjunctives and Futures*. Innsbruck 1991.

McCone 1996 – McCone, K.: *Towards a Relative Chronology of Ancient and Medieval Celtic Sound Change*. Maynooth 1996.

McCone 2005 – McCone, K.: *A first Old Irish grammar and reader: Including an introduction to Middle Irish*. Maynooth 2005.

McCone 2006 – McCone, K.: *The origins and development of the insular Celtic verbal complex*. Maynooth 2006.

McCone / Simms 1996 – McCone, K. / Simms, K.: *Progress in Medieval Irish Studies*. Maynooth 1996.

Meid 1987 – Meid, W. (ed.): *Studien zum indogermanischen Wortschatz*. Innsbruck 1987.

Meid 1989a – Meid, W.: *Archäologie und Sprachwissenschaft: Kritisches zu neueren Hypothesen der Ausbreitung der Indogermanen*. Innsbruck 1989.

Meid 1989b – Meid, W.: *Das Problem von indogermanisch /b/*. Innsbruck 1989.

Meid 1993 – Meid, W.: *Die erste Botorrita-Inschrift: Interpretation eines keltiberischen Sprachdenkmals*. Innsbruck 1993.

Meid 1994a – Meid, W.: *Celtiberian Inscriptions*. Budapest 1994

Meid 1994b – Meid, W.: *Gaulish Inscriptions: Their Interpretation in the Light of Archaeological Evidence and their Value as a Source of Linguistic and Sociological Information*. Budapest ^{2}1994.

Meid 1996 – Meid, W.: *Kleinere keltiberische Sprachdenkmäler*. Innsbruck 1996.

Meid / Anreiter 1996 – Meid, W. / Anreiter, P. (ed.): *Die größeren altkeltischen Sprachdenkmäler: Akten des Kolloquiums Innsbruck, 29. April – 3. Mai 1993*. Innsbruck 1996.

Meier-Brügger 1992a/1992b – Meier-Brügger, M.: *Griechische Sprachwissenschaft*, Bd. 1: Bibliographie, Einleitung, Syntax; Bd. 2: Wortschatz, Formenlehre, Lautlehre, Indizes. Berlin / New York 1992.

Meier-Brügger 2010 – Meier-Brügger, M.: *Indogermanische Sprachwissenschaft*. Berlin / New York [9]2010.

Meier-Brügger 2012 – Meier-Brügger, M. (ed.): *Homer, gedeutet durch ein großes Lexikon: Akten des Hamburger Kolloquiums vom 6.–8. Oktober 2010 zum Abschluss des Lexikons des Frühgriechischen Epos*. Berlin / Boston 2012.

Meillet 1925 – Meillet, A.: *La méthode comparative en linguistique historique*. Oslo / Paris 1925.

Meillet 1928 – Meillet, A.: *Esquisse d'une histoire de la langue latine*. Paris 1928.

Meillet 1936 – Meillet, A.: *Esquisse d'une grammaire comparée de l'arménien classique*. Wien [2]1936.

Meillet 1937 – Meillet, A.: *Introduction à l'étude comparative des langues indo-européennes*. Paris [8]1937.

Meillet 1975 – Meillet, A.: *Aperçu d'une histoire de la langue grecque*. Paris [8]1975.

Meiser (1986) – Meiser, G.: *Lautgeschichte der umbrischen Sprache*. Innsbruck 1986.

Meiser (1998) – Meiser, G.: *Historische Laut- und Formenlehre der lateinischen Sprache*. Darmstadt 1998. (= 2. = 3. Auflage)

Meiser (2003) – Meiser, G.: *Veni vidi vici: Die Vorgeschichte des lateinischen Perfektsystems*. München 2003.

Meister 1921 – Meister, K.: *Die homerische Kunstsprache*. Leipzig 1921.

Meisterhans / Schwyzer 1900 – Meisterhans, K. / Schwyzer, E.: *Grammatik der attischen Inschriften*. Berlin [3]1900.

Melchert 1977 – Melchert, C.: *Ablative and Instrumental in Hittite*. Diss. Harvard-University 1977.

Melchert 1984 – Melchert, C.: *Studies in Hittite Historical Phonology*. Göttingen 1984.

Melchert 1993a – Melchert, C.: *Cuneiform Luvian Lexicon*. Chapel Hill 1993.

Melchert 1993b – Melchert, C.: *Lycian Lexicon*. Chapel Hill [2]1993.

Melchert 1994 – Melchert, C.: *Anatolian Historical Phonology*. Amsterdam / Atlanta 1994.

Melchert 2003 – Melchert, C.: *The Luwians*. Leiden 2003.

Melchert 2004 – Melchert, C.: *A dictionary of the Lycian language*. Ann Arbor 2004.

Méndez Dosuna 1985 – Méndez Dosuna, J.: *Los dialectos dorios del noroeste: Gramática y estudio dialectal*. Salamanca 1985.

Meyer 1973 – Meyer, E.: *Einführung in die lateinische Epigraphik*. Darmstadt 1973.

MH – Museum Helveticum.

Mikkola 1971 – Mikkola, E.: *Das Kompositum: Eine vergleichende Studie über die Wortzusammensetzung im Finnischen und in den indogermanischen Sprachen*, Bd. 1. Helsinki [2]1971.

Miklosich 1868–1874 – Miklosich, F.: *Vergleichende Grammatik der slavischen Sprachen*, Bd. 4: Syntax. Wien 1868–1874.

Minos – Minos. Revista de filología egea.

Mittelberger 1969 – Mittelberger, H.: *Vergleichende Grammatik der indogermanischen altanatolischen Sprachen*, Tl. 1: Das hethitische ḫ und die indogermanischen Laryngale. Würzburg (Habil.) 1969.

Miyakawa 2003 – Miyakawa, H.: *Die altindischen Grundzahlwörter im Rigveda*. Dettelbach 2003.

Möller 1906 – Möller, H.: *Semitisch und Indogermanisch*, Bd. I: Konsonanten. Kopenhagen 1906.

Monro 1891 – Monro, D.: *A Grammar of the Homeric Dialect*. Oxford [2]1891.

Morpurgo Davies (1996) – Morpurgo Davies, A.: *La linguistica dell'Ottocento*. Bologna 1996.

MSL – Mémoires de la Société de Linguistique de Paris.

MSS – Münchener Studien zur Sprachwissenschaft.

Mühlner 2008 – Mühlner, W.: *Altpolabische Lexik: Aus Toponymen erschlossene Wörter des Elb-/Ostseeslawischen*. Leipzig 2008.

Müller (C.) 1908 – Müller, C.: *Syntax des Nominativs und Akkusativs im Lateinischen*. Leipzig / Berlin 1908.

Müller (S.) 2007 – Müller, S.: *Zum Germanischen aus laryngaltheoretischer Sicht: Mit einer Einführung in die Grundlagen*. Berlin u.a. 2007.

Mutzbauer (1893/1909) – Mutzbauer, C.: *Die Grundlagen der griechischen Tempuslehre und der homerische Tempusgebrauch: Ein Beitrag zur historischen Syntax der griechischen Sprache*, 2 Bde. Straßburg 1893/1909.

Mutzbauer 1908 – Mutzbauer, C.: *Die Grundbedeutung des Konjunktivs und Optativs und ihre Entwicklung im Griechischen*. Leipzig / Berlin 1908.

Nagy 1970 – Nagy, G: *Greek Dialects and the Transformation of an Indo-European Process*. Cambridge, MA 1970.

Narten 1964 – Narten, J.: *Die sigmatischen Aoriste im Veda*. Wiesbaden 1964.

Narten 1986 – Narten, J.: *Der Yasna Haptaŋhāiti*. Wiesbaden 1986.

Nedoma 2006 – Nedoma, R.: *Kleine Grammatik des Altisländischen*. Heidelberg ^{2}2006.

Neri 2003 – Neri, S.: *I sostantivi in -*u *del gotico: morfologia e preistoria* Innsbruck 2003.

Neri 2007 – Neri, S.: *Cadere e abbattere in indoeuropeo: Sull'etimologia di tedesco* fallen, *latino* aboleo *e greco* ἀπόλλυμι. Innsbruck 2007.

Neri / Schumann 2014– Neri, S. / Schumann, R. (ed.): *Studies on the Collective and Feminine in Indo-European from a Diachronic and Typological Perspective*. Leiden / Boston 2014.

Nesselrath 1997 – Nesselrath, H.-G. (ed.): *Einleitung in die griechische Philologie*. Stuttgart / Leipzig 1997.

Neu 1968a – Neu, E.: *Das hethitische Mediopassiv und seine indogermanischen Grundlagen*. Wiesbaden 1968.

Neu 1968b – Neu, E.: *Interpretation der hethitischen mediopassiven Verbalformen*. Wiesbaden 1968.

Neu 1974 – Neu, E.: *Der Anitta-Text*. Wiesbaden 1974.

Neu 1980a – Neu, E.: *Althethitische Ritualtexte in Umschrift*. Wiesbaden 1980.

Neu 1980b – Neu, E.: *Studien zum endungslosen "Lokativ" des Hethitischen*. Innsbruck 1980.

Neu 1983 – Neu, E.: *Glossar zu den althethitischen Ritualtexten*. Wiesbaden 1983.

Neu 1988 – Neu, E.: *Das Hurritische: Eine altorientalische Sprache in neuem Licht*. Mainz 1988.

Neu / Meid 1979 – Neu, E. / Meid, W. (ed.): *Hethitisch und Indogermanisch: Vergleichende Studien zur historischen Grammatik und zur dialektgeographischen Stellung der indogermanischen Sprachgruppe Altkleinasiens*. Innsbruck 1979.

Neumann 1961 – Neumann, G.: *Untersuchungen zum Weiterleben hethitischen und luwischen Sprachgutes in hellenistischer und römischer Zeit*. Wiesbaden 1962.

Neumann 1967 – Neumann, G.: *Indogermanische Sprachwissenschaft 1816 und 1966*. Innsbruck 1967.

Neumann 1988 – Neumann, G.: *Phrygisch und Griechisch*. Wien 1988.

Neumann 1995 – Neumann, G.: Wertvorstellungen und Ideologie in den Personennamen der mykenischen Griechen. *AnzÖAW* 131 (1994), 127–166, Wien 1995.

Neumann 2004 – Neumann, G.: *Das Lykische und seine Verwandten*. Göttingen 2004.

Neumann 2007 – Neumann, G.: *Glossar des Lykischen*. Wiesbaden 2007.

Neumann 2008 – Neumann, G.: *Namenstudien zum Altgermanischen*. Berlin / New York 2008.

Neumann / Untermann 1980 – Neumann, G. / Untermann, J. (ed.): *Die Sprachen im römischen Reich der Kaiserzeit: Kolloquium vom 8. bis. 10. April 1974*. Köln / Bonn 1980.

Neve 1996 – Neve, P.: *Ḫattuša – Stadt der Götter und Tempel: Neue Ausgrabungen in der Hauptstadt der Hethiter*. Mainz ^{2}1996.

Noreen 1904 – Noreen, A.: *Altschwedische Grammatik: Mit Einschluß des Altgutnischen*. Halle 1904.

Noreen 1923 – Noreen, A.: *Altisländische und altnorwegische Grammatik: Unter Berücksichtigung des Urnordischen*. Halle 1923.

Nowicki 1976 – Nowicki, H.: *Die neutralen s-Stämme im indo-iranischen Zweig des Indogermanischen*. Diss. Würzburg 1976.

NTS – Norsk Tidskrift for Sprogvidenskap.

Nussbaum 1986 – Nussbaum, A.: *Head and Horn in Indo-European*. Berlin / New York 1986.

Nussbaum 1998 – Nussbaum, A.: *Two Studies in Greek and Homeric Linguistics*. Göttingen 1998.

Oberlies 2012 – Oberlies, Th.: *Der Rigveda und seine Religion*. Frankfurt a. M. / Leipzig 2012.

Oberlies 2019 – Oberlies, Th.: *Pāli Grammar: The Language of the Canonical Texts of Theravāda Buddhism*, Bd. 1: Phonology and Morphology; Bd. 2: Conspectus of Verbs and Verb Forms, Indexes and Bibliography. Bristol 2019

Oertel 1941 – Oertel, H.: *Die Dativi finales abstrakter Nomina und andere Beispiele nominaler Satzfügung in der vedischen Prosa*. München 1941.

Oettinger 1979/2002 – Oettinger, N.: *Die Stammbildung des hethitischen Verbums*. Nürnberg 1979. (Nachdruck Dresden 2002 mit einer kurzen Revision der hethitischen Verbalklassen)

Oettinger 1986 – Oettinger, N.: *'Indo-Hittite'-Hypothesen und Wortbildung*. Innsbruck 1986.

Oettinger 2007 – Oettinger, N.: *Gab es einen Trojanischen Krieg? Zur griechischen und anatolischen Überlieferung*. München 2007.

Ofitsch / Zinko 2000 – Ofitsch, M. / Zinko, Ch. (ed.): *125 Jahre Indogermanistik in Graz: Festband anläßlich des 125jährigen Bestehens der Forschungseinrichtung „Indogermanistik" an der Karl-Franzens-Universität Graz*. Graz 2000.

Olander 2009 – Olander, Th.: *Balto-Slavic Accentual Mobility*. Berlin / New York 2009.

Olander 2015 – Olander, Th.: *Proto-Slavic Inflectional Morphology*. Leiden / Boston 2015.

Oldenberg 1909/1912 – Oldenberg, H.: *Ṛgveda: Textkritische und exegetische Noten*, Bd. 1: I–VI. Berlin 1909; Bd. 2: VII–X. Berlin 1912.

Olender 1989 – Olender, M.: *Les langues du Paradis: Aryens et sémites – un couple providentiel*. Paris 1989 (deutsche Übersetzung *Die Sprachen des Paradieses: Religion, Rassentheorie und Textkultur* erschienen Berlin 2013).

Olivier 1992 – Olivier, J.-P. (ed.): *Mykenaïka: Actes du IXe Colloque international sur les textes mycéniens et égéens, Athènes, 2–6 octobre 1990*. Paris 1992.

Olsen 1988 – Olsen, B.: *The Proto-Indo-European Instrument Noun Suffix *-tlom and its variants*. Kopenhagen 1988.

Olsen 1999 – Olsen, B.: *The Noun in Biblical Armenian: Origin and Word-Formation – with special emphasis on the Indo-European heritage*. Berlin 1999.

Palmer 1972 – Palmer, L.: *Descriptive and Comparative Linguistics: A Critical Introduction.* London 1972.

Palmer 1980 – Palmer, L: *The Greek Language.* London / Boston 1980. (dt. Übersetzung von W. Meid unter dem Titel *Die griechische Sprache: Grundzüge der Sprachgeschichte und der historisch-vergleichenden Grammatik.* Innsbruck 1986)

Panzer 1991 – Panzer, B.: *Die slavischen Sprachen in Gegenwart und Geschichte: Sprachstrukturen und Verwandtschaft.* Frankfurt a. M. 1991.

Passa / Tribulato 2019 – Passa, E. / Tribulato, O. (ed.): *The Paths of Greek: Literature, Linguistics and Epigraphy.* Berlin / Boston 2019.

Paul 2013 – Paul, L. (ed.): *Handbuch der Iranistik.* Wiesbaden 2013.

Payne 2009 – Payne, A.: *Hieroglyphic Luwian: An Introduction with Original Texts: A comprehensive and concise introduction to Hieroglyphic Luwian, an early Indo-European language used c. 14th–8th century BC in Ancient Anatolia.* Wiesbaden ^{2}2009.

PBB – Beiträge zur Geschichte der deutschen Sprache und Literatur (Akronym für „Pauls und Braunes Beiträge").

Pedersen (1909/1913) – Pedersen, H.: *Vergleichende Grammatik der keltischen Sprachen.* Bd. 1: Einleitung und Lautlehre. Göttingen 1909; Bd. 2: Bedeutungslehre. Göttingen 1913.

Pedersen 1926 – Pedersen, H.: *La cinquième déclinaison latine.* Kopenhagen 1926.

Pedersen 1938 – Pedersen, H.: *Hittitisch und die anderen indo-europäischen Sprachen.* Kopenhagen 1938.

Pedersen 1949 – Pedersen, H.: *Tocharisch vom Gesichtspunkt der indoeuropäischen Sprachvergleichung.* Kopenhagen ^{2}1949.

Pellegrini / Prosdocimi 1967 – Pellegrini, G. – Prosdocimi, A.: *La lingua Venetica*, 2 Bde. Padova 1967.

Peters 1980 – Peters, M.: *Untersuchungen zur Vertretung der indogermanischen Laryngale im Griechischen.* Wien 1980.

Petersmann 1991 – Petersmann, H./A.: *Die römische Literatur in Text und Darstellung*, Bd. 1: Republikanische Zeit I (Poesie). Stuttgart 1991.

Petit 1998 – Petit, D. : Lituanien. *LALIES* 19. Paris 1998.

Petit 1999 – Petit, D.: *su̯e- *en grec ancien: La famille du pronom réfléchi: Linguistique grecque et comparaison indo-européenne.* Leuven 1999.

Petit 2004 – Petit, D. : *Apophonie et catégories grammaticales dans les langues baltiques.* Leuven / Paris 2004.

Petit 2010 – Petit, D.: *Untersuchungen zu den baltischen Sprachen.* Leiden / Boston 2010.

Peyrot 2008 – Peyrot, M.: *Variation and Change in Tocharian B.* Amsterdam / New York 2008.

Peyrot 2013 – Peyrot, M.: *The Tocharian Subjunctive.* Leiden / Boston 2013.

PFU – Philologia Fenno-Ugrica.

Pinault 1989 – Pinault, G.-J.: Introduction au tokharien. *LALIES* 7. Paris 1989.

Pinault 2008 – Pinault, G.-J.: *Chrestomathie tokharienne: Textes et grammaire.* Leuven / Paris 2008.

Pinkster 1983 – Pinkster, H. (ed.): *Latin Linguistics and Linguistic Theory: Proceedings of the 1st International Colloquium on Latin Linguistics, Amsterdam, April 1981.* Amsterdam / Philadelphia 1983.

Pinkster 1990 – Pinkster, H.: *Latin Syntax and Semantics.* London / New York 1990.

Pirart 1997 – Pirart, E. (ed.): *Syntaxe des langues indo-iraniennes anciennes : Colloque international, Sitges (Barcelona) 4–5 mai 1993.* Barcelona 1997.

Plath 1994 – Plath, R.: *Der Streitwagen und seine Teile im frühen Griechischen: Sprachliche Untersuchungen zu den mykenischen Texten und zum homerischen Epos*. Nürnberg 1994.

Pokorny 1959/1969 – Pokorny, J.: *Indogermanisches etymologisches Wörterbuch*, 2 Bde. Bern / München 1959/1969.

Popko 2008 – Popko, M.: *Völker und Sprachen Altanatoliens*. Wiesbaden 2008.

Porzig 1954 – Porzig, W.: *Die Gliederung des indogermanischen Sprachgebiets*. Heidelberg 1954.

Poschenrieder 2004 – Poschenrieder, Th. (ed.): *Die Indogermanistik und ihre Anrainer: 3. Tagung der Vergleichenden Sprachwissenschaftler der Neuen Länder, stattgehabt an der Ernst-Moritz-Arndt-Universität zu Greifswald in Pommern am 19. und 20. Mai 2000*. Innsbruck 2004.

Pott 1833/1836 – Pott, A.: *Etymologische Forschungen auf dem Gebiete der Indo-Germanischen Sprachen mit besonderem Bezug auf die Lautumwandlung im Sanskrit, Griechischen, Lateinischen, Littauischen und Gothischen*. 2 Bde. Lemgo 1833/1836.

Pott 1844/1845 – Pott, A.: *Die Zigeuner in Europa und Asien: Ethnographisch-linguistische Untersuchung, vornehmlich ihrer Herkunft und Sprache, nach gedruckten und ungedruckten Quellen*. 2 Bde. Halle a. S. 1844/1845.

Prins 1997 – Prins, A.: *Hittite neuter singular – neuter plural: Some Evidence for a Connection*. Leiden 1997.

Prosdocimi 1978 – Prosdocimi, A. (ed.): *Lingue e dialetti dell'Italia antica*. Rom 1978.

Puhvel 1960 – Puhvel, J.: *Laryngeals and the Indo-European Verb*. Berkeley 1960.

Puhvel 1984a/1984b/1991/1997/2001/2004/2007 – Puhvel, J.: *Hittite Etymological Dictionary*, Bd. 1: Words beginning with A. Berlin / New York / Amsterdam 1984; Bd. 2: Words beginning with E and I. Berlin / New York / Amsterdam 1984; Bd. 3: Words beginning with H. Berlin / New York / Amsterdam 1991; Bd. 4: Words beginning with K. Berlin / New York / Amsterdam 1997; Bd. 5: Words beginning with L. Berlin / New York / Amsterdam 2001; Bd. 6: Words beginning with M. Berlin / New York / Amsterdam 2004; Bd. 7: Words beginning with N. Berlin / New York / Amsterdam 2007.

Radke 1981 – Radke, G.: *Archaisches Latein*. Darmstadt 1981.

Ramat / Ramat 1998 – Ramat, A. / Ramat, P. (ed.): *The Indo-European Languages*. London 1998. (italien. Original: Ramat, A. / Ramat, P. (ed.): *Le lingue indoeuropee*. Bologna 1994)

Range 2000 – Range, J. (ed.): *Aspekte Baltistischer Forschung*. Essen 2000.

Ranke 1951 – Ranke, K.: *Indogermanische Totenverehrung*, Bd. 1: Der dreissigste und vierzigste Tag im Totenkult der Indogermanen. Helsinki 1951.

Rasmussen 1989 – Rasmussen, J.: *Studien zur Morphophonematik der indogermanischen Grundsprache*. Innsbruck 1989.

Rasmussen / Olander 2009 – Rasmussen, J. / Olander, Th. (ed.): *Internal reconstruction in Indo-European: Methods, results, and problems: International Conference on Historical Linguistics, University of Copenhagen, 11th – 15th August, 2003*. Kopenhagen 2009.

Rau 2009 – Rau, J.: *Indo-European nominal morphology: The decads and the caland system*. Innsbruck 2009.

Raulwing 2000 – Raulwing, P.: *Horses, Chariots and Indo-Europeans: Foundations and Methods of Chariotry Research from the Viewpoint of Indo-European Linguistics*. Budapest 2000.

Rédei 1986 – Rédei, K.: *Zu den indogermanisch-uralischen Sprachkontakten*. Wien 1986.

Rehder 2012 – Rehder, P.: *Einführung in die slavischen Sprachen*. Darmstadt ^{7}2012.

Reichler-Béguelin 1986 – Reichler-Béguelin, M.-J.: *Les noms latins du type mēns*. Bruxelles 1986.

Remmer 2006 – Remmer, U.: *Frauennamen im Rigveda und im Avesta*. Wien 2006.

Renfrew 1987 – Renfrew, C.: *Archaeology and Language: The Puzzle of Indo-European Origins*. London 1987.

Riecke 1996 – Riecke, J.: *Die schwachen* jan-*Verben des Alt-hochdeutschen: Ein Gliederungsversuch*. Göttingen 1996.

Rieken 1999 – Rieken, E.: *Untersuchungen zur nominalen Stammbildung des Hethitischen*. Wiesbaden 1999.

Rieken 2012 – Rieken, E.: *Die Konditionalsätze, Irrelevanzkonditionalia und Konzessivsätze des Altirischen*. Münster 2012.

Rijksbaron 2002 – Rijksbaron, A.: *The Syntax and Semantics of the Verb in Classical Greek*. Amsterdam 2002.

Ringe 1996 – Ringe, D.: *On the Chronology of Sound Changes in Tocharian*, Bd. 1: From Proto-IE to Proto-Tocharian. New Haven 1996.

Ringe 2006 – Ringe, D.: *A History of English*, Bd. 1: From Proto-Indo-European to Proto-Germanic. Oxford 2006.

Ringe / Taylor 2014 – Ringe, D. / Taylor, A.: *A History of English*, Bd. 2: The Development of Old English. Oxford 2014.

Risch 1984 – Risch, E.: *Gerundivum und Gerundium: Gebrauch im klassischen und älteren Latein: Entstehung und Vorgeschichte*. Berlin / New York 1984.

Risch 1974 – Risch, E.: *Wortbildung der homerischen Sprache*. Berlin ^{2}1974.

Risch / Mühlestein 1979 – Risch, E. / Mühlestein, H. (ed.): *Colloquium Mycenaeum: Actes du sixième colloque international sur lest extes mycéniens et égéens tenu à Chaumont sur Neuchâtel du 7 au 13 septembre 1975*. Genf 1979.

Ritter 1996 – Ritter, R.-P.: *Introducción al armeno antiguo*. Madrid 1996.

Rix 1972 – Rix, H.: Zum Ursprung des römisch-mittelitalischen Gentilnamensystems. Temporini, H. (ed.): *Aufstieg und Niedergang der römischen Welt: Geschichte und Kultur Roms im Spiegel der neueren Forschung*, Bd. 1/2. Berlin / New York 1972, 700–758.

Rix 1986 – Rix, H.: *Zur Entstehung des urindogermanischen Modussystems*. Innsbruck 1986.

Rix 1991 – Rix, H.: *Etruskische Texte : Editio minor*, Bd. 1: Einleitung, Konkordanz, Indizes; Bd. 2: Texte. Tübingen 1991.

Rix 1992 – Rix, H.: *Historische Grammatik des Griechischen*. Darmstadt ^{2}1992.

Rix 1994 – Rix, H.: *Die Termini der Unfreiheit in den Sprachen Alt-Italiens*. Stuttgart 1994.

Rix 1998 – Rix, H.: *Rätisch und Etruskisch*. Innsbruck 1998.

Rix 2002 – Rix, H.: *Sabellische Texte: Die Texte des Oskischen, Umbrischen und Südpikenischen*. Heidelberg 2002.

Rix / Kümmel 2001 – Rix, H. / Kümmel, M. (ed.): *Lexikon der indogermanischen Verben: Die Wurzeln und ihre Primärstammbildungen*. Wiesbaden ^{2}2001.

RlA – Reallexikon der Assyriologie und Vorderasiatischen Archäologie.

Rockel / Zimmer 1993 – Rockel, M. / Zimmer, S. (ed.): *Akten des Ersten Symposiums deutschsprachiger Keltologen* (Gosen bei Berlin, 8.–10. April 1992). Tübingen 1993.

Roelcke 2003 – Roelcke, Th. (ed.): *Variationstypologie: Ein sprachtypologisches Handbuch der europäischen Sprachen in Geschichte und Gegenwart*. Berlin / New York 2003.

Rosén 1992 – Rosén, H.: *Die Periphrase: Wesen und Entstehung*. Innsbruck 1992.

Rosén 1996 – Rosén, H. (ed.): *Aspects of Latin: Papers from the Seventh International Colloquium on Latin Linguistics, Jerusalem, April 1993*. Innsbruck 1996.
Rosół (2013) – Rosół, R.: *Frühe semitische Lehnwörter im Griechischen*. Berlin et al. 2013.
Rousseau 1995 – Rousseau, A. (ed.): *Les préverbes dans les langues d'Europe: Introduction à l'étude de la préverbation*. Villeneuve d'Ascq (Nord) 1995.
RPh – Revue de Philologie.
Rubio 1995 – Rubio Orecilla, F.: *El sufijo de derivación nominal *-i̯o-/*-i̯o- en los gerundios y gerundivos del R̥g-Veda y el Avesta: Un estudio histórico-comparativo*. Zaragoza 1995.
Rüster / Neu 1989 – Rüster, Ch. / Neu, E.: *Hethitisches Zeichenlexikon: Inventar und Interpretation der Keilschriftzeichen aus den Bojazköy-Texten*. Wiesbaden 1989.
Ruijgh 1967 – Ruijgh, C.: *Études sur la grammaire et le vocabulaire du grec mycénien*. Amsterdam 1967.
Ruijgh 1971 – Ruijgh, C.: *Autour de „te épique": Études sur la syntaxe grecque*. Amsterdam 1972.
Ruipérez 1999 – Ruipérez, M.: *Anthologie* Ilias *und* Odyssee. Wiesbaden 1999. (span. Original von 1963)
Rumscheid 2009 – Rumscheid, F.: *Die Karer und die Anderen: internationales Kolloquium an der Freien Universität Berlin, 13. bis 15. Oktober 2005*. Bonn 2009.
Ruppel 2013 – Ruppel, A.: *Absolute Constructions in Early Indo-European*. Cambridge 2013.

Saito 2006 – Saito, H.: *Das Partizipium Präteriti im Tocharischen*. Wiesbaden 2006.
Sakhno 2001 – Sakhno, S.: *Dictionnaire russe-français d'étymologie comparée: Correspondances lexicales historiques*. Paris 2001.
Saussure 1879 – de Saussure, F.: *Mémoire sur le système primitif des voyelles dans les langues indo-européennes*. Leipzig 1879 (Wiederabdruck in *KS Saussure*, 1ff.)
Saussure 1916 – de Saussure, F.: *Cours de linguistique générale* (ed. Ch. Bally / A. Sechehaye / A. Riedlinger. Paris 1916.
Saussure 1978 – de Saussure, F.: *Saggio sul vocalismo indoeuropeo: Edizione italiana (Introduzione, traduzione e note) a cura di Giuseppe Carlo Vincenzi*. Bologna 1978.
SbÖAW – Sitzungsberichte der Österreichischen Akademie der Wissenschaften in Wien, Philosophisch-Historische Klasse.
Scardigli 1973 – Scardigli, P: *Die Goten: Sprache und Kultur*. München 1973. (italien. Original von 1964)
Scardigli 1994 – Scardigli, P.: *Der Weg zur deutschen Sprache: Von der indogermanischen bis zur Merowingerzeit*. Bern et al. 1994.
Scarlata 1999 – Scarlata, S.: *Die Wurzelkomposita im R̥g-Veda*. Wiesbaden 1999.
Schaefer 1994 – Schaefer, Ch.: *Das Intensivum im Vedischen*. Göttingen 1994.
Schaffner 2001 – Schaffner, S.: *Das Vernersche Gesetz und der innerparadigmatische grammatische Wechsel des Urgermanischen im Nominalbereich*. Innsbruck 2001.
Scherer 1968 – Scherer, A. (ed.): *Die Urheimat der Indogermanen*. Darmstadt 1968.
Scherer 1975 – Scherer, A.: *Handbuch der lateinischen Syntax*. Heidelberg 1975.
Schindler 1972 – Schindler, J.: *Das Wurzelnomen im Arischen und Griechischen*. Diss. Würzburg 1972.
Schirmer 1998 – Schirmer, B.: *Studien zum Wortschatz der Iguvinischen Tafeln*. Frankfurt a.M. et al. 1998.

Schleicher 1866 – Schleicher, A.: *Compendium der vergleichenden Grammatik der indogermanischen Sprachen: Kurzer Abriß einer Laut- und Formenlehre der indogermanischen Ursprache, des Altindischen, Alteranischen, Altgriechischen, Altitalischen, Altkeltischen, Altslawischen, Litauischen und Altdeutschen*. Weimar / London / Paris ²1866. (Weimar ¹1861/¹1862).

Schlerath 1973 – Schlerath, B.: *Die Indogermanen: Das Problem der Expansion eines Volkes im Lichte seiner Sozialstruktur*. Innsbruck 1973.

Schmid 1963 – Schmid, W.: *Studien zum baltischen und indogermanischen Verbum*. Wiesbaden 1963.

Schmidt (G.) 1978 – Schmidt, G.: *Stammbildung und Flexion der indogermanischen Personalpronomina*. Wiesbaden 1978.

Schmidt (J.) (1871/1875) – Schmidt, J.: *Zur Geschichte des indogermanischen Vocalismus*, 2 Bde. Weimar 1871/1875.

Schmidt (J.) 1872 – Schmidt, J.: *Die Verwantschaftsverhältnisse der indogermanischen Sprachen*. Weimar 1872.

Schmidt (J.) 1889 – Schmidt, J.: *Die Pluralbildungen der indogermanischen Neutra*. Weimar 1889.

Schmidt (K. H.) 1996 – Schmidt, K. H.: *Celtic: A Western Indo-European Language?* Innsbruck 1996.

Schmidt (K. T.) 1974 – Schmidt, K. T.: *Die Gebrauchsweisen des Mediums im Tocharischen*. Göttingen 1974.

Schmidt (K. T.) 2018 – Schmidt, K. T.: *Nachgelassene Schriften* (ed. S. Zimmer). Bremen 2018.

Schmitt 1967 – Schmitt, R.: *Dichtung und Dichtersprache in indogermanischer Zeit*. Wiesbaden 1967.

Schmitt 1968 – Schmitt, R. (ed.): *Indogermanische Dichtersprache*. Darmstadt 1968.

Schmitt 1977 – Schmitt, R.: *Einführung in die griechischen Dialekte*. Darmstadt 1977.

Schmitt 1989 – Schmitt, R. (ed.): *Compendium Linguarum Iranicarum*. Wiesbaden 1989.

Schmitt 1990 – Schmitt, R.: *Epigraphisch-exegetische Noten zu Dareios' Bīsutūn-Inschriften*. Wien 1990.

Schmitt 1991 – Schmitt, R.: *The Bisitun Inscriptions of Darius the Great: Old Persian Text*. London 1991

Schmitt 1999 – Schmitt, R.: *Beiträge zu altpersischen Inschriften*. Wiesbaden 1999.

Schmitt 2000 – Schmitt, R.: *Die iranischen Sprachen in Geschichte und Gegenwart*. Wiesbaden 2000.

Schmitt 2006 – Schmitt, R.: *Das Iranische Personennamenbuch: Rückschau, Vorschau, Rundschau (mit einer Bibliographie zur Iranischen Personennamenkunde)*. Wien 2006.

Schmitt 2007 – Schmitt, R.: *Grammatik des Klassisch-Armenischen mit sprachvergleichenden Erläuterungen*. Innsbruck ²2007.

Schmitt 2009 – Schmitt, R.: *Die altpersischen Inschriften der Achaimeniden: Editio minor mit deutscher Übersetzung*. Wiesbaden 2009.

Schmitt-Brandt 1998 – Schmitt-Brandt, R.: *Einführung in die Indogermanistik*. Tübingen / Basel 1998.

Schneider 1973 – Schneider, G.: *Zum Begriff des Lautgesetzes in der Sprachwissenschaft seit den Junggrammatikern*. Tübingen 1993.

Schön 1971 – Schön, I.: *Neutrum und Kollektivum: Das Morphem -a im Lateinischen und Romanischen*. Innsbruck 1971.

Schreiber 2008 – Schreiber, M.: *Walther Wüst: Dekan und Rektor der Universität München: 1935–1945*. München 2008.

Schrijver 1991 – Schrijver, P.: *The Reflexes of the Proto-Indo-European Laryngeals in Latin*. Amsterdam / Atlanta 1991.

Schrijver 1995 – Schrijver, P.: *Studies in British Celtic Historical Phonology*. Amsterdam / Atlanta 1995.

Schrijver 1997 – Schrijver, P.: *Studies in the History of Celtic Pronouns and Particles*. Maynooth 1997.

Schrijver 2014 – Schrijver, P.: *Language Contact and the Origins of the Germanic Languages*. Abingdon / New York 2014.

Schrijver / Mumm 2004 – Schrijver, P. / Mumm, P.-A. (ed.): *Sprachtod und Sprachgeburt*. Bremen 2004.

Schubert 1994 – Schubert, V. (ed.): *Frau und Mann: Geschlechterdifferenzierung in Natur und Menschenwelt*. St. Ottilien 1994.

Schützeichel / Tichy 1980 – Schützeichel, R. / Tichy, F. (ed.): *Erlanger Ortsnamen-Kolloquium: Ortsnamen als Ausdruck von Kultur und Herrschaft*. Heidelberg 1980.

Schulze-Thulin 2001 – Schulze-Thulin, B.: *Studien zu den urindogermanischen* o*-stufigen Kausativa / Iterativa und Nasalpräsentien im Kymrischen*. Innsbruck 2001.

Schumacher (L.) 1988 – Schumacher, L.: *Römische Inschriften*. Stuttgart 1988.

Schumacher (S.) 2004a – Schumacher, S.: *Die keltischen Primärverben: Ein vergleichendes, etymologisches und morphologisches Lexikon*. Innsbruck 2004.

Schumacher (S.) 2004b – Schumacher, S.: *Die rätischen Inschriften: Geschichte und heutiger Stand der Forschung*. Innsbruck ^{2}2004.

Schwentner 1959 – Schwentner, E.: *Tocharische Bibliographie: 1890–1958*. Berlin 1959.

Schwerdt 2000 – Schwerdt, J.: *Die 2. Lautverschiebung*. Heidelberg 2000.

Schwinge 1995 – Schwinge, E.-R. (ed.): *Die Wissenschaft vom Altertum am Ende des 2. Jahrtausends n. Chr.* Stuttgart / Leipzig 1995.

Schwyzer 1939 – Schwyzer, E.: *Griechische Grammatik*, Bd. 1: Allgemeiner Teil, Lautlehre, Wortbildung, Flexion. München 1939.

Schwyzer / Debrunner 1950 – Schwyzer, E. / Debrunner, A.: *Griechische Grammatik*, Bd. 2: Syntax und syntaktische Stilistik. München 1950.

Sebeok 1966a/1966b – Sebeok, Th. (ed.): *Portraits of Linguists: A Biographical Source Book for the History of Western Linguistics, 1764–1963*, Bd. 1 u. 2. Bloomington / London 1966.

Seebold 1970 – Seebold, E.: *Vergleichendes und etymologisches Wörterbuch der germanischen starken Verben*. Den Haag / Paris 1970.

Seebold 1972 – Seebold, E.: *Das System der indogermanischen Halbvokale: Untersuchungen zum sog. "Sieversschen Gesetz" und zu den halbvokalhaltigen Suffixen in den indogermanischen Sprachen, besonders im Vedischen*. Heidelberg 1972.

Seebold 1981 – Seebold, E.: *Etymologie: Eine Einführung am Beispiel der deutschen Sprache*. München 1981.

Seebold 1984 – Seebold, E.: *Das System der Personalpronomina in den frühgermanischen Sprachen*. Göttingen 1984.

Seebold 2001 – Seebold, E.: *Chronologisches Wörterbuch des deutschen Wortschatzes: Der Wortschatz des 8. Jahrhunderts (und früherer Quellen)*. Berlin / New York 2001.

Seebold 2008 – Seebold, E.: *Chronologisches Wörterbuch des deutschen Wortschatzes: Der Wortschatz des 9. Jahrhunderts*. Berlin / New York 2008.

Seiler 1950 – Seiler, H.: *Die primären griechischen Steigerungsformen*. Hamburg 1950.

Seiler 1960 – Seiler, H.: *Relativsatz, Attribut und Apposition*. Wiesbaden 1960.

Senn 1957/1966 – Senn, A.: *Handbuch der litauischen Sprache*, Bd. 1: Grammatik. Heidelberg 1966; Bd. 2: Lesebuch und Glossar. Heidelberg 1957.

Serangeli / Olander 2020 – Serangeli, M. / Olander, Th. (ed.): *Dispersals and Diversification: Linguistic and Archaeological Perspectives on the Early Stages of Indo-European*. Leiden / Boston 2020.

Serbat 1981 – Serbat, G.: *Cas et fonctions: Etude des principales doctrines casuelles du Moyen Age à nos jours*. Paris 1981.

Serbat 1984 – Serbat, G. (ed.): *E. Benveniste aujourd'hui: Actes du colloque international du C.N.R.S., Université François Rabelais, Tours, 28–30 septembre 1983*. 2 Bde. Paris/Louvain 1984.

Sergent 1995 – Sergent, B. : *Les indo-européens: Histoire, langues, mythes*. Paris 1995.

Seuren 2018 – Seuren, P.: *Saussure and Sechehaye: Myth and Genius: A Study in the History of Linguistics and the Foundations of Language*. Leiden / Boston 2018.

Sieg / Siegling / Schulze 1931 – Sieg, E. / Siegling, W. / Schulze, W.: *Tocharische Grammatik*. Göttingen 1931.

Sieglin 1935 – Sieglin, W.: *Die blonden Haare der indogermanischen Völker des Altertums*. München 1935.

Sihler 1995 – Sihler, A.: *New Comparative Grammar of Greek and Latin*. New York / London 1995.

Sims-Williams 2003 – Sims-Williams, P.: *The Celtic Inscriptions of Britain: Phonology and Chronology, c. 400 – 1200*. Oxford / Boston 2003.

Sims-Williams 2006 – Sims-Williams, P.: *Ancient Celtic place-names in Europe and Asia Minor*. Oxford / Boston 2006.

Smoczyński 2005 – Smoczyński, W.: *Lexikon der altpreußischen Verben*. Innsbruck 2005.

Snell / Voigt / Meier-Brügger 1979/1991/2004/2010 – Snell, B. / Voigt, E.-M. / Meier-Brügger, M. (ed.): *Lexikon des frühgriechischen Epos*, 4 Bde. Göttingen 1979/1991/2004/2010.

Solmsen 1922 – Solmsen, F.: *Indogermanische Eigennamen als Spiegel der Kulturgeschichte*. Heidelberg 1922.

Solta 1960 – Solta, G.: *Die Stellung des Armenischen im Kreise der indogermanischen Sprachen: Eine Untersuchung der indogermanischen Bestandteile des armenischen Wortschatzes*. Wien 1960.

Solta 1974 – Solta, G.: *Zur Stellung der lateinischen Sprache*. Wien 1974.

Solta 1980 – Solta, G.: *Einführung in die Balkanlinguistik mit besonderer Berücksichtigung des Substrats und des Balkanlateinischen*. Darmstadt 1980.

Sommer 1931 – Sommer, F.: *Vergleichende Syntax der Schulsprachen*. Stuttgart ³1931.

Sommer 1947 – Sommer, F.: *Hethiter und Hethitisch*. Stuttgart 1947.

Sommer 1948a – Sommer, F.: *Handbuch der lateinischen Laut- und Formenlehre. Eine Einführung in das sprachwissenschaftliche Studium des Lateins*. Heidelberg 1948.

Sommer 1948b – Sommer, F.: *Zur Geschichte der griechischen Nominalkomposita*. München 1948.

Sommer / Pfister 1977 – Sommer, F.: *Handbuch der lateinischen Laut- und Formenlehre*, Bd. 1: Einleitung und Lautlehre von R. Pfister. Heidelberg ⁴1977. (Bd. 2 zur Formenlehre in der 4. Auflage nicht erschienen)

Sonderegger 1979 – Sonderegger, S.: *Grundzüge deutscher Sprachgeschichte. Diachronie des Sprachsystems*, Bd. 1: Einführung, Genealogie, Konstanten. Berlin / New York 1979.

Sonderegger 2003 – Sonderegger, S.: *Althochdeutsche Sprache und Literatur: Eine Einführung in das älteste Deutsch: Darstellung und Grammatik.* Berlin / New York ^{3}2003.
Souček / Siegelová 1996 – Souček, V. / Siegelová, J. (ed.): *Systematische Bibliographie der Hethitologie 1915–1995*, 3 Bde. Prag 1996.
Sowa 2008 – Sowa, W.: *Studien zum Phrygischen*. Göttingen 2008.
Speyer 1896 – Speyer, J.: *Vedische und Sanskrit-Syntax*. Straßburg 1896.
Sprache – Die Sprache. Zeitschrift für Sprachwissenschaft.
Stammerjohann 2009 – Stammerjohann, H. (ed.): *Lexicon Grammaticorum: A Bio-Bibliographical Companion to the History of Linguistics*, 2 Bde. Tübingen ^{2}2009.
Stang 1966/1975 – Stang, Ch.: *Vergleichende Grammatik der baltischen Sprachen*, 2 Bde. Oslo / Bergen / Tromsø 1966/1975.
Starke 1977 – Starke, F.: *Die Funktionen der dimensionalen Kasus und Adverbien im Althethitischen*. Wiesbaden 1977.
Starke 1985 – Starke, F.: *Die keilschrift-luwischen Texte in Umschrift*. Wiesbaden 1985.
Starke 1990 – Starke, F.: *Untersuchungen zur Stammbildung des keilschrift-luwischen Nomens*. Wiesbaden 1990.
Starke 1995 – Starke, F.: *Ausbildung und Training von Streitwagenpferden: Eine hippologisch orientierte Interpretation des Kikkuli-Textes*. Wiesbaden 1995.
Steinbauer 1989 – Steinbauer, D.: *Etymologische Untersuchungen zu den bei Plautus belegten Verben der lateinischen ersten Konjugation: Unter besonderer Berücksichtigung der Denominative*. Altendorf bei Bamberg 1989.
Steinbauer 1999 – Steinbauer, D.: *Neues Handbuch des Etruskischen*. St. Katharinen 1999.
Stempel 1996 – Stempel, R.: *Die Diathese im Indogermanischen: Formen und Funktionen des Mediums und ihre sprachhistorischen Grundlagen*. Innsbruck 1996.
Sternemann 1994 – Sternemann, R. (ed.): *Bopp-Symposium 1992 der Humboldt-Universität zu Berlin: Akten der Konferenz vom 24.3–26.3.1992 aus Anlaß von Franz Bopps zweihundertjährigem Geburtstag am 14.9.1991*. Heidelberg 1994.
Stifter 2006 – Stifter, D.: *Sengoídelc: Old Irish for Beginners*. Syracuse 2006.
Streck 2007 – Streck, M. (ed.): *Sprachen des alten Orients*. Darmstadt ^{3}2007.
Streitberg 1896 – Streitberg, W.: *Urgermanische Grammatik, Einführung in das vergleichende Studium der altgermanischen Dialekte*. Heidelberg 1896.
Streitberg / Scardigli 2000 – Streitberg, W. / Scardigli, P.: *Die gotische Bibel*, Bd. 1: Der gotische Text und seine griechische Vorlage. Mit Einleitung, Lesarten und Quellennachweisen sowie den kleineren Denkmälern als Anhang) Heidelberg ^{7}2000; Bd. 2: Gotisch-griechisch-deutsches Wörterbuch) Heidelberg ^{6}2000.
Strunk 1967 – Strunk, K.: *Nasalpräsentien und Aoriste*. Heidelberg 1967.
Strunk 1973 – Strunk, K. (ed.): *Probleme der lateinischen Grammatik*. Darmstadt 1973.
Strunk 1976 – Strunk, K.: *Lachmanns Regel für das Lateinische*. Göttingen 1976.
Strunk 1991 – Strunk, K.: *Zum Postulat 'vorhersagbaren' Sprachwandels bei unregelmäßigen oder komplexen Flexionsparadigmen*. München 1991.
Stüber 2002 – Stüber, K.: *Die primären s-Stämme des Indogermanischen*. Wiesbaden 2002.
Stüber 2009 – Stüber, K.: *Der altirische do-Infinitiv – eine verkannte Kategorie*. Bremen 2009.
Stüber / Remmer / Zehnder 2009 – Stüber, K. / Remmer, U. / Zehnder, Th.: *Indogermanische Frauennamen*. Heidelberg 2009
Stumpf 1990 – Stumpf, P.: *Die Erscheinungsformen des Westtocharischen*. Reykjavík 1990.
Sukač 2011 – Sukač, R. (ed.): *From Present to Past and Back*. Frankfurt a. M. 2011.

Svennung 1958 – Svennung, J.: *Anredeformen: Vergleichende Forschungen zur indirekten Anrede in der dritten Person und zum Nominativ für den Vokativ.* Uppsala / Wiesbaden 1958.

Szemerényi 1960 – Szemerényi, O.: *Studies in the Indo-European System of Numerals.* Heidelberg 1960.

Szemerényi 1964 – Szemerényi, O.: *Syncope in Greek and Indo-European and the Nature of Indo-European Accent.* Neapel 1964.

Szemerényi 1971/1982 – Szemerényi, O.: *Richtungen der modernen Sprachwissenschaft,* Bd. 1: Von Saussure bis Bloomfield, 1916–1950. Heidelberg 1971; Bd. 2: Die fünfziger Jahre, 1950–1960. Heidelberg 1982.

Szemerényi 1989 – Szemerényi, O.: *An den Quellen des lateinischen Wortschatzes.* Innsbruck 1989.

Szemerényi 1990 – Szemerényi, O.: *Einführung in die vergleichende Sprachwissenschaft.* Darmstadt ^{4}1990.

Ternes 2012 – Ternes, E.: *Einführung in die Phonologie.* Darmstadt ^{3}2012.

Tesnière 1959 – Tesnière, L. : *Eléments de syntaxe structurale.* Paris 1959. (dt. Übersetzung von U. Engel unter dem Titel *Grundzüge der strukturalen Syntax.* Stuttgart 1980)

Thieme 1952 – Thieme, P.: *Studien zur indogermanischen Wortkunde und Religionsgeschichte.* Berlin 1952.

Thieme 1954 – Thieme P.: *Die Heimat der indogermanischen Gemeinsprache.* Wiesbaden 1954.

Thomas 1957 – Thomas, W.: *Der Gebrauch der Vergangenheitstempora im Tocharischen.* Wiesbaden 1957.

Thomas 1983 – Thomas, W.: *Der tocharische Obliquus im Sinne eines Akkusativs der Richtung.* Wiesbaden 1983.

Thomas 1985 – Thomas, W.: *Die Erforschung des Tocharischen (1960–1984).* Stuttgart 1985.

Threatte 1980/1996 – Threatte, L.: *The Grammar of Attic Inscriptions,* Bd. 1: Phonology. Berlin 1980; Bd. 2: Morphology. Berlin 1996.

Thumb / Hauschild 1958/1959 – Thumb, A. / Hauschild, R.: *Handbuch des Sanskrit: Eine Einführung in das sprachwissenschaftliche Studium des Altindischen,* Bd. 1: Einleitung und Lautlehre. Heidelberg ^{3}1958; Bd. 2: Formenlehre, Compositum und Satzbau. ^{3}1959.

Thumb / Kieckers 1932 – Thumb, A. / Kieckers, E.: *Handbuch der griechischen Dialekte,* Bd. 1 Heidelberg ^{2}1932.

Thumb / Scherer 1959 – Thumb, A. / Scherer, A.: *Handbuch der griech-ischen Dialekte.* Heidelberg ^{2}1959.

Thurneysen 1946 – Thurneysen, R.: *A Grammar of Old Irish.* Dublin 1946.

Tichy 1983 – Tichy, E.: *Onomatopoetische Verbalbildungen des Griechischen.* Wien 1983.

Tichy 1995 – Tichy, E.: *Die Nomina agentis auf -tar- im Vedischen.* Heidelberg 1995.

Tichy 2006 – Tichy, E.: *Der Konjunktiv und seine Nachbarkategorien: Studien zum indogermanischen Verbum, ausgehend von der älteren vedischen Prosa.* Bremen 2006.

Tichy 2009 – Tichy, E.: *Indogermanistisches Grundwissen: Für Studierende sprachwissenschaftlicher Disziplinen.* Bremen ^{3}2009.

TIES – Tocharian and Indo-European Studies.

Tikkanen / Hettrich 2006 – Tikkanen, B. / Hettrich, H. (ed.): *Themes and tasks in Old and Middle Indo-Aryan linguistics.* Delhi et al. 2006.

Tischler 1977 – Tischler, J.: *Kleinasiatische Hydronymie: Semantische und morphologische Analyse der griechischen Gewässernamen*. Wiesbaden 1977.

Tischler 2008 – Tischler, J.: *Hethitisches Handwörterbuch: Mit dem Wortschatz der Nachbarsprachen*. Innsbruck ²2008.

Tischler 1983/1994/2001/2006/2016 – Tischler, J.: *Hethitisches etymologisches Glossar*, 5 Bde. Innsbruck 1983/1994/2001/2006/2016.

Tremblay 2003 – Tremblay, X.: *La déclinaison des noms de parenté indo-européens en -ter-*. Innsbruck 2003.

Tribulato 2012 – Tribulato, O. (ed.): *Language and Linguistic Contact in Ancient Sicily*. Cambridge 2012.

Trummer 1985 – Trummer, M.: *Aus der älteren slavischen und balkanischen Sprachgeschichte*, Bd.1: Fragen des urslavischen Vokalismus. Graz 1985.

Tucker 1990 – Tucker, E.: *The Creation of Morphological Regularity: Early Greek Verbs in -éō, -áō, -óō, -úō and -íō*. Göttingen 1990.

Udolph 1979 – Udolph, J.: *Studien zu slavischen Gewässernamen und Gewässerbezeichnungen: Ein Beitrag zur Frage nach der Urheimat der Slaven*. Heidelberg 1979.

Udolph 1994 – Udolph, J.: *Namenkundliche Studien zum Germanenproblem*. Berlin / New York 1994.

Uhlich 1993 – Uhlich, J.: *Die Morphologie der komponierten Personennamen des Altirischen*. Witterschlick / Bonn 1993.

Untermann 1975/1980/1990/1997 – Untermann, J.: *Monumenta Linguarum Hispanicarum*, 4 Bde. Wiesbaden 1975/1980/1990/1997.

Untermann 2000 – Untermann, J.: *Wörterbuch des Oskisch-Umbrischen*. Heidelberg 2000.

Väänänen 1981 – Väänänen, V.: *Introduction au latin vulgaire*. Paris ³1981.

Vaillant 1948 – Vaillant, A.: *Manuel du vieux slave*. Paris 1948.

van Heems 2011 – van Heems, G. (ed.): *La variation linguistique dans les langues de l'Italie préromaine: Acts du IVe Séminaire sur les langues de l'Italie préromaine organisé à l'Université Lumière-Lyon 2 et la Maison de l'Orient et de la Méditerranée, 12 mars 2009*. Lyon 2011.

Vasmer 1953/1955/1958 – Vasmer, M.: *Russisches etymologisches Wörterbuch*. 3 Bde. Heidelberg 1953/1955/1958.

Večerka 1989/1993/1996 – Večerka, R.: *Altkirchenslavische (altbulgarische) Syntax*, 3 Bde. Freiburg 1989/1993/1996.

Vennemann 1989 – Vennemann, Th. (ed.): *The New Sound of Indo-European: Essays in Phonological Reconstruction*. Berlin 1989.

Vernet i Pons 2008 – Vernet i Pons, M.: *La Segona Conjugació Verbal Llatina: Estudi Etimològic i Comparatiu sobre l'Origen Protoindoeuropeu de la Formació dels seus Temes Verbals*. Barcelona 2008.

Vetter 1953 – Vetter, E.: *Handbuch der italischen Dialekte*, Bd. 1. Heidelberg 1953.

Viereck / Ramisch 2002 – Viereck, W. / Viereck, K. / Ramisch, H.: *dtv-Atlas Englische Sprache*. München 2002.

Vijūnas 2009 – Vijūnas, A.: *The Indo-European primary* T-*stems*. Innsbruck 2009.

Villar 1995 – Villar, F.: *A New Interpretation of Celtiberian Grammar*. Innsbruck 1995.

Vine 1993 – Vine, B.: *Studies in Archaic Inscriptions*. Innsbruck 1993.

Vine 1998 – Vine, B.: *Aeolic ὄρπετον and Deverbative *-etó- in Greek and Indo-European*. Innsbruck 1998.

Vineis 1983 – Vineis, E. (ed.): *Le lingue indoeuropee di frammentaria attestazione: Die indogermanischen Restsprachen: Atti del Convegno della Società Italiana di Glottologia e della Idg. Gesell. 1981 in Udine*. Pisa 1983.

Vogt-Spira 1993 – Vogt-Spira, G. (ed.): *Beiträge zur mündlichen Kultur der Römer*. Tübingen 1993.

Voigt 1977 – Voigt, W. (ed.): *ZDMG Supplement III,2: XIX. Deutscher Orientalistentag, vom 28. September bis 4.Oktober 1975: Vorträge, Band 1, Teil 1*. Wiesbaden 1977.

Volkart 1994 – Volkart, M.: *Zu Brugmanns Gesetz im Altindischen*. Bern 1994.

von Hinüber 1986 – von Hinüber, O.: *Das ältere Mittelindisch im Überblick*. Wien 1986.

Vottéro 1998/2001 – Vottéro, G.: *Le dialecte béotien (7e s. – 2e s. av. J.-C.)*, 2 Bde. Nancy 1998/2001.

Waanders 1997 – Waanders, F.: *Studies in Local Case Relations in Mycenaean Greek*. Amsterdam 1997.

Wachter 1987 – Wachter, R.: *Altlateinische Inschriften: Sprachliche und epigraphische Untersuchungen zu den Dokumenten bis etwa 150 v. Chr.* Bern 1987.

Wackernagel 1916 – Wackernagel, J.: *Sprachliche Untersuchungen zu Homer*. Göttingen 1916.

Wackernagel 1926/1928 – Wackernagel, J.: *Vorlesungen über Syntax: Mit besonderer Berücksichtigung von Griechisch, Lateinisch und Deutsch*, 2 Bde. Basel ^{2}1926/^{2}1928. (engl. Übersetzung mit Anmerkungen und Bibliographie von David Langslow: *Lectures on Syntax with special reference to Greek, Latin, and Germanic*. Oxford 2009)

Wackernagel / Debrunner 1954/1957a/1957b/1930 – Wackernagel, J. / Debrunner, A.: *Altindische Grammatik*, Bd. 1: Lautlehre. Göttingen ^{3}1957 (Wiederabdruck der 2. Aufl. von 1896 mit einer Einleitung von L. Renou und Nachträgen von A. Debrunner); Bd. 2,1: Einleitung zur Wortlehre. Nominalkomposition. Göttingen ^{2}1957 (Wiederabdruck der Aufl. von 1905 mit Nachträgen von A. Debrunner); Band 2,2: Die Nominalsuffixe. Göttingen 1954 (von A. Debrunner); Bd. 3: Nominalflexion, Zahlwort, Pronomen. Göttingen 1930 (von A. Debrunner und J. Wackernagel). (Register von R. Hauschild 1964)

Walde 1927/1930/1932 – Walde, A.: *Vergleichendes Wörterbuch der indogermanischen Sprachen*, 3 Bde. Berlin 1927/1930/1932.

Walde / Hofmann 1938/1954/1955 – Walde, A. / Hofmann, J. B.: *Lateinisches etymologisches Wörterbuch*, 3 Bde. Heidelberg ^{3}1938/^{3}1954/^{3}1956. (= 4. = 5. = 6. Auflage)

Wallace 2007 – Wallace, R.: *The Sabellic languages of ancient Italy*. München 2007.

Wallace 2008 – Wallace, R.: *Zikh Rasna: A Manual of the Etruscan Language and Inscriptions*. Ann Arbor 2008.

Warmington 1935/1936/1938/1940 – Warmington, E.: *Remains of Old Latin*, Bd. 1: Ennius and Caecilius. Cambridge, Mass. 1935; Bd. 2: Livius Andronicus, Naevius, Pacuvius and Accius. Cambridge, Mass. 1936; Bd. 3: Lucilius, The Twelve Tables. Cambridge, Mass. 1938; Bd. 4: Archaic Inscriptions. Cambridge, Mass. 1940 (Nachdrucke).

Wathelet 1970 – Wathelet, P.: *Les traits éoliens dans la langue de l'épopée grecque*. Rom 1970.

Watkins 1969 – Watkins, C.: *Indogermanische Grammatik*, Bd. 3,1: Geschichte der indogermanischen Verbalflexion. Heidelberg 1969.

Watkins 1995 – Watkins, C.: *How to kill a dragon: Aspects of IE Poetics*. New York / Oxford 1995.

Watkins 2011 – Watkins, C.: *The American Heritage Dictionary of Indo-European Roots*. Boston ^{3}2011.

Wegner 2007 – Wegner, I.: *Einführung in die hurritische Sprache*. Wiesbaden ^{2}2007.

Weiss 1993 – Weiss, M.: *Studies in Italic Nominal Morphology*. Diss. Cornell-University 1993.

Weiss 2009a – Weiss, M.: *Outline of the Historical and Comparative Grammar of Latin*. Ann Arbor 2009.

Weiss 2009b – Weiss, M.: *Language and Ritual in Sabellic Italy: The Ritual Complex of the Third and Fourth* Tabulae Iguvinae. Leiden / Boston 2009.

Weitenberg 1984 – Weitenberg, J.: *Die hethitischen u-Stämme*. Amsterdam 1984.

Werba 1997 – Werba, Ch.: *Verba IndoArica: Die primären und sekundären Wurzeln der Sanskrit-Sprache*, Bd. 1: Radices primariae. Wien 1997.

West 1966 – West, M.: *Hesiod, Theogony: Edited with Prolegomena and Commentary*. Oxford 1966.

West 1978 – West, M.: *Hesiod, Works & Days: Edited with Prolegomena and Commentary*. Oxford 1978.

West 1998/2000 – West, M.: *Homerus, Ilias*, Bd. 1: Rhapsodiae I–XII. Stuttgart / Leipzig 1998; Bd. 2: Rhapsodiae XIII–XXIV. München / Leipzig 2000.

West 2007 – West, M.: *Indo-European poetry and myth*. Oxford et al. 2007.

Wheeler 1885 – Wheeler, B.: *Der griechische Nominalaccent*. Straßburg 1885.

Widmer 2004 – Widmer, P.: *Das Korn des weiten Feldes: Interne Derivation, Derivationskette und Flexionsklassenhierarchie; Aspekte der nominalen Wortbildung im Urindogermanischen*. Innsbruck 2004.

Wiese 2007 – Wiese, H.: *Eine Zeitreise zu den Ursprüngen unserer Sprache: Wie die Indogermanistik unsere Wörter erklärt*. Berlin 2007.

Wiesehöfer 1998 – Wiesehöfer, J. (ed.): *Das Partherreich und seine Zeugnisse: The Arsacid Empire: Sources and Documentation: Beiträge des internationalen Colloquiums, Eutin (27.–30. Juni 1996)*. Stuttgart 1998.

Wilhelm 2001 – Wilhelm, G. (ed.): *Akten des IV. Internationalen Kongresses für Hethitologie, Würzburg, 4.–8. Oktober 1999*. Wiesbaden 2001.

Willi 2003 – Willi, A.: *The Languages of Aristophanes: Aspects of Linguistic Variation in Classical Attic Greek*. Oxford 2003.

Willi 2008 – Willi, A.: *Sikelismos: Sprache, Literatur und Gesellschaft im griechischen Sizilien (8.–5. Jh. v. Chr.)*. Basel 2008.

Windisch 1917/1920/1921 – Windisch, E.: *Geschichte der Sanskritphilologie*, Bd. 1. Straßburg 1917; Bd. 2. Berlin / Leipzig 1920; Bd. 3 Leipzig 1921.

Winkler 1896 – Winkler, H.: *Germanische Casussyntax*, Bd.1: Der Dativ, Instrumental, örtliche und halbörtliche Verhältnisse. Berlin 1896.

Winter 1965 – Winter, W. (ed.): *Evidence for Laryngeals*. London / The Hague / Paris 1965.

Witczak 2005 – Witczak, K.: *Język i religia Luzytanów: Studium historyczno-porównawcze*. Lodz 2005.

Witzel / Gotō 2007 – Witzel, M. / Gotō, T.: *Rig-Veda: Das heilige Wissen: Erster und zweiter Liederkreis*. Frankfurt a. M. / Leipzig 2007.

Witzel / Gotō / Scarlata 2013 – Witzel, M. / Gotō, T. / Scarlata, S.: *Rig-Veda: Das heilige Wissen: Dritter bis fünfter Liederkreis*. Frankfurt a. M. / Leipzig 2013.

Wodtko / Irslinger / Schneider – Wodtko, D. / Irslinger, B. / Schneider, C.: *Nomina im Indogermanischen Lexikon*. Heidelberg 2008.
Woodard 2004 – Woodard, R. (ed.): *The Cambridge Encyclopedia of the World's Ancient Languages*. Cambridge 2004.
Woddard (2006a) – Woodard, R. (ed.): *To fetch some golden apples: readings in Indo-European myth, religion and society*. Dubuque, IA 2006.
Woodard (2006b) – Woodard, R.: *Indo-European sacred space: Vedic and Roman cult*. Urbana et al. 2006.
Wunderli 1990 – Wunderli, P.: *Principes de diachronie: Contribution à l'exégèse du „Cours du linguistique générale" de Ferdinand de Saussure*. Frankfurt a. M. 1990.

Yakubovich 2010 – Yakubovich, I.: *Sociolinguistics of the Luvian Language*. Leiden / Boston 2010.
Yoshida (D.) 1987 – Yoshida, D.: *Die Syntax des althethitischen substantivischen Genitivs*. Heidelberg 1987.
Yoshida (K.) 1990 – Yoshida, K.: *The Hittite Mediopassive Endings in* -ri. Berlin / New York 1990.
Yoshida (K.) / Vine, B. 2009 – Yoshida, K. / Vine, B. (ed.): *East and West: Papers in Indo-European studies*. Bremen 2009.

Zair 2012 – Zair, N.: *The Reflexes of the Proto-Indo-European Laryngeals in Celtic*. Leiden / Boston 2012.
Zair 2016 – Zair, N.: *Oscan in the Greek Alphabet*. Cambridge 2016.
ZCP – Zeitschrift für celtische Philologie.
ZDL – Zeitschrift für Dialektologie und Linguistik.
ZDMG – Zeitschrift der Deutschen Morgenländischen Gesellschaft.
Zehnder 1999 – Zehnder, Th.: *Atharvaveda-Paippalāda, Buch 2: Text, Übersetzung, Kommentar: Eine Sammlung altindischer Zaubersprüche vom Beginn des 1. Jahrtausends v. Chr.* Idstein 1999.
Zehnder 2010 – Zehnder, Th.: *Die hethitischen Frauennamen: Katalog und Interpretation*. Dresden 2010.
Zeilfelder 2001 – Zeilfelder, S.: *Archaismus und Ausgliederung: Studien zur sprachlichen Stellung des Anatolischen*. Heidelberg 2001.
Zgusta 1964 – Zgusta, L.: *Kleinasiatische Personennamen*. Prag 1964.
Zgusta 1984 – Zgusta, L.: *Kleinasiatische Ortsnamen*. Heidelberg 1984.
Ziegler (K.) / Sontheimer / Gärtner 1964/1967/1969/1972/1975 – Ziegler, Konrat / Sontheimer, Walther / Gärtner, Hans (ed.): *Der Kleine Pauly: Lexikon der Antike*, 5 Bde. Stuttgart / München 1964/1967/1969/1972/1975.
Ziegler (S.) 1994 – Ziegler, S.: *Die Sprache der altirischen Ogam-Inschriften*. Göttingen 1994.
Zimmer 1976 – Zimmer, S.: *Die Satzstellung des finiten Verbs im Tocharischen*. The Hague / Paris 1976.
Zimmer 1990 – Zimmer, S.: *Ursprache, Urvolk und Indogermanisierung: Zur Methode der Indogermanischen Altertumskunde*. Innsbruck 1990.
Zimmer 2009 – Zimmer, S. (ed.): *Die Kelten: Mythos und Wirklichkeit*. Stuttgart ^{2}2009.

Zimmer / Ködderitzsch / Wigger 1999 – Zimmer, S. / Ködderitzsch, R. / Wigger, A. (ed.) 1999: *Akten des Zweiten Deutschen Keltologen-Symposiums (Bonn, 2.–4. April 1997)*. Tübingen 1999.

Zinko 1988 – Zinko, Ch. (ed.): *Akten der 13. Österreichischen Linguistentagung 1985 in Graz mit den Beiträgen der Tagung 1983 in Salzburg*. Graz 1988.

Zinsmeister 1954 – Zinsmeister, H.: *Griechische Grammatik*, Bd. 1: Laut- und Formenlehre. München 1954. (Heidelberg ^{4}2019)

ZPSK – Zeitschrift für Phonetik, Sprachwissenschaft und Kommunikationsforschung.

ZVS – Zeitschrift für Vergleichende Sprachforschung; s.o. *HS*.

Zwolanek 1970 – Zwolanek, R.: *„vā́yav índraśca“: Studien zu Anrufungsformen im Vedischen, Avestischen und Griechischen*. München 1970.

Sachregister mit Wortregister

Das nach dem Sachregister angehängte Wortregister bietet nur eine Auswahl an Wörtern, die eingehender besprochen werden.

Sachregister

a-Umlaut P 208, P 307(1)
Abbreviaturen 5ff.
Ablativ S 410
Ablaut P 408ff.
Ableitung L 202ff.
Ableitungskomposita L 210
absolute Chronologie P 107
Adjektive M 301, M 323, S 400, L 202
Adjektive zweier End. M 323 (3)
Adposition S 413f.
Adverb M 324, S 413
Agens S 401
agglutinierend M 104
Akkusativ S 407
akrodynamisch M 315 (4), M 320
akrostatisch M 315 (4), M 320
Aktanten S 210
Aktionsarten M 202 (2), M 206, S 305
Aktiv S 314(1)
Akzent P 419
Albanisch G 425
Allgemeine Sprachwissenschaft G 307
Allomorph M 305 (3)
Allophon P 212, P 305, P 306, P 308
Altbulgarisch s.u. Altkirchenslavisch
Altgriechisch G 417ff.
Altindisch G 404 (2)
Altiranisch G 405
Altirisch G 431 (2)
Altkirchenslavisch G 433
Altpersisch G 407
Altphrygisch G 423
Altpreußisch G 434
Altsächsisch G 432 (3)
amphidynamisch M 315 (4), M 321
amphikinetisch M 315 (4), M 321
Āmreḍita-Komposita L 212
Analogie P 106, L 200
analytisch M 104
anaphorisch M 405
anaptyktischer Vokal P 202
Anatolisch G 409, P 334, M 207 (3)
Anfangsstellung S 209
aniṭ-Wurzel P 315 (1)
Anlaut P 403
Aorist M 203 (2), S 309
Aoriststamm M 203 (2)
Appellativa L 301
Armenisch G 424
Artikel M 405
Artikulationsart P 335 (4)
Artikulationsstelle P 335 (4)
Aspekt M 202 (2), S 304
Aspirata P 335
Assibilierung P 336 (5), M 317 (7)
Assimilation P 215, P 218 (3), P 303, P 346
athematisch G 502 (4), M 101 (4)
Aufgaben Indogermanistik G 101
Augment G 502 (11), M 202 (5), M 213, M 406
Ausgliederung G 513
Auslaut P 403
Aussagesatz S 203 (1)
Avestisch G 406

Bahuvrīhi L 207
Balkan G 435 (1)
Baltisch G 434
Baltoslavisch G 435 (3
Bartholomaesches Gesetz P 347 (2)
Brechung (germ.) P 208, P 307 (1)
Bretonisch G 431 (2)
Brugmannsches Gesetz P 412

https://doi.org/10.1515/9783110661767-008

Calandsches Suffixsystem L 206
Casus obliquus 1f., M 314 (1), S 405
Casus rectus 1f., M 314 (1), S 405
Chronologie (absolut, relativ) P 107
Cognomen L 302 (3)
Communia G 506 (5), M 303 (2)
Computer G 200f.
Coniugatio periphrastica M 218
Correptio Attica P 406
Cover-Symbole 2f., P 314

Dativ S 409
Dehnstufe (Vr̥ddhi) P 331, P 418 (3), P 409
Deklination M 102, M 310
Deklinationsklasse M 307
Demonstrativpronomina M 405
Desiderativ M 204 (5), S 313
Determinativkomposita L 211
devī́-Flexion L 204 (1)
Dialekte (gr.) G 420
Diathese S 314
Dichtersprache G 512 (4e), S 100 (4)
Digamma P 216
Diphthonge P 219ff.
Direktiv S 407 (3)
Dissimilation P 348
Dreisilbengesetz (gr.) P 420 (2)
Dual M 304 (1), S 301, S 415

Eichnersches Gesetz P 331 (1)
Eigennamen L 301
Ellipse der Kopula S 206
Enklise M 214, M 400 (2), M 403
Enklitikon S 209
enklitisch M 401 (1)
Entlabialisierung P 206 (2)
Entlehnung G 507 (3)
Entsprechungsgleichung s.u. Gleichung
Ergativ S 413, S 416 (2)
Erlanger Schule G 311
Ersatzdehnung P 211 (1), P 303, P 418 (3)
Essiv M 204 (8)
Etruskisch G 426 (3A)
Etymologie L 100, W 102
externe Ableitung M 322 b, L 206 (4)
externe Rekonstr. G 501 (2)

Faliskisch G 428
Familienname L 302
Femininum M 303
Festlandkeltisch G 431
Fientiv M 204 (7)
figura etymologica S 407
Finno-Ugrisch G 436, L 103
Flexion M 100
Fragepronomina M 403
Fragesatz S 203 (2)
Frauennamen L 302 (4)
Fremdlautgesetze G 513 (3)
Fremdwort L 100
Fritzsches Gesetz P 330
Futur M 202 (6), S 306

Gallisch G 431 (1b)
Gāthās G 406
Gegenwart (GW) M 202 (4)
Geminaten-Vereinfachung P 312
Genitiv S 411
Gentilname L 302 (3)
Genus M 303, M 323, S 416
Genus verbi s.o. Diathese
Geographische Namen L 305
Germanisch G 432
Gesetz G 306
Gleichung G 506 (1), G 507 (5)
Gliederungsverschiebung L 200
Glottaltheorie P 335 (3)
Götternamen L 303
Gotisch G 432
graeco-arisches Modell M 200
grammatische Kategorien S 300
grammatische Termini 1f.
grammatischer Wechsel P 421 (2)
Graßmannsches Gesetz P 348
Griechisch G 417ff.
Grimmsches Gesetz P 336 (4)
Grundform (Zitierform) 5
Guttural s.u. Tektal
Guṇa P 413 (1)

Halbvokale P 212ff.
Handlungsart s.o. Aktionsarten
Hauchdissimilation s.o. Graßmanns Gesetz

Heteroklitika M 307 (3), M 314 (6)
Heteronymie M 303 (4)
Hethitisch G 410
Historisch-vergleichende Sprachwissenschaft G 100
Hoffmannsches Suffix P 329 (2)
holodynamisch M 315 (4), M 321
holokinetisch M 315 (4), M 321
Homer G 419
homorganer Glide P 218
Hurritisch G 404 (1)
Hydronymie G 513 (4), L 305(3)
Hypotaxe S 204, S 208
hysterodynamisch M 315 (4), M 318
hysterokinetisch M 315 (4), M 318

Illyrisch G 422
Imperativ M 212, S 312
Imperfekt M 202 (4), S 307
imperfektiv M 202 (2)
Indefinitpronomen M 403
Indikativ S 310
Indisch G 404
Individualnamen L 302
Indoarisch G 404
Indoeuropäisch G 301
Indogermanisch G 301
Indogerm. Gesellschaft G 201 (2)
Indogermanistik G 100
Indo-Hittite G 435 (5)
Indoiranisch G 404
infinites Verbum M 215
Infinitiv M 216, S 202
Infix M 202 (1k)
Inhibitiv S 311
Injunktiv M 202 (4), M 203 (1), M 213, S 311
Instrumental S 408
Intensiv M 204 (6)
interne Ableitung M 322 b, L 206(4)
interne Rekonstruktion G 501 (1)
Interrogativ- s.o. Frage-
Iranisch G 405
Irisch G 431 (2)
Italisch G 426 (1)
Italokeltisch G 435 (2)

Junggrammatiker G 306

Kardinalzahl M 501
Karisch G 415
Kasus 1f., S 401 - S 414
Kasussynkretismus M 305 (3), M 324, S 404
Kategoriensystem S 300
Kausativ M 204 (4)
Keilschrift G 409, P 207
Kelten G 431
Keltiberisch G 431 (1)
Keltisch G 431, P 211 (8)
Kentumsprachen P 339 (2), P 341
Khotansak. G 405
Koine (gr.) G 420
Kollektiv S 415
Kollektiva M 304 (2)
Komparation M 325
Komplexivkompositum L 210
Kompositum L 207ff.
Komprehensiv S 415
Kongruenz S 210 (1-5)
Konjugation M 102
Konjunktiv M 207 (1), S 313
Konjunktiv (lat.) < uridg. Opt. S 313
Konsonantensystem P 300ff.
kontextfrei P 108
kontextsensitiv P 108
Kontinuum G 507 (4)
Kontraktion G 502 (13)
Kopula S 206
korrelative Reihen M 408
Koseformen L 204 (2), L 302 (2)
Krahe-Schule G 311
Krimgotisch G 432 (1)
Kultur der Urindogermanen G 512 (3)
Kurzname L 302 (2)
Kyrillisches Alphabet G 433

Labiale P 337ff.
Labiovelare P 343
Laryngale P 314ff.
Laryngaltheorie P 320, P 417
Lateinisch G 427

Lautgesetz G 306
Lautverschiebung (germ.) P 336 (4)
Lautwandel P 105
Lehnwort L 100, L 103
Lenisierung (heth.) P 336 (5)
Lepontisch G 431 (1c)
Lettisch G 434
Lexem G 502 (2), M 100 (1)
Lexikon L 100
Lindemansches Gesetz P 218 (2), P 405
Linear B G 418, P 301 (2)
Liquida P 300ff.
Litauisch G 434
littera-Regel P 332 (4c)
Lokalpartikel S 413
Lokativ S 412
Lokatum S 403 (2), S 410, S 413
Luwisch G 412
Lydisch G 414
Lykisch G 413

Makedonisch G 421
Maskulinum M 303
Mazedonisch G 433
Media (aspirata) P 310, P 336
Mediopassiv M 210
Medium M 210, S 314 (2)
Meilletsches Gesetz M 502 (2)
Memorativ M 213
mesostatisch M 322
Messapisch G 422
Metathese P 304 (3), P 327, M 307 (2)
Mitanni-Indisch G 404 (1)
Modus S 303ff.
Monophthongierung (lat.) G 503 (9), P 220 (1)
Morphem G 502 (2), M 100 (1)
Morphologie M 100 (2)
Morphonologie P 418
Motion G 506 (5), M 303 (4)
Motionsfeminina G 506 (5), M 303 (4), L 204 (1)
Mündlichkeit G 400
Murmelvokal P 202, P 318
Muta cum liquida P 406
Mykenisch G 418

Namen L 300ff.
Narten-Präsens M 203 (1b)
Nasale P 300ff.
Nasalis sonans P 305
Nationalsozialismus G 310
Nebensatz S 204
Neutrum 2, M 303, M 313
Nomen actionis L 205 (2)
Nomen agentis M 101 (2), L 205 (1)
Nomen gentile L 302 (3)
Nomen instrumenti L 205 (3)
Nomen loci L 205 (3)
Nominalflexion M 102, M 300ff.
Nominalklassen M 304
Nominalkomposition M 207
Nominalsatz S 206, M 207
Nominalstamm M 100 (1)
Nominalsuffixe L 202ff.
Nominativ S 405
Nordwestidg. G 435 (4)
Nostratisch G 437
Notationen 4ff.
Numerus M 304, S 302, S 415

Ogam-Inschriften G 431 (2)
Okklusive P 335ff.
Optativ M 207 (2), S 313
Oralität s.o. Mündlichkeit
Ordinalzahl M 503
orthoton M 401 (1), M 403
Orthotonie M 400 (2)
Ortsnamen L 204 (4)
Oskisch G 429
Osthoffsches Gesetz G 306

Palaisch G 411
Palatale P 339
Palatalgesetz (iir.) P 206 (2f.)
Palatalisierung (iir.) P 206 (2f.), P 339 (3), P 341 (2), P 412
Pāli G 404 (3)
Paradigma M 102 (1)
Parataxe S 203f., S 207
Partizip M 217
Partizipialkonstruktionen S 202

Passiv S 314 (2)
Patiens S 401
Patronymika L 302 (3)
Pausaform P 404
Perfekt M 203 (3), M 211, S 309
Perfektstamm M 203 (3)
periphrastisch M 218
Persisch G 407
Person S 301
Personalpronomina M 401
Personennamen L 302
Pertinentiv S 411
Phonem P 104
Phonetik P 104
phonetisch P 102
Phonologie P 104
phonologisch P 102
Phrygisch G 423
Pisidisch G 416
Plural S 415
Plurale tantum M 102 (2)
Positiv M 325
Possessivkomposita L 208
Possessivpronomina M 402
Praenomen L 302 (3)
Präkrit G 404 (3)
präposit. Rektionskomp. L 210
Präsens S 309
Präsensstamm M 203 (1), S 307
Präventiv S 311
Primärendung G 502 (8) (11), M 202 (4), M 209
Primärstamm M 202 (2)
Privativkomposita L 208
Pronomina M 311 (3), M 400
Pronominaladj. M 407
Prospektiv S 313 (5)
proterodynamisch M 315 (4), M 317
proterokinetisch M 315 (4), M 317
Psilose (gr.) P 309 (2)
Punisch G 426 (3B)

qualitativer Ablaut P 409
quantitativer Ablaut P 409
Quantitätenmetathese M 317 (7), M 318 (6c)

Reduktionsstufe L 203
Reflexivpronomen F 401 (2)
Reibelaut s.u. Thorn
Rekonstruktionsmethoden G 507
Rektion S 210 (6)
relative Chronologie P 107
Relativpronomina G 435 (2), M 404
Relativsatz S 205
Relatum S 403 (2), S 410, S 413
Rhotazismus G 503 (4), P 309 (1), M 325 (1b)
Rigveda (RV) G 404 (2)
Rixsches Gesetz P 333
*-r-/-n-*Heteroklitika M 314 (6)
Romanische Sprachen G 427 (6)
ruki-Regel G 502 (6), P 309 (3)
Runen G 432

s mobile P 311, P 405
sá figé M 405
Sabellisch G 426 (1), G 429
Sandhi P 404f.
Sanskrit G 404
Satemsprachen P 339 (3), P 341
Satz S 102
Satzakzent S 209
Saussuresches Gesetz P 330
Schrift G 400
Schriftlichkeit G 400
Schulgrammatik M 102
Schwa primum (indogerm.) P 202, P 318, P 324 (2)
Schwa secundum P 203, P 304 (3), P 313 (3)
schwache Kasus M 314 (1)
Schwachvokal G 503 (5), G 504 (9), P 103, P 202f., P 304 (3), P 324 (1)
Schwebeablaut P 417 (3)
Schwundstufe P 409
Sekundärendung G 502 (9) (11), M 202 (4), M 209
Sekundärstamm M 202 (1), M 209
Sekundärsuffix M 202 (1)
Serbisch G 433
Serbokroatisch G 433

seṭ-Wurzel G 502 (14), P 315 (1)
Sexus M 303 (2)
Sibilant (Reibelaut) P 308
Sidetisch G 416
Sieverssches Gesetz P 218 (1)
sigmatischer Aorist M 203 (2)
significans S 101
significatum S 101
Silbe P 406
Silbengrenze P 406
Silbenkern P 406
Silbenstruktur P 407
Singular S 415
Singulare tantum M 102 (2)
Skandinav. Sprachen G 432 (2)
Slavische Sprachen G 433
Sonorant P 304, P 330
soziolinguistisch P 213 (4)
Spiritus asper P 309 (2)
sprachextern G 503
Sprachfamilien G 402ff.
sprachintern G 502
Sprachwandel G 509 (4)
Sprossvokal s. Schwachvokal
Stammbaum G 513 (1)
Stammformenreihe M 205
Stangsches Gesetz P 303
starke Kasus M 314 (1)
starke Verben (germ.) P 415
Stativ M 210, M 211, S 314 (3)
Stilistik S 100 (4)
Stoffadjektive L 202 (3)
Studium der Indogermanistik G 102
Sturtevantsches Gesetz P 336 (5)
Südpikenisch G 429, G 503 (5)
Suffixe L 202ff.
Suffixkonglomerate L 200
Superlativ M 325
Suppletion M 103, M 205
Symbole 2f.
Synkope (lat.) P 204
Synkretismus s.o. Kasus-
synthetisch M 104

Tektale P 339ff.
Tempus S 306
Tenues P 336ff.
Tenuis aspirata P 310, P 329 (1)
Terminologie 1f.
Textlinguistik P 402, S 200
Textsyntax S 200
thematisch M 101 (4)
Themavokal G 502 (10), M 101 (4)
Thorn P 103, P 313, P 407
Thrakisch G 422
TITUS G 201 (1)
Tocharisch G 408
Transitivität S 300 (2)
Typologie S 100 (3)

Umbrisch G 429
Umfärbung (durch Laryngal) P 211 (8), P 323 (2)
Umgangssprache S 100 (4)
Umlaut (germ.) P 208
Universalien G 501 (1)
Uralische Sprachen G 436
Urindogermanisch G 410
Ur- und Frühgeschichte G 512

Vatersname s.o. Patronymikon
Vedisch G 404 (2)
Venetisch G 430
Verbaladjektive L 203
Verbalakzent M 214
verbale Rektionskompos. P 215 (2), P 420 (3), L 207, L 209
Verbalflexion M 102, M 200ff.
Verbalstamm M 100 (1), M 202 (1)
Verbalwurzel G 502 (2)
Vergangenheit (VG) M 202 (4)
Vergleichende Sprachwissenschaft s.o. Indogermanistik
Verkleinerungsformen L 204 (2)
Vernersches Gesetz P 421
Viehzucht G 512 (3)
Visarga 4, P 309 (3)
Vokale P 200ff.
Vokalschwächung (lat.) P 108, P 204, P 217 (3), P 325, P 411
Vokativ S 406

Vollstufe P 409
Vorname L 302
Voruridg. G 510 (2)
Vr̥ddhi P 413 (1)
Vr̥ddhi-Ableitung P 223 (1), P 331 (3), L 202 (2)
vr̥kī́-Flexion L 204 (1)
Vulgärlatein G 427 (6)

Wackernagelsches Gesetz S 209
Wanderungen G 513 (2)
Wellentheorie G 305
Wiener Schule G 311
Wintersches Gesetz P 336 (6)
Wort P 400
Wortakzent P 403, P 419
Wortbildung L 200ff.
Wortfeld L 101
Wortgrenze P 403
Wurzel M 101 (3)
Wurzelaorist M 203 (2a)
Wurzelkomposita L 209
Wurzelnomen M 101 (3), M 318 (6), M 320
Wurzelpräsens G 502 (4), M 203 (1a), M 206
Wurzelstruktur P 321

Zahladverbien M 504
Zahlwort M 500
Zeichen (sprachl.) S 101
Ziffer M 500
Zirkumstanten S 210
Zürcher Schule G 311
Zufall G 507 (2)
Zugehörigkeitsadjektive L 204 (1)
Zusammenrückung L 211
Zwischengrundsprachen G 435

Wortregister

a) Urindogermanisch

*a P 211 (5)
*b P 335 (3)
*bel- P 337 (2)
*b^{h}end^h- P 348 (3)
*deh$_3$- P 323 (3)
*dei̯u̯ó- G 507 (2), P 217 (3), P 221 (1), L 202 (2)
*diéu̯- *diḗm / *diu̯-´ P 224, P 303, P 405, M 318 (6a)
*dḱm̥tó- P 307 (3)
*dóm- / *dém- M 320
*dóru- M 317 (8)
*d^{h}éĝ^{h}om- P 313 (3), M 321 (1)
*d^{h}eh$_1$- P 323 (1a), P 325
*d^{h}ei̯ĝ^h- P 348 (3)
*ĝn̥h$_1$tó- P 334 (4)
*g^{u}óu̯- *g^{u}ṓm P 303, M 318 (6b)
*g^{uh}en- P 345 (1)
*g^{uh}er- *g^{uh}ermó- P 345 (1)
*g^{u}ih$_3$u̯ó- *g^{u}íh$_3$u̯e- P 344, F 203
-Hon- P 329 (2), L 204 (4)
*h$_1$dónt- L 100
*(h$_1$)éḱu̯o- G 506
*h$_1$es- G 502ff., P 312, P 328
*h$_1$léu̯d^{h}ero- P 223 (1)
*h$_1$néh$_3$mn̥- M 317 (10), L 300
*h$_2$ép- P 329 (2)
*h$_2$énh$_1$os- P 330
*h$_2$éu̯sos- P 310, P 330, P 321 (2), L 303
*h$_2$nér- P 328 (2)
*h$_2$n̥h$_1$mo- P 325
*h$_2$ói̯u- M 317 (8)
*h$_2$ósdo- P 308, P 310
*h$_2$r̥ĝ(r)ó- P 333 (1), L 206 (1)
*h$_2$u̯eh$_1$- P 323 (1a)
*h$_2$u̯éh$_1$-to- P 323 (1b)
*h$_3$ek^u- P 322 (3)
*-io- P 218 (1), L 202 (1)
*ḱléu̯mn̥t- G 507
*ḱuón- P 218 (2), P 301 (3), P 304 (1), P 340 (1), L 100
*k^{u}e P 206 (2)
*k^{u}ód P 206 (2)
*meĝh$_2$- s. *m̥ĝh$_2$-
*méh$_2$ter- P 211 (10), M 318 (3)
*m̥ĝh$_2$- P 203, P 329 (1)
*mr̥tó- P 307 (1)
*n̥- P 307 (4)
*néb^{h}es- P 211 (3)
*néh$_2$u- M 318 (6c)

b) Altgriechisch

c) Lateinisch

mulier M 325 (3)
narrāre L 332 (4c)
nix nivis ninguit G 501
pōnō P 313 (1)
stabulum P 347 (2)
sum esse G 503
tabula P 311
ursus P 333 (2)
vēndere vēnīre M 218
vīcus P 217 (1), P 220 (1)
vīrus P 211 (6)

d) Altindisch (Vedisch)

as- G 502
áśva- G 506 (1)
bodhi P 407
pavítra- pūnitá pūtá- P 315 (2)
snih- sneh- G 501 (3)
sūnú- M 317 (3)
ūrdhvá- P 407

www.ingramcontent.com/pod-product-compliance
Lightning Source LLC
Chambersburg PA
CBHW050301010526
44108CB00040B/1932